Ingrid Nowel

Berlin

Die neue Hauptstadt
Architektur und Kunst, Geschichte und Literatur

DUMONT KUNST REISEFÜHRER

In der vorderen Umschlagklappe:
Übersichtskarte Berlin, Innenstadt

In der hinteren Umschlagklappe:
S- und U-Bahn-Plan, Berlin

Wichtige Sehenswürdigkeiten auf einen Blick

ohne Stern
sehenswert

☆
Umweg lohnt

☆☆
keinesfalls versäumen

Inhalt

Die Stadt und ihre Bewohner

Spaziergänge durch Berlin

Mitte

Tiergarten

Charlottenburg

Mittendrin und ringsherum – von Nordwesten im Uhrzeigersinn

Ausflug nach Potsdam

Tipps und Adressen

Verzeichnis der Karten

Für Charlotte und Harriet

Für die großzügige Unterstützung meiner Reisen danke ich der Deutschen British Airways und der Lufthansa; für jahrelange ausdauern-
de Hilfeleistung den Mitarbeitern der BTM (Berlin Tourismus Marketing GmbH) und des Museumspädagogischen Dienstes Berlin, der
Stiftung Stadtmuseum Berlin, der Stiftung Schlösser und Gärten
Berlin Brandenburg und besonders Frau Anne Wagner-Junker
(Staatliche Museen zu Berlin, Preußischer Kulturbesitz). Mein herz-
licher Dank gilt auch Reinhard Fuhrmann, der meine Aufenthalte in
Berlin und die Arbeit am Schreibtisch ständig begleitet hat. In Dank-
barkeit verbunden bin ich auch meinen Freunden, die mir mit fun-
diertem Rat und praktischer Tat zur Seite standen; vor allem Ulli
Becker, Annette und Michael Blank, Renate Brosch, Ulrike Burmeister, Cornelia Drahn, Ulla Fehring, Michael Heyers, Wolfram Kupke,
Petra Neu-Wolf, Maria Nießen, Rosemarie und Rainer Paetau,
Professor Kuno Schuhmann und Frau, Thomas Weck und nicht zuletzt meinem Lebensgefährten Christian, den ich jahrelang in Wol-
ken Berliner Geschichte eingenebelt habe.

Vorwort

Berlin ist eine junge, aufregende Stadt – sie war es immer, nicht nur jetzt, da sie zur neuen alten Hauptstadt zusammengewachsen ist. Berlin hat die Gemüter stets erregt, als preußische Residenz, als kaiserliche Metropole, Industriemoloch und Mietskasernenstadt, als Brennpunkt der kulturellen Avantgarde in den »Goldenen Zwanzigern«, als insulares »Schaufenster des Westens« oder als Hauptstadt der DDR – Berlin war Seismograph aller politischen, wirtschaftlichen und kulturellen Entwicklungen Deutschlands. Schnell ist die Stadt. Tempo und Bewegung bestimmen ihren Rythmus, und auch der sprichwörtliche Berliner Witz ist schlagfertig und lebendig, spiegelt wache Sinne und Selbstvertrauen.

»Berlin ist schön, Berlin ist groß.«
(Alfred Kerr, 1896)

Die historischen Brüche, Neuanfänge und Widersprüchlichkeiten der deutschen Geschichte sind nirgendwo deutlicher zu entdecken als in Berlin; die Erinnerung an Verfolgung, Exil und ausgelöschtes Leben ist ein ständiger Begleiter, und die Nachkriegszeit war nirgendwo sonst in Deutschland dertart lang präsent. Über vierzig Jahre lebten zwei von der Mauer getrennte Stadtorganismen nebeneinander, mit jeweils komplexem politischem Status, Empfindlichkeiten, Ansprüchen und Eigenarten: Selbst die Schreibweise West-Berlins oder Westberlins, Ostberlins oder Ost-Berlins, war ideologiebelastet. An den Nahtstellen nun ist die Vergangenheit flott begraben, und ein neues Berlin ist in atemberaubendem Tempo aus dem Boden gewachsen.

»Ich respektiere das Gegebene. Daneben freilich aber auch das Werdende. ..Alles Alte, soweit es Anspruch darauf hat, sollen wir lieben, aber für das Neue sollen wir recht eigentlich leben.«
(Theodor Fontane)

Nicht überall vollziehen sich die Häutungen so rasant wie in den Bezirken Mitte und Tiergarten; die Folgen der Spaltung sind im Stadtbild, in Mentalität und Lebensform ihrer Bewohner immer noch gegenwärtig, und die bewegende Geschichte der Stadt ist Teil ihrer einzigartigen Ausstrahlung. Gerade die Konstraste erzeugen die Faszination Berlins mit seinen knapp vier Millionen Einwohnern. Sie sind es, die die riesige Stadtlandschaft mit ihren völlig unterschiedlichen Bezirken – von Spandau bis Köpenick, von Klein-Glienicke bis Pankow, vom Kudamm zur Karl-Marx-Allee – so lebendig, abwechslungsreich und eindrucksvoll machen.

»Was sind schon Städte, gebaut ohne die Weisheit des Volkes?«
(Bertolt Brecht)

Berlins Wachstum und Bedeutung beruhte zu jeder Zeit auch auf dem Strom an Zuwanderern, von den Hugenotten bis zu türkischen Gastarbeitern oder Studenten, die sich in Ost wie West in den Nischen der Mauerstadt einrichteten. Berlin besitzt eine Tradition der permanenten Ankunft, und immer wieder haben seine Bewohner als »gelernte Berliner« begonnen. Der Hauptstadtrolle setzen die Berliner Lokalpatriotismus, Gleichmut, tolerante Neugier und liebgewordene Besonderheiten entgegen. Regierung und Parlament, Lobbyisten und Medien – Tausende Bonner Familien – Botschaftspersonal und ausländische Beobachter sind zu Neuberlinern geworden. So ist die Stadt vom Strom der Bewegung durchpulst, eine Bewegung, die Geschichte und Gegenwart mitnimmt in eine neue Zukunft.

Die Stadt und
ihre Bewohner

Chronik Berlins

Im Doppel: Cölln und Berlin

6. Jahrhundert	Im Berliner Raum, zwischen Flüssen und Niederungen, Seen, Bächen und Sümpfen siedeln sich die ersten Slawen, Heveller und Sprewanen, an.
9. Jahrhundert	In Köpenick entsteht eine slawische Burganlage mit kleiner Ansiedlung.
1134–70	Albrecht der Bär aus dem Haus der Askanier regiert als erster Markgraf in Brandenburg. Beginn der deutschen Besiedelung.
1197	Erste urkundliche Erwähnung Spandaus.
1209	Erste urkundliche Erwähnung Köpenicks.
1237	Die Siedlung Cölln an einem günstigen Spreeübergang zwischen den Hochflächen von Barnim und Teltow wird erstmals in einer Urkunde erwähnt. Das Jahr gilt als offizielles Gründungsdatum Berlins.
1244	Erste urkundliche Erwähnung Berlins.
20. 3. 1307	Berlin und Cölln schließen eine erste Union, die durch Markgraf Hermann bestätigt wird. Die befestigten Städte werden zum Handelsknotenpunkt. Sie besitzen Marktplätze, Klosteranlagen, zwei Spitäler, drei Kirchen: St. Nikolai, St. Petri, St. Marien.
1308–19	Mit Markgraf Waldemar endet die Herrschaft der brandenburgischen Askanier.
1323	Mit Ludwig I., d. Ä., erhält das Haus Wittelsbach die Mark Brandenburg als Reichslehen.
1324	Machtkämpfe zwischen Kaiser und Papst, zwischen Luxemburgern und Wittelsbachern in der Mark; Probst Nikolaus von Bernau wird vor der Marienkirche erschlagen; Berlin/Cölln wird mit päpstlichem Bann belegt.
1344	Aufhebung des Kirchenbanns.
1359	Berlin/Cölln wird Mitglied der Hanse.
1415–50	Mit dem Burggrafen Friedrich von Nürnberg, der von König Sigismund als Friedrich I. zum Kurfürsten der Mark Brandenburg ernannt wird, beginnt die Dynastie der schwäbischen Hohenzollern. Sie bestimmen über 500 Jahre lang – bis zur Abdankung Kaiser Wilhelms II. – die Geschicke Berlins und der Mark Brandenburg. Befriedung der Mark von Raubrittertum und Adelsfehden.

1432	Berlin und Cölln schließen sich zu einer Stadt zusammen mit einem gemeinsamen Rathaus auf der Langen Brücke.
1436	Erwerb der Johanniterdörfer Tempelhof, Mariendorf, Rixdorf und Marienfelde.
1448	Um die Tumulte gegen den Landesherren, den so genannten »Berliner Unwillen«, zu beenden, trennt Kurfürst Friedrich II., genannt Eisenzahn, Berlin und Cölln, besetzt das Rathaus und macht städtische Freiheiten rückgängig.
1451	Friedrich II., Eisenzahn, setzt sich mitten zwischen die zwei aufmüpfigen Städte: Er bezieht das 1442 erbaute Schloss an der Spree und erklärt Berlin/Cölln zur kurfürstlichen Residenz.
1539	Ratsherren und Bürgerschaft fordern den Übertritt zum lutherischen Protestantismus. Kurfürst Joachim II. macht Zugeständnisse und nimmt in der Nikolaikirche Spandau das Abendmahl in beiderlei Gestalt. Beginn der Reformation, in der Mark schon fortgeschritten, auch in Berlin/Cölln.
1575–1600	Schwere Pestausbrüche und Brände. Um 1600 zählt Berlin/Cölln um die 12 000 Einwohner; rund ein Drittel der Bevölkerung ist den »schwarzen Tod« gestorben.
1608–19	Kurfürst Johann Sigismund erbt das Herzogtum Preußen als polnisches Lehen.
1613	Übertritt der Kurfürsten zur reformierten Kirche.
1615	Tumulte und Unruhen gegen den vom Hof favorisierten Calvinismus führen zu einer Lockerung der Bestimmungen des Augsburger Religionsfriedens (»cuius regio, eius religio«): Der calvinistische Landesherr läßt den lutherischen Glauben gleichberechtigt zu.
1616–48	Im Dreißigjährigen Krieg leiden Berlin und Brandenburg schwer, da sich die Gebietsbesitzungen des Kurfürsten von Brandenburg quer durch Mitteleuropa verteilen und politisch in die kriegerischen Auseinandersetzungen einbezogen sind.
1627–30	Wallensteins Heer lagert in Berlin, 1631 Gustav Adolf von Schweden. Pest und Hungersnöte wüten: Nach Kriegsende hat Berlin-Cölln nur noch 6000 Einwohner.

1448, nach dem »Berliner Unwillen«, mussten alle Bürger ein Treuegelöbnis ablegen: »Wir sollen und wollen auch in Zukunft niemals mehr etwas wider unsere gnädigen Herren, ihre Erben und Nachkommen, die Markgrafen von Brandenburg, unternehmen, sondern in ewige Zeiten ihre, ihrer Erben und der Herrschaft des Markgrafentums von Brandenburg, willige, untertänige und gehorsame Bürger und Untergebene sein und bleiben, ohne Ausrede, ohne Arg und ohne alle Gefährde.«

13

Die Gliederung der Stadt um 1840 Rund um das Zentrum mit Alt-Berlin, Cölln und dem Schlossareal, von der sternförmigen Befestigung umgeben, legte sich ein Ring historischer Vorstädte, deren Namen wie Dorotheen-, Friedrich- oder Luisenstadt auch heute noch gebräuchlich sind.

Berlin wird Berlin

Kurfürst Friedrich Wilhelm (1640–88)

1641   Waffenstillstand mit den Schweden. Der Wiederaufbau der Residenz und der Mark Brandenburg beginnt.

1645	Anlage des Lustgartens.
1647	Pflanzung von Linden und Nußbäumen zwischen Schloss und Tiergarten: Es entsteht die spätere Straße Unter den Linden.
ab 1648	25 Jahre währender Ausbau der Doppelstadt Berlin – der Name hat sich inzwischen durchgesetzt – zur Festung durch Gregor Memhardt. Der sternförmige

15

	Wall mit 14 Bastionen umfaßt neben Berlin, Cölln und Neucölln auch die Vorstadt auf dem Werder, ab 1662 »Friedrichswerder« genannt.
1660	Friedrich Wilhelm, seit 1640 Kurfürst von Brandenburg, wird souveräner Herzog in Preußen, das er aus der polnischen Oberhoheit löst – das Land, bis 1945 Ostpreußen, lag damals außerhalb des Deutschen Reiches.
1662–69	Bau des Friedrich-Wilhelm-Kanals, der Spree und Oder verbindet: Berlin wird Schnittpunkt und Umschlagplatz der Wasserverbindung Hamburg–Breslau und Magdeburg–Stettin.
ab 1668	Anlage der nördlich der Lindenreihe gelegenen Dorotheenstadt mit kurfürstlichem Privileg – die Stadtentwicklung geht, gleichzeitig zum Festungsbau, über die festgelegten Wallanlagen hinaus.
	Neben holländischen Baumeistern und Handwerkern erhalten reiche jüdische Familien aus Wien Ansiedlungsprivileg.
1669	Friedrichswerder erhält das Stadtrecht.
	Die Residenz besteht jetzt aus drei unabhängigen Städten: Cölln, Berlin, Friedrichswerder.
1685	Edikt von Potsdam: Friedrich Wilhelm nimmt Hugenotten auf, die nach der Aufhebung des Edikts von Nantes in Frankreich verfolgt wurden. Rund 12 000 »Refugiés« siedeln in Brandenburg und Berlin, hauptsächlich in der Dorotheenstadt, Friedrichswerder und Neucölln am Wasser. Sie bilden eigene Gemeinden. Ihre handwerkliche Exzellenz, das weit vorangetriebene Manufakturwesen, ihre Kultur und Kunst setzen die ersten bescheidenen Zeichen von Wohlstand und verfeinerter Lebensart.
ab 1688	Anlage der Friedrichstadt südlich der Lindenreihe.
	Die in Oranienburg, Köpenick und Potsdam erbauten Schlösser werden zu Nebenresidenzen.
	Die Bevölkerung ist von 6000 auf rund 20 000 Einwohner gewachsen.

Kurfürst Friedrich III. (1688–1713)

1701	Kurfürst Friedrich III. krönt sich in Königsberg als Friedrich I. zum König in Preußen. Berlin wird königliche Residenz. Friedrich I. entfaltet rege Bautätigkeit.
ab 1688	entsteht die im Rastermaß angelegte Friedrichstadt südlich der Linden. 1695 Bau von Schloss Lietzenburg, ab 1705 Schloss Charlottenburg genannt. Grundsteinlegung zum Zeughaus.

1696	Gründung der Akademie der Künste, 1702–04 ist Andreas Schlüter Präsident.
1698	Beginn der Schlossausbauten durch Andreas Schlüter u. a., 1716 von Eosander von Göthe vollendet.
1700	Gründung der Akademie der Wissenschaften mit Leibniz als erstem Präsidenten.
1701	Grundsteinlegung des Deutschen und des Französischen Doms.
1705	Charlottenburg erhält das Stadtrecht.
1710	Die fünf königlichen Residenzen Cölln, Berlin, Friedrichswerder, Dorotheenstadt und Friedrichstadt werden zur Königsstadt Berlin zusammengefasst. Im neuen Cöllnischen Rathaus findet sich der Magistrat zusammen, alte Stadtfreiheiten werden zunichte gemacht. Bis 1810 wird die Stadt durch königliche Beamte regiert.
1713	Der erste preußische König hinterlässt ungeordnete Finanzen, ein barockes Stadtschloss und Zeughaus im Mittelpunkt Berlins. Die Einwohnerzahl ist auf rund 56 000 gestiegen.

Der Philosoph Gottfried Wilhelm Leibniz war erster Präsident der 1700 gegründeten Akademie der Wissenschaften. Anonymes Porträt von 1787

Der Aufstieg Preußens

Friedrich Wilhelm I., der »Soldatenkönig« (1713–40)

1717	Gesetz zur allgemeinen Schulpflicht; die Durchsetzung nimmt Jahrzehnte in Anspruch.
1718	Gründung der französischen Ansiedlung Moabit.
1722	Die »Berlinische Privilegierte Zeitung«, später als »Vossische Zeitung« bekannt, wird gegründet.
1726	Gründung des Hospitals Charité.
1730	Ansiedlung von Böhmen, die wegen ihres Glaubens geflüchtet sind.
ab 1735	Bau der neuen Stadt–, Zoll– und Akzisemauer, hauptsächlich, um das Desertieren der Soldaten zu verhindern. Bau des Kollegienhauses, des späteren Kammergerichts in der Lindenstraße. Ausbau der Friedrichstadt mit Adelspalais in der Wilhelmstraße, Anlage der großen Plätze und Exerzierfelder: Karree am Brandenburger Tor (Pariser Platz), als Exerzierplatz das Gelände vor dem heutigen Reichstagsbau im Tiergarten; Oktogon am Leipziger Platz, Rondell am heutigen Mehringplatz mit Verlängerung zum Tempelhofer Feld, dem heutigen Flughafen. Auch der Lustgarten wird zum Reit- und Exerziergelände eingeplant. Die Einwohnerzahl steigt auf fast 90 000 an.

Das Preußentum als europäische Macht

Friedrich II., der Große (1740–86)

Friedrich II. zu Pferde (Ausschnitt), Gemälde von Daniel Chodowiecki, 1776. Am Ende der friderizianischen Epoche zählt Berlin einschließlich der Garnison rund 150 000 Einwohner; Preußen ist zur europäischen Großmacht aufgestiegen mit Berlin als politischem, wirtschaftlichem und geistigem Zentrum. Das friderizianische Rokoko bestimmt den Stil in Kunst und Architektur.

1740	Abschaffung der Folter.
1740–43	Erste Bauten für das Forum Fridericianum durch Knobelsdorff. Umbau und Erweiterung von Schloss Charlottenburg durch Knobelsdorff.
1745–47	Anlage von Sanssouci durch Knobelsdorff.
1747	Dombau am Lustgarten.
1748	Lessing kommt nach Berlin, Freundschaft mit Moses Mendelssohn und Friedrich Nicolai: Berlin ist Zentrum der Aufklärung.
1750–53	Voltaire lebt in Berlin und Potsdam. Wilhelm Caspar Wegely gründet die erste Porzellanmanufaktur in Berlin, die ab 1763 als Königliche Porzellanmanufaktur weitergeführt wird.
1756–1763	Während des Siebenjährigen Krieges besetzen Russen und Österreicher Berlin für einige Tage.
ab 1780	Turmbauten am Französischen und Deutschen Dom auf dem Gendarmenmarkt durch Gontard.
1785	Bau von Schloss Bellevue.

Biedermeier, Vormärz, Reform und Revolution – Berlin bis 1848

Friedrich Wilhelm II. (1786–97)

1788	Johann Gottfried Schadow wird Hofbildhauer.
1788–91	Carl Gotthard Langhans errichtet das Belvedere im Schlosspark Charlottenburg und baut das Brandenburger Tor, gekrönt mit der Quadriga von Johann Gottfried Schadow.
1792	Bau der ersten Chaussee Berlin–Potsdam.

Friedrich Wilhelm III. (1797–1840)

	Das absolutistische Staatssystem bricht zusammen; Napoleon überzieht Europa mit Krieg: Nach langjähriger Neutralitätspolitik kämpft Preußen allein gegen den französischen Kaiser.
1806	Ende des Heiligen Römischen Reiches Deutscher Nation. In der Doppelschlacht von Jena und Auerstedt werden die preußischen Armeen vernichtet. König und Hof fliehen nach Königsberg. Berlin ist halb leer und eine aufgelassene Hauptstadt, als Napoleon mit seinen Truppen einzieht.

Einquartierungen, Beschlagnahme staatlichen Eigentums und hohe Abgabenlasten schädigen Wirtschaft und Handel nach Abzug Napoleons 1808; die Schulden in Höhe von 4,5 Millionen Talern werden noch bis 1861 abgetragen.

1809 Reformprogramme von Freiherr vom Stein zur Selbstverwaltung der Städte: Wahl einer Stadtverordnetenversammlung nach der Steinschen Städteordnung.

ab 1810 Gründung einer Universität durch Wilhelm von Humboldt. Erster gewählter Rektor ist der Philosoph Johann Gottlieb Fichte (»Reden an die deutsche Nation«), der im Zentrum der freiheitlich gesinnten patriotischen Bewegung steht und um den deutschen Nationalgedanken kämpft.

Staatskanzler Hardenberg hebt Zunftordnungen zugunsten der Gewerbefreiheit auf. Neuordnung des Heereswesens durch die Generäle Gneisenau und Scharnhorst.

1812 Erneute Besetzung Berlins durch Napoleons Truppen auf dem Marsch nach Rußland.

1813 Preußen bildet Allianz mit Rußland; Kämpfe rund um Berlin. Mit der Völkerschlacht bei Leipzig unter General Blücher sind die Befreiungskriege beendet, Napoleon ist besiegt.

1814 Die von Napoleon geraubte Quadriga wird mit einem großen Siegeszug zum Brandenburger Tor zurückgebracht.

ab 1816 Das Versprechen weiterer Reformen und einer Verfassung bleibt uneingelöst; nach der Neuordnung Europas durch den Wiener Kongress reaktionäre Politik und erneuter Druck durch den Obrigkeitsstaat. Das Bürgertum zieht sich ins Privatleben zurück.

Maschinenbau und Dampfschifffahrt läuten die industrielle Entwicklung ein. Karl Friedrich Schinkel, Daniel Rauch und Peter Joseph Lenné schaffen ein neues Stadtbild Berlins: Schinkel baut die Neue Wache, das Schauspielhaus am Gendarmenmarkt, die Schlossbrücke, das Alte Museum, die Friedrichswerdersche Kirche, die Bauakademie.

1834 Gründung des Deutschen Zollvereins.

1836 Karl Marx kommt als Student nach Berlin.

1837 August Borsig gründet die Maschinenbauanstalt in der Chausseestraße.

1838 Die erste Eisenbahnstrecke Berlin–Potsdam wird eröffnet.

Beträchtliche Stadterweiterungen im Norden und

Als Merkmale Preußens im 18. Jahrhundert hat Sebastian Haffner drei »große preußische Gleichgültigkeiten« herausgestellt. Der Staat war »konfessionell«, »national« und »sozial« gleichgültig. Verlangt wurde von den Untertanen »keine Begeisterung, er appellierte nicht an Vaterlandsliebe, Nationalgefühl ..., sondern ausschließlich an ihr Pflichtgefühl.«
(Sebastian Haffner in »Preußen ohne Legende«)

dem heutigen Kreuzberg. An den Rändern entstehen die ersten Mietskasernen. Berlin hat über 300 000 Einwohner.

Friedrich Wilhelm IV. (1840–61)

Die Liberalisierung, von Friedrich Wilhelm IV. frisch begonnen, hält nicht an und schlägt um. Die Lebensbedingungen der Arbeiter und unteren Stände sind verheerend. Berlin wird Indusstriemetropole mit ersten dicht bebauten Wohn- und Fabrikvierteln. Schinkel, Persius, Stüler und Lenné verwirklichen die architektonischen Italienträume Friedrich Wilhelms IV. mit arkadischen Landschaften in Glienicke und Potsdam.

»Als historisches Ereignis war es eine große Sache, als Heldenleistung urschwach, Scharmützel. Unsere Enkel werden erst die wirkliche Schlacht zu schlagen haben.«
(Theodor Fontane zur Märzrevolution 1848, 1898)

1844 Weberaufstand in Schlesien, die erste blutig niedergeschlagene proletarische Erhebung in Deutschland. Landflucht nach Berlin: Elend und Not nehmen zu. Missernten führen zu Unruhen und Plünderungen; Zensur- und Polizeimaßnahmen werden verstärkt wie auch die Verfolgung oppositioneller Kräfte.

1845 Eröffnung des Neuen Museums von Stüler auf der Museumsinsel. Baubeginn des Landwehrkanals, Beginn der Stadterweiterung Luisenstadt.

1847 Erste Sitzung des Vereinigten Landtages in Berlin, erste öffentliche Sitzung der Stadtverordnetenversammlung.

1848 Märzrevolution in Berlin; die Auseinandersetzungen zwischen Bürgern und Militär fordern 300 Opfer. Gründung des »Zentral-Kommitees für Arbeiter«; erster Deutscher Arbeiterkongress. Preußen wird konstitutionelle Monarchie, jedoch ohne demokratische Rechtsgebung.

1850 Einführung einer neuen Stadtverfassung und Gemeindeordnung, die die staatlichen Kräfte stärkten. Wahlberechtigt sind nur fünf Prozent der Berliner. Einführung des Dreiklassenwahlrechts in Preußen, das jahrzehntelang im Zentrum der Verfassungskämpfe steht. Seine Abschaffung erfolgt erst mit der Novemberrevolution 1918.

1856 Baubeginn städtischer Wasserleitungen und erstes Wasserwerk.

Hauptstadt des Kaiserreichs und Industriemetropole

Wilhelm I. (1858–88)

1858 Der Bruder des für regierungsunfähig erklärten Friedrich Wilhelm IV. übernimmt die Regierungsgeschäfte. Berlin hat über 500 000 Einwohner.

1859 Eröffnung des Spandauer Schifffahrtskanals.

1861 Eingemeindung von Gesundbrunnen, Wedding, Tempelhof, dem Nordteil von Moabit und Schöne-

	berg. Gründung der Deutschen Fortschrittspartei.
1862	Otto von Bismarck wird preußischer Ministerpräsident.
	Erlass des Hobrechtschen »Bebauungsplans für Berlin und Charlottenburg«– zusammen mit der Baupolizeiverordnung für Berlin von 1853 Begünstigung von Bau- und Bodenspekulation, Beginn des systematischen Mietskasernenbaus.
ab 1865	Johann Carstenn beginnt mit der Anlage großer Villenkolonien.
1866	Weihung der Neuen Synagoge von Eduard Knoblauch und August Stüler in der Oranienburger Straße.
1867	Berlin wird Hauptstadt des Norddeutschen Bundes.
1868	Abriss der alten Stadt- und Zollmauern.
1869	Das Rote Rathaus wird bezogen.
1871	Nach den siegreichen Kriegen gegen Frankreich Proklamation des Deutschen Kaiserreiches in Versailles. Wilhelm I. wird Kaiser, Bismarck Reichskanzler, Berlin zur Reichshauptstadt.
	Die ersten Abschnitte der Ringbahn werden in Betrieb genommen. Errichtung der Siegessäule auf dem Königsplatz (vor dem heutigen Reichstag).
1873	Beginn der Städtischen Kanalisation durch Stadtbaurat Hobrecht.
1874	Eröffnung der Wannseebahn; die größte Mietskaserne »Meyer's Hof« mit sechs Hinterhöfen wird in der Ackerstraße im Wedding errichtet.
1876	Franz Schwechten baut den Anhalter Bahnhof (Eröffnung 1880). Eröffnung der Nationalgalerie auf der Museumsinsel.
1877	Die Einwohnerzahl Berlins überschreitet die Millionengrenze.
	Erstmals werden zwei sozialdemokratische Reichstagsabgeordnete gewählt.
	Gründung des Verlages Ullstein.
1878	Kaiser Wilhelm I. entgeht zwei Attentaten; sie werden von Bismarck als Argumente für die Durchsetzung des Sozialistengesetzes gegen die »gemeingefährlichen Bestrebungen der Sozialdemokratie« benutzt. Verbot aller sozialdemokratischen, sozialistischen und kommunistischen Versammlungen, Vereine und Schriften. Führt bis zur Aufhebung 1890 zu Verfolgung und Ausweisung der Sozialisten. Ab 1883 als Gegengewicht Verabschiedung von Reichsgesetzen zur Einführung einer fortschrittlichen Sozialgesetzgebung für die Arbeiterschaft.

Im Lokomotivsaal der Borsigschen Maschinenbauanstalt, Holzstich von 1879. Die Reparationszahlungen Frankreichs und die Aufhebung der Zollschranken begünstigen das Wachstum Deutschlands zur stärksten Industriemacht des Kontinents. Der Bau- und Wirtschaftsboom der Gründerzeit setzt ein. Berlin ist in 30 Jahren von 330 000 auf über 800 000 Einwohner angewachsen.

1879	Werner Siemens stellt die erste elektrische Eisenbahn der Welt vor; Gründung der Technischen Hochschule.
1880	Ausbau des Kurfürstendamms zur 54 m breiten Prachtallee.
1881	Einführung der Straßenbahn in Lichterfelde und erster Telefonbetrieb.
1882	Eröffnung der Stadtbahn als Ost-West-Verbindung von Charlottenburg über Kreuzberg nach Friedrichshain. Erste elektrische Straßenbeleuchtung.
1883	Emil Rathenau gründet die »Allgemeine Electrizitätsgesellschaft« (AEG).
1884	Gründung der Berliner Elektrizitätswerke; Grundsteinlegung zum Reichstagsgebäude; Eröffnung von insgesamt 18 Markthallen im Stadtgebiet.
1888	Das »Dreikaiserjahr«. Tod Kaiser Wilhelms I.; sein Sohn Friedrich III. stirbt nach 99 Tagen.

Die »herrlichen Zeiten«, Erster Weltkrieg und Novemberrevolution

Kaiser Wilhelm II. (1888–1918)

1890	Entlassung Bismarcks als Reichskanzler. Aufhebung des Sozialistengesetzes: Der »Vorwärts« erscheint, August Bebel und Wilhelm Liebknecht, Führer der Sozialdemokraten, kommen nach Berlin. 1. Mai: In der Hasenheide wird zum ersten Mal der Tag der Arbeit gefeiert.
1892	Mietshausanlage Riehmers Hofgarten in Kreuzberg fertig gestellt.
1894	Nach zehnjähriger Bauzeit Einweihung des Reichstagsgebäudes von Paul Wallot.
1895	Weihung der Kaiser-Wilhelm-Gedächtniskirche von Franz Schwechten. Erster Kinoapparat im Wintergarten.
1895–1901	Anlage der Siegesallee im Tiergarten als Geschenk des Kaisers.
1896	Gewerbeausstellung in Treptow.
1898	Schöneberg erhält Stadtrechte. Gründung der Berliner Secession durch Max Liebermann gegen die kaiserlich verordnete Kunstauffassung.
1899	Rixdorf (ab 1912 Neukölln) erhält Stadtrechte.
1902	Inbetriebnahme der ersten Untergrund- und Hoch-

	bahn vom Halleschen Tor bis zur Warschauer Brücke.
1903	Kaiser-Friedrich-Museum (heute Bodemuseum) eröffnet. Gründung von Telefunken.
1904	Das erste Kaufhaus Wertheim, von Alfred Messel erbaut, wird in der Leipziger Straße eröffnet. Beginn der sozialistischen Jugendbewegung.
1905	Berlin hat zwei Millionen Einwohner; Einsatz der ersten Autobusse.
1906	Eröffnung des Teltowkanals, Wilmersdorf erhält Stadtrechte; der Geniestreich des Hauptmanns von Köpenick erheitert nicht nur die Berliner.
1907	Eröffnung des Kaufhaus des Westens (KaDeWe) in Charlottenburg (seit 1920 liegt es in Schöneberg); Eröffnung des Märkischen Museums, erbaut von Ludwig Hoffmann; Eröffnung des Hotels Adlon.
1908	Großdemonstration gegen das Dreiklassenwahlrecht; Inbetriebnahme der AEG-Turbinenhalle von Peter Behrens in der Huttenstraße; im Jahr darauf wird auch in seiner AEG-Montagehalle in der Brunnenstraße produziert.
1914	Beginn des Ersten Weltkriegs.
1916/17	Hungerwinter, Volksspeisungen, Lebensmittelrationierungen, Antikriegskundgebungen; Verhaftung Karl Liebknechts, Massenstreiks in Munitionsfabriken; Gründung der Universum Film AG (UFA).
1918	Revolution; Abdankung des Kaisers; 9. November: Ausrufung der Republik. Ende des Ersten Weltkriegs und der Hohenzollern-Monarchie.

»Dämon Berlin«. Das Titelblatt zur Novelle von Paul Grulich von 1907 zeigt die Nachtseite der Großstadt, die den Einzelnen zu verschlingen drohte.

Die Weimarer Republik und die »Wilden Zwanziger«

1918	Die Regierungsgeschäfte gehen auf den Führer der Sozialdemokratie, Friedrich Ebert, über.
1919	Spartakusaufstand; am 15. Januar werden Rosa Luxemburg und Karl Liebknecht von Freikorpsoffizieren verschleppt und ermordet. 24. Januar: Aufhebung des Dreiklassenwahlrechts. 28. Juni: Mit dem Versailler Vertrag Beendigung des Ersten Weltkriegs. Eröffnung des Großen Schauspielhauses, Umbau im expressionistischen Stil von Hans Poelzig.
1920	Rechtsradikaler Kapp-Putsch. Durch Eingemeindung der Städte Charlottenburg,

4. Januar 1919: Karl Liebknecht hält seine letzte öffentliche Ansprache vor dem Ministerium des Inneren Unter den Linden. Am 15. Januar wurden er und Rosa Luxemburg ermordet.

Köpenick, Neukölln, Lichtenberg, Schöneberg, Spandau, Wilmersdorf, durch Zusammenfassung von 59 Landgemeinden und 27 Gutsbezirken entsteht die Verwaltungseinheit Groß-Berlin. Einteilung in 20 Bezirke mit insgesamt 3,8 Millionen Einwohnern.

1922   Ermordung des Außenministers und Präsidenten der AEG, Walther Rathenau.

1923   Erste Rundfunksendungen; Höhepunkt und Ende der Inflation.

1924   Erste Funkausstellung, Bau des Flughafens Tempelhof; Gründung der Gemeinnützigen Heimstätten-, Spar- und Bau AG (GEHAG). Siedlungen, Reform- und Großwohnungsbau in allen Stadtteilen.

1924–30   Bau und Fertigstellung großer Reformsiedlungen von Max und Bruno Taut, Martin Wagner u. a.

1925   Tod des ersten Reichspräsidenten Friedrich Ebert. Zum Nachfolger wird Generalfeldmarschall von Hindenburg gewählt.

1926   Einweihung des Funkturms. Joseph Goebbels wird Gauleiter der NSDAP von Berlin-Brandenburg.

1929	Abschluss der Elektrifizierung von Ring- und Stadtbahn.
1930	Hans Poelzigs Haus des Rundfunks in der Masurenallee wird eröffnet; erster Raketenflug in Tegel. Einweihung des Pergamon-Museums von Ludwig Hoffmann auf der Museumsinsel.
1931	Fertigstellung des Shell-Hauses von Emil Fahrenkamp und der Großsiedlung Siemensstadt (Hans Scharoun, Otto Bartning, Walter Gropius u. a.).
1932	Absetzung der preußischen Regierung. Bei den letzten freien Reichstagswahlen am 6. November erhalten in Berlin im Vergleich zum Reich KPD 31 % (16,8), NSDAP 25,9 % (33), SPD 23, 3 % (20), DNVP 11,3 % (8,3), Zentrum 4,4 % (11,9).
	In Berlin gibt es über 600 000 Arbeitslose, in Deutschland sind es sechs Millionen.
	November: Die KPD unter Walter Ulbricht und die NSDAP unter Goebbels veranlassen gemeinsam einen Streik bei der BVG und eine völlige Lahmlegung des Verkehrs.

Die »finsteren Zeiten« – von der Machtergreifung zum Führer-Staat

1933	30. Januar: Ernennung Hitlers zum Reichskanzler durch Reichspräsident Hindenburg. 27. Februar: Reichstagsbrand. 13. März: Auflösung des Berliner Magistrats, ein NS-Stadtkommissar mit unbeschränkten Vollmachten wird eingesetzt. April: Erster Boykott jüdischer Geschäfte, Ausschluss der Juden aus dem öffentlichen Leben; Verhaftung von NS-Gegnern. 10. Mai: Bücherverbrennung auf dem Opernplatz 21.–26. Mai: »Köpenicker Blutwoche«: Verfolgung von NS-Gegnern und Ermordung von 91 KPD- und SPD-Mitgliedern.
1934	»Röhm-Putsch«: Die Ermordung von SA-Konkurrenten durch Hitler wird in Berlin von Goebbels geleitet. Mit dem Tod Hindenburgs wurde Hitler auch Oberbefehlshaber und Staatsoberhaupt. Die Vossische Zeitung stellt ihr Erscheinen ein; Enteignungen jüdischer Unternehmen. Einrichtung des Volksgerichtshofes.
1935	Erlass der »Nürnberger Gesetze«. Alle jüdischen Beamten werden entlassen. Erste regelmäßig ausge-

*Der Boykott jüdischer
Geschäfte begann
unmittelbar nach der
Machtergreifung
Hitlers 1933.
(Das KaDeWe in der
Tauentzienstraße)*

	strahlte Fernsehsendungen; Eröffnung der Deutsch-landhalle.
1936	Fertigstellung des Reichsluftfahrtministeriums von Ernst Sagebiel.
	XI. Olympische Sommerspiele auf dem von Werner March erbauten Stadiongelände.
1937	700-Jahr-Feier Berlins. Ernennung Albert Speers zum »Generalbauinspektor für die Reichshauptstadt Berlin« mit dem Auftrag der Neugestaltung Berlins zur »Reichshauptstadt Germania«.
1938	9. und 10. November erneuter Höhepunkt der Judenverfolgung mit der »Reichspogromnacht« und der Zerstörung von Synagogen und jüdischen Geschäften.

Berlin im Zweiten Weltkrieg – 1939–1945

1939	Berlin hat 4,3 Millionen Einwohner.
	Fertigstellung des Flughafens Tempelhof von Ernst Sagebiel und Hitlers Neuer Reichskanzlei von Albert Speer.
	1. September: Deutscher Angriff auf Polen ohne Kriegserklärung: Beginn des Zweiten Weltkriegs.
1940	Erste britische Bombenangriffe auf Berlin.
1941	22. Juni: Beginn des deutschen Angriffs auf die Sowjetunion.
1941–45	Deportation von etwa 70 000 Berliner Juden in Konzentrations- und Vernichtungslager. Bei

Mit Brillen und Tüchern vermummte Frauen und Kinder nach einem Bombenangriff in der Wilhelmstraße.

Kriegsende haben nur 6000 Juden in Berlin überlebt.

1942 20. Januar: Wannseekonferenz: Beschluss über die »Endlösung der Judenfrage«, über Verfolgung und Vernichtung der europäischen Juden unter dem Vorsitz von Reinhard Heydrich.

1943 18. Februar: Nach der Niederlage in Stalingrad ruft Goebbels im Sportpalast den ›totalen Krieg‹ aus.
1. März: Zunehmende, schwere anglo-amerikanische Bombardierungen Berlins und Beginn der Evakuierung der Berliner Bevölkerung.

1944 Ab 6. Juni: Landung der Alliierten in der Normandie.
20. Juli: In Berlin, Zentrum des Widerstands gegen das NS-Regime, werden die Anführer des missglückten Attentats auf Hitler, die Gruppe um Oberst Graf Schenk von Stauffenberg, erschossen. Zahlreiche weitere Widerstandskämpfer werden durch den »Volksgerichtshof« verurteilt und hingerichtet.

Auf der Londoner Konferenz am 12. 9. 1944 beschließen die Alliierten, dass nach der Eroberung Berlins die sowjetische Besatzungsmacht acht Bezirke, die drei Westmächte zwölf Bezirke erhalten, die späteren Sektoren.

Das Jahr 1945 – Kapitulation und Befreiung

12. Januar Berlin, wie auch andere Großstädte, wird zur »Festung« erklärt.

20.–26. April Nach dem Übergang der Roten Armee über die untere Oder Einschließung Berlins.

30. April Selbstmord Adolf Hitlers im Bunker der Reichs-

Um die ganze Welt ging das Pressefoto des sowjetischen Fotografen Jegwenij Chaldeij, der mit den Rotarmisten gekommen war und das Motiv der Flaggenhissung am Tag darauf, dem 1. Mai, nachstellte, um es in der Prawda veröffentlichen zu können.

Die Opfer
Das Deutsche Reich hatte sich mit 67 Ländern im Kriegszustand befunden; durch den größten und schrecklichsten aller Kriege gab es allein in Europa Millionen von Toten: über 5 700 000 jüdische Opfer des Holocaust; 22 Millionen Tote in der Sowjetunion; in Deutschland und Österreich über 10 Millionen.
12 Millionen Deutsche gerieten in Gefangenschaft; über 5 Millionen Deutsche waren aus dem Osten auf der Flucht; über 10 Millionen Menschen waren ausländische Kriegsgefangene, Fremdarbeiter und Verschleppte in Deutschland.

kanzlei. Großadmiral Dönitz wird Nachfolger.

2. Mai   Die Sowjetarmee erobert Berlin.

8. Mai   Gesamtkapitulation der Wehrmacht im sowjetischen Hauptquartier in Berlin-Karlshorst.

Berlin und die Alliierten

1945   Im April trifft die »Gruppe Ulbricht« aus Moskau in Berlin ein.

Von Mai bis Juli sind die Sowjets die alleinige Besatzungsmacht in Berlin, Stadtkommandant ist Generaloberst Bersarin; danach erst rücken Amerikaner, Briten und Franzosen nach.

Die Lebensmittel werden in fünf Stufen rationiert; Einsetzung des ersten Nachkriegsmagistrats. Notdürftige Wasser-, Strom- und Gasversorgung, Busse setzen ein, Zeitungen erscheinen, die Kulturarbeit beginnt. Die Trümmerfrauen räumen auf.

Ab Juni: Wieder- bzw. Neugründung von Parteien.

5. Juni: Übernahme der obersten Regierungsgewalt in Deutschland durch die vier Besatzungsmächte und Aufteilung in Besatzungszonen, die schon in der Vier-Mächte-Erklärung der Londoner Konferenz von 1944 festgelegt worden waren. Berlin wird in vier Sektoren aufgeteilt; die alliierten Kommandaturen beziehen ihre Quartiere.

9. Juni: Das Hauptquartier der Sowjetischen Militäradministration in Deutschland (SMAD) wird Berlin-Karlshorst.

1.– 4. Juli: Die Westmächte ziehen sich aus Mecklenburg, Thüringen und Sachsen in ihre westlichen Besatzungszonen hinter der Demarkationslinie (Konferenz von Jalta) zurück. Die Westalliierten besetzen die Westsektoren in Berlin.

Juli/August: Potsdamer Konferenz mit Truman, Churchill, Stalin im Schloss Cecilienhof.

Das Sowjetische Ehrenmal im Tiergarten wird als erster Bau nach Kriegsende aus den Trümmern der Reichskanzlei errichtet.

1946 Vereinigungsparteitag von SPD und KPD zur SED, zur Sozialistischen Einheitspartei Deutschlands; in den Westsektoren durch Urabstimmung der SPD verhindert.

Wahlen für Stadtparlament und Bezirksverordnetenversammlungen. Niederlage der SED.

1947 25. Februar: Der Alliierte Kontrollrat erklärt mit »Gesetz Nr. 47« Preußen als staatsrechtlich aufgelöst.

Juni: Ernst Reuter wird Oberbürgermeister; Veto in der Kommandantur durch die Sowjets.

1948 Eröffnung der ersten Verkaufsstellen der Staatlichen Handelsorganisation (HO).

18. Juni: Währungsreform in Westdeutschland.

23. Juni: Auto- und Bahnverkehr Berlin–Helmstedt wegen »technischer Störungen« vonseiten der Sowjets eingestellt.

24. Juni: Einführung der Westmark auch in den Westsektoren Berlins.

In der deutschen Hauptstadt lebten bei Kriegsende 2,3 Millionen Einwohner (zu Kriegsbeginn: 4,3 Millionen). Rund 50 000 Berliner kamen durch die Bombenangriffe ums Leben. Über 50 % der Gebäude sind beschädigt, ein Drittel des gesamten Wohnraums ist total zerstört. Der Trümmerschutt beträgt rund 80 Millionen Kubikmeter, knapp 30 qkm der am dichtesten besiedelten Stadtbezirke sind rauchende Ruinenfelder.

Ernst Reuter (1889 - 1953) war der populärste West-Berliner Bürgermeister der Nachkriegszeit, und seinen Kampf um die Freiheit während der Blockade haben die Berliner bis heute nicht vergessen.

Blockade und Luftbrücke – Juni 1948–Mai 1949

Juni In der Nacht zum 24. Juni wird der einzige Schienenstrang auf der Strecke Helmstedt-West von der Sowjetischen Militäradministration (SMAD) wegen »technischer Störungen« unterbrochen. Bereits am Tag darauf beginnt »die spektakulärste humanitäre Aktion in der Geschichte der Luftfahrt«. Die anglo-amerikanische Luftbrücke, von General Lucius D. Clay, Militärgouverneur der amerikanischen Besatzungszone, initiiert, führte in den elf Monaten 280 00 Flüge durch, mit denen 1,73 Millionen Tonnen Güter transportiert wurden: rund 60 Prozent Kohle, 30 Prozent Lebensmittel sowie Rohmaterialien für die Berliner Wirtschaft.

Während der sowjetischen Blockade zwischen Juni 1948 und Mai 1949 wurde die Bevölkerung der Westsektoren Berlins mit rund 200 000 Versorgungsflügen der Amerikaner und Briten am Leben erhalten.

Juli	Austritt des sowjetischen Stadtkommandanten aus der Alliierten Kommandantur. Spaltung von Polizei- und Verwaltungsorganen beginnt.
9. September	»Völker der Welt! Schaut auf diese Stadt!« Ernst Reuter hält seine berühmt gewordene Rede vor dem ausgebrannten Reichstag; rund eine halbe Million Berliner haben sich versammelt.
Oktober	Gesetz über »Notopfer Berlin« als Sondersteuer zur Stützung der Berliner Wirtschaft, u. a. auch als Zusatzbriefmarke. Aufhebung 1956/58.
Dezember	Endgültige Spaltung der Stadtverwaltung: Der »West«-Magistrat zieht nach Charlottenburg, danach ins Rathaus Schöneberg, der »Ost«-Magistrat bleibt im Roten Rathaus. Die Alliierte Kommandantur arbeitet auf Drei-Mächte-Basis weiter. Gründung der Freien Universität (FU) als Protest gegen die Ideologisierung der Humboldt-Universität im Ostteil Berlins.
1949	Brecht inszeniert im Ostberliner Deutschen Theater »Mutter Courage und ihre Kinder«. 12. Mai: Beendigung der Blockade; zusätzliche Flugtransporte aber noch bis September. Wirtschaftlich bleibt West-Berlin vom Umland isoliert. Die Wirtschaft der Westsektoren muss schwere Einbußen hinnehmen. Rund 40 000 Arbeitslose, über 3500 Betriebe werden stillgelegt, in rund 5000 Betrieben herrscht Kurzarbeit.

2 mal Deutschland, 2 mal Berlin

Präambel des Grundgesetzes: »Das gesamte Deutsche Volk bleibt aufgefordert, in freier Selbstbestimmung die Einheit und Freiheit Deutschlands zu vollenden.«

1949 23. Mai: Geburtsdatum der Bundesrepublik Deutschland: In der vorläufigen Hauptstadt Bonn wird das Grundgesetz unter Einbeziehung von »Groß-Berlin« als Verfassung verkündet.
7. Oktober: Offizieller Gründungstag der Deutschen Demokratischen Republik mit »Berlin als Hauptstadt« durch Inkrafttreten der Verfassung.

1950 Mit Zustimmung der Alliierten Kommandantur tritt die Verfassung vom westlichen Berlin mit Geltungsanspruch für Gesamtberlin in Kraft.
Sprengung des Stadtschlosses.
Anerkennung der Oder-Neiße-Grenze durch die DDR.
Gründung des Schriftstellerverbandes der DDR.
Gründung der Deutschen Akademie der Künste.
Als gesetzliche Feiertage gelten der 8. Mai als Tag der Befreiung und der 7. Oktober, Tag der Staatsgründung.
Walter Ulbricht wird Generalsekretär der SED.

1951 Ernst Reuter, seit 1948 Oberbürgermeister, wird Regierender Bürgermeister; die Bezeichnung »Senat von Berlin« löst den Begriff »Magistrat von Groß-Berlin« ab.
Inkrafttreten des ersten Fünf-Jahres-Plans der DDR, das Hauptgewicht liegt auf der Schwerindustrie zu Lasten der Konsumgüterindustrie.
Erstes Stalin-Denkmal wird enthüllt.
Erstmalig Weltfestspiele der Jugend und Studenten.
Erstmalig finden die Internationalen Filmfestspiele sowie die Berliner Festwochen statt.

1952 Im Rahmen des Nationalen Aufbauprogramms wird mit dem Bau der Stalin- (jetzt Karl-Marx-Allee) begonnen, die 1965 fertig gestellt wird.
An der Grenze zur Bundesrepublik, der Staatsgrenze West, wird eine 5 km breite Sperrzone mit Kontroll- und Schutzstreifen errichtet. Innerhalb Berlins Straßenblockierungen.
Westberlinern wird die Einreise in die DDR (nicht Ostberlin) verboten; Sperrung des innerstädtischen Telefonverkehrs zwischen West und Ost.
Eröffnung des Museums für Deutsche Geschichte im restaurierten Zeughaus.

1953 März: Tod Josef Stalins
28. Mai: Ministerrat beschließt zehnprozentige Normerhöhungen.
17. Juni: Volksaufstand im ganzen Land, ausgelöst

Mit Pflastersteinen gegen sowjetische Panzer: Straßenschlacht am 17. Juni 1953. Ein ehemaliger SED-Funktionär beschreibt im nachhinein die gemischten Gefühle innerhalb der Kader über die Ereignisse des 17. Juni 1953: »Jetzt begrüßten wir die Panzer Unter den Linden, die uns von den Arbeitern befreiten, die wir hatten befreien wollen.« Brecht notierte in sein Tagebuch: »Wäre es da nicht einfacher, die Regierung löste das Volk auf und wählte ein anderes?«

durch Bauarbeiter, Verhängung des Ausnahmezustands, der Aufstand wird durch sowjetische Truppen niedergeschlagen.

Auflösung der »Staatlichen Kunstkommission«.

ab 1954–60 »Abriß für den Wiederaufbau«: Die Westberliner Mitte rund um den Zoo bis zum »Kranzler-Eck«wird neu bebaut und gestaltet.

1954 Souveränitätserklärung der DDR durch die UdSSR. Das Berliner Ensemble von Brecht und Weigel bezieht das Theater am Schiffbauer Damm. Eröffnung der Amerika-Gedenk-Bibliothek.

1955 Der Flughafen Schönefeld wird bis 1976 erweitert und ausgebaut. Neueröffnung der restaurierten Oper Unter den Linden als Deutsche Staatsoper Berlin. Die Bundesregierung beschließt den »Aufbauplan Berlin«.

1956 Im Notaufnahmelager Marienfelde wird der einmillionste Flüchtling aus der DDR registriert.

1957 Im Rahmen der Internationalen Bauausstellung werden das Hansaviertel und das Corbusier-Hochhaus der Öffentlichkeit präsentiert. Im Tiergarten bietet die Kongresshalle kühne Schalenarchitektur.

1958 Berlin-Krise: Nikita Chruschtschow fordert von den Westmächten eine entmilitarisierte »Freie Stadt« Berlin. Drei Millionen Menschen sind seit 1949 (Beginn der Statistik) aus der DDR und Ostberlin geflüchtet.

1959   Das wieder aufgebaute Schloss Bellevue wird West-Berliner Amtssitz des Bundespräsidenten.
Einweihung des neu erbauten Jüdischen Gemeindehauses in der Fasanenstraße. Erste Kulturkonferenz in Bitterfeld: »Greif zur Feder, Kumpel! Die sozialistische Nationalkultur braucht Dich!«

1960   Ausbau des französischen Militärflughafens Tegel zum zweiten Zivilflughafen in West-Berlin.

Schandmauer und Schutzwall – die Berliner Mauer

1961   Aufbauprogramm und innerstädtische Neuordnung für das Zentrum der Hauptstadt der DDR beschlossen mit Schwerpunkt Unter den Linden, Marx-Engels- und Alexanderplatz. Weihung der neuen Kaiser-Wilhelm-Gedächtniskirche von Egon Eiermann.
Eröffnung der Deutschen Oper in der Bismarckstraße, Charlottenburg.
In West-Berlin arbeitende Ostberliner (Grenzgänger) müssen Miete, Strom etc. in DM bezahlen, sie sollen ihre Arbeitsplätze aufgeben.
Proteste der westlichen Stadtkommandanten gegen die Aufhebung der Arbeitsplatz-Freizügigkeit.
Sprunghaft steigende Flüchtlingszahlen.
13. August: Abriegelung der Demarkationslinie, Beginn des Mauerbaus durch NVA und Volkspolizei.
16. August: 500 000 Menschen demonstrieren vor dem Schöneberger Rathaus gegen den Mauerbau.
23. August: Militärische Bewachung der sieben Grenzübergänge. Keine Besuche von West-Berlinern im Ostteil der Stadt mehr möglich.
Lucius D. Clay, vormaliger Militärgouverneur und Initiator der Luftbrücke, kommt als persönlicher Berlin-Beauftragter Kennedys in die Stadt zurück.
Oktober: Eskalation des Kalten Krieges. Nach Versuchen des Ostens, die Rechte der Alliierten auf freie Bewegung in ganz Berlin einzuschränken, stehen sich amerikanische und sowjetische Panzer am Checkpoint Charlie gegenüber.

1962   Verabschiedung des Berlin-Hilfe-Gesetzes zur Unterstützung der Berliner Wirtschaft.
Erste, inoffizielle Häftlingsfreikäufe aus der DDR zu Weihnachten: 20 Häftlinge und 20 Kinder, durch den Mauerbau von ihren Eltern getrennt, werden zum Gegenwert von drei Waggons Kalidüngemittel für die Landwirtschaft in den Westen gelassen.

1963   Chruschtschow verlangt erneut den »Abzug der

Klaus Schlesinger schildert in seiner Chronik »Fliegender Wechsel« den »kleinen Grenzverkehr« der Nachkriegsjahre zwischen Prenzlauer Berg und Wedding: »Jetzt die Schilder, Sie verlassen den sowjetischen Sektor und, von zehn Metern gepflastertem Damm getrennt, genau am Anfang der Bernauer, Sie betreten den französischen Sektor; ... Buden wuchsen vor dem Gelände des Güterbahnhofs, Milkanaäseecken, Storck-Riesen, Bohnenkaffee, Kurs eine Mark West gleich vierkommasiebenfünf Mark Ost ... und dann, über Nacht, die Uniformierten vor den Schildern, blauer, grober Stoff, Ausweiskontrollen, endlos wiederholte Dialoge, Hören Sie, ich will auf die andere Straßenseite, weshalb verlangen Sie meinen Ausweis?, Sie passieren eine Staatsgrenze!, Staatsgrenze? Wo denn? Ich geh doch nur über den Damm!«

NATO-Truppen« aus West-Berlin. John F. Kennedy besucht Berlin und hält seine berühmte Rede:»Ich bin ein Berliner.«

Das erste Passierschein-Abkommen zur Besuchsregelung der Westberliner im Ostteil der Stadt wird geschlossen.

Eröffnung der Philharmonie von Hans Scharoun als Teil des geplanten Kulturforums in Tiergarten.

Baubeginn Gropiusstadt.

1964 In West-Berlin wird die 250 000. Wohnung fertig gestellt; Baubeginn der Trabantenstadt Märkisches Viertel.

Martin Luther King zu Besuch in West- und Ostberlin.

Eröffnung des Staatsratsgebäudes in Ostberlin.

Die erste befristete Passierscheinregelung für Ostrentner zum Besuch West-Berlins und der BRD tritt in Kraft.

1965 Eröffnung des Europa-Centers am Tauentzien.

Haus des Rundfunks in der Masurenallee wird Eigentum des Senders Freies Berlin (SFB).

Baubeginn der Neuen Nationalgalerie von Mies van der Rohe am Kemperplatz, Tiergarten.

1966 Das kriegszerstörte Alte Museum am Lustgarten wird nach 15jähriger Wiederaufbauarbeit eröffnet.

Als Außenminister und Vizekanzler tritt Willy Brandt als Regierender Bürgermeister von Berlin zurück; Nachfolger wird Heinrich Albertz.

1967 Beginn der Studentenunruhen.

2. Juni: Bei einer Demonstration vor der Deutschen Oper anläßlich des Staatsbesuchs des Schahs von Persien wird der Student Benno Ohnesorg von einem Polizeibeamten erschossen.

1968 Mordanschlag auf Rudi Dutschke, dem führenden Kopf des Sozialistischen Deutschen Studentenbundes (SDS).

Großdemonstrationen, Vietnam-Kongress, Kundgebungen, schwere Zusammenstöße zwischen Polizei, Studenten und Mitgliedern der Außerparlamentarischen Opposition (APO) prägen das politische Klima der Stadt.

Eröffnung der Nationalgalerie von Mies van der Rohe.

1969 Einweihung des Ostberliner Fernsehturms.

Eröffnung des Berlin-Museums im alten Kammergericht in der Lindenstraße.

1970 Wiedereröffnung des Reichstagsgebäudes nach dem Umbau.

1971	Erste Internationale Funk- und Fernsehausstellung auf dem Messegelände am Funkturm. Inkrafttreten des Vier-Mächte-Abkommens über Berlin, das wesentliche Verbesserungen im Transitverkehr zwischen West-Berlin und der BRD bewirkte. Günstigere Besuchsregelungen für Westberliner nach Ostberlin und in die DDR. Wiederaufnahme erster Direktverbindungen im Telefonverkehr zwischen West- und Ostberlin, seit 1952 unterbrochen.
1972	Unterzeichnung des Grundlagenvertrages zwischen BRD und DDR. Mit der Anerkennung der DDR durch die Bundesrepublik als gleichberechtigter politischer und staatlicher Partner wird die Teilung als Faktum hingenommen und werden »normale gutnachbarliche Beziehungen« angestrebt.
1973	Kammergerichspräsident von Drenkmann wird von Mitgliedern der Roten Armee Fraktion (RAF) ermordet. Erste Terroristen-Prozesse in Moabit. Die 1963 begonnene Gropius-Stadt ist fertig gestellt.
1974	Einweihung des Flughafens Tegel von Gerkan, Marg und Partner.
1975	Terroristen entführen den Berliner CDU-Politiker Peter Lorenz.
1976	Eröffnung des Palasts der Republik, u. a. Tagungsort der Volkskammer. Baubeginn des neuen Stadtviertels Marzahn. Mit der Ausbürgerung von Wolf Biermann während einer Tournee durch die Bundesrepublik Verschärfung des intellektuellen und kulturellen Klimas in der DDR: Proteste, Dissidentenbewegung, Ausschlüsse aus dem Schriftstellerverband, Hausarreste, Verhaftungen, Abschiebungen.
1978	Erster Staatsbesuch eines westlichen Regierungschefs in Ostberlin und der DDR durch den österreichischen Bundeskanzler Bruno Kreisky. Eröffnung der Staatsbibliothek Preußischer Kulturbesitz (Hans Scharoun).
1979	Eröffnung des Internationalen Congress Centrums (ICC) am Messegelände. Gegen die Kahlschlagsanierung und den Abriss der Altbauten bildet sich eine starke Hausbesetzer-Szene aus, die eine Umkehr der Senatsbaupolitik mitbewirkt.
1984	Die S-Bahn, von Ostberlin betrieben, wird an die westliche BVG verkauft. Einweihung des restaurierten und wieder aufgebau-

ten Schauspielhauses am Platz der Akademie
(Gendarmenmarkt) als Konzerthaus.

1987 Große 750-Jahr-Feiern Berlins in Ost und West.
In Ostberlin wurde das zerstörte Nikolaiviertel
rund um die Nikolaikirche historisierend wiederaufgebaut; im Westen wird Stadtteilerneuerung präsentiert im Rahmen der Internationalen Bauausstellung, IBA 87, in der südlichen Friedrichstadt, in
Tegel und der Luisenstadt zeitgemäße, zum Teil
kühne Beispiele der Stadterneuerung.

1989 In den zwölf Bezirken von West-Berlin leben rund
2,2 Millionen Menschen; der Ausländeranteil liegt
bei rund 14 Prozent. Die »Hauptstadt der DDR«,
die Zahl der Bezirke ist auf elf angestiegen, hat 1,2
Millionen Einwohner mit rund 2 Prozent Ausländeranteil.
Von 1949 bis 1989 wurden an der innerdeutschen
Grenze und der Mauer 899 Menschen getötet.

9. November 1989: »Wahnsinn!«

1989 Durch den von Michael Gorbatschows Politik von
Glasnost und Perestroika in Gang gesetzten
Umbruch im Osten, die Öffnung der ungarischen
Grenze nach Österreich am 10./11. September und
durch die friedliche Revolution Hunderttausender
DDR-Bürger, durch den Druck von Bürgerrechtlern, Oppositionsgruppen und Massendemonstrationen (»Wir sind das Volk!«) weicht die DDR-
Führung zurück und auf.
6./7. Oktober: Festveranstaltungen und Feierlichkeiten zum 40. Jahrestag der DDR im Beisein Gorbatschows, der auf politische Änderungen drängt
und weissagt: »Wer zu spät kommt, den bestraft das
Leben!«
18. Oktober: Auf der 9. Sitzung des ZK der SED
tritt Erich Honecker zurück; sein Nachfolger wird
Egon Krenz.
4. November: 1 Million Demonstranten auf dem
Alexanderplatz fordern Demokratie.
Die Grenzen der CSSR werden für DDR-Bürger
geöffnet.
8. November: Rücktritt der gesamten DDR-Regie-
rung. Egon Krenz wird als Generalsekretär bestätigt.
9. November: In einem Nebensatz erklärt der ZK-
Sekretär Günter Schabowski auf einer Presse-
konferenz, das Auslandsreisen »ohne Vorliegen

von Voraussetzungen, Reiseanlässen und Verwandtschaftsverhältnissen« beantragt und genehmigt würden: »Sofort. Unverzüglich.« Öffnung der innerdeutschen Grenzen.
28. November: 10-Punkte-Plan von Helmut Kohl zur Wiedervereinigung.
22. Dezember: Öffnung des Brandenburger Tores.

1990 15. Januar: Die Stasi-Zentrale in der Normannenstraße wird gestürmt.
18. März: Erste freie Volkskammerwahlen in der DDR.
12. Juni: Erste gemeinsame Sitzung von Magistrat und Senat.
1. Juli: Inkrafttreten des Vertrages über die Wirtschafts-, Währungs- und Sozialunion. Ende der letzten Grenzkontrollen.
23. August: Beschluss der Volkskammer zum Beitritt der DDR zur Bundesrepublik.
12. September: Unterzeichnung des Zwei-plus-Vier-Vertrages: Souveränität Deutschlands und Ende des »Sonderstatus Berlin«.
3. Oktober: Staatsakt in Berlin zur Vereinigung Deutschlands.
2. Dezember: Erste Direktwahl der Berliner Bundestagsabgeordneten (vorher durch Alliiertenstatus nicht möglich) und erste Gesamt-Berliner Wahl zum Abgeordnetenhaus.

1991 Umzug des Regierenden Bürgermeisters und der Senatskanzleien aus dem Schöneberger Domizil in das Rote Rathaus, Mitte; Wahl des Gesamt-Berliner Senats.
20. Juni: Hauptstadtdebatte im Bundestag: Berlin wird Sitz von Parlament und Regierung.

1997–2000 Debis- und Sony-Areal am Potsdamer Platz werden nach und nach fertiggestellt. Masterplan: Renzo Piano und Helmut Jahn.

Sommer 1999 Umzug der Bundesbehörden nach Berlin; 12. Juli Einzug von Bundestagspräsident Wolfgang Thierse und des Deutschen Bundestages in das von Norman Foster umgebaute Reichstagsgebäude.

2001 1. Januar: Inkrafttreten der Berliner Bezirksreform; von 23 Bezirken müssen sich 20 zu neun Großbezirken zusammenschließen (s. Karte S. 74/75).
2. Mai: Einweihung des Bundeskanzleramtes.
13. September: Eröffnung des Jüdischen Museums von Daniel Libeskind.

Ab Januar 2002 Berlin wird durch eine rot-rote Koalition von SPD und PDS regiert.

Ernst Reuter

Regierende Bürgermeister ab 1948

Ost
1948–67: Friedrich Ebert
1967–74: Herbert Fechner
1974–90: Erhard Krack
1990: Ingrid Pankraz/ Ch. Hartenhauer
1990–91: Tino-Antoni Schwierzina
1991: Thomas Krüger

West
1948–53: Ernst Reuter
1953–55: Walther Schreiber
1955–57: Otto Suhr
1957–66: Willy Brandt
1966–67: Heinrich Albertz
1967–77: Klaus Schütz
1977–81: Dietrich Stobbe
1981: Hans-Joachim Vogel
1981–84: Richard von Weizsäcker
1984–89: Eberhard Diepgen
1989–91: Walter Momper
1991–2001: Eberhard Diepgen
ab 2001: Klaus Wowereit

Die preußischen Herrscher
(von Reinhard Fuhrmann)

Friedrich Wilhelm (1620–88)

Berlin war unter dem Großen Kurfürsten auf 20 000 Einwohner angewachsen, zumindest mehr als ein Pünktchen auf der Landkarte. Im Vergleich zu den glanzvollen Metropolen Paris oder London mit 700 000 Einwohnern jedoch war es nicht mehr als ein flackerndes Irrlicht in der Mark Brandenburg, des »Heiligen Römischen Reiches Streusandbüchse« am Rande der westlichen Welt.

Als Friedrich Wilhelm , ab 1640 Kurfürst von Brandenburg, im Jahr 1660 souveräner Herzog in Preußen wurde, lag dieses Land außerhalb des Deutschen Reiches, war Teil eines Flickwerks an Besitzungen, die dem Kurfürsten von Brandenburg gehörten. Den Beinamen »der Große Kurfürst« bekam Friedrich Wilhelm, nachdem er 1675 bei Fehrbellin die in die Mark Brandenburg eingefallenen Schweden geschlagen hatte, eine damals in Deutschland als unbesiegbar gefürchtete und gehasste Militärmacht.

Im Dreißigjährigen Krieg war Berlin verarmt und verödet. Zum Aufbau seines zerstörten Landes zog Friedrich Wilhelm niederländische Spezialisten heran. Die Niederlande, die der jugendliche Friedrich Wilhelm während eines vierjährigen Aufenthaltes kennen gelernt hatte, galten ihm sein Leben lang als vorbildlich für Wirtschaft und Verkehr, Künste, Staatstheorie und Kriegswesen. Zu den Holländern kamen später tausende aus Frankreich vertriebene Hugenotten, die Friedrich Wilhelm ins Land gerufen hatte. Die Zuwanderer sorgten für eine kräftige Prise Modernisierung in Handel und Gewerbe Berlins, brachten französische Bildung und Lebensart in die Residenz. Die Stadt wuchs planmäßig innerhalb des neuen Festungsrings und schon während der Bauzeit von 1658 bis 1683 darüber hinaus. Nördlich der seit 1647 nach holländischem Vorbild angelegten Straße Unter den Linden entstand ab 1673 die Dorotheenstadt. Das Bauland hatte Friedrich Wilhelm seiner Frau Dorothea überantwortet; sie war es, der Berlin einen ersten vornehmen Stadtteil am Tiergartenrand nebst Promenade zu verdanken hatte. Der Lustgarten und eine Kunstsammlung mit Bibliothek im Schloss vervollständigten den Ausbau Berlins zu einer aufstrebenden Residenzstadt. In der Umgebung Berlins wurden Neubauten der Schlösser in Oranienburg, Köpenick und Potsdam, dem Lieblingsaufenthalt des Kurfürsten, zu viel besuchten Nebenresidenzen. Der listige Politiker hatte seine Allianzen skrupellos gewechselt und konnte seinen Machtanspruch durch eine rigide Militärherrschaft festigen. Er schuf ein stehendes Heer und führte eine Verbrauchssteuer ein.

Kurfürst Friedrich III. (1657–1713)

Der Sohn des Großen Kurfürsten wurde 1688 als Friedrich III. Kurfürst von Brandenburg. Er strebte nach Höherem, wollte König werden. Das war nicht nur der eitle Wunsch eines von der Natur unvollkommen ausgestatteten Menschen – Friedrich war klein und verwachsen –, es gab gute politische Gründe. Wie die Nachbarherrscher von Sachsen-Polen, England-Hannover und Schwedisch-Vorpommern wollte Friedrich als königlicher Souverän den kommenden

Auseinandersetzungen der Großmächte um die Erbfolge in Spanien und die Vorherrschaft in Nordeuropa entgegensehen. Interessiert am Einsatz Brandenburgs auf der Seite Habsburgs, stimmte Kaiser Leopold I. der Erhöhung Friedrichs vom »Herzog in Preußen« zum »König in Preußen« zu, und am 18. Januar 1701 krönte sich Friedrich I. in der Königsberger Schlosskirche zum König. Berlin war nun die einzige königliche Residenz innerhalb des Reiches und konkurrierte fortan mit der ungleich glanzvolleren und größeren Kaiserstadt Wien. Also musste repräsentiert werden, und Friedrich entfaltete in Berlin mit dem Bau des Zeughauses und dem Neubau des Schlosses königliche Pracht. Als königlicher Städtebauer legte er die »Friedrichstadt« mit der Friedrichstraße als Querachse der »Linden« an. Der Förderung von Kunst und Wissenschaft dienten Akademiegründungen in den Jahren 1696 und 1700. Erster Präsident der Berliner Akademie der Wissenschaften wurde der Universalgelehrte Gottfried Wilhelm Leibniz, beteiligt war die mit ihm befreundete Königin Sophie Charlotte. Sie hatte einen eigenen Hof im Schloss Lietzenburg, das nach ihrem Tod in Charlottenburg umbenannt wurde.

Friedrichs rege Bautätigkeit, sein kostbares Schloss und der pompöse Hofstaat stellten für das Land eine starke Belastung dar, ein großer Teil der Staatseinnahmen jedoch wurde in der Zentrale Berlin ausgegeben: Die Anziehungskraft und Ausdehnung Berlins beruhte auf dem Anstieg des preußischen Wirtschaftsvolumens. Dies blieb so bis zum Wandel Berlins zur Industriestadt im 19. Jahrhundert. Als Friedrich I. im Jahre 1713 starb, hinterließ er seinem Nachfolger ein Reich mit der »Königsstadt Berlin« im Zentrum – 1710 hatte er seine fünf Residenzen Cölln, Berlin, Friedrichswerder, Dorotheenstadt und Friedrichstadt zusammengefasst.

Friedrich III., Kurfürst von Preußen. Gemälde, nach 1701, Samuel Theodor Gericke zugeschrieben. Mit dem Tod des »schiefen Fritz«, dem gebildeten, feinsinnigen Verschwender, dem Patron der Wissenschaften und Künste, sind die Staatssäckel leer, aber Berlin hat sich gemausert – würdevoll und prächtig bilden Schloss und Zeughaus den Mittelpunkt der Hauptstadt und seiner rund 50 000 Einwohner.

Friedrich Wilhelm I. (1688–1740)

Friedrich Wilhelm I., der als »Soldatenkönig« in die Geschichte einging, war im calvinistischen Glauben erzogen worden und sah sich als Landesvater mit höherem Auftrag. Prunk, Verschwendung und Müßiggang verachtete er – ebenso feine Lebensart, Eleganz, Kultur und Wissenschaften, wo sie nicht, wie Medizin und Ingenieurskunst, sofort Nutzen abwarfen. Seiner Familie galt er als Haustyrann und dem Volk als Despot, oft prügelnd und schimpfend. Seinen feinsinnigen und künstlerisch begabten Sohn Friedrich wollte er mit Gewalt abhärten. Die Ausgaben für den Hof wurden bei seiner Thronbesteigung 1713 um 80 Prozent gekürzt. Hunderte von Höflingen, Künstlern und Lakaien, allen voran der Zeremonienmeister, wurden entlassen. Als wolle er seine Prinzipien auch symbolisch zum Ausdruck bringen, ließ Friedrich Wilhelm in der klassisch-regelmäßigen Fassade des neuen Schlosses die zwei Fenster seines Arbeitszimmers am Schlossplatz verbreitern.

»Ich bin Finanzminister und Feldmarschall des Königs von Preußen, das wird den König von Preußen aufrecht erhalten«. Friedrich

Ein katholischer Seelsorger schrieb 1731 über die Potsdamer »Riesengarde« des Königs: »Unter ungeheuren Kosten war diese Leibgarde... aus allen vier Erdteilen zusammengeworben. … Wir hatten unter den Unsrigen … promovierte Doktoren des Rechts und der Medizin, Fürsten, Grafen und Adelige, die zumeist durch Gewalt, List und Versprechungen angeworben worden waren. Daher kam es, daß zu Potsdam fast fortwährend Meutereien ausbrachen und geheime Verschwörungen sich bildeten, in der Absicht, die Stadt in Brand zu stecken und den König zu ermorden, um dann zu desertieren.«

Friedrich der Große, Gemälde von Anton Graff, 1781

Wilhelm schuf die königlich-preußische Bürokratie mit Berichtswesen und Rechnungskontrolle. Die Staatseinnahmen investierte er gewinnbringend in Manufakturen und Domänen; er bezeichnete sich als »Plusmacher«. Niedere Ämter, Titel, sogar Orden verlieh der König gegen Bezahlung. »Heut' wieder einen Hasen gefangen«, notierte er dann in seinen Kalender. Den Gewinn und die Steuereinnahmen verbrauchte Friedrich Wilhelm größtenteils für die Armee. Für das Leibregiment, seine einzige und kostspielige Marotte, wurden aus ganz Europa »Lange Kerls« mit Werbung, List und Zwang in seine Lieblingsresidenz Potsdam gebracht. Das System zur Finanzierung, Aufbringung, Altersversorgung, Besoldung und Ausstattung des viertgrößten Heeres in Europa durchdrang Staat, Gesellschaft und den Wirtschaftskreislauf wesentlich stärker als in jedem anderen Staat Europas.

Als Städtebauer begann der Soldatenkönig in Berlin nach dem Abriß der alten Festungsanlagen mit dem Ausbau der Akzisemauer, erweiterte die Friedrichstadt, schuf drei große Platzanlagen und ließ gleichermaßen mit Zwang wie Anreizen die ersten Adelspaläste entlang der Wilhelmstraße errichten. Friedrich Wilhelm begründete die Institution der Charité, die zu einem der bedeutendsten Krankenhäuser Europas wurde.

Friedrich II., der Große (1712–86)

Kronprinz Friedrich war 1730 nach dem gescheiterten Versuch, sich dem brutalen Vater durch Flucht zu entziehen, nur knapp dem Todesurteil entgangen. Zehn Jahre danach fand er als König Friedrich II. und Nachfolger des Soldatenkönigs eine geordnete Verwaltung in einem unabhängigen Staat vor, mit einer schlagkräftigen Armee und einem großen Staatsschatz.

Friedrich hatte sich in seinen Rheinsberger Kronprinzenjahren philosophisch auf sein Herrscheramt vorbereitet und stand mit seinem Freundeskreis, mit seinen Kenntnissen und Vorlieben in Kunst und Literatur, auf der Höhe der Zeit. Als Anhänger des Naturrechts und der Aufklärung setzte er sogleich nach seiner Thronbesteigung ein Programm um, das den Beifall der Freigeister Europas fand, zumal von seinem Briefpartner Voltaire: Abschaffung der Folter, religiöse Toleranz, Einschränkung der Zensur und eine kräftige Förderung der unter seinem Vater vernachlässigten Künste und der Wissenschaften. Noch im ersten Jahr seiner Regierung, als Kaiser Karl VI. starb, begann Friedrich den Österreichischen Erbfolgekrieg mit der Eroberung Schlesiens, sein ehrgeiziges »Rendezvous mit dem Ruhm«. Der Kampf Preußens mit Österreich um die Vorherrschaft in Deutschland war eröffnet.

Den Beinamen »der Große« bekam Friedrich etwa um 1745, weil seine Politik im Inneren wie im Äußeren als revolutionäre Kühnheit erschien – und weil sie Erfolg hatte. Seine Gegner sahen in ihm einen Friedensbrecher, Gotteslästerer und Egomanen. Die Widersprüchlichkeit seiner Person beschäftigt die Historiker bis heute, und das Prädikat »der Große« bleibt umstritten.

Als Regent erweiterte und festigte Friedrich die absolutistische Behörden- und Militärorganisation, die ihm sein Vater hinterlassen hatte, vergrößerte die Armee und setzte die Siedlungs- und Wirtschaftspolitik fort. Er stand an der Spitze eines jeden einzelnen Ressorts und entschied allein, war »Erster Diener seines Staates«. Besonders förderte er Berlin als Wirtschaftsstandort mit seinen nun 100 000 Einwohnern (1753). Friedrich residierte zunächst in Charlottenburg und ab 1745 in Potsdam, aber Berlin erhielt als Hauptstadt das programmatische Bauensemble des »Forum Fridericianum«. In den ersten Jahren seiner Regierung baute Friedrich mit seinem Jugendfreund und Architekten Knobelsdorff und dessen Schülern in einem eigenen preußisch-palladianischen Rokoko-Stil, dessen bekanntestes Beispiel das Schloss Sanssouci in Potsdam ist. Es war in der Friedenszeit von 1745 bis 1756 der Wohnsitz des inmitten seiner intellektuellen Gäste philosophierenden und musizierenden Königs.

In den Jahren nach dem Siebenjährigen Krieg (1756–63) wurde Friedrich schon zu Lebzeiten zur Legende, bewundert, wie Goethe meinte, als »der Polarstern, um den eine Welt sich dreht, er selbst unbeweglich und mutig in der Mitte«. Der »Alte Fritz« jedoch war Misanthrop geworden, krumm, einsam, verhärtet. Er blieb der französischen Kultur und Sprache, die er seit seiner Jugend liebte, hartnäckig verhaftet und zeigte sich blind gegenüber den Leistungen der deutschen Aufklärung, den Werken von Lessing und Goethe, Herder und Kant, der kulturellen Blüte, die in Berlin während seiner Regierung glanzvolle Höhepunkte setzte.

Friedrich Wilhelm II. (1744–97)

Weil Friedrich keinen Nachkommen hinterlassen hatte, ging die Krone 1786 auf Friedrich Wilhelm II., den Sohn seines ältesten Bruders über. Friedrich Wilhelm, ein Bonvivant, genussfreudig, mit zweifelhaftem Umgang und lebenslang verschwenderisch, hatte die langen Jahre seiner Kronprinzenzeit seit 1758 so zügellos verbracht, dass er in dem Ausspruch »den dicken Wilhelm machen« bis heute im Berliner Volksmund fortlebt. Nach seinem Regierungsantritt im Jahre 1786 änderte er weder seinen Lebensstil, noch ließ er, ein Zeitgenosse der Französischen Revolution, reformpolitische Schritte zu. Das innenpolitische Klima in Preußen verhärtete sich; Friedrich Wilhelm II. jedoch trat als Freund der Musen und als königlicher Mäzen auf.

Die höfische Kunst hatte in den letzten Regierungsjahren des Alten Fritz den Anschluss an die europäische Entwicklung verloren – sogleich nach Friedrichs Tod in Sanssouci wurde der klassizistische Architekt Erdmannsdorff von Friedrich Wilhelm mit der Umgestaltung des Sterbezimmers in »deutsch-hellenistischem Style« beauftragt. Ein Signal war gesetzt. Es folgte die Umwandlung des »Franzö-

Die religiöse Toleranz in Preußen, wo »jeder nach seiner eigenen Façon selig werden« sollte, wurde vom 18. Jahrhundert als schockierend und skandalös empfunden. Sebastian Haffner kolportiert eine Anekdote um den Freigeist Friedrich II.: Als der fromme General Zieten »sich bei Hofe verspätete und sich entschuldigte, er habe das Abendmahl genommen«, wird er spöttisch empfangen: »Nun, Zieten, haben Sie den Leib Ihres Erlösers gut verdaut?«

Der »Lüderjahn« unter den Hohenzollern lebt in Saus und Braus. Die Aufklärung wird ihm unter dem Eindruck der Französischen Revolution zu gefährlich; Zensurmaßnahmen bestimmen das geistige Leben; bürgerliche Salonkultur, Theater und Musik jedoch blühen und machen Berlin berühmt. In der Architektur löst der Klassizismus Barock und friderizianisches Rokoko ab.

sischen Komödienhauses« auf dem Gendarmenmarkt in ein »Königliches Nationaltheater«. Inszenierungen der Stücke Schillers und Lessings wurden unter dem Motto »Wir sind Teutsche und wollen es bleiben« großzügig gefördert. Mozart und Beethoven musizierten vor Friedrich Wilhelm, und im Berliner Opernhaus wurde erstmals eine Oper deutsch gesungen. In den jüdischen Salons in Berlin trafen sich Wissenschaftler, Künstler, Politiker und Literaten in bürgerlichem Rahmen und tauschten über Standesgrenzen hinweg Ideen und Erfahrungen aus. Unter der Regierung Friedrich Wilhelms II. übernahm Berlin nach 100 Jahren erneut die Rolle eines künstlerisch-intellektuellen Zentrums in Deutschland. Sichtbaren Ausdruck fand dies im berühmtesten Bauwerk Berlins, dem Brandenburger Tor.

In der turbulenten Zeit nach der Französischen Revolution ließ sich der König von zweifelhaften Ratgebern beeinflussen, Günstlingswirtschaft und Korruption breiteten sich in seiner Umgebung aus. Für kurzfristige Erfolge wurden der Staatsschatz und das politische Ansehen Preußens verspielt, das durch das skandalreiche Privatleben des Königs sowieso schon Schaden genommen hatte.

Friedrich Wilhelm III. (1770–1840)

Karl August von Hardenberg in seiner »Denkschrift«, 1807: »Demokratische Grundsätze in einer monarchischen Regierung, dieses scheint mir die angemessene Form für den gegenwärtigen Zeitgeist. Die reine Demokratie müssen wir noch dem Jahr 2440 überlassen, wenn sie anders je für den Menschen gemacht ist.«

Aushang beim Anmarsch der Armee Napoleons, 1806: »Der König hat eine Bataille verloren. Jetzt ist Ruhe die erste Bürgerpflicht.«

Auch sein Sohn und Nachfolger, Friedrich Wilhelm III., ließ trotz vieler Reformvorschläge aus Bürokratie und Armee, von Politikern und Gelehrten, die den Impulsen der Französischen Revolution gehorchten, eine Änderung am Regierungssystem Friedrichs des Großen nicht zu. Preußen wurde von einem Mann ohne Visionen regiert, oft ängstlich, bescheiden und wortkarg – Königin Luise dagegen war auf Grund ihrer Grazie und Klugheit, ihres Mutes und ihrer bürgerlichen Familienideale sehr beliebt.

Im Kampf gegen Napoleon war Preußen mit seiner veralteten Armee der eingespielten Kriegsmaschinerie der Franzosen nicht gewachsen. Der militärische Zusammenbruch Preußens erfolgte im Oktober 1806 in den Schlachten bei Jena und Auerstedt. »Wir sind eingeschlafen auf den Lorbeeren Friedrichs des Großen, welcher, der Herr seines Jahrhunderts, eine neue Zeit schuf. Wir sind mit derselben nicht fortgeschritten, deshalb überflügelt sie uns«, kommentierte Königin Luise.

Als Folge des Zusammenbruchs bekamen die Reformer endlich ihre Chance. Mit den Reformen von Freiherr vom Stein und Kanzler Hardenberg werden Erbuntertänigkeit und ständische Gliederung aufgehoben, das Heer reformiert, Staats- und Städteverwaltung neu geordnet. Die versprochene Verfassung jedoch blieb aus. Nach den Befreiungskriegen schließlich entsteht ein neues Berlin: Die königlichen Bauten, die Friedrich Wilhelm durch seinen Baumeister Schinkel errichten lässt, schaffen ein von klassisch-antiken Ideen geprägtes Stadtbild: die Neue Wache, das Alte Museum, die Bauakademie und das Schauspielhaus waren dem Staatsbürger gewidmet, zur nationalen Erbauung und kulturellen Bildung.

Friedrich Wilhelm IV. (1795–1861)

Beim Regierungsantritt seines Sohnes Friedrich Wilhelm IV. im Jahre 1840 regten sich Hoffnungen auf ein Ende des bürokratischen Systems der Reaktionszeit. Friedrich Wilhelm war der erste preußische König, der in Ansprachen an sein Volk bewusst die Öffentlichkeit, das »Publikum«, suchte.

Intellektuell und musisch begabt, vertraut mit den Schriften der Romantiker, war Friedrich Wilhelm erfüllt von dem Ideal eines »christlichen Staates« in der Form eines Ständestaates. Aber der Industrialisierung und ihren sozialen, wirtschaftlichen und politischen Herausforderungen war als »Romantiker auf dem Thron« nicht zu begegnen. Bald nach seinem Regierungsantritt musste Friedrich Wilhelm erkennen, dass er sein ideales Ständestaatsprojekt nicht im Alleingang gegen die uneinsichtige Bürokratie einerseits und gegen das eine Verfassung fordernde Bürgertum andererseits durchsetzen konnte. Er zog sich in die ihm aus seiner Kronprinzenzeit vertraute Welt seiner Architekturträume zurück. Befreundet mit dem großen Baumeister Schinkel, widmete er sich mit dessen Schülern Persius und Stüler und dem genialen Gartengestalter Lenné der »Italienisierung« von Berlin und Potsdam. Die Revolution von 1848 erlebte er als traumatische Niederlage. Preußen wurde zum Verfassungsstaat. Schwer depressiv, von Sprach- und Gedächtnisstörungen geplagt, musste er 1858 auf die Regierung verzichten. Was blieb, waren die von Lenné gestaltete Luisenstadt mit ihren Kirchen und Grünzügen, das Neue Museum, die Nationalgalerie auf der Museumsinsel sowie die herrlichen Bauten und Parks um Potsdam, die zum Weltkulturerbe erklärt wurden.

Wilhelm I. (1797–1888)

Im Jahr 1858 übernahm Prinz Wilhelm die Regentschaft für seinen erkrankten Bruder, der 1861 kinderlos starb. Damit wurde er als Wilhelm I. im 65. Lebensjahr König. Anders als sein Vorgänger war Wilhelm »ganz Militär« und bei der Armee beliebt, verhasst dagegen im liberalen Lager, wo man ihn als Scharfmacher aus den Märztagen 1848 in Erinnerung hatte.

Nach einer affärenreichen Jugend hatte man Wilhelm 1829 mit der Weimarer Prinzessin Augusta verheiratet, einer hoch gebildeten und politisch interessierten Frau, die sich allerdings mit ihren konstitutionellen Ansichten im antiliberalen Klima der preußischen Staatsspitze nicht durchsetzen konnte.

Im Verfassungskonflikt mit dem Abgeordnetenhaus um eine Heerreserweiterung berief Wilhelm 1862 Otto von Bismarck zum Ministerpräsidenten, dessen zielstrebiger Politik der Reichseinigung »von oben« er sich, oft widerstrebend, unterordnete. Mit der Reichsgründung von 1871 wurde Wilhelm in Versailles zum Deutschen Kaiser ausgerufen.

Ohne wissenschaftliche und künstlerische Interessen und Begabungen, fehlte Wilhelm jedes Gespür für die ungeheure städtebauliche Aufgabe, die sich aus dem Wachsen Berlins zur Millionenstadt und der neuen Funktion als Hauptstadt des Reiches ergab. Die Entstehung der »größten Mietskasernenstadt der Welt« fällt in seine Regierungszeit. Ein Vorwurf ist ihm daraus nicht gemacht worden, und in den Gründerjahren, in der Zeit einer von Wertewandel begleiteten, stürmischen Industrialisierung galt der gewissenhafte und im Alter abgeklärte Monarch eher als ein Fels in der Brandung.

Friedrich III. (1831–88)

Der Sohn Kaiser Wilhelms, Friedrich III., war bei seiner Thronbesteigung unheilbar an Kehlkopfkrebs erkrankt und verstarb nach neunundneunzigtägiger Regierung am 15. Juni 1888. In seiner langen Kronprinzenzeit galt Friedrich als Hoffnungsträger des Liberalismus in Preußen, denn während des Verfassungskonfliktes exponierte er sich, nicht zuletzt unter dem Einfluss seiner Mutter Augusta und Frau Viktoria, Tochter der englischen Königin Victoria, als Gegner Bismarcks und geriet in Konflikt mit seinem Vater. Ohne politische Aufgabe, beschäftigte sich der Kronprinz als Förderer der Museen mit Wissenschaft und Kunst, plante eingehend eine Neugestaltung des Schlossbezirkes in Berlin. Der 1894–1905 als Verherrlichung des Hohenzollernkaisertums erbaute Berliner Dom entstand, unvorteilhaft abgewandelt, nach einem gemeinsam von Friedrich und seinem Leibarchitekten Raschdorff erarbeiteten Entwurf.

Wilhelm II. (1859–1941)

Im »Dreikaiserjahr« trat Kaiser Wilhelm II. am 15. Juni 1888 mit jugendlichem Schwung die Regierung an. Der Drang, sich zu beweisen, Stärke und Überlegenheit zu zeigen, bestimmte in einem verhängnisvollen Maß Wilhelms politische Entscheidungen und sein öffentliches Auftreten. Er wollte ein »persönliches Regiment« führen und »Weltpolitik« betreiben. Der Kaiser entsprach damit nicht nur einem persönlichen Gefühl, sondern auch dem Erwartungsdruck von tonangebenden Teilen der Öffentlichkeit. Deutschland, meinte man, mit seinen weltweit höchsten wirtschaftlichen Zuwachsraten und seiner führenden Rolle in Wissenschaft, Technik und Verkehr, wurde vom Rest der Welt unterschätzt. In unzähligen Reden betätigte sich »S. M.« (Seine Majestät) als Sprachrohr eines übersteigerten deutschen Nationalismus: »Ich führe Euch herrlichen Zeiten entgegen«. Von militärischem Gepränge und Zackigkeit dröhnender Schauplatz seiner und des Reiches Selbstdarstellung war Berlin. Wilhelm hatte selbstverständlich große Einflussmöglichkeiten auf das wilde Chaos der Stadt- und Verkehrsplanung in Berlin und seinem Umland, genutzt hat er sie nicht. Wie unter seinem Großvater wucherte die Berliner Stadtlandschaft ohne Gesamtkonzept mit erbarmungslosem

Fontane machte sich 1897 Gedanken über den Kaiser: »Was mir an dem Kaiser gefällt, ist der totale Bruch mit dem Alten, und was mir an dem Kaiser nicht gefällt, ist das in Widerspruch dazu stehende Wiederherstellenwollen des Uralten. In gewissem Sinn befreit er uns von den öden Formen und Erscheinungen des alten Preußentums, er bricht mit der Ruppigkeit, der Popligkeit …, er läßt sich, aufs Große und Kleine gesehen, neue Hosen machen, statt die alten auszuflicken. Er ist ganz unkleinlich, forsch, und hat volles Einsehen davon, daß ein deutscher Kaiser etwas anderes ist als ein Markgraf von Brandenburg. … Er will, wenn nicht das Unmögliche, so doch das Höchstgefährliche mit falscher Ausrüstung, mit unzureichenden Mitteln.«

Abriss historischer Bauten, riesigen Mietskasernenquartieren, neuen Gewerbe-Palästen und Industrie-Arealen. Und wo er Maßstäbe setzen wollte, in Kunst und Kultur, wie beispielsweise mit der Anlage der Siegesallee oder mit der Bühnenbildgestaltung für die Staatstheater, machte er sich nicht nur in fortschrittlichen Kreisen lächerlich.

Schon seit Friedrich Wilhelm IV. stand der Hof nicht mehr im kulturellen Mittelpunkt; der Berliner Raum mit seinen nun 3,7 Millionen Menschen (1910) hatte sich politisch stark polarisiert, kulturell in zahllose Gruppierungen und Zirkel aufgeteilt. Im Arbeiter- und Kleinbürgermilieu Berlins wurde der Kaiser weder verehrt noch verachtet, sein Spottname »Lehmann« karikierte dessen großspurige und pompöse Attitüden des Parvenüs, in denen die Berliner sich und ihre Stadt augenzwinkernd wiedererkannten. Wilhelm war, so sehr er sich auch vom Gottesgnadentum durchdrungen fühlte, auch ein Durchschnittsmensch, ungeschickt und schwach. Als es dann ums Ganze ging, in der Krise vor dem Kriegsausbruch 1914 und der Revolution im November 1918, blieb er passiv und unternahm nichts, um Reich und Krone zu retten, sondern fügte sich in das, was seine Umgebung von ihm erwartete: Er führte Deutschland in den Krieg, dankte vier Jahre später ab und ging ins Exil.

Wilhelm II., Bildpost-karte um 1915

Architektur- und Stadtgeschichte

Berlin »ist eine neue Stadt, die neueste, die ich je gesehen habe. Chicago nähme sich dagegen ehrwürdig aus, denn es gibt viele alt aussehende Bezirke in Chicago, in Berlin jedoch nicht viele. Die Hauptmasse der Stadt macht den Eindruck, als sei sie vorige Woche erbaut worden; der Rest wirkt wie eine kaum wahrnehmbare Schattierung gesetzter und sieht aus, als wäre er sechs oder vielleicht sogar acht Monate alt.«

Der Beobachter war Mark Twain; er besuchte das unruhige und betriebsame Berlin um die Jahrhundertwende, als sich die Reichshauptstadt im Fieber der Gründerzeit wieder einmal ein neues Erscheinungsbild schuf. Immer haben radikale Umbrüche, Kriege, Neuanfänge und politische Systemwechsel tief greifende Veränderungen im Stadtorganismus bewirkt; heute sind mehrere »Gründerzeiten« in die Jahresringe der Stadt eingewachsen, und auch sie sind jung – mit dem architektonischen Reichtum der alten europäischen Metropolen konnte sich Berlin nie messen.

Aus den Anfängen der Doppelstadt Berlin/Cölln ist in knapp acht Jahrhunderten der Stadtentwicklung eine Metropole geworden, die sich mehr als tausendfach vergrößert hat. Um ihren Kern auf der Spreeinsel mit Kirchsprengeln und Residenz lagerten sich Vorstädte an, die – völlig widersinnig – schon dann über den ursprünglichen Verlauf der Stadtmauer hinauswachsen sollten und durften, als an

1806 merkte Stendhal an, der im Stab der französischen Stadtkommandanten nach Berlin kam: »Das Spreewasser sieht aus wie grünes Öl. Überall, wo nicht gepflastert ist, watet man bis an die Knöchel im Sand … Wie konnte bloß jemand auf die Idee kommen, mitten in all dem Sand eine Stadt zu gründen?«

45

den Festungsanlagen noch gebaut wurde, einen zweiten Ring aus Vorstädten, Bezirken, Dörfern, Gutshöfen und unabhängigen Kleinstädten bildeten. Im Jahr 1920 erst wurden sie zu Groß-Berlin zusammengefasst und in 20 Verwaltungsbezirke aufgeteilt. Auch Berlin im Kalten Krieg hat sich an die alten Grenzziehungen gehalten; die Alliierten teilten die vier Sektoren gemäß den Bezirksgrenzen ein. Drei neue Bezirke kamen zur DDR-Zeit innerhalb der Stadtgrenzen hinzu. Sie alle sind an den ursprünglichen Gemarkungen zwischen Residenz, Dörfern und Gemeinden orientiert.

Aus Mittelalter, Gotik und Renaissance ist von dem Zwillingspärchen der ursprünglichen Handelssiedlungen kaum etwas erhalten: Die mehrfach umgebaute Nikolaikirche, der nachempfundene, wuselige Straßenverlauf ringsum und die kleine Marienkirche sind die herausragenden, reanimierten Zeugnisse; die gotische Klosterkirche mit dem späteren Gymnasium zum Grauen Kloster ist nur als Ruine erhalten, die Kapelle des gotischen Heiliggeistspitals ist in einen Neubau der Humboldt-Universität integriert worden. Weit draußen in Spandau zeugt noch die Zitadelle von der militärischen Baukunst des 16. Jahrhunderts. Rund um die alte Residenz Berlin haben einige Dorfkirchlein den Stürmen der Jahrhunderte getrotzt wie die von Marienfelde, Buckow, Britz, Dahlem, Tempelhof – sie zählen zu den schönsten und ältesten Bauzeugnissen Berlins.

Das klassische Berlin – Vision und Wille

Auf der Landkarte der europäischen Architektur- und Kulturgeschichte tauchte Berlin erst im 17. Jahrhundert auf – nach den Verheerungen des Dreißigjährigen Krieges. Der Große Kurfürst setzte erste barocke Zeichen in seine karge Residenz; er, der aus dem Flickenteppich seiner einzelnen Besitzungen allein mit Vision und Willenskraft einen Staat zu schmieden begann, holte Handwerker, Baumeister, Ingenieure und Künstler, Holländer und Hugenotten heran. Mit ihnen und für sie, für sich, seinen Hof und seine Soldaten begann der systematische Aus- und Aufbau der Residenz und Garnison. Die Dorotheenstadt nördlich der frisch angepflanzten Lindenreihe, Friedrichswerder und Friedrichstadt wurden angelegt, die Festungswerke der Stadtmauer hochgezogen. Das Grundraster der Friedrichstadt, ein geometrisches Netzwerk aus langen Geraden, markierte die zukünftige Stadtentwicklung.

Mit Friedrich I. und seiner neuen Königswürde nahm dann die rasante Entwicklung Berlins zur Hauptstadt und Schaltzentrale preußischer Staatsmacht ihren Ausgang, und da Architektur und städtebauliches Erscheinungsbild von den Präferenzen und Vorstellungen der jeweiligen Herrscher geprägt waren, subjektiv und individualistisch entschieden wurden, ist auch schon um 1800, Preußen steht im Zenit seiner Macht, ein Großteil des absolutistisch-barocken Berlins wieder verworfen und umgestaltet worden. Der Kernbereich hohenzollernscher Repräsentanz hingegen, mit großen, erhebenden Einzel-

Friedrich Nicolai schrieb in seinem »Wegweiser für Fremde und Einheimische durch Berlin und Potsdam«: »Berlin hatte den ersten Januar 1788 zusammen 9705 Häuser, ohne die Kirchen, das königliche Schloss und alle öffentlichen Gebäude, nämlich 6223 Vorderhäuser, 3225 Hinterhäuser und 257 Häuser außerhalb der Mauern und Palisaden, das Vogtland mit eingeschlossen. ... Berlin hat 15 Tore (13 Land- und 2 Wassertore), 268 Straßen und Plätze, 36 Brücken, worunter sieben steinerne sind, und 33 Kirchen. Durch die Stadt fließt die Spree ...«

bauten ist bis in unser Jahrhundert hinein erhalten geblieben: Stadtschloss und Zeughaus als erste und größte barocke Baukunstwerke
von internationalem Rang brachten die künstlerische Bedeutung u. a.
Eosanders von Göthe und Johann Arnold Nerings zum Ausdruck.

Herausragend waren die Leistungen von Andreas Schlüter, der als
Architekt und Bildhauer in der jungen Residenzstadt ästhetische
Maßstäbe setzte – für das Stadtschloss schuf er Fassadenpartien, Fest-
säle und den imponierenden Innenhof, am Zeughaus waren es die
Masken der sterbenden Krieger, und sein Reiterstandbild des Großen
Kurfürsten, heute im Ehrenhof von Schloss Charlottenburg, gilt als
das wichtigste bildhauerische Zeugnis des deutschen Barocks.

Friedrich I. legte Wert auf höfische, prunkvolle Architektur, unter
seiner Herrschaft sind zahlreiche Kirchen, Stadtpalais und Schlösser
im Umkreis Berlins, wie das spätere Schloss Charlottenburg, errichtet worden. Sein Nachfolger Friedrich Wilhelm I., der Soldatenkönig,
stellte dagegen militärische Belange und den Ausbau der Stadtviertel
mit Wohnquartieren in den Vordergrund seiner Planung: Exerzier-
plätze in Tiergarten und Tempelhof ergänzten den einplanierten Lustgarten als Aufmarschplatz seiner Soldaten; die Friedrichstadt wurde
unter der Leitung von Johann Philipp Gerlach erweitert und entwickelte sich zu einem dicht besiedelten Stadtteil; in der Wilhelmstraße
entstanden die Stadtpalais; die Platzanlagen von Rondell, Karree und
Oktogon markierten die Randbebauungen im Westen und Süden,
und der Verlauf der neuen Stadtmauer mit 14 Toren, über 150 Jahre
existent, hat das Stadtbild, seine innerstädtischen Grenzen, bis heute
charakterisiert.

Unter der Herrschaft seines Sohnes Friedrichs des Großen wiederum entwickelte sich Berlin zur politischen und kulturellen Hauptstadt und zum Zentrum Preußens als europäischer Großmacht. Als

*Nun doch – es soll his-
torisierend wieder
aufgebaut werden:
Das gewaltige Karree
des Stadtschlosses –
hier die Lustgartenfas-
sade – bildete das
städtebauliche Kern-
stück und Zentrum
Berlins. Kupferstich
um 1750 (Guckkasten-
blatt)*

Das berühmte »Große Panorama« (1834) von Eduard Gaertner bietet vom Dach der Friedrichswerderschen Kirche aus einen Rundblick über die Stadtmitte.
Auf dem Dach Schinkel und die Familie Gaertner.

Ergänzung des höfischen Kernbereichs mit Schloss und Zeughaus setzte das Forum Fridericianum als neue repräsentative Platzanlage Unter den Linden ein zwar nicht vollständig ausgeführtes, aber prachtvolles Glanzlicht preußischer Architektur: von Friedrich und seinem alten Jugendfreund Knobelsdorff konzipiert, bilden das Königliche Opernhaus, die St.-Hedwigs-Kathedrale, das Prinz-Heinrich-Palais, die spätere Humboldt-Universität sowie die Alte Bibliothek den Kern des friderizianischen »Barockklassizismus«. Da ist einerseits die elegante, reduzierte Strenge des frühklassizistischen Opernhauses von Knobelsdorff mit heiter verspielten Rokoko-Innenräumen, andererseits die schwelgende Üppigkeit der barocken Bibliothek – beide Stilausprägungen bestimmten das monarchische Zentrum rund um das Schloss und die Linden. Das Gesamtensemble des Friedrichsforums mit den angrenzenden Kronprinzen- und Prinzessinnenpalais ist nach schweren Kriegszerstörungen in den sechziger Jahren originalgetreu rekonstruiert worden. Die prächtigen, kuppelgekrönten Turmbauten von Carl von Gontard schließlich ergänzten mit ihren markanten Silhouetten den Französischen und Deutschen Dom auf dem Gendarmenmarkt. Auch sie sind, wie die neu errichteten viergeschossigen Häuser mit reich geschmückten Fassaden entlang der Linden, in der Friedrich- und Dorotheenstadt Bestandteil des französisch-orientierten Schaucharakters, den Berlin unter Friedrich dem Großen annahm. Vor den Stadttoren erweiterte Knobelsdorff das Schloss Charlottenburg, und durch die Umgestaltung des Tiergartens und den Bau von Schloss Bellevue erfolgt eine

langsame, stetige Anbindung und Erschließung der westlichen Randbereiche an das Zentrum Berlins.

Das Brandenburger Tor, 1791 von Langhans fertig gestellt und mit
Schadows Quadriga gekrönt, nahm die Propyläen auf der Akropolis
in Athen zum Vorbild – erster, machtvoller Ausdruck und Sinnbild
einer anderen, zukunftsweisenden Architektur, der neue politische
und gesellschaftliche Ideen und Vorstellungen zugrunde lagen. Erst
mit dem von der Antike inspirierten Klassizismus, der die Sehnsucht
nach freiheitlichen, bürgerlichen Idealen widerspiegelte, gewann Berlin eine ästhetische Qualität, die die Stadt auch im europäischen
Kontext bedeutend machte. Als überragender Baumeister des Klassizismus prägte Karl Friedrich Schinkel das Bild der Stadt. Nach den
Befreiungskriegen schuf er mit der Neuen Wache Unter den Linden,
dem Alten Museum am Lustgarten und der strahlend heiteren
Schlossbrücke Solitäre, die das Schlossareal, das Forum Fridericianum und den Lindeneingang miteinander in Beziehung setzten und
das Zentrum stadträumlich verklammerten. Auch das Schauspielhaus am Gendarmenmarkt, die von der englischen Neogotik inspirierte Friedrichswerdersche Kirche und die Bauakademie schließlich
wirkten stilbildend und richtungweisend für die Strömungen in der
Architektur des 19. Jahrhunderts. Innovative, zweckgerichtete Form-
gebung, eine spröde Eleganz der Ausdrucksmittel, die Verschmelzung
von Baukörper und sparsamem Ornament charakterisieren seine
variationsreiche Architektursprache. Mit Schinkel wirkten der Land-
schafts- und Gartenarchitekt Peter Joseph Lenné, besonders auch der

Bildhauer Daniel Rauch; mit ihnen und den Schinkel-Schülern Stü- ler und Persius nahmen nicht nur Architekturphantasien in Potsdam, auf der Pfaueninsel und in Klein-Glienicke Gestalt an, sondern besonders in zahlreichen Kirchen, Kommunalbauten, Wohnhäusern, Schulen und Rathäusern hallt Schinkels Vorbild wider – in der Fas- sadengestaltung, in Ziegelbänderung, Terrakotten und klassizisti- schen Schmuckelementen der Innenraumgestaltung.

Zur gleichen Zeit, da sich das bürgerliche Leben Berlins auch architektonisch Ausdruck verschaffte und ein Gegengewicht zum militärisch geprägten Machtzentrum der Krone bildete, begann Ber- lin als Industrie- und Wirtschaftsmetropole die alten Stadtgrenzen zu sprengen. Die unmittelbar dem Zentrum angelagerten Bezirke waren dicht und vollständig zugebaut, und in der zweiten Hälfte des 19. Jahrhunderts, als die Stadtmauer abgetragen war, wuchsen und wucherten die Vorstädte über die alten Grenzmarkierungen und Tore hinaus; das alte Preußen ist gleichsam von seiner eigenen Entwick- lung umzingelt worden. Hunderttausende waren in die Stadt geströmt, um Obdach und Arbeit zu finden; Berlin wurde das Sam- melbecken aller, die auf der Suche nach einem besseren Leben waren. In den sechziger Jahren schließlich wurden durch die voran- gegangene »Baupolizeiordnung von Berlin« und den Hobrechtschen Bebauungsplan für Berlin und Charlottenburg die Weichen gestellt für die hoch verdichtete Bebauung ganzer Viertel und Straßenblöcke durch hintereinander gestaffelte vier- bis fünfgeschossige Mietshäu- ser mit Fabrikationsstätten und Handwerksbetrieben, und um die Jahrhundertwende drückte ein Ring an Arbeitervierteln von Norden,

Die Rotunde des Alten Museums von Schin- kel. Aquarell von Carl Emanuel Konrad. Schinkel: »Das Heilig- tum, in dem das Kost- barste verwahrt wird, … betritt man zuerst, und hier muß der An- blick eines schönen und erhabenen Rau- mes empfänglich ma- chen und die Stim- mung geben für den Genuß und die Er- kenntnis dessen, was das Gebäude über- haupt bewahrt.«

Osten und Süden auf das Herz der Stadt – das »steinerne Berlin« als »größte Mietskasernenstadt der Welt« ist in den zwanziger Jahren von Werner Hegemann seziert worden. Nur der Westen war noch relativ unerschlossen: Der Tiergarten bildete eine natürliche, grüne Barriere.

Karl Friedrich Schinkel (1781–1841)

Karl Friedrich Schinkel war der größte und einflussreichste aller preußischen Baumeister. Sein Ruhm als einer der bedeutendsten deutschen Klassizisten ist ungebrochen; seine visionäre Kraft einer eigenständigen, aus der Antike gewonnenen Formensprache wirkt heute noch inspirierend. Die rund 30 Bauten, die er nach seinem Tod im neuen von ihm geschaffenen »Spree-Athen« hinterließ, haben das Stadtbild eindrücklich geprägt.

Karl Friedrich Schinkel, Porträt von Carl Begas, 1826

   Als Schinkel starb, hatte er der Stadt einen Charakter beiläufiger Noblesse verliehen, den sie vorher nicht besaß – das war in der Mitte des 19. Jahrhunderts, als die großen Metropolen Europas, Rom, Paris, und London, sich mit ihrem Gepränge schon lange eingerichtet und mehrere Häutungen hinter sich gebracht hatten. Heute sind vom alten Berlin in Mitte nur noch einzelne große Bauwerke geblieben – die Neue Wache Unter den Linden, das Alte Museum am Lustgarten, die Schlossbrücke, die Friedrichswerdersche Kirche und das Schauspielhaus am Gendarmenmarkt. Schinkels Gesamtkonzept vom Zentrum Berlins ist nach und nach zerstört worden. Kaiser Wilhelm II. ließ abreißen, weil ihm Schinkel nicht prunkvoll genug war; Albert Speer, Adolf Hitler, Bomben und Kriegsschäden trieben die Zerstörung weiter, und die Herren aus Pankow wüteten mit der Abrissbirne, um Berlin als Hauptstadt der DDR möglichst preußenfrei wieder auferstehen zu lassen.

   Als Schinkel 1816 seinen ersten Bauauftrag in Berlin erhält, war er schon 35 Jahre alt. Sein Vater war früh gestorben, und mit seiner verwitweten Mutter und den Geschwistern kam er 1794 nach Berlin. Schulbesuch im Grauen Kloster, Lehre bei David Friedrich Gilly, dem preußischen Landbaumeister, der 1799 die Bauakademie mitbegründete. Mit dessen Sohn Friedrich d. J. verband ihn eine enge Freundschaft; der starb sehr jung 1800 und hinterließ Schinkel eine Reihe von Bauaufträgen, die auf Grund der politischen Situation nicht realisiert werden konnten. Auch Schinkels Mutter starb im selben Jahr.

   Der kaum Zwanzigjährige ging zwei Jahre nach Italien, reiste, zeichnete, entwarf, machte sich als Maler in Rom einen Namen. Rom wurde seine Liebe, sein Vorbild, sein Traum. Als er 1805 nach Berlin zurückkam, war Preußen von den Franzosen besetzt – bis zum Ende der Befreiungskriege Not und Wirren, aber kaum etwas zu bauen. Mit großen Dioramen und begehbaren Rundbildern, der zeitgenössischen Form eines Kinovergnügens, mit Bühnenbildern und romantischen Gemälden, die sich in ihrer Qualität durchaus an Caspar David

»*Perspectivische Ansicht des Neuen Museums in Berlin, vom Standpunkte zwischen dem Zeughaus und der neuen Schloßbrücke*«. *Kolorierte Radierung auf Papier, um 1825, von Karl Friedrich Schinkel.*
Schinkel: »Das Ideal in der Baukunst ist nur dann völlig erreicht, wenn ein Gebäude seinem Zweck in allen Teilen und im Ganzen in geistiger und physischer Rücksicht vollkommen entspricht.«

Friedrich messen konnten, hielt sich Schinkel über Wasser, und die Berliner waren begeistert. Seine Architekturentwürfe hatten Phantasie, sie waren italienisch-heiter, aber auch bizarr und grandios, riesige Monumente in wilden Landschaften, antikisierend, gotisch-dunkel. Durch die Fürsprache Wilhelm von Humboldts, den er in Rom kennen gelernt hatte, konnte Schinkel 1810 in der preußischen Oberbaudeputation unterkommen und in den Beamtenstand eintreten. Bescheidene Brot- und Butter-Aufträge, bis schließlich mit Kriegsende und der Rückkehr des Hofes der Wiederaufbau begann und Berlin seine Freiheit, den Neubeginn, auch architektonisch zum Ausdruck bringen wollte. In den zwanziger Jahren wurde er mit einer Fülle von Aufträgen überschüttet, vom König selbst, den preußischen Prinzen, Staatsverwaltung, Kirche, Adel und Bürgertum.

Eine Reise nach England im Jahr 1826, in allerhöchstem Auftrag, markierte einen Wendepunkt in Schinkels Architekturauffassung. Mit seinem »Urfreund« Beuth schaute er sich Kunstsammlungen und deren Platzierung an, um Anregungen für einen ersten Museumsbau zu gewinnen – der Industriearchitektur jedoch verdanken beide die nachdrücklichsten Anregungen: Die Kombinationen aus Ziegelstein, Glas und Eisen weisen den Weg in die Moderne.

Im Jahr 1838 wird Schinkel zum Oberlandesbaudirektor ernannt. Ein »verfluchtes« Amt – Schinkel war verantwortlich für jedes Bauwerk, das in Preußen errichtet wurde, und das hieß: ständige Inspektionsreisen durch alle Provinzen, vom Rhein bis zur Memel, von Köln bis nach Königsberg. Jeder Entwurf musste begutachtet und genehmigt werden, er wurde Direktor der Bauakademie, gleichzeitig hatte er seinen Pflichten als Professor an der Akademie der Schönen Künste nachzukommen; die eigenen Bauten mussten ebenfalls überwacht werden. Auch im Ausland hatte sich sein Ruhm verbreitet, und er erhielt Ehrenmitgliedschaften an den Akademien in Paris, London, Petersburg und Stockholm. Schon Ende der zwanziger Jahre hatte Schinkel den Versuch unternommen, sich mit einer Petition an den König aus den Fesseln der behördlichen Aufgaben zu befreien: »Mit Bekümmernis fühle ich, daß ich innerlich zerrissen werde durch Arbeiten, zu denen ich die Zeit meiner eigentlichen Bestimmung entziehen muß.« Sein Entlassungsgesuch wurde abgelehnt.

Sein letztes Werk, der damals heftig umstrittene, ja verachtete sachliche Quader der Bauakademie, wies den Weg zur strengen Funktionalität der Moderne. Schinkel ist es in all seinen Bauten gelungen, aus tradierten Vorgaben etwas Neues, Eigenständiges und in sich Perfektes zu gestalten, wobei der Zweck jeder Architektur klar ablesbar sein sollte. Seine Credo: »Überall ist man nur da wahrhaft lebendig, wo man Neues schafft, überall, wo man sich ganz sicher fühlt, hat der Zustand schon etwas Verdächtiges, denn da weiß man etwas gewiß. Also etwas, was schon da ist, wird nur gehandhabt, wird wiederholt angewendet, dies ist schon eine halb tote Lebendigkeit. Überall da, wo man ungewiß ist, aber den Drang fühlt und die Ahnung hat, von und zu etwas Schönem, welches dargestellt werden muß – da, wo man also sucht, ist man wahrhaft lebendig.«

Von seinen Pflichten schließlich erdrückt, erlitt Schinkel im Sommer 1840 einen Totalzusammenbruch; am 9. Oktober 1841 ist er an den Folgen wohl eines Gehirnturmors gestorben. Beerdigt ist er auf dem Dorotheenstädtischen Friedhof, der zur Gemeinde der Friedrichswerderschen Kirche gehörte – sein Grabmal entwarf der »treueste aller Freunde«, Peter Christian Beuth, der ebenfalls hier liegt wie auch Schinkels Weggefährten Schadow, Rauch und Hegel.

Exkurs: Die schönen Seelen – Berliner Salonkultur um 1800

»Und so glaube ich nicht zuviel zu behaupten, wenn ich sage, daß es damals in Berlin keinen Mann und keine Frau gab, die sich später irgendwie auszeichneten, welche nicht längere oder kürzere Zeit diesen Kreisen angehört hätten, und daß der nur diesen Kreisen entsprossene Geist in die Gesellschaft selbst der höchsten Sphären Berlins eindrang. Nächstdem aber fand dieser Geist fast überall leere Räume.«

Die, die da in zierlicher Analyse die Berliner Gesellschaft als zwei weit auseinander gezogene Pole skizziert, weiß, wovon sie in ihren Erinnerungen plaudert: Der Salon von Henriette Herz (1764–1847) war Magnet und legendärer Anziehungspunkt »dieser Kreise«, all jener Künstler, Literaten, Diplomaten, Schauspieler, Komponisten, adeliger Schöngeister, Gelehrter und Philosophen, die Kultur und Kunstverständnis, Herz und Geist in der soldatischen Enge und preußischen Spröde Berlins im ausgehenden 18. Jahrhundert repräsentierten. Während ihr Mann Marcus Herz – 17 Jahre älter, hoch angesehener Arzt und vordem Lieblingsschüler von Kant – philosophische Vor-

Theodor Fontane schilderte eine Generation später, wie Schinkel das gesamte »Design« einer Epoche prägte: »Das ganze Kunsthandwerk – dieser wichtige Zweig modernen Lebens – ging unter seinem Einfluss einer Reform, einem mächtigen Aufschwung entgegen. Die Tischler und Holzschneider schnitzten nach schinkelschen Mustern, Fayence und Porzellan wurden schinkelsch geformt, Tücher und Teppiche wurden schinkelsch gewebt. Das Kleinste und Größte nahm edlere Formen an: der altvätrische Ofen, bis dahin ein Ungeheuer, wurde zu einem Ornament, die Eisengitter hörten auf, eine bloße Anzahl von Stangen und Stäben zu sein, man trank aus schinkelschen Gläsern und Pokalen, man ließ seine Bilder in schinkelsche Rahmen fassen, und die Grabkreuze der Toten waren schinkelschen Mustern entlehnt.«

tragsabende hielt, scharte Henriette im Nebenzimmer Freunde und immer mehr Gäste um sich, die mit Begeisterung und jugendlichem Elan die Ideen der Aufklärung, den Gang der Französischen Revolution, neue Literatur und neueste Theaterstücke erörterten.

Im Zentrum des alten Berlin, zwischen Tiergarten, Brandenburger Tor und Nikolaiviertel, in den Straßen rund um die Linden, vom Schloss Monbijou bis zum Gendarmenmarkt, entstand ein engmaschiges Beziehungsgeflecht der liebenswürdigen, streitbaren Geselligkeit, das für Berlin eine der wichtigsten geistigen Bewegungen innerhalb des Bürgertums werden sollte. Schon der jüdische Kaufmann und Philosoph Moses Mendelssohn hatte »ausgedehnte Gastfreundschaft gepflegt bei großen Beschränkungen«; zusammen mit Lessing und dem Verleger Friedrich Nicolai war er der Wegbereiter der Aufklärung in Berlin.

Seine Töchter fanden sich bei »Jette« Herz in der Neuen Friedrichstraße 22 ein, die Brüder Alexander und Wilhelm von Humboldt

Im Salon der geistreichen und schönen Henriette Herz traf sich ganz Berlin. Ihr Porträt als Hebe stammt von Anna Dorothea Therbusch, 1778.

kamen regelmäßig. Beide lernten Hebräisch von ihr, und über Wilhelm konnte sie schließlich sagen: »Ich führte ihn gewissermaßen in die Welt ein.« Sie war geistreich, durch die ungewöhnlich offene Erziehung im Elternhaus hoch gebildet und sehr schön: Schleiermacher blieb ihr lebenslanger »Herzensfreund«, Graf Mirabeau, der 1786 in Berlin verbrachte und in acht Bänden »De la Monarchie Prussienne« den preußischen Staat unter Friedrich dem Großen scharfzüngig kritisierte, war entzückt von ihrem Esprit, und auch Madame de Staël, die sich ab 1802 in Deutschland aufhielt, war tief beeindruckt. Jean Paul war zu Gast, Karl Philipp Moritz, die Brüder Friedrich und August Wilhelm Schlegel gingen ein und aus. Der junge Ludwig Börne, damals noch Louis Baruch, beging gar einen Selbstmordversuch aus unerwiderter Liebe zu der 1803 verwitweten Henriette. Kurz darauf schenkte er der Angebeteten seine Tagebücher und verließ Berlin. »Ich muß gestehen, daß ich bis dahin sein Benehmen einer romanhaften Grille zugeschrieben hatte, aber nachdem ich diese Papiere gelesen hatte, mußte ich von dieser Ansicht zurückkommen. Es sprach eine Leidenschaft aus ihnen, die mir allerdings als eine wahnsinnige erscheinen mußte …«

War der Salon von Henriette Herz zwar der berühmteste, so gab es ab 1790 noch weitere Ziele der jungen, intellektuellen Avantgarde Berlins. Außerhalb der Akademie, den Wissenschaftszirkeln, der Universität und den Theatern konzentrierte sich das geistige Leben zumeist in den bürgerlich-jüdischen Häusern. Die Mehrheit des christlichen Mittelstandes besaß laut Henriette Herz »viele ehrenwerte Familientugenden, aber jedenfalls noch mehr geistige Beschränktheit und Unbildung«. Der Radius umfasste etwa zehn Salons, von Frauen hauptsächlich für Männer geführt. Dort wurde die Geselligkeit als Kunstwerk gepflegt. Um die 100 Personen zirkulierten unentwegt von einer obligatorischen Tasse Tee zur anderen, brachten sich selbst, ihre Ideen, ihre Lust an der Konversation und Hingabe an die Literatur als Zeichen der Freundschaft den Mitagierenden dar.

Die Glanzzeit des Salons von Rahel Levin, später Rahel Varnhagen von Ense, waren die Jahre zwischen 1800 und 1806, als sie, im Dachstübchen über der Wohnung ihrer Mutter und Geschwister in der Jägerstraße 54 nahe dem Gendarmenmarkt, ihre Gäste zu Gesprächen, Diskussionen, Herzensergüssen, Schwärmereien und emanzipatorischen Gedankenflügen anregte. Eine erstaunliche junge Frau, impulsiv, unerschrocken, leidenschaftlich und von zärtlichstem Mitgefühl. Sie war die älteste Tochter des wohlhabenden Bankiers Markus Levin; er gehörte zu dem Dutzend Juden in Berlin, denen der König ein Generalprivilegium erteilt hatte, das einer rechtlichen Gleichstellung halbwegs gleichkam. Die 1771 geborene Rahel war neugierig und wissensdurstig; von Jugend an klagte sie über die Fesseln der traditionellen jüdischen Erziehung. »Ich bin wie im Walde aufgewachsen, mir wurde nichts gelehrt«. Vom jungen Ludwig Tieck ließ sie sich bei der Lektüre beraten: »Helfen Sie mir, damit ich nicht dumm bleibe!« Rahel las, schwärmte für Goethe, den sie ihr Leben lang verehrte und dem sie verschiedentlich bei Kuraufenthalten begegnen durfte – als »schöne Seele« charakterisiert er sie im Wilhelm Meister. Rahel besuchte Privatvorlesungen A. W. Schlegels über die Frühromantik; der langweilte sie oftmals, war ihrer Meinung nach ein staubtrockener Gelehrter, »ein verstockter Schwächling, der nichts von Liebe weiß«. Seinem Bruder Friedrich dagegen war sie innig zugetan, unterstützte ihn und stand ihm und Dorothea Veit bei – einer Tochter Mendelssohns, die ihren Mann verließ, um mit Friedrich zusammenzuleben. Ein unerhörter Skandal, der schließlich noch weitere Kreise zog und in die Literaturgeschichte einging, nachdem die starken sinnlichen Qualitäten von Schlegels autobiographisch gefärbtem Roman »Lucinde« bürgerlichen Anstand und Schicklichkeit über Gebühr strapazierten und seine Habilitation gefährdeten.

Rahel Levin, verheiratete Rahel Varnhagen von Ense, hat ihr Leben lang die Außenseiterrolle als Jüdin beklagt: »Ich bin eine Falschgeborene.« Bronzerelief von Christian Friedrich Tieck, 1796

Die ledige Rahel kannte sie alle: die Brüder Humboldt, den Philosophen Johann Gottlieb Fichte, E. T. A. Hoffmann, Adelbert von Chamisso, die de la Motte Fouqués, und auch Prinz Louis Ferdinand tauchte oft bei ihr auf. Gegeneinladungen in die Adelspalais oder zu den alteingesessenen Familien des Großbürgertums sind niemals ausgesprochen worden. Nichts bereitete ihr größere Befriedigung, als ihre »Lieben in Liebe füreinander (zu) entzünden«. Sie selbst quälte sich mit ihrer Unfreiheit als Frau herum, das Wissen der Männer musste sie sich mühsam erkämpfen, denn die Ideen der Aufklärung, innere und äußere Bewegungsfreiheit, Toleranz und Wahrhaftigkeit im Umgang miteinander, waren von Lessing, Mendelssohn und Kant nur für ihresgleichen gemeint – die Männer. Frauen konnten sich nur durch eine geschickte Heirat Freiräume schaffen; gemäß dem preußischen Landrecht endete die Vormundschaft der Eltern für ihre Töchter erst mit deren Ehe. »In Europa sind Männer und Weiber zwey verschiedene Nationen.« Rahel litt unter einer doppelten Demütigung: Als Jüdin gehörte sie zu den Außenseitern, und ihr größter Wunsch, den unzählige Juden mit ihr teilten, war es, ihre mosaischen Fesseln abzulegen, sich taufen zu lassen und durch Heirat mit einem Christen »einen anderen Namen«, ein zweites Leben, zu gewinnen. Rahels Brüder ließen sich umbenennen, Henriette Herz trat zum Katholizismus über, Heine und Börne konvertierten. Rahel: »Ich bin eine Falschgeborene.«

Mit dem Einmarsch Napoleons durch das Brandenburger Tor hatte der kluge Geselligkeitskult vorerst ein Ende; die erste Phase der Berliner Salonkultur war vorüber. Jetzt bestimmte die Politik den Alltag, und erst nach den Anstrengungen der Befreiungskriege, nach monatelangen Truppeneinquartierungen in Berlin, nach ihrer Rückkehr aus Prag, nach Familienzerwürfnissen und finanzieller Not, konnte sich Rahel im Jahr 1814 endlich taufen lassen und den 14 Jahre jüngeren Karl August Varnhagen von Ense heiraten – da war sie 43 Jahre alt. Nach vielerlei beruflichem Hin und Her, Ausflügen aufs diplomatische Parkett und wachsenden gesellschaftskritischen und liberalen Neigungen widmete sich Varnhagen zunehmend der Literatur, wurde einer der glänzendsten Publizisten des Vormärz. 14 Bände seiner Tagebücher durften erst posthum erscheinen. Rahel führte nun in der Französischen Straße 20, später in der Mauerstraße 36 einen zweiten Salon: festlicher, vornehmer, gesättigter, und wieder kommen alle, die Rang und Namen tragen: Hegel, der gefeierte Nachfolger Fichtes in Berlin und ab 1820 Rektor der Universität, sein Schüler Heinrich Heine, den Varnhagen unter seine Fittiche nahm, der Historiker Leopold von Ranke, Mendelssohn-Bartholdy, der exzentrische Graf von Pückler-Muskau, dessen sensationell erfolgreichen »Briefe eines Verstorbenen« Varnhagen redigierte. Mit Bettina von Arnim, 1831 verwitwet, verband Rahel eine enge Freundschaft. Sie selbst war zur Institution geworden, kein Reisender versäumte, sie aufzusuchen, auch Neid und Missgunst machten nicht vor ihr Halt: »… dann tat sich die Tür auf, und Herr von Varnhagen trat groß und vornehm herein, die kleine, breite, mühsam gehende Frau feierlich am Arm führend … Dann trat der verehrerische Gatte hinter ihren Stuhl und zog leise sein Taschenbuch hervor, um jede ihrer Reden gleich niederzuschreiben«. Als Rahel am 7. März 1833 starb, hatte sich Berlin unter der Totenmaske der politischen Reaktion in die Innerlichkeit des Biedermeier zurückgezogen. Die 1812 von Wilhelm von Humboldt durchgedrückten Bürgerrechte für Juden wurden nach und nach wieder aufgehoben; die Industrialisierung ging mit Riesenschritten voran. In den Salons diskutierte man die sozialpolitisch radikalen Ideen des Franzosen Saint-Simon; an der Universität herrschte unterdrückter Aufruhr; der Ruf nach der lang versprochenen Verfassung und einem Parlament wurde laut; dort saß auch der junge Marx und hörte zu …

Literatur:
Hannah Arendt: »Rahel Varnhagen. Lebensgeschichte einer deutschen Jüdin aus der Romantik«.
Carola Stern: »Der Text meines Herzens. Das Leben der Rahel Varnhagen«.
Ulrich Janetzki (Hrsg.): »Henriette Herz. Berliner Salon. Erinnerungen und Porträts«.

Gründerzeit und Wilhelminismus – feierlich und gnadenlos

Mit der Reichsgründung 1871 war Berlin Hauptstadt des Kaiserreiches geworden, und die Dynamik der neuen Hauptstadt als politisches, wirtschaftliches und kulturelles Zentrum des Deutschen Reiches hat auch das Erscheinungsbild und den Organismus der Stadt völlig verändert. Je größer Berlin wurde, desto kleiner erschien der Kern Alt-Preußens. In knapp 30 Jahren (1871–1900) verdreifachte sich die Einwohnerzahl Berlins von rund 900 000 auf 2,7 Millionen. Weitere Ortschaften wie Tempelhof, Moabit, Wedding und Schöneberg waren schon eingemeindet, ganz weit draußen in den grünen Idyllen entstanden die ersten Villenkolonien für das gehobene Bürgertum. Auf Anregung Bismarcks rollten die Bautrupps nun auch in Charlottenburg an: Der Kurfürstendamm wurde auf 50 m Breite angelegt und durch prunkvolle Wohnpaläste erschlossen; ringsum, auch in Wilmersdorf und Schöneberg, waren neue Straßenfluchten und Plätze in atemberaubendem Tempo von hoch aufragenden Mietshäusern gesäumt. Das wilhelminische Berlin mit seinen historisierenden Fassadenreihen, mit Querhäusern und Hinterhöfen

Literatur:
Außerordentlich lebendig und detailreich bieten folgende Bände ein Kaleidoskop Berliner Lebens um die Wende zum 20. Jahrhundert in all seinen Facetten: Alfred Kerr: »Wo liegt Berlin? Briefe aus der Reichshauptstadt« und Ruth Glatzer: »Das Wilhelminische Berlin. Panorama einer Metropole«.

Das »Ornament der Masse«: Ganze Stadtviertel sind vom Charakter der hoch aufschießenden Mietskasernen geprägt, und um die Wende zum 20. Jahrhundert lautete die Standardfrage der Poliere: »Der Rohbau is fertich, Meester. Wat soll'n nun für'n Stil ran?«

bestimmt bis heute den architektonischen Charakter der innerstädtischen Bezirke und Wohnbereiche. Immer gleich und doch vielgestaltig ist das Grundmuster der Wohnhausbebauung, die sich je nach sozialer Lage prächtig ausstaffiert präsentierte oder im Wedding, Prenzlauer Berg, Kreuzberg und Moabit als Massenquartiere der Armen und kleinen Leute, nur vom Profit diktiert, eng, dunkel und ungesund nurmehr eine notdürftige Behausung bot. Die gewaltigen Repräsentationsbauten, die »staatstragend« immer auch der Idee des Kaisertums zu entsprechen hatten, schwelgten im wilhelminischen Glanz und Prunk – als wichtigstes Beispiel sei der neue Berliner Dom von Raschdorf genannt, 1905 fertig gestellt. Monumental und imponierend in ihrem herrschaftlichen Gestus, setzten auch das Reichstagsgebäude, das Bodemuseum, die Kaiser-Wilhelm-Gedächtniskirche oder das in gebändigtem Ornament schwelgende Postfuhramt in der Oranienburger Straße stolze Signale imperialer Prachtentfaltung.

Die Lust am öffentlichen Ornament, auch heute noch ein Charakteristikum des Berliner Stadtbildes, trieb zur Kaiserzeit ihre höchsten Blüten: Jeder freie Platz, jede Grünfläche wurde ausgeschmückt mit Figürlich-Skulpturalem des »Berliner Realismus«; allein von Reinhold Begas, dem bedeutendsten Bildhauer der wilhelminischen Ära, stammten zahllose Werke wie das gigantische Kaiser-Wilhelm-Denkmal an der Schlossfreiheit (zerstört), das Schiller-Denkmal auf dem Gendarmenmarkt, der barocke Formenreichtum des Neptunbrunnens (vor dem Roten Rathaus). Ludwig Hoffmann schuf den Märchenbrunnen im Volkspark Friedrichshain; der Tiergarten wurde von Bronze und Marmor bevölkert; der Kaiser legte die Siegesallee als unsterbliche Ahnengalerie an (zerstört, s. S. 240). Eisenbahn und innerstädtische Verkehrsnetze schlugen sich neue Schneisen, an und vor den

Toren der ehemaligen Stadtmauer entstanden die Bahnhöfe, die auch heute noch ringförmig die Stadt umgeben und erschließen; Ringbahn und Stadtbahn, Kanäle und Wasserstraßen, Hafenanlagen, riesige Fabrikareale, Vieh- und Schlachthöfe, Mietsblock um Mietsblock verdichteten die Stadtstruktur und überrollten die Stadtgrenzen.

Gleichzeitig machten sich die ersten, wichtigen Vorboten einer anderen, reduzierten Architekturauffassung bemerkbar: Kaufhäuser, Hotels, Bahnhöfe, Fabrik- und Markthallen stellten neue Gebäudetypen dar, die nach einer eigenen technischen Ästhetik verlangten. Der Anhalter Bahnhof von Franz Schwechten, die Warenhäuser (auch das Pergamon-Museum) von Alfred Messel mit gerüstartigem Aufbau und großen ungebrochenen Fensterflächen und die bahnbrechenden Industriebauten von Peter Behrens für die AEG stellten die Weichen für eine Architektur der Zukunft.

Exkurs: Das Berliner Mietshaus

Das Stadtbild Berlins ist auch heute noch im Wesentlichen vom Wilhelminismus geprägt, und in dem Ring der innerstädtischen Bezirke rund um Mitte regiert die Blockstruktur der Mietskaserne. Der so folgenreiche, von dem Polizeipräsidenten in Auftrag gegebene Bebauungsplan für die »Vorstädte« ist 1862 von James Hobrecht entwickelt worden, der zusammen mit Rudolf Virchow ein erstes Kanalisations- und Entwässerungssystem durchsetzte. Als Stadtplaner wirkte er weniger verdienstvoll: Er teilte die Segmente zwischen den großen Ausfallstraßen und Querverbindungen schlicht und simpel in grobmaschige Raster mit nur wenigen Straßenfluchten ein: Bauspekulanten und Investoren beließen die tiefen Parzellen ungeteilt, da die Fassaden versteuert und der Straßenbau mitfinanziert werden musste. Die skandalös großzügige Bauverordnung schuf eine extreme Bebauungsverdichtung und sorgte für die Wiederkehr des Immergleichen. Festgelegt war lediglich, dass die Höhe eines Hauses die Straßenbreite nicht überschreiten oder höher als 22 m sein durfte. Die Anzahl der Quer- und Seitengebäude blieb ungeregelt, sodass in den neuen Straßen der Arbeiterviertel drei, vier, gar sechs hintereinander gestaffelte Häuser mit Quergebäuden und vier oder fünf Stockwerken zur Norm wurden. Allein die Maße der Innenhöfe waren vorgeschrieben: Sie mussten mindestens 5,34 x 5,34 m groß sein, damit eine Feuerspritze dort wenden konnte. Das Ergebnis des Hobrecht-Plans, der Bauspekulation und der enormen Wohnungsnot waren die hierarchisch gestaffelten Mietshäuser: Endlosreihen ornamental geschmückter Vorderhäuser, je nach sozialem Anspruch mit einem Gewimmel an Putten, Karyatiden, allegorischem Personal über Giebeln, Erkern und Portalen. Hinter den üppig geschmückten Fassaden lagen großzügige Wohnungen für »bessere Leute«, Militär, Ärzte, Hausbesitzer, mittlere Beamte, Kaufleute. In den Souterrains, in Seitenflügeln und Quergebäuden, in kleinste Wohneinheiten aufgeteilt, lebten Dienstboten, kleine Handwerker, Fabrik- und Lohnarbeiter in drangvoller Enge.

Das berühmte Zille-Wort »Man kann einen Menschen mit seiner Wohnung erschlagen wie mit einer Axt« wurde im Jahr 1930 mit der scharfzüngigen und zornigen Untersuchung Hegemanns untermauert, der für die »größte Mietskasernenstadt der Welt« den Begriff des »steinernen Berlin« prägte.

*Die größte Mietska-
serne Berlins war
Meyer's Hof in der
Ackerstraße im Wed-
ding. Als kostengünsti-
ges Reformmodell
errichtet, wurde er als
Massenquartier des
Elends berühmt-
berüchtigt.*

Oftmals hausten sechs bis sieben Personen in einer Stube und Küche.
»Schlafburschen« teilten die Betten im Turnus, Dienstmädchen der
»besseren Stände« schliefen in der Küche oder in einer winzigen
Kammer, gar auf dem Hängeboden. Die hohen Vorderhäuser versperr-
ten die Sicht, blockierten Licht und Sonne in den rückwärtigen
Gebäuden. Die in rasendem Tempo hoch gezogenen Wohnblöcke
wurden zuerst »trockengewohnt«, d. h., bis das Mauerwerk durchge-
trocknet war, blieb die Miete reduziert – viele Kleinverdiener waren
gezwungen, von einem feuchten Haus ins andere zu ziehen.

Besonders in Kreuzberg wurde die Durchmischung von Wohnen
und Arbeiten typisch: Die Gewerbequergebäude waren oftmals als

komplette Fabriketagen angelegt; in den Innenbereichen der Hinterhöfe bildete sich eine Kette von Gewerbehöfen und Handwerksbetrieben, dazu kamen Kneipen, kleine Läden, Fuhrbetriebe, Kohlenhändler und Kuhställe, die Frauen schufteten in Heimarbeit.

Nach dem Zweiten Weltkrieg hatte sich der Mietshausbestand zwar verringert, und in den sechziger Jahren wurde viel abgerissen. In den Siebzigern schließlich rückten Wohngemeinschaften, Freiberufler, Anwälte, Lehrer, Intellektuelle in den Kiezquartieren an und verhalfen dem maroden Charme der Mietskaserne zu steigendem Ansehen. Im Rahmen der gewaltigen Sanierungsprogramme sind zahllose Mietsblöcke renoviert und entkernt worden: Hinterhäuser wurden abgerissen, Heizungen und Bäder eingebaut, und die einstigen Fabrik- und Gewerbeetagen finden als Lofts reißend Absatz.

Geblieben sind, sei es in Wilmersdorf oder Prenzlauer Berg, in Charlottenburg oder Kreuzberg, stets wieder erkennbare Strukturen, Grundrisse und lieb gewonnene Merkwürdigkeiten: Hohe Decken, Parkett- oder Dielenböden, Stuckverzierungen, Doppelfenster. In hochherrschaftlichen Vorderhäusern kann man mit Glück und Geld immer noch ungeteilte Wohnungen mit 10 oder 12 Zimmern finden.

Typisch ist das »Berliner Zimmer« – ein Unikum, das durch den Übergang von Vorderhaus zum Seitenflügel entsteht; es besitzt nur ein schmales Fenster zum Hof; dafür um so mehr Türen und widersteht nahezu jedem sinnvollen, ästhetisch gelungenen Möblierungsversuch. Dies eigentümlichste Erbe Berliner Wohnbebauung geht tatsächlich auf Schinkel zurück: Um einer gesichtslosen, wuchernden Wohnbebauung entgegenzuwirken, hatte der Meister fünf Entwürfe für Stadthäuser des Mittelstands entworfen, und eines davon verwirklichte er 1829 mit dem Haus für den Ofenfabrikanten Feilner: In U-Form einen Hof umschließend, musste damit im Winkel zwischen Vorder- und Seitenflügel zwangsläufig ein Eckraum entstehen. Ein langer magerer Flur, schon im Seitenflügel, führt zu den Nutzräumen, zu Bad, Kammer, Küche. Die besitzt, wenn noch vorhanden, eine so genannte »Kochmaschine«, einen gemauerten, verkachelten Herd, und die »Brötchentreppe« führte als Ausgang der Dienstboten in das hintere Treppenhaus.

In den Hinter- und Seitenflügeln (im Immobiliendeutsch firmieren sie als »Gartenhaus«), auch in anspruchsloseren Vorderhaus sind heute noch viele ofenbeheizte Zwei- oder Einzimmerwohnungen mit Küche zu vermieten, das Klo teilen sich die Wohnungsparteien eines Stockwerks auf halbem Treppenhausabsatz: Duschen sind vielfach als abenteuerliches Falt- und Klappwerk irgendwo eingebaut, oder aber man pilgert ins Stadtbad mit Wannen- und Duschabteilungen. (Damit erklärt sich auch die Tatsache, dass jeder Bezirk meist mehrere Hallen- oder Stadtbäder besitzt!).

In saniertem und aufgepäppeltem Zustand findet das Berliner Mietshaus in seinem gewachsenen Viertel immer mehr alte Befürworter und neue Liebhaber: Die Höfe sind begrünt, meistens versucht eine alte Kastanie in den Himmel zu wachsen; die Vögel zwitschern,

Nach dem Alptraum des Ersten Weltkrieges war ein Großteil des Bürgertums demoralisiert; die Wirtschaft war in einem hoffnungslosen Zustand, das Massenelend groß. In der Kunst jedoch fand die fruchtbarste Periode des 20. Jahrhunderts statt, und Berlin stand im Zentrum der radikalen Innovationen in den bildenden Künsten, in Literatur, Theater und Film. Sie alle waren in Berlin: Maler wie George Grosz, John Heartfield, Lyonel Feininger, Otto Dix und Max Beckmann, Hannah Höch, Lovis Corinth; Schriftsteller wie Kurt Tucholsky, Bertolt Brecht, Arnold Zweig, Erich Weinert, Carl von Ossietzky, Gottfried Benn, Nelly Sachs, Joachim Ringelnatz, Erich Kästner und Alfred Döblin. Ernst Busch sang, Paul Dessau, Kurt Weill, Paul Hindemith komponierten; Elisabeth Bergner, Heinrich George, Fritz Kortner, Werner Kraus und Gustav Gründgens, Max Reinhardt und Leopold Jessner prägten das Theaterleben; Fritz Lang schuf seine expressionistischen Filmklassiker.

der Verkehrslärm ist weit weg, man kennt sich, feiert auch mal ein Hoffest zusammen. Und abends ist man oftmals noch auf eigenwilligste Weise geschützt: Jeder Hausmeister, der etwas auf sich hält, schließt das Vorderhausportal um 20 Uhr ab, und dann tritt der Durchsteckschlüssel auf den Plan: Die schwere Gerätschaft wird ganz durch das Schlüsselloch geschoben, und man muss umschließen, um ihn auf der anderen Seite herausziehen zu können. Als höflicher Besucher sollten Sie also kurz vor acht bei ihren Gastgebern eintrudeln, oder Sie stehen vor der romantischen Großstadtfestung und müssen sich per Handy bemerkbar machen. Dann kann sich der »Gartenhaus«-Bewohner in Trab setzen, um Sie an der Haustür einzulassen ….Fast wie das »Ideal« Berliner Wohnverhältnisse, von Tucholsky in Szene gesetzt:
»Eine Villa im Grünen mit großer Terrasse,
vorn die Ostsee,
hinten die Friedrichstraße …«

Berlin und die Moderne

Schon vor dem Ersten Weltkrieg hatte es Ansätze gegeben, den großstädtischen Moloch Berlin architektonisch und städtebaulich neu zu gliedern, zu entzerren und Reformen im Wohnungsbau durchzusetzen. Die Ideen und Modelle der ersten großen Städtebauausstellung von 1910, an der sich internationale Architekten beteiligten, konnten aber erst nach Ende des Ersten Weltkriegs aufgegriffen werden, im republikanischen Deutschland, in einer neuen Zeit. Die Verwaltungsreform von 1920 schloss Städte, Gemeinden und Gutsbezirke zur Verwaltungseinheit Groß-Berlin mit zwanzig Bezirken zusammen; ihre Ausdehnung hat sich im Wesentlichen bis heute erhalten. 3,8 Millionen Einwohner lebten in Berlin, der größten Industriestadt des Kontinents, flächenmäßig nur noch von London überflügelt. Aus dem Brennpunkt der politischen, geistigen und kulturellen Avantgarde wurde wieder einmal ein neues, anderes Berlin geboren. Die Suche nach besseren Lebensformen, einer neuen Wahrheit und einer anderen, radikalen Ästhetik in Kunst, Musik und Literatur nahm auch in der Architektur unterschiedliche Gestalt an: Das Berlin der zwanziger Jahre war Experimentierfeld kühner Architekturentwürfe, deren Bandbreite Expressionismus, Neue Sachlichkeit, Gartenstadtmodelle und die klassische Moderne des Bauhauses umfassten. Aufregende, progressive Konzeptionen, die auch einen ständig fortlaufenden Prozess der Abstraktion beschreiben, vom individualistischen Formempfinden hin zu gleichheitlichem Realismus, vom Einzelsubjekt als Adressat hin zur Masse Mensch.

Hans Poelzig und Erich Mendelsohn bauten in ihrer expressionistischen Phase dramatische, gefühlsbetonte, fließende Formen wie die wild bewegte »Tropfsteinhöhle« des Deutschen Theaters (zerstört) oder den organisch in weichen Rundungen gebannten Einsteinturm

in Potsdam; das bedeutende Haus des Rundfunks dagegen, ebenfalls von Poelzig, ist eine Meisterleistung strenger Gliederung und funktionaler Sachlichkeit im Backstein- und Klinkergewand. Subjektivismus und Übersteigerung der Gefühle mündeten in die Neue Sachlichkeit, die mit ihren gekurvten Baukörpern, langen horizontalen Fensterbändern das Diktat der schlichten Form propagierte. Das Shell-Haus von Emil Fahrenkamp, das Mosse-Haus und die Schaubühne am Lehniner Platz – beides von Erich Mendelsohn – sind bedeutende Beispiele. Von Otto Grenander stammen eine Reihe von S- und U-Bahnstationen und Bahnhofshallen, die in ihrer Funktionalität und Formstrenge noch heute vorbildlich sind. Sie alle, die Vorkämpfer des Neuen Bauens, haben in Berlin gelebt und gebaut: Bruno und Max Taut, Martin Wagner, Walter Gropius, Ludwig Mies van der Rohe, Hans Scharoun. Neben einzelnen Villen und Landhäusern verdeutlichen besonders die großen Reformprojekte den Umbruch in der Architekturauffassung. Sie sind als soziale Architektur konzipiert, die das Prinzip »Licht, Luft und Sonne« im Wohnungsbau vertraten. In Zusammenarbeit mit genossenschaftlichen Wohnungsbaugesellschaften entstanden zahlreiche Mustersiedlungen wie die Waldsiedlung »Onkel Toms Hütte« von Bruno Taut, Hugo Häring und Otto Rudolf Salvisberg in Zehlendorf, die Wohnstadt »Carl Legien« von Bruno Taut in Prenzlauer Berg, die berühmte Hufeisensiedlung von Bruno Taut und Martin Wagner in Britz, die Ringsiedlung in der Siemensstadt von Walter Gropius, Hugo Häring, Otto Bartning, Hans Scharoun, die Weiße Stadt in Reinickendorf von Otto Rudolf Salvisberg, Wilhelm Büning, Bruno Ahrend. Sie entwarfen rhythmisch gegliederte Häuserzeilen, klare, sachliche Formen in aufgelockerter Bauweise mit verbindenden Grünzonen, viel Weiß und kräftiger Farbgebung.

63

Walter Gropius

Ludwig Mies van der Rohe

Das Schicksal des Bauhauses, die erzwungene »Weltwanderung« seiner Künstler und Architekten, die die klassische Moderne begründeten, ist mit Berlin besonders eng verknüpft. Nachdem das Bauhaus 1933 Arbeitsverbot erhielt und sich selbst auflöste, haben sechs der berühmtesten Stadtplaner, Architekten und Designer der Weimarer Republik, Walter Gropius, Ludwig Mies van der Rohe, Martin Wagner, Laszlo Moholy-Nagy und Erich Mendelsohn, Deutschland verlassen. In den USA hat sich dann die deutsche Bauhaus-Moderne als amerikanischer »International Style« mit seinen strengen, reduzierten Stahl- und Glaskuben vom Bürohochhaus bis zum Wohnpavillon weiterentwickelt und durchgesetzt: Gropius, Mies van der Rohe und Breuer wurden gefeierte Architektenstars, deren weltweiter Einfluß die Architektursprache bis heute nachhaltig, positiv wie negativ, geprägt hat.

Haus Lemke in Hohenschönhausen ist das letzte von Mies van der Rohe in der Vorkriegszeit errichtete Gebäude in Berlin (1932) – heute ist es restauriert und und zu besichtigen; von Gropius sind einige Wohnhäuser in Dahlem und Zehlendorf und eines im Hansaviertel erhalten. Im Berlin der sechziger Jahre hat Mies van der Rohe schließlich als »grand old man« noch einmal gebaut: Die Neue Nationalgalerie ist Rohes letztes Werk. Walter Gropius plante die nach ihm benannte Großsiedlung, und er entwarf das Bauhaus-Archiv, das, nach seinem Tod 1978 verändert fertig gestellt, die Geschichte der wohl einflussreichsten Architekten- und Künstlergemeinschaft dieses Jahrhunderts dokumentiert.

»Welthauptstadt Germania«

Der Nationalsozialismus setzte einen brutalen Schlussstrich – das moderne künstlerische Experiment wurde geächtet, die Avantgarde zum Schweigen gebracht. Einige der monumentalen Großbauten mit vergröberten neoklassizistischen Elementen, kolossalen Ausmaßen und glattflächigen Naturstein- oder Putzfassaden der verordneten NS-Architektur haben den Krieg überstanden: Der Fehrbelliner Platz wird von Verwaltungsbauten aus den Jahren 1935–41 beherrscht; in das Reichsbankgebäude von Heinrich Wolff, von Hans Kollhoff um- und ausgebaut, zog 1999 das Auswärtige Amt ein. Das Reichsluftfahrtministerium von Ernst Sagebiel, ein drei Straßen einnehmender Blockbau mit mehreren Innenhöfen, wird das Bundesministerium für Finanzen beherbergen. Der Zentralflughafen Tempelhof, ebenfalls von Ernst Sagebiel, war mit über einem Kilometer Gesamtlänge das größte Flughafenareal Europas. Unter gewandelten Vorzeichen, nach der Blockade und der Luftbrücke, ist der Flughafen zu einem der populärsten Wahrzeichen Westberlins geworden. Das gigantische Olympia-Gelände von Werner March mit zentralem Olympia-Stadion, Maifeld, mehreren Arenen und Sportforum vermittelt den wohl stärksten Eindruck von der »weihevollen, überwältigenden Wirkung«, die die NS-Architektur erzielen wollte. Die neue Reichskanzlei, 1939 unter der Leitung von Albert Speer errichtet, bildete den Höhepunkt nationalsozialistischer Bautätigkeit. Rundum, in der Wilhelm- und Prinz-Albrecht-Straße, lagen die Zentralen des Terrors mit dem Hauptquartier der Gestapo, des Reichsführers SS, des Sicherheitsdienstes, des Propagandaministeriums und des Göringschen Reichsluftfahrtministeriums. Im ehemaligen Gebäude des Preußischen Landtags, dem »Haus der Flieger«, hatte bis Mai 1935 der »Volksgerichtshof« getagt (jetzt Abgeordneten Haus Berlin).

Ab 1937 plante Speer, zum »Generalbauinspektor für die Reichshauptstadt Berlin« ernannt und mit ministeriellen Befugnissen ausgestattet, in engster Zusammenarbeit mit Hitler den Umbau Berlins zur »Welthauptstadt Germania«. Den politischen und städtebaulichen Kern bildete ein monumentales Achsenkreuz, dessen Nord-Süd-Schneise sich vom Spreebogen bis zum Tempelhofer Feld erstrecke und das vom »Triumphtor« und von einer maßlos übersteigerten »Großen Halle des Volkes« mit einer knapp 300 m hohen Kuppel gekrönt sein sollte. Die erhaltene Ost-West-Achse vom Brandenburger Tor über den erweiterten Großen Stern mit versetzter Siegessäule bis zum Theodor-Heuss-Platz, damals Adolf-Hitler-Platz, bildete den ersten Abschnitt. Am Tiergartenrand entstand das Botschaftsviertel mit den wuchtigen Bauten u. a. der Achsenmächte Japan und Italien. Für das »Germania-Programm« wurde das Ahlsen-Viertel abgerissen, die »Entjudung« ganzer Stadtviertel durchgeführt. Während des Krieges galten Speer selbst die zunehmenden Bombardierungen als willkommene »Hilfeleistungen«, um die gigantomanischen Zukunftspläne realisieren zu können.

Literatur:
Ferdinand Sauerbruch und Gottfried Benn, Theodor Heuss und Otto Grotewohl, die Deutsche Arbeitsfront und Albert Speer: Sie alle standen im Telefonbuch der Reichshauptstadt von 1941. In einer Auswahl aus der Fülle des politischen und gesellschaftlichen Spektrums werden Lebensbilder von über 200 Menschen erzählt. Hartmut Jäckel: »Menschen in Berlin«. Ein faszinierendes Zeitdokument.

Rund 80 Millionen Kubikmeter Schutt haben die Trümmerfrauen nach Kriegsende beseitigt - das wären vergleichsweise 200 000 Einfamilienhäuser.

Gruß der Berliner bei Bombenangriffen: »Bleib übrig!«

Vor Beginn des Krieges hatte Berlin rund 4,3 Millionen Einwohner, nach Kriegsende waren es 2,3 Millionen. Rund 50 Prozent der Gebäude waren beschädigt, knapp 30 qkm der am dichtesten besiedelten Stadtbezirke waren rauchende Ruinenfelder.

Literatur:
Ein schonungsloses Zeitdokument: Die Tagebuchaufzeichnungen einer Frau Mitte dreißig, die die Wirren, Schmerzen und Demütigungen vor und nach Kriegsende mit ihrem schieren Lebenswillen übersteht. Eine literarische und zeitgeschichtliche Entdeckung. Anonyma: »Eine Frau in Berlin. Tagebuchaufzeichnungen vom 20. April bis 22. Juni 1945«. Ganz anders: der spannende Spionage- und Politthriller »In den Ruinen von Berlin« von Joseph Kanon.

»O Deutschland, bleiche Mutter«

Zur »Stunde Null« fanden sich Sieger und Besiegte in einer zerstörten Stadtlandschaft wieder, Mitte, Tiergarten, Kreuzberg und Friedrichshain waren besonders stark verwüstet. Berlin, der »Trümmerhaufen bei Potsdam« (Brecht), musste sich dem Wiederaufbau zuwenden. Rund 80 Millionen Kubikmeter Schutt – das wären vergleichsweise 200 000 Einfamilienhäuser – haben die Trümmerfrauen beseitigt; der Teufelsberg und zahlreiche andere Hügel in Berliner Parkanlagen sind begrünte Trümmerberge. Der allererste Bau nach Kriegsende, das Sowjetische Ehrenmal im Tiergarten, entstand aus den Trümmern der Reichskanzlei.

Als Vier-Sektoren-Stadt der Alliierten war Berlin bis 1949 noch eine Einheit – diese ersten Nachkriegsjahre sind gekennzeichnet vom notdürftigen Wiederaufbau, der raschen Nutzbarmachung von zerstörtem Wohnraum, der Wiederherstellung der urbanen Strukturen, der langsamen Kräftigung des großstädtischen Organismus und seiner Bewohner. Durch die Blockade ist die Wirtschaft der Westsektoren über Jahre hinaus noch zusätzlich stark belastet worden; den Ostsektor drückte die Last der Demontage und der hohen Reparationsleistungen. Stadtplaner und Architekten jedoch arbeiten an verschiedensten Modellen für die »Stadt der Zukunft«. Auffallend ist die Neigung, der Vision einer aufgelockerten, modernen Stadtlandschaft, auf den radikalen Ideen der zwanziger Jahre basierend, den Vorzug zu geben gegenüber einem erneuernden Wiederaufbau der gewachsenen Strukturen. Der so genannte »Kollektivplan« von Hans Scharoun aus dem Jahr 1949 sah zum Beispiel eine völlige Neugestaltung der innerstädtischen Bereiche Berlins vor, eine Auflösung der überkommenen Stadt zur durchmischten Stadtlandschaft. Sein kompromissloses, am Bauhaus orientiertes Modell wurde, der praktischen Erfordernisse wegen, im Westteil der Stadt ad acta gelegt, aber – Ironie der Geschichte – auf ihm basierte der erste, ursprüngliche Teil der Aufbauplanung der Stalinallee, bis die ideologische Kehrtwendung zur »Hauptstadtplanung« der DDR einsetzte – so sind dort nur seine Laubenganghäuser realisiert worden.

Stadtfront und Frontstadt – Berlin im Doppel

Nach der Teilung Deutschlands, nach der Gründung der Bundesrepublik und der DDR, entwickelte sich Berlin als getreues Spiegelbild der politisch-ideologischen Fronten zu zwei getrennten Städten, die im Wettstreit der Systeme – Planwirtschaft gegen Marktwirtschaft, Aufbauprogramm Ost gegen Zukunftsplanung West – auch architektonisch »hochgerüstet« wurden. Im Brennpunkt des Kalten Kriegs machte West-Berlin rasante Fortschritte als »Schaufenster der freien Welt«, Ostberlin zeigte seine »Errungenschaften des Sozialismus«. Beide Teilstädte erhoben den Anspruch auf gesamtheitliche Reprä-

*Das neue Bundes-
kanzleramt: macht-
volle Repräsentations-
architektur für die
Berliner Republik.*

**Literatur:
Ein hervorragend re-
cherchiertes, überaus
lebendiges Panorama
Berliner Lebens,
Stadt-, Geistes- und
Kulturgeschichte von
der Reichsgründung
1871 bis zum Jahr
2000 bietet David Clay
Large mit seinem
Band »Berlin. Biogra-
phie einer Stadt.«**

sentanz, beide reagierten unablässig aufeinander, beide standen in direkter Konkurrenz zueinander. Hatte Ostberlin bis 1960 mit seiner Stalin-, später Karl-Marx-Allee die »erste sozialistische Straße« aus dem Boden gestampft und hier wie auch bei der Sowjetischen Botschaft einem an Moskau orientierten monumentalen Neoklassizismus gehuldigt, antwortete der Westen mit dem Hansa-Viertel im nahezu völlig zerstörten Tiergarten als »internationalem Bauschaufenster«, setzte im Rahmen der Internationalen Bauausstellung (Interbau) Hochhäuser, Wohnhauszeilen, Bungalows und die Akademie der Künste in eine grüne Parklandschaft.

Le Corbusier platzierte seine Wohnmaschine »Typ Berlin« im Modulor-Raster auf eine grüne Wiese in Charlottenburg. Der Kurfürstendamm und das Areal rund um den Zoo als Mittelpunkt der City West wurden im Stil der internationalen Moderne, an Amerika orientiert, bebaut; das heftig umstrittene Bauensemble der neuen/alten Kaiser-Wilhelm-Gedächtniskirche von Egon Eiermann, 1963 fertig gestellt, wurde schließlich zum Wahrzeichen West-Berlins. Der Kudamm mit seinen Gründerzeitpalästen ist teils aufwändig restauriert, teils in neuer Belanglosigkeit wieder aufgebaut worden. Die kühne Kongresshalle und die Amerika-Gedenkbibliothek brachten die engen Bindungen zwischen den USA und West-Berlin zum Ausdruck; die formale Oberhoheit der West-Alliierten war ja bis 1990 gewahrt.

Mit dem Mauerbau 1961 war West-Berlin isoliert; die Stadtentwicklung verlief fortan vollständig getrennt voneinander; West-Berlin verlor über Nacht rund 50 000 Arbeitskräfte durch den Verlust der Grenzgänger. Um Kapitalflucht, die Nachteile der Insellage und Funktionsverluste aufzufangen, erhielt West-Berlin unterschiedlichste Fördermittel, von der Bundeshilfe für den Landeshaushalt, über Steuervergünstigungen bis zur »Berlin-Zulage« für zugereiste westdeutsche Arbeitnehmer. Fortan hing die Stadt am Tropf, entwickelte sich zum turbulenten Mekka der Kultur, wurde Messe- und Kongressstadt. Ostberlin wuchs in die Hauptstadtrolle hinein und war gleichzeitig die größte Industriestadt der DDR. Schließlich kehrten beide Stadthälften der alten Mitte auch städtebaulich den Rücken zu; die daraus resultierenden Doppelungen und Korrespondenzen sind heute, nach der Vereinigung, absurdes Wesensmerkmal der Stadt und einzigartiger Bestandteil ihres großen kulturellen Reichtums: So hat Berlin bisher noch drei Universitäten, drei Opernhäuser, zwei Zoologische Gärten, zwei Staatsbibliotheken, zwei Kongresszentren; es hatte zwei Akademien der Künste, zwei Nationalgalerien, zwei getrennte öffentliche Verkehrsnetze mit S- und U-Bahn, die nun wieder zusammengeführt sind.

Der Museumsinsel wurde das Scharounsche Konzept des Kulturforums mit (Neuer) Nationalgalerie, Staatsbibliothek und Philharmonie entgegengestellt. Bei der Standortwahl war die politische Intention ausschlaggebend, das leer gefegte Areal nahe der Mauer und der alten Mitte als verbindendes »Kulturband« zwischen der Museumsinsel und Schloss Charlottenburg anzulegen – eine hartnäckig verteidigte politische Vision, die in den Folgejahren für die Berliner in die Gefilde der Utopie gerückt schien. Der ehemals verkehrsumtoste Potsdamer Platz, der Reichstag und das Brandenburger Tor verkümmerten im Mauer-Niemandsland. Der städtische Mittelpunkt der »Hauptstadt der DDR« lag, von neuen Straßenschneisen, Wohnhäusern und Geschäftsbauten begleitet, am Alexanderplatz; der Fernsehturm bildete den zentralen Bezugspunkt. Das Stadtschloss war, obwohl wiederaufbaufähig, gesprengt, das schwer kriegszerstörte preußische Erbe Unter den Linden – Zeughaus, Opernhaus, Kronprinzen- und Prinzessinnenpalais, die St.-Hedwigs-Kathedrale – ist aufwändig restauriert worden. Mit dem Palast der Republik schließlich (1976 fertig gestellt) und den umliegenden Ministerien und Kulturinstitutionen vermittelte der historische Kernbereich vermeintliche Weltläufigkeit. Die Neubebauungen in Großplattenbauweise auf der Fischerinsel, rund um die Marienkirche und in der Leipziger Straße markierten die Abkehr vom aufwändigen und teuren Mauerwerksbau; die »Platte« charakterisierte fortan die gewaltigen Wohnungsbauprogramme der DDR.

Die Abrissorgien und »Kahlschlagsanierungen« der sechziger und siebziger Jahren haben große Teile der Stadtstrukturen in Ost wie West verändert; an den Peripherien wurden gigantische Trabantenstädte hoch gezogen: Im Westen das Märkische Viertel und die Gropius-Stadt; im Osten die neuen Stadtteile Marzahn, Hohenschönhausen und Hellersdorf. Zwischen 1960 und 1970 sind, in der Hochphase der Wohnungsbaupolitik, jährlich rund 20 000 Neubauwohnungen im Grünen bezogen worden – im Ostteil hat der Exodus aus den maroden Mietskasernen später eingesetzt, aber nicht minder heftig.

Exkurs: Das berühmteste Bauwerk Berlins –
die Mauer

Mauer-feeling

Den ehrfürchtigen Schrecken im Gemüt wollte kein West-Berlin-Tourist missen. Die Mauer war eine der Hauptattraktionen für Amerikaner, Japaner, Italiener und Deutsche, Besucher aus aller Welt. Nun ist sie weg, die Mauer, ganz schnell war sie verschwunden, aber jeder Gast in Berlin will wissen, wo sie war. Also ist vom Senat beschlossen worden, ihren innerstädtischen Verlauf mit einer roten Markierung oder Kupferbändern nachzuzeichnen, für einen imaginären Spaziergang zwischen den Hemisphären. Nur einige wenige Reststücke des »antifaschistischen Schutzwalls« sind geblieben; sie stehen jetzt unter Denkmalschutz. Die Berliner waren heilfroh und glücklich, aus den Schatten der Mauer heraustreten zu können und haben den Abriss der Betonplattenwände, Hundelaufanlagen und Beobachtungstürme enthusiastisch befördert; die »Mauerspechte« mit Hämmern und Meißel haben in den ersten Tagen und Wochen nach der Maueröffnung zu Hunderten daran herumgeklopft: Seltsame Geräuschkulisse im verkehrsleeren Winternebel, merkwürdige Bilder auf kahl rasiertem Todesstreifen-Gelände. Gerade dort, wo die Mauer stand mit ihrem System gestaffelter Sperranlagen, ist in den Innenstadtbezirken so schnell wie möglich mit unterschiedlichsten Bauprojekten begonnen worden, und selbst die Ureinwohner aus Ost und West können den Mauerverlauf kaum noch rekonstruieren.

Schutzwall, Schandmal, Todesstreifen, Kunstwerk, Denkmal

Abgesehen von der Debatte um die blitzschnelle Vertilgung jüngster Geschichte in den Schlund der Spurenlosigkeit, haben die Stadtväter nun begonnen, den ehemaligen Mauerverlauf durch eine in die Straße eingelassene Doppelreihe von Kopfsteinpflaster zu markieren; einen Stadtplan mit Mauerverlauf gibt's auch dazu. Die alten Stadtpläne – die westlichen für Gesamt-Berlin mit Grenzverlauf, die östlichen mit ihrer Hauptstadthälfte, umgeben vom makellosen Weiß der blinden Leere – sind schon zu antiquarischen Liebhaberstücken aufgestiegen.

Der »Touristen-Strich«

Am **Checkpoint Charlie,** am ehemaligen Grenzübergang Friedrichstraße, ist einschließlich rückgebauter Straßenfluchten alles so neu und gläsern-effizient übereinander getürmt, dass nur noch das erste Kontrollhäuschen der Alliierten an diesen Brennpunkt erinnert, an dem sich am 25. Oktober 1961 russische und amerikanische Panzer gegenüberstanden. Bewährt das Haus am Checkpoint Charlie als Mauermuseum; der Wachturm wurde in einer Nacht- und Nebelaktion abgerissen. Die authentischen Mauerreste sind wegen der Bauarbeiten auf das Areal Charlotten-/Zimmerstraße verlegt worden.

Gegenüber dem Berliner Landtag in der **Niederkirchnerstraße:** tatsächlich ein Stück mühsam mit Stacheldraht gesichertes Stück

Was niemand für möglich gehalten hatte, bewegte die Welt im November 1989: Die Mauer fällt.

Die Bernauer Straße im August 1961: Straße und Bürgersteig lagen im Westen; Haus für Haus der östlichen Straßenseite wurde verbarrikadiert und dann zugemauert. Viele Ostberliner sprangen aus den Fenstern in die Sprungtücher der West-Berliner Polizei, es gab Tote. Später wurde der ganze Straßenzug gesprengt, um freies Sicht- und Schussfeld zu ermöglichen.

Restmauer, und unweit des Reichstagsgebäudes erinnert die **Gedenkstätte Weiße Kreuze** an die Maueropfer.

Vom Senat ist, mit finanzieller Unterstützung des Bundes, eine Gesamtgedenkstätte der Berliner Mauer entstanden: Entlang der **Bernauer Straße,** zwischen Acker- und Bergstraße (Bezirksgrenzen Wedding/Prenzlauer Berg), ist ein 170 m langes Teilstück erhalten geblieben, das um eine Informationsstätte sowie eine kleine Kapelle ergänzt ist. Ein heftiger Streit war diesem Kompromiss vorausgegangen, da hier zwei Kirchengemeinden mit ihren Friedhöfen um Ruhe und Normalität kämpften, und die Bewohner der Bernauer Straße vom Machtblendwerk der Mauer und neuer Mauerpietät die Nase voll hatten. Ein neu (!) errichteter Aussichtsturm ist der große »Renner«.

Auch quer über Friedhöfe verlief die Staatsgrenze: Auf dem **Invalidenfriedhof** sind die preußischen Militärs in ihrer letzten Ruhe gestört worden; unweit der Bernauer, im spitzen Mauerwinkel zwischen Garten- und Liesenstraße, wurden die Gräber der Katholiken auf dem **Domfriedhof der St.-Hedwigs-Gemeinde** (hier ist Fontane begraben), die der Hugenotten auf dem **Kirchhof der Französischen Gemeinde** (Liesenstraße 7 und 8) geschleift; Mauer und Grenzbefestigungen sind zum Teil noch vorhanden.

Im Bezirk Prenzlauer Berg geht die Bernauer in die **Eberswalder Straße** über: Dort liegt im Areal des Ludwig-Jahn-Parks, westlich der neuen Max-Schmeling-Sporthalle, der nach der Wende angelegte **Mauerpark,** und dort sind die Mauerreste Teil der Freizeitgestaltung: Sie überraschen immer wieder durch neue Graffiti.

Vom Checkpoint Charlie Richtung Osten:

Die **East-Side-Gallery** in der Mühlenstraße, zwischen Hauptbahnhof und Oberbaumbrücke, existiert seit September 1990, als auf Initiative des schottischen Galeristen Chris MacLean 118 Künstler aus 21 Ländern auf einem 1,3 km langen Mauerstreifen eine flippige, freche Open-Air-Galerie schufen.

Ein von bunten Biotopen umgebener **Wachturm im Schlesischen Busch** zwischen Kreuzberg und Treptow steht noch: Im Turm, »Typ Führungsstelle« mit fünf begehbaren Ebenen, Bereitschafts- und Wirtschaftsräumen erlauben Originalobjekte und Dokumentationsmaterial zu den Systemen der Grenzanlagen (»Pionier- und signaltechnischer Ausbau der Staatsgrenze zu Berlin-West«) unmittelbare Anschauung des Grenzterrors. Gleichzeitig finden im »Museum der verbotenen Kunst« Ausstellungen von Künstlern statt, die unter Diktaturen leben oder gelebt haben.

Kahlschlag und wieder: Neubeginn

Die Zerstörung und zunehmende Verwahrlosung der Bausubstanz in den alten innerstädtischen Wohnquartieren führte ab Mitte der siebziger Jahre zum Umdenken, in West-Berlin zur »behutsamen Stadterneuerung«, zu Sanierung, Entkernung und Instandsetzung der Mietskasernenblöcke wie in Kreuzberg und Charlottenburg – in Ostberlin wurde korrespondierend zum Beispiel die Husemannstraße am Prenzlauer Berg in ihre alte gründerzeitliche Pracht zurückversetzt, und zur 750-Jahr-Feier Berlins wurden beide Stadthälften, getrennt voneinander, mächtig herausgeputzt.

Im Osten erstand historisierend wieder das Nikolaiviertel in mittelalterlicher Kleinteiligkeit, die Wiederherstellung des Gendarmenmarktes hatte ein Stück bedeutsamer Architekturgeschichte aufleben lassen, und im Westen sorgte die Postmoderne für frischen Wind: 1987 präsentierten sich die Ergebnisse der Internationalen Bauausstellung (IBA) von 1979. Über mehrere Stadtteile verteilt, bedeutete das gewaltige Programm eine signifikante Rückkehr zur urbanen Architektur, eine Wiederentdeckung der vergessenen alten Innenstadtbereiche. Im Rahmen der IBA-Alt sind nach den Grundsätzen der »behutsamen Stadterneuerung« die innerstädtischen »Zonenrandgebiete«, besonders in Kreuzberg im maroden SO 36, unter Mitbeteiligung der Einwohner beispielhaft saniert worden.

Die IBA-Neu unter der Leitung von Joseph Paul Kleihues widmete sich, seine Gedanken zur »Kritischen Rekonstruktion« der Stadtstrukturen umsetzend, der Neubebauung und Lückenschließung ganzer Stadtviertel: Am Tegeler Hafen, am Prager Platz in Wilmersdorf, am Tiergartenrand und dem Kernbereich, der südlichen Friedrichstadt rund um die Kreuzberger Friedrich-, Linden- und Ritterstraße. Im Zeichen der Postmoderne lockte die brandneue, oft-

Es war nicht alles schlecht
Der Schutzstreifenzaun.
Die Betonsperrmauer.
Die Hundelaufanlage.
Die Lichtsperre.
Die Beobachtungstürme.
Der Kolonnenweg.
Der Spurensicherungsstreifen.
Der Sperrgraben.
Die Selbstschußanlage.
Der Metallgitterzaun.
Der zweite Metallgitterzaun.
Das Minenfeld.
Der Stacheldrahtverhau.
Der geebnete Geländestreifen.
Die schwarz-rotgoldene Markierungssäule.
Der Ährenkranz um Hammer und Sichel.
Die Warnung: Hier beginnt
Die Deutsche Demokratische Republik.
(Ralph Grüneberger)

Literatur:
Einen chronologisch und thematisch gegliederten Überblick zur Baugeschichte bietet »Architektur in Berlin und Brandenburg« von Hans Wolfgang Hoffmann, Ulf Meyer u. a.
In »ironischer Zuneigung zum Gestern« hat Wolf Jobst Siedler in seinem reich illustrierten Band »Die gemordete Stadt« die Kahlschlagsanierung im autogerecht zugeschnittenen Berlin mit dem üppig ornamentierten Erscheinungsbild des Wilhelminismus verglichen.
Zur neuen und zukünftigen Architektur Berlins: »Neue Architektur. New Architecture. Berlin 1990–2000« und »Die Baumeister des Neuen Berlin. Portraits.Gebäude. Konzepte.« von Christa Haberlik und Gerwin Zohlen.

mals noch unfertige Architektur Scharen von Besuchern an. In Tegel die kalifornisch-bunte Ministadt am Wasser, in der Rauchstraße in Tiergarten ein Ensemble von Stadtvillen, flache, für Berlin untypische Hausformen im Wohnpark oder große, eigenwillige Einzelbauten internationaler Stararchitekten oder junger unbekannter Berliner, die nicht nur im grauen Kreuzberg um die Wette Wagemut bewiesen.

Die Namensliste der beteiligten Architekten liest sich wie das Who's who der zeitgenössischen Architektur: Charles Moore, Rob Krier, Rem Koolhaas, O. M. Ungers, Gottfried Böhm, James Stirling, Zaha Hadid, Christian de Portzamparc, Hans Hollein, Aldo Rossi, Alvaro Siza, Peter Eisenman, Arata Isozaki sowie eine Fülle an heimischen Architekten wie Hinrich und Inken Baller, Axel Schultes, Max Dudler, Hans Kollhoff. Einiges wurde als Provinzidylle verurteilt, manches ging daneben, insgesamt hat die IBA das steinerne Berlin mit schillerndem Glanz, frischem Wind und Tausenden neuen Wohnungen bereichert; das alte SO 36 war vor dem Abriss gerettet, und die Lust an der Architektur hatte sich endlich auch in Berlin Bahn gebrochen und breiten Nachhall gefunden.

»Das Leben ist eine Baustelle«

Die sinnlich erfahrbare Zukunft hat überall schon begonnen, am gewaltigsten dort, wo das Mauer-Niemandsland die Stadthälften von Norden nach Süden in der Mitte durchtrennte, am östlichen Rand des Westens, am westlichen Rand des Ostens. Am Potsdamer und Leipziger Platz, einst legendärer Innenstadt- und Verkehrsknotenpunkt, entstand eine neue Mitte. Die rote Info Box war umringt von Bauzäunen, Baggerseen und Kranhälsen der größten Baustelle Europas, und informierte im Detail über die Milliardenprojekte der Investoren DaimlerChrysler (debis), Sony u. a., die hier eine Mischung aus Büro- und Geschäftshäusern, Wohnen und Unterhaltungsangebot verwirklicht haben – und zwar mit einer Starbesetzung internationaler Architekten wie Renzo Piano mit Christoph Kohlbecker, Arata Isozaki, Lord Richard Rogers, Raffael Moneo, Helmut Jahn, Ulrike Lauber, Wolfram Wöhr: Ein Stück Weltstadt frisch gebacken. In nördlicher Richtung liegt das Reichstagsgebäude mit dem Deutschen Bundestag, von Lord Norman Foster umgebaut. Und vom Spreebogen im Norden begrenzt, ist der Bezirk Tiergarten mit seinen nagelneuen Regierungs- und Verwaltungsbauten, mit Botschaften und Ministerien, jetzt Schaltzentrale von Regierung und Parlament. Neue Untertunnelungen für die Fernbahn und den Nahverkehr wühlen sich durch den Tiergarten; ein künftiger Zentralbahnhof (Hauptbahnhof) entsteht in der Nähe der Bundesbauten.

Der Bereich östlich vom Brandenburger Tor, am Pariser Platz, Unter den Linden, in der Friedrichstraße und am Gendarmenmarkt zeigt das neue Gesicht Berlins. Hier sind die Kämpfe um das künftige Erscheinungsbild der alten Mitte ausgefochten worden und die Vor-

gaben zur »Kritischen Rekonstruktion«, die Bebauungssatzungen für den historischen Stadtbereich deutlich ablesbar mit Blockstruktur, symmetrischen Lochfassaden in Stein oder Putz, festgelegter Traufhöhe, Dreigliederung in Sockel-, Mittel- und Dachzone. Herausragend gestaltet: die D6-Bank von Frank O. Gehry am Pariser Platz.

In der Friedrichstraße, der »Investoren-Meile«, reihen sich auf blockförmigem Grundriss aufgeregte, feinsinnige oder nobel-banale Großbauten aneinander, die zum Kaufrausch verführen sollen, insgesamt aber noch Gedränge und unordentliches Großstadtflair nötig haben. Dafür »guckt man Architektur« – hier von Ungers, Nouvel, Kleihues, Kollhoff, Dudler und Sawade. Überall in Berlin, an den Nahtstellen zwischen den Bezirken, am ehemaligen Mauerverlauf sind Einkaufszentren, Büro- und Wohnbauten aus dem Boden geschossen. Auch die City-West, rund um Gedächtniskirche, Zoo und Kudamm, ist in Aufbruchstimmung, auch dort sind neue Baukomplexe in Angriff genommen, um die Attraktivität zu steigern und ein Gegengewicht zum neuen Zentrum in Mitte und Tiergarten zu schaffen. Besonders interessant ist dort das »Gürteltier« des Briten Nicholas Grimshaw, das Ludwig-Erhard-Haus der Industrie- und Handelskammer Berlin. Die Aufmerksamkeit richtet sich auf »kleinere« Einzelobjekte, deren Bau die Stadtväter, die Architek-

Überraschend, überwältigend: die neue Stadtlandschaft im Herzen Berlins. Im Vordergrund das Kulturforum mit St.-Matthäus-Kirche, dahinter die Potsdamer-Platz-Bebauung.

73

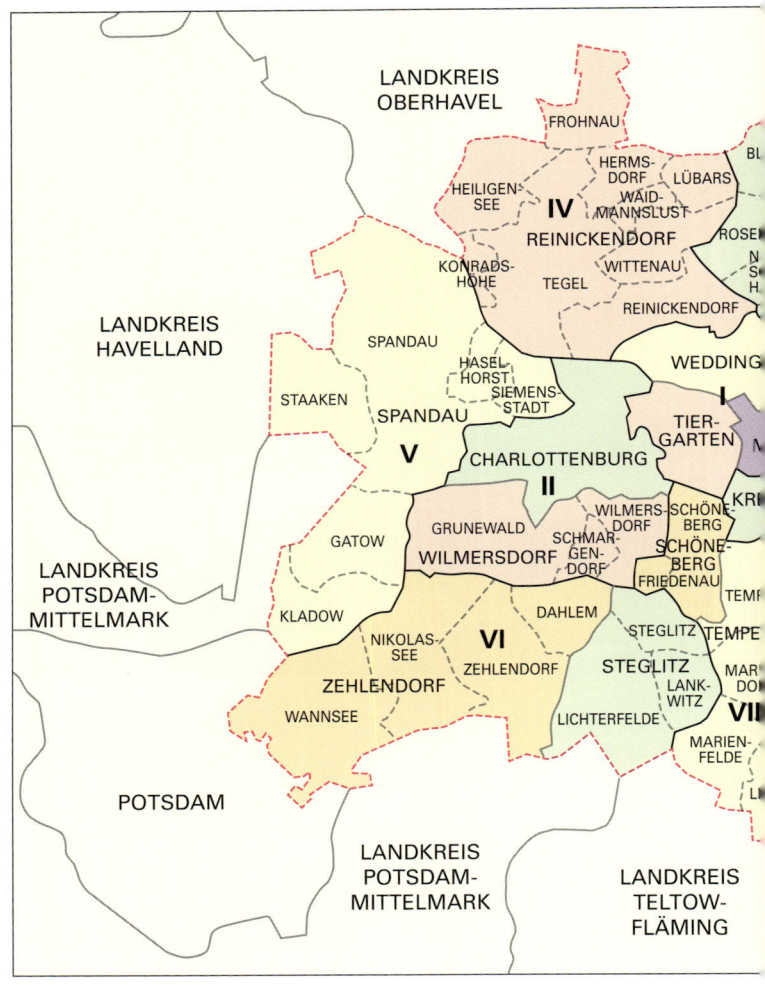

ten, die Besucher und nicht zuletzt die Berliner mit Spannung
erwartet haben: das Jüdische Museum in der Lindenstraße, ein Bauwerk des Dekonstruktivisten Daniel Libeskind, das zitatenreich
und erinnerungsschwer schon heute als Meisterleistung der Architektur gilt, ist ein Publikumsmagnet; zum anderen ist das barocke
Zeughaus um einen komplexen gläsernen Anbau von I. M. Pei
bereichert worden, der damit zum ersten Mal in Deutschland vertreten ist. Und nicht zuletzt wird nun nach jahrelangem Planungs-
stillstand der Masterplan für die Neugestaltung der Museumsinsel

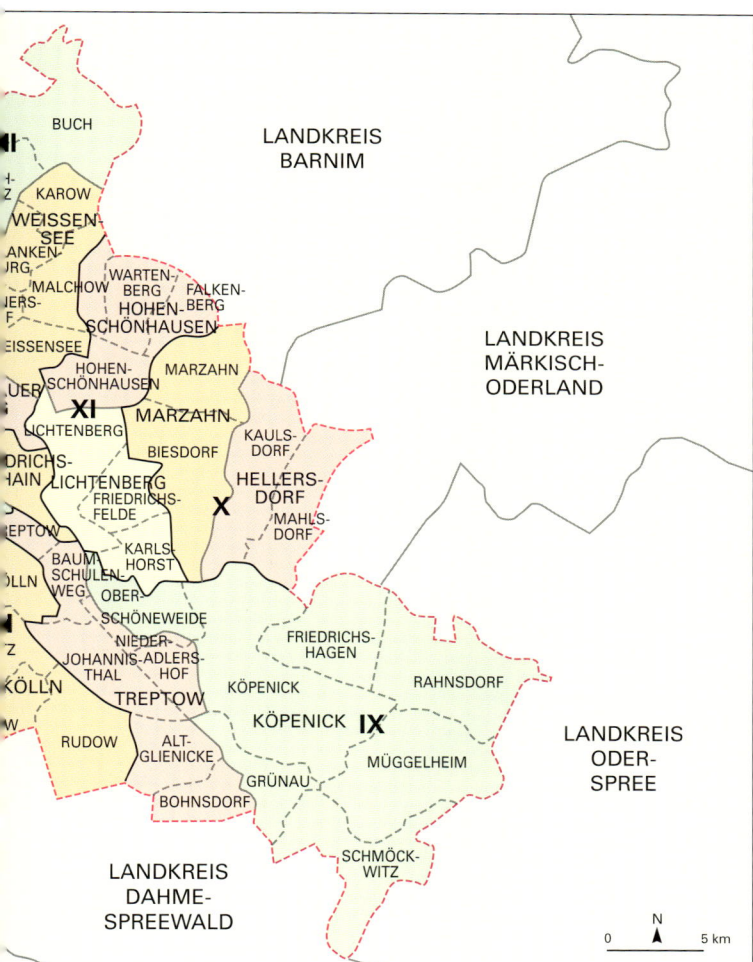

*Die Bezirke von Berlin
Ab 1. 1. 2001 trat die
Bezirksreform in Kraft:
von 23 Bezirken haben
sich 20 zu neun Groß-
bezirken zusammen-
geschlossen:*

*I Mitte, Tiergarten
und Wedding;*
*II Charlottenburg
und Wilmersdorf;*
*III Friedrichshain
und Kreuzberg;*
*VI Steglitz und
Zehlendorf;*
*VII Schöneberg und
Tempelhof;*
*IX Köpenick und
Treptow;*
*X Marzahn und
Hellersdorf;*
*XI Hohenschön-
hausen und
Lichtenberg;*
*XII Pankow, Prenz-
lauer Berg und
Weißensee;*
*die nicht betroffenen
Bezirke sind:*
IV Reinickendorf,
V Spandau
VIII Neukölln.
*Für die angestammten
Bezirke gilt im Text
wie auch im Bewußt-
sein der Berliner: Erst-
mal bleibt alles beim
Alten.*

mit ihren großartigen Bauten und Kunstschätzen, von der UNES-
CO zum Weltkulturerbe erklärt, in die Realität umgesetzt: als erstes
erstrahlt die Alte Nationalgalerie in neuem Glanz.

So wird wohl endlich wahr, dass das hektische, schnelle, stets sich
häutende Berlin, das vielschichtige und ungleichzeitige, das östliche
und westliche mit seinen schmerzhaften Brüchen und Widerhaken,
als neue alte Hauptstadt schon Alltag geworden ist, in dem sich die
Berliner und ihre Gäste souverän, gelassen und mit Lebensfreude
wiederfinden können.

Spaziergänge
durch Berlin

Mitte ist Mitte

Der Bezirk Mitte *ist* die Berliner Geschichte, hier schlägt das Herz der Stadt. Vom Roten Rathaus aus wird regiert, hier sollte ja »zusammenwachsen, was zusammengehört«, und das ist auch so.

Mitte war einst das ganze Berlin; mehr Berlin gab es bis ins 18. Jahrhundert hinein nicht. Unter Friedrich Wilhelm I., dem Soldatenkönig, hatte Berlin etwa 90 000 Einwohner. Bis zum Verwaltungsakt von 1920, mit dem ein Großberlin geschaffen wurde (rund 4 Millionen Einwohner), gehörten zur Reichshauptstadt und ihrem Kern nur die heutigen Bezirke Wedding, Prenzlauer Berg, Friedrichshain, Kreuzberg, der Norden Schönebergs und Tiergarten – sie bilden den inneren Ring rund um die »Mitte«. Der Bezirk Mitte wiederum ist aus verschiedenen Vierteln zusammengesetzt; ihre Namen wie Dorotheenstadt, Friedrichswerder, Spandauer Vorstadt und Friedrichstadt verdeutlichen die Wachstumssprünge des alten Berlin.

Heute meint Mitte: das Brandenburger Tor, die preußische Prachtmeile Unter den Linden, das Schlossareal mit dem Erbe der DDR-Hauptstadt, die wieder errichtete Neue Synagoge mit goldglänzenden Kuppeln und die Erinnerung an das untergegangene jüdische Scheunenviertel. Mitte meint den Fernsehturm, den legendären Alexanderplatz, das Rote Rathaus und die Museumsinsel, Friedrichstraße, Wilhelmstraße und den festlichen Gendarmenmarkt, fliegende Händler, Baustellen, Jahrmärkte, Konzerte, Doppeldeckerbusse, Mietshausblöcke Straße um Straße, Plattenbauten, Mief und Schönheit – dichtgedrängt, aber für den Fußgänger auch weit auseinanderliegend. Viel Vergangenheit, viel Zukunft und eine chaotische, aufregende Gegenwart.

Die Urzelle Berlins liegt hier, und aus dem Nukleus der Doppelansiedlung Berlin-Cölln an der Furt über die Spree wuchs eine mittelalterliche Hansestadt – neben der Marienkirche ist allein im neuen, alten Nikolaiviertel und am Märkischen Ufer noch etwas vom Geist des ursprünglichen, bürgerlichen Berlin erhalten. Unter der Herrschaft der Hohenzollern-Fürsten wurde die Doppelstadt ihrer Freiheiten beraubt und unter dem Großen Kurfürsten zur Residenz und Garnison ausgebaut. Auf der Spreeinsel und dem angrenzenden Stadtareal etablierte sich das Machtzentrum der brandenburgischen Kurfürsten, der preußischen Könige und deutschen Kaiser, der Weimarer Republik, des NS-Regimes und des SED-Politbüros. Mitte und alle östlich angrenzenden Bezirke wurden Hauptstadt der DDR, des »ersten Arbeiter- und Bauernstaates auf deutschem Boden«. Im Westen, auf der anderen Seite, im Schatten der Mauer, lagen Tiergarten, der Wedding und Kreuzberg.

In Mitte, rund um das Schlossareal, reihen sich die bauhistorischen Zeugnisse des preußischen Klassizismus so dicht gedrängt wie sonst nirgends in Berlin aneinander: Kronprinzen- und Prinzessinnenpalais, das Opernhaus, die St.-Hedwigs-Kathedrale, die Hum-

Für ganz Berlin gilt: Die Straßenzüge sind lang, die Wege sind ermüdend. Spaziert man zum Beispiel vom Brandenburger Tor die Linden entlang bis zum Alexanderplatz, hat man in der Tat eine Leistung vollbracht. Also lieber nach Lust und Laune Spaziergang, Bus und Bahnfahrt miteinander verknüpfen.

◁ ◁ *Schlossbrücke, Altes Museum, Schloss und alter Berliner Dom. Lithographie von 1823 nach einer Zeichnung von Karl Friedrich Schinkel*

◁ *Neptunbrunnen von Reinhold Begas vor dem Roten Rathaus.*

Berlin, Mitte
1 *Palast der Republik*
2 *Friedrichswersche Kirche*
3 *Ehem. Staatsratsgebäude der DDR – Schlossplatz 1*
4 *Neuer und Alter Marstall*
5 *Berliner Dom*
6 *Altes Museum*
7 *Schlossbrücke*
8 *Neues Museum*
9 *Alte Nationalgalerie*
10 *Bodemuseum*
11 *Pergamonmuseum*
12 *Zeughaus (Deutsches Historisches Museum)*
13 *Neue Wache*
14 *Maxim-Gorki-Theater und Palais am Festungsgraben*
15 *Palais Unter den Linden, Operncafé (ehemaliges Kronprinzen- und Prinzessinnenpalais)*
16 *Deutsche Staatsoper Unter den Linden*
17 *St.-Hedwigs-Kathedrale*
18 *Alte Bibliothek*
19 *Reiterstandbild Friedrichs II.*
20 *Humboldt-Universität*
21 *Staatsbibliothek Unter den Linden*
22 *Komische Oper*
23 *Botschaft der GUS-Staaten*
24 *Hotel Adlon*
25 *Brandenburger Tor*
26 *Nikolaikirche*
27 *Ephraim-Palais*

boldt-Universität (ehemaliges Prinz-Heinrich-Palais), Schinkels Neue Wache, Schinkels Schlossbrücke und sein Altes Museum, außerdem der erste bedeutende Barockbau, das Zeughaus. Sie symbolisierten Macht und Präsenz der Krone, der Kirche, der Kultur und des Militärs. Alle sind erstklassig restauriert.

Die Ruine des ausgebrannten Stadtschlosses ist 1950 gesprengt worden. Östlich des Schlossareals und des Domes, rund um das Rote Rathaus, entstand aus den Trümmern des Zweiten Weltkrieges ein anderes, neues, realsozialistisches Berlin, eine neue Hauptstadt für die Berliner und Bürger der DDR: der neu gestaltete Alexanderplatz, die Straßenzüge rings um den Fernsehturm, die Magistrale der Karl-Marx-Allee – hier trafen sich die Berliner, im Amüsier- und Einkaufszentrum ihrer Hauptstadt. Mit dem Staatsratsgebäude, dem Außenministerium und dem Palast der Republik wurde den rekonstruierten preußischen Zeugnissen der Hohenzollern das politische Repräsentationszentrum der DDR zur Seite gestellt.

Heute sind restaurierte und neue Bauten bezogen, die Mauer ist verschwunden, und die neue Hauptstadt hat sich mit schwungvoller Rhetorik schon der Realität der Zukunft angepasst. Starke Kontraste prägen die Stimmung und beherrschen das Bild, starke Kontraste zwischen Alt und Neu, immer noch zwischen Ost und West, zwischen den Spuren der Geschichte, die verschüttet ist, den klaffenden Lükken und den gebauten Zeichen des Kommenden.

Obwohl Mitte neben Kreuzberg und Friedrichshain zu den flächenmäßig kleinsten Berliner Bezirken gehört, sind die Spuren der Geschichte so detailreich und gedrängt, dass erst mit mehreren Spaziergängen ein Bild entsteht von dem, was Residenz und aufeinander folgende Hauptstadtkonzepte, Weltkriege und immer wieder Neuanfänge geschaffen haben.

Will man die historischen Dimensionen, die Wachstumsringe der Stadt erspüren, sollte man sich gleich ins Herz der Dinge begeben, zur großen Leere, dorthin, wo einst das Schloss stand und wo im angrenzenden, vormaligen Staatsratsgebäude der DDR der Bundeskanzler bis zur Fertigstellung des Kanzleramtes ein Gastspiel gab.

Die große Leere – das Schloss

Jeder weiß um die jahrelange, regelmäßig aufflammende Debatte: Soll das Stadtschloss, das Herz des historischen Berlins, als Kopie seiner selbst wieder aufgebaut werden oder nicht? Nun hat der Bundestag beschlossen, dass es einen historisierenden Wiederaufbau mit moderner Innenraumgestaltung geben wird. Alles Weitere: unklar.

Die große Leere ist sofort zu finden: Dort, wo sich der Palast der Republik eher schmal und unzeitgemäß ausnimmt, wo Berliner Dom, Lustgarten, Altes Museum, Schlossbrücke, Marstall und

Blick vom Zeughaus über die Schloss-brücke zum Schloss, links die Lustgarten-terrasse, Foto von 1905

Außenministerium mit Schinkelplatz ein weitläufiges Karree for-men, stand das Schloss der Hohenzollern – ein halbes Jahrtausend lang. Es bildete den Mittelpunkt Berlins, sein architektonisches Zen-trum, den Kern des historischen, politischen und gesellschaftlichen Werdens der Stadt, des brandenburgisch-preußischen Staates, des Kaiserreiches. Alle Herrscher haben ihren Repräsentationswillen mit dem Schloss zum Ausdruck bringen lassen; die mittelalterliche Burganlage mit Festungsgräben wandelte sich zum dreigeschossigen Renaissance-Schloss, das um kraftvolle, festliche Barockfassaden, Portale und einen neuen Innenhof auf doppelte Größe erweitert wurde, bis es schließlich als gewaltiges Rechteck von 192 × 116 m seine bleibende Gestalt fand. Im Hohenzollernschloss verbanden sich Renaissance, Barock, Rokoko und Klassizismus; die Namen der Baumeister und Bildhauer lesen sich wie die Enzyklopädie preußi-scher Architektur: Theyß, Memhardt, Schlüter, Eosander von Göthe, Erdmannsdorff, Langhans, Schinkel, Persius und Stüler, Rauch, Begas und von Ihne.

Die Burg existierte schon, als der brandenburgisch-preußische Herrscherwille aus einer Ansammlung von wenigen tausend Kaufleu-ten, Fischern und Händlern eine Residenz, eine Hauptstadt, machte. Das Schloss wurde prunkvoll ausgestaltet, als im Jahr 1701 Fried-rich I. – erster preußischer König in Preußen, vormals Kurfürst Fried-rich III. – nach seiner Krönung in Königsberg im Triumph ins Schloss einzog, und der letzte Schwung an üppigem Dekor und Denkmal-schmuck im Schloss und seinem Umfeld repräsentierte dann den neuen kaiserlichen, zur Volkstümlichkeit neigenden Geschmackswil-len. Wilhelm II. hatte sich beispielsweise im Bad mit seiner kaiserli-

Die Granitschale von Christian Gottlieb Cantian entstand um 1828. Die 70 Tonnen schwere Schale, aus einem Granitfindling gemeißelt, sollte in der Rotunde des Schinkelschen Museums aufgestellt werden, war aber viel zu groß geraten – sie war zwar nach Wunsch Friedrich Wilhelms III. die größte der Welt, musste aber nun vor der Freitreppe verbleiben. Das »Biedermeierweltwunder« ist in vier Gemälden von Johann Erdmann Hummel festgehalten worden.

chen Flotte als Trompe-l'œil-Malerei umgeben, und blickte er hinaus, prangte auf dem Schlossplatz der von den Berlinern zärtlich geliebte Neptunbrunnen von Reinhold Begas in neobarocker Fleischeslust – jetzt steht er in der Parkanlage vor dem Roten Rathaus. Gegenüber dem Hauptportal auf der Westseite drohte der figürliche und allegorische Reichtum des gewaltigen Nationaldenkmals für Kaiser Wilhelm I., ebenfalls von Begas, den Berlinern den Atem zu nehmen (die Reste des Fundaments sind noch zu sehen), und die Spreeseite war als Terrasse mit Schiffsanlegeplatz von Ernst von Ihne gestaltet worden.

Das Schloss war Maßstab aller Dinge. Das gesamte preußische Berlin, alle umliegenden Bauten sind auf das Schloss hin ausgerichtet und gebaut worden: Straßen, Alleen, Plätze, Palais, Kirchen, Parkanlagen, Denkmäler, Museen und Skulpturenschmuck bezogen sich auf das mächtige architektonische Ensemble des Stadtschlosses.

Bis in die Zeit Kaiser Wilhelms II. standen die Höfe des Schlosses zur freien Passage und zur Wegverkürzung offen. Während der Märztage der 48er Revolution, die mit einer gewaltigen Kundgebung von etwa 10 000 Menschen begann, tobten die Kämpfe rings um das Schloss – es gab Tote und Verwundete auf beiden Seiten. Die Toten des 18. März – Arbeiter, Handwerksgesellen, Angestellte und Angehörige der »gebildeten Stände« wurden am Tag darauf zum Gendarmenmarkt zur Aufbahrung getragen. König Friedrich Wilhelm IV. mußte persönlich erscheinen und im Schlüterhof den Hut vor toten aufständischen Bürgern ziehen.

Danach ließ Friedrich Wilhelm IV. zeitweilig Torgitter an den Portalen anbringen; der Spott der Berliner kannte kein Erbarmen. Varnhagen von Ense notierte am 18. Juli 1848 im Tagebuch:»Man sieht die Gitter als ein Denkmal des 18. März an, das Schloss ist dadurch zum Käfig geworden; die Sache macht den schlechtesten Eindruck, man bemitleidet den König, man lacht über den Streich, die Gitter nach der Gefahr zu machen ... Aber die Hof- und Militärpolizei glaubt, den größten Sieg erfochten zu haben.«

Nach der Abdankung Kaiser Wilhelms II. im November 1918 und seiner Flucht ins Exil nach Holland wurde das Stadtschloss Schauplatz revolutionärer Kämpfe. Am 9. November – nachdem der sozialdemokratische Reichstagsabgeordnete Philipp Scheidemann von einem Fenster des Reichstagsgebäudes aus gegen 14 Uhr die Republik ausgerufen hatte – »fuhr gegen 16.30 Uhr Karl Liebknecht vor dem Schloss vor. Von demselben Balkon, auf dem der Kaiser mehrere seiner historischen Ansprachen gehalten und an dem man die rote Decke als Fahnenersatz hinausgehängt hatte, verkündigte Liebknecht die sozialistische Republik Deutschland. ›Der Tag der Freiheit ist angebrochen. Nie wieder wird ein Hohenzoller diesen Platz betreten.‹ Am Abend befand sich das Schloss in den Händen der Aufständischen.« So einer der vielen Augenzeugenberichte.

Während der Weimarer Republik befand sich das Kunstgewerbemuseum im Schloss, die »historischen Wohnräume« wurden zur Besichtigung freigegeben, wissenschaftliche Gesellschaften, die Mexiko-Bücherei, das Japan-Institut, das Museum für Leibesübungen zogen ein, Ausstellungsräume wurden geöffnet, Konzerte im Schlüterhof abgehalten – das Schloss sog sich randvoll mit lebhaftem Kulturtreiben, und einige an Privatpersonen vermietete Wohnungen hat es auch gegeben.

Nach dem Krieg stand das Stadtschloss noch. Es war bis auf den Nordwestflügel ausgebrannt, aber die Kuppel ragte immer noch weit hinaus über die Trümmerlandschaft. Im Schlüterhof gab es magere Gemüsebeete, und im notdürftig wieder hergerichteten Weißen Saal scharten sich die Berliner im August 1946 um die erste große Ausstellung nach Kriegsende, »Berlin plant«, von Stadtbaurat Hans Scharoun und seinem Planungskollektiv entwickelt. In großzügiger, heller und eleganter Manier ein Vorgriff auf die besten Bauten der neuen Zeit, eine Öffnung hin zur lange totgeschwiegenen Internationalität von Städtebau und Architektur. Unmittelbar anschließend dann ein Bad in der Kunst, von Zehntausenden von Berlinern staunend und glücklich genossen: Die »Moderne Französische Malerei« zeigte Picasso, Manet, Chagall, Renoir und Modigliani – der Katalog erschien nicht nur auf Deutsch, sondern auch in den vier Sprachen der Besatzungsmächte.

Das Schloss in Daten:
Ab 1538 Umbau der Burg durch Caspar David Theyß zum Renaissance-Schloss

1640–88 Änderungen von Johann Arnold Nering und Johann Gregor Memhardt

1698–1706 Durch Andreas Schlüter Zusammenfassung der unterschiedlichen Baugruppen mit einer grandiosen Fassadengestaltung, Portalen und östlichem, innerem Schlosshof (Schlüterhof)

1706–13 Schlosserweiterung auf doppelte Größe durch Schlüters Nachfolger Johann Friedrich Eosander von Göthe mit zweitem Innenhof; Reduzierung der barocken Formen

1845–53 Der Schinkel-Schüler Friedrich August Stüler und Albert Dietrich Schadow setzen eine Kuppel auf die Schlosskapelle über dem Hauptportal im Westflügel mit achteckigem, weithin sichtbarem Kuppeltambour.

Ehemaliges Schloss,
Grundriss
1 Eosanderhof
2 Schlüterhof
3 Kapelle

Der Grundriss des
Schlosses ist von den
Befürwortern eines
Wiederaufbaus vor
einigen Jahren als
maßstabsgetreue
Kulissenarchitektur
provisorisch nachkon-
turiert worden - ein
verblüffendes, zum
Nachdenken anregen-
des Experiment.

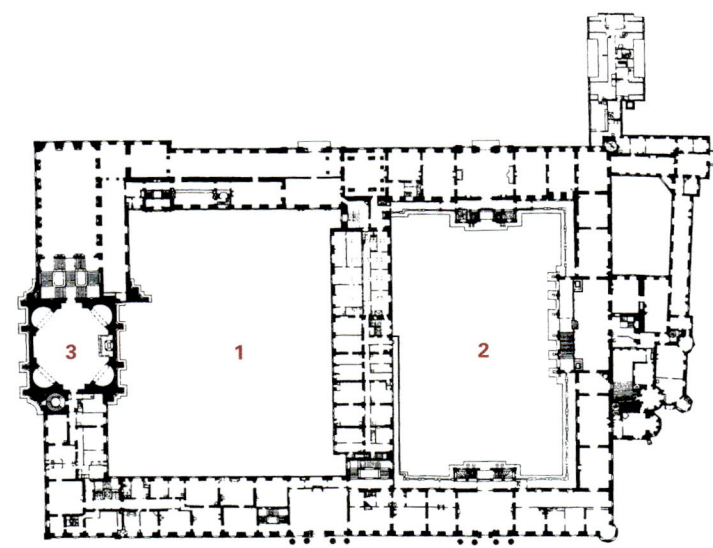

Fünf Jahre nach Kriegsende, im ersten Jahr nach Gründung der DDR, wurde das Geviert des Schlosses sorgfältig, langsam und systematisch in monatelanger Arbeit gesprengt – am 30. Dezember 1950 fiel das Portal mit der Schlosskuppel korrekt errechnet in sich zusammen. Auch internationale Proteste, Petitionen und Rettungsvorschläge unterschiedlichster Art hatten nichts gefruchtet, und offizieller Einspruch aus Bonn oder West-Berlin blieb aus – mit den Machthabern aus Pankow wurde nicht verhandelt.

Walter Ulbricht und die Sozialistische Einheitspartei Deutschlands hatten das »Symbol des preußischen Militarismus« nicht länger ertragen wollen; sie brauchte Raum für einen großen Aufmarschplatz nach Moskauer Vorbild, für »machtvolle Demonstrationen der Arbeiterklasse«.

Aus der kahl gesprengten Leere des Schlossplatzes war der Marx-Engels-Platz geworden; jetzt standen hier jahrzehntelang die gemauerten Tribünen für die großen Aufmärsche und Demonstrationen. Die Pläne für ein »Demokratisches Forum« und ein neues Zentrum der Hauptstadt der DDR nahmen Gestalt an mit Stalin-, bzw. Karl-Marx-Allee, mit einem neuen Alexanderplatz und Fernsehturm. Rund um den Marx-Engels-Platz präsentierte sich der ideologische Dreiklang der DDR: das Außenministerium an der Westseite, im Süden das Staatsratsgebäude, als letztes Glied schließlich der Palast der Republik mit der Volkskammer. Ein Trio, das Heimstatt des Volkes, oberste Staatsmacht und vermeintliche Weltoffenheit symbolisch zum Ausdruck brachte.

»Ballast der Republik«

Auf der Leere des Schlossplatzes rottet der **Palast der Republik (1)** vor sich hin – jahrelange Streitereien um Abriss, Rettung oder Denkmalschutz sind schließlich beendet – nach der Asbestsanierung für knapp 80 Millionen € wird die marode Repräsentationskiste der DDR laut Bundestagsbeschluss im Jahr 2005 – wenn die Mittel denn reichen – abgerissen und die Stelle bis auf weiteres begrünt. Für die künstlerische Zwischennutzung haben sich schon zahllose Interessenten gemeldet, und keinesfalls alle sind glücklich über den plötzlichen Abriss-Entscheid. Auf dem Schlossplatzareal ist das DDR-Außenministerium abgerissen worden, der Blick auf die Friedrichswerdersche Kirche ist nun frei, und der Schinkelplatz ist in seinen Umrissen nachkonstruiert. Auch durch den Erweiterungsbau des jetzigen Bundesaußenministeriums hat das Platzgefüge neue Konturen angenommen – obwohl es letztlich immer noch als Vakuum ins Auge sticht.

Erichs »Lampenhaus Mitte« war ab 1973 in der Rekordzeit von 32 Monaten unter dem Chefarchitekten Heinz Graffunder hochgezogen worden – aus allen Städten und Gemeinden der DDR wurden Arbeitskräfte delegiert, die das Baumaterial gleich mitzubringen hatten, mehrere tausend Handwerker und Soldaten der NVA arbeiteten rund um die Uhr. Zum IX. Parteitag der SED im Mai 1976 war der gigantische Bau mit weißer Marmorverkleidung und bronzenen Spiegelglasscheiben fertiggestellt.

Um das riesige Hauptfoyer mit Hunderten von Lampentrauben und 16 großformatigen Wandgemälden der sozialistischen Malerelite von Sitte bis Tübke – triumphierend ergattert von Christoph Stölzl für sein Deutsches Historisches Museum im Zeughaus gegenüber – gruppierten sich ein Saal für 5000 Personen, kleinere Festräume, mehrere gastronomische Betriebe, Bowlingbahnen, Diskotheken, ein Theater und Jugendtreffs. Jeder konnte jederzeit lustwandeln kommen, Eis essen und Hochzeiten feiern. Nur wenige Tage im Jahr, wenn die Volkskammer im separaten Trakt tagte, blieb der »-Palazzo Prozzi« der Partei überlassen. Und alle, alle kamen; bis zu seiner Schließung im September 1990 waren es – ordentlich registriert – 70 Millionen. In der Hauptstadt, ummauert vom antifaschistischen Schutzwall, demonstrierte der Palast des Volkes Weltoffenheit und kulturelle Vielfalt: »Ein Kessel Buntes« wurde vom Fernsehen übertragen, es kamen das Bolschoi Ballett, Harry Belafonte, Friedrich Dürrenmatt, James Last, Günter Grass, Nina Hagen und Udo Lindenberg.

1700 Mitarbeiter verwalteten, putzten und kochten, zwei Drittel aller Kosten trug der Staat, und niemals sind die Preise erhöht worden: Bis die Lichter ausgingen, kostete ein Glas Bier 61 Pfennige.

Der Bürgerrechtler Jens Reich in der »Zeit« im Februar 1995: »Palazzo Prozzi wurde er vom Volk genannt ... Der Palast füllte ein Loch im Angebot: Man konnte jederzeit einfach hingehen, man konnte aber auch Ausflüge der anspruchslosen Art planen: mit der Arbeitsbrigade ins Restaurant, DDR-fein essen, Typ Soljanka-Suppe, danach Schweinslendchen mit Pommes und Letschogemüse, als Dessert Ananaskompott.«

Genosse Erich Honecker bei der Grundsteinlegung: »Eine Stätte verantwortungsbewusster Beratungen der höchsten Volksvertretung unseres Arbeiter- und Bauern-Staates und Heimstatt von Frohsinn und Geselligkeit der werktätigen Menschen«.

Die Friedrichswerdersche Kirche – Schinkelmuseum

Friedrichswerdersche Kirche - Schinkelmuseum ☆☆
Besonders sehenswert: Gipsmodell der »Prinzessinnengruppe« von Schadow (s. S. 302).

Solide, verhaltene Neogotik, eine kleine Schwester der großen College-chapels in England: Schinkels **Friedrichswerdersche Kirche (2)** entstand zwischen 1824 und 1831 als Nachfolgerin einer ersten Doppelkirche, die um 1700 auf dem Friedrichswerder zwei Konfessionen unter einem Dach vereinte, die lutherisch-reformierte und die französisch-reformierte Kirche. Mit polygonalem Chorabschluss, großen Maßwerkfenstern und einem lichterfüllten Innenraum mit Emporenumgang unter festlichen Sternengewölben präsentiert sich der zur 750-Jahr-Feier Berlins hervorragend restaurierte Bau seit 1987 als Schinkel-Museum. In einem der schönsten Innenräume der Stadt findet das zeichnerische und druckgrafische Werk Schinkels seinen angemessenen Platz. Es wird ergänzt durch eine reiche Sammlung klassizistischer Skulpturen seiner Freunde und Kollegen Schadow, Rauch und Christian Friedrich Tieck. Besonders sehenswert: Schadows Prinzessinnengruppe (s. S. 302).

Eine Gedenktafel erinnert an die bedeutende Rolle, die die »Bekennende Kirche« im Widerstand gegen den Nationalsozialismus spielte. Ihre führenden Vertreter, auch Pastor Martin Niemöller, wurden hier verhaftet.

Schlossplatz 1

Beim Bau des Staatsratsgebäudes der DDR ist als einzig erhaltener Rest des Stadtschlosses das Portal IV in die Fassade eingefügt worden.

Auf der gegenüberliegenden Seite der Werderstraße ragt, zurückgesetzt zwischen Kur- und Unterwasserstraße, ein gewaltiger grauer Block auf: das zwischen 1934 und 1938 errichtete **ehemalige Reichsbankgebäude,** das zu DDR-Zeiten das Zentralkommitee der SED beherbergte. Hier ist das Auswärtige Amt eingezogen – und Außenminister Joschka Fischer sitzt genau dort, wo vor ihm Erich Honecker auf den Werderschen Markt geblickt hat. Ein neuer Anbau ist von 1600 Mitarbeitern bezogen worden.

Hinter der restaurierten **Schleusenbrücke** mit Motiven aus der Berliner Schifffahrt vor 1700 schließt sich das ehemalige **Staatsratsgebäude der DDR (3)** an. Die Hauptfassade des langen, 1962–64 errichteten dreigeschossigen Riegels ist auf den Schlossplatz ausgerichtet. Zentraler Blickfang: das große **Portal IV vom Lustgartenflügel des Schlosses,** 1706–13 von Eosander von Göthe in Anlehnung an Schlüter gestaltet. Vom oberen Balkon aus hatte am Nachmittag des 9. November 1918 Karl Liebknecht vor den versammelten Volksmassen eine freie sozialistische Republik Deutschland ausgerufen. Beim Bau des Staatsratsgebäudes 1962 ist das Portal eingefügt worden als letztes Überbleibsel des Stadtschlosses.

Die 165 Büroräume, mehrere Sitzungssäle und ein Kino (für die Filmzensur), ein bisschen verstaubt und piefig, aber grundsätzlich verwendbar, wurden noch von Kanzler Helmut Kohl »als geeignet empfunden« – 450 Beamte des Bundeskanzleramtes waren vorübergehend hier untergebracht, bis der Neubau des Kanzleramts im Herbst 2001 bezogen wurde. Die Kanzler mochten jedoch nicht im »Staatsratsgebäude« residieren, in dem Ulbricht, Stoph, Honecker und Krenz ein- und ausgingen – so lautete die Adresse fortan »Schlossplatz 1«. Und nun steht der Bau leer da.

Bund und Senat wollten einem Abriss, nur den massiven Protesten zahlreicher Kunsthistoriker, Architekten, Stadtplaner und Regionalpolitiker ist es zu verdanken, dass eine »Lösung ohne Bilderstürmerei« gefunden wurde. Der für den Hauptstadt-Umzug zuständige Arbeitsstab des Bauministeriums hatte sich hier niedergelassen.Die

Ausstellungen zur Stadtplanung, die hier mit regen Zuspruch statt-
fanden, mit den Entwürfen zahlloser Wettbewerbe und einem gewaltigen Stadtmodell, sind jetzt am Bebelplatz, neben der St. Hedwigs-
Kathedrale, zu sehen.

Das Hauptinteresse der Besucher, wenn sie denn hinein können,
richtet sich jedoch auf die doppelgeschossige monumentale Glasma-
lerei an der Stirnwand der Eingangshalle, die in strahlendem Glanz
»Szenen aus der Geschichte der deutschen Arbeiterbewegung« vor-
führt, mit Friedenstauben und glücklichen Müttern mit Blumen-
strauß und Kind an der Hand. Vor dem Gebäude werden archäolo-
gische Funde gesichert, Überreste der aus dem 13. Jahrhundert stam-
menden Klosterkirche der Dominikaner.

Kurz vor der Rathausbrücke, zwischen Spree und Breiter Straße
der **Neue Marstall,** im Jahr 1900 in wilhelminischem Neobarock von
Ernst von Ihne fertig gestellt. Hier befanden sich Ausstellungsräume
der Akademie der Künste und die reiche Berlin-Sammlung der Berliner Stadtbibliothek. Der Gebäudeblock ist verbunden mit dem
Alten Marstall (4) in der Breiten Straße 36, der von dem holländischen Baumeister Matthias Smids 1670 vollendet wurde. Wand an
Wand das **Ribbeck-Haus:** das einzig verbliebene Wohngebäude mit
einer intakten, wiederhergestellten Renaissance-Fassade in Berlin.
1624 für Hans-Georg von Ribbeck erbaut, ist in diesem Kleinod, in
dessen sorgfältig renovierten Räumen der Bund der Architekten der
DDR beheimatet war, das »Zentrum für Berlin-Studien« eingerichtet
worden.

Die Bauakademie – Mythos in Ziegelrot

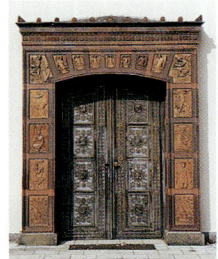

*Portal der Bau-
akademie*

An der Werderstraße ist ein neuer Schinkelplatz angelegt worden,
und hier einmal soll die Kopie der alten Schinkelschen Bauakademie
Wiederauferstehung feiern. Nutzung: vielleicht als europäisches
Architekturzentrum mit angegliederten Ausstellungs- und Tagungsräumen, Läden, Gästewohnungen und Archiv.

Der große rote Klinkerkasten, streng symmetrisch, nüchtern und
zweckmäßig, war Schinkels revolutionärster Bau. 1836 fertig gestellt,
hinterließ Schinkel mit ihm sein Manifest für die Zukunft. Basierend
auf den ungeschönten Fabrikhallen, die er in den Industriegebieten
Mittelenglands im Jahr 1826 gesehen hatte, setzte er neben seine neogotische, ebenfalls englisch beeinflusste Friedrichswerdersche Kirche
einen Ziegelsteinbau mit deutlich sichtbaren Strukturen und einer
strengen Rastergliederung. Der quadratische, viergeschossige Gebäudeblock mit Flachdach war in Skelettbauweise errichtet und besaß
vier identische Seiten, die sich um einen Innenhof gruppierten. Die
ziegelverblendeten Fassaden trugen sparsame Dekorbänder und
Friese aus Terrakotta, deren Motive sich auf die Funktion der Bau-

schule bezogen. Noch heute gilt die Bauakademie als künstlerisch und bautechnisch wegweisender Solitär, als einsamer Vorbote des Stilwandels hin zur Moderne. 1961 erfolgte der Abriss – als Jugendausbildungsprojekt ist ein Teil als Musterfassade aufgebaut worden. Ein Ehepaar läuft vorbei. »Was ist das für ein Turm?« »Det is keen Turm, det is ne Hausecke.«

»Hohe Leichen« unterwegs – der Berliner Dom

»SM«, wie die Berliner ihn flott nannten, Seine Majestät Kaiser Wilhelm II., besaß einen ausufernden Geschmack, liebte ornamental Imperiales und mochte Schinkel nicht. Sehr groß, sehr mächtig und geschmückt sollte alles sein – auch der neu zu errichtende **Berliner Dom (5)** als Hauptsitz des preußischen Protestantismus, als Hof- und Denkmalskirche der Hohenzollern. Den Auftrag erhielt Julius Carl Raschdorff, Professor an der Technischen Hochschule in Charlottenburg, der mit seinem dritten modifizierten Entwurf endlich die Gunst des Herrschers fand. Der alte Dom wurde vollständig abgerissen, der Domneubau an gleicher Stelle währte von 1893–1905. Das monumentale wilhelminische Prunkstück aus Granit und Sandstein mit seiner Hauptfassade am Lustgarten wird durch die mächtige Zentralkuppel mit flankierenden Ecktürmen beherrscht – Anklänge an die Peterskirche in Rom und die Paulskathedrale in London waren beabsichtigt.

Raschdorff hatte seinen Dom dreiteilig angelegt: Der als Zentralbau gestalteten Predigtkirche gliederten sich die nördliche Denkmalskirche und die im Süden vorspringende Tauf- und Traukirche an; in den Gewölben unterhalb der Denkmals- und Predigtkirche, in der Hohenzollernschen Fürstengruft, ruhten 97 Särge aus dem 16. bis 20. Jahrhundert, deren Vielfalt und künstlerischer Wert durchaus mit anderen Grablegen europäischer Herrschaftshäuser vergleichbar waren. Der letzte, 1797 dort beigesetzte Monarch war Friedrich Wilhelm II. »SM« hatte sicher nicht erwartet, im Exil im holländischen Doorn begraben zu werden. Der Domneubau war in Fachkreisen umstritten und scharf kritisiert worden; auch Alfred Lichtwark, einflußreicher Kunsthistoriker und Direktor der Hamburger Kunsthalle, war peinlich berührt über die »bösartige Architektur. Wo man sie anpackt, Augenverblendung. Nichts Gewachsenes, kein Organismus …«

Nach schweren Bombenschäden, Teil-Instandsetzungen und jahrelangen Erörterungen entschloss sich die DDR-Führung 1975/76 zum Abrissv der Denkmalskirche und der kaiserlichen Unterfahrt; 1983 wurde die Wiederherstellung der Außengestaltung mit neuer

Literatur:
Von dem Berliner Architekturhistoriker Harald Bodenschatz, der sich stets mit konstruktiven Vorschlägen in die laufenden Architekturdebatten einklinkt: Der rote Kasten. Zu Bedeutung, Wirkung und Zukunft von Schinkels Bauakademie.

Berliner Dom ☆

Tipp:
Zu empfehlen ist ein Rundblick vom Kuppelumgang mit weiter Aussicht über das Häusermeer von Mitte.

Kaiserlicher Glorienschein umgibt die Monumentalarchitektur des Berliner Doms von Julius Raschdorff, aufgelockert durch das Grün des Lustgartens. Rechts der leerstehende Palast der Republik.

Kuppel und Laterne beendet. Die anschließenden Restaurierungsarbeiten im Innern zogen sich weitere zehn Jahre hin, und auch heute fehlen noch einige Millionen, um die Gruftgewölbe und die Freitreppe an der Nordseite wiederherzustellen.

Das unregelmäßige Achteck der Predigtkirche ist im Innern mit Gold, Mosaiken, Statuen, Skulpturen und Ornamentik in überbordender Fülle dekoriert – bis in die Laterne der 74 m hohen Kuppel hinein.

Die Ausstattung wurde teilweise aus dem Vorgängerbau in den neuen Dom übernommen. Kostbare Altarschranken mit eingelassenen Bronzefiguren, ein monumentales Gemälde der Ausgießung des heiligen Geistes von Carl Begas, ein Marmoraufstein von Christian Daniel Rauch und der Altar aus hellem Marmor von Stüler zählen neben den Grabmalen und Sarkophagen der Hohenzollern zu den wichtigsten Kunstwerken des Doms.

Unter der nördlichen und südlichen Empore befinden sich nun die wertvollsten sechs allerdings sämtlich leeren Hohenzollerngrabmale: unterhalb der Orgelempore die **Prachtsärge des Großen Kurfürsten und seiner zweiten Frau Dorothea** (Entwurf Arnold Nehring) sowie die **Grabmäler für den Kurfürsten Johann Cicero** (Werkstatt Peter Vischer, Nürnberg, um 1530) und **Kaiser Friedrich III.** von Reinhold Begas. Unter der Südempore, genau gegenüberliegend, stehen die von Andreas Schlüter geschaffenen Sarkophage für den ersten König von Preußen, **Friedrich I.**, und seine zweite Frau, Königin Sophie Charlotte – meisterliche Schöpfungen barocker Formensprache, in Blei-Zinnguss ausgeführt und völlig vergoldet. Beide Werke sind in Entwurf und Ausführung einander ähnlich.

Am 9. Oktober 1994 fand die letzte große Trauerfeier im Dom statt: ein Gottesdienst für den Enkelsohn Kaiser Wilhelms II., Prinz Louis Ferdinand von Preußen, der im Alter von 86 Jahren als Familienältester gestorben war. Seine Urne wurde in Hechingen auf dem Stammsitz der Hohenzollern beigesetzt.

Geschichte und Geschicke brachten es mit sich, dass die »Hohen Leichen«, Gräber, Sarkophage und Mahnmale von Anbeginn an und immer wieder versetzt, ausgelagert und umgesiedelt wurden: Die ältesten vom Kloster zum Schlossplatz, vom alten in den neueren Dom, nach dem Abriss des friderizianischen Gebäudes in die Gruft der Interimskirche im Monbijou-Park und das nahe gelegene Zeughaus, dann in den Raschdorffschen Dom. Noch ruheloser trieb es die sterblichen Überreste des Soldatenkönigs und seines Sohnes, Friedrichs des Großen, um: Sie wurden in der Gruft der Garnisonkirche in Potsdam beigesetzt, in der Kriegs- und Nachkriegszeit lagerten sie erst im Bunker, dann im Bergwerk, in der Elisabeth-Kirche in Marburg, dann auf der Stammburg der Hohenzollern in Hechingen. Als der Irrfahrt letzter Akt wurden am 17. August 1991 schließlich die Gebeine von Vater und Sohn mit politisch hohem Aufgebot nach Potsdam überführt und dem Wunsch des Alten Fritz gemäß um Mitternacht auf der Terrasse von Sanssouci in die von ihm angelegte Gruft herabgesenkt, während der Sarkophag des Soldatenkönigs ins Mausoleum der Friedenskirche verbracht wurde.

Die Vorgängerbauten: 1536 Die Kirche des 1297 gegründeten Dominikanerklosters wird mit der Schlosskapelle zu einem Domstift vereint. 1747–50 entstand am jetzigen Standort des Domes, nach Plänen Georg Wenzeslaus, Knobelsdorffs und Friedrichs II. durch Johann Boumann ein rechteckiger Saalbau mit Pilastergliederung und Rundbogenfenstern, gekrönt von einem Kuppelbau mit Laterne. In den Gewölben des Unterbaus die Särge und Sarkophage der Hohenzollern. 1820–22 Umbau durch Schinkel im klassizistischen Stil, die vereinfachte Kuppel wurde um zwei kleinere Nebenkuppeln ergänzt.

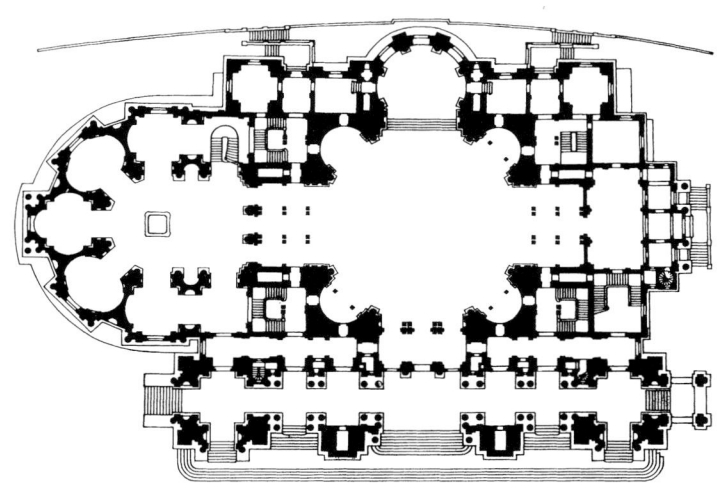

Berliner Dom, ursprünglicher Grundriss; Denkmalskirche (links) ist abgerissen.

93

Der Lustgarten –
Kurfürst und Kartoffelfeld

Endlich erkennt man ihn wieder als das, was sein Name besagt: Der bis zum Frühjahr 1998 über Jahrzehnte hin gepflasterte Platz, von je zwei Lindenreihen gefasst und von der Säulenreihe des Alten Museums zur Stirnseite hin begrenzt, ist tatsächlich der Lustgarten. Er war, noch vor dem Dreißigjährigen Krieg, Küchengarten des Stadtschlossareals; er wurde zum Botanischen Garten; er wurde vom Großen Kurfürsten in holländischer Manier gestaltet mit Statuen, Wasserspielen, Grotten und Pfaden bis weit hinein in die jetzige Museumsinsel. Hier konnten die Berliner zum ersten Mal eine Kartoffelpflanze in Augenschein nehmen, die Dorothea, Gemahlin des Großen Kurfürsten, als exotische Novität hatte setzen lassen. Der Soldatenkönig machte aus dem Garten einen staubigen Exerzierplatz. Der »weitläufige, unerträglich öde Raum« erhielt erst mit Schinkels Museumsbau ein heiteres Gesicht, als sich der große Gartenarchitekt Peter Joseph Lenné seiner annahm. Nach der Reichsgründung 1871 verbarrikadierte Kaiser Wilhelm I. die Sichtachse zwischen Schloss und Museum mit einem geschmacklich und räumlich ausufernden Reiterstandbild für Friedrich Wilhelm III. – an Schinkel und seinem Museumsbau fand er ja so gar keinen Gefallen. Um die Jahrhundertwende wurde hin- und herflaniert. Der Wachaufzug Unter den Linden war ungeheuer populär, und vom Lustgarten aus und die Linden entlang war es möglich, den Kaiser mit seiner Familie beim Ausfahren zu erspähen und bei den allfälligen Paraden zuzuschauen. Während der Weimarer Republik drängten sich hier Hunderttausende von Demonstranten. Hitler räumte auf: Das Standbild verschwand, die Granitschale wurde umgesetzt, im pflastergepanzerten Lustgarten regierten die Aufmärsche. So war's auch in der DDR, und erst mit dem Umzug des Bundeskanzlers an den Schlossplatz ist das Lenné nachempfundene, geometrisch angelegte Gartenareal wieder angelegt worden – wunderschön, heiter und gelassen.

Das Alte Museum –
gloriose Mogelpackung

Altes Museum ☆☆

Als am 3. August 1830, dem Geburtstag des Königs, das Neue Museum, jetzt **Altes Museum (6),** feierlich eröffnet wird, ist es neben der Alten Pinakothek in München das erste öffentliche Museum in Deutschland. Mit Schloss und Dom bildet es nun das symbolische Dreigestirn des Zeitalters der Restauration: Königtum, Kirche und Kunst. Der Kunst wurde die »ästhetische Erziehung des Menschen«

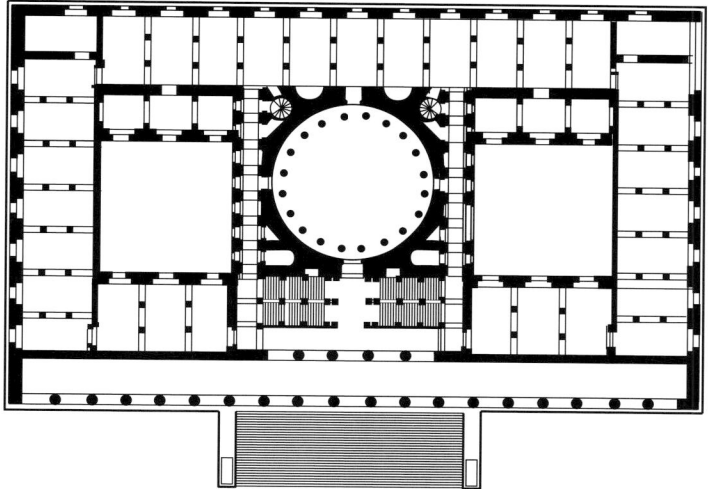

aufgetragen, die der wachsenden Bewusstseinsbildung des Bürgertums entsprach, einen Gegenpol zur obrigkeitsbestimmten Gesell-
schaftsverfassung bildend und von Schinkel architektonisch zum
Ausdruck gebracht. Die Architektur griechischer Tempel zum Ausgangspunkt nehmend, schuf Schinkel einen getragenen, zurückhaltend repräsentativen Bau, der seine strahlende Schönheit erst im
Innern preisgibt. Schinkel: »Es ist meine beste Arbeit.«

Sieben Jahre lagen zwischen Entwurf und Fertigstellung, 3053
Holzpfähle mussten in den sumpfigen Boden gerammt werden, bevor
die Bauarbeiten 1824 beginnen konnten – Sparsamkeit war Pflicht,
der Ziegelsteinbau wurde verputzt, und nur bei den Frontsäulen
konnte Schinkel zu Sandstein greifen. Als Abschluss des Lustgartens
und Auftakt der späteren Bauten der Museumsinsel entwarf er einen
vertikal betonten Vierflügelbau, dessen 18 ionische Säulen auf
hohem Sockelgeschoss die 87 m breite Museumsfront bilden. Hinter
den Säulen, über dem von stilisierten Adlern gekrönten Sims, ragt ein
quadratisch geformter Block mit geradem Dachabschluss in die
Höhe, darin verbirgt sich die herrliche Rotunde. Die weite **Freitreppe**, flankiert von zwei Bronzeskulpturen, der »kämpfenden Ama-
zone« von August Kiß und dem »Löwenkämpfer« von August Wolff,
ist dem Mittelbereich vorgelagert. Die Säulenreihe trägt die dahinter
liegende, fensterlose Vorhalle. Der gesamte Baukörper mit zwei
Innenhöfen ist doppelgeschossig, und nur an den Seitenfronten lassen sich die Geschosshöhen durch die Fenstereinteilung erkennen –
sie nehmen die Gliederung des Zeughauses nebenan auf. Der doppelläufige Treppenaufgang im Innern, von vier Säulen eingefasst, bildet die Verbindung oder Schleuse zwischen Außen und Innen, Stadt-
ansicht und Kunst. Von hier aus genoss man wie in einer Wandelhalle

*Mit dem Bau des
»neuen« Museums
1843–46 auf der
Museumsinsel wird
Schinkels »Neues
Museum« zum »Alten
Museum«.*

*Das Alte Museum ist
Teil der 17 Staatlichen
Museen zu Berlin, Stif-
tung Preußischer Kul-
turbesitz.*

Das Alte Museum mit wieder hergestelltem Lustgarten. Schinkels geniale Mogelei: Im Innern des strengen Blockaufbaus verbirgt sich die erhebende Rotundenkuppel.

Rossebändige Dioskuren nach antikem Vorbild schmücken die Eckposamente der Kuppelummantelung zum Lustgarten hin. Die Skulpturen schuf Tieck nach Schinkels Entwurf.

herrliche Blicke auf die Stadtanlage und das Schloss. Die Betonung der Vertikalität, das Gleichmaß der Proportionen des Äußeren stimmen ein auf den Höhepunkt im Innern: die zweistöckige, vollendet proportionierte **Rotundenkuppel** (23 m hoch, 23 m Durchmesser), die Schinkel dem römischen Pantheon nachempfunden hat. Zwischen einem Ring aus 20 korinthischen Säulen und in den Nischen im oberen Galerieumgang fand die Sammlung wertvoller antiker Statuen ihren Platz: hell, erhebend und festlich.

Im Innern zeigt sich die Größe Schinkels: Die Dramatik der Ruhe, die das Äußere des Museums durchdringt, verbirgt den großen Gestus der Rotundenkuppel – eine Übertragung der stilistischen Mittel einzelner Baugattungen auf andere hielt Schinkel für unredlich und unangemessen, und Kuppeln als Blickfang kamen nur für Kirchen in Frage, also entwickelte er die kluge ›Mogelei‹ zwischen Außen und Innen.

Das Erdgeschoss war den Skulpturen gewidmet, das Obergeschoss den Gemälden. Dem zentralen Kuppelsaal, von Tageslicht durchflutet, gliederten sich die Ausstellungsräume an. Sie waren nur durch Säulen voneinander getrennt, ermöglichten verschiedene Rundgänge, boten gleichzeitig Weite und Intimität. Im Obergeschoss verwendete Schinkel erstmalig Stellwände für die Gemälderepräsentation, dadurch ließen sich kleinere, gut beleuchtete Kabinette bilden. Alle Säle leuchteten in unterschiedlichen Farben, von Tapeten mit glühenden Blumendekoren bis zu zarten Pastelltönen als Hintergrund für die Skulpturen.

Wilhelm von Humboldt war maßgeblich an der Auswahl der Exponate beteiligt – in diesem öffentlichen Museum und Kunstkabinett sollte das Beste und Schönste antiker Kunst versammelt sein. Während des Krieges schwe≠r beschädigt, ist Schinkels Prachtstück ab 1951 wieder aufgebaut worden; Teile des spektakulären Treppenhauses sind verglast, die Ausstellungssäle sind verändert, und nur die Rotunde ist im Wesentlichen originalgetreu restauriert worden.

Seit Mai 1998, zur Dreihundertjahrfeier der Antikensammlung, ist im Hauptgeschoss des Alten Museums eine neu gestaltete Dauerausstellung der **Antikensammlung** zu sehen: Eine der weltweit bedeutendsten Sammlungen ihrer Art ist auf der Museumsinsel mit zwei Standorten vertreten, zum einen im Pergamonmuseum, zum anderen jetzt hier. Aus dem nach dem Krieg im Westen verbliebenen Teil der Sammlungen (ehemals Stülerbau in Charlottenburg) und aus dem Nordflügel des Pergamonmuseums stammen Skulpturen, antike Waffen, der Skythische Goldfund aus Vettersfelde, der Hildesheimer Silberfund, Objekte aus der berühmten Berliner Vasensammlung, Kleinkunstwerke, Terrakotten, Schmuck aus der römischen und byzantinischen Zeit, Zeugnisse der minoischen Kultur. Weitere Höhepunkte: die lebensgroße Bronze des Betenden Knaben (4. Jh. v. Chr.) und die Thronende Göttin von Tarent (um 500 v. Chr.)

Im Obergeschoß finden große Wechselausstellungenn statt, im Winter 2002 z. B. eine Retrospektive der Berliner Zeit von Mies van der Rohe.

Tipp:
Für Erholungsbedürf-
tige sehr schön die in
klarer, sachlicher
Ästhetik gestaltete
Cafeteria.

Walter Kiaulehn hat den Zauber der Schlossbrücke in seinem Klassiker »Berlin – Schicksal einer Weltstadt« ein- gefangen: »Puppen- brücke nannten die Berliner dies zärtliche geliebte Bauwerk mit den flügelschlagenden Göttinnen, den schö- nen Jünglingen und den bärtigen Kriegern. Vielleicht war die Idee der Brücke stärker als ihre Ausführung …, doch war das Ganze in seiner bewegten Ruhe und seinen roten und weißen Tönen ein wunderbarer Eingang in die große Straße des Preußischen Stils.«

Die Schlossbrücke

Schlossbrücke ☆☆

Die schönste Brücke Berlins, das skulpturale Bindeglied zwischen Schlossareal und Lindenallee, heißt wieder **Schlossbrücke (7),** nach- dem sie mit der Sprengung des Stadtschlosses in Marx-Engels-Brücke umgetauft worden war. Sie hatte die alte hölzerne »Hundebrücke« ersetzt, an der die Hundemeuten versammelt wurden, bevor Kurfürs- ten und Könige zur Jagd in den Tiergarten aufbrachen.

Schinkel schlug als kleines, erstes Projekt nach Beendigung der Befreiungskriege zusammen mit der Neuen Wache auch eine Brücke vor, die »künftig mit dieser schönen Straße ein harmonisches Ganzes bildet«. Er entwarf sie 1819, errichtet wurde sie zwischen 1821 und 1824, und zwar mit einer Mittelöffnung als Klappvorrichtung für den Schiffsverkehr. Die vier Brückenpfeiler sind jeweils durch rote Granitsockel hervorgehoben, auf denen acht strahlend weiße Figurengruppen aus Carrara-Marmor stehen. Dargestellt sind die Siegesgöttinnen Athene und Nike, die einen Jüngling durch den Krieg bis zum Frieden begleiten. Im Geländer aus Eisenguss tummeln sich Tritone, Seepferdchen, Delphine und anderes reizendes Meeresgetier in zarten Arabesken – Schinkel hat den gesamten Skulpturenschmuck entworfen; ausgeführt haben ihn sieben Bildhauer nach Schinkels Tod zwischen 1847 und 1857. Die Berliner waren hingerissen und sprachen fortan nur noch von ihrer »Puppenbrücke«.

Am Schlossplatz setzt auch der Boulevard Unter den Linden ein – den westlichen Abschluß hinein ins Grün des einstigen Berliner Umlandes markiert das Brandenburger Tor, hinter dem sich der Tiergarten öffnet. Rund ums Schloss gruppieren sich die preußischen Repräsentationsbauten: das Zeughaus und das ehemalige Prinz-Heinrich-Palais, die Hofoper, Kronprinzen- und Prinzessinnenpalais, die Alte Bibliothek und die St.-Hedwigs-Kathedrale. Alle Einzelbauten, auch die stilistisch auseinander fallende Gruppe des Forum Fridericianum, sind in Maß, Ausrichtung und Lage auf dieses Zentrum hin konzipiert und gebaut worden – Barock, Rokoko, Frühklassizismus in bunter Stilmischung. Zu einem zusammenhängenden, harmonischen Stadtensemble mit klassizistischer Intensität hat erst Schinkel die einzelnen Bauten zusammenzufügen vermocht: Die kleine, römisch anmutende Neue Wache nimmt die dorische Ordnung des Brandenburger Tores auf; die Schlossbrücke mit ihrem grazilen Skulpturenschmuck verknüpft voller Anmut die Lindenallee mit der Schlossfreiheit und dem eleganten Lustgarten. Dort wiederum plazierte er sein Neues (jetzt Altes) Museum: Die klassizistische, in meisterlicher Form hingestellte Frontseite mit der lang gestreckten Säulenhalle blickt auf leicht gedrehter Achse eben genau dorthin, wo einst die Nordfront des Schlosses stand.

▌*Die Museumsinsel – preußische Akropolis*

Museumsinsel ☆☆
Besonders sehenswert:
Altes Museum ☆☆
(s. S. 94)
Alte Nationalgalerie
☆☆
Pergamonmuseum ☆☆

Das über einhundert Jahre gewachsene Gesamtkunstwerk Museumsinsel mit seinen drei großen Museumsbauten steht als einzigartiges Kulturerbe da, als ein »Tempelareal des Geistes und der Schönen Künste«. Es ist ein betörendes Szenarium mit einer wirkungsvollen, heterogenen Architektur, die zwischen den Wassern zu schweben scheint. Bis zum Zweiten Weltkrieg konnte man auf der preußischen Akropolis eine außergewöhnliche Wanderung durch Zeit und Raum der Kunstgeschichte unternehmen, die Hochkulturen der Welt in einer Gesamtschau mit und in den Museen erleben, von den Ursprüngen der europäischen Kunst in Ägypten und dem Zweistromland über die klassische Antike, Mittelalter, Renaissance und Barock bis in die Gegenwart des 19. Jahrhunderts hinein. Der Bilderbestand der Gemäldegalerie und der Nationalgalerie zählte zu den eindrucksvollsten Sammlungen der Welt, die deutschen Altertumswissenschaftler, Forschungsreisenden, Ingenieure und Archäologen, allen

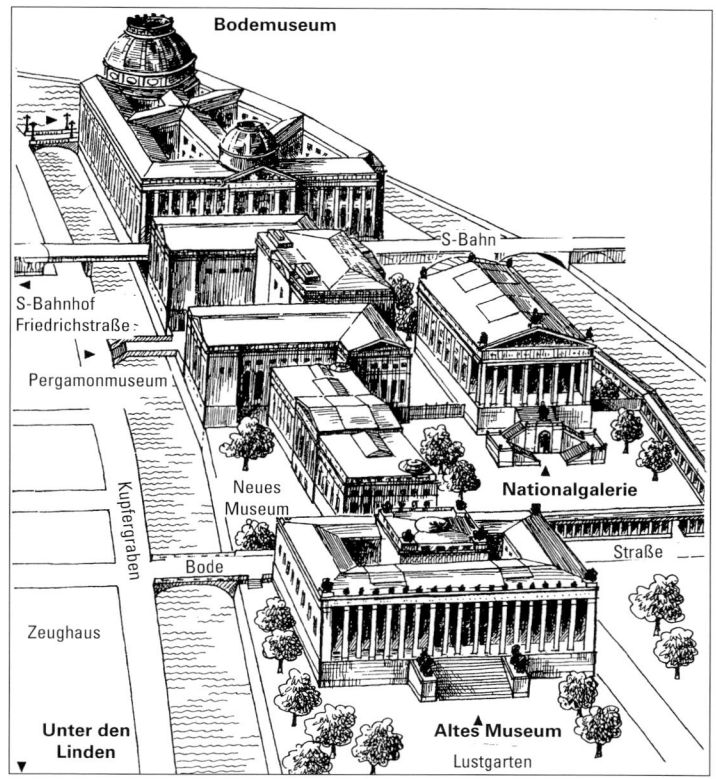

Bodemuseum
S-Bahn
S-Bahnhof Friedrichstraße
Pergamonmuseum
Kupfergraben
Neues Museum
Nationalgalerie
Bode
Straße
Zeughaus
Unter den Linden
Altes Museum
Lustgarten

Von der UNESCO zum Weltkulturerbe erklärt: Die vom Wasser umschlossene Museumsinsel. Den Auftakt macht das städtebauliche Juwel des Alten Museums von Schinkel; nördlich davon ist die (Alte) Nationalgalerie mit ihrer Treppenkaskade prunkvoll wieder eröffnet worden; das Neue Museum östlich davon ist immer noch kriegszerstört. Dahinter liegt das weltberühmte Pergamonmuseum; das Bodemuseum bildet den Abschluss.

Das Weltkulturerbe Museumsinsel – Chronologie einer 10-jährigen Baustelle: 1997–Ende 2001: nach Vorsanierung und Zwischenöffnung ist die Alte Nationalgalerie der erste, komplett sanierten Bau

ab 2000: Sanierung des Bode-Museums, Wiedereröffnung 2005

2002: Sanierung der Kolonnaden und der Uferseite zur Spree

2002–06: Wiederaufbau des Neuen Museums

2003–07: Komplettsanierung des Alten Museums.

voran Alexander von Humboldt, besaßen Weltgeltung; die von ihnen entdeckten, ausgegrabenen Architekturen und Kunstwerke wie der Pergamonaltar oder die Schliemannschen Funde in Troja, präsentiert in Berlin, erregten internationale Aufmerksamkeit.

Die Kriegsschäden am Gesamtareal sind immer noch schmerzhaft präsent, die Trennung der überaus reichen Sammlungen in Ost und West während der letzten vierzig Jahre wirft immer noch lange Schatten. Im Zuge der Zusammenführung und Neuordnung und den komplexen Baumaßnahmen auf der Museumsinsel wird weit hinein in die Zukunft geplant, um ihr unvergleichliches Erbe zu erhalten und neu zu präsentieren. So werden Interimslösungen dafür sorgen, dass Teile der Museumsbestände just dann, wenn Sie in Berlin sind, umziehen, ihren Standort gewechselt haben oder bis auf weiteres nur in Teilen oder überhaupt nicht gezeigt werden können. Die Museumsinsel mit ihren Bauten und Sammlungen ist jedoch auch jetzt, in ihrem derzeitigen Zustand, eines der größten Schatzhäuser der Welt, und auch trotz der Finanzmisere Berlins wird hier der Rotstift nicht angesetzt.

101

Das Neue Museum

An der Nordspitze der Spreeinsel ist zwischen 1830 und 1930 das Ensemble der fünf imposanten Museumsbauten gewachsen. Das Alte Museum (s. S. 94), Schinkels Meisterwerk, war bei seiner Fertigstellung im Jahr 1830 eines der ersten öffentlichen Museen in Deutschland. Da sich schon bei der Eröffnung des Schinkelschen Museumstempels zeigte, dass mehr Raum benötigt wurde, hatte Friedrich Wilhelm IV. noch während seiner Kronprinzenzeit das gesamte Areal mit den Versorgungseinrichtungen für die Spreeschifffahrt nördlich des Alten Museums zur »Freistätte für Kunst und Wissenschaft« erklärt. Das von Friedrich August Stüler entworfene **Neue Museum (8)** sollte das alte Schinkelsche entlasten. Dieser zweite Bau auf dem Inselterrain entstand mit langen Verzögerungen zwischen 1843 und 1859; allein die Fundamentierungsarbeiten hatten zwei Jahre gedauert, und das Revolutionsjahr 1848 ließ die Bauarbeiten zum Stillstand kommen. Die goldgeschmückten und bemalten Räume, Höfe und Säle folgten der Idee, die Universalgeschichte der Menschheit als sinnliches Erlebnis erfahrbar zu machen. In einer Verknüpfung von Innen und Außen, Hülle und Inhalt, nahmen Architektur und Ausstattung, wie ja auch schon im Schinkelbau mit höchster Eleganz angedeutet, auf die ausgestellten Altertümer Bezug: Hier jedoch, in vorweggenommener Manier des Historismus, präsentierten sich die archäologischen Funde der ägyptischen Hochkulturen in leuchtend ausgemalten, ägyptisch inspirierten Sälen und Höfen; im Hauptgeschoss mit den Abgüssen antiker Skulpturen, mit Grafik und Zeichnungen, reihte sich ein griechisch-römisch, üppig gestalteter Saal an den anderen. Im Zweiten Weltkrieg ist der Bau so schwer zerbombt worden, dass er seither – notdürftig gesichert, weniger romantische denn traurige Ruine – nur hin und wieder betreten werden kann. Seit der Vereinigung sind aufwändige Fundamentierungs- und Sicherungsarbeiten am Neuen Museum durchgeführt worden. David Chipperfield Architects ist aus dem Wettbewerb um den Wiederaufbau des Neuen Museums als Sieger hervorgegangen. Eine Neueröffnung ist für das Jahr 2006 angepeilt.

Die Alte Nationalgalerie

Der dritte Museumsbau auf der Insel war die **Nationalgalerie (9)**, 1867–76 ebenfalls von Stüler konzipiert und nach dessen Tod von Johann Heinrich Strack weitergeführt. Sie wird jetzt als Alte Nationalgalerie bezeichnet – die Neue, von Ludwig Mies van der Rohe, liegt am Kulturforum (s. S. 251). Im Auftrag Friedrich Wilhelms IV. entwickelte Stüler einen »Tempelbau für die Wissenschaften«, der eine Aula und Hörsäle für die Universität beherbergen sollte. Während der Bauzeit änderte sich der Verwendungszweck. Die Sammlung zeitgenössischer deutscher Malerei sollte dort Platz finden, die der Konsul Wagener dem Staat 1861 gestiftet hatte mit der Auflage, eine Nationalgalerie zu gründen. Also mussten die baulichen Anforderungen denen einer Gemäldegalerie angepaßt werden.

Auf einem 12 m hohen Sockelgeschoss thront ein klassizistischer Tempelbau in rotem Sandstein. Der Südseite mit freistehenden Säulen vor der Stirnwand ist eine gewaltige doppelläufige Freitreppe vorgelagert – mit majestätischem Schwung führte sie durch das Eingangsportal in das Obergeschoss. Der »Kritische Führer« durch die Nationalgalerie des Kunsthistorikers und Kritikers Karl Scheffler von 1912 attestiert eine »immerhin starke und geschlossene Wirkung«, und er fährt fort: »Es ist nachher in Berlin kein Gebäude dieser Art mehr errichtet worden, das so klar und edel gegliedert ist.« Als optische Anbindung an das Alte Museum wird die Nationalgalerie an der Spreeseite von einer langen Kolonnadenreihe eingefasst, die im Rücken des Alten Museums endet.

Im Haupt- und Obergeschoss, in den über beide Geschosse reichenden Oberlichtsälen, bewegt geschmückt und prachtvoll ausgestattet, fanden Skulpturen und Gemälde des 19. Jahrhunderts Platz, und um Auswahl, Zusammensetzung, Rang und Wert der Sammlungen und Ankäufe entbrannten um die Jahrhundertwende harte Auseinandersetzungen (s. unten), die in der Zensur, dem Ankaufsveto durch den Kaiser kulminierten. Den Direktoren Tschudi und Justi jedoch gelangen großartige Ankäufe zeitgenössischer Kunst; die »Neue Abteilung«, nach dem Ende der Monarchie im Kronprinzenpalais Unter den Linden präsentiert, galt als damals weltweit wichtigste Sammlung der Moderne.

Nach einer höchst aufwendigen, subtilen Komplettsanierung und Umbaumaßnahmen präsentiert sich die Alte Nationalgalerie seit

Die Nationalgalerie ist seit November 2001 wieder eröffnet; die Grundinstandsetzung durch die Architekten HG Merz aus Stuttgart, die auch ein drittes Geschoss neu einzogen, hat drei Jahre gedauert. Eine »glanzvolle Wiedergeburt«, ein »überwältigendes Gelingen«, wie der Tagesspiegel schrieb. Erstmalig seit der kriegsbedingten Schließung 1939 und der Teilung der Bestände bis zum Mauerfall werden hier nun geschlossen die kompletten Kunstsammlungen des 19. Jahrhunderts gezeigt, gattungsübergreifend mit 440 Gemälden und 80 hochkarätigen Plastiken.

Herausragende Werke
in der Alten National-
galerie von
– Caspar David Fried-
rich
– Gottfried Schadow
– Karl Friedrich Schin-
kel
– Adolf von Menzel
– Max Liebermann
und den Malern der
Berliner Secession

November 2001 in neuem Glanz. Im festlichen Vestibül mit dem prächtigen Treppenhaus als Verbindungsachse sämtlicher Stockwerke, fällt der Blick sofort auf die »Prinzessinnengruppe« von Schadow (s. a. S. 302) – dem Lieblingsstück des Berliner Klassizismus. Der Rundgang selbst beginnt im dritten Geschoss, das der Goethezeit und der Romantik gewidmet ist: im Mittelpunkt die Werke von Karl Friedrich Schinkel und Caspar David Friedrich. 16 Gemälde von Friedrich sind hier versammelt, eine unübertroffene Konzentration, u. a. mit dem »Mönch am Meer«, der »Abtei im Eichwald«. In weiteren Kabinetten und Sälen »Schadow und die Kunst um 1800«, die Wandbilder der Casa Bartholdy, die Nazarener, die Cornelius-Kartons und das von Werk Carl Blechen, dem Berliner Vedutenmaler.

Im Mittelgeschoss ist der atemberaubend schöne, reich geschmückte Kuppelsaal wiedererstanden; hier finden sich die Werke der Deutschrömer, französische Impressionisten – u. a. Eduard Manets »Wintergarten«, der deutsche Realismus mit dem frühen Liebermann, Hans Thoma und Wilhelm Leibl.

Im ersten Geschoss dann das schier unerschöpfliche Werk von Adolf von Menzel, u. a. mit dem »Walzwerk« und dem »Flötenkonzert«. Daneben der Realismus zwischen Constable und Courbet, Gründerzeit, Secession und Jahrhundertwende sowie ein Raum zur Geschichte des Hauses und seiner Sammlungen. Wunderbar auch die Skulpturengalerie.

Das Bodemuseum

(10) Die Nationalgalerie befand sich noch im Bau, als die nördliche Spitze des Areals durch eine hoch gelegene Stadtbahntrasse vom Rest der Museumstempel abgeschnitten wurde; auf dem dreieckigen Grundriss zwischen den Spreearmen entstand um 1900 ein weiterer großer Museumsbau, da die archäologischen Sammlungen und die Bestände der Skulpturen- und Gemäldegalerie schon wieder enorm angewachsen waren. Der vom Kaiser favorisierte Architekt Ernst von Ihne errichtete 1898–1904 den neobarocken Repräsentationsbau des Kaiser-Friedrich-Museums auf dreieckigem Grundriss mit einer florentinischen »Basilika« auf der Mittelachse. Einem Ozeanriesen gleich scheint der runde Bug, von einer mächtigen Kuppel gekrönt, durch das Meer der Spree zu pflügen, und atemberaubend in ihrer räumlichen Pracht ist die überkuppelte Eingangshalle.

Wilhelm von Bode, Leiter der Gemäldegalerie und ab 1906 Direktor der königlichen Museen, hatte maßgeblichen Einfluss auf die Innenarchitektur und Ausstellungskonzeption. Er hat damit absolutes Neuland betreten und ein begehbares Gesamtkunstwerk geschaffen, das im Geist der jeweiligen Epoche Raumausstattung mit Möbeln, Kunsthandwerk, Gemälden und Skulpturen verband. Die außerordentlich schönen und individuell gestalteten Raumabfolgen sind heute noch ein Erlebnis. Nach schwerer Kriegsbeschädigung

und Wiedereröffnung in den fünfziger Jahren wurde der Bau als Bodemuseum wieder eröffnet.

Das Bodemuseum präsentierte sich dem Besucher mit Teilen des **Ägyptischen Museums** und der einzigartig umfangreichen **Papyrussammlung,** dem **Museum für Spätantike und Byzantinische Kunst** (seit 2000: **Skulpturensammlung und Museum für Byzantinische Kunst),** dem **Münzkabinett** sowie der schönen **Kindergalerie** der Staatlichen Museen. Das Museum ist jetzt komplett geschlossen. Grundsanierung und Umbau werden bis 2005 dauern.

Die große, umfassende Sammlung der Gemäldegalerie mit den Meistern des Abendlandes (Frührenaissance bis Ausgang des 18. Jahrhunderts), für die das Bodemuseum geschaffen worden war, hat 1998 mit den gesamten Beständen von hier und aus Dahlem in der neuen Gemäldegalerie am Kulturforum (s. S. 253) Einzug gehalten: Einer der Hauptpunkte im Berliner »Museumsstreit«, denn das Bodemuseum wird damit sein ursprüngliches Konzept auf immer verlieren.

Weithin sichtbar ist die große Kuppel des Bodemuseums, das zwischen Spree und Kupfergraben den nördlichen Abschluss der Museumsinsel bildet.

Das Pergamonmuseum

Auf Bodes Initiative hin nahm auch der letzte Bau auf der Museumsinsel, die große dreiflügelige Anlage des **Pergamonmuseums (11),** Gestalt an; schon 1907 betonte Bode die Notwendigkeit von Erweiterungsbauten: Das Kaiser-Friedrich-Museum war als Gemäldegalerie schon wieder zu klein geworden, das Ägyptische Museum, die Archäologischen Sammlungen und das neu gegründete Museum für Islamische Kunst wuchsen immens an. Das in Europa erste maßgeschneiderte Architekturmuseum ist von Alfred Messel und Ludwig

Pergamonmuseum, der Pergamonaltar.
»Rings um uns hoben sich die Leiber aus dem Stein, zusammengedrängt zu Gruppen, ineinander verschlungen oder zu Fragmenten zersprengt, mit einem Torso, einem aufgestützten Arm, einer geborstenen Hüfte, einem verschorften Brocken ihre Gestalt andeutend, immer in den Gebärden des Kampfs …«
Die glänzendste literarische Beschreibung des Pergamonaltars ist das Eingangskapitel der »Ästhetik des Widerstands« von Peter Weiss. In dieser sperrigen, einzigartigen Trilogie ist die Geschichte der Klassenkämpfe mit der Geschichte der Kunst in einer Gesamtschau der europäischen Linken von 1917 bis 1945 verknüpft.

Hoffmann für die weltweit bedeutenden Sammlungen antiker Baukunst entworfen worden (1909–1930).

Die Bauarbeiten waren wegen des Sumpfgeländes äußerst schwierig; der Vorgängerbau für die antiken Monumentalarchitekturen war 1902 fertig gestellt worden, musste aber 1908 wegen Baufälligkeit abgerissen werden. Krieg, Revolution, Finanznöte unterbrachen das Bauprojekt über zehn Jahre lang, und erst 1930 konnte es größtenteils fertig gestellt werden. Nur knapp ein Jahrzehnt lang waren die Schätze auf der Museumsinsel zu besichtigen, dann wurden nach

*Literatur:
Über Menschen, My-
then, Meisterwerke
erzählt Carola Wedel
(Hg.) in dem fesseln-
den Band »Das Perga-
monmuseum«.*

Kriegsbeginn alle Berliner Museen geschlossen (siehe unten). Der Wiederaufbau des Pergamonmuseums begann unmittelbar nach dem Krieg.

Das Pergamonmuseum als einer der Hauptstandorte der archäologischen Sammlungen beheimatet folgende Museen: die **Antikensammlung,** das **Museum für Islamische Kunst,** das **Vorderasiatische Museum.** Deren Bestände werden in den kommenden Jahren um die West-Bestände aus Charlottenburg und Dahlem vervollkommnet. In den nächsten Jahren wird kräftig saniert und umgebaut

107

– der Architekt ist Oswald M. Ungers; der Betrieb wird aufrechterhalten.

Kernstück und Mittelpunkt des Museums sind die weltberühmten Architekturrekonstruktionen: der **Zeusaltar von Pergamon** (um 160 v. Chr.), die **Prozessionsstraße und das Ischtartor von Babylon** (um 600 v. Chr.) sowie das **römische Tor von Milet**. Im **Vorderasiatischen Museum** sind außerdem Kunstschätze der Völker des Orients vom 4. Jh. v. Chr. bis zum 4. Jh. n. Chr., Stelen aus Mesopotamien, persische und assyrische Denkmäler, Reliefs, Kleinkunst der Sumerer und Hetiter ausgestellt.

In der **Antikensammlung** befinden sich griechische, hellenistische und römische Skulpturen, Reliefs und Bildnisse, römische und hellenistische Baukunst, Mosaiken, Kleinkunst.

Im **Islamischen Museum** ist die **Prunkfassade des Wüstenschlosses Mschatta** (8. Jh. n. Chr.) die größte Attraktion; neben weiteren Architekturfragmenten ist eine Vielfalt an Keramik, Buchkunst, persische und indische Miniaturen, Teppiche, Schnitzereien und Kunsthandwerk zu besichtigen.

◁ *Das Pergamonmuseum wurde maßgeschneidert für die einzigartigen Architekturrekonstruktionen, hier die Prozessionsstraße von Babylon.*

Zensuren und Zäsuren – Sammlungsgeschichten

Das kaiserliche Deutschland um die Wende zum 20. Jahrhundert konnte klotzen und protzen, auch mit seinen Museen, deren Bestände immer mehr anwuchsen und deren Bauten immer größer und interessanter wurden. Berlin war zu einer gerühmten Museumsmetropole mit Sammlungen von internationalem Rang geworden. Der Kunstkritiker Alfred Dresdner schrieb: »Nur an sehr wenigen Plätzen Europas findet man Sammlungen von ähnlicher historischer Vielseitigkeit und annähernder Vollständigkeit, von so bedeutendem Lehrwerte und vor allem auch von so vorzüglicher, in wahrhaft modernem Geiste gestalteter Anordnung. Wenn Museen nicht nur Kunstwerke enthalten, sondern auch selbst Kunstwerke sein sollen, so kann man diese Aufgabe und ihre gegenwärtige Technik kaum irgendwo besser studieren als im Kaiser-Friedrich-Museum und in der Nationalgalerie ...«

»Bode hat gesagt ...«

Den kometenhaften Aufstieg der Berliner Museen, die Gesamtvision der Museumsinsel, Berlins Profil als aufgeschlossene Stadt der Künste mit reger Sammlertätigkeit, einem ernstzunehmenden Kunstmarkt und ausgeprägtem Mäzenatentum, hat ein Mann entscheidend mitbestimmt: Wilhelm von Bode (1848–1929). Ab 1880 als Direktor der Gemäldegalerie und der »Abteilung der Bildwerke christlicher Epochen«, von 1906 bis 1920 als Generaldirektor der Berliner Königlichen Museen, hatte der international gerühmte Kunsthistoriker in Berlin überhaupt erst einen Kreis wohlhabender, interessierter

Wilhelm von Bode, Porträt von Max Liebermann, 1904. Bodes schlitzohrige Raffinesse bei der Aquisition war gefürchtet: Entdeckte er zum Beispiel beim Besuch einer Industriellenfamilie eine Kostbarkeit, die der Besitzer nun gar nicht hergeben mochte, wurde ein paar Tage später der Privatbesuch des Kaisers, »auf eine Tasse Tee«, annonciert; der dann ›gebrieft‹ war, eben jenes Kunstwerk zu lobpreisen – und wer konnte es wagen, sich dem deutlichen Wink Seiner Majestät zu widersetzen?

Sammler herangebildet, die er beriet, deren Sammlungen er aufpäppelte, die er dann zu einem Netz museumsfreundlicher Stifter, Freundschaftsvereine und Mäzenaten verknüpfte. Und als solche wiederum übergaben sie Teile ihrer Schätze als Leihgaben, im Tauschverfahren oder als Schenkungen den königlichen Museen. Bode war ein großer Gelehrter, ein hoch eleganter, eloquenter Gesellschafter, der das Großkapital für seine Sache einzuspannen wusste, ein unbestechlich arbeitender Museumsmann mit genialen Organisationsfähigkeiten, Universalwissen und einem virtuosen Instinkt, Kunstwerke aufzuspüren, zu erwerben und zu bestimmen. Scheffler schrieb: »Dem Kunsthandel führte er die Sammler als Käufer zu, half ihm kräftig bei großen Versteigerungen und begutachtete ihm die neu auftauchenden Werke; dafür mußten die Händler statt eines Honorars den Museen Kunstwerke überlassen oder gewinnlos Vorverkaufsrechte einräumen. Ziel war stets die Mehrung und Besserung der öffentlichen Sammlungen. Sein Wissen umfaßte schlechterdings alles: die Qualität, den Meister, seine Epoche, die Vorbesitzer und ihre Familienschicksale, die Fragen der Restaurierung, die Urteile anderer Kenner, die Preissteigerungen im Laufe der Jahrzehnte, die Herkunft der Bilderrahmen und so fort. ›Bode hat gesagt …‹ hieß es nicht nur in Deutschland, sondern auch in London, New York und Paris.«

An der zeitgenössischen Kunstauffassung allerdings, die in der Konzeption und Ankaufspolitik der Nationalgalerie ihren Ausdruck fand, schieden sich die Geister: Im offiziellen Kampf gegen die Moderne bildeten der Kaiser und seine Adepten, allen voran der Maler Professor Anton von Werner mit seinen bunten Historienschinken, eine undurchdringliche Phalanx, die von den Sezessionisten, den führenden Kunsthändlern und Kritikern heftig attackiert wurde – die Nationalgalerie dürfe nicht zum Hort einer »vaterländischen Bildersammlung« verkommen.

Der Streit eskalierte und wurde zur Blamage des Kaiserreiches; nachdem der Direktor der Nationalgalerie, Hugo von Tschudi, durch glückliche Ankäufe, die Neupräsentation der Bestände und mutige Aufnahme moderner Kunst eine qualitativ erlesene Sammlung in der Nationalgalerie hatte etablieren können, wurde er durch kaiserlichen Erlass von 1899 gemaßregelt – alle Ankäufe bedurften des Ja-Worts seiner Majestät. Als Tschudi vier französische Impressionisten »eingeschmuggelt« hatte – die »Rinnsteinkunst« (Wilhelm II.), die den staatstragenden Charakter unterminierte – nahm Tschudi seinen Hut und ging nach München. Seinem Nachfolger Ludwig Justi gelang es dann in den nächsten Jahrzehnten, das Haus den Sezessionisten zu öffnen, Liebermann erhielt einen eigenen Ausstellungssaal, die Expressionisten zogen ein, die Künstler der »Brücke«, des »Blauen Reiters«, des Bauhauses …

1933 wurde Justi beurlaubt und strafversetzt, die Sammlungen der modernen Kunst im Kronprinzenpalais, in ihrer Fülle einzigartig in der Welt und Vorbild für die Gründung des Museum of Modern Art in New York, fielen noch einmal unter den Hammer der Zensur: 1937 in der Wanderausstellung »Entartete Kunst« gebrandmarkt, wurde die große Mehrheit der Werke durch Verkauf verstreut oder durch gezielte Vernichtung ausgelöscht. Nach Kriegsende ist Justi dann bis zu seinem Tod im Jahr 1957 maßgeblich am schwierigen Wiederaufbau der Museumsinsel und den »Staatlichen Museen zu Berlin« beteiligt gewesen.

Rembrandt im Flakbunker

Im Unterschied zu den übrigen Museen in Deutschland durften die Berliner Museen ihre Sammlungen nicht außerhalb der Reichshauptstadt in Sicherheit bringen. Der Auftrag der Naziführung hieß: Durch Präsenz den Glauben an den Endsieg demonstrieren. 1939 wurden alle Berliner Museen geschlossen; in der Neuen Abteilung der Nationalgalerie mit ihrer »entarteten Kunst« sind schon 1937 die Lichter gelöscht worden. Um die Sammlungen vor den Luftangriffen zu schützen, hatten die Direktoren der Museen Ausweichquartiere parat, aber erst 1941 wurde ihnen offizielle Hilfe zuteil: Tresore, Keller und Bunker in Berlin nahmen die Schätze auf, die großen architektonischen Fundstücke wurden eingemauert; zwei riesige Flaktürme, am Zoo und in Friedrichshain, wurden mit den kostbarsten und wichtigsten Beständen der Gemäldegalerie vollgepackt und zubetoniert. Ab 1944 schließlich erfolgten die Auslagerungen in Kali- und Salzbergwerke, auf Schlösser und abgelegene Gutshöfe, Pfarreien und Staatsgüter in West-, Mittel- und Ostdeutschland. Die Evakuierung der wichtigsten Kunstschätze aus Berlin ist übrigens erst in letzter Stunde, am 8. März 1945, die Rote Armee stand schon an der Oder, durch einen, wahrscheinlich gefälschten, Führerbefehl angeordnet worden.

Drei Tage später wurde mit dem Abtransport begonnen – unter den schwierigsten Verhältnissen sind allein über 1500 Bilder der Gemäldegalerie und der Nationalgalerie in ein Salzbergwerk nach Thüringen geschafft worden, das Anfang April schon von den Amerikanern besetzt werden sollte.

Nach der Schlacht um Berlin, dem Einmarsch der Alliierten, nach der Kapitulation und der Teilung Deutschlands und Berlins sind die noch vorhandenen Bestände, je nach zufälligem Standort ihrer Lagerung, nach und nach zurückgeführt worden. Die evakuierten Kunstwerke aus den amerikanischen und britischen Besatzungszonen gingen über zwei große Sammellager, die »Central Art Collecting Points« in Wiesbaden und Celle, nach West-Berlin, die Schätze aus Ostdeutschland zum großen Teil in die Sowjetunion, von dort kamen sie 1957 unvollständig zurück nach Ostberlin. 200 der wichtigsten Gemälde aus der Gemäldegalerie sind 1945 in die USA ausgeflogen worden; auf massiven Druck der amerikanischen Öffentlichkeit hin sind sie nach einer Wanderausstellung 1949 nach Wiesbaden zurück-

Ein Kustode erinnert sich: »In den letzten Tagen des Krieges wurde die Museumsinsel zum Schauplatz von Kampfhandlungen. Seit dem 20. April waren in den Kellern des Pergamonmuseums 1000 Männer vom Volkssturm einquartiert. Mit Mühe konnte verhindert werden, dass sie Inschriftensteine aus Milet und Pergamon zum Bau von Barrikaden und zum Abdichten der Fenster verwandten.«

Verloren sind allein an Gemälden: knapp 600 aus der Gemäldegalerie, über 800 aus der Nationalgalerie, rund 3000 aus den Staatlichen Schlössern. 200 Gemälde aus Potsdam sind in der Eremitage in St. Petersburg gelandet.

Literatur:
Die fünf Museumsbau-
ten im Zentrum Berlins
werden als einzigarti-
ges Universalmuseum
6000 Jahre Mensch-
heitsgeschichte reprä-
sentieren. Einen
Überblick über Ge-
schichte, Gegenwart
und Zukunft, die ein-
zelnen Sammlungen
und ihre Meisterwerke
bieten zwei Bände:
»Die Museumsinsel«,
Prachtband oder
Handbuch, als Auftakt
einer Kooperation
zwischen den Staatli-
chen Museen zu Berlin
und dem DuMont Lite-
ratur und Kunst Ver-
lag. Herausgeber ist
Generaldirektor Peter-
Klaus Schuster.

gekehrt. Das Schicksal der in Berlin verbliebenen Kunstwerke: Eine Woche nach Kriegsende brannte der Flakturm in Friedrichshain aus – rund 500 Gemälde wurden dabei zerstört. Ein Großteil der Sammlungen ist von »Trophäenkommissionen« in die Sowjetunion abtransportiert worden; der Kalte Krieg verzögerte die Rückführung, und mit Gründung der DDR konnten die Bestände bis 1957 in den »Bruderstaat«, auf die Museumsinsel, nach und nach zurückkehren. Bei den Sammlungen kam es zu schmerzlichen Verlusten, und die Bauten wurden zu 80 Prozent oder gar total zerstört. Vieles ist verschollen, zerstört, verbrannt, geplündert worden, und die Auseinandersetzungen um die »Rückführung« der einbehaltenen »Kriegsbeute« sind heute noch ein politisch heißes Eisen.

Zukunftsmusik

Die Komplettrestauration der Museumsinsel wird wohl etwa 20 Jahre dauern und über eine Milliarde € kosten, die zwischen der Stiftung Preußischer Kulturbesitz, dem Land Berlin und der Bundesrepublik, noch weiß keiner wie, aufgebracht werden muss. Die Insel soll zum Zentrum der zwölf, bzw., wenn zusammengeführt, sechs großen Archäologischen Museen werden. Im Alten Museum, im Neuen Museum, in allen Teilen des Pergamonmuseums und einem Teil des Bodemuseums sollen die sechs Museen (Ägypten, Antike, Vorderasien, Islam, Spätantike und Byzantinische Kunst, Vor- und Frühgeschichte plus Münzsammlung) in einer kulturhistorisch geordneten Abfolge präsentiert werden. Teillösungen werden je nach Fertigstellung einzelner Bauabschnitte realisiert, wenn der Wiederaufbau des Neuen Museums abgeschlossen sein wird. Die Alte Nationalgalerie ist, dem ursprünglichen Konzept folgend, wieder Heimat der Gemälde- und Skulpturensammlungen des 19. Jahrhunderts. Die »Galerie der Romantik« ist daher auch aus dem Schloss Charlottenburg ausgezogen und an ihren alten Standort zurückgekehrt.

Gleich nebenan

Auf dem Weg zum Pergamonmuseum fällt am Kupfergraben 7 eines der schönsten noch erhaltenen Berliner Wohnhäuser des Rokoko auf: das **Gustav-Magnus- oder Max-Planck-Haus.** Wahrscheinlich stammt der Entwurf von Knobelsdorff, gebaut wurde es um 1750 von einem unbekannten Baumeister. Exzellent restauriert, tritt die feine Eleganz deutlich hervor: Lang gliedrige, durch Sprossen unterteilte »Berliner Fenster«, ein bis unter das Walmdach strebender Mittelrisalit zwischen korinthischen Pilastern und die vorgezogene Freitreppe mit filigranem Geländer bieten ein harmonisch, in sich vollendetes Erscheinungsbild. Der Physiker Gustav Magnus (1801–70), Gründer der Physikalischen Gesellschaft, lebte und arbeitete hier;

anläßlich des 100. Geburtstages von Max Planck ist das Haus 1958 umbenannt worden. Es gehört heute zur Humboldt-Universität. Zwischen 1911 und 1928 hatte sich der legendäre Theaterdirektor, Schauspieler und Regisseur Max Reinhardt (1873–1943) im Obergeschoss mit seiner Familie, den Eltern und Geschwistern ausgebreitet – zum Deutschen Theater konnte er bequem zu Fuß laufen. Heute hat hier Alt-Bundespräsident Richard von Weizsäcker sein Stadtbüro.

Das **Haus am Kupfergraben 5** ist mit Erinnerungen an den großen deutschen Philosophen Georg Friedrich Wilhelm Hegel (1770–1831) verbunden. Mit seiner Familie lebte er ab 1820 bis zu seinem Tod im kriegszerstörten Nebenhaus 4a. Hegel trat 1817 die Nachfolge Fichtes an der Universität an und zog kurz nach seiner Wahl zum Rektor hierher – ein Katzensprung zur Stätte seines Wirkens, die durch ihn zum Mittelpunkt der philosophischen Lehre und Forschung in Deutschland wurde. Ein paar Häuser weiter, in der Singakademie Zelters, traf er sich mit dem Hausherrn oft auf ein »Whistchen«. Schinkel, den er gut kannte, wird er nachhaltig und ausdauernd verflucht haben – die Baustelle des Neuen Museums im Blick und das Kreischen und Stampfen der Rammböcke im Ohr, musste er Lärm und Dreck der Bauarbeiten die ganze Zeit über in Kauf nehmen. Zeitgleich hielt er Vorlesungen über Ästhetik, nahm zu Schinkels architektonischen Ideen Stellung, versorgte ihn gleichsam mit einem philosophischen Unterbau. Als Johann Erdmann Hummel, Vedutenmaler und Professor für »Architektur, Optik und Perspektive«, sein bekanntestes Werk schuf, die Bildabfolge über die Granitschale im Lustgarten, ist auf mehreren Skizzen auch Hegels Haus zu sehen. 1831, die Cholera wütete in Berlin, ist Hegel unerwartet gestorben. Auf dem Dorotheenstädtischen Friedhof wurde er neben Fichte beigesetzt.

Georg Friedrich Wilhelm Hegel, Porträt von J. Schlesinger, 1831.
Obwohl sein breites Schwäbisch die Studenten akustisch aufs Äußerste forderte, waren Hegels Vorlesungen Höhepunkte des Berliner Geisteslebens – er hatte bis zu 1500 Zuhörer! Um die »Drachensaat des Hegelianismus« auszurotten, wurde sein Landsmann Schelling 1841 vom Hof nach Berlin berufen. »Diese Herausforderung der Reaktion« hatte wenig Erfolg; nach fünf Jahren gab Schelling auf.

Unter den Linden

Von der Schlossbrücke zum Pariser Platz und Brandenburger Tor

Die Linden – Flaniermeile, Prachtboulevard und preußische Via Triumphalis – führten vom Herz und Zentrum Berlins, von der Spreeinsel mit kurfürstlichem, dann königlichem, später kaiserlichem Schloss und dem gewachsenen Mittelpunkt der ursprünglichen, alten Zwillingsstadt Berlin-Cölln bis an den westlichen Rand der Stadt, an den Tiergarten, der hinter dem Brandenburger Tor einsetzte. Nördlich der Linden schloss sich das Raster der Dorotheenstadt dem »Quartier des Nobles« an; südlich lag die ebenfalls geometrisch konzipierte Friedrichstadt. Die Bauten entlang der Linden stellen das

Unter den Linden ☆☆
Besonders sehenswert:
Deutsches Historisches Museum im Zeughaus ☆☆
Forum Fridericianum ☆☆

*»Die Linden lang!
Galopp! Galopp!
Zu Fuß, zu Pferd, zu
zweit!
Mit der Uhr in der
Hand, mit'm Hut
auf'm Kopp
Keine Zeit! Keine Zeit!
Keine Zeit! ...«
(Walter Mehring)*

Beste und Schönste preußischer Architektur dar, vom Barock bis zum preußischen Klassizismus, der in Schinkel seine Vollendung fand; ihre glanzvolle Abfolge markiert die Jahresringe der preußisch-deutschen Geschichte.

Vieles ist zerstört, wurde aufgebaut, umgebaut, abgetragen und nochmals errichtet: Heute bieten die Linden in ihrer Gesamtheit ein getreues Abbild der historischen Umbrüche und Neuanfänge. Der Lindenboulevard ist vom Geist Preußens geprägt worden, eine königlich-kaiserliche Pracht- und Repräsentationsallee, die bis um 1900 auch vollkommener Ausdruck preußischen Stils geblieben war; sie wurde nach der Jahrhundertwende architektonisch aufgeweicht und als Großstadtkorso abgelöst vom großbürgerlichen Kurfürstendamm im »neuen Westen«, dessen Chic und Flair den Geschmack einer neuen Zeit verkörperte. Unter den Linden war zur »Laufstraße« geworden, die Leipziger mit ihren Warenhäusern und Geschäften die »Kaufstraße«, die Friedrichstraße mit Hotels, Bierpalästen, Restaurants und Weinstuben die »Saufstraße«; die Ecke Linden/Friedrichstraße wurde zum Synonym weltstädtischer Leuchtkraft.

Der dritte große Boulevard – der einzige, der überhaupt im Europa der Nachkriegszeit entstand – ist die Karl-Marx-Allee, die Renommiermagistrale der sozialistischen Welt. Sie war in der Hauptstadt der DDR mit dem Alexanderplatz Herz, Zentrum und Treffpunkt der Berliner. Die Straße Unter den Linden war zwar mit ihren historischen höfischen Bauten detailgetreu und aufwändig rekonstruiert worden und repräsentierte mit Handels- und Kulturvertretungen der Bruderstaaten und der gewaltigen sowjetischen Botschaft das offizielle, politische Gesicht der Deutschen Demokratischen Republik. Zum Flanieren, Einkaufen und Amüsieren war sie jedoch nicht mehr geeignet, sie stieß ja direkt auf die Mauer am Brandenburger Tor und führte die östliche Welthälfte an ihr abruptes Ende.

Geschichte

Am Anfang gab es nur einen schmalen, holperigen Reitweg, der ab 1573 vom Schloss durch den dicht bewaldeten kurfürstlichen Tiergarten bis hin nach Lietzow, dem späteren Charlottenburg, und weiter in die Wälder nach Spandau führte. Knapp ein Jahrhundert später, nach den Verheerungen des Dreißigjährigen Krieges, ist er mit einer Reihe von Linden und Nussbäumen bepflanzt worden. Auf Dorothea, die zweite Frau des Großen Kurfürsten, geht der Name Dorotheenstadt zurück für die systematische Anlage nobler Wohnquartiere ab 1674, deren südlichen Abschluss die bescheidene Allee mit den Linden bildete.

Ab 1701, mit der Krönung von Kurfürst Friedrich III. als Friedrich I. zum ersten König in Preußen, wird monarchische Prachtentfaltung demonstriert, und so beschleunigt sich auch die Stadtbaugeschichte: Die Linden werden ausgebaut als properer Reiterpfad bis zum neuen

Schloss in Lietzow, das der König für seine Gemahlin Sophie Charlotte erbauen lässt. Schräg gegenüber der Hundebrücke an der Schlossfreiheit entsteht ein neues, prächtiges Waffenlager, das Zeughaus – der erste große, richtungweisende Barockbau Unter den Linden. Südlich der Linden, zwischen Tiergarten und Friedrichswerder nimmt ein weiterer neuer Stadtteil, die Friedrichstadt, Gestalt an – die Straße Unter den Linden mit ihren zweigeschossigen Häusern und kleinen barocken Palais besitzt nun schon erkennbare Randkonturen mit dem Schlossareal auf der Ostseite, den säuberlichen Straßenreihen von Dorotheen- und Friedrichstadt.

Im Jahr 1709 werden Berlin, Cölln, Friedrichswerder, Dorotheenstadt und Friedrichstadt zusammengefasst zur Residenzstadt Berlin. Und die entfaltet in den nächsten 150 Jahren dann stetigen politischen Machtzuwachs, kulturellen und architektonischen Glanz: Die Stadt weitet sich aus, der Soldatenkönig Friedrich Wilhelm I. baut nach Süden, um seinen Soldaten genug Exerzierplatz zu schaffen, und auch der Lustgarten vor dem Schloss wird zum Marschieren eingeebnet. Unter den Linden geht's erst mit Friedrich dem Großen weiter, der eine ungeheure Bautätigkeit entwickelt, vor allem in Potsdam, aber auch im Areal des von ihm gemiedenen Stadtschlosses. Auf der Spreeinsel entsteht der Berliner Dom, rund um das Zeughaus beginnt sich die preußische Ausformung des Rokoko und Frühklassizismus zu entfalten, das Kronprinzenpalais, das Prinzessinnenpalais und die große städtebauliche Vision des »Forum Fridericianum«. Friedrichs Jugendfreund aus Rheinsberger Tagen, der Baumeister Knobelsdorff, entwarf das festliche Friedrichsforum, das dann am Eingang der Linden als Querriegel beidseitig der Schlossbrücke – mit allerdings veränderten Plänen – ab 1740 gebaut wurde: zum einem das Palais für seinen Bruder Prinz Heinrich, die jetzige Humboldt-Universität, zum anderen das strahlend schöne frühklassizistische Opernhaus, die St.-Hedwigs-Kathedrale und die barocke »Kommode« der Königlichen Bibliothek. Vierzig neue Häuser entlang der Linden werden, dem Pariser Vorbild gemäß, vierstöckig ausgebaut. Unter Friedrich Wilhelm II. erhalten die Linden ihren berühmten Abschluss, das Brandenburger Tor (1788–91) von Carl Gotthard Langhans.

Die städtebauliche Zusammenfassung schließlich, das Programm, das all diese heterogenen Bauten ästhetisch miteinander in Beziehung setzt, ist Schinkels große Leistung: Nach den Befreiungskriegen setzt er bis zur Mitte des 19. Jahrhunderts Glanzlichter im Geist der Antike. Zwischen Heinrichspalais und barockes Zeughaus schiebt er die Neue Wache (s. S. 119) als Ein- und Ausgang zum Schlossbezirk und den Linden; die alte Hundebrücke zwischen Lustgarten und Linden erhält ein neues Leben als Schlossbrücke (s. S. 98); den Lustgarten (s. S. 94) gestaltet Schinkel zum Entree für das Neue (jetzt Alte) Museum (s. S. 94) als Bürgerforum der Künste. In offenem und zurückhaltendem Geist verbindet Schinkel die Einzelbauten zu einem eleganten, skulpturalen Gesamtensemble von stattlicher, leichter Klarheit, und die Linden besitzen nun Statur, Flair und Würde. In

Tipp:
Die größte Buchhandlung über Berlin heißt »Berlin Story« und befindet sich Unter den Linden 10, Ecke Charlottenstraße, in einem geschichtsträchtigen Haus. Dort bieten Wieland Giebel und sein Team alles zum Thema Berlin, Preußen, DDR: eine Riesenauswahl an Büchern, Videos, CDs, Poster, historische und aktuelle Stadtpläne, witzige Andenken. Mit Ausstellungsräumen und wechselndem Programm (siehe »Tipps und Adressen« unter Museen).

Da der Boulevard Unter den Linden stadtauswärts geplant wurde, mit dem Brandenburger Tor als Begrenzung zum Tiergarten hin, geht man von der Schlossbrücke aus »runter« – und erst als Charlottenburg mit dem Kurfürstendamm als zweites Stadtzentrum im Westen etabliert war, gingen die »Westler« vom Brandenburger Tor die Linden »rauf«. Auch die Hausnummerierung orientiert sich von der Schlossbrücke aus in westlicher Richtung.

Richtung Westen, zum Tiergarten hin, wird im Baurausch der Gründerzeit das Zeremonielle abgelegt, das Bürgertum hat seinen Platz erobert. Die Kreuzung Linden/Friedrichstraße verkörpert brausendes Weltstadtgetümmel; in der Wilhelmstraße mit ihren alten Palais wird regiert; in der Leipziger Straße geht man einkaufen, in der Behrenstraße sitzen die Bänker, im Adlon am Pariser Platz trifft sich die große Welt.

Der Boulevard hat alles gesehen und gehört: den Einzug siegreicher preußischer Regimenter, Barrikadenkämpfe, Straßenschlachten, friedliche Menschenmengen, die die Kutschfahrten des Kaisers bestaunten, Flaneure, Gaffer, Eckensteher, Literaten und Reichskanzler ... Die zwanziger Jahre überfluteten die Linden mit hektischer Lebenslust, bis Hitler schließlich die Linden abholzen ließ, um die Fahrbahnen zu verbreitern als Teilstück der kilometerlangen Traversale der Ost-West-Achse und sie für Fackelzüge und Aufmärsche nutzte. Zu den Olympischen Spielen 1936 ließ er statt der Linden eine Allee haushoher Stelen mit Adler und Hakenkreuz in den Boden rammen.

Nach Kriegsende waren auch die Linden in einer Trümmerwüste erstarrt. Alfred Döblin, der 1929 mit seinem Roman »Berliner Alexanderplatz« (s. S.158) Weltruhm erlangt hatte, war nach langen Exiljahren ins zerstörte Berlin zurückgekehrt und schrieb 1949: »Und das sind also die Linden ... Der Grundriss ist noch da – die Straßen verschwunden. Wie weit die Linden sind, leer, ein Riesenplatz, der sich lang hinzieht. Keine Bäume. Man sieht über Häuser hinweg, durch Häuser hindurch. [Das Brandenburger Tor] steht in leerem Raum, rechts und links nichts. Still und leer die Friedrichstraße, und so diese Linden, durch die sich früher Menschenmassen und Wagen wälzten.«

1946, im Zuge der Aufräumarbeiten fuhr auf dem Mittelstreifen eine Trümmerbahn mit Kipploren, um den Schutt der Ruinen abzufahren. Die noch existenten Bauten wurden nach und nach wiederhergestellt, aber Riesenlücken klafften noch bis weit in die sechziger Jahre hinein. Ab 1958 setzte dann eine gewaltige Bautätigkeit ein, als Berlin, Hauptstadt der DDR, zum landesweiten Schwerpunkt städtebaulicher Aufbauprogramme wurde. Das Schloss wurde gesprengt, andere wertvolle Baudenkmäler ringsum jedoch aufwändig restauriert. In den nächsten beiden Jahrzehnten füllten sich dann die Baulücken entlang der Linden: Ministerien, Botschaften, Verwaltungsbauten und Geschäfte mit nüchternen, gleichförmigen Fassaden; später regierte die langweilige, gradlinige »Nobelplatte« bis in die Wilhelm-, bzw. Otto-Grotewohl-Straße hinein. Der Pariser Platz mit Brandenburger Tor war nach dem Mauerbau glatt rasierte Sperrzone.

Und nun wurde und wird wieder gebaut: Banken, Hotels, Firmensitze, Versicherungen, Konzernniederlassungen, Botschaften, Edelshops, Restaurants, Passagen und jede Menge Officeblocks, die inmitten des historischen Berlin die »neue« alte Mitte präsentieren.

Das Deutsche Historische Museum im Zeughaus: Andreas Schlüter und Ieon Ming Pei

Für das **Zeughaus (12)** gelten nur Superlative: Es ist das älteste Gebäude Unter den Linden, der bedeutendste noch existierende Barockbau Berlins, das größte erhaltene Bauwerk des ersten preußischen Königs, Friedrichs I. Es ist das »Mutterhaus des preußischen Stils« und das wichtigste Zeugnis der überragenden bildhauerischen Kraft des Baumeisters Andreas Schlüter – einem der Hauptvertreter des nordeuropäischen Barock (bis Herbst 2004 geschlossen).

In dem Symbol preußisch-deutscher Geschichte ist heute das erfolgreiche Deutsche Historische Museum beheimatet; es hat nun einen Anbau erhalten von Ieon Ming Pei, dem weltweit gerühmten Architekten der gläsernen Louvre-Pyramide.

Tout le monde sprach von den Prachtbauten des Sonnenkönigs in Paris und Versailles, als Kurfürst Friedrich III. ein repräsentatives Waffenarsenal mit dem »Zeug« für sein Militär in unmittelbarer Nähe zum neuen Schloss plante. Von seinem Vater hatte er eine Skizze von François Blondel geerbt, der sich als Architekt seine eigenen Gedanken über die Fassadengestaltung des Louvre gemacht und die Entwürfe in seiner Eigenschaft als französischer Gesandter in Berlin dem Großen Kurfürsten geschenkt hatte. Mit Blickrichtung Absolutismus wurden sie nun dem Zeughaus zugrunde gelegt. Gebaut wurde von 1695 bis 1706, erst hielt Johann Arnold Nering die Bauleitung inne, nach dessen Tod Martin Grünberg, ab 1698 Andreas Schlüter, der auch gleichzeitig gegenüber am Schloss baute. Jean de Bodt löste Schlüter nach einem Jahr ab und führte den Bau 1706 zu Ende. Der unglückselige Schlüter musste nach dem Einsturz des von ihm ent-

Das Zeughaus von Andreas Schlüter und der Anbau von Ieon Ming Pei, Modell. Pei baut zum ersten Mal persönlich in Deutschland. Sein großer Karriereschub setzte mit dem Bau der Kennedy-Bibliothek 1964 in Boston ein. Die National Gallery in Washington, die Bank of China in Hongkong, das Rock 'n' Roll Museum in Cleveland und die gläserne Pyramide im Louvre – stets schuf Pei im Kontext der Situation einzigartige Bauten. In Berlin schließt sich für Pei der Kreis seines Referenzsystems: Die Bauhaus-Meister Walter Gropius und Marcel Breuer, vor den Nazis in die USA geflohen, auch Ludwig Mies van der Rohe, waren seine Lehrer und Freunde – bei Gropius hörte er zum ersten Mal von Schinkel, den er fortan verehrte.

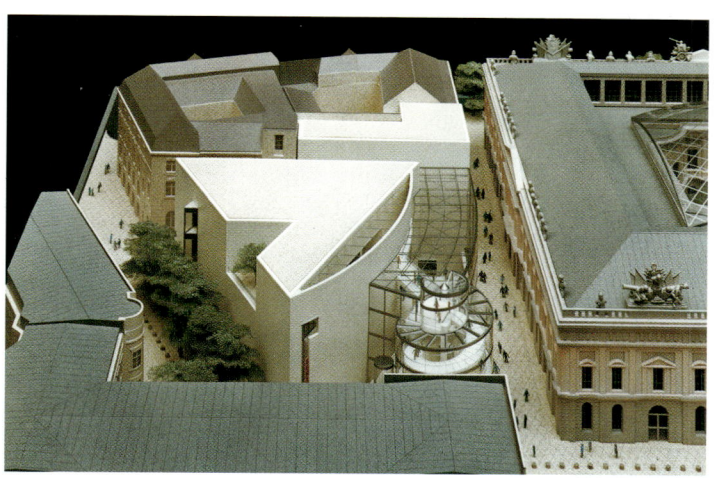

Masken sterbender Krieger von Andreas Schlüter im Innenhof des Zeughauses. Mit Schlüter begann die bis ins 20. Jh. hinein typische Vorliebe der Preußen für eine realistische Auffassung in der bildenden Kunst und die für den preußischen Stil kennzeichnende Verschmelzung von Baukörper und Skulptur.

worfenen Münzturms im Schloss alle Bauämter aufgeben – als Bildhauer wollte und konnte der König jedoch nicht auf ihn verzichten: Das Reiterstandbild des Großen Kurfürsten (s. hintere Klappe) ist Schlüters größtes Werk.

Die monumentale, doppelgeschossige Anlage des Zeughauses basiert auf einem quadratischen Grundriss von je 90 m Seitenlänge und einem eingeschobenen kubischen Innenhof. Ein Risalit mit zwei Säulenpaaren im Obergeschoss und abschließendem reliefgeschmücktem Dreiecksgiebel markiert das Bogenportal. Rhythmus und Gliederung sind durch die je 19 Fensterachsen inszeniert. Ein schöner Baukörper, sparsam und wuchtig. Ausdruck, Leben und Bewegung erhielt der Bau erst durch die üppige Bauplastik: Auffallend die zwölf großen Figurengruppen auf der Dachbalustrade von Guillaume Hulot. Das **Hauptportal** Unter den Linden flankieren vier allegorische Frauengestalten, Geometrie, Arithmetik, Ingenieurskunst und Feuerwerkskunst darstellend. Im **Giebelfeld** die Kriegsgöttin Minerva, die in der Kriegskunst unterrichtet. Von Schlüter stammen die reich ausgeformten, plastischen Kriegerhelme und Federbüsche in den **Schlusssteinen der Blendarkade** – als prachtvolle Ornamentik symbolisieren sie das *äußerliche*, affirmative Erscheinungsbild von Macht, Sieg und militärischem Ruhm. Im Innenhof jedoch, über den Schlusssteinen der Arkadenbögen meißelte er ein anderes Bild in das Gedächtnis der Zeit: **22 Masken sterbender Krieger,** die Schrecken, Schmerz und Tod als Innenansicht der menschlichen Vanitas eindrücklich und über alle Stürme der Epochen hinweg verdeutlichen – ein großes künstlerisches Werk, das überraschenderweise von Friedrich I. geduldet wurde, vielleicht, weil es sich vordergründig um die Darstellung besiegter Feinde handelt. Der Realismus im gepeinigten Antlitz der Kriegsmänner zeigt besonders eindrucksvoll Schlüters große Kunst.

Das Zeughaus diente bis zum Jahr 1876 als größtes Waffendepot Brandenburg-Preußens; während der Revolution kam es hier im Juni 1848 zu heftigen Auseinandersetzungen. Nach der Reichsgründung wurde es von Kaiser Wilhelm I. zur Ruhmeshalle für Monarchie und Militär umgebaut; unter Hitler fanden Aufmärsche und Totengedenkfeiern im Lichthof statt. Nach schweren Kriegszerstörungen nahm das Zeughaus, dessen Äußeres historisch getreu restauriert worden war, ab 1952 das von der SED gegründete »Museum für Deutsche Geschichte« auf. Das viel besuchte zentrale Geschichtsmuseum der DDR machte »mit den revolutionären, demokratischen und humanistischen Traditionen des Deutschen Volkes bekannt«. Am Tag der Deutschen Einheit, dem 3. Oktober 1990, waren Direktor und ideologische Marschrichtung ausgewechselt. Die Bestände blieben, und heute bildet das Deutsche Historische Museum mit seinen vielfältigen, nicht immer lupenreinen Sammlungen zur Politik-, Kultur- und Alltagsgeschichte beider deutscher Staaten, mit lebendigen, wichtigen und äußerst populären Ausstellungen und ordentlicher Bewirtung einen der Hauptanziehungspunkte Berlins.

Ohne Wettbewerb und unter Ausschluss der Öffentlichkeit erhielt I. M. Pei 1995 den Auftrag zum Ausbau des von der Bundesregierung und dem Land Berlin getragenen Museums von Ex-Kanzler Kohl persönlich, der wiederum vom damaligen Museumsdirektor Christoph Stölzl gebrieft worden war: Der 1917 geborene Chino-Amerikaner Pei, Architekt von Weltrang, sollte das Zeughaus um einen Anbau bereichern. An der Straße hinter dem Gießhaus entstand auf unregelmäßigem, spitzwinkligem Rechteck ein Baukörper aus Glas und Stein mit einer zentralen Treppenspirale, einer Abfolge von geschlossenen und offenen Räumen und einer Glasfront, die die bisher verstellte Nordseite des Zeughauses freilegt. Ein gewölbter Tunnel verbindet den Annex mit dem alten, jetzt glasüberdachten Innenhof.

Peis Zeughaus-Anbau durchschneidet genau die Schinkel-Achse zwischen Altem Museum und Neuer Wache. Das bisher undeutlich markierte Gefüge zwischen Museumsinsel, Zeughaus, Kastanienwäldchen und Neuer Wache hat Pei als »Schlüsselposition« definiert, die es als urbanen, attraktiven Anziehungspunkt, Geschichte und Kunst miteinander verbindend, herauszuschälen galt: »Wichtig sind Transparenz und Bewegung. Die Gegend um das Zeughaus braucht mehr Leben. Vielleicht schaffen wird das.« Ja, das hat er!

Literatur:
Heinz Ladendorf:
Andreas Schlüter.
Baumeister und Bildhauer des Preußischen Barock.

Die Neue Wache

Die **Neue Wache (13**) ist das erste Werk Schinkels in Berlin und ein bedeutendes Zeugnis des Klassizismus in Deutschland. Nach ihrer Fertigstellung im Jahr 1818 markierte sie genau ein Jahrhundert lang den aus dem Verwaltungsgefüge der Reichshauptstadt herausgenommenen kaiserlichen Schlossbezirk – er umfasste das Schloss, Zeughaus, Kronprinzenpalais, das mehrfach umgebaute Prinzessinnenpalais – heute Opernpalais – und begann oder endete mit der Neuen Wache. Heute ist sie »Zentrale Gedenkstätte der Bundesrepublik Deutschland für die Opfer von Krieg und Gewaltherrschaft«.

Vor einen Kubus auf quadratischem Grundriss mit vier Eckrisaliten, dessen Formensprache das klassisch-römische Vokabular des Castrums aufgriff, setzte Schinkel als Portikus eine übergiebelte, griechische Säulenhalle in strenger dorischer Ordnung. »Nur die Schaufront« konnte in Sandstein ausgeführt werden, bei Rückwand und Seiten musste Schinkel wegen Geldmangels mit Sichtmauerwerk vorlieb nehmen. Der plastische Schmuck des Giebels geht auf Entwürfe von Schinkel zurück; das von August Kiß 1842 ausgeführte Giebelrelief stellt allegorisch Kampf und Sieg, Flucht und Niederlage dar; zusammen mit den Viktorien von Gottfried Schadow im Gebälk über den Säulen ein Schmuck von besonders schöner Wirkung.

Die Königswache, wie sie ursprünglich hieß, war Wachstube und fungierte auch als Arrestzelle für »aufrührerische Elemente«. In der Weimarer Republik wurde die Neue Wache zur Gedenkstätte für die Gefallenen des Ersten Weltkrieges; die beeindruckend asketische

Am 16. Oktober 1906 lieferte der schlitzohrige »Hauptmann von Köpenick« den Bürgermeister und eine Riege Köpenicker Honoratioren in der Wache ein. Mit Carl Zuckmayers Theaterstück ist seine Person zu einer Berliner Legende geworden.

Raumgestaltung stammte von Heinrich Tessenow, dem u. a. die Gartenstadt Dresden–Hellerau zu verdanken war und der den staatlichen Wettbewerb gegen Peter Behrens, Mies van der Rohe und Hans Poelzig gewonnen hatte. Die Gültigkeit der künstlerischen Raumgestaltung Tessenows hat Siegfried Kracauer 1931 verdeutlicht: »Ein großer kahler Raum mit einem kreisrunden offenen Oberlicht in der Mitte, durch den Himmel hereinscheint. … Als ich heute das Ehrenmal besuchte, fiel Regen durch die Deckenöffnung nieder. Sein Einbruch machte die Architektur erst vollkommen. Er rann auf den Fußboden, der sich durch die Feuchtigkeit dunkel färbte, und lief am Granitblock in schmalen, tiefschwarzen Strähnen nieder. Es war, als weinte das Postament.«

Das Raumgefüge Tessenows ist von den Nazis zunichte gemacht worden; der Bau blieb aber ein »Ehrenmal für die Gefallenen des Kriegs«. Zu DDR-Zeiten diente die Neue Wache seit 1960 als Mahnmal für die Opfer des Faschismus und Militarismus – mit Staatswappen, Ewiger Flamme und Grabplatten für den Unbekannten Widerstandskämpfer und den Unbekannten Soldaten, deren Urnen in einer verschlossenen Gruft ruhten.

»Mutter im Regen«

Wie schwer sich Deutschland tut mit nationalen Monumenten und dem Gedenken an die Opfer von Krieg und Gewaltherrschaft, mit angemessener Sprache und Bildaussage, hat auch der Streit um die »Zentrale Gedenkstätte« im Jahr 1993 hin bewiesen, als Ex-Kanzler Kohl seine Vorstellung zum Thema Bewahrung und Bewältigung der Vergangenheit mit »monarchischem Aplomb« durchsetzte: In leerem Raum steht unter der Deckenöffnung auf einer Granitplatte die Bronzeskulptur »Mutter mit totem Sohn« von Käthe Kollwitz. Die

ursprüngliche, 39 cm hohe Statuette hatte die von den Nazis ver-
femte, pazifistische Kollwitz Ende der dreißiger Jahre geschaffen –
»so etwas wie eine Pietà«, mit der sie noch einmal dem Trauma ihres
Lebens Gestalt gab: Als 18jähriger war ihr Sohn Peter nach zweiwö-
chigem Fronteinsatz im Ersten Weltkrieg gefallen. Die intime, weiche
und sanfte Trauer der Statuette ließ Kohl um das Vierfache vergrö-
ßern, wobei die Veränderung einzelner Details bei der Nachbildung
das Kunstwerk verfälschten. Auch lässt sich darüber streiten, ob ein
Kunstwerk, dessen Symbolgehalt auf einer christlichen Tradition
fußt, geeignet ist für eine Gedenkstätte, die hauptsächlich an die
Ermordung der Juden gemahnt, ein Gräuel, dessen Ausmaß angemessen wohl nur mit Bildlosigkeit symbolisiert werden kann. Und um die
glättende Formel »Opfer von Krieg und Gewaltherrschaft« zu diffe-
renzieren, die Proteste aller jüdischen Gemeinden Deutschlands
nach sich zog, ist nachträglich eine erläuternde Bronzetafel neben
dem Eingang zur Neuen Wache platziert worden.

Gleich um die Ecke ...

In einem kleinen Straßengeviert im Rücken von Zeughaus und Neuer
Wache steht eine Reihe von Häusern unter Denkmalschutz, die noch
ein wenig von dem Flair und der Atmosphäre des klassizistischen
Berlins zur Biedermeierzeit ahnen lassen. Es war die Zeit, in der
Romantik und Philosophie, Spätaufklärung, Wissenschaft, Musik
und Künste das geistige Leben des politisch immer noch lahmgeleg-
ten Bürgertums beherrschten: Hegel, Fichte, Schleiermacher, Bettina
von Arnim, Rahel Varnhagen, Schinkel, Schadow und Rauch, Zelter
und Humboldt – alle gingen in den Häusern rund um das Kastanien-

*Die Neue Wache wur-
de zur Gedenkstätte
für die »Opfer von
Krieg und Gewaltherr-
schaft«. Unter kreis-
runder Deckenöffnung
die vergrößerte Pietà
von Käthe Kollwitz.*

Im Palais am Festungsgraben ist das »Museum Mitte von Berlin« untergebracht, der zu DDR-Zeiten legendäre Künstlerclub »Möwe« hat als Nobelrestaurant neu geöffnet, die »Tschadschikische Teestube« ist ebenfalls einen Besuch wert, und das »Theater im Palais« hat sich mit Berlinspezifischen Literatur- und Musikabenden einen Namen gemacht.

wäldchen ein und aus. Die speziellen, öffentlichen Vorlesungen von Medizinern, Forschern und Gelehrten an der noch neuen Universität wurden lebhaft besucht, man traf sich in Singzirkeln, in Literatenclubs, besuchte die Salons der tonangebenden Damen in der Berliner Gesellschaft, ging in die Oper oder ins Theater, und jeder mag wie Henriette Herz immer wieder gefragt haben: »Wissen Sie das Neueste, liebe Freundin?«

Hinter dem **Kastanienwäldchen** im Rücken zwischen Zeughaus und Neuer Wache tut sich ein hübscher Platz auf. Das kopfsteingepflasterte Sträßchen **Am Festungsgraben** weist mit seinem Namen noch auf die Festungswerke hin, die im Rahmen der Stadterweiterung in der Mitte des 17. Jahrhunderts geschleift wurden. Im Mittelpunkt das **Palais am Festungsgraben**. Der rhythmisch-strenge, fein gegliederte Bau – dreigeschossig, 15 Fensterachsen, Eingangsportal mit Säulenvorbau und Balkon – erhielt seinen spätklassizistischen Charakter um 1860. Der Bau war als Donnersches Palais bekannt, benannt nach dem ersten Bauherren und Besitzer, der hier 1751 bis 1753 ein würdiges Stadthaus von Christian Friedrich Feldmann hatte errichten lassen, das später von der königlichen Finanzverwaltung aufgekauft wurde und ab 1787 als Wohnsitz der preußischen Finanzminister diente. Auch der große Reformer Freiherr vom und zum Stein hat hier zwischen 1804 und 1807 sein Haupt gebettet. Sein Denkmal steht schräg gegenüber, auf dem Rasenplatz neben dem Kronprinzenpalais. Bis 1945 ist das Donnersche Palais dann Amtssitz der Finanzminister geblieben. Der zerbombte Bau ist unmittelbar nach Kriegsende auf Initiative der sowjetischen Kommandantur vorzüglich restauriert worden – der schöne Marmorsaal in der Beletage, die Gelben und Blauen Salons, noble Räume, die ab 1950 dem »Haus der Deutsch-Sowjetischen Freundschaft« dienten.

Dem Palais zur Seite gestellt ist das **Maxim-Gorki-Theater (14)** – ein bisschen ergraut und heruntergekommen, können seine Alterserscheinungen der ausgewogenen, schlichten Klarheit des kompakten, zweigeschossig gegliederten, kubischen Baukörpers jedoch nichts anhaben. Carl Friedrich Zelter (1758–1832) hatte ihn für seine Singakademie in Auftrag gegeben, die mit einem glänzenden Chor und zahllosen anderen musikalischen Aktivitäten einer der Eckpfeiler des kulturellen Lebens in Berlin war. Beethoven, Goethe und Schiller hielten mit der Singakademie Kontakt, und Zelter, Duzfreund Goethes, stand in regem Briefkontakt zu ihm.

Der für die Singakademie maßgeschneiderte Bau von Carl Theodor Ottmer beruhte auf einem umgearbeiteten Entwurf von Schinkel; Zelter, der Maurermeister war, legte den Grundstein höchstpersönlich und lebte als Direktor der Singakademie im gleichen Haus. Nach der feierlichen Einweihung im April 1827 spielte sich im Konzertsaal ein Großteil der kulturellen Ereignisse ab, über die die kultivierte Welt sprach: August Wilhelm Schlegel hielt Vorlesungen, Alexander von Humboldt, nach zwanzigjähriger Abwesenheit in seine Heimatstadt zurückgekehrt und gerade in eine Wohnung Hinter dem Packhof 4 gleich um die Ecke gezogen, berichtete in seinen Kosmos-Vorträgen einem gebannt lauschenden Publikum von seinen Forschungsreisen. 1829 führte der zwanzigjährige Mendelssohn-Bartholdy die bis dato verschollene und von Zelter wieder entdeckte Matthäus-Passion von Bach auf und leitete damit eine Bach-Renaissance ein. Franz Liszt, Clara Wieck/Schumann, Paganini traten hier auf. Die Singakademie erlitt im Zweiten Weltkrieg schwere Schäden; das Äußere wurde getreulich wiederhergestellt; im Innern entstand ein Schauspielhaus, das als Maxim-Gorki-Theater 1952 seine Pforten öffnete. Hier steht jetzt Ben Becker als Franz Biberkopf in »Berlin Alexanderplatz« (s. S. 158) auf der Bühne – ein Riesenerfolg und ein Stück neuer Theatergeschichte.

Die Namen Bauhof, Bauhofstraße, Alter und Neuer Packhof, Kupfergraben und Hinter dem Gießhaus zeugen noch von den Aktivitäten, die das Areal am Rand der nördlichen Spreeinsel rund um das Zeughaus charakterisierten: Im und am Bauhof lagerte das Material für die kurfürstlichen und königlichen Bauvorhaben; im Packhof stapelten sich die Zollgüter, im Rücken vom Zeughaus lagen die Eisengießereien, in denen Kanonenkugeln gegossen und Geschütze für das Waffenarsenal geschmiedet wurden; das dafür benötigte Kupfer wurde mit Lastkähnen auf dem kanalisierten Spreearm, eben dem Kupfergraben, bis vor die Haustür transportiert.

Die Südseite der Linden – die »Palais-Seite«

Ganz neu, ganz nobel, aus alten Postkarten rekonstruiert: Der weiß verputzte Sandsteinbau, verziert mit Löwenköpfen und Lorbeerkränzen, trägt die Adresse Unter den Linden 1 – Standort des im Krieg zerstörten Palais des Berliner Stadtkommandanten. Die alte Hülle der **Kommandantur** ist aufwändig nachgebaut worden; Rückfront und das Innere sind modern (Architekt: Thomas van den Valentyn). Ende 2003 hat der Bauherr Bertelsmann seine Hauptstadtzentrale bezogen.

Gleich daneben mit wechselvoller Geschichte: Ein Brückenbau verbindet das **Palais Unter den Linden, ehemals Kronprinzenpalais (15)** mit dem angrenzenden Prinzessinnenpalais, dem jetzigen **Operncafé**. Zusammen bilden sie ein architektonisch wichtiges Ensemble des preußischen Klassizismus. Aus einem einfachen Wohnhaus wurde ein Palais, das den jeweiligen Thronfolgern als Stadtresidenz diente. 1732 hatte Philipp Gerlach, vom Kronprinzen, dem späteren Friedrich II., angeregt, ein würdiges Gebäude im Berliner Barockstil errichtet, mit geschmückter Lindenfront und einer Rampe als Auffahrt. Der Übergang zum Prinzessinnenpalais stammt aus dem Jahr 1811. Schinkel kreierte einige schöne Innenräume; 1856/57 erhielt das Palais sein klassizistisches Antlitz nach Plänen von Johann Heinrich Strack. Ein drittes aufgesetztes Stockwerk ersetzte das Mansarddach; eine seitlich angegliederte Per-

Im Kronprinzenpalais wurde am 31. August 1990 der deutsch/deutsche Einigungsvertrag unterzeichnet, der der Vereinigung vorausging.

Die Bauten des preußischen Klassizismus, hier das Kronprinzenpalais, säumen zwei Perlenreihen gleich die Palais- und Akademieseite der Linden; sie alle sind originalgetreu ausgeführte Wiederaufbauten.

gola, großzügige Seitenflügel und eine reich geschmückte Säulenvorhalle folgten dem palladianischen Ideal. Der spätere Kaiser Friedrich III. und seine englische Gemahlin Viktoria bewohnten nun das Palais; ihr Sohn, der letzte deutsche Kaiser, Wilhelm II., kam 1859 hier zur Welt. Während der Weimarer Republik konnte die Nationalgalerie die Räume als Galerie für moderne Kunst in Anspruch nehmen, deren Sammlung erst für kaiserlichen Unmut sorgte und von den Nazis schließlich versteigert, verbrannt, vernichtet wurde. Das Gebäude, im Zweiten Weltkrieg total zerstört, ist im Äußeren in den Jahren 1968/69 von Richard Paulick komplett wiederhergestellt worden und diente dem Ministerrat der DDR als Gästehaus. Nach der Wende fiel es an den Bund und wird endgültig wohl in Zukunft als Gästehaus der Bundesregierung genutzt werden.

Das Prinzessinnenpalais, heute Operncafé (die Torten – wirklich erstklassig!), wurde 1811 völlig verwandelt. Für die drei Töchter Friedrich Wilhelms III. fügte Heinrich Gentz dem alten doppelgeschossigen Barockbau (1733–47), im rechten Winkel zu den Linden platziert, einen klassizistischen Kopfbau und Seitenflügel hinzu. Kronprinzen- und Prinzessinnenpalais verband er durch einen geschlossenen, überdachten Brückenbau mit großem Rundbogenportal, dessen Entwurf auf Schinkel zurückgeht. Das Zwitterwesen – vorn Klassizismus, zur Seite hin lang gestreckter, barocker Riegel mit Walmdach und kleinen Fenstern, die auf Terrasse und Grünanlage blicken – ist nach der völligen Kriegszerstörung 1963/64, ebenfalls von Richard Paulick, originalgetreu und vorzüglich wieder aufgebaut worden.

*Deutsche Staatsoper
Unter den Linden*

Das Forum Fridericianum

Deutsche Staatsoper Unter den Linden

(16) Geistiger und künstlerischer Mittelpunkt der preußischen Monarchie sollte das Forum Fridericianum werden, mit Akademiebibliothek, Oper und Palais. Die königliche Oper, 1741–43 errichtet, setzte die Maßstäbe. Knobelsdorff schuf das erste freistehende Opernhaus Deutschlands und, wie es damals hieß, das größte in Europa. Der harmonisch proportionierte, lang gestreckte Baukörper im Stil eines korinthischen Tempels steht auf einem hohen Sockel. Die Schmalseite zu den Linden hin präsentiert einen Portikus mit geschmücktem Giebeldreieck vor einer fensterlosen Wandfassade und einigen hoch gezogenen Wandnischen: eine Hauptfassade, an Palladio orientiert und in Berlin oftmals wiederholt. Die Längsseiten sind durch einen ausgeprägten Mittelrisalit mit figurengeschmückter Attika gegliedert; hier war ursprünglich der Zuschauereingang. Das Hauptportal mit Auffahrt war dem König vorbehalten. Mit diesem Bau hat Knobelsdorff das Ornamentale des Barocks hinter sich gelassen und den frühen Klassizismus im Zentrum Berlins eingeführt. Im Innern schuf er eine glänzend gelöste Abfolge von festlichem Apollo-Saal, Zuschauerraum mit Umgängen und Bühne. Die Ausstattung: eine spielerisch-zärtliche Rokoko-Eleganz wie aus den Gemälden Watteaus herausgelöst, mit dem Knobelsdorff auch Sanssouci und Schloss Charlottenburg für kultivierte, glanzvolle Feste und Geselligkeiten in Szene setzte – die der nach dem Siebenjährigen Krieg zum störrischen Alten Fritz gewordene König nicht mehr wollte.

Zum Forum Fridericianum (auch Friedrichs- oder Lindenforum genannt) rund um den Opernplatz gehören das Opernhaus, die St.-Hedwigs-Kathedrale, die Alte (königliche) Bibliothek und, auf der gegenüberliegenden Seite der Linden, das einstige Prinz-Heinrich-Palais, die heutige Humboldt-Universität.

Bei August Everdings Inszenierung der »Zauberflöte« in der Deutschen Staatsoper Berlin ist das Bühnenbild nach Schinkels Entwürfen gestaltet.

Selten nur fanden große Opern- und Ballettinszenierungen statt. Das laut Hegemann »größenwahnsinnige Opernhaus« fasste über 2000 Zuschauer zu einer Zeit, da Berlin etwa 90 000 Einwohner besaß, die ohnehin nicht kommen durften, sondern nur geladene Gäste: im Parkett sollten das Militär, Generäle, Offiziere und abkommandierte gemeine Soldaten den Platz ausfüllen. Das gesamte Parkett war unbestuhlt, und nur der König erfreute sich eines Sitzplatzes. Erst drei Jahre nach dem Tod Friedrichs II., begann 1789 der Verkauf von öffentlichen Eintrittsbillets, nachdem die Innenräume von Johann Gottfried Langhans modernisiert worden waren und 1500 Sitzplätze zur Verfügung standen. Nach den Befreiungskriegen erlebte die Oper ihre künstlerischen Höhepunkte: Der damals weltberühmte Spontini leitete das Haus, Schinkel entwarf Bühnenbilder, der Klassiker der deutschen Volksoper, Albert Lortzing, feierte Triumphe, auch Giacomo Meyerbeer und später Richard Strauss, in den zwanziger Jahren Erich Kleiber. 1843 brannte die Oper fast vollständig aus, Carl Ferdinand Langhans baute sie wieder auf. In der wilhelminischen Ära wurde die Oper durch Auf- und Anbauten auf der Bühnenseite aus ihrem architektonischen Gleichmaß gerissen, die Hauptfassade zierte gar eine Einrüstung aus eisernen Feuerleitern. 1941 schwer zerstört, von Hitler im Eiltempo wieder aufgebaut, dann endgültig in Schutt und Asche gebombt, ist sie 1952–55 von Richard Paulick rekonstruiert worden, der Opernbetrieb selbst fand im Admiralspalast am Bahnhof Friedrichstraße ein provisorisches Zuhause.

Das Äußere entspricht weitgehend dem Knobelsdorffschen Original; der Apollosaal folgt dem Speisesaal von Sanssouci. Die Wiedereröffnung im Jahr 1955 war ein bedeutendes Ereignis in der Hauptstadt; Wilhelm Pieck und Kulturminister Johannes R. Becher waren anwesend, und bis zum Fall der Mauer ist die »Tradition fortschrittlichen Musikschaffens« weitergeführt worden: Für Opern und Ballette von Prokofjew und Schostakowitsch, im Westen selten zu sehen, machten sich die Westberliner mutig zur Grenzüberschreitung auf.

Die St.-Hedwigs-Kathedrale

Die **St.-Hedwigs-Kathedrale (17)** in der Südostecke des Opernplatzes, entstand zwischen 1747 und 1778. Um nach seinen Eroberungskriegen auch gegenüber dem unterworfenen schlesischen Adel und den in Berlin lebenden katholischen Schlesiern religiöse Toleranz gelten zu lassen, erteilte Friedrich II. die Genehmigung, das »Patent, wegen der Kirche, so die Römisch-Katholischen zu Berlin erbauen werden.« Finanziert wurde sie mit Spenden von Katholiken aus ganz Europa. Das Grundstück hatte der König spendiert – das tief in der Platzanlage liegende Gelände war Teil der alten Festungsanlagen gewesen. Die Pläne gingen auf Knobelsdorff zurück, der Holländer Johann Boumann d. Ä. führte den Bau aus. Vorbild war das Pantheon in Rom. Dem runden Zentralbau mit großer Kuppel ist als Eingangshalle ein Säulenportikus mit Dreiecksgiebel vorgesetzt, Sakristei und Glockenturm im Rücken sind ebenfalls kreisförmig angelegt. Die Konstruktion der Kuppel, 40 m im Durchmesser, erwies sich im rückständigen Preußen als so schwierig, dass man sie nur in Holzausführung aufzusetzen wagte, sie wurde notdürftig mit Schindeln gedeckt und besaß keine Laterne; auch der Schmuckfries fehlte: Erst über hundert Jahre später, 1884–87, sind Giebelfries und Kuppel vollendet worden. Seit dem Bau der Dresdner Bank direkt daneben mit ihrem dreisten Säulenaufbau, der keinerlei Rücksicht auf die Propor-

Voltaire, zwischen 1750 und 1753 zu Gast bei Friedrich dem Großen, schrieb über die friderizianische Hofkunst im Opernhaus: »Ich habe noch nie etwas so Flaches in einem so schönen Saal gesehen. Das wirkte wie ein griechischer Tempel, in dem man Tartarenwerke aufführt.«

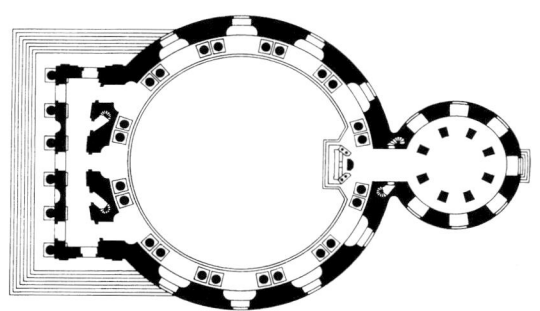

St-Hedwigs-Kathedrale, Grundriss. Vorbild für die St.-Hedwigs-Kathedrale war das Pantheon in Rom.

*Die St.-Hedwigs-
Kathedrale*

*Der Dompropst von St.-
Hedwig, Bernhard Lich-
tenberg (1875–1943),
der sich »als Mensch,
Christ und Priester«
während der NS-Zeit
exemplarisch bewährt
und zur Nachbar-
schaftshilfe für die
Juden aufgerufen hat-
te, wurde im Mai 1942
»wegen Kanzelmiß-
brauchs« und »Ge-
fährdung der Öffent-
lichkeit« in die Haftan-
stalt Tegel gebracht.
Auf dem Weitertrans-
port ins Konzentra-
tionslager Dachau ist
er gestorben. Seiner
Beisetzung folgten
Tausende Berliner.
Seine Seligsprechung
war ein Höhepunkt
des Papstbesuches im
Juni 1996 – er ist der
erste Selige des jun-
gen Bistums Berlin.*

tionen der Kirche nimmt, scheint die Kirche gedrückter und in die
Enge getrieben. 1929 ist die Hedwigskirche dann zur Kathedrale für
den Bischofssitz Berlin erhoben worden, danach erfolgte ein weiterer Umbau, und wiederum ein Jahrzehnt später ist sie im Zweiten
Weltkrieg bis auf die Grundmauern zerstört worden.

Mit dem Wiederaufbau (1952–63) unter der Leitung von Hans
Schwippert erhielt die Kathedrale eine neue Kuppel aus Stahlbeton
und eine klare, meditative Innenraumgestaltung: ein lichterfülltes,
doppelgeschossiges Rund mit zwölf Säulenpaaren, die das mächtige
Kuppelgewölbe in den Himmel heben. Die ehemalige Krypta mit
Grabkapellen ist weiträumig geöffnet und durch eine zentral liegende
Freitreppe in das großzügige Raumgefüge einbezogen; an der Schnitt-
stelle wächst die Altarinsel aus der Unterkirche hinauf. Eine moderne
Orgel umrahmt die Mittelempore. Der zurückhaltende Raum mit
sparsam gesetzten, kostbaren Ausstattungsstücken strahlt, eigentüm-
lich in sich gekehrt, ohne klerikale Prunkentfaltung, zeitgemäß und
doch zeitlos, eine starke Kraft aus.

Gleich nebenan das **Infozentrum zur Hauptstadtplanung** mit riesigem Stadtmodell und multimedialen Informationsterminals – hier wird
ein guter Überblick über alle städtebaulichen Projekte und planerischen
Aspekte geboten, die das Bild Berlins in der Zukunft mitbestimmen.

Die Alte Bibliothek

Die **Alte Bibliothek (18),** die königliche Bibliothek, hieß bei den Berlinern von Anfang an »die Kommode« – da ihre ausladenden Rundungen den Mustervorlagen barocker Möbelstücke zu gehorchen schei-
nen. Erst in der Spätzeit seiner Regierung, nach dem Tod seines einstigen Künstlerfreundes Knobelsdorff, wurde der abschließende Bau des

Opernplatzes in Angriff genommen, eine neue Bibliothek. Friedrich II. griff dabei auf einen rund fünfzig Jahre alten Entwurf Joseph Emanuel Fischer von Erlachs für die Wiener Hofburg zurück. Der große Baumeister des kaiserlich-barocken Wiens hatte die Hofburgseite des dortigen Michaelerplatzes mit einem gewölbten Bauriegel abschließen wollen. Auf königliche Anordnung hin entstand zwischen 1755 und 1780 in Berlin der neobarocke Bau gegenüber den reinen, symmetrischen Umrissen des Opernhauses – eine rückwärts gewandte Stilmischung. Die bauchig geschwungene Schauseite mit hervorgehobener Eckausformung, korinthischer Säulen- und Pilasterordnung auf hohem, gebändertem Sockel und mit reichem Dekor auf der Attika steht in starkem Kontrast zu Hedwigs-Kathedrale und Oper. Wie auch Hegemann darlegte, gibt es keine Bezugsachse zur Oper, und der Baukörper selbst ist für die Längsseite des Platzes zu kurz geraten. Hinter den Säulenpaaren des Mittelrisalits öffnet sich der großartige Lesesaal mit etwa 150 000 Bänden, die bis dato im Apothekenflügel des Schlosses untergebracht waren: eine stille Republik der Denker, der Gelehrten und Studenten, die sich wie Fichte, Hegel, Schelling, Schleiermacher, Feuerbach, Marx, Engels und Lenin hier über Manuskripte und Bücher gebeugt haben, bis die Bibliothek im Jahr 1914 schräg gegenüber in den Neubau umgezogen ist.

Bücherverbrennung und »Versunkene Bibliothek«

»Die deutsche Studentenschaft der Berliner Hochschulen hatte sich gestern zu einem Fackelzug versammelt und war geschlossen unter Mitführung von etwa 25 000 auf Lastwagen verladener Bücher und Schriften volkszersetzenden Inhalts zum Opernplatz marschiert, wo, als symbolische Handlung, dieses undeutsche Schrifttum auf einem

Bis Herbst 2004 ist der Bebelplatz wegen Bauarbeiten aufgerissen.

Scheiterhaufen den Flammen übergeben wurde.« So tönte der »Völkische Beobachter«, nachdem am 10. Mai 1933 in Anwesenheit von Joseph Goebbels die Werke von deutschen Schriftstellern wie Heinrich Heine, Stefan Zweig, Erich Kästner, Karl Marx und Karl Kautsky, Heinrich und Thomas Mann, Egon Erwin Kisch, Alfred Kerr, Kurt Tucholsky und Carl von Ossietzky verbrannt wurden. Der barbarische Zeitgeist hatte sich Bahn gebrochen.

Eine Gedenktafel an der Schmalseite der Bibliothek aus den 60er Jahren erinnert daran. Ein bewegendes, bildloses Zeichen der »**Versunkenen Bibliothek**« hat der israelische Künstler Micha Ullmann 1994/95 geschaffen: In der Mitte des Platzes ist eine Milchglasscheibe in das Pflaster eingelassen, nur bei genauem Hinschauen sichtbar, nachts ein leuchtender Fleck im Pflasterdunkel. Blickt man hinunter, erkennt man einen unterirdischen, weißen Raum, der von leeren Regalen eingefasst ist – als Anwesenheit der Abwesenheit ein mahnendes Zeichen der Erinnerung. Das eingelassene Zitat Heines, von 1820, erschreckt durch seine Hellsichtigkeit: »Das war ein Vorspiel. Und dort, wo man Bücher verbrennt, verbrennt man am Ende auch Menschen.«

Hintern-listig: Das Reiterstandbild Friedrichs II.

Der Opernplatz, wie er anfänglich hieß, war von 1910–47 offiziell der Kaiser-Franz-Joseph-Platz; 1947 erhielt er den Namen Bebelplatz nach dem Mitbegründer und Führer der Sozialdemokratischen Partei Deutschlands, August Bebel (1840–1913). Nach der Wende wurde er in Opernplatz zurückgetauft, offiziell heißt er nun doch wieder Bebelplatz.

Das **Reiterstandbild (19)** ist eines der bedeutendsten skulpturalen Werke des 19. Jahrhunderts und wurde kürzlich aufwändig restauriert. Auf der Mittelpromenade Unter den Linden, zwischen Opernplatz und Humboldt-Universität reitet er dahin, der Große, reitet gen Schloss und blickt aus übermenschlicher Höhe immerfort geradeaus. Nach seinem Tod 1786 war niemand interessiert genug, Fridericus Rex in Denkmalsgestalt zu verewigen, schon gar nicht sein Nachfolger Friedrich Wilhelm II., und erst auf Geheiß von Friedrich Wilhelm III., der den alten Fritz sehr verehrte, kam die Planung in Schwung. Schadow war dem Monarchen nicht mehr ganz geheuer – seine bezaubernde Plastik der jungen Königin Luise und ihrer Schwester schien ihm denn doch zu freizügig geraten zu sein (s. S. 302; aber gerade sie bezeugt neben der Quadriga Schadows meisterhafte Kunst und seinen europäischen Rang). Der Schadow-Schüler und -Freund Christian Daniel Rauch war schließlich der Erwählte, der trockene Kommentar Schadows: »Mein Ruhm ist in Rauch uffjegangen.« An seinem größten Werk hat Rauch von 1840 bis 1851 gearbeitet; zahlreiche andere Bildhauer waren ebenfalls daran beteiligt. Er schuf einen König in Bronze, der mit umgehängtem Krönungsmantel, einem Krückstock als Reithilfe und aufgesetztem Dreispitz den würdevoll gealterten Philosophen darstellt. Der Monarch sitzt auf hohem Ross, über 13 m hoch, auf einem dreistufigen Postament. Auf dem Sockel in Reliefs und in Vollplastiken das Fußvolk seiner Zeit: an den Ecken die Reiterfiguren u. a. seiner Generäle Seydlitz und Zieten, in zwergenhafter Statur, unter dem Schweif des Pferdes, die von Friedrich missachteten deutschen Geistesgrößen, der Philosoph Kant und der Aufklärer und

Dichter Lessing, dessen bürgerliche »Minna von Barnhelm« nur auf französisch gespielt werden durfte, dessen Werk in Berlin der königlichen Zensur zum Opfer fiel und der enttäuscht nach Hamburg ging.

Den Zweiten Weltkrieg hat Friedrich II., zum Schutz eingemauert, überlebt. 1950 ließ ihn die DDR-Führung als Symbol des Feudalismus und der preußischen Kriegstreiberei nach Potsdam abschieben; dort stand er im Hippodrom. 1980 fand der Alte Fritz zurück zu seinem Forum.

Der aus Preußen geflohene Johann Joachim Winckelmann, Altertumswissenschaftler und Kunsttheoretiker: »Es schaudert mich vom Wirbel bis zur Zehe, wenn ich an den preußischen Despotismus und den Schinder der Völker denke.«

Die »Akademie-Seite« der Linden

Die Humboldt-Universität

Fliegende Händler mit Bücherkarren und ausgedünntem ideologischen Altbestand der DDR – begleiteten seit dem Mauerfall die alte **Humboldt-Universität (20).** Viele ihrer Professoren und Angestellten wurden abgewickelt; die Querelen um Rektorat, Stellenabbau und Selbstreform wurden von der Presse aufmerksam verfolgt, Hoffnungen und Sorgen begleiteten die »Einheitsschmerzen« des Wandels, und viele Westler hatten Berührungsängste vor einer Flut losgelassener »Roter Socken, Wendehälse und SED-Seilschaften« aus der »Kaderschmiede« des DDR-Sozialismus. An die bizarre Situation, dass seit der Vereinigung vieles in Berlin nun doppelt gemoppelt ist – neben Opernhäusern, Hauptbahnhöfen, Zoologischen Gärten und Sportarenen vor allem auch die Universitäten –, haben sich alle gewöhnt, aber die Mittel sind knapp, die Sparmaßnahmen gehen weiter.

Die Umbenennung der Friedrich-Wilhelm-Universität erfolgte 1949; unmittelbar nach Kriegsende hatte die sowjetische Militärad-

ministration die Uni blitzartig unter die Zentralverwaltung für Volksbildung gestellt und damit den Vorschlag torpediert, die Alliierte
Kommandantur gemeinsam über ihre Geschicke walten zu lassen.
Der Neukonstituierung im Januar 1946 – mit marxistisch-leninisti-
scher Ausrichtung und nachfolgender Anerkennung der ideologischen Führungsrolle der SED – folgte im Westteil Berlins die Neugründung der Freien Universität während der Blockade im Dezember 1948. Die äußerlich originalgetreue Restaurierung des schwer
zerstörten Gebäudekomplexes dauerte bis in die sechziger Jahre hinein; die **Marmordenkmäler der Brüder Humboldt,** links vom Eingang Wilhelm, von Paul Otto, rechts Alexander, von Reinhold Begas,
blieben an ihrem ursprünglich zugedachten Standort.

Die HUB, Humboldt-Universität zu Berlin, ist eine Riesen-Institu-
tion mit hervoprragendem Ruf, eine Uni für alle Fachrichtungen mit
25 Fachbereichen, rund 20 000 Studenten, ca. 550 Professoren, 1200
akademischen und 1500 sonstigen Mitarbeitern. Die legendäre Klinik Charité gehört neben zahlreichen Instituten ebenso dazu wie die
unmittelbar anschließende Staatsbibliothek.

Der mächtige U-förmige Bau mit dreigeschossigem Haupttrakt und
Seitenflügeln, die einen zentralen Vorhof umschließen, wurde
1748–56 von Johann Boumann nach Plänen von Knobelsdorff und
Friedrich II. errichtet. Der König wollte zu Baubeginn denn doch
kein neues Schloss mehr und machte daraus – in selbstverständlich
verkleinerter Form – die Stadtresidenz seines Bruders. Der Vorhof
des Prinz-Heinrich-Palais bildet eine Achse mit dem Opernplatz.
Prinz Heinrich starb im Jahr 1802. Die Gründung einer neuen Universität ist vor allem auf Betreiben Wilhelm von Humboldts im Zuge
der Reformbewegungen zustande gekommen: 1810 nahm sie im
umgebauten Heinrich-Palais als Friedrich-Wilhelm-Universität ihren

Lehrbetrieb auf und entwickelte sich innerhalb kürzester Zeit zum geistigen Brennpunkt Deutschlands und während der Befreiungskriege zum Zentrum vaterländischer Gesinnung und bürgerlichen Reformstrebens. Ihr erster Rektor war der Philosoph und furchtlose Patriot Johann Gottlieb Fichte. Neben dem überragenden Hegel waren es Gelehrte wie Friedrich Daniel Schleiermacher, Ludwig Feuerbach, die Sprach- und Literaturforscher Jacob und Wilhelm Grimm, der große Forschungsreisende Alexander von Humboldt, die den Ruhm der Universität rasch verbreiteten. Heinrich Heine, Karl Marx und Friedrich Engels haben hier studiert; Mediziner wie Rudolf Virchow, Robert Koch, Ferdinand Sauerbruch und Naturwissenschaftler, allen voran Max Planck und Albert Einstein, haben Bedeutendes geleistet, sind auch durch Nobelpreise gewürdigt worden. 1829 erfolgte die Eingliederung der Charité, 1913 bis 1920 wurde der Bau zur rückwärtigen Dorotheenstraße hin vom Stadtbaurat Ludwig Hoffmann spiegelbildlich bis zur H-Form erweitert.

Die Deutsche Staatsbibliothek

Das gewaltige Gebäudekarree zwischen Universitäts- und Charlottenstraße ist die alte, ehemals Preußische **Staatsbibliothek Unter den Linden (21).** Der wilhelminische Klotz mit dem idyllischen, efeubewachsenen Eingangshof stammt von Ernst von Ihne, dem Hauptvertreter der kaiserlichen Staatsarchitektur, der auch das Bode-Museum auf der Museumsinsel und den Neuen Marstall errichtet hat. 106 × 170 m misst das 1914 in Betrieb genommene Labyrinth der Bücher, Handschriften, Inkunabeln, Atlanten; knapp vier Millionen Bände zählt der Bestand. Hinter der dreigeschossigen Sandsteinfassade verbergen sich 13 Magazingeschosse; der berühmte große Kuppel-Lesesaal ist nach dem Krieg nicht wieder aufgebaut worden. Bis in die dreißiger Jahre hinein zählte die Preußische Staatsbibliothek zu den bestsortierten Bibliotheken der Welt. Im Herbst 1941 wurde der gesamte Bestand ausgelagert, in Klöster und Schlösser der Umgebung, nach Süddeutschland und in die ehemaligen deutschen Gebiete östlich von Oder und Neiße. Nach Kriegsende auch hier die Teilung: In West-Berlin bildeten die in den Westzonen gelagerten Bestände den Grundstock der »Stabi«, der Staatsbibliothek Preußischer Kulturbesitz am Kulturforum Tiergarten, die östlichen Bestände wanderten zurück in die Deutsche Staatsbibliothek. Mit der Vereinigung begann auch das Mammutwerk der Zusammenlegung und Neugliederung: Dem umstrittenen, jedoch nun endgültigen »Zwei-Häuser-Konzept« der Stabi zufolge wird Haus 1 – hier Unter den Linden – als Präsenzbibliothek mit historischen Beständen bis zum Erscheinungsjahr 1956 geführt, Haus 2 in der Potsdamer Straße, Tiergarten, hortet den Bestand ab 1956. Immer wieder noch trifft ein Leihzettel ins Nichts – viele Titel sind derart mitgenommen, dass sie nicht ausgeliehen werden können, oder sie sind verbrannt, verschollen oder vernichtet.

Reinhold Begas schuf das Denkmal des Weltreisenden und Naturforschers Alexander von Humboldt vor der Humboldt-Universität.

Linden-/Ecke Friedrichstraße

Friedrich II. hatte zwischen seinem Forum und dem Pariser Platz 44 Häuser zumeist vierstöckig umbauen oder neu errichten lassen. Großzügig und pariserisch sollte das Erscheinungsbild der Linden sein – unregelmäßig und uneinheitlich fiel die Bebauung aus. Mit wechselnden Traufhöhen, Stilmerkmalen zwischen Barock und Klassizismus, Läden, Wohnhäusern und Wirtshäusern bot die Promenade in der ungepflasterten Allee reiche Abwechslung.

Menschenmengen, Bürgertum und Volk, tummelten sich auf der Flaniermeile Unter den Linden: Auf seinem Gemälde »Abreise König Wilhelms zur Armee am 31. Juli 1870« lässt Adolph von Menzel den Monarchen im bildbeherrschenden Publikum fast verschwinden.

Im Verlauf des 19. Jahrhunderts mit Gründerzeit und wilhelminischer Prunksucht wurde höher und größer gebaut, überbordend geschmückt und glanzvoll eingerichtet: Banken, Kontorhäuser, Hotels, Restaurants, Botschaften, Ladenpassagen, deren Geschäftigkeit bis weit in die Nebenstraßen überquoll. In der Friedrichstraße schillerte halbseiden das Nachtleben; in der Wilhelmstraße hatten sich Diplomatie, Politik, preußische Verwaltung, in der Behrenstraße die Großfinanz hinter gewichtigen Palaisauffahrten verschanzt; in der Leipziger lockten Kaufhäuser und Geschäfte Haus an Haus, dahinter vibrierte das rast- und schlaflose Zeitungsviertel.

Bettina von Arnim lebte zeitweilig Unter den Linden, Madame de Staël wohnte im Palais der Herzogin von Kurland – dort, wo nach dem Krieg die Botschaft der UdSSR gebaut wurde. E.T.A. Hoffmann verwandelte ein merkwürdig blind und leer aussehendes Haus in den Schauplatz der Erzählung »Das öde Haus«. Ebenfalls Ecke Friedrichstraße nahm Wilhelm von Humboldt eine Stadtwohnung nach seiner Rückkehr aus Rom. Heinrich Heine streifte jede freie Minute durch die Stadt: »Sehn Sie das Gebäude Ecke Charlottenstraße? Das ist das Café Royal ... Hier schräghinüber sehen Sie das Hotel de Rome und hier wieder links das Hotel de Petersbourg, die zwei angesehendsten Gasthöfe. Nahebei ist die Konditorei von Teichmann. Die gefüllten Bonbons sind hier die besten Berlins, aber in den Kuchen ist zuviel Butter.« Fontane führte seinen Gast Theodor Storm ins Kranzler – eher beklommen, denn der alte »Hinterwäldler« war derart knorrig und altmodisch gekleidet, dass Fontane vom mondänen Publikum Spott und Häme fürchtete.

Johann Gottfried Schadow, Selbstbildnis, Pinselzeichnung 1838.
Gleich um die Ecke, in der Schadowstr.
10–11, steht das Wohn- und Atelierhaus von Johann Gottfried Schadow, das letzte noch existierende Künstlerhaus des Klassizismus in Berlin. Zur Einweihung kam Königin Luise vorbei, in einem Brief an Goethe schilderte Achim von Arnim 1806 begeistert das luxuriös ausgestattete Haus. Künstler gingen hier ein und aus, und auch Napoleons Kunstkommissar quartierte sich hier ein, während nebenan die Quadriga vom Brandenburger Tor montiert wurde. Hier soll einmal ein Schadow-Museum entstehen. Der Fassadenschmuck zeigt die Entwicklung der antiken Bildhauerkunst und ihre Wiederentdeckung im 19. Jahrhundert.

Spaziert man die Linden weiter Richtung Brandenburger Tor lockt eine neue Kunstinstitution: Im Gebäudekomplex der Deutschen Bank, Ecke Charlottenstraße, hat die **Deutsche Guggenheim Berlin** ihre Pforten geöffnet. Seit 1997 werden in der Ausstellungshalle mit glasgedecktem Innenhof Wechselausstellungen des »Kunst-Konzerns« Guggenheim gezeigt. Eine Ecke weiter zieht wie eh die Ecke Friedrichstraße die meisten neugierigen Blicke auf sich: Gleich ob in nördliche oder südliche Richtung, in der Friedrichstraße reiht sich frischer Neubau an Neubau. An der Nordwestecke hat sich noch ein einziges Haus unbeschadet über Krieg und Kahlschlagsanierung hinwegretten können: Das 1936 erbaute **Haus der Schweiz** trägt die Figur Wilhelm Tells an der Gebäudeecke. Gegenüber das schöne **Westin Grand Hotel** mit eindrucksvollem Foyer, vormals Interhotel Unter den Linden und bis zum Krieg Hotel und Café Victoria. Dem gegenüber auf der Südseite die brandneue Karreebebauung des **Lindencorso:** Das alte Lindencorso aus DDR-Zeiten mit Restaurant, Café und Tanzbar wurde abgerissen. Der geometrisch proportionierte, an Ungers geschulte Bau stammt von Christoph Mäckler.

Ecke Glinkastraße, in ermattet babyblaue Platte gehüllt, das Funktionsgebäude der Komischen Oper mit Französischem Kulturinstitut. Dahinter, schon in der **Behrenstraße,** das in den sechziger Jahren wieder aufgebaute, teilerneuerte **Haus der Komischen Oper (22)** – der schöne Zuschauerraum und das Treppenhaus des einstigen, weltberühmten »Metropoltheaters« aus der Jahrhundertwende ist erhalten. Um dieses letzte Filetgrundstück im Zentrum des Zentrums tobt seit Jahren ein Kampf der prospektiven Investoren, die hier ein neues Opernforum aus dem Boden stampfen möchten – Ausgang ungewiss.

Gegenüber auf der »Akademieseite« der schmale, hochgereckte Neubau des Hauses Pietsch, von Jürgen Sawade – hier ist ein zweites **Café Einstein** eingezogen (das »Einstein« mit wienerisch mürbem Flair in der Kurfürstenstraße, Tiergarten, ist ja eine Institution), das

Goethe logierte bei seinem einzigen Berlin-Besuch im »Gasthof zur Sonne«, Unter den Linden/Ecke Friedrichstraße; später resümierte er: »Es lebt hier ein so verwegener Menschenschlag beisammen, daß man mit der Delikatesse nicht weit reicht … Das Völkchen besitzt viel Selbstvertrauen, ist mit Witz und Ironie gesegnet und nicht sparsam mit diesen Gaben.«

Pariser Platz ☆☆

das **Café Kisch,** DDR-Oase in der gastronomischen Wüste dieses Lindenabschnitts, abgelöst hat. Bleibt nur noch auf der Südseite die **Botschaft der ehemaligen UdSSR, der heutigen GUS-Staaten (23).** Als stalinistischer Prunkbau von einem sowjetischen Architektenkollektiv 1952 fertig gestellt und 1963 erweitert, knüpfte der Grundriss an die Tradition des 18. Jahrhunderts an: Hier stand ursprünglich das Palais der Schwester Friedrichs II., Prinzessin Amalie; später ging es in den Besitz des Zaren über und diente nach der Oktoberrevolution als sowjetische Botschaft. Zur NS-Zeit war es vom »Ministerium der Besetzten Ost-Gebiete« belegt.

Der Pariser Platz – »Salon der Republik«

Der Pariser Platz – ein legendärer Name, der sich mit Lebensart, Reichtum und Eleganz, Großbürgertum und einem Touch Boheme verband. Das Entree zwischen Brandenburger Tor und dem Prachtboulevard Unter den Linden – mit seinen Botschaften, dem wahrhaft kaiserlichen Hotel Adlon, der Akademie der Künste und dem Haus des Malers Max Liebermann – strahlte eine satte Weltläufigkeit aus, die im Zweiten Weltkrieg in Schutt und Asche versank. Seit dem Mauerbau im Todesstreifen gelegen, war der Pariser Platz in kahler Tristesse erstarrt. Heute bietet er ein nahezu geschlossenes Bild mit Rundumbebauung, geometrischen Grünanlagen und einer trotz Menschengewühl intimen »Wohnzimmer«-Atmosphäre. In den Toreinfahrten des Brandenburger Tors ist ein Touristeninformationszentrum eingezogen und als Rückzugsmöglichkeit vor Lärm und Bewegung: ein »Raum der Stille«.

Sein Leben hatte einmal als Exerzierplatz begonnen, bis Friedrich Wilhelm I. im Rahmen der Erweiterung der Friedrich- und Dorotheenstadt am Ende der Linden ein »Quarrée« anlegen ließ, 120 m × 120 m groß. Gleichzeitig entstanden ein Oktogon am Potsdamer Tor, der heutige Leipziger Platz, und das Rondell am Halleschen Tor, das nach den Befreiungskriegen 1814 in Belle-Alliance-Platz und später noch in Mehringplatz umbenannt wurde. Nur Beamte, Militärs und preußischer Adel durften bauen: zweigeschossige Stadtvillen und Palais mit Mansarddächern. Der Staatsminister Friedrich Karl von Savigny lebte hier, der Landrechtsreformer Carl Gottlieb Suarez, Graf und General von Wrangel. Achim von Arnim wuchs hier auf, der Komponist Giacomo Meyerbeer hatte hier seinen Berliner Stadtsitz. Schinkel, von Ihne und Stüler schufen einige Stadtvillen. Vor seiner Zerstörung präsentierte der Pariser Platz eine höchst lebendige, heterogene Architekturlandschaft, die sich in klassizistischem Flair und einem Hauch heiterer Neorenaissance sonnte.

Nun ist das Filetstück im Berliner Grundstücksgemakel neu verteilt und nahezu vollständig neu bebaut – auch die verbalen Schlammschlachten im Kampf der Architekturen haben sich nun erschöpft – die Liste der internationalen Architekten, die hier vertreten sind, liest sich wie ein Auszug aus dem Who's who der Zunft. Nördlich und südlich der Flügelhäuschen des Brandenburger Tores beginnt die »kritische Rekonstruktion«: **Haus Sommer,** Pariser Platz 1, und **Haus Liebermann,** Pariser Platz 7, wurden von Joseph Paul Kleihues als Zwillingspaar entworfen. Die Erbin und Enkelin Liebermanns, Mary White aus New York, bekam das Grundstück zurück und hat den Plänen zugestimmt. Der große Maler Max Liebermann ist 1935 in seinem, von den Eltern geerbten Stadthaus gestorben – als 87jähriger, von den Nazis verachtet und gedemütigt.

Angelehnt an die historischen Vorbilder von Stüler, der den Palazzi 1844 »venezianische Impressionen« zugrunde legte und das Gleichmaß ihrer klassizistischen Fassaden mit dreibögigen Loggien frohgemut variierte, zeigt Kleihues eine karge, strenge Geometrie, die sich in Bauflucht, Volumen und Höhe an den Bauten des Vorgängers orientiert. In der Mitte der Fassade ein säulengefasstes Portal, vier Geschosse unter schmucklosen Dachbalustraden – die wiederum schließen mit der Attikahöhe des Brandenburger Tores ab.

Im Winkel zum Liebermann-Haus schließen sich auf der Nordseite das Bankgebäude »Palais am Pariser Platz« und die Dresdner Bank von Gerkan, Marg und Partner an, darauf folgt, Pariser Platz 5, die **französische Botschaft:** Ihr Architekt ist der als futuristisch-kühner Überflieger hoch gelobte Christian de Portzamparc. In umgekehrter Richtung wird sich dem Haus Sommer bis zur Behrenstraße in der jetzt einzigen Bebauungslücke die **Botschaft der Vereinigten Staaten** des Büros Moore, Ruble, Yudell aus Kalifornien angliedern (Baubeginn 2004). Daneben die **DG-Bank:** ein Aufsehen erregender Entwurf des kalifornischen Stararchitekten Frank O. Gehry, der zur Platzseite hin seine kühnen, tanzenden Baukörper brav zurück-

»… ist sie am Pariser Platz, schwupps, da hat sie schon 'nen Schatz.«

Ein Super-Treffpunkt von morgens bis abends: Das »Theodor Tucher« im Eck neben Haus Liebermann, urban, lässig-elegant, mit literarischem Flair.

Der Pariser Platz vor dem Ersten Weltkrieg. An seiner Neubebauung sind internationale Stararchitekten wie Frank O. Gehry, Christian de Portzamparc, Joseph Paul Kleihues, Günther Behnisch und Michael Wilford beteiligt.

nimmt, sich dafür aber im Innern ins Zeug legt mit seiner silbrig schimmernden Fischleibform als Konferenzraum. Daran anschließend, Pariser Platz 4, nimmt die **Akademie der Künste,** ehemals Ost, von den Architekten Günther Behnisch und Werner Durth Gestalt an. Viel Wirbel hat es um den von der Akademie abgesegneten Entwurf mit der lichten, gläsernen Fassade gegeben, der den geforderten steinernen Lochfassaden so gar nicht entsprechen mochte – nun aber, modifiziert, doch realisiert wird. Von Behnisch stammen auch das Münchner Olympia-Stadion und der vormalige Bundestag in Bonn.

Direkt angrenzend und weit in die Wilhelmstraße reichend: der mit viel Medienrummel eröffnete Neubau des traditionsreichen **Hotel Adlon (24)** in internationalem Neoprunk: der »Promitempel« Berlins.

Das Adlon war die erste Adresse im Deutschen Reich, 1907 mit kaiserlichem Wohlwollen von Lorenz Adlon eröffnet auf dem Gelände des ehemaligen Schinkelschen Palais Redern (1905 abgerissen). Deutschlands Nobelhotel war Tummelplatz gekrönter und ungekrönter Häupter dieser Welt – Könige und Fürsten, Politiker und Diplomaten, Künstler und Industrielle sorgten für rauschende Feste, Bälle und Skandale. Im Mai 1945 brannte das Adlon aus, das alte Wirtschaftsgebäude wurde in DDR-Zeiten zum HO-Hotel. Die Erbin Hedda Adlon, Witwe des letzten Hotel-Direktors Louis, verkaufte den Namen an die Kempinski AG, erhielt eine Leibrente und schrieb die Lebensgeschichte des »Glücks- und Wunderkindes« Hotel Adlon – einem Wiederaufbau wollte sie nur in einem vereinten Berlin an alter Stelle zustimmen. Nun steht es also wieder – die Berliner Architekten Rüdiger Patzschke und Rainer-Michael Klotz haben auf über 6000 Quadratmetern einen Fünf-Sterne-Plus-Palast errichtet, der sich deutlich an dem alten Erscheinungsbild orientiert und als »gespenstischer Wiedergänger« kritisiert wird – gefugter Naturstein und Putzfassaden, Dachgesimsbänder, bodentiefe Fensterreihen in jedem der Geschosse, grünes Kupferdach. Herzstück ist der Ballsaal im Erdgeschoss mit einer dreifach vergrößerten Kopie von Menzels »Ballsouper« von 1878. Auch zwei Wintergärten, mehrere Salons und Restaurants erinnern an das alte Haus. 342 Zimmer, kugelsichere Präsidentensuiten, Bankträume, Fitnessbereich und eine Ladenpassage kommen hinzu.

Scharf ums Eck, in der Wilhelmstraße 70/71, ist die **Britische Botschaft** an ihrem angestammten Platz im Juli 2000 von der Queen eingeweiht worden – der Entwurf stammt von Michael Wilford & Partner, der schon zusammen mit James Stirling und als dessen Nachfolger an der Entstehung der Aufsehen erregenden postmodernen Flaggschiffe in Deutschland beteiligt war, in Berlin ist es das eiscremefarbene Wissenschaftszentrum (s. S. 257). Von den kraftvollen Gesten, der gewitzten und schwungvollen Ironie der Zitationen des Stirling/Wilford-Duos ist bis auf bonbonbunte Details wenig geblieben: »Die Fassade«, erläuterte Wilford, passe sich dem »Diktat der Restauration der alten Berliner Blockbebauung« an, und nur in den inneren Bereichen mit zwei offenen Höfen, Balkonen, Terrassen und knalligen Farben feiere er »die Freiheit von Zwängen«.

Max Liebermann (1849–1935)

Gefragt, ob er mit weichem oder hartem Bleistift arbeite, antwortete Liebermann: »Nee, mit Talent«.

Dem Kaiser war er buchstäblich ein Dorn im Auge, und Konflikte um seine Person begleiteten ihn ein langes Leben lang: Max Liebermann, der bedeutendste Maler des deutschen Impressionismus, bildete in seinem großbürgerlichen, hochkultivierten Haus am Pariser Platz 7, dem westlichen Endpunkt der Linden, gleichsam den triumphalen Gegenpol zum hochnäsigen, durch keinerlei Kunstverstand getrübten Machtanspruch des Kaisers, der in barocker Pracht am östlichen Ende der Linden residierte. Liebermann selbst formulierte das so: »Ich hatte zu viele Feinde. Ich bot ja auch drei Angriffsflächen: Ich war erstens Jude, zweitens reich und drittens hatte ich Talent. Eines davon hätte doch genügt.« Als Liebermann kurz vor der Jahrhundertwende das von seinen Eltern geerbte Haus neben dem Brandenburger Tor im Dachgeschoss zum Atelier umbauen lassen wollte, versuchte der Kaiser die Pläne mit »allerhöchster Willensäußerung« zu unterbinden – er wollte das Brandenburger Tor ohne Seitenbebauung und hatte deswegen schon allerlei Grundstückskäufe getätigt. Liebermann konnte sich durchsetzen, und nicht nur er sah darin die Verteidigung der Verfassung und der bürgerlichen Rechte.

Liebermann, vom Sujet des arbeitenden Menschen durch die holländischen Meister inspiriert, sprengte die Grenzen der Akademiemalerei und half als Mitbegründer der Berliner Secession dem Neuen zum Durchbruch. Vom Naturalismus herkommend, widmete er sich immer stärker dem Erlebnis des Lichts in der Malerei und schuf damit einen ganz eigenen, heiteren und gelösten Impressionismus. Die Motive fand er in der märkischen Landschaft, im Garten seines Sommerhauses am Wannsee. Gleichzeitig war er ein exzellenter, gesuchter Porträtist.

Überaus elegant und mit pointiertem Witz gesegnet, führte er ein offenes Haus. Bedeutende Persönlichkeiten aus dem politischen und kulturellen Leben sind bei ihm zu Gast gewesen und von ihm porträtiert worden: Theodor Fontane, Ferdinand Sauerbruch, Thomas und Heinrich Mann, Albert Einstein, Käthe Kollwitz, Walther Rathenau, Gerhart Hauptmann, Harry Graf Kessler.

1912 erhielt er die Ehrendoktorwürde, ab 1920 war er Präsident der Preußischen Akademie der Künste, 1927 ernannte man ihn zum Ehrenbürger Berlins. Auch Thomas Mann gratulierte ihm zum achtzigsten Geburtstag: »Ich finde es königlich, daß er den geweckt schnodderigen Berliner Jargon spricht, frank und unverfälscht, und wenn ich bei ihm bin, … fühle ich mich im Brenn- und im Sammelpunkt erheiternder und mächtiger Charakterkräfte.«

Tilla Durieux, die ihm Modell saß: »Mein Blick konnte sich kaum losreißen von den schönen alten Möbeln, den Kunstwerken, die her-

Endlich ist auch das Sommerhaus von Max Liebermann am Wannsee zu besichtigen (s. S. 381f.)

Max Liebermann betrachtet ein Selbstporträt im Ateliergeschoss seines Hauses am Pariser Platz. Sein Kommentar zu den Nazi-Aufmärschen, deren Anblick er sich durch einmal heruntergelassene und nie wieder geöffnete Rolladen ersparte: "Ich kann gar nicht so viel fressen, wie ich kotzen möchte."

umstanden, und den herrlichen Bildern, die an der Wand hingen … Ich hatte nie geahnt, daß ein Privatmann diese Fülle von Impressionisten besitzen konnte …«. Schrecklich war dann die Verachtung und Erniedrigung, die er durch die Nazis erfuhr: 1932 noch zum Ehrenpräsidenten der Akademie ernannt, muss er am 2. Mai 1933 alle Ämter niederlegen; seine Werke werden als entartet verfemt, aus den Museen und Galerien gerissen. Zwei Jahre noch lebt er vereinsamt und isoliert in seinem Haus am Pariser Platz; am 8. Februar 1935 ist er 86jährig gestorben. Seine Frau Marta beging Selbstmord, um der drohenden Deportation zu entgehen.

Auf dem Jüdischen Friedhof in der Schönhauser Allee, wo auch Giacomo Meyerbeer und Leopold Ullstein ruhen, wurde er begraben – nur wenige Nichtjuden brachten den Mut auf, am Begräbnis teilzunehmen, etwa Käthe Kollwitz und Ferdinand Sauerbruch.

Das neue *Liebermann-Haus* mit erlesenen Repräsentationsräumen ist Sitz der Liebermann-Gesellschaft. Hier finden Empfänge und Wechselausstellungen statt.

Die Akademie(n) der Künste – »musis et mulis«

Nach der Zusammenführung und den zum Teil schmerzvollen, erbittert geführten Diskussionen um Übernahmen, Ausschlüsse, Austritte, Neugruppierungen, werden Ost- und West-Akademie als »Berlin-Brandenburgische Akademie der Künste« gemeinsam an den Pariser Platz zurückkehren. Der Entwurf von Günther Behnisch und Werner Durth– ein lichtdurchfluteter Stahl- und Glaskörper – verkündet Offenheit und Transparenz, ist hingewandt zum Zentrum, zu Regierung, Handel, Wirtschaft und alltäglichem Stadtleben.

»Den Musen und Maultieren«, »musis et mulis«: Mit der sinnigen Inschrift kommentierte Leibniz nicht nur den Standort der beiden frisch gegründeten Akademien: Im Jahr 1700 hatte Kurfürst Friedrich III., kurz darauf König Friedrich I., die »Kurfürstlich-Brandenburgische Sozietät der Wissenschaften« mit Leibniz als Präsidentem ins Leben gerufen, vier Jahre zuvor die »Mal-, Bild- und Baukunst-Academie« als dritte in Europa nach Rom und Paris. Untergekommen waren beide Gesellschaften im neu erbauten (alten) Marstall in der Dorotheenstadt, direkt an der Straße Unter den Linden. Die königlichen Ställe, von Nering 1691 fertig gestellt und für die Akademie der Künste 1695–97 umgebaut und aufgestockt, waren Teil des ehrgeizigen Bauprogramms des Kurfürsten, der seine Residenz dem Anspruch des europäischen Absolutismus und seiner künftigen Königswürde gemäß prachtvoll und herrschaftlich ausbauen ließ. Er brauchte Kunsthandwerker, Baumeister, Maler und Bildhauer – und die sollten nicht aus ganz Europa herzitiert werden müssen, sondern heimischen, brandenburg-preußischen Glanz verbreiten. Andreas Schlüter war 1702 bis 1704 Direktor der inzwischen umbenannten »Königlich Preussischen Academie der Künste und mechanischen Wissenschaften«; er schuf das wunderbare Skulpturenensemble am Zeughaus, nachdem er dort als Architekt mit eher ruinösen Folgen – ein Teil des Gebäudes stürzte ein – hantiert hatte.

Nach dieser ersten großen Blüte um 1700 ging die Ausbildung an der Akademie zur Geschmacksbildung nach klassisch-antiken Regeln der Kunst zwar weiter, aber der Soldatenkönig kümmerte sich hauptsächlich um seine Soldaten, strich die Gelder für die Akademie und hielt sich nur privatim einige wenige Hofkünstler.

Auch das Interesse Friedrichs des Großen war dürftig. Von ihm, der Shakespeares Dramen nicht mehr Gewicht zubilligte, als »nur vor den Wilden in Canada« gespielt zu werden, kam nur Gleichgültigkeit. Er brütete in Potsdam vor sich hin, umgab sich mit Künstlern und Gelehrten seiner eigenen Wahl. In Europa erleuchteten die Feuer der Aufklärung bürgerliche Salons, Caféhäuser, literarische Zirkel, Künstler-, Dichter- und Gelehrtenkreise – überall schossen die Kunstakademien aus dem Boden, in London und St. Petersburg, in Kassel, Wien, Dresden und München. Und in Berlin, im kargen Preußen, entfalteten sich zwischen 1780 und 1810 Romantik, Kunst und Wissenschaft in ungeahnter Fülle. Im Rahmen der preußischen

Einen prachtvollen Überblick über die 300jährige Geschichte der Akademie und ihrer über 2000 Mitglieder bietet der Katalogband »Die Kunst hat nie ein Mensch allein besessen« – eine Fundgrube preußisch-deutscher Kulturgeschichte.

*Der letzte Präsident
der Ost-Akademie,
Heiner Müller
(† 1995), wollte nach
der Wende mit ande-
ren kritischen und ak-
tiven Mitgliedern eine
europäische Künstler-
Sozietät gründen.
Ohne ihn wäre die
En-bloc-Übernahme
durch die Westberli-
ner Akademie und
damit auch der letzte
Einigungsversuch
gescheitert.*

Reformbewegung blickte auch die Akademie der Zukunft forsch ins Auge, Industrie und Gewerbe wurden, am Beispiel Englands orientiert, miteingebunden und gefördert, und unter der Ägide des großen Malers, Zeichners und Kupferstechers Daniel Chodowiecki, 1797 zum Direktor ernannt, formte sich mit den ersten Ausstellungen ein allgemeines Kunstinteresse in einer langsam sich bildenden, bürgerlichen Öffentlichkeit. Der inhärente Antagonismus zwischen obrigkeitsstaatlicher Verwaltung und freiem Kunstgedanken, zwischen Macht und Geist, der die gesamte Geschichte der Akademie begleitet, erhielt immer wieder neuen Zündstoff. Im 19. Jahrhundert versetzte die Diskussion um die Idee der künstlerischen Autonomie Hofkreise und artige Akademie-Mitglieder in zornige Wallungen. Schadow, der Schöpfer der Quadriga und der viel geliebten, anmutigen Skulpturengruppe der Prinzessinnen Luise und Friederike, kuschte nicht, als er die Vorführung weiblicher Akte verteidigte und mit Nachdruck erklärte: »... solche Gelegenheiten, gebildete und wohl vorgeübte Nacktheiten zu sehen, sind für Künstler von unschätzbarer Wichtigkeit, und die Akademie muß sich daher vorbehalten, ähnliche Anlässe auf dieselbe Art wieder zu benutzen.« Der »olle Schadow«, wie ihn die Berliner nannten, leitete die Akademie von 1815 bis zu seinem Tod 1850; Mitglieder waren Karl Friedrich Schinkel und Christian Daniel Rauch.

Im Jahr 1876 mühte sich Fontane in der Akademie ab, nachdem »Seine Majestät der Kaiser und König ... Allergnädigst geruht haben, ... den Schriftsteller Theodor Fontane hierselbst zum ersten ständigen Sekretär der Königlichen Akademie zu ernennen«. Zwischen den Fronten des Direktors Anton von Werner und des Präsidenten Friedrich Hitzig verzweifelte er an den Aktenbergen des Bürokratismus: »Er stand, einen roten Fez auf dem Haupte, sinnend vor einem langen Tisch, auf dessen Holzplatte er mit weißer Kreide eine größere Anzahl Kreise und Nummern gezeichnet hatte, in die er Aktenstücke bald hinein-, bald wieder hinauslegte, anscheinend, um sie nach irgendeinem System zu ordnen.« Fontane war 56, Familienvater, immer in Geldsorgen gewesen. Als Beamter erwarteten ihn Sicherheit, Prestige, eine Pension, der Titel »Professor« oder »Geheimrat« – aber schon nach zwei Monaten will er das Handtuch werfen: Er wollte dem »freien Leben ... der Enge und wichtigtuerischen Langeweile« einer geordneten Beamtenlaufbahn den Vorzug geben und reichte nach knapp drei Monaten Amtszeit sein Entlassungsgesuch ein. Die Berliner zerrissen sich das Maul, der Kaiser war pikiert, seine Ehe ließ sich nach einer Weile recht und schlecht wieder kitten.

»Die große, langweilige und total konfuse Maschinerie, die sich Staat nennt«, und damit die Akademie, wurde zu einem verzopften Altherren-Club, wilhelminischem Kunstgeschmack ergeben, vom Kaiser diktiert, der Historienmalerei, Großes, Hehres und Prachtvolles liebte. Die Lehrtätigkeit war mit der Gründung der Hochschulen für Musik (1869) und Bildende Kunst (1875) ausgegliedert, die künstlerische Avantgarde stand hinter der Berliner Secession.

Ab 1902 machte auch die räumliche Trennung die Funktions- und Machtverschiebungen deutlich: Die Hochschulen zogen in neue Gebäude in der Hardenbergstraße, der alte Marstall musste dem Neubau der Königlichen Bibliothek weichen. 1907 bezog die Akademie das um 1850 von Eduard Knoblauch im klassizistischen Stil errichtete Arnim-Boitzenburgische Palais am Pariser Platz 4, das Hofbaumeister Ernst von Ihne mit einem rückwärtigen Ausstellungstrakt erweitert hatte. Anton von Werner leistete zähen Widerstand – ihn schmerzte die größere Entfernung zum Kaiser.

Unter der Ägide von Max Liebermann, der ab 1898 der Akademie angehörte und 1920 das Direktorat übernahm, gelangen der »Preußischen Akademie der Künste«, wie sie auch in der Weimarer Republik hieß, bedeutende Innovationsschübe und die Häutung zu einem modernen, gesellschaftsbezogenen und streitfreudigen Forum aller Künste und bürgerlich-liberaler Auffassungen. 1926 wurde endlich die Sektion Dichtkunst ins Leben gerufen: Neben vielen anderen waren Thomas und Heinrich Mann, Franz Werfel, Alfred Döblin, Ricarda Huch, Gerhart Hauptmann und Heinrich Zille Mitglieder. Mit dem Neuaufbau der Sektion Bildende Künste und Architektur gingen auch die »Modernen«, u. a. Ludwig Mies van der Rohe, Bruno Taut, Otto Dix, Ernst Barlach, Renée Sintenis und Käthe Kollwitz – nicht unangefochten, aber selbstverständlich – ein und aus.

1933 das Ende. Die Akademie war die erste Institution, die dem Druck der Gleichschaltung unterlag. Schon zwei Wochen nach der Machtergreifung mussten die ersten linken oder jüdischen Mitglieder gehen; am 11. Mai, einen Tag nach der Bücherverbrennung auf dem Bebelplatz, veröffentlichte Liebermann seinen Rücktritt, ging quer über den Pariser Platz in sein Haus und zog sich bis zu seinem Tod hinter geschlossene Rolläden zurück. Ausschlüsse, Austritte, Hetzjagd auf die »entarteten« Künstler.

Die Akademie verkam zu einer nationalsozialistischen Kulturbehörde, die 1937 ausquartiert wurde, um Platz zu machen für Albert Speers Generalbauinspektion. Um seine Lieblingspläne zur Neugestaltung der Reichshauptstadt zu begutachten, kam Hitler auf kürzestem, geheimen Weg von der neuen Reichskanzlei durch die Ministergärten hierher. Ab 1940 sollte die vorgesehene Architektur der Reichshauptstadt »Germania« beim Siegen helfen – dafür musste abgerissen werden, und um neuen Wohnraum zu schaffen, wurde vom Pariser Platz 4 aus die beschleunigte »Entjudung« ganzer Stadtquartiere vorbereitet. 1942 wurde Speer zum Rüstungsminister ernannt, ab 1943 konstituierte sich hier parallel der »Arbeitsstab Wiederaufbauplanung«. In den letzten Kriegstagen brannte das Gebäude aus, große Teile wurden 1958 abgetragen, und nur die Ausstellungssäle haben Krieg und DDR überlebt.

Mit der Auflösung des Staates Preußen im Jahr 1947 ging auch die rechtliche Grundlage der Preußischen Akademie der Künste verloren. Eine Neugründung fasste man zwar sofort ins Auge, aber in den Berliner Trümmerwüsten ließen sich nur noch fünf Mitglieder ermitteln, drei davon hatten sich in der NS-Kulturpolitik verstrickt. Die Satzungen waren kompliziert, eine Neukonstituierung war nur aus eigenen Reihen möglich, belastete Mitglieder konnten jedoch nicht ausgeschlossen werden. So ging es hin und her, die Alliierten verweigerten den ersten Anlauf der Neugründung, der Berliner Magistrat schaltete sich ein, Ausschüsse wurden gegründet, und erst im November 1949 kam es zu einer »Ankündigung der Wiederbegründung«. Der Wettlauf wurde auch im Ostsektor vorbereitet, und auf der ersten Liste zur dortigen Genehmigung gab es »Überschneidungen«. Wilhelm Furtwängler und Otto Klemperer, Carl Orff und Arnold Schönberg, Erwin Piscator, George Grosz und Max Beckmann, auch Gustav Gründgens waren mit dabei. Kurz nach der Gründung der DDR war der Vorsprung amtlich. Im März 1950 trat die »Deutsche Akademie der Künste« ins Rampenlicht des Kalten Krieges, verstand sich ausdrücklich als Rechtsnachfolger der alten preußischen, die Liste ihrer Mitglieder war eindrucksvoll: Johannes R. Becher, Bertolt Brecht, Hanns Eisler, Otto Nagel, Anna Seghers und Helene Weigel fanden sich u. a. darauf. Erster Präsident der Akademie wurde Arnold Zweig. Heinrich Mann, ursprünglich für dieses Amt vorgesehen, starb vor seiner Rückkehr aus dem Exil. Für zahllose ins Exil getriebene Künstler bot sich hier ein Ort der Wiederbegegnung, aber da die Akademie direkt dem Ministerrat der DDR unterstand, die »Pflicht und das Recht« hatte, beratend in die Kunstpolitik einzugreifen, waren die nächsten Jahrzehnte von einem ständigen Lavieren zwischen Selbstbestimmung und Selbstbehauptung gegen Kulturdiktate von Staat und Partei geprägt.

Mit zunehmender Verhärtung der Fronten und letztendlich als Reaktion auf den 17. Juni 1953 wurde in West-Berlin ebenfalls eine neue »Akademie der Künste« gegründet, die beanspruchte, die Tradition der preußischen Akademie fortzusetzen. Ihr erster Präsident war Hans Scharoun. Diese immer auf- und gegeneinander reagierenden Verdoppelungen gehören ebenso zu den abstrusen Widersinnigkeiten Berlins wie die Tatsache, dass beide Akademien mit ihrem Erbfolgeanspruch von Anfang an gemeinsame Mitglieder hatten.

Die »Deutsche«, 1972 in »Akademie der Künste der DDR« umbenannte, wurde in verschiedenen Gebäuden hin- und hergeschoben: Die Ateliers der Meisterklassen befanden sich am Pariser Platz, der Hauptsitz am Robert-Koch-Platz 7. Die westliche Akademie zog sich ganz idyllisch 1959/60 in den maßgeschneiderten Bau von Werner Düttmann ins brandneue Hansaviertel zurück; Workshops, Lesungen, Filmabende und Wechselausstellungen bringen die Besucherscharen ins beschauliche Haus.

Das Brandenburger Tor und die »gute Frau«

Brandenburger Tor ☆☆   Das **Brandenburger Tor (25)** war und ist das einzige, wirklich weltberühmte Wahrzeichen Berlins: Jeder kennt es, jeder weiß, dass es

preußisch-deutsche Geschichte, Macht und Gewalt, Sieg, Krieg und Niederlagen, Trennung und Vereinigung symbolisiert. Bescheiden und nüchtern ging es bei der Einweihung des Stadttores am 6. August 1791 zu – es wurde einfach dem Kutschenverkehr übergeben – keine Parade, keine preußische Prachtentfaltung. Der Architekt Carl Gotthard Langhans hatte im Rahmen der repräsentativen Ausgestaltung der Residenz eine Toranlage geschaffen, die das Schloss und die Prachtallee Unter den Linden zur Westseite hin mit einem neuen Glanzlicht krönte. Das Hauptwerk von Langhans ist eines der letzten großen Bauwerke des 18. Jahrhunderts und erster vollendeter Ausdruck des Berliner Klassizismus: Den Propyläen auf der Akropolis in Athen nachempfunden, wurde das monumentale Tor dorischer Ordnung von zwei Flügelbauten eingefasst – einer für die Wache, einer für den Zoll. Beidseitig sind sechs dorische Säulen den 11 m tiefen Querwänden vorgestellt, die die fünf Durchfahrten gliedern. Darüber das Gebälk mit Fries, und auf der gestuften Attika schließlich die berühmte Quadriga – ein von vier Pferden gezogener Streitwagen mit der Siegesgöttin. Der von Langhans als »Friedenstor« geplante Bau wurde erst 1793 künstlerisch vervollständigt: Der bildhauerische Schmuck – Reliefs und Sitzstatuen – ist zum überwiegenden Teil von Johann Gottfried Schadow entworfen und von Berliner Bildhauern ausgeführt worden. Von Schadow stammt auch die Quadriga. Die vom Volk bespöttelte »hohe Frau ohne Verhältnis« trug seit 1795 römischen Adler und Lorbeerkranz, und auch das Tor wurde rasch zur »Bekundung preußischen Staatsgedankens«.

Da thronte sie nun, die Siegesgöttin, und schaute auf marschierende Truppen, Equipagen, Karren, Fußvolk und die königliche Familie, der allein die Passage durch das mittlere Tor vorbehalten

Das Brandenburger Tor, Wahrzeichen und Symbol Berlins, hat immer im Zentrum der Stadtgeschichte gestanden, und tut es auch heute noch. Jetzt strahlt es frisch saniert und ohne Autoverkehr.

Carl Gotthard Langhans über seinen Entwurf des Brandenburger Tores: »*Die Lage des Brandenburger Thores ist in ihrer Art ohnstreitig die schönste von der ganzen Welt, um hiervon gehörig Vortheile zu ziehen, und dem Thore so viel Oeffnung zu geben, als möglich ist, habe ich bey dem Bau des neuen Thores das Stadt-Thor von Athen zum Modelle genommen.*«

war. Sie konnte beobachten, wie sich der Pariser Platz zu einem reizvollen Stadtensemble zusammenfügte, sah, wie Preußen zitterte: Nach vernichtender Niederlage in den Schlachten von Jena und Auerstedt im Oktober 1806 ergriffen König und Hof, Beamte und vermögende Familien die Flucht vor Napoleon, der seinem Sieg am 27. Oktober jenes Jahres mit einem Triumphzug durch das Brandenburger Tor angemessen Ausdruck verlieh.

Jetzt ging es der preußischen Residenz an den Kragen – und der Quadriga. Hofschmied Jury in Potsdam musste die Trophäe demontieren und zerlegen. In zwölf Kisten wurde sie im Dezember 1806 über Hamburg und Rotterdam nach Paris verschleppt.

Fünf Jahre später war die »nationale Schmach« getilgt: Nach dem Sieg über Napoleon in der Völkerschlacht von Leipzig im Oktober 1813 nahm sich Generalfeldmarschall Blücher höchstpersönlich des Geschickes der Quadriga an. Preußische Soldaten hatten die lädierte Wagenlenkerin und ihr Gespann im Hof des Louvre aufgetrieben. Sechs Frachtwagen mit 52 Pferden schafften die Quadriga im Triumphzug nach Berlin zurück. Im Jagdschloss Grunewald, wo sich Tausende von Menschen versammelt hatten, wurde sie unter größter Genugtuung von Hofschmied Jury wieder zusammengesetzt. Am 7. August 1814 endlich, beim Einzug des preußischen Heeres, wurde sie enthüllt und bejubelt. Aus der Friedensgöttin war nun eine Siegesgöttin geworden, frisch ausgestattet mit militärischen Insignien der Macht, dem preußischen Adler und im Lorbeerkranz das von Schinkel entworfene Eiserne Kreuz. Seither gilt sie als Victoria.

Die »gute Frau«, wie Heine sie nannte, erlebte Berliner Geschichte hautnah, auch die rauschhaften, siegestrunkenen Festlichkeiten am Brandenburger Tor, als die Reichsgründung 1871 mit einer glanzvollen Truppenparade gefeiert wurde: Zwischen den Generälen Roon und Moltke ritt der lorbeerbekränzte Bismarck durch das Tor, »und hinter den drei weltgeschichtlichen Gestalten, die das Deutsche Reich geschmiedet haben«, wurde der Kaiser sichtbar.

Der Pariser Platz fügte sich nun mit seinen Botschaften, den prächtigen Stadtpalais zu einem der schönsten Plätze Berlins. In der Wilhelmstraße entstand das Regierungsviertel, nebenan wurde der Reichstag mit endlosen Querelen seiner Bestimmung übergeben – der Kaiserzeit und dem Ersten Weltkrieg folgten die wilden zwanziger Jahre und die Weimarer Republik. Die Quadriga blickte auf Demonstrationen hungernder Arbeitsloser, auf heftige Gemetzel zwischen rechten und linken Radikalen, zwischen Freikorps-Kämpfern und Spartakisten.

Am Abend des 30. Januar 1933, mit der Ernennung Adolf Hitlers zum Reichskanzler, wogten drei Stunden lang die braunen Kolonnen der SA unter Fackelschein durch das Brandenburger Tor, vom Tiergarten kommend zum Reichskanzlerpalais. Waffenklirrende Aufmärsche und martialische Paraden beherrschten nun das Bild, immer vor der Kulisse des Brandenburger Tores. Die gigantomanischen Stadtbaupläne Albert Speers ließen allerdings das Symbol preußischen

Militärs nahezu unangetastet, und 1942 wurden heimlich Gipsabdrücke der Quadriga hergestellt.

Nach der Schlacht um Berlin war die Quadriga zerstört, und hoch auf dem Brandenburger Tor wehte die rote Fahne der Sieger über der Trümmerwüste Berlins. Notdürftig renoviert, entwickelte das Tor im Kalten Krieg neue symbolische Kräfte – im geteilten Deutschland wurde es zum Mahnmal, das die Grenze zwischen Ost- und Westberlin bezeichnete und eingebunden war in politische Propaganda und ideologische Grabenkämpfe zweifacher Ausführung.

Am 17. Juni 1953 stürmten die Demonstranten des Volksaufstandes durch das Tor – was als Protest der Bauarbeiter der Stalinallee gegen Normerhöhungen und Lohnkürzungen begonnen hatte, weitete sich binnen Stunden zu einem systembedrohenden Aufstand der DDR-Bürger gegen ihre Parteiführung aus – mit Hilfe der sowjetischen Armee wurde das Aufbegehren erstickt. Es gab 25 Todesopfer und Hunderte Verletzte.

1956 entschloss sich der Ostberliner Magistrat zu einer Generalrenovierung und benötigte die in Westberlin lagernden Gipsabdrücke von 1942. Die jedoch rückte der Senat nicht raus. Ost und West sahen sich zur mittelbaren Zusammenarbeit in der Lage: In einer bizarren nächtlichen Aktion parkte West am 1. August 1958 die nagelneue Quadriga – in der Friedenauer Gießerei Noack in Kupfer ausgeführt – mit dem Tieflader vor dem Tor und drehte bei; Ost ließ sie dort in der Nacht von ihren Arbeitern abholen. Preußischer Adler und Eisernes Kreuz wurden entfernt und im Märkischen Museum deponiert. Ab September thronte die Quadriga wieder auf ihrem angestammten Platz mit Blick »nach drüben« in den Osten, dem alten Stadtkern zugewandt wie eh und je.

Dann wurden das Brandenburger Tor und West-Berlin 28 Jahre lang eingemauert; als militärisches Objekt der Sicherheit und Ordnung an der Staatsgrenze der DDR stand es grau und trist in grauem und tristem Niemandsland – von östlichen Wachtürmen und westlichen Aussichtspodesten flankiert. Jeder Berlin-Besucher hat es gesehen, jeder anreisende Politiker schmetterte Appelle mit weiträumigen Gesten und großen Worten hinüber in die Hauptstadt, die Altherrenriege in Pankow stellte sich taub und ließ das Neue Deutschland mit gedrechselten Worthülsen antworten.

Eines nachts, vier Wochen nach der gespenstischen 40-Jahr-Feier der DDR und einem Besuch Gorbatschows, am 9. November 1989, war der Spuk vorbei. Die Mauer fiel. Das Bild vom Brandenburger Tor, bestürmt von jubelnden Menschenmassen, ging um die Welt; am 22. Dezember 1989 wurde das Brandenburger Tor geöffnet, und seine Lage wurde in diesen Wochen des Taumels wieder so, wie sie schon sein Erbauer Langhans enthusiastisch gepriesen hatte, »ohnstreitig die schönste von der ganzen Welt«.

»Die Deutsche Frage bleibt solange offen, wie das Brandenburger Tor geschlossen ist.« (Richard von Weizsäcker)

Zur möglichen Einrichtung einer Grenzübergangsstelle am Brandenburger Tor ein Brief Erich Mielkes an Egon Krenz vom 11. 3. 1988:
»Die Grenzsicherungsanlagen am Brandenburger Tor sind seit dem 13. August 1961 Symbol des zuverlässigen Schutzes der Staatsgrenze. Stets haben Feinde des sozialen Fortschritts auf deutschem Boden dieses Tor mißbraucht ... Eine Öffnung des Brandenburger Tores ... könnte unkontrollierte Folgen für die Sicherheit und letztlich die politische Stabilität haben. Es müßte damit gerechnet werden, daß ein solcher Schritt als Niederlage der SED bewertet wird; ist dieses Tor für die Arbeiterklasse der DDR doch nicht weniger symbolträchtig als für ihre Gegner.«

Das Nikolaiviertel – »Altberliner Kuschelecke«

Nikolaiviertel☆
Besonders sehenswert:
Nikolaikirche ☆
Ephraim-Palais☆

Zu verfehlen ist es nicht, verloren gehen kann man nicht: Im Karree zwischen Rathausstraße, Spandauer Straße, Mühlendamm und Spreeufer liegt das neue alte Nikolaiviertel, im Mittelpunkt recken die Zwillingsturmspitzen der Nikolaikirche ihre Hälse hervor – sie ist das älteste erhaltene Bauwerk Berlins, hier entstand aus den Marktflecken Berlin und Cölln die mittelalterliche Doppelansiedlung der Kaufleute, Händler und Fischer am Übergang der Spree. Rings um die Kirche, die im Jahr 1264 zum ersten Mal urkundliche Erwähnung fand, enge Gassen, schmale Sträßchen und Höfe, die Probst-, die Poststraße, die Eiergasse, bescheidene Läden, zahlreiche Gasthöfe und Schenken, Handwerksbetriebe. Friedrich Nicolai, Giacomo Casanova, Heinrich von Kleist, Gerhart Hauptmann, Henrik Ibsen und August Strindberg wohnten oder logierten hier, Lessing mietete sich am Nikolaikirchplatz ein, und in der Probststraße begann Moses Mendelssohn seinen mühsamen Aufstieg, indem er Hebräisch unterrichtete und vom Abschreiben lebte. Theodor Fontane saß gern in einer der Weinstuben, Heinrich Heine fand die Königstraße, jetzt Rathausstraße, »groß und herrlich«, und Otto Nagel zeichnete und malte Ansichten der Nikolaikirche und der umliegenden Häuser.

Im Zweiten Weltkrieg nahezu vollständig zerstört, blieben die Ruinen und Trümmergrundstücke noch bis 1980 als Brachland liegen; 1987 dann, zur 750-Jahr-Feier-Berlins, in Ost wie West mit großem Aufwand und getrennt zelebriert, konnten die Hauptstädter ein brandneues »Amüsiervergnügen« erster Sahne mit Neugier überrollen: das Nikolaiviertel, auferstanden aus Ruinen, nach historischen Vorbildern bis ins Kleinste rekonstruiert, mit neuem alten Kopfsteinpflaster, mit einer neuen alten kleinteiligen Mischbebauung, die

Mitten in Mitte: das komplett restaurierte Nikolaiviertel. Bildmitte von links: die Nadelspitzen der Nikolaikirche, das Rote Rathaus und der Fernsehturm.

148

Bis ins 19. Jahrhundert hinein galt die Nikolaikirche als »Pantheon der Berliner Geschichte«. Heute dient sie dem Stadtmuseum als Ausstellungsraum, wo Berliner Geschichte bis zum Dreißigjährigen Krieg vor Augen geführt wird.

innerhalb der langen flankierenden Straßenfronten als intimes, abgeschirmtes, flauschig-sauberes Kuschelkissen mit »Altberlin«-Stickerei zu beschaulichem Historiengefühl einlud. Eine groß angelegte, beachtliche Leistung der historischen Stadterneuerung, mit der sich die Hauptstadt des Arbeiter- und Bauern-Staates ihrer Ursprünge versicherte. Allen gefällt's, nur feinsinnigen Ästheten und strengen Architekten nicht. Von kulturhistorisch herausragender Bedeutung: die Nikolaikirche als Stadtmuseum, die goldene Grazie des Ephraim-

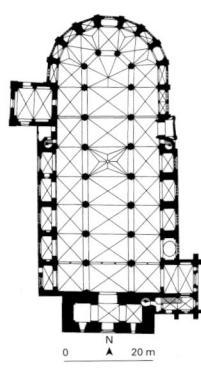

Nikolaikirche, Grundriss

Palais sowie das würdige Knoblauchhaus – das einzige, tatsächlich komplett erhaltene Bürgerhaus im ganzen Viertel.

Die **Nikolaikirche (26)** auf hohem, kräftigen Granitsockel entspricht in ihrer heutigen, wieder errichteten Form dem dritten Bau an dieser Stelle: Die erste Feldsteinbasilika, deren Grundriss durch Ausgrabungen bekannt ist, ist im 13. Jahrhundert in eine frühgotische Hallenkirche umgebaut worden. Der Chor, wie wir ihn vor uns sehen, stammt aus dem 14. Jahrhundert. Nach einem Großfeuer im Jahr 1380 entstand eine dritte spätgotische Hallenkirche aus Backstein mit Chorumgang und Radialkapellen. Die Marienkapelle wurde 1452 fertig gestellt. Ein weiterer Umbau fand 1817 durch Schinkel statt, und unter der Leitung des Stadtbaurates Hermann Blankenstein erhielt die Kirche dann 1876–78 ihren Zwillingsturmaufbau mit den schlanken Helmspitzen.

Im Jahr 1539 wurde hier in der Nikolaikirche die Reformation eingeführt; rund ein Jahrhundert später trat Paul Gerhardt sein Amt als Diakon an. Zehn Jahre hat er als Pfarrer gewirkt; 1666 ist er seines Amtes enthoben worden, da es zwischen ihm und seiner überwiegend lutherischen Gemeinde und dem calvinistisch-reformierten Großen Kurfürsten zu Auseinandersetzungen kam. Seine volkstümlichen geistlichen Lieder wie »Geh aus mein Herz und suche Freud« oder »Befiehl du deine Wege« haben Generationen evangelischer Christen begleitet, und noch heute kennt sie (fast) jedes Kind. Hier hat sich auch nach der Steinschen Städtereform im Jahr 1809 die erste Stadtverordnetenversammlung festlich konstituiert.

Im liebevoll restaurierten Inneren, einer Dependance des Stadtmuseums, lässt sich die frühe Stadtgeschichte bis zum Ende des Dreißigjährigen Krieges nachvollziehen. Ein Metallmedaillon im Boden vor dem Eingang zeigt das erste bekannte Stadtsiegel von 1253. Sehr interessant das Stadtmodell aus der Mitte des 15. Jahrhunderts. Besonders wertvoll ist die Sammlung sakraler Plastik aus Berlin und Brandenburg, eindrucksvoll auch das Portal zur ehemaligen Gruft des Goldschmieds Daniel Männlich von Andreas Schlüter.

Das stattliche **Knoblauchhaus** (Stadtmuseum Berlin) in der Poststraße 23 lockt mit seinen »Historischen Weinstuben«, aber bevor man in »Weinkeller« abtaucht, lohnt ein Blick auf das Haus und die Geschichte seiner Bewohner. Um 1760 wurde der dreigeschossige, harmonisch gegliederte Barockbau mit drei freistehenden Seiten errichtet. Die sanft geschwungene Hauptfassade in der Poststraße bezaubert durch einen winzigen Blumenerker im ersten Obergeschoss und den feinen, umlaufenden Rankenfries, der dem Haus im Jahr 1835 seinen klassizistischen Charakter verlieh. Nahezu 170 Jahre hat hier die weit verzweigte Familie Knoblauch gelebt, angesehene Bürger, Kaufleute und Industrielle, Stadträte, Universitätsprofessoren, Mäzene, deren bedeutendstes Mitglied der Architekt Eduard Knoblauch (1801–65) war. Er baute über fünfzig Stadthäuser, Villen und Landsitze. Den Höhepunkt seines Schaffens bildete die Neue Synagoge in der Oranienburger Straße. In den zwei Obergeschossen

Endlich gibt es auch ein Heinrich-Zille-Museum: In der Probststraße 11 ergänzen Filmdokumente und Memorabilia seine unvergänglichen Skizzen und Zeichnungen aus dem »Milljöh« ringsum.

*Das Ephraim-Palais,
die »schönste Ecke
Berlins«.
Begnadeter Baumeis-
ter war der viel be-
schäftigte Friedrich-
Wilhelm Dieterichs,
von dem auch das
Prinzessinnenpalais
Unter den Linden
stammt. Hier zauberte
er 1762–65 aus einem
alten Apothekerhaus
das prachtvolle Stadt-
palais für Veitel Heine
Ephraim – der war
Bankier, Hofjuwelier
und Pächter der Mün-
ze unter Friedrich II.
und war ihm bei bder
Finanzierung des Sie-
benjährigen Krieges
mit unterwertigen
Münzen behilflich , die
bei der Bevölkerung
»Ephraimiten« hießen.*

finden Wechselausstellungen des Märkischen Museums statt, und die
ehemaligen Wohnräume der Familie Knoblauch erinnern mit kost-
barem Interieur und reichem Dokumentationsmaterial an mehrere
Epochen untergegangener, großbürgerlicher Lebenskultur.

Als »schönste Ecke Berlins« gilt das **Ephraim-Palais (27)** (Stadtmuseum Berlin) zwischen Poststraße und Mühlendamm. Groß und
massiv in seinen Konturen strahlt es eine wohlgenährte Solidität
aus, die durch heitere, feinste Schmuckdetails und zarteste Linien
mit der beschwingten Eleganz des Rokoko verschmolzen ist – ein
Meisterwerk nicht nur der Berliner Palaisarchitektur des 18. Jahrhunderts, sondern auch der rekonstruierenden Denkmalpflege. Das
Gebäude wurde 1935/36 während der Erweiterung des Mühlen-
damms völlig abgetragen, seine 2493 numerierten Fassadenteile
waren im Wedding eingelagert und schon vergessen, als sie in einer
komplizierten Aktion zwischen Westberliner Senat und Ostberliner
Magistrat im Sommer 1983 ausgetauscht wurden – wie es heißt

gegen das einzigartige Archiv der Königlichen Porzellanmanufaktur. Der Wiederaufbau, einige Meter vom ursprünglichen Standort entfernt, nahm zweieinhalb Jahre in Anspruch und war 1987 abgeschlossen. Mit anmutigem Schwung laufen die zwei Flügel des Hauses in der Ecke aufeinander zu, um in der Kurve des Mittelrisalits ineinander überzugehen. Toskanische Doppelsäulen, das Portal flankierend, tragen den bauchigen Hauptbalkon im ersten Stockwerk. Vier weitere Balkone, alle mit spinnwebzartem vergoldetem Schmiedeeisen, Pilasterpaare, Puttendekor und Attika mit Vasenschmuck gliedern die Fassade in ästhetischer Perfektion. Auch im Innern herrscht ein festlich-spielerischer Glanz in der Architektur, die der Form des Ovals huldigt mit der Eingangshalle, dem Treppenlauf, Sälen und Raumabfolgen. Die barocke »Schlüterdecke« stammt aus dem 1889 abgerissenen Palais Wartenberg, das von Andreas Schlüter errichtet und ausgestattet worden war. Im Ephraimhaus werden Wechselausstellungen aus den reichen Beständen des Stadtmuseums präsentiert.

Märkisches Ufer

Bis in die Spitze der Spreeinsel hinein sind von der ursprünglichen Bebauung im Herzen des alten Berlin kaum noch Spuren auszumachen: Die Breite Straße führt auf die moderne Verkehrsbarriere Gertraudenstraße/Mühlendamm zu; dazwischen lagen einst das Cöllnische Rathaus und die im 13. Jahrhundert erbaute Petrikirche.

Auf der **Fischerinsel** wurde in den sechziger Jahren der letzte von Bombenkrieg und City-Bildung halbwegs verschonte Rest Alt-Berlins radikal abgeräumt. Die alten Gassen und Höfe des im 19. Jahrhundert zum Armeleuteviertel heruntergekommenen Stadtquartiers wurden durch sechs der Uferlinie folgende, 25geschossige Hochhäuser mit Kindergärten, Schwimmbad und Bürgerzentrum ersetzt, in denen 5000 Menschen ein Zuhause gefunden haben.

Ein winziger Rest, eine kleine Oase des alten Berlin tut sich am Märkischen Ufer auf: Inmitten der Neubauten an der Uferpromenade am Spreekanal reiht sich hier ein Ensemble von acht schmucken Wohnbauten aneinander, die den fußmüden Flaneur zum Schauen, Essen und Trinken einladen. Spätbarocke, klassizistische Fassaden und reiche Schmuckdetails der noch bestehenden, großzügigen Bürgerhäuser aus dem 18. Jahrhundert sind nach den Kriegszerstörungen mühevoll restauriert worden; in die Bebauungslücken passte man Implantate ein: Das **Ermelerhaus** (Nr. 10/12), jetzt »art'otel ermelerhaus« mit viel Kunst von Georg Baselitz, stand in der Breiten Straße und wurde Stück für Stück versetzt. Seit 1967 präsentiert sich der kostbar ausgestattete Bau, im Innern mit dem

Vom Stararchitekten Rem Koolhaas stammt die neue Botschaft der Niederlande am Märkischen Ufer: ein eleganter gläserner Kubus.

152

Nachbarhaus verbunden, als Glanzstück großbürgerlicher Palaisarchitektur: Das Restaurant im Obergeschoss strahlt in heiterem, festlichem Rokoko und lädt zwischen moderner Kunst zu neudeutschem Schlemmen ein; im Sommer schaukelt als Caféterrasse ein Spreekahn vor der Tür.

In den ebenfalls miteinander verbundenen anmutigen Barockbauten Nr. 16/18 wurde bis Anfang 1995 der sozialkritische Maler Otto Nagel (1894–1967) mit einer persönlichen Gedächtnisstätte geehrt – jetzt ist hier das Bildarchiv Preußischer Kulturbesitz eingezogen.

Eine Bilderbuch-Idylle im Miniformat: Das Märkische Ufer mit seinen acht historischen Wohnbauten an der Uferpromenade am Spreekanal.

Dornröschen wachgeküsst – das Märkische Museum

Inmitten der Neubau-Umgebung nimmt sich das vielgestaltige Bauensemble des **Märkischen Museums (28)** am Köllnischen Park wie ein verwunschenes, umranktes Schlossareal aus: Die hochrote, norddeutsche Backsteinbaukunst mit skurriler Dachlandschaft,

Zille-Denkmal vor dem Märkischen Museum

*Märkisches Museum ☆
Besonders sehenswert:
die Dauerausstellung
»Schaut auf diese
Stadt!«, die Glas- und
Porzellan-Sammlung,
Waffenhalle, Zunftsaal,
die »Musikmaschi-
nen«-Abteilung, Ge-
mälde und Grafik vom
17. Jh. bis zur Gegen-
wart, u. a. von Chodo-
wiecki, Menzel, Co-
rinth, Nagel und Zille.*

Neogotik mit Renaissancemotiven, zwischen 1901 und 1907 vom viel beschäftigten Ludwig Hoffmann errichtet, zitiert Architektur der Mark Brandenburg. Der hohe Turm mit spitzem Walmdach ist eine Nachbildung der Bischofsburg in Wittstock; der gotische Giebel-schmuck des Haupttraktes erinnert an die St.-Katharinenkapelle in Brandenburg. Vor dem Eingang steht die Nachbildung des Branden-burger Rolands.

Das Märkische Museum ist eine Schatztruhe zur Geschichte und Kultur Berlins. Im Zuge der Neuordnung der Berliner Museums-landschaft ist das Märkische Museum Teil der Stiftung Stadtmu-seum Berlin, und nach der Schließung des Berlin Museums in der Lindenstraße ist es das größte und schönste Haus zur Geschichte der Stadt.

Die alte Waffenhalle mit ihrem Sterngewölbe ist frisch restauriert, und in zwei Dauerausstellungen wird Berlins Geschichte sehr leben-dig bis an die Gegenwart geführt. Die Sammlungen, ein köstliches, staunenswertes Sammelsurium, umfassen Kunsthandwerk durch alle Jahrhunderte, gotische Plastik, Stadtsiegel, Berliner Landkarten, Stadtmodelle, Gemälde, Skulpturen, Schmuck, Eisenguss, Münz-sammlungen, Industriehandwerk, Porzellan, Glas und Fayencen sowie DDR-Design.

Wichtig ist die Abteilung Theater- und Literaturgeschichte – Ber-lins Theaterlandschaft war ja legendär in ihrem lebensprallen, kon-troversen Reichtum, und aus den Programmzetteln, Aufführungsfo-tos, Plakaten, Bühnenbildentwürfen und Künstlerporträts der »Ber-liner Theater von 1740 bis 1933« ließe sich schon ein eigenes Museum mit magnetischer Wirkung machen. Besonders gehütete Schätze sind auch die Handschriften von E. T. A. Hoffmann und die Manuskripte des gesamten Romanwerkes von Theodor Fon-tane.

Im Köllnischen Park schließlich, unter freiem Himmel, sind im **Lapidarium** Säulenkapitelle, Schlusssteinköpfe, Brunnen, Putten und Vasen versammelt, quer durch die Epochen dekliniert, und ein Denkmal erinnert an **Heinrich Zille,** der das »Milljöh« des Nikolai-viertels und der Fischerinsel in Hunderten von Skizzen und Zeich-nungen festgehalten hat (s. S. 150).

Hauptstadt der DDR – vom Marx-Engels-Forum bis zum Alexanderplatz

*Besonders sehenswert:
Rotes Rathaus ☆
Alexanderplatz*

Vom Schloss-, ehemals Marx-Engels-Platz schiebt sich ein breites Band sozialistischer Stadtentwicklung schräg gen Nordosten auf den Alexanderplatz zu, dem Herz des Berliner Ostens, Mittelpunkt und Zentrum der Hauptstadt der DDR. Eine Abfolge großer Platzanlagen, die im Norden von der Karl-Liebknecht-Straße, die Allee unter den

Linden verlängernd, im Süden von der Werder- und Rathausstraße begleitet wird. Den Auftakt bildet das begrünte Marx-Engels-Forum; hinter der Spandauer Straße schließt sich die gewaltige Platzanlage ohne Namen an, die durch den Fernsehturm und die winzig erscheinende, alte Marienkirche markiert wird. Und hinter den Gleistrassen und der quer dazwischen geschobenen Barriere des S-Bahnhofs dann der »Alex« selbst, eine Großstadtlegende der zwanziger und dreißiger Jahre, die mit Alfred Döblins Roman »Berlin Alexanderplatz« in die Weltliteratur eingegangen ist. Sein Held Franz Biberkopf würde nichts mehr wieder erkennen – nahezu die gesamte innerstädtische Neubebauung stammt aus den sechziger und siebziger Jahren. An dieser Nahtstelle kommt die Teilung und Doppelung Berlins der letzten Jahrzehnte radikal zum Ausdruck, die Brüche und Wandlungen sind krass. Es überwiegt ein kantig in Stein gemeißelter Wille zu großstädtischem Charakter, der mit weiträumiger, straffer Monumentalität verwechselt wurde. Heute herrscht hier eine bescheidene Geschäftigkeit: Straßenhändler, Jogginganzüge, Imbissbuden, Hütchenspiele. Entlang der Karl-Liebknecht- und der Rathausstraße Wohn- und Geschäftszeilen, die ihren Fünfziger-Jahre-Look mit viel Chrom und Nickel, Souvenirshops der nobleren Art und Bistros zeitgemäß aufgepeppt haben. Auf dem Weg liegen das Rote Rathaus (s. S. 155), Sitz des Regierenden Bürgermeisters, und das südlich angrenzende Nikolaiviertel (s. S. 148).

Mitten im grünen **Marx-Engels-Forum (29),** dort, wo im Zweiten Weltkrieg ein dichtes Netz an kleineren Wohn- und Geschäftshäusern zerbombt wurde, thronen in doppelter Lebensgröße, in Bronze gegossen, die Urväter des Sozialismus, Karl Marx und Friedrich Engels – die gewaltige Denkmalanlage in Kreisform und fünfteiliger Marmorwand mit Reliefarbeiten, die Menschheitsgeschichte von der Ausbeutung zum Glück der klassenlosen Gesellschaft darstellen, ist erst 1986 eingeweiht worden.

Tilmann Buddensieg zum Stadtentwicklungskonzept der DDR ohne Privat-Immobilien: »So viel Raum war nie und wird nie mehr sein. In der Innenstadt wurde vor allem leerer Raum, viel Platz und neue Straßen in das kommunistische Gemeineigentum überführt. ... Die endlose Leere zwischen Lustgarten, Rathaus und Alexanderplatz bis zur Karl-Marx-Allee ... wird mit der Utopie von ständigen Massenveranstaltungen gefüllt.«

Allzeit bereit und nicht aus der Ruhe zu bringen: Die Urväter des Sozialismus, Karl Marx und Friedrich Engels nahe dem Roten Rathaus.

Das Rote Rathaus

Von höherer Warte aus hält der Regierende Bürgermeister im **Roten Rathaus (30)** nicht nur die Begründer des wissenschaftlichen Kommunismus beständig im Blick, sondern er kann sich auch an dem Gewühl des Wochenmarktes erfreuen, der dienstags und samstags vor seiner Haustür seine bunten Stände ausbreitet. Der Name »Rotes Rathaus« hat ausnahmsweise keine politischen Implikationen: Der gewaltige Block mit hoch aufragendem Turm über dem Mittelportal, 1861–69 von Hermann Friedrich Waesemann erbaut, ist komplett in roten Ziegelstein gehüllt. Eine imponierende Geste, die sich die Stadtverordneten leisteten, überragte doch der 97 m hohe Turm sogar die Kuppel des Stadtschlosses. An diesem selbstbewussten Schmuckstück handwerklichen Könnens im Stil italienischer Renaissance-Palazzi ist der über 200 m lange Terrakottafries bemerkenswert: Ent-

Der große Wappensaal des Berliner Rathauses wird für offizielle Empfänge genutzt, so auch für Eintragungen in das »Goldene Buch«. Der angrenzende Festsaal, 30 × 18 m, gilt als der größte Raum in Berlin. Während der Restaurierung des Wappensaales machte sich der damalige Oberbürgermeister auch weltanschaulich breit: Er ließ die Westberliner Bezirkswappen ebenfalls einarbeiten, davon ausgehend, dass »Westberlin dem Ostteil der Stadt in absehbarer Zeit zufallen würde«.

Zwischen Spandauer Vorstadt und Georgenvorstadt etablierte sich mit dem 1824 eröffneten Königsstädtischen Theater die Posse und das Berliner Singspiel – echtes Volkstheater, das mit der Gestalt des »Eckensteher Nante« schwungvoll ins Rampenlicht trat, von Adolf Glasbrenner dann verfeinert wurde. Hier stand der Berliner Dialekt zum ersten Mal auf den Brettern der Bühne und wurde damit salonfähig.

lang der Balkone im ersten Obergeschoss entfaltet sich detailliert und plastisch die Geschichte der Stadt seit ihrer Gründung. Die »Steinerne Chronik« mit Wissenschaftlern und Künstlern aller Epochen beginnt an der Gustav-Böß-/Ecke Spandauer Straße und verläuft gegen den Uhrzeigersinn in Richtung Jüdenstraße; hübsch auch die Berliner Bären, die sich auf den Turmecken im ersten Geschoss tummeln. Seit 1870 hielt hier der Magistrat seine Sitzungen der Stadtverordnetenversammlung ab. Nach den Kriegszerstörungen ist das Äußere wiederhergestellt worden; die große Halle mit Kreuzgewölben und einschüchterndem Treppenaufgang ist neu gestaltet. Der Ostberliner Magistrat zog noch während der Wiederaufbauarbeiten ein, der Westberliner Senat und die Landesregierung wichen ins Rathaus Schöneberg aus, das mit der Vereinigung Abschied nehmen musste von der Weltgeschichte und sich wieder an den alten Status des gemeinen Bezirksrathauses zu gewöhnen hatte. Von hier aus führt die Poststraße in das Nikolaiviertel (s. S. 148).

Auf dem Weg zur Marienkirche wandern wir auf der anderen Seite der Rathausstraße an zwei überlebensgroßen Plastiken von Fritz Cremer, der **Trümmerfrau** und dem **Aufbauhelfer**, und am reich ausgestalteten **Neptunbrunnen** von Reinhold Begas (1891), seinem Hauptwerk, das ursprünglich auf dem Schlossplatz stand. Die merkwürdig schräge Platzierung der abgesenkten **Marienkirche (31)** erinnert noch an die Anordnung der Wohnhäuser rund um den Neuen Markt, die alle längst verschwunden sind. Die schlichte dreischiffige Hallenkirche aus Backstein ist neben der Nikolaikirche die älteste, noch erhaltene Pfarrkirche Berlins, deren Bau um 1270 begonnen wurde. Ihre heutige Gestalt erhielt sie am Ende des 14. Jh.; der gotisierende Aufsatz des Westturms vom Ende des 15. Jh. stammt von Carl Gotthard Langhans (1789/90), dem Schöpfer des Brandenburger Tores. Herausragend ist die reiche Ausstattung der Kirche: Bei Renovierungsarbeiten entdeckte der Schinkel-Nachfolger August Stüler 1860 in der Turmhalle den um 1485 entstandenen *Totentanz* – ein 22 m langes Fresko, das in 28 szenischen Abfolgen den Tod zeigt, der die Vertreter der geistlichen und weltlichen Stände zum Reigen bittet. Das erläuternde Schriftband gilt als älteste erhaltene Dichtung, das Fresko selbst ist das Hauptwerk spätgotischer Wandmalerei in Berlin. Bemerkenswert sind u. a. auch das bronzene Taufbecken im Chor (um 1430) und die Barockkanzel von Andreas Schlüter (1703).

Als Walter Ulbricht 1969 den 365 m hohen **Fernsehturm (32)** eröffnete, konnte er einen unübersehbaren Triumph verbuchen: Der »Zahnstocher« oder »Telespargel« war mit Abstand das höchste Bauwerk, nicht nur in Berlin, sondern nach Moskau auch in Europa, und neben der technischen Glanzleistung (der Entwurf stammt von Hermann Henselmann, der mit »seiner« Karl-Marx-Allee notorischen Ruhm erntete) wartete die verglaste Kugel in 200 m Höhe mit einer sensationellen Attraktion auf: Nachdem der Besucher von den Aufzügen blitzartig ins »Tele-Café« katapultiert worden war, nahm er auf einem Drehring Platz, der innerhalb von 20 Minuten einmal um

die eigene Achse rotierte: Zu Kaffee und Kuchen gab's einen herrlichen Blick auf unverstellte Verhältnisse in Berlin und Brandenburg – auch heute noch. Als sich allerdings herausstellte, daß die Sonne in den Facetten der silbrigen Kugelhaut ein weithin sichtbares, leuchtendes Kreuz bildete, ließ der Spott nicht auf sich warten: Die Kirchen freuten sich, die Berliner lachten über »die Rache des Papstes«, und es geht die Mär, dass im Ministerrat zornrot der Abriss diskutiert wurde.

Hat man den Riegel der frisch sanierten S- und U-Bahnstation Alexanderplatz mit der glasüberwölbten Halle hinter sich gelassen, betritt man den riesigen, an der Ostseite hufeisenförmig abgeschlossenen **Alexanderplatz.** Ihn regiert ein planwirtschaftlich nüchternes Baugefüge, das zwischen 1966 und 1970 Gestalt annahm und zum Zentrum Ostberlins wurde: Aus der Trümmerwüste des alten »Alex« entstand, um ein Vierfaches vergrößert, ein 3 ha großer mit Betonplatten gepflasterter Platz als Fußgängerzone, für den auf Zuwachs bemessenen Autoverkehr schneiderte man die umliegenden Tangenten. Den Mittelpunkt der Anlage bilden die **Weltzeituhr** – inzwischen »westlicher« Weltsicht angepasst« – und der **Brunnen der Völkerfreundschaft,** über dessen 17 Treppen und aus dessen Schalen immerfort das Wasser rauscht, schwallt und rieselt – Berliner lieben ihre realistischen, in praller Plastizität dicht besiedelten Brunnen. Aus dem »Centrum Warenhaus«, dem größten der DDR an der nordwestlichen Platzseite, ist der Kaufhof geworden; die Alex-Passage stellt eine Verbindung her zum Hochhaus des Park Inn-Hotels, in der weiteren Randbebauung waren das »Haus des Lehrers« (Hermann Henselmann) mit einem über 100 m langen Bildfries, das »VEB Reisebüro der DDR«, das »Haus des Berliner Verlages«, das »Ministerium für Elektrotechnik und Elektronik« und eine Kongresshalle

Der Roman »Berlin Alexanderplatz«, erster und bedeutendster Großstadtroman der deutschen Sprache, ist mit seinem expressionistischen Montage- und Simultanstil, mit seinem Abgesang auf den Menschen in rauschender Großstadtflut weltberühmt geworden. Als er 1929 erschien, lebte sein Schöpfer Alfred Döblin (1878-1957) noch als Nervenarzt mit Kassenpraxis unweit entfernt in der Frankfurter Allee. 1933 dann wurden Döblins Werke verfemt; als Sozialist und Jude musste er emigrieren. Er ging über Frankreich in die Staaten, lebte kurzfristig in der Bundesrepublik, die er als Enttäuschter wieder verließ.

beheimatet. Nur zwei Bauten aus der Vorkriegszeit konnten sich über die Jahrzehnte hinwegretten: Das **Berolinahaus** mit dem Bezirksamt Mitte parallel der S-Bahngleise und das aufwendig restaurierte dreiflügelige **Alexanderhaus** in der Südecke des Platzes bilden als achtgeschossiges Ensemble mit Kalksteinfassaden bauhausstreng und denkmalgeschützt das Entree zum »Tor des Ostens«. Beide stammen von Peter Behrens, der nach einem Wettbewerb zur radikalen Umgestaltung des Alexanderplatzes die neuartigen Eisenbetonkonstruktionen mit Rastergliederung in den Jahren 1930–32 verwirklichte.

Das Verkehrs- und Menschengewirr am Alex war damit nicht entzerrt. Damals war der Platz ein Flickenteppich aus Industrie, Großmarkt, billigen Straßenbuden und kleinen Geschäften, eng bepackten Wohnhäusern, dürftigen Vergnügungsstätten, Warenhäusern und fünf großen Ausfallstraßen. Aus dem Bahnhofsareal – mit übereinander gestapelten Fernbahngleisen, Stadtbahn und U-Bahntrassen – quollen die Menschentrauben. Die Kolossalfigur der Berolina – Wahrzeichen Berlins – behielt seit 1895 alles im Blick. 1944 wurde sie während der Kriegswirtschaft eingeschmolzen.

Der alte »Ochsenmarkt«, Woll- und Viehmarkt außerhalb der Stadtmauern beim Georgentor, später Königstor, war 1805 nach einem Staatsbesuch des Zaren ihm zu Ehren in Alexanderplatz umgetauft worden. Die Königsbrücke mit den 1780 erbauten Königskolonnaden von Carl von Gontard (in den Kleistpark versetzt) stellte über die heutige Rathausstraße die Verbindungslinie zum Schloss her.

Mittendrin schlug sich Döblins Ex-Sträfling Franz Biberkopf als Transportarbeiter, Zeitungsverkäufer und weichherziger, schwerfälliger, jähzorniger Menschenfreund stoisch durchs Leben: »So ist Franz mit 1,55 Mark in der Tasche bis zum Alexanderplatz gelaufen, hat bloße Luft geschnappt und ist gerannt … Viel Menschen. Kolossal viel Menschen gibt's am Alex, haben alle zu tun.« Heute herrscht Aufbruchsstimmung. Der Alexanderplatz soll in den nächsten Jahren ein neues Gesicht erhalten: Der Kaufhof wird umgebaut und die Platzanlage soll mit neuen Hochhausbauten komplett verändert werden.

»In diesem großen nüchternen strengen Berlin bin ich aufgewachsen, dies ist der Mutterboden, dieses Steinmeer, der Mutterboden aller meiner Gedanken.«
(Alfred Döblin, 1928)

Die Karl-Marx-Allee: »sozialistisch im Inhalt, in der Form national«

Am letzten Tag, bevor in der DDR das Licht ausging, hatte es der Magistrat der Hauptstadt noch durchgedrückt, die Karl-Marx-Allee, 1949–61 Stalinallee, unter Denkmalschutz zu stellen. Zum europäischen Baudenkmal erklärt, steht die »Erste Straße des Sozialismus« zwischen monumentalem Pathos, trister Weitläufigkeit und ständigem Neubeginn angegraut, aber kerzengerade da. Als Prunk- und Prachtstück vergangener politischer Hoffnungen und realer Wunscherfüllung ist sie leibhaftige Präsenz einer anderen, untergegangenen Architektur-Ideologie und eines der seltsamsten und eindrücklichsten Zeugnisse deutscher Baugeschichte der Nachkriegszeit. So wie West-Berlin als Schaufenster des Westens firmierte, war sie, die Stalinallee, als Schaufenster des Ostens angelegt: eine 2,5 km lange Magistrale, 90 m weit, mit sechs Fahrspuren, einem breiten, baumgesäumten Mittelstreifen, zwei gewaltigen Platzanlagen, über-

Karl-Marx-Allee☆☆

kuppelten Turmhäusern, mit »Wohnpalästen für das Volk« im Moskauer Zuckerbäckerbarock, mit rund 3000 Wohnungen und 200 Läden, Kino, Gaststätten, Wochenmarkt – Treffpunkt und Einkaufszentrum der Berliner. Die Karl-Marx-Allee ist der einzige Boulevard Europas, der in der Nachkriegszeit neu angelegt wurde.

Sie hieß einmal Große Frankfurter Straße und östlich der ehemaligen Stadtmauern, jenseits des Frankurter Tores, erst Frankfurter Chausee, dann ab 1872 Frankfurter Allee. Sie war mittelalterlicher Handelsweg, schließlich die wichtigste Ausfallstraße vom Osten Berlins Richtung Frankfurt/Oder. Im Jahr 1701 zog hier der frisch gekrönte erste König in Preußen, Friedrich I., aus Königsberg kommend, mit seiner Festprozession nach Berlin ein; Friedrich II. machte eine Heerstraße daraus; später marschierte die Armee Napoleons von hier aus gen Moskau. Siegreich und als Befreier westwärts ziehend, marschierte die Rote Armee im April 1945 durch die Trümmer und Ruinen der heftig umkämpften Frankfurter Allee, der einstigen Lebensader des stark zerstörten Bezirks Friedrichshain. Ziel: Tiergarten, Wilhelmstraße, Reichstag. Als Herrschaftsachse und Prachtstraße der DDR symbolisierte die Stalinallee dann die Verbindung der Brüderstaaten im Glauben – von der Stadtmitte bis nach Moskau. Und eben hier, in der ersten sozialistischen Straße, nahm am 17. Juni 1953 der erste Aufstand im neuen Staat, von den Bauarbeitern angefacht, seinen tragischen Lauf.

Schon ab 1946 hatte es in der Vier-Sektoren-Stadt zwei große Neukonzeptionen zum Wiederaufbau Berlins gegeben. Der so genannte Kollektivplan von Stadtbaurat Hans Scharoun sah eine totale Umstrukturierung des Stadtgebiets vor. Sein Nachfolger Karl Bonatz favorisierte den pragmatischen Wiederaufbau. Der Magistrat entschied sich für den 1948 erstellten letzten Gesamt-Berliner-Bebauungsplan vor der Teilung, den so genannten Bonatzplan.

Im November 1948, als sich der sowjetische Sektor ausklinkte, wählte man im Ostsektor einen eigenen Magistrat mit dem Oberbürgermeister Friedrich Ebert. Und der nun, Berlin-spezifisch für die Hakenschläge und Zickzackläufe zwischen Hüben und Drüben der fünfziger Jahre, unterstützte Scharouns Kollektivplan, der 1949 als Generalbebauungsplan in der Hauptstadt der frisch gegründeten DDR umgesetzt werden sollte. Scharouns »Wohnzelle Friedrichshain« war den Vorstellungen des Bauhauses verpflichtet, licht, streng, klar, mit weiten Freiräumen und vier- bis fünfstöckiger Staffelbebauung zwischen Weberwiese und Warschauer Straße. Verwirklicht nach seinen Vorgaben wurden nur zwei fünfgeschossige Laubenganghäuser, von Ludmilla Herzenstein und dann vom Genossen Spitzbart als »formalistisch« abgelehnt (Karl-Marx-Allee 102/104 und 126/128).

Inzwischen wetterte nämlich die SED gegen »Internationalismus und Modernismus«, gegen »kosmopolitische Phantasien«. »Wir wollen in Berlin keine amerikanischen Kästen sehen.« Gefordert wurde ein Wiederaufbau, der eine Antikultur zum Kapitalismus repräsentieren sollte. Der »Internationale Stil« durfte es nicht sein, der war ja, wie Henselmanns Biograph Bruno Flierl anmerkte, »von den Anglo-

◁ *Moskauer Zuckerbäckerbarock mit nationalen, klassizistischen Anklängen: Als Schaufenster des Ostens angelegt, ist die Karl-Marx-Allee der einzige in der Nachkriegszeit verwirklichte Boulevard in Europa geblieben.*

Kinderreim: »Es wächst in Berlin, in Berlin an der Spree, ein Riese aus Stein in der Stalinallee.«

Hermann Henselmann (1905–95): »Ich war davon beseelt, etwas Wunderbares für die einfachen Menschen zu machen.«

Mit dem Hochhaus an der Weberwiese waren die ästhetischen Zeichen für den Bau der Stalinallee gesetzt, und für die Mieter gab es unerhörten, zukunftsweisenden Komfort.

Paulick war wie Henselmann Bauhäusler; unter seiner Ägide wurden die Deutsche Oper Unter den Linden, Kronprinzen- und Prinzessinnenpalais hervorragend restauriert, zudem leitete er den Bau der Plattensiedlungen und -städte von Hoyerswerda, Halle-Neustadt und Schwedt.

Amerikanern besetzt« und machte sich in der Bundesrepublik und West-Berlin breit. Parteichef Walter Ulbricht forderte eine Architektur, die »sich nach dem Vorbild der Sowjetunion dem Inhalt nach auf den Sozialismus und der Form nach auf die nationalen Formen« gründen sollte: Anleihen und Rückgriffe auf Schinkels Klassizismus, Anleihen beim Zuckerbäckerstil des Stalinismus, um das »Repräsentationsbedürfnis der werktätigen Bevölkerung zu befriedigen.«

Im Dezember 1949 war die Umbenennung der Frankfurter Allee in Stalinallee zum Geburtstag des »Generalissimus« erfolgt; gleichzeitig wurde auf dem Gelände der Weberwiese der Grundstein für den ersten Wohnblock gelegt: »Demonstration wird fließend durchgeführt. Feuerwerk, sowjetische und deutsche Nationalhymne.«

Das achtstöckige **Hochhaus an der Weberwiese (33)**, zwischen Strausberger Platz und Frankfurter Tor, etwa 100 m seitwärts zur Allee, setzte die ästhetischen Zeichen für die Gesamtplanung der Stalinallee: Hermann Henselmann, der zum Chefarchitekten der Hauptstadt der DDR avancieren sollte, hoch talentierter Bauhäusler, hatte hier nach zahllosen verrissenen Entwürfen und längeren Beratungen mit Brecht endlich den von der SED gewünschten Stil getroffen: Ein massiver, zehngeschossiger Baukörper in traditioneller Ziegelbauweise mit Fassadenstrukturen und Dekorelementen, in dem das zerstörte Feilner-Haus von Schinkel nachempfunden waren. Nachdem das Haus 1952 bezogen worden war, strömten Tausende von Besuchern in die Flure und Wohnungen. Ein Jahr lang mussten die Mieter ihre Wohnungen Schaulustigen präsentieren. Wie sich Hausbewohner erinnern, kamen z. B. am 2. Juli 1952 zum Kieken: 20 Polen, 14 Engländer, 64 Ungarn, 68 Tschechen, 46 Griechen, 112 Franzosen, 80 Westdeutsche, 463 Ostdeutsche, 263 West-Berliner, 24 Finnen und 31 Holländer. Geboten wurde für damalige Verhältnisse unerhörter, zukunftsweisender Komfort: Bei einer Miete von 0,96 Mark pro Quadratmeter gab es eine Gemeinschaftsdachterrasse, Müllschlucker, Fahrstuhl, Zentralheizung, Klingelanlage, Telefonanschluss und fließend Warmwasser.

Henselmann wurde im Herbst 1951 in die Leitung der Gestaltungskollektive von Richard Paulick, Egon Hartmann, Hanns Hopp und Karl Souradny für die Stalinallee berufen. Die Verteilung erfolgte blockweise: Henselmann erhielt die Abschnitte Strausberger Platz und Frankfurter Tor – die Bebauung der großen Achsen- und Eingangssituationen des insgesamt 2 km langen Stadtbauensembles. 1960 ist dieser Bauabschnitt abgeschlossen worden. Im November 1961 wird das Stalindenkmal in einer Nacht- und Nebelaktion entfernt, die Stalinallee in Karl-Marx-Allee umbenannt.

Aufbau – Schicht um Schicht

Buchstäblich auferstanden aus Ruinen ist der Straßenzug der Stalinallee in einer ungeheuren Anstrengung und Aufbauleistung der Bevölkerung, die mit viel Optimismus und »der Zukunft zugewandt« ans

Werk ging. Auf Vorschlag des ZK der SED wurde im Jahr 1952 das »Nationale Aufbauprogramm Hauptstadt Berlin« ins Leben gerufen – mit einer umfassenden Enttrümmerungsaktion und dem Baubeginn der Stalinallee. Im Aufruf hieß es: »Zehntausende in Berlin, Hunderttausende außerhalb werden mit dem Namen der deutschen Hauptstadt auf den Lippen enttrümmern, mauern, schmelzen, gießen, fällen, forsten, transportieren …« Im Licht der Scheinwerfer und bei Lautsprechermusik rackerten sich die so genannten Aufbauhelfer ab – Hausfrauen, Handwerker, Bauarbeiter, Lehrer, Krankenschwestern und Sekretärinnen – und machten mit beim »Aufbausparen« und der »Aufbaulotterie«. Der Historiker Gerd Keiderling: »Zum ersten Aufbautag, am 2. Januar 1952, fanden sich mehr als 50 000 Berliner rings um den Strausberger Platz ein. Unter denen, die Schutt wegkarrten, Balken und Eisenträger stapelten oder Ziegelsteine putzten, sah man Ministerpräsident Otto Grotewohl, den Generalsekretär des ZK der SED Walter Ulbricht und den Berliner Oberbürgermeister Friedrich Ebert. Tag für Tag kamen Tausende zu den Enttrümmerungsstätten zwischen Strausberger Platz und Frankfurter Tor. Sie hängten ihrem vollen Arbeitstag noch eine so genannte Halbschicht – das waren drei Aufbaustunden – dran, für die es einen Stempel ins Aufbauheft gab.«

Die Trümmerfrau wurde zum Symbol der zähen Energie und des Aufbauwillens der Berliner: hier eine Großplastik von Fritz Cremer vor dem Roten Rathaus.

Es gab nach Halbschichten gestaffelt silberne und goldene Aufbaunadeln und nach 100 Halbschichten erhielt man ein namentlich ausgestelltes Los für die Aufbaulotterie und/oder Geldprämien – in der Tat sind 40 Prozent der etwa 5000 Wohnungen in der Stalinallee und den angrenzenden Neubaugebieten verlost worden, viele, besonders auch »bewährte Antifaschisten«, erhielten den begehrten Wohnraum für besondere Verdienste. Immer auch waren neben den professionellen Baubrigaden Aufbauhelfer dabei, und erst später half bei den Zuteilungen das Parteibuch nach. Am 30. Januar 1953 erfolgte die erste Verlosung, die Gewinner erhielten die Wohnungsschlüssel vom Oberbürgermeister, wie das »Neue Deutschland« berichtete, waren es u. a. zwei Näherinnen, 16 Arbeiter, sieben Brigadiere, zwei Meister, ein Lehrer, zwei Architekten, ein Arzt und ein Volkspolizist.

Entstanden ist eine einheitliche, stark bewegte Reihung von sieben- bis neungeschossigen Wohnpalästen, die von den Platzanlagen mit großer Geste begleitet werden und den Boulevard kompositorisch zusammenhalten. Der **Strausberger Platz** mit dem großen Ringbrunnen von Fritz Kühn wird von abgetreppten 13geschossigen Hochhäusern flankiert, dem »Haus Berlin« und dem »Haus des Kindes«. Dort ins Dachcafé durften Erwachsene früher nur in Begleitung von Kindern hinein, heute leuchtet vom Dach die Coca-Cola-Werbung.

»Mensch, Berlin, wie haste dir vaendert«. »Eckensteher Nante« sieht über den Strausberger Platz zur Stalinallee und auf die dort – geplanten – monumentalen Bauten. Plakat von 1952.

Die Formensprache aller Bauten ist lebhaft: unterschiedliche Höhen und Breiten, Passagen und Loggien, tiefe Rück- und Vorsprünge, Balustraden und Balkone mit Ziergittern, dorische Säulen an den Eingängen, Friese und Schmuckgesimse in geometrischer Anordnung und dekorativer Detailarbeit. Alle Geschäftsfronten und Erdgeschosse sind mit Naturstein, sämtliche darüber liegenden Stockwerke mit hellgrauen Keamikkacheln aus Meißen verkleidet.

Literatur:
Brigitte Reimann:
»Franziska Linker-
hand«.
Der Roman der früh
verstorbenen DDR-
Autorin zeichnet das
bewegende Porträt
einer jungen Architek-
tin, die sich am Aufbau
einer Plattenbaugroß-
siedlung beteiligt. Die
Figur des älteren Pro-
fessors darin ist eine
Verschlüsselung von
Hermann Henselmann.
Hoch interessant ist
auch Stefan Heyms
früher Roman »Die
Architekten«, in dem
er die ideologischen
und menschlichen
Kämpfe beim Aufbau
der Hauptstadt der
DDR, u. a. der »Stalin-
Allee«, zum Thema
macht.

Nachdem die DDR 1952 in das Wirtschaftssystem des Ostblocks integriert war und Völkerfreundschaft auf dem Programm stand, sorgten die Gaststätten, Nachtbars, Tanzcafés und Kulturzentren der Bruderstaaten für regen Betrieb auf der Flaniermeile, das Restaurant »Moskau« im »neuen« Plattenbauabschnitt breitete sich auf 4000 qm aus, mit der »Natascha-Bar«, russischen und ukrainischen Räumen und einer Sputnik-Nachbildung im Eingangsbereich; es gab das »Café Warschau« mit der legendären Warschauer Torte, das »Praha« und das »Haus Budapest« mit Tokayer, Salami und geigenden Zigeunern. Das »Hotel Berolina« kam hinzu; die »Mokka Milch Eisbar« im gelben Kachelbau neben dem Kino »International« (Karl-Marx-Allee 35) servierte westlich dekadente Milchshakes und wurde im Schlager verewigt – sie ist in Miniaturform wieder zum Leben erweckt. Die anderen Häuser sind geschlossen oder mutierten zu Steakhäusern und Bierkellern. Das eiförmige, 1000 Plätze fassende »Kosmos«-Kino aus den sechziger Jahren wurde sehr aufwändig zum ersten Multiplex-Kino Berlins umgerüstet. Die Karl-Marx-Buchhandlung hält mit neuen Betreibern wacker stand; daneben ist die Architektenkammer Berlin eingezogen. Ansonsten: Reisebüros, Banken, alteingesessene Rentner. Am Strausberger Platz lebten Robert Havemann mit seiner Familie, der Schriftsteller Franz Fühmann, der Verleger Bruno Henschel.

Das monumentale Ensemble des **Frankfurter Tors** (34) ist weithin sichtbar: Die zwei Hochhäuser mit den kuppelgekrönten, kupfergedeckten Turmbauten von Henselmann mit Atelierwohnungen und gemeinschaftlichen Feststräumen hatten die Kuppeln der Gontardschen Türme auf dem Gendarmenmarkt zum Vorbild – sie markieren den Abschluß der Karl-Marx-Allee, und mit der Fertigstellung im Jahr 1960 auch das Ende des Zuckerbäckerstils mit nationalen Erbanteilen, den »sozialistischen Klassizismus«. Derweil waren schon die ersten Dauerschäden in der Bausubstanz zu verzeichnen: Die Kacheln fielen tonnenweise herunter, die Flachdächer zeigten Schäden – folglich mussten einzelne Bauabschnitte geschlossen werden.

Der Bau der Stalinallee fiel in die heiße Zeit des Kalten Krieges mit bitteren Propagandaschlachten. Nicht nur, daß sich der Westen nach dem Aufstand vom 17. Juni 1953 auf ganzer Linie bestätigt sah – der Westberliner Senat präsentierte im Rahmen der Interbau 1957, dem Beispiel zukunftsorientierter Bauprojekte folgend, wenn auch als Nachzügler, das locker bebaute Hansaviertel (s. S. 241), das höchstem westlichen Standard entsprach.

Der Zukunft zugewandt: Die Deutsche Pfandbrief- und Hypothekenbank hat die Karl-Marx-Allee in ihrem Hauptabschnitt zwischen Strausberger Platz und Frankfurter Tor aufgekauft – mit allen Mietverträgen und dem Bodensatz machtvoller Erinnerungen. Die Gesamtinstandsetzung ist eine Milliardenaktion, die nunmehr durch Fonds privater Anleger finanziert wird, welch Ironie der Geschichte.

Im Dickicht der Höfe –
rund um den Hackeschen Markt

Auch im Schwäbischen und auf dem platten Lande Frieslands ist die Fama vom »Wilden Osten« schon weit verbreitet: Im Dickicht der Straßenschluchten, Gassen und Hinterhöfe der Spandauer Vorstadt geht die Szene ab – frech, schrill, unartig, zwischen Graffiti und junger Kunst, lärmenden Kreuzungen und ratternden Straßenbahnen, zwischen bröselnden Fassaden und stillen, traurigen Resten jüdischen Lebens. Mittendrin leuchtet als Orientierungspunkt im Häusermeer die exotische, goldene Kuppel der Neuen Synagoge, streng bewacht, in der Oranienburger Straße.

Die Spandauer Vorstadt bezeichnet in etwa den Bereich nördlich von Alt-Berlin: Er wird im Osten vom Rosa-Luxemburg-Platz begrenzt und zieht sich nach Westen bis an die Friedrichstraße nördlich der Weidendammer Brücke. Den nördlichen, bogenförmigen Abschluss bildet die Tor-, ehemals Wilhelm-Pieck-Straße. Sie markierte die Zollmauer und streng bewachte Barriere gegen Soldaten, die dem preußischen Kasernendrill entfliehen wollten. Erst nach 1861 wurden die Mauern und Tore abgetragen, um der wachsenden Menschenflut und dem Meer der Mietskasernen Platz zu machen. Außerhalb des alten Berlins wuchs im 18. Jahrhundert zwischen den Oranienburger, Hamburger und Rosenthaler Toren mit den jeweiligen Ausfallstraßen ein neuer Stadtteil heran – am heutigen **Hackeschen Markt** stand einst das Spandauer Tor, das der Vorstadt ihren Namen gab. Ein dicht gedrängtes, engbrüstiges Sammelbecken all derer entstand, die in der wachsenden preußischen Hauptstadt beiseite gedrängt und nur geduldet wurden: Katholiken, Juden, Arme, Soldaten. Zwischen jüdische und katholische Friedhöfe, Kasernen und Garnison, Armenhäuser, die ersten Hospitäler der Stadt und eine Vielzahl jüdischer Sozialeinrichtungen schoben sich mit zunehmender Industrialisierung immer mehr Baracken und Mietskasernen. Hier regierte das düstere, proletarische Elend in Hinterhöfen und Kellerbehausungen, in Logierhäusern und Notunterkünften. Hier wohnten Lohnarbeiter, Dienstmädchen, kleine Handwerke; Textilgewerbe, viel Amüsierbetrieb, anämisches Rotlichtmilieu. Alfred Döblins Franz Biberkopf war hier zu Hause, Joseph Roth und der rasende Reporter Egon Erwin Kisch haben hier recherchiert; Zuhälter, Gauner, Taschendiebe, Hehler und zwielichtige Gestalten lungerten besonders im Scheunenviertel herum und wurden von der mutigen, bürgerlichen Boheme als Nervenkitzel gern samstagnachts besichtigt.

Das **Scheunenviertel** rund um den Rosa-Luxemburg-Platz existiert schon lange nicht mehr. Mehrfach teilsaniert, geistert das jüdische »Schtetl« Berlins nur noch als pseudo-romantische Legende wie ein Golem durch die Kultur- und Stadtgeschichte. Dort, wo bis ins 18. Jahrhundert hinein die leicht entflammbaren Scheunen weit vor

Spandauer Vorstadt
Besonders sehenswert:
Hackesche Höfe ☆
Neue Synagoge ☆☆

Von den Hackeschen Höfen durch die Oranienburger bis zur Friedrichstraße; Spurensuche nach jüdischem Leben im verschwundenen Scheunenviertel, der Kult um die Hackeschen Höfe, die Neue Synagoge. Kneipen, Kiez und Künstlerszene. Ausgangspunkt und Mitte ist die S-Bahnstation Hackescher Markt.

Die Berliner, schnell und mobil, kürzen gern die Straßennamen ab. Statt Oranienburger Straße ist's die Oranienburger, statt Potsdamer Straße die Potsdamer, und sie gehen nicht über die Straße, sondern den »Damm«.

Die Hackeschen Höfe in bühnenreifer Pracht – eine Ministadt mit magischer Anziehungskraft.

»*Der Orient in der Hirtenstraße*«, *den Joseph Roth auf seinen Streifzügen im Jahr 1920 skizzierte, ist untergegangen – und auch die elendige Not der »Flüchtlinge aus dem Osten«, ebenfalls von Roth festgehalten, gibt es in dieser Ausprägung nicht mehr: »Es waren Flüchtlinge. Fast alle sind alt, gebrechlich und gebrochen. Sie stammen aus der Ukraine, Galizien, Ungarn. Hunderttausende sind zu Hause Pogromen zum Opfer gefallen. Hundertvierzigtausend fielen in der Ukraine. Überlebende kommen nach Berlin. Von hier aus wandern sie nach dem Westen, nach Holland, Amerika, und manche nach dem Süden, nach Palästina.*«

den Stadttoren standen, drängten sich die ärmsten der Ostjuden zusammen, in schmalen, niedrigen Häusern, in engen Gassen, wegen ihrer Fremdheit ausgestoßen und verachtet. Zur Kaiserzeit ist das alte Scheunenviertel im Rahmen der Stadterschließung abgerissen worden; in den umliegenden Mietskasernen ging das kümmerliche, eng verzahnte Ghettoleben weiter.

Vom Alex führte die neue Schneise der Kaiser-Wilhelm-Straße (heute Rosa-Luxemburg-Straße) zu der Dreiecksanlage des Bülowplatzes, und nach weiteren Anläufen wurde seine Randbebauung erst 1930 fertiggestellt. Im Dritten Reich firmierte er als »Horst-Wessel-Platz«, jetzt heißt er Rosa-Luxemburg-Platz.

Die **Volksbühne (35)** am Rosa-Luxemburg-Platz ist seit der Wende das wohl aufregendste, radikalste Theater Berlins, weit über seine Grenzen hinaus bekannt. Seine verwickelte Geschichte gründet in der weitverzweigten sozialdemokratischen Volksbühnenbewegung, die schon vor der Jahrhundertwende ungeheuren Zuspruch fand. Finanziert wurde der monumentale Bau und das damals modernste Theater Berlins (1913/14) durch Spenden und einen Aufschlag auf die Theaterkarten der über 100 000 Mitglieder – sehr wache und politisch bewußte Theatergänger, die sich nicht nur erbitterte Saalschlachten lieferten, sondern auch der Bühnenmagie von Erwin Piscator verfielen, der in diesem Haus zwischen 1924 und 1927 seine großen Triumphe feierte, bevor er das »Theater am Nollendorfplatz« übernahm. Aus dem Exil kehrte Piscator noch einmal an die Volksbühne zurück: Von 1962 bis 1966 war er Intendant der »Freien Volksbühne Berlin« (West).

Vom **S-Bahnhof Hackescher Markt,** einem detailreich geschmückten, sanierten Ziegelsteinbau aus der Gründerzeit, ist es nur ein Katzensprung bis zum bunten Gewimmel der Rosenthaler. Der

Name geht auf den Stadtkommandanten Graf von Hacke zurück, der ab 1749 die Stadtanlage vor dem Spandauer Tor vorantrieb. Unübersehbar im Grau der Häuser: die weite, leicht geschwungene Fassade der **Hackeschen Höfe (36).** Die Leuchtschrift kündet vom frischen Ruhm des aufgepäppelten Labyrinths mit Kultstatus, das sich in lässiger Schönheit über acht Hinterhöfe hinweg bis zur Sophienstraße erstreckt. Und weil das Mischnutzungskonzept der Hackeschen Höfe so überaus erfolgreich ist, sind ringsumher alte Mietskasernen mit ihren Hinterhöfen saniert worden und bieten nun einen höchst interessanten, bunten Mix an Läden, Kneipen, Bars und Restaurants.

Joseph Roth (1894 - 1939): Wie so viele seiner Berliner Freunde mußte auch Joseph Roth als Jude ins Exil gehen; er starb in Paris, vom Alkohol zerrüttet, in einem Armenkrankenhaus.

Die alten Hackeschen Höfe waren aneinandergereihte Mietskasernen, wie sie um die Jahrhundertwende tausendfach gebaut wurden, nur sorgsamer und prächtiger ausgestattet, von dem Architekten Kurt Berndt in den Jahren 1906/07 nach dem Konzept der Mischnutzung errichtet, mit Geschäftsräumen, Vergnügungsbetrieben und Festsälen, großzügigen Wohnungen für Offiziere, Beamte und bessere Gesellschaft im Vorderhaus, Handwerksbetrieben, Läden und Arbeiterwohnungen in den Seitenflügeln, Querhäusern und Hinterhöfen. Ein 10 000 Quadratmeter umfassendes Hofareal – das größte Europas – ein urbaner Mikrokosmos, der mit seinem zweiten Zugang in die Sophienstraße mündet. Fassaden, Vorderhaus, die Festsäle und den ersten Hinterhof hat Alfred Endell in bühnenreifer Pracht zwischen Jugendstil, Art déco und einer gradlinigen Antizipation der Neuen Sachlichkeit gestaltet.

Schon damals ungewöhnlich: die langgliedrig hochgezogenen Schmuckbänder aus glasierten Ziegeln in leuchtendem Kobaltblau, Glasuren in Rotbraun und Grün, Bänderdekore, Rasterornnamente, plastische Dekore mit wellenförmigen Traufgesimsen, die das Himmelsviereck rahmen. Anfang der neunziger Jahre waren die Höfe heruntergekommen; Wim Wenders entdeckte sie für seinen Film »In weiter Ferne so nah«, und nach und nach füllten sich die Höfe mit der Alternativ-Szene. Die Besitzverhältnisse waren verworren, bis die Unternehmensgruppe Roland Ernst den gesamten heruntergekommenen Straßenblock aufkaufte. Mit einem sorgfältigen, mieterfreundlichen Sanierungskonzept ist nun für über 25 Millionen € eine Ministadt entstanden, die wohl einmalig ist in ihrer Zusammensetzung, ihrem Stil und Flair: großzügig geschnittene Wohnungen, kleine Läden mit Klamotten, Schuhen, Schmuck, Ateliers und Galerien, ein Fahrradhändler, ein Frisör, ein Möbelrestaurator; Anwaltsbüros, Architektensaal, Unternehmensberatung, ein Ableger des Institut Français, Bistro, Kino, Café und Restaurant – alles da. Das **Hackesche Hoftheater** pflegt jüdische Kultur und Pantomime, die Architekturgalerie **Aedes East** mit wechselnden Ausstellungen und Vorträgen ist mit ihrer älteren Schwester »Aedes West« als private Institution der kreativen Querdenkerei europaweit bekannt.

Die **Sophienstraße:** Auch sie war Teil des großen Sanierungsprogramms »Spandauer Vorstadt« der SED – zur 750-Jahr-Feier Berlins

In der Blindenwerkstatt von Otto Weidt in einem der Hackeschen Höfe konnten einige Juden versteckt und mit Hilfe gefälschter Papier gerettet werden. So auch Inge Deutschkron. Ihre Autobiographie »Ich trug den gelben Stern« ist vom Grips-theater (s. S. 243) zum bewegenden Theaterstück »Ab heute heißt du Sarah« umgearbeitet worden.

Tipp:
Der schöne Buchladen »Artificium« in den Hackeschen Höfen hat täglich bis 23 Uhr geöffnet.

Die Volksbühne am Rosa-Luxemburg-Platz, auch »Panzer-kreuzer« genannt, ist mit ihren Aufsehen erregenden Inszenie-rungen eine der inno-vativsten Bühnen in Deutschland.

In der »Rosenstraße«, gleich um die Ecke, spielt der eindrucks-volle Film von Marga-rethe von Trotta, der die Civilcourage und den Widerstandswillen Berliner Frauen in der Nazi-Zeit zum Thema hat.

wurde sie 1987 als erster Straßenzug komplett wiederhergestellt, im Übereifer der Detailbesessenheit die Wohnhäuser aus dem 18. und 19. Jahrhundert sehr fesch und gar niedlich herausgeputzt. Besondere Sorgfalt galt dem »Vereinshaus der Handwerker« von 1852, mit Wohntrakt, Versammlungssälen und Gewerbehof. Als **Sophienhöfe** bietet das Ensemble jetzt ein Mischprogramm an Kunst und Kultur. In den **Sophie-Gips-Höfen,** auf dem riesigen Areal einer alten Fabrik und in drei Bürgerhäusern zwischen Sophienstraße 21 und der rück-wärtigen Gipsstraße, gehen Kunst und Szeneleben eine inspirierende Symbiose ein: Kernstück ist die **Sammlung Hoffmann,** eine der größ-ten privaten Kunstsammlungen der Welt mit Werken von Sigmar Polke, Gerhard Richter, Frank Stella, Andy Warhol, Mike Kelley und Nan Goldin (samstags nach Voranmeldung).

Der kleine, baumbestandene **Friedhof** inmitten der Hausfassaden gegenüber dem Vereinshaus der Handwerker gehört zur evangeli-schen Gemeinde der Sophienkirche, die auch der Straße ihren Namen gab, als sie Anfang des 18. Jahrhundert angelegt wurde. Hier liegen der Leiter der Singakademie und Freund Goethes Carl Fried-rich Zelter und der Historiker Leopold von Ranke begraben. Der Durchgang führt quer herüber in die Schneise der Großen Hambur-ger Straße – von Melancholie eingehüllt, hat sie schwer an der Last ihrer Geschichte zu tragen. Die **Sophienkirche (37)** mit ihrem fein zi-selierten, schönen Barockturm war die erste protestantische Pfarrki-che in der Spandauer Vorstadt, von der dritten Frau Friedrichs I., Königin Sophie Luise, gestiftet und seit der Jahrhundertwende von den Fassaden der Mietshäuser gerahmt. Von der friedlichen Nach-barschaft verschiedenster Religionsgemeinschaften in der damaligen »Toleranzstraße« zeugt auch der noch erhaltene Bau des ersten katholischen Hospitals, des St.-Hedwig-Krankenhauses. Wesen und

Geist der Großen Hamburger Straße jedoch sind bestimmt von einer schmerzhaften Leere und einem hoffnungsvollen Pflänzchen des Neubeginns: In Haus Nr. 27 gibt es seit 1993 wieder ein jüdisches Gymnasium und eine Realschule. Im Jahr 1906 wurde der Bau von einer jüdischen Knaben- und Mädchenschule bezogen, die in ihren Anfängen auf die jüdische »Freischule« zurückging, die Moses Mendelssohn 1778 hier ins Leben gerufen hatte.

Das jüdische Altenheim und den ersten, 1692 gegründeten jüdischen Friedhof Berlins gibt es nicht mehr: Der Friedhof mit 3000 Grabstätten wurde 1943 von der Gestapo zerstört, das Gelände des Altenheims diente seit 1942 als Sammelstelle für die Deportationen – 55 000 jüdische Männer, Frauen und Kinder sind von hier aus erst zur Putzlitzbrücke, dann ab Grunewald mit Güterwaggons in die Konzentrations- und Vernichtungslager deportiert worden. Aus dem einstigen *jüdischen Friedhof* ist ein mauerumfriedeter kleiner **Park (38)** am Südende der Großen Hamburger entstanden – eine **Gedenkstätte** mit wenigen jüdischen Grabplatten im Mauerwerk und einem 1990 von der Jüdischen Gemeinde neu errichteten, vierten Grabstein für Moses Mendelssohn, der im alten Friedhof 1786 beigesetzt wurde. Die Figurengruppe wurde 1985 von Willi und Mark Lammert geschaffen.

Im Mietshausblock Nr. 15/16, schräg gegenüber, anstelle des Vorderhauses ein verwilderter Vorgarten, an den Brandmauern große, weiße Namensschilder: G. Jacobi, Kaufmann; A. Kunze, Statistenführer; T. Gaworczewska, Klavierlehrerin; D. Potznanski, Frisör … Konkrete Namen, gewaltsam beendete Lebensläufe, imaginierter Alltag in den Wohnungen dahinter. Diese **Installation** von **Christian Boltanski** aus dem Jahr 1990 trägt den Titel »The Missing House«. Im Stadtmuseum Mitte ist Boltanskis Arbeit dokumentiert.

Heinz Knobloch, gestorben 2003, war einer der bekanntesten Berliner Stadthistoriker – er hat in zahlreichen lebhaften Büchern Geschichte und Geschichten erzählt. In einem seiner schönsten Bände, »Herr Mendelssohn aus Berlin«, lässt er nicht nur die große Zeit der bürgerlichen Aufklärung lebendig werden, sondern entfaltet auch die Geschichte der Berliner Juden. Sein vielzitierter Satz »Misstraut den Grünanlagen!« macht darauf aufmerksam, dass jüdische Friedhöfe und jüdisches Leben oftmals gerade dort ausgelöscht wurden, wo heute ein grünes Fleckchen inmitten der Straßenfluchten angelegt ist.

Die Lichtinstallation in den Sophie-Gips-Höfen weist den Weg zur Gegenwartskunst der Sammlung Hoffmann.

Weithin sichtbar: ▷
In goldenem Glanz überragen die maurisch inspirierten Kuppeln der wieder aufgebauten Neuen Synagoge das Häusermeer der Nachbarschaft.

»Trümmer schaffen ohne Waffen«

August-, Tucholsky-, Linienstraße: grau und vernarbt, immer noch Bombenschäden, grün durchwucherte Hausruinen, Graffiti, Hinterhöfe mit abgeplatzten Schildern alter Handwerksbetriebe, aber auch frische Fassaden, schöne, sanierte Häuserzeilen. Freitagabends füllen Stimmengewirr und Musik vom Vernissagenbetrieb diesen Teil des Stadtsanierungsgebietes. Galeristen, Künstler, Passanten, Stadtführer mit Touristen im Schlepptau auf »Galerienrundgang«: Verein Kunst-Werke, Galerie Wohnmaschine, Galerie Neu, Galerie Eigen + Art, Klosterfelde – rund 40 Galerien – zeigen neueste Kunst. In den Kneipen geht der Abend in die Nacht und in den Morgen über. In der Auguststraße 24: das berühmte, Altberliner Relikt für alle jung gebliebenen Alten, Älteren und frischen Singles: »Clärchens Ballhaus« mit Hauskapelle, Walzer , Foxtrott und Tango-Abenden.

In der Auguststraße 14–16, heute eine Schule, kümmerte sich ehemals das jüdische Krankenhaus vorbildlich und unentgeltlich um Patienten aller Glaubensrichtungen; in der Tucholskystraße, vormals Artilleriestraße, in Haus Nr. 40, hat die orthodoxe Separatistengemeinde Adass Jisroel in den achtziger Jahren im alten angestammten Gebäude eine neue Synagoge eröffnet. Daneben das kleine koschere Bethcafé.

An der Tucholskystraße, Ecke Oranienburger, steht ein riesiger Terrakotta- und Ziegelpalast im preußischen Renaissance-Stil: das ehemalige **Postfuhramt (39),** ein herrliches Zeugnis der wilhelminischen Nach-Schinkel-Schule und ein Paradiesvogel der Gründerzeit (1875–81) mit einem gewaltigen Rundbogenportal, achteckigen Kuppeln und reichem Fassadenschmuck. Die Zentrale des weit verzweigten Rohrpostsystems und das Hauptpaketpostamt sowie 300 Pferde in den rückwärtigen Stallungen residierten hier in fürstlicher Pracht. Zur 750-Jahr-Feier grundlegend restauriert, ist die weitere Nutzung nicht geklärt: Die großzügigen, weitläufigen Räume in Karl Schwatlos glorioser Pralinenschachtel sind ideale Ausstellungsräume, aber durchgängig bespielt wird der Bau leider nicht.

Ausmalungsentwurf für die Ostwand der Synagoge mit Chornische und Allerheiligstem von Friedrich August Stüler. Heute markiert eine weiße Kiesfläche den nicht rekonstruierten Ort.

Die goldenen Kuppeln der Synagoge

Strahlender Goldglanz bauchiger, maurisch-byzantinischer Kuppeln: Die wieder aufgebaute alte **Neue Synagoge (40)** ist weithin sichtbar; einer morgenländischen Fata Morgana gleich, steigen die Kuppeln aus der Fassade empor. Ein Irrlicht in der Häuserwüste: Der Kirchenraum der ehemals größten Synagoge Berlins ist nicht wiederaufgebaut worden; im wunderbar restaurierten Fassadentrakt lagen der Repräsentantensaal und die Verwaltungsräume. Hier befindet sich der Sitz des **Centrum Judaicum** mit angegliedertem Dokumentations- und Forschungszentrum. Im Innern erinnert eine ständige Ausstellung an das Leben der jüdischen Gemeinde mit ihrer repräsenta-

Preußischer Antisemitismus vom einflussreichen deutsch-nationalen Historiker Heinrich von Treitschke, der 1879 zeterte: »Erwägt man die charakteristische Thatsache, daß das schönste und prächtigste Gotteshaus der deutschen Hauptstadt eine Synagoge ist, so läßt sich schlechterdings nicht in Abrede stellen, daß die Juden in Deutschland mächtiger sind als in irgendeinem anderen Lande Westeuropas.«
Als Demonstration gegen den aufkommenden Neid-Antisemitismus waren Bismarck und das Kronprinzenpaar zur Einweihung erschienen.

Tipp:
Das Café und Restaurant Oren, gleich neben der Neuen Synagoge, bietet nicht nur gute jüdisch-arabische, koschere und deutsch-französische Küche in Bistro-Ambiente, sondern auch Musik und Lesungen – sehr »in«.

tiven feierlichen Synagoge. Der Entwurf stammt von Eduard Knoblauch, einem der bekanntesten Architekten seiner Zeit (siehe auch Knoblauchhaus, S. 150); fertig gestellt wurde der Bau von Friedrich August Stüler, der den schwer erkrankten Knoblauch ablöste. Die Einweihung am 5. September 1866 war ein Staatsereignis mit viel Prominenz, angeführt vom damaligen preußischen Ministerpräsidenten Bismarck.

Die Architektur war eine Meisterleistung. Auf unregelmäßigem, schmalem Grundriss schoben sich Vor- und Hauptsynagoge tief in die dichte Bebauung hinein. Die Kuppel krönte die zwölfeckige Vorhalle zur Straße hin – ein dramatischer Kunstgriff, denn über dem Kirchenraum tief im Grundstück wäre die Kuppel kaum zu sehen gewesen. Aufmerksamkeit zieht auf sich auch die Eingangsfront, flankiert von zwei rechteckigen Türmen mit ebenfalls vergoldeten Kuppeln und gebänderten Ziegelornamenten. Im großen Hauptschiff, einer raffinierten Eisenkonstruktion mit gewölbter Decke, hatten 1800 Männer und auf den Emporen 1200 Frauen Platz. Kirchenfenster, Oberlichter, prachtvolle, satte Farben und maurisch inspirierte Dekorelemente; nicht zuletzt die Orgel, ein eingedeutschtes Gebetbuch und die veränderte Liturgie in der größten Synagoge Deutschlands brachten den Grad der Assimilierung der bedeutendsten jüdischen Gemeinde Deutschlands zum Ausdruck.

In der Reichspogromnacht ist auch die Synagoge angezündet worden, aber dem beherzten Polizeivorsteher des Reviers gelang es mit Hinweis auf bestehenden Denkmalschutz tatsächlich, die SA-Leute zum Abzug zu bewegen. Er konnte das Feuer löschen; erst 1943 ist sie durch Bomben schwer beschädigt worden. Am 9. November 1988, 50 Jahre nach der Pogromnacht, erfolgte die Grundsteinlegung zum Wiederaufbau. »Honecker kam, redete aber nicht«, führte Hermann Simon, Direktor des Centrum Judaicum aus, »das war, soweit ich mich erinnern kann, einmalig.«

Am Ende des Rundgangs durch die eindrucksvolle Ausstellung öffnet sich die Stirnwand hinein in den Säulenwald des Synagogenraumes – eine Fotoreproduktion. Seitlich davon blickt man durch bodentiefe Fenster hinaus in die Leere einer weißen Kiesfläche, deren Ernst und Bedeutung sich weit hinten in einem Halbrund von acht massiven Marmorstelen bündelt – dort stand einmal der Thoraschrein.

Im Sommer 1997 fand eine sein ganzes Künstlerleben umfassende Werkschau Max Liebermanns in der Neuen Synagoge statt, mit Arbeiten, die im Jahr 1936, ein Jahr nach Liebermanns Tod, schon einmal in der Neuen Synagoge zu seinen Ehren zusammengetragen worden waren. Alljährlich im November finden rund um die Synagoge internationale jüdische Kulturtage statt.

Entlang der Oranienburger Straße kommt man, vorbei an den Kneipen und Cafés der Szene, zum hoch aufragenden, ausgeweideten Skelett des **Tacheles (41).** Im Halbjahr der Anarchie zwischen dem Abgesang des Politbüros und der Währungsunion sollte die Ruine gesprengt werden. Noch vor dem Fall der Mauer hatten

Rockmusiker und Künstler, DDR-Alternative die 90 000 Quadratmeter der »einstürzenden Altbauten« in Beschlag genommen; ein Haus der Kunst sollte es werden – Tacheles, also Klartext, stand an. Nach der Wende kam die Profi-Hausbesetzer-Szene aus Kreuzberg dazu. In der morbiden Halbruine des Tacheles trafen sich junge Künstler aus aller Welt und schufen eine bizarre Märchenwelt der Aussteiger.

Ateliers, Kneipe, Kino wurden eingerichtet, im verwahrlosten Brachland zur Friedrichstraße hin entstand aus Müll, Schrott und Schutt ein bizarrer Skulpturengarten, und in den Kellertunneln war genug Platz für eine der schrillsten Underground-Discos von Berlin.

Der Ruhm kam schnell, den Medien- und Tourismuswert erkannte auch der Senat und teilte Fördermittel aus. Jetzt ist mit der Endzeit ein Neuanfang verbunden: das gesamte Grundstück ist verkauft, Bleibe-Verhandlungen sind arrangiert, am Skulpturengarten finden sich jetzt die Stände des neu eingerichteten Wochenmarktes. 1908 als glanzvoll geschmücktes Passagen-Kaufhaus aus Stahlbeton errichtet, übernahm nach dem Ersten Weltkrieg die AEG das riesige Blockareal und nutzte es als »Haus der Technik«. Ende der Dreißiger wurde von hier aus die erste Fernsehübertragung der Welt durchgeführt. NS-Dienststellen kamen hier unter, es wurde Gefangenenlager, es wurde zerbombt. Und da stand es dann.

Das Tacheles war im letzten Jahrzehnt des 20. Jahrhunderts zum Symbol einer blühenden Zerfalls-Ästhetik geworden, die das morbide Flair rund um die Oranienburger Straße mit ihrer kreativen, schrillen Off-Szene bestimmte.

173

Daten zur Geschichte der jüdischen Gemeinde in Berlin

1244	In Spandau entsteht ein jüdischer Friedhof auch für Berliner Juden.
1295	Juden werden erstmalig urkundlich erwähnt.
1349/50 und 1510	Verfolgung, Vertreibung, Misshandlung, Tötung, Wiederzulassung mit hohen Schutzgeldern.
1671	Edikt des Großen Kurfürsten: Ansiedlung von fünfzig wohlhabenden Familien aus Wien, Beginn der neueren jüdischen Gemeinde.
1672	Erster Friedhof (Große Hamburger Straße).
1714	Erste Synagoge in der Heidereutergasse.
1743	Moses Mendelssohn kommt nach Berlin – damals gab es 203 unter dem Patronat des Königs stehende Männer, die Schutzjuden und ihre Familien, Beginn der Aufklärung mit dem Gedanken der Judenemanzipation.
1812	Staatsbürgerliche Gleichstellung der Juden, nach und nach wieder zurückgenommen und ausgehöhlt.
1852	Etwa 12 000 Juden leben in Berlin, dann durch machtpolitischen Aufstieg, territoriale Expansion, Industrialisierung Deutschlands und aufgrund der Hungersnöte und Pogrome in Osteuropa ab 1870 stetiger Zuzug auch der Ostjuden.
1890	80 000 Juden in Berlin.
1925	44 000 Ostjuden in Berlin, ca. 50 Prozent aller in Deutschland befindlichen Ostjuden. 173 000 Juden in Berlin, ca. 4,3 % der Gesamtbevölkerung, ein Drittel aller in Deutschland lebenden Juden und die größte jüdische Gemeinde Deutschlands in der Weimarer Republik.
1932	16 Gemeindesynagogen und 72 private Synagogenvereine in Berlin – von den strengsten Orthodoxie bis zu extremer Reformgemeinde.
Während der NS-Zeit	Erlass von ca. 400 Gesetzen und Verordnungen, die bis zur »Endlösung der Judenfrage« führten: 55 000 Berliner Juden sind in den Vernichtungslagern ermordet worden. 90 000 Berliner Juden konnten auswandern, rund 1500 überlebten in der Illegalität. Rund 4000 waren durch Mischehen geschützt, wobei aber 70 Prozent aufgespürt wurden.

1946	Etwa 6000 Überlebende oder zurückgekehrte Juden in Berlin.
1988	Die kleine Gemeinde in Ostberlin zählte nur 200 Mitglieder.

Heute leben über 10 000 jüdische Gemeindemitglieder in Berlin, davon stammen etwa zwei Drittel aus den Ländern der ehemaligen Sowjetunion. Heute gibt es neben dem kulturellen Zentrum des Jüdischen Museums fünf Synagogen, zahlreiche Vereine, koschere Restaurants, ein Gymnasium, eine Realschule, eine Grundschule.

Die Friedrichstraße »Idee der Unendlichkeit«

Die Friedrichstraße, 3,3 km lang, schlägt eine schnurgerade Schneise durch Berlins Stadtmitte; ihr legendärer Name verbindet sich mit hauptstädtischer Hektik, mit Lichterglanz, Menschengewimmel, Bars, Cafés, Kinos, Theatern, Bahnhöfen, Hotels, Kaufhäusern, mit dem Vergnügungsrausch der zwanziger Jahre; damals nannte man sie »Saufstraße«. Auch beklemmende Erinnerungen an den »Tränenpalast« am S-Bahnhof Friedrichstraße und den politischen Brennpunkt des Grenzübergangs Checkpoint Charlie, an Ost und West, an marode Stadtwüste und die Aufbruchstimmung der Nachwendezeit sind mit der Friedrichstraße assoziiert. Aus den gewaltigen Baustellen sind immer mehr Blockbauten emporgewachsen – hier haben die Investoren ein neues, anfangs heftig kritisiertes Cityareal aus dem Boden gestampft.

Die Friedrichstraße führt vom Oranienburger Tor im Norden bis zum Mehringplatz nahe dem Halleschen Tor im Süden. Zu Zeiten der zwei getrennten Deutschländer lag das nördliche Zweidrittel in Ostberlin; der südliche Abschnitt, zu Kreuzberg gehörig, kümmerte im Schatten der Mauer dahin.

Die Friedrichstraße nördlich der Linden

Alles ist hier noch neu, schick und im Aufbruch: eilige Nadelstreifen, Bauarbeiter, Grünhaarige mit Strubbelhunden, das alltägliche Bahnhofsgewimmel und Touristengruppen mit Stadtplan und Fremd-Berlin-Gefühl. Das Raster der alten Dorotheenstadt lässt sich nur noch am Gleichmaß der Straßenführung und an einigen Namen erkennen. In der Dorotheenstädtischen Apotheke, Friedrichstraße 153, hat der junge Fontane gearbeitet. Dort, wo jetzt der Hotelkasten »Maritim Pro Arte« steht, ein umgestalteter Hotelbau aus DDR-Zeiten wie

Friedrichstraße
Besonders sehenswert:
Brecht-Haus ☆
Dorotheenstädtischer Friedhof
Quartiere 205, 206, 207
Gendarmenmarkt ☆☆

»Jetzt sehen Sie mal rechts und links. Das ist die große Friedrichstraße. Wenn man diese betrachtet, kann man sich die Idee der Unendlichkeit veranschaulichen. Laßt uns hier nicht zu lange stehenbleiben. Hier bekömmt man den Schnupfen. Es wehet ein fataler Zugwind zwischen dem Hallischen und Oranienburger Tore.«
(Heinrich Heine, 1822)

auch das gegenüberliegende Hotel »Unter den Linden« mit dem Gummibaum-Charme der sechziger Jahre, dessen Tage gezählt sind – hier wird neu gebaut – amüsierten sich die Berliner in Vorkriegszeiten im berühmten »Wintergarten«. Dahinter bietet das brandneue Kulturkaufhaus der Dussmann-Unternehmensgruppe auf vier Etagen eine Buchhandlung, Internet-Café, Videos und CDs: alles mit verlängerten Öffnungszeiten.

Der **S- und U-Bahnhof Friedrichstraße (42)** ist für Westberliner, Westdeutsche und Besucher aus dem Osten gleichermaßen mit beklemmenden Erinnerungen verbunden. Nach der Teilung der Stadt und nach dem Mauerbau war er als Grenzübergang ein labyrinthischer Knotenpunkt deutsch-deutscher Trennung. Mehrere S- und U-Bahnlinien stapelten sich übereinander, enge Treppenaufgänge und lange, schmutzige Gänge verbanden düstere Tiefgeschosse. Es existierten zwei komplette Kopfbahnhofsanlagen: eine für Westler, eine für Ostler. Die S- und U-Bahnnetze waren gewaltsam getrennt; für Ostberliner hatte der Bahnhof eine völlig andere Struktur, eigene Eingänge, Treppen, Schalterhallen und andere Bahnsteige. Dazwischen Eisentüren ohne Klinken, Betonmauern mit Sichtschlitzen. Das Bahnhofspersonal hatte Sondergenehmigungen, Grenzausweise und Anwesenheitspässe, wenn es im Westbereich des Bahnhofs Dienst tat. Es gab sogar ein Modell des unübersichtlichen, verschachtelten Areals mit Geheimgängen, Fluchtwegen, Notausgängen, von der Stasi angefertigt und zu Schulungszwecken eingesetzt – in der ehemaligen Stasi-Zentrale kann man es in Augenschein nehmen (s. S. 341).

Aus West-Berlin fuhr man zum Bahnhof Friedrichstraße, um sich im Intershop mit zollfreien Zigaretten und Alkohol zu versorgen, Schmuggelgut, mit dem man dann in der S- oder U-Bahn nach Tegel, Tempelhof oder Zoo zurückfuhr. Oben in der großen Halle, knapp unter der verglasten Dachwölbung, standen sie aufgereiht, die

»In der Nähe des Bahnhofs begann zur nächtlichen Stunde die Teufelsmagie. Auf dem Trottoir zog der Strom von Frauenwaden, dicken und dünnen, und Männerbeinen, langen und kurzen, trippelnd, schlurfend, schiebend, stoßend, ständig auf und ab. Zeitungshändler, Blumenmädchen, Ambulanten mit Hoteladressen, Spielzeug- und Zigarettenverkäufer standen den Strom entlang und schrien ihn an.«
(Julius Meier-Graefe)

Blick in die Friedrichstraße nach Norden. Rechts im Bild die gezackte Fassade des Quartiers 206 mit seinem erlesenen »Department store«.

Vopos, breitbeinig mit Maschinengewehr, und starrten auf die beiden Bahnsteige der Eisenbahnzüge Richtung Westen. Weiße Markierungslinien verliefen entlang der Bahnsteigkanten – niemand durfte die Waggons betreten, bevor sie nicht vom Sicherheitspersonal kontrolliert worden waren, die Unterseiten der Züge mit Spiegeln und Hunden.

Für Westler war die Friedrichstraße Übergang nach Ost-Berlin – die Abfertigungshalle für Aus- und Einreisekontrollen in die Hauptstadt der DDR lag separat – und weil man sich bei Tagesaufenthaltsgenehmigungen bis Punkt 24 Uhr dort wieder einfinden musste, hieß die Halle, dumpfig von Abschied und Trennungen, bald der *Tränenpalast*. Heute finden hier Rockkonzerte, Lesungen und allerlei andere Veranstaltungen statt.

Der 1882 in Betrieb genommene Bahnhof, einer der acht Berliner Fernbahnhöfe, war in seinen Glanzzeiten neben dem Alexanderplatz Verkehrsknotenpunkt in Mitte: S-, U- und Straßenbahnen kreuzten sich hier – täglich etwa 700 Züge mit 100 000 Fahrgästen.

Das Bahnhofsgelände ist saniert, städtebauliche Wettbewerbe sind schon gelaufen, die Straßenbahnlinie ist neu verlegt, das zu DDR-Zeiten gebaute Internationale Handelszentrum – ein weithin sichtbares, schwarzes Hochhaus mit weißer Umrandung – wird durch neue Vorbauten aus seiner moribunden Stimmungslage erlöst.

Schon in den Zwanzigern gab es einen Wettbewerb zur Umgestaltung des verwahrlosten, ramponierten Stadtquartiers: Berühmt das Glashochhaus Ludwig Mies van der Rohes, das er für die Friedrichstraße entwarf und das nie gebaut wurde.

Kaum mehr vorstellbar, dass rund um den Bahnhof bis zum Zweiten Weltkrieg die besten Theater allabendlich die aufregendsten Inszenierungen boten: Das Theater am Schiffbauer Damm, das Große Schauspielhaus von Max Reinhardt, die Komische Oper, direkt gegenüber vom Bahnhof Friedrichstraße im Admiralspalast das **Metropol-Theater.**

Im Metropol finden heute unterschiedlichste Veranstaltungen statt. Das große, schon nach der Jahrhundertwende berühmt gewordene Revuetheater, ursprünglich in der Behrenstraße beheimatet, war 1955 in den weitgehend erhaltenen Mehrflügelbau mit morgenländischem Klinkerdekor eingezogen, wie auch das Kabarett »Die Distel«. Mehrfach umgestaltet und vom Badehaus 1922 zum Operettentheater im Admiralspalast mutiert, wurde es am 21. und 22. April 1946 zum Schauplatz der historischen Vereinigung zwischen der ostzonalen KPD und der SPD – Geburtsstunde der SED. Der Händedruck auf der Bühne zwischen Wilhelm Pieck und Otto Grotewohl ist dann zum Emblem der Partei geworden. Der Bau soll saniert und seine Innenausstattung, zum Teil vernagelt und verbarrikadiert, gerettet werden.

Jenseits der **Weidendammer Brücke** mit ihren markanten Preußischen Adlern, von Wolf Biermann besungen, gehen zwischen den verwilderten leeren Grundstücken und den offenen Plätzen am »Zir-

»Akrobat schööön«: Auch Charlie Rivel trat im glanzvollen alten Wintergarten neben dem Bahnhof Friedrichstraße auf – hier amüsierte sich Berlin, frech, laut, schnelllebig. Das neue »Wintergarten Varieté« ist in der Potsdamer Straße zu Hause. Fritz Kortner: »Mit Ernst Deutsch telefonierte ich viel. Er erzählte mir von dem großen Auftrieb an den Berliner Theatern. ›Komm doch nach Berlin‹, wiederholte er immer wieder. ›Ich komme‹, sagte ich. Mich zog's unaufhaltsam nach Berlin. Irgendwo gab es den zurückgekehrten Fliegeroffizier Göring und den militäruntauglichen Goebbels – auch ihr Ziel war Berlin. Himmel und Hölle, Glück und Unglück waren im Aufbruch begriffen.«

Der Friedrichstadt-palast mit seinem legendären Namen bietet traditionsreiches Berliner »Amüsiervergnügen«: opulente Ausstattungsrevuen, Ballett, Gesang und Tingeltangel – immer verquickt mit Anspielungen auf die eigene Geschichte – ein einzigartiges Show-Spektakel in Deutschland.

kus« und in der »Reinhardtstraße«, als Areale für Neubaukomplexe ausgewiesen, die Erinnerungen um: Hier stand der legendäre alte Friedrichstadtpalast mit Zirkus, Kabarett, langbeinigen, glamourösen Varietéprogrammen und weltberühmter Theatergeschichte. Ursprünglich, ab 1868, stand hier die erste Berliner Markthalle aus Gusseisen und Glas. Mittendrin floss die Panke, in der die Händler Fische in Käfigen und Netzen feilboten. Der Bau rentierte sich nicht und wurde vom Zirkus Renz übernommen, der sich hier seinen großen Namen machte und die Berliner mit fliegenden Trapezkünstlern und Schlangenmenschen begeisterte. Zirkus, Varieté und Superschauen wie das »Neue Olympia-Riesentheater« wechselten ab, bis der legendäre Theatermann Max Reinhardt neben seinem nahe gelegenen »Deutschen Theater« den Friedrichstadtpalast kaufte und 1919 von Hans Poelzig zum »Großen Schauspielhaus« umbauen ließ. Auf einer Nebenbühne feuerte das famose Kabarett »Schall und Rauch« mit Klabund, Walter Mehring und Tucholsky blendende Verbalinjurien ab. Die knallbunte, bizarre Tropfsteinhöhle des Großen Schauspielhauses wurde zur Sensation – hielt sich aber auch nicht lange. Der Friedrichstadtpalast wurde wieder zum Varietétheater, wie auch nach seiner Zerbombung im Zweiten Weltkrieg und anschließendem Wiederaufbau.

In den achtziger Jahren wurde das Haus abgetragen – das Ensemble, damals unter der Leitung von Wolfgang Struck, einst Regieassistent unter Bertold Brecht, tanzte und sang im **Neuen Friedrichstadtpalast (43)** weiter. Das technisch aufwändig gestaltete Haus kurz vor der Ecke Oranienburger in aserbeidschanischem Betonbarock kann sich mit Eislaufarena, Zirkusmanege und Bühne präsentieren, bietet 1900 Plätze und lieferte schon zu DDR-Zeiten frohes, durchtrainiertes Treiben mit opulenten Ausstattungsrevuen, Ballett, Gesang, Artistik. Das gibt es in dieser Mischung nur selten anderswo, und lohnt unbedingt einen Besuch.

Das **Deutsche Theater** mit den **Kammerspielen (44)** in der Schumannstraße, benannt nach dem Seifensieder und Bauherrn der ersten Häuser 1823, ist eine der Top-Adressen deutscher Theatergeschichte. Im zaghaften Probelauf einer Parkanlage vor dem französisch-heiter wirkenden Bauensemble mit Anklängen an Baden-Badener Kurhaus-Eleganz erinnern Porträtbüsten an Max Reinhardt und Otto Brahm, der ab 1884 die zeitgenössische Avantgarde mit Ibsen, Hauptmann und Schnitzler inszenierte, gegen Zensur und wilhelminische Geschmacksprüderie Sturm lief. Unter Max Reinhardt, dem das Theater als Mittelpunkt seines Bühnenimperiums bis zur Enteignung 1933 gehörte, errang das Deutsche Theater oder DT nationalen und internationalen Ruhm, und herausragende Schauspieler wie Adele Sandrock, Alfred Bassermann, Fritz Kortner und Elisabeth Bergner trugen dazu bei, Berlin bis in die dreißiger Jahre zu der überragenden, hoch politisierten Theaterstadt Europas zu machen.

Max Reinhardt (1873-1943), Regisseur, Schauspieler und Impressario hat die deutsche Theatergeschichte maßgeblich beeinflusst; auch er musste emigrieren.

Der »Brecht-Bezirk«

Das Berliner Ensemble im Theater am Schiffbauerdamm

Da sitzt er als steinerner Gast vor seinem Haus in strenger Grünanlage, von eigenen Zitaten, in Stelen gegossen, umgeben: Bertolt Brecht. Als er 1948 nach 15 Jahren Exil nach Berlin zurückgekehrt war, logierte er mit seiner Frau, der Schauspielerin Helene Weigel, im kriegsversehrten Restflügel des ausgebombten Adlon, bevor sie nach weiterem Wohnungswechsel im Oktober 1953 das Haus Chausseestraße 125 bezogen. Direkt daneben, auf dem berühmtesten aller Berliner Friedhöfe, dem Dorotheenstädtischen, sind sie begraben.

Brecht nach der Rückkehr aus dem Exil: »Berlin, der Schutthaufen bei Potsdam.«

Das solide Theatergebäude am Schiffbauerdamm, das der markante Zeltgiebel und die Leuchtreklame des **Berliner Ensembles (45)** krönt, war 1892 als »Neues Theater« eröffnet worden. Allein der Turm ragt aus der dichten Bebauung zwischen Zirkus und Mietshäusern hervor. In der langen Theatergeschichte gab es drei unvergessene Höhepunkte: Die Uraufführung von Gerhart Hauptmanns »Die Weber« im Jahr 1893, die den Naturalismus endgültig auf den europäischen Bühnen durchsetzte; der Shakespearesche »Sommernachtstraum« in der Inszenierung von Max Reinhardt, das erste große Meisterwerk des Regietheaters aus dem Jahr 1905, und die Uraufführung der »Dreigroschenoper«, die das Gespann Brecht/Weill im Jahr 1928 über Nacht berühmt machte und den 30jährigen, spröden, frechen, gottlosen Brecht in die Umlaufbahn des Weltruhms katapultierte.

Gleich neben dem Theater die berühmt gewordene Restauration »Ganymed«, in der Brecht, Heiner Müller und auch Richard von Weizsäcker zur Gabel griffen; daneben das »Engelbrecht«, Teil der »Fressmeile«, die sich entlang des Reichstagsufers etabliert hat.

Unmittelbar nach der Rückkehr aus dem Exil nach Berlin gründete das Ehepaar per Polit-Büro-Beschluss das Berliner Ensemble, und am 11. Januar 1949 stellte Brecht, noch auf der Bühne des Deutschen Theaters nebenan, dem deutschen Nachkriegspublikum erstmals die

Plakat des Berliner Ensembles, 1969

Bertolt Brecht: An die Nachgeborenen
»… Gingen wir doch, öfter als die Schuhe wechselnd die Länder wechselnd Durch die Kriege der Klassen, verzweifelt Wenn da nur Unrecht war und keine Empörung. Dabei wissen wir doch: Auch der Haß gegen die Niedrigkeit Verzerrt die Züge. Auch der Zorn über das Unrecht Macht die Stimme heiser. Ach, wir Die wir den Boden bereiten wollten für Freundlichkeit Konnten selber freundlich nicht sein. Ihr aber, wenn es soweit sein wird Daß der Mensch dem Menschen ein Helfer ist Gedenkt unser Mit Nachsicht.«

»Mutter Courage und ihre Kinder« vor – ein überragendes theatergeschichtliches Ereignis mit der Weigel in der Hauptrolle. Nach lang sich hinziehenden Verhandlungen erhielt B. B. schließlich sein eigenes Haus. 1954 hat er das Theater am Schiffbauerdamm bezogen – als Hausherr, als Intendant (gemeinsam mit Helene Weigel) und künstlerischer Leiter. Im Tempel des gestrengen Meisters sind große Stücke in bahnbrechenden Inszenierungen auf die Bühne gebracht worden: »Der Kaukasische Kreidekreis«, das »Leben des Galilei«, »Die Mutter«, »Der gute Mensch von Sezuan«.

Nach Brechts Tod im Jahr 1956 hat Helene Weigel das Haus allein bis zu ihrem Tod 1971 geführt – dann begann der unaufhaltsame Abstieg. Die Gratwanderung zwischen Bewahrung Brechtscher Theatermodelle und neuen Formen, zwischen Regisseuren und dem Einfluss der Brecht-Erben wurde immer schwieriger und führte zu lähmenden Auseinandersetzungen, und nach der Vereinigung und 1995 nach dem Tod von Heiner Müller, einem der Direktoren, war das »Geisterhaus« (Die Zeit) in arroganter Pose völlig zerrüttet und in wirren Streitereien gefangen.

In den letzten Jahren wurde am BE kaum ein Brecht-Stück inszeniert. Die Brecht-Tochter Barbara Schall hält die Rechte bis ins Jahr 2006. Sie entscheidet, wer, was und wo inszenieren darf, und das BE war ganz offensichtlich für zu leicht befunden worden. Das Trauerspiel hat nach dem Jubiläumsjahr 1998 zum 100. Geburtstag Brechts endlich eine glückliche Wendung genommen: Mit Claus Peymann ist ein Neubeginn gemacht.

Chausseestraße 125

Das unauffällige Mietshaus **Chausseestraße 125** mit Hinterhof, in dem Brecht und Helene Weigel gelebt haben, ist zur **Brecht-Weigel-Gedenkstätte (46)** geworden mit Lesungsräumen, einem Café-Restaurant und naher Buchhandlung. Brecht und die Weigel haben gleichermaßen getrennt und vereint gelebt. Helene Weigel im Parterre, B. B. im Obergeschoss, eine maskuline Wohnung, karg, Leder, Holz, blanke Dielen, ruhig, lange Sonnen- und Schattenfelder: »Meine Fenster gehen alle auf den Friedhofspark hinaus; er ist nicht ohne Heiterkeit… (ich) möchte nirgends aufgebahrt und öffentlich aufgestellt werden. Am Grab soll nicht gesprochen werden. Beerdigt werden möchte ich auf dem Friedhof neben dem Haus, in dem ich wohne …«

Bertolt Brecht (1898–1956)

Bertolt Brecht trat schon mit seinen ersten expressionistischen Dramen »Baal« und »Trommeln in der Nacht« ins Scheinwerferlicht der deutschen Bühnen; seine »Dreigroschenoper« von 1928 machte ihn und Kurt Weill schlagartig berühmt. Vom Marxismus überzeugt, entwickelte er seine Theorie vom »epischen Theater«, die einen radikalen Bruch mit dem herkömmlichen Illusionstheater darstellte. Dem

Da sitzt er vor seinem Theaterbau: die Skulptur Bert Brechts vor dem »BE«, dem Berliner Ensemble, daneben eine Stele mit eingelassenen Zitaten.

Zuschauer wird Distanz und Kritik abverlangt; die Inhalte sollten kritisches Bewusstsein wecken und gesellschaftliche Veränderungen bewirken. Brechts Stil und Sprache in Lyrik und Drama waren bahnbrechend und übten großen Einfluss auf die deutsche Literatur aus – mit ihm war eine neue Zeit angebrochen. 1933 mussten Brecht und Helene Weigel emigrieren; nach ihrer Rückkehr 1949 gründeten sie in Ostberlin das »Berliner Ensemble« – es wuchs zu einer der wichtigsten Bühnen der Welt heran.

Das schöne, kleine Wochenendhaus in Buckow/Brandenburg, in das sich Brecht und die Weigel zurückzogen, ist als Gedenkstätte ebenfalls zu besichtigen.

Von seinen politischen Überzeugungen, seinem klassenkämpferischen Standpunkt und seiner glasklaren Moral der Menschlichkeit ist er niemals abgewichen; in Ost wie West war er der Dorn im Fleische, gleichwohl unantastbar. Der westdeutschen Kulturpolitik war er immer suspekt und zu links, in den germanistischen Seminaren der Unis war er wahlweise fanatisches Kultobjekt oder wurde als »DDRler« schweigend gemieden. Im Arbeiter- und Bauernstaat thronte er in olympischer Höhe als wertvollster und größter Kulturschaffender der jungen Republik – sein Schlachtschiff Berliner Ensemble steuerte er an allen ideologischen Klippen vorbei, einsam, formidabel, ungleichzeitig.

Dorotheenstädtischer und Französischer Friedhof

Jenseits der Mauer neben dem Brecht-Haus erstrecken sich die ineinandergeschobenen, im 19. Jh. angelegten Friedhöfe der Dorotheenstädtischen und der Französischen Gemeinde, der Hugenotten, die vor 300 Jahren das Leben in der Residenz Berlin entscheidend zu bereichern begannen. Hier lassen die Grabstätten zahlloser großer Männer und Frauen die Geschichte, Geschicke und Geschichten Berlins noch einmal ganz konkret aufleben bis heran an die Gegenwart. Auf dem Grab des 1995 verstorbenen Heiner Müller finden sich immer wieder neue Aschenbecher und Zigarren, und vor Brechts Grabstein ist auch schon mal ein Flachmann gesichtet worden. Politisch und ideologisch bestimmte, durch NS-Zeit, Flucht und Exil zerrissene Leben, die in die DDR-Geschichte mündeten, fanden hier ihre letzte Ruhe.

Auf dem Dorotheenstädtischen Friedhof sind außerdem begraben: Jürgen Kuczynski, 1997 im Alter von 97 Jahren gestorben (eine schillernde, widerständige Figur und berühmtester Wirtschaftshistoriker der DDR), Johannes R. Becher (unglückseliger Schriftsteller und Politiker, Minister für Kultur und Verfasser der Nationalhymne der DDR, die von Hanns Eisler vertont wurde), der Dramaturg Erich Engel, die Komponisten Paul Dessau und Hanns Eisler, John Heartfield (Grafiker und Bühnenbildner) und sein Bruder, der Verleger und Schriftsteller Wieland Herzfelde, der Schauspieler und Regisseur Wolfgang Langhoff, Anna Seghers, die mit ihren Exilromanen Weltruhm erlangte, Arnold Zweig, Heinrich Mann, aus dem 19. Jahrhundert Philosophen, Schriftsteller, Künstler, Ärzte, Industrielle und Forscher, die großen Baumeister Berlins: der »olle« Johann Gottfried Schadow (»Hörn Se uff mit Italien, nischt als Pinien und Pappeln«), Karl Friedrich Schinkel, Friedrich August Stüler, Georg Wilhelm Friedrich Hegel, Johann Gottlieb Fichte, Franz Krüger, E. T. Litfaß (Erfinder der Litfaßsäule), J. F. August Borsig (der Pionier des Eisenbahnbaus, das Werkstor seiner Maschinenfabrik »A. Borsig«, gegenüber dem Brecht-Haus in der Chausseestraße, ist noch erhalten).

Auf dem Französischen Friedhof liegt der große Zeichner und Kupferstecher Daniel Chodowiecki (1784–1834) begraben.

Die Friedrichstraße südlich der Linden

Der Gendarmenmarkt

Er ist der schönste Platz Berlins, viele meinen gar einer der schönsten Europas. Das festliche, großstädtische Ensemble ist ein Prachtstück klassizistischer Baukunst. Südlich der Linden, im rechtwinkligen Raster der Friedrichstadt gelegen, blinken zwei schlanke, goldverzierte Kuppeln über die dichte Karreebebauung hinweg – die Türme des Französischen und des Deutschen Doms. Sie bilden die Flanken der weiten gepflasterten Platzanlage, drei Karrees einnehmend, deren Zentrum von Schinkels Schauspielhaus, dem jetzigen Konzerthaus Berlin, beherrscht wird.

Im wiederhergestellten Gehäuse des Deutschen Doms haben die ständigen Ausstellungen des Deutschen Bundestages sowie

Im Innern des kuppel-
gekrönten Deutschen
Doms ist die Dauer-
ausstellung des Deut-
schen Bundestages
»Wege. Irrwege. Um-
wege« seit April 2002
beheimatet.

eine Dokumentation der Geschichte der Dombauten ihren neuen Platz gefunden. Der Französische Dom ist heute immer noch Gotteshaus; in der Turmanlage befindet sich das Hugenottenmuseum und im Untergeschoss hat sich das Restaurant »Refugium« einen Namen gemacht. In Schinkels berühmtem Schauspielhaus inszenierte sich die bewegte Geschichte des Berliner Sprech- und Musiktheaters.

Skandale und Sensationen sind in die Geschichte des Gendarmenmarktes verwoben; auch Trauerfeiern, Aufmärsche, und zornige

183

Wieso »Gendarmen-markt«? Das Eskadron »Gens d'Armes« von Friedrich I. hatte hier seit 1708/9 seine Stallungen; 1713 machte der Soldatenkönig daraus ein Regiment.

Demonstrationen jeder Art beherrschen auch heute oftmals das Platzareal. Im Sommer bietet der Gendarmenmarkt die stimmungsvolle Kulisse für die »Classic Open Air«-Konzerte, ringsumher viele Hotels, Restaurants, Bars und Nobelshops, die die Karreebebauungen mit Leben erfüllen.

Französischer und Deutscher Dom

(47/48) Angefangen hatte alles mit der Anlage der Friedrichstadt, die als Gegenstück zur nördlich der Linden gelegenen Dorotheenstadt um 1700 Gestalt annahm. Hier sollten sich bevorzugt die aus Frankreich geflohenen Hugenotten ansiedeln. In dem Rastergleichmaß der Straßenzüge mit der Hauptachse Friedrichstraße war auch der Marktplatz verankert, dort begannen die Hugenotten, die »Refugiés«, im Jahr 1701 nach dem Vorbild der 1688 zerstörten Hugenotten-hauptkirche von Charenton mit dem Bau der »Französischen Kirche auf der Friedrichstadt«, der 1705 vollendet wurde.

Die Architekten Louis Cayard und Abraham Quesnays hatten das reformierte Gotteshaus ursprünglich als schlichten, schmucklosen Innenraum in Form eines Langhauses mit Kanzlei und Abendmahlstisch im Norden, Haupteingang und Orgel im Süden gestaltet, von halbkreisförmigen Anbauten flankiert. Als einziger Schmuck blickt das Auge Gottes vom Ende des Orgelprospektes in den Raum hinein. Die »Neue Kirche« für die preußische, lutherische Bevölkerung auf der gegenüberliegenden Seite des Platzes, von Martin Grünberg und Giovanni Simonetti, ist drei Jahre später fertig gestellt worden.

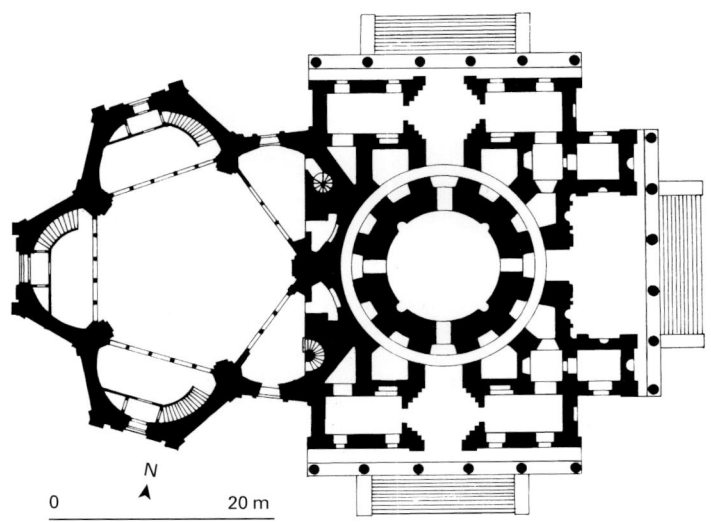

Deutscher Dom, Grundriss
Die stilprägenden, Kuppelbauten der Deutschen und der Französischen Kirche waren nur notdürftig mit den Kirchenräumen verbunden.

N
0   20 m

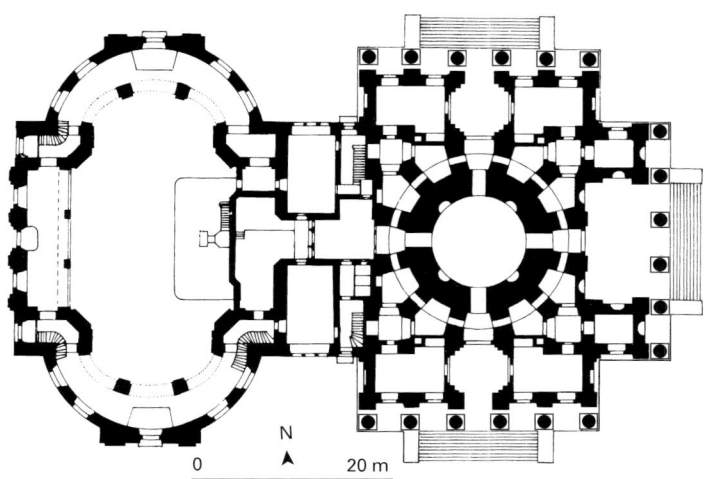

Ihre charakteristischen Kuppelvorbauten erhielten die Kirchen erst nachträglich, als Friedrich II. den bescheidenen, dicht bebauten Gendarmenmarkt mit seinen Stallungen, Kasernen und dem zentralen »Französischen Comödienhaus« preußisch-aufklärerischem Repräsentationswillen unterwarf: Die gleich gestalteten barocken Kuppeltürme, je 70 m hoch, mit klassizistischer Säulenvorhalle prägen seit 1785 die Silhouette. Carl Friedrich von Gontard »vervollständigte« den Deutschen Dom, Georg Christian Unger vollendete den Französischen Dom. Der reiche Figurenschmuck versinnbildlicht nicht nur das Christentum, sondern auch das Programm der Aufklärung: Nicht das Kreuz bildet den Abschluss der Spitze, sondern die »Triumphierende Religion« und auf dem Deutschen Dom die »Siegende Tugend«. Die vorgesetzten Kuppelbauten waren mit den Kirchenräumen architektonisch nur notdürftig verbunden; am Französischen Dom nahm Otto March 1905 dann Korrekturen vor, die aber unbefriedigend blieben, sodass der Architektur-Historiker Werner Hegemann Ende der zwanziger Jahre Anlaß fand, über das grandiose Blendwerk herzuziehen: »Es könnte nichts Schöneres geben als Gontards Zwillingstürme, wenn nicht unglückseligerweise der kreuzförmige Grundriß des Unterbaus dieser Türme die Vermutung erwecken müßte, es befände sich die eigentliche Kuppel als kreuzförmiger ›Zentralbau‹ jeweils unter der Mitte der hohen Kuppel. Wer dann den hohen Raum ehrfuchts- und erwartungsvoll betritt, findet sich unvermittelt in einem scheußlichen Schacht – unter einer besonders hochgewölbten Kuppel schaut er in eine angsterregende hohe Röhre hinein. Diese beiden Kirchen Friedrichs II. sind nur verblüffende, aber inhaltlose Attrappen, Sinnbilder des

Im Französischen Dom bietet die Aussichtsplattform wunderbare Ausblicke (tägl. 9–19 Uhr).

N

0   20 m

Französischer Dom, Grundriss
Die Baukörper sind unterschiedlich – die Kuppeln sind für den Betrachter ein identisches Zwillingsgespann.

185

›hohlen und gespenstischen Gerüstes‹, mit dem Ernst Moritz Arndt den friderizianischen Staat verglich.«

Lange blieb die kriegszerstörte Ruine des Deutschen Doms stehen. Die DDR war mit der gründlichen Entkernung und Sanierung stecken geblieben, und erst nach 13 Jahren aufeinander folgender baulicher Anstrengungen ist der Deutsche Dom fertig gestellt und seiner neuen Bestimmung übergeben worden: Die **Dauerausstellung »Wege. Irrwege. Umwege«,** die die historischen Kontinuitäten und Brüche der Demokratie in Deutschland nachzeichnet, spiegelt sich gleichsam am eigenen Ort wider. Der Dom als »Steinbruch der Geschichte« ist nun im Innern ein überraschender, hochmoderner Bau mit verblüffenden Perspektiven und unerwarteten Raumabfolgen. Dem Architekten Jürgen Pleuser ist es gelungen, die bisher getrennten Baukörper miteinander zu verbinden und offen zu legen. Die verschiedenen Bauphasen sind deutlich ablesbar und behaupten sich gleichberechtigt in einem lebhaften Dialog starker Kontraste zwischen Alt und Neu. Der kraftvolle Turm, von der Laterne belichtet, neben dem barocken Lauf der sich hoch hinauf windenden Treppe, gekreuzt mit dem flach geneigten, niedrigeren Kuppelbau des ehemaligen Kirchenschiffs, mit Galerien, Gängen und Nischen, japanisch anmutenden Durchblicken und Wandscheiben – ein faszinierendes Labyrinth der Geschichte als Zeitzeugnis. Auf der Empore lässt sich bei einem Kaffee das ganze Treiben überblicken, eine gut sortierte Buchhandlung bietet genug Lesestoff, wenn man die Ausstellungserlebnisse noch vertiefen oder sich der Welt der Bühne widmen will.

Das Schauspielhaus/Konzerthaus Berlin

(49) Das alte französische Komödienhaus, gewandelt zum *Königlichen Schauspielhaus* oder *Hoftheater,* 1800–1803 von Carl Gotthard Langhans erweitert, stand ganz unter der Fuchtel der königlichen Vorlieben: Lessings »Minna von Barnhelm«, das erste große bürgerliche Schauspiel, durfte nur in französischer Übersetzung gegeben werden! Der Langhans-Bau brannte im Jahr 1817 ab. Ausgerechnet während der Schlossbrandszene in Schillers »Räuber« (»Helft – rettet – das ganze Schloss steht in Flammen!«) schlug das Feuer aus dem Schnürboden empor. Auf dem vorgegebenen Grundriss errichtete Schinkel zwischen 1819 und 1821 seinen *Theaterneubau.* Auf sechs Meter hohem Sockel setzte er, mit weiter Freitreppe und ionischer Säulenhalle vor dem giebelgekrönten Mittelteil, einen imposanten Bau in die Platzmitte, ohne den Glanz der flankierenden Domkuppeln zu übertrumpfen. Symmetrie und eine einheitliche, rasterartige Pilastergliederung schließen die Gebäudeteile zusammen. Im erhöhten Mittelteil hinter dem Portikus lagen Theatersaal und Bühnenhaus, in den ebenfalls giebelgekrönten Flügeln auf der Nordseite Festräume und Konzertsaal, auf der Südseite Magazin und Probenräume. Der größtenteils von Schinkel entworfene Skulpturenschmuck kam später hinzu: Neun Musen umgeben den auf dem Dachgiebel thronenden Schutz-

Open-air-Konzert auf dem Gendarmenmarkt, dem schönsten Platz Berlins. Links der deutsche Dom, rechts das Schaupielhaus von Karl Friedrich Schinkel, jetzt Konzerthaus Berlin.

herrn der Künste; der Apollo mit Greifengespann stammt von Christian Daniel Rauch. Die musizierenden Genien auf Panther und Löwe, die den Treppenaufgang flankieren, schuf Christian Friedrich Tieck. Am 25. Mai 1821 öffnete das Schauspielhaus seine Pforten mit der Premiere von Goethes »Iphigenie auf Tauris«, der auch noch einen geforderten Eröffnungsprolog mitlieferte, dem höchst feierlichen Ereignis aber fernblieb: »Alle mitwirkenden Bau- und Bildkünstler sollen von mir gesegnet sein.« Carl Maria von Weber brachte hier seinen »Freischütz« einige Wochen später zur Uraufführung – ein triumphaler Erfolg, wie Zelter an Goethe schrieb: »Der Freischütz geht reißend ab«. Das Spiel des »Teufelsgeigers« Paganini verwandelte den Konzertsaal in ein Narrenhaus, »die Hörer gebärden sich am Schluß wie verrückt. Männer ersteigen schreiend Stühle, Frauen drängen nach, lebensgefährlich weit über Lehnen und Brüstungen«, so ein zeitgenössischer Beobachter. Auch Franz Liszt gelang es, das »Parterre sehr tumultarisch zu stimmen«. Bis 1918 unterstanden den jeweiligen Intendanten nicht nur das Königliche Schauspielhaus, sondern auch die Staatsoper Unter den Linden. Ab 1870 lieferte Theodor Fontane, der für die »Vossische Zeitung« schrieb, vom Parkettplatz 23 aus zwanzig Jahre lang fast täglich dem begehrlichen Berliner Publikum seine Theaterkritiken.

Zwischen 1919 und 1930 revolutionierte der Regisseur, Schauspieler und Intendant Leopold Jessner die Bühne und brachte das Berliner Theaterleben zu Weltruhm. Sein Nachfolger wurde Gustav Gründgens, der als Intendant bis 1945 ausharrte, als Theater und Gendarmenmarkt in Schutt und Asche lagen. Die Innenräume des Schauspielhauses und der Kirchen waren nahezu vollständig zerstört. Der Wiederaufbau des Gendarmenmarktes – Platz der Akademie, wie er zu DDR-Zeiten hieß – begann ab 1966; der Französische

Der erste große Intendant des zum »Königlichen Nationaltheater« avancierten Hauses war der Schauspieler und Regisseur August Iffland, der ab 1796 amtierte: Er inszenierte u. a. die Uraufführungen von Schillers »Wallenstein«, »Braut von Messina« und »Wilhelm Tell« sowie Goethes »Egmont« und zahlreiche Shakespeare-Stücke in der Neuübersetzung von Schlegel/Tieck. Die Verleihung des Iffland-Ringes auf Lebenszeit an einen herausragenden Schauspieler ist immer noch die höchste Auszeichnung im deutschsprachigen Raum – jetzt trägt ihn Bruno Ganz.

Dom wurde in seiner Gestalt von 1905/06 wieder aufgebaut und 1984 wurde das Schauspielhaus als Konzerthaus wiedereröffnet, äußerlich einschließlich des plastischen Schmucks originalgetreu wiederhergestellt, im Innern neu gestaltet in Anlehnung an den Schinkelschen Formenreichtum. 1500 Zuschauer fasst der feierliche Konzertsaal mit der gewaltigen Orgel an der Stirnseite; er ist auch Schauplatz großer Bälle und Empfänge; hier hat Erich Honecker seine letzten Honneurs gemacht, und Helmut Kohl hielt hier seine erste Rede als Kanzler aller Deutschen. Leonard Bernstein hatte den Fall der Mauer mit einem gewaltigen Festkonzert am ersten Weihnachtstag 1989 gefeiert.

Das **Schiller-Denkmal** in der Platzmitte mit seinem reichen allegorischen Schmuck stammt von Reinhold Begas, 1871 wurde es aufgestellt. Schillers Stücke begeisterten die Berliner, seine Skulptur, eines der bedeutendsten Dichter-Denkmäler Deutschlands, wurde 1935 abgetragen, verblieb nach der Teilung in Westberlin, wurde im Rahmen des »Kulturgüteraustauschs« 1986 zurückgegeben und zur 750-Jahrfeier wieder aufgestellt. Hinzugekommen sind zum gleichen Zeitpunkt auch die besinnlichen Worte im Pflaster vor dem Schauspielhaus: Berlin-spezifische Zitate von Beethoven, Schiller, Lortzing, Glasbrenner und Hegel. Neben Hegel hatte sich auch der Genosse Minister mit kernigen Worten verewigen wollen: »Buchstäblich aus Ruinen auferstanden wird das Berlin von heute immer mehr zum Symbol für den Siegeszug des Sozialismus auf deutschem Boden«. Diese Platte ist seit der Wende verschwunden.

Die Milliardenmeile

In der Friedrichstraße südlich der Linden bis zur Leipziger Straße reiht sich nun eine Perle des Investorenschicks an die andere. War die »Saufstraße« bis zum Zweiten Weltkrieg zwar architektonisch nichtssagend und eher banal, quoll sie doch über von pulsierendem Leben: Voll gestopfte Mietshäuser, kleine Geschäfte, Werkstätten und Kneipen, Kinos, Theater, Weinstuben, Bierschwemmen, Nachtbars standen dicht an dicht. Wer Kohldampf schob, ging ins legendäre »Aschinger«: Erbsensuppe für 30 Pfennig, Schrippen umsonst, Besteck angekettet.

Heute finden sich zwischen Autosalons, Nobelboutiquen, Hotel- und Bürohausfassaden der sterilen Internationale keine Pizzeria, keine Kneipe und kein Kiosk mehr. Fein, teuer, supermodern ist die Devise. Zu einem großstädtischen volltönenden Klang fehlt besonders abends immer noch der größte Teil des Orchesters: Leute, Passanten, Flaneure; aber es wird schon so langsam ... Etwa 2,6 Milliarden € sind in die Friedrichstraße investiert worden. Krönendes Absolutum sind die drei Mammutblöcke der Friedrichstadtpassagen; sie allein waren den Investoren knapp 1 Milliarde wert. Die Grundstückspreise – anfänglich lagen sie bei knapp 8000 € – erreichten schließlich nahezu 20 500 € pro Quadratmeter.

Das gewaltige Straßengeviert hinter dem Lindencorso und dem Rosmarinkarree ist der **Hofgarten am Gendarmenmarkt,** das Quartier 208. Unter der Leitung von Joseph Paul Kleihues, Jürgen Sawade, Hans Kollhoff und Max Dudler ist im Geist der »kritischen Rekonstruktion« eine Großstruktur in Stahlbeton entstanden. Um den begrünten Innenhof türmen sich Büroetagen, einige Luxuswohnungen, Läden, Restaurants; auf der Rückseite am Gendarmenmarkt bildet das »Four Seasons Hotel« (Kleihues) den Abschluss, das denkmalgeschützte Hallenrestaurant »Borchardt« ist eine der kulinarischen Top-Adressen.

Galeries Lafayette von Jean Nouvel

Jenseits der Kreuzung Französische Straße entstanden 1996 und 1997 die **Friedrichstadtpassagen,** Quartier 207, 206 und 205, drei gigantische Karreebebauungen, die unterirdisch durch eine Passage miteinander verbunden sind. Beim Wettbewerb um die Bebauung der drei westlich an den Gendarmenmarkt anschließenden Blocks führte Joseph Paul Kleihues den Vorsitz der Jury. Den Berliner Ableger des Pariser Kaufhauses **Galeries Lafayette (50),** 1996 eröffnet, entwarf der französische Stararchitekt Jean Nouvel: ein abweisend wirkender gläserner Brüter mit abgerundeten Ecken. Der selbstverliebte Clou: Im Innern spielen über alle Geschosshöhen hinweg riesige gläserne Trichter und Kegel mit Licht und Schatten, werfen Spiegelbilder, Glanz und Gloria auf die rundum angeordneten Verkaufsflächen. Halb Berlin ist schon mal hingepilgert, hat ein Baguette erstanden, über die Brüstung in den Grund des Glastrichters geäugt und ein zerknülltes Bonbonpapier hinuntergeworfen. Geschäftslage: mittelprächtig. Bruttogeschossfläche: 31 600 qm, Büroflächen auf sieben Etagen, hoch droben 15 Wohnungen.

»Quartier« ist eine Berlin-typische Bezeichnung für die Blockbebauung eines gesamten Straßenkarrees.

Beim **Quartier 206 (51)** zwischen Tauben- und Jägerstraße hat das amerikanische Architektenbüro Pei, Cobb, Freed & Partners (ohne

*Dem Ungers-Moloch musste ein schon nahezu fertig gestellter DDR-Palast der Platten-Postmoderne Platz machen – das sowjetisch-asiatische Dekor hatte nicht gefallen. Davor schlängelte sich hier, in die Jahre gekommen, die Kaisergalerie von 1873 durch das Viertel: »So viel Schaufenster ringsum und so wenig Menschen … Leer ist die ganze Mitte der Galerie. Rasch eile ich dem Ausgang zu und spüre gespenstisch gedrängte Menschenmassen vergangener Tage, die alle Wände entlang mit lüsternen Blicken am Similischmuck, Wäsche, Photos und lockender Lektüre früherer Basare hängen … Am Ausgang atme ich auf: Straße, Freiheit, Gegenwart!«
(Franz Hessel, 1929)*

Beteiligung von I. M. Pei) die Zackenschere angesetzt und dem Büro- und Shopping-Karree eine Staffel von scharf auskragenden Spitznasen als Vertikalbetonung mitgegeben. Die kräftige Bänderung und das plastische Schachbrettraster in Schwarz, Creme und Braun greifen Art déco-Elemente der 30er Jahre auf: Sie sind nachts erleuchtet und setzen sich im Glanz und Glitter der marmornen Mosaikwirbel fort, die sinnverwirrend die Böden der Passagen zieren, zwischen Hollywood-Freitreppe, gläsernen Rollbändern, offenen Galeriegeschossen und Glaskuppel. Ein bisschen Pianomusik, Galerien, Antiquitätenhändler, internationale Designer, Nobelboutiquen und der erlesene »Department store 206«. Drumherum und obendrauf: sechs Etagen Büroflächen und zwölf Wohnungen.

Der dritte und größte Block zwischen Friedrich-, Mohren- und Charlottenstraße, das **Quartier 205 (52),** zeigt als Reich des Kubus, der Würfel und Quadrate die immer wiederkehrende Ungers-Signatur. Zehn Stockwerke mit Vor- und Rücksprüngen sowie drei Tiefebenen zählt das Haus. Das Areal besteht aus einem Kernbau mit zwei Atrien und sechs flankierenden »äußeren« Häusern. Eine kreuzförmige Passage als Rückgrat im Innern erschließt drei übereinandergestapelte Galerie-Ebenen für noch mehr Läden, Kunst am Bau und Gastronomie, hier ist ein beliebter Treffpunkt, und den Shops geht es gut. Bruttogeschossfläche: knapp 49 000 qm, darin enthalten 36 Wohnungen.

Gegenüber halten noch einige wenige Relikte aus dem Ostland die Stellung. Im denkmalgeschützten **Haus der Demokratie,** vormals Sitz der SED-Leitung Mitte, wird nach der Sanierung der wilhelminische Prunkimmobilie der Deutsche Beamtenbund einziehen. Im **Haus der Russischen Kultur** Ecke Jägerstraße wird zwischen Topfpflanzen in schummerigem Licht und weihevoller Stimmung Kulturarbeit geleistet.

Das Quartier 206 der Friedrichstadtpassagen erinnert an Jazzage und Art-Deco: Zwischen Marmor, Glas und Stahl ist eine coole, teure Shoppingarena entstanden.

Über 150 Millionen € hat das Büro- und Geschäftszentrum **Kontorhaus Mitte** gekostet. Um die riesige glasüberdachte Halle gruppieren sich fünf achtgeschossige Quader, die nach dem »Regelwerk Baukasten« unterschiedliche Fassaden vor ein gemeinsames Betonskelett türmen. Gesamtleitung: Joseph Paul Kleihues. Bruttogeschossfläche: 33 500 qm.

Schaut man in die **Leipziger** hinein: Vormals Ödnis und Leere, eine breite, ausgedünnte Trasse, die am westlichen Ende auf die Mauer prallte, jetzt auf die Hochhauslandschaft und die letzten Kräne am Potsdamer- und Leipziger Platz (s. S. 221) stößt. Bis zum Zweiten Weltkrieg war sie die »Kaufstraße« – im quirligen Geschäfts- und Handelszentrum standen die berühmten Großkaufhäuser Wertheim und Tietz. Heute ist die Leipziger Straße eine der wichtigsten Verkehrsverbindungen zwischen den Ost- und Westhälften der Stadt.

Auf dem Weg zur Kreuzung Kochstraße: Der Name der **Mauerstraße** nimmt Bezug auf die alte Akzisenmauer im Berlin Friedrichs I. – ein Fakt nicht ohne ironisches Signum, denn die Mauerstraße lag wie Krausen-, Schützen- und Zimmerstraße im Windschatten des »antifaschistischen Schutzwalls« und war Todesstreifen-Areal. In **Haus Nr. 53** wohnte einst Heinrich von Kleist – eine Gedenktafel erinnert an ihn. Von 1933–45 hatte hier das Reichsministerium für Propaganda seinen Sitz. Das Gebäude ging nach den Bestimmungen des Einigungsvertrages in den Besitz der Bundesrepublik über; jetzt ist das **Bundesarbeitsministerium** eingezogen.

Checkpoint Charlie – zwischen den Fronten

Wo um Himmels willen war der Checkpoint Charlie? Das legendäre Symbol des düsteren Polit-Thrillers der Wirklichkeit, der nicht nur für die Besucher aus aller Welt Kalten Krieg und Mauerterror zum Ausdruck brachte, ist gottlob verschwunden. Die Grenzanlage, nachts in gleißendes Licht getaucht, mit Wachturm, Sperranlagen, Schlagbäumen, Signalbrücke und Warnschildern war der alliierte Kontrollposten am Sektorenübergang zwischen Berlin Mitte und Kreuzberg. Nach dem Mauerbau war er die einzige Übergangsstelle für die Alliierten Streitkräfte und ihre Angehörigen, für Ausländer, Diplomaten aller Länder und Botschaftsangehörige beider Seiten. Auf dem Höhepunkt des Kalten Krieges, sechs Wochen nach dem Mauerbau, standen sich hier amerikanische und russische Panzer gegenüber. Amerikanische, französische und britische Soldaten, auch die russischen, wenn sie denn durften, konnten hier ungehindert und ohne Formalitäten passieren; allein die Uniform genügte als Ausweis.

Das **Café Adler,** in einem der letzten erhaltenen Barockbauten aus der alten Friedrichstadt, lag so günstig vor dem Checkpoint Charlie, dass John le Carré hier seine Studien getrieben hat. In den oberen

Auch das Quartier 205 von O.M. Ungers bietet viel Raum für Feines, Edel-Boutiquen und kleine Spezialgeschäfte. Im Foyer der 11 m hohe »Turm von Klythie« des Amerikaners John Chamberlain – eine Skulptur aus lackierten und verchromten Autoblechen.

Geschossen nistete sich 1961 der CIA ein, gegenüber auf der anderen Weltseite hockte die Stasi. Heute halten hier die Sightseeing-Busse, und auch Berliner finden sich zwischen frisch aufgetürmten Hochhausfassaden in einer neu gefertigten Stadtlandschaft mit veränderten Straßenfluchten wieder.

»Am logisch zwingenden Ort, der wie nur wenig andere ein Symbol amerikanischer Präsenz für ein freies Berlin war«, errichtete die amerikanisch-deutsche Investoren- und Bauherrengruppe CECD »in enger Abstimmung mit dem Senat« das **Checkpoint Charlie Business Center (53).** Auf einer Gesamtfläche von 20 000 qm sind fünf Quartiere entstanden, die mit »erstklassigen Wohn- und Büroadressen, Geschäften und einem Museum« das alte, neue Herz des Zeitungsviertels wiederbelebt haben. In der rückgebauten schräg zulaufenden Mauerstraße hat der weltbekannte Philip Johnson Hand angelegt; das Quartier 106 ist leider nur eine eher triviale Fingerübung des Altmeisters geworden. Mit seinen Innenhöfen und normierter Traufhöhe ist die »Gesamtblocküberbauung« eng an den vorgegebenen Gestaltungssatzungen orientiert, allein die Rundbogenfenster auf der Dachgeschossebene sorgen für einen Wiedererkennungswert des Stein- und Glaskastens.

Das **Haus am Checkpoint Charlie (54)** ist der Anziehungspunkt aller »Mauersucher«. Mit Sponsorengeldern und in Privatinitiative 1963 ins Leben gerufen, wird hier auf mehreren Ebenen ein Sammelsurium eindrucksvoller Zeugnisse rund um den Mauerbau und deutsch-deutsche Geschichte ausgebreitet, die sich in Einzelschicksalen der DDR-Flüchtlinge manifestiert. Die Projekte der Fluchthelfer werden vorgestellt, Tunnelbauten, umgebaute Fluchtfahrzeuge, jede Menge Mauerkunst, DDR-Reliquien und Stalinismus-Kitsch.

Berlin als verschnürte Weltkugel: die Skulptur von Claes Oldenburg in der völlig neu bebauten Mauerstraße vor dem Bürobau von Philip Johnson.

Gleich um die Ecke

Einen Abstecher wert ist das **Quartier Schützenstraße:** Phantasievoll und abwechslungsreich haben der 2002 verstorbene italienische Stararchitekt Aldo Rossi und das Berliner Team Bellmann & Böhm gebaut. Das gesamte Straßengeviert zwischen Schützen-, Markgrafen-, Zimmer- und Charlottenstraße, aus entkerntem Altbestand und zwölf neuen Stadthäusern, ist ein Hit geworden: Die Struktur blieb erhalten; entstanden ist eine fröhlich-bunte Stadtlandschaft mit Flach-und Tonnendächern, individueller Fassadengestaltung, Giebeln, Gauben, unterschiedlichsten Fensterlösungen, großen, begrünten Innenhöfen, ein lebendiger Mix aus Wohnungen, Läden, Büros und Restaurants. Rossis Hommage an die alte Friedrichstadt besitzt Lebensfreude und italienisches Flair und gilt als eine der gelungensten Quartierbebauungen.

Das Zeitungsviertel

Hier, rund um die **Koch-, Zimmer- und Jerusalemer Straße,** kommt das **Zeitungsviertel** allmählich wieder auf die Beine – die Presseimperien von Mosse, Ullstein und Scherl-Hugenberg hatten hier vor dem Krieg ihre Redaktionen und Druckereien; 1928 haben 147 Tages- und Wochenblätter um die Gunst und Aufmerksamkeit der politisch wachen und sensationslüsternen Berliner gebuhlt; von der alten »Vossischen«, für die Fontane jahrzehntelang die Theaterkritiken geschrieben hatte, über das »Berliner Tageblatt« von Theodor Wolff bis zur »Roten Fahne«, dem von Rosa Luxemburg und Karl Liebknecht herausgegebenen Zentralorgan des Spartakusbundes. Hier machte jede gesellschaftliche Gruppierung jedweder politischer Couleur laut und deutlich von sich reden. Für die »Weltbühne« schrieben Carl von

In allen Zeitschriften und Zeitungen des Springer-Verlages war es Pflicht, nach der Staatsgründung nebenan den Namen »DDR« immer in Anführungszeichen zu setzen.

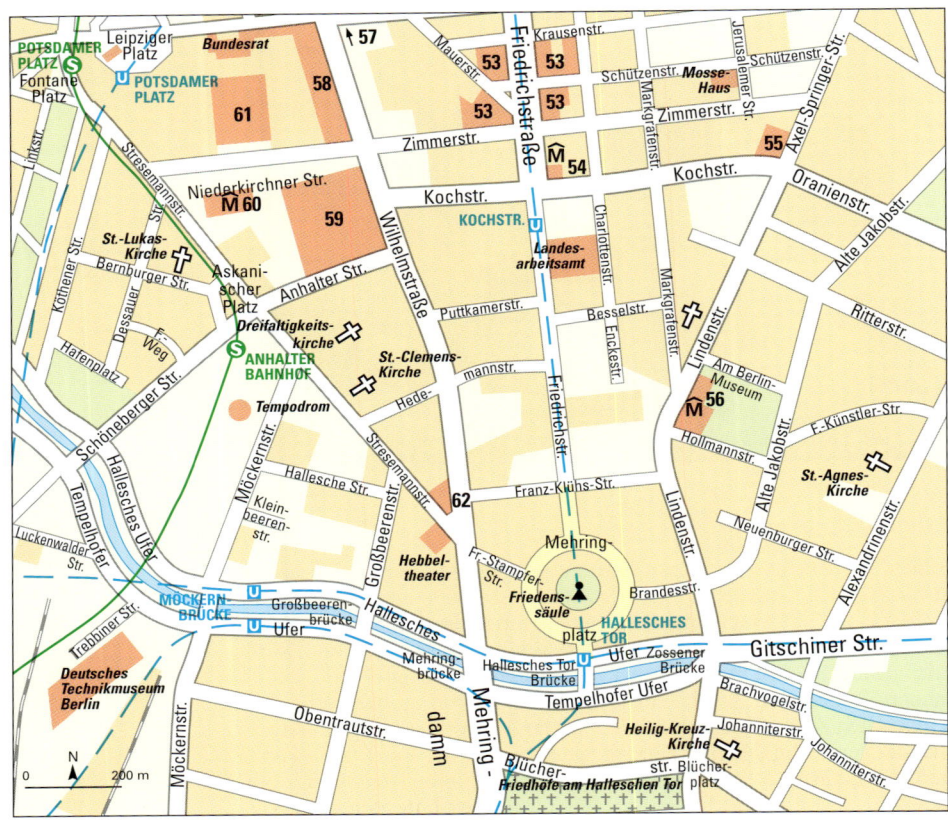

Ossietzky, Kurt Tucholsky, Alfred Kerr und Herbert Ihering, Klabund, Joseph Roth, Egon Erwin Kisch, Alfred Polgar. Am 3. Februar 1945 wurde die südliche Friedrichstadt dem Erdboden gleichgemacht, und noch bis in die späten siebziger Jahre hinein waren die Neubauten einsame Solitäre in verwüstetem Brachland.

Die immer am Rande des Abgrunds sich entlang hangelnde linksalternative »taz« sitzt schon seit Vorwendezeiten in einem exquisit restaurierten, Alt und Neu harmonisch miteinander verbindenden Gründerzeitgebäude in der Kochstraße 18, im Rudi-Dutschke-Haus. In östlicher Richtung strahlt das **Axel-Springer-Hochhaus (55),** in Goldglanz gehüllt, seine publizistische Macht aus: Axel Cäsar Springer, der beherrschende deutsche Presse- und Medienriese, hatte das neue Verlags- und Druckhaus (Grundsteinlegung 1959, Fertigstellung 1966), den Ullstein- und Propyläen-Verlag, ganz bewusst in die Kochstraße setzen lassen,und als die Mauer direkt neben seinem Gebäude hochgezogen wurde, blieb er erst recht da und war vielen ein Dorn im Auge: der DDR sowieso, allen Linken und Linksliberalen in Westberlin im Besonderen. Und wie schon in den zwanziger Jahren, als rechte Putschisten und linke Revolutionäre bei Aufruhr und Unruhen ins Zeitungsviertel zogen, kam es vor dem Mutterhaus von »Bild«, »Welt«, »Berliner Morgenpost« und »B. Z.« in 68er-Zeiten zu schweren Krawallen, als die studentische Linke die Auslieferung der Zeitungen des staatstragenden Meinungsmachers verhindern wollte.

Labyrinth der Erinnerungen – das Jüdische Museum

In der Lindenstraße prallen extreme architektonische Kontraste aufeinander: Neben dem anmutigen hohenzollerngelben Barockbau des *Collegienhauses,* ehemals *Berlin-Museum,* ist der Blitz eingeschlagen – hier erhebt sich auf zackenförmigem Grundriss, einem erstarrten Blitz gleich, das von Daniel Libeskind entworfene **Jüdische Museum (56).**

Chiffren und Kodierungen, philosophische Themen und die »Erfahrung der Abwesenheit« liegen der spröden, aggressiven, regellos erscheinenden Formensprache voller Dynamik zugrunde: Das nahezu fensterlose, mit grauem Zinkblech verkleidete Zickzackband symbolisiert die Fragmente eines zerstückelten Davidsterns. Die schmalen, unregelmäßig gesetzten Schlitze und Stanzungen, die den Baukörper überziehen, markieren Fixpunkte in einem verlorenen jüdischen Stadtplan von Berlin und versinnbildlichen die topographische Leere, die *voids* der konkreten Geschichte. Daniel Libeskind:»Mir schien, daß bestimmte Personen, insbesondere Schriftsteller, Musiker, Künstler und Dichter, die Verbindung zwischen jüdischer und deutscher Kultur herstellten. Nachdem ich diese Verbindung erkannt hatte, zeichnete ich eine irrationale Matrix, die anspielt auf das Emblem eines verzerrten Sterns – den Gelben Stern, der an diesem Ort so häufig getragen wurde. Ich suchte nach den Orten, an denen diese Menschen gelebt und gearbeitet hatten; zum Beispiel verband ich den Wohnort von Rahel Varnhagen mit dem von Friedrich Schleiermacher, den von Paul Celan mit dem von Mies van der Rohe.«

Der aus Polen gebürtige Daniel Libeskind mit Lehrstuhl in Los Angeles führt zusammen mit Frank O. Gehry (Kalifornien), Zaha Hadid (London), Peter Eisenman (New York) und Coop Himmelblau (Wien) die Riege der Dekonstruktivisten an. Mit seiner Avantgarde-Position, die die Zerschlagung des rechten Winkels und die Aufhebung herkömmlicher Statik formuliert, haben sich Bauherren bisher schwer getan. Das Jüdische Museum ist sein erster großer Bau. Es hat

Die spröden Umrisse eines zerborstenen Davidsterns neben sonnig-gelbem Barockpalais: Das Jüdische Museum mit dem Zickzackband von Daniel Libeskind ist eine Meisterleistung sinnbildhafter Architektur.

dem brillanten Rhetoriker mit zahlreichen Gastprofessuren endlich auch bedeutende Aufträge eingebracht.

Der Besucher muss den Bau durch eine unterirdische Verbindung vom barocken Collegienhaus aus betreten. Innen, vom schnurgeraden Rückgrat abzweigend, stößt man auf hohe Nischen, Winkel und asymmetrische Räume; Tageslicht wird durch die Fensterschlitze hereingelassen. Eine Achse führt blindlings ins Nichts, in den Holocaust-Raum, kahl, roh, ungeheizt. Die über 20 m hohe Hauptachse – der so genannte »Void« – schlägt eine Schneise durch Geschiche und Erinnerungen; sie führt an die verschiedenen Ausstellungsabteilungen und Sammlungen heran, ohne jedoch selbst einbezogen zu sein, und versinnbildlicht das, »was nicht mehr sichtbar ist, weil es zu Asche geworden ist.« Ein weiterer Weg führt ins Freie, ins Offene, ins Exil des »E.T.A. Hoffmann-Gartens«: Auf geneigter Ebene vermitteln, geht man zwischen ihnen umher, sieben mal sieben hochgereckte Betonpfeiler ein Gefühl von Bedrängnis und Orientierungslosigkeit.

Die barocke Dreiflügelanlage des einstigen »Königlichen Collegienhauses«, um 1730 von Philipp Gerlach für den Soldatenkönig errichtet, ist eines der seltenen, noch erhaltenen Glanzlichter jener Zeit. Seit Anfang des 19. Jahrhunderts bis zum Ersten Weltkrieg war es Sitz des königlichen Kammergerichts; für die Westhälfte der Stadt wurde es das Berlin Museum.

Bei der Ausschreibung 1988 war ein Anbau des stadtgeschichtlichen Berlin-Museums mit 1000 qm geplant gewesen, der preisgekrönte Libeskind-Entwurf sah 10 000 qm vor. Er wurde genehmigt und gebaut, vor und nach dem Mauerfall. Über Jahre folgten dann unendlich komplizierte Streitereien und Affronts, bis der frühere US-Finanzminister, der gebürtige Brandenburger Michael Blumenthal, zum Direktor des Jüdischen Museums ernannt wurde. Das Collegienhaus gehört nun dazu. Seit der weltweit beachteten Eröffnung im September 2001 ist das Jüdische Museum zu einer der Hauptattraktionen Berlins geworden: Es ist das größte deutsch-jüdische Geschichtsmuseum, Forschungs- und Dokumentationszentrum in Deutschland. 13 bewegende, teils interaktive Epochenbilder spannen einen Bogen vom Mittelalter bis heute; zahllose persönliche Erinnerungsstücke und Dokumente zeichnen jüdisches Leben in Deutschland und die Schicksale der Verfolgten des Nationalsozialismus nach. Ein sehr lebendiges Panorama, ein bewegendes Erlebnis, bereichert noch um zeitgenössische Kunst und speziell für Kinder konzipierte Entdeckungspfade. Im Altbau befinden sich der Shop und ein ausgezeichnetes Restaurant.

Der 1946 geborene amerikanische Staatsbürger Libeskind ist ein Wanderer zwischen den Welten, zwischen Kunst, Architektur und Philosophie, zwischen den USA und Europa. In Manchester hat er das Imperial War Museum of the North erbaut, in London wird es von ihm einen Erweiterungsbau für das Victoria & Albert Museum geben, und in New York soll sein Ground Zero-Projekt verwirklicht werden.

E. T. A. Hoffmann (1776–1822)

Ein Mann mit zwei Gesichtern, ein Doppelgänger seiner selbst: Als Ernst Theodor Amadeus (Mozart zu Ehren) war er eine geniale Begabung und lotete die Nachtseiten seiner Schöpferkraft aus: Dirigent, Bühnenbildner, Musikkritiker, Komponist, Karikaturist, vor allem aber begnadeter Schriftsteller, der das Reich der Phantastik und des Märchens mit einzigartigem Leben erfüllte, bizarr, dunkel, dämonisch. Seine Erzählungen und Romane wie »Der Goldene Topf«, »Das Fräulein von Scudéri« und »Die Elixiere des Teufels« sind Höhepunkte deutscher Romantik. Als »Gespenster-Hoffmann« war er eine Berühmtheit. Reisende, auf der Suche nach Sehenswürdigkeiten, stellten ihm bei seinen ausgedehnten Kneipengängen nach.

Tags, in Amt und Beruf war er ein renitenter, der Obrigkeit gegenüber unbeugsamer Kammergerichtsrat im heiteren Barockbau in der Lindenstraße, der immer nur unwillig als preußischer Beamter der »Staatskrippe« sich verpflichtet sah. Bei den »Demagogenverfolgungen« kam ihm die unglückselige Aufgabe zu, den libertinär gesinnten Verfechtern bürgerlicher Freiheitsbestrebungen den Prozess zu machen. Die verordnete Gesinnungsschnüffelei war ihm zuwider. Mit brillanten Gutachten konnte er viele Freisprüche erlangen – weit über Berlin hinaus bekannt wurde er mit seinem Einsatz für »Turnvater Jahn«. Er selbst wäre seiner kaum verhüllten satirischen Angriffe wegen hart bestraft und vom Dienst suspendiert worden – nur seine Krankheit zum Tode setzte einen Schlussstrich. Seine Freunde begruben ihn auf dem Friedhof der Jerusalemsgemeinde am Halleschen

Als bockiger Kammergerichtsrat saß E. T. A. Hoffmann im »königlichen Collegienhaus«, das Berlin-Museum wurde und jetzt Teil des Jüdischen Museums ist.

Tor. Der Roman »Lebens-Ansichten des Katers Murr« spiegelt die Zeit der Demagogenverfolgungen wider; in seiner Erzählung »Des Vetters Eckfenster«, unmittelbar vor seinem Tod geschrieben, zeichnet er sich selbst in seiner Wohnung am Gendarmenmarkt. Die Oper »Hoffmanns Erzählungen« von Jacques Offenbach ist eine facettenreiche Umsetzung schillernder Wirklichkeitsebenen aus seinem Leben und Werk – wo spielt sie? Im Weinkeller von Lutter & Wegener.

Gleich nebenan

Im Rücken des Jüdischen Museums, in der Alten Jakobstraße 124–128 wird ab Herbst 2004 die **Berlinische Galerie** wiedereröffnet werden. Hinter dem Springer-Hochhaus mit dem 1995 fertig gestellten angrenzenden Neubau, an der Ecke Schützen-/Jerusalemer Straße, ist das alte **Mosse-Haus** (nicht zu verwechseln mit dem Mosse-Palais am Leipziger Platz) als neues Medien- und Geschäftszentrum mit Druckhaus, Verlag und Hörfunkstudios wieder erstanden. Die markant um die Ecke schwingende Fassade mit bauchigen Fensterbändern und strengen Art déco-Elementen war von Erich Mendelsohn in den Zwanzigern für den Mosse-Verlag entworfen worden; die verwahrlosten Nachkriegsreste wurden 1995, äußerlich dem Original folgend, restauriert, im Innern entkernt und neu gestaltet.

Die Friedrichstraße endet vor dem **Mehringplatz** – der hieß ursprünglich Rondell, dann Belle-Alliance-Platz und war neben dem Pariser und Leipziger Platz einer der drei barocken Torplätze Berlins. Nach den Kriegszerstörungen ist der Mehringplatz nach Plänen von Hans Scharoun zu einem ringförmigen autofreien Wohnquartier umbaut und zur südlichen Seite hin mit einer Querriegelbebauung geschlossen worden. Mittendrin läuft die Friedrichstraße in der Sackgasse des Mehringplatzes aus. Da kann auch die an die Befreiungskriege erinnernde Friedenssäule mit der Figur der Victoria wenig ausrichten - eine Generalsanierung steht an.

Schattenreich Wilhelmstraße

Die Wilhelmstraße markiert heute die Anwesenheit der Abwesenheit: Einstmals wurde hier Politik gemacht; in den preußischen und reichsdeutschen Ministerien und Ämtern, die sich hier aneinander reihten, sind die grundlegenden politischen Entscheidungen des Kaiserreiches, der Weimarer Republik und des Hitlerfaschismus getroffen worden. Bismarck dirigierte bis zu seiner Demission im Jahr 1890 den Staatsapparat mit nur vier Sekretären; Hitler umgab sich mit Hunderten seiner Adlaten und benötigte für seine Neue Reichskanzlei die gesamte Länge der Voßstraße.

Im Zweiten Weltkrieg und danach nahezu ausgelöscht, zu DDR-Zeiten erst spät und nur zögerlich als Wohnbezirk wieder aufgebaut, waren Wilhelm- und Voßstraße doppelt tabu: Die DDR sah sich per se als den besseren Staat ohne Schuld, gerierte sich in ihrem Selbstverständnis als antifaschistisch und verschob den Umgang mit der Last der Geschichte ins andere Deutschland; für die Bundesrepublik war der topographische Brennpunkt, das Areal des Schreckens, hinter der Mauer, im Ostblockdeutschland verschwunden, somit unsichtbar und aufatmend ad acta zu legen.

Die Wilhelmstraße als politisches Zentrum zwischen Linden und Leipziger Straße war bis vor kurzem eine Welt im Kopf: Das, was war, ist bis auf das ehemalige Reichsluftfahrtministerium und den Maulwurfshügel des Hitlerbunkers verschwunden. Zu Mauerzeiten entstanden hier Wohnblöcke, Geschäftszeilen – normales Leben. Und das, was als neues Regierungsviertel mit Ministerien und Ländervertretungen mit passendem gehobenen Gesellschaftsleben für die neue Hauptstadt geplant war, ist nun Wirklichkeit geworden (s. S. 202).

Zum Synonym für Weltpolitik wurde die Wilhelmstraße erst mit Reichskanzler Otto von Bismarck: Die Wohnungen und Häuser des Adels wandelten sich zu Ministerien, die Beamtenstäbe, Geheimen Räte, Diplomaten zogen nach, und mit geschickten Grundstücksaufkäufen, Neu- und Umbauten, dem Reichspräsidentenpalais, der Reichskanzlei, dem Auswärtigen Amt und zahllosen weiteren Ministerien hatte sich die Wilhelmstraße um die Jahrhundertwende zur teppichgedämpften Schaltzentrale des Kaiserreichs entwickelt. Mit dem Ende des Ersten Weltkriegs, der Abdankung des Kaisers, den blutigen und verbissenen Kämpfen zwischen Kaisertreuen, Kommunisten, Sozialisten, gemäßigten Republikanern, Rechten, Linken und der politischen Mitte, die die Jahre 1918/19 bestimmten, brachen Aufruhr und Revolte in die Regierungsstraße ein. Misstrauen und ideologische Mauern spalteten und trennten auch die Ämter und Ministerien: Die westliche Seite der Wilhelmstraße mit Reichspräsidentenpalais, Reichskanzlerpalais und Auswärtigem Amt sowie den »Ministergärten« galt als »Reichsseite«; gegenüber auf der »Preußenseite« lagen die Ministerien Preußens, des damals ja immer noch größten Landes der Republik. Diplomatie und Politik in Bratenrock und Zylinder, zwischen Kronleuchtern und Mahagonischreibtischen, schwarz-weiß-roten und schwarz-rot-goldenen Fahnen, auf dem Laufband von hüben und drüben, gleich nebenan in der Behrenstraße die geballte, diskrete Riege der Großfinanz, Bankhäuser, Bankiers.

Die Wilhelmstraße von den Linden bis Niederkirchnerstraße

An die historisch wichtigsten Adressen erinnern mit Fotos und Texten versehene Glastafeln entlang der Bürgersteige.

Am 22. Dezember 1918 notierte Harry Graf Kessler: »Als ich um eins aus dem Amte kam, zog wieder wie neulich eine aus dem Felde heimgekehrte Division durch die Linden ein, im Stahlhelm und geschmückt mit Blumen. Aber an der Ecke der Wilhelmstraße erwarteten sie Scharen von Kriegsverstümmelten, die ihre Krücken hochhoben und Plakate trugen: ... ›Wir wollen die Schuldigen hinauswerfen, die uns in Elend und Not führten‹. Ein langer Zug von solchen Unglücklichen, offenbar von Liebknecht herdirigiert, bewegte sich als Demonstration der einziehenden Division entgegen ... ein Schauspiel, das offenbar auf die Heimkehrenden einen tiefen Eindruck machte. Alle Gesichter waren ernst, die Stimmung bedrückt ...«

Westseite bis Voßstraße

Nr. 70 Britische Botschaft (1884–1939), Neubau ab 2001

Einst hoch elegantes Palais des legendären Eisenbahnmagnaten Bethel Henry Strousberg, der ganz Europa mit Eisenbahnnetzen beglückte und sich dabei ruinierte; seit 1884 Britische Botschaft mit glanzvollem gesellschaftlichen Leben. Zu 80 Prozent kriegszerstört, Abriß 1950; neue Residenz fertiggestellt (Architekt Michael Wilford & Partners)

Nr. 73 Reichspräsidentenpalais (1920–1934)

1737 erbaut für den Grafen Schwerin; ab 1862 Ministerium des Königlichen Hauses, ab 1918/19 Reichspräsidentenpalais; ab 1934 Teil des Reichsaußenministeriums; ab 1939 Wohnung des Reichsaußenministers. Im Krieg stark beschädigt, 1960 überraschend gesprengt

Nr. 74, 75, 76 Auswärtiges Amt (1870–1945)

Nr. 74 1736 erbaut für Geheimrat von Kellner, 1848 Preußisches Staatsministerium, ab 1867 Bundes- und Reichskanzleramt, 1879–1919 Reichsamt des Innern; ab 1919 Teil des Auswärtigen Amtes

Nr. 75

1735 erbaut für Kriegs- und Domänenrat Stolze, später Hofdruckerei, dann Reichsdruckerei; ab 1877 Teil des Auswärtigen Amtes

Nr. 76

1736 erbaut für Oberst von Pannwitz; ab 1805 Residenz des russischen Gesandten; ab 1819 bis 1870 preußisches Außenministerium (1862–77 Amts- und Wohnsitz Bismarcks; danach wohnte er in Nr. 77) ab 1870–1944 Auswärtiges Amt des Deutschen Reiches; im Krieg zerstört

Nr. 77 Reichskanzlei (1878–1945)

Erbaut 1735 für den Reichsgrafen von der Schulenburg; ab 1795 Palais der Fürsten Radziwill; 1875 Aufkauf durch das Reich, danach Wohn- und Amtssitz der deutschen Reichskanzler – hier wohnte und arbeitete Bismarck bis zu seiner Entlassung. Großes, prachtvolles Anwesen, Schauplatz europäischer Politik; der Erweiterungsbau Nr. 78 war erst 1931 fertig gestellt, Umbauten, Teilabrisse, Zusammenführung mit Neuer, Speerscher Reichskanzlei. Kriegsschäden, Abriss 1949

Ostseite bis Voßstraße

Nr. 68 Preußisches Kultusministerium seit 1901, Erweiterungsbau (1903–45)

Ministerium für Volksbildung der DDR (Margot Honecker) bis 1989; jetzt der Deutsche Bundestag

Nr. 63

1902 Neubau für das Preußische Staatsministerium (–1934); Stab des Stellvertreters des Führers der NSDAP (1934–45); im Krieg zerstört; 1951 Abriss der Ruine des Vorderhauses

Nr. 64

Erbaut 1741, 1898 Neubau für Königlich/Kaiserliches Zivilkabinett (1903–19); Preußisches Staatsministerium (1919–34); Stab des Stell-

vertreters des Führers der NSDAP (1934–45); nach dem Krieg
Instandsetzungsarbeiten und unterschiedliche Nutzung
Nr. 65 Preußisches Justizministerium (1846–1935)
Erbaut 1736, Reichsjustizministerium (1935–45); im Krieg zerstört

»Die Wilhelmstraße gehört uns!«

Ende 1932 hockte Hitler im allerfeinsten Luxushotel »Kaiserhof« am
damaligen Wilhelmplatz und wartete auf den alles entscheidenden
Sprung auf die andere Straßenseite. Die Platzanlage war schon Teil
der ursprünglichen barocken Bebauung der Wilhelmstraße gewesen;
sie wurde um 1840 vom Gartenkünstler Lenné sehr schön gestaltet.
Im prunkvollen Kaiserhof wohnten Staatsgäste und ausländische
Besucher – der U-Bahneingang Kaiserhof fand in der Symmetrie der
Anlage ebenfalls noch Platz. Alles sehr bequem, intim und nah beiein-
ander. Direkt gegenüber in der Voßstraße hatte Hitler schon Joseph
Goebbels und die Berliner Gauleitung der NSDAP einquartiert. Am
Tag der Machtübernahme, am 30. Januar 1933, Goebbels' Triumphge-
schrei: »Die Wilhelmstraße gehört uns!« Beim Fackelzug am Abend
präsentierten sich Hindenburg und Hitler getrennt gemeinsam in der
Reichskanzlei: Hindenburg auf dem Balkon im alten Palais Radziwill,
Hitler auf dem Balkon im Neubau. Auf der Nordseite des Wilhelm-
platzes wurde aus der Presseabteilung des Auswärtigen Amtes, im ehemaligen von Schinkel ausgestatteten Palais des Prinzen Karl, das
Reichsministerium für Volksaufklärung und Propaganda, das sich
unter Goebbels schließlich krakenhaft über den gesamten Platz aus-
breitete.

Während das politische Verhängnis seinen ersten Anlauf nahm,
wurde der gesamte Reichskanzleikomplex teilweise abgerissen, teilweise umgebaut und in den Gesamtkomplex der Neuen Reichskanzlei eingegliedert. Ein Monumentalbau, nach den Plänen von Albert
Speer, dem »Generalbauinspektor für die Reichhauptstadt Berlin«,
nach nur zwölfmonatiger Bauzeit im Jahr 1939 fertig gestellt. Der
abweisende, lange Koloss mit Garten und Bunkeranlagen nahm die
gesamte Nordseite der Voßstraße ein, deren Bebauung weichen
musste. Das Hauptportal allerdings mit der Zufahrt zum Ehrenhof lag
auf der Schmalseite, in der Wilhelmstraße – der auratische Name
sollte als Adresse bewahrt bleiben.

Gigantomanische Ausmaße, in denen der Mensch zur Ameise
mutierte: über 5 m hohe Räume, eine knapp 150 m lange Spiegel-
galerie, Hitlers Arbeitszimmer von der Größe eines Fußballfeldes.
Verzweigte Tunnel- und Kelleranlagen, ein Netz an Katakomben
und Bunkern zogen sich doppelgeschossig und 17 m tief durch das
Erdreich. Der »Führerbunker«, in dem sich Hitler & Co am
30. April 1945 umbrachten, ist gefunden und, gut erhalten, wieder
zugemauert worden – zwar hatte die sowjetische Militärkomman-
dantur unmittelbar nach Kriegsende das gesamte Gelände abgetra-

*Während der Novem-
ber-Revolution 1918,
zu Krisenzeiten in der
Weimarer Republik,
wurde die Wilhelm-
straße gesperrt – nur
mit Ausweis passier-
bar. Ab 1938 durften
Juden die Wilhelm-
straße nicht betreten.
Unter Honecker
wurden die neuen
Wohnblocks in unmit-
telbarer Nachbar-
schaft zur Mauer über-
wiegend mit Privile-
gierten, bewährten
Antifaschisten und li-
nientreuen Parteige-
nossen belegt; jetzt
gehört die Wilhelm-
straße zur »Bann-
meile« – die bei Be-
darf unsere Regieren-
den vor unerwünsch-
ten Demonstrationen
ihrer Bevölkerung
schützt.*

Lage des im Bau befindlichen Holocaust-Mahnmals von Peter Eisenman. Das Mahnmal für die ermordeten Juden Europas wird aus einem Wald von 2700 bis zu vier Meter hohen Betonstelen bestehen: »Ein Stelenfeld ohne Anfang und ohne Ende, ohne Eingang und ohne Ausgang«. Als Eröffnung war der 27. Januar 2004 geplant, der deutsche Gedenktag für die Opfer des Nationalsozialismus – dieser Termin kann nicht eingehalten werden.

gen, doch an den Bunkeranlagen konnte nur bruchstückweise herumgesprengt werden. Heute erinnert nur noch ein kleiner Hügel an die Zentrale des Reichs der Finsternis des »größten Feldherrn aller Zeiten«. Und: der rote und grüne Marmor der Vertäfelung im U-Bahnhof Mohrenstraße stammt aus dem Mosaiksaal der Neuen Reichskanzlei – auch das Sowjetische Ehrenmal in Treptow (s. S. 347) ist damit ausgestattet.

Während der Potsdamer Konferenz im Juli 1945 unternahm Winston Churchill eine Stadtrundfahrt durch die Trümmerfelder Berlins: »Wir wanderten eine ganze Weile durch die zerstörten Korridore und Säle der Reichskanzlei. Unsere russischen Führer brachten uns in Hitlers Luftschutzbunker, wo ich mich bis ins unterste Stockwerk begab und den Raum besichtigte, in dem sich Hitler und seine Geliebte das Leben genommen hatten. Als wir hinaufkamen, zeigte man uns auch die Stelle, wo seine Leiche verbrannt worden war. So nahm ich an Ort und Stelle die beste zu jener Zeit erhältliche Schilderung des letzten Teils der Tragödie entgegen.«

Das Holocaust-Mahnmal und die »Geschichtsmeile Wilhelmstraße«

Jahrelang haben Bund, Senat und Städteplaner, Architekten und Investoren, Verbände und Interessengruppen um die Frage gestritten, was mit Wilhelm- und Voßstraße, dem historischen Erbe des Grauens, zu geschehen habe. Im nördlichen Bereich der »Ministergärten«, dort, wo der Todesstreifen zu verwüstetem Brachland wurde, entsteht nun endlich das **Holocaust-Mahnmal (57)** von Peter Eisenman für die ermordeten Juden Europas, nachdem es jahrelang auf Eis gelegt bzw. peinlich zerredet wurde. Südlich davon sind die Neubauten der hauptstädtischen **Landesvertretungen** von Niedersachsen, Schleswig-Holstein, Rheinland-Pfalz, Saarland, Brandenburg, Mecklenburg-Vorpommern und Hessen bezogen worden.

Südlich der Voßstraße

An der Quertrasse der Leipziger Straße nimmt ein kolossaler Bau, 250 m lang, 60 000 qm Nutzfläche, rund 2000 Räume, das **Bundesfinanzministerium (58),** einen ganzen Häuserblock ein. Merkwürdige Geschicke sind mit diesem steinernen Moloch verwoben. Erbaut als **Reichsluftfahrtministerium** für Hermann Göring von Ernst Sagebiel, von dem auch das Flughafengebäude Tempelhof stammt, nimmt es den monumentalen Repräsentationsstil der Speerschen Pläne zur Umgestaltung Berlins als »Reichshauptstadt Germania« quasi vorweg. Hinter der nahtlosen Muschelkalkfassade, über dem Arkadengang an der Leipziger Straße mit einem Fries marschierender Soldaten, im einschüchternd hallenden ersten Obergeschoss, thronte Hermann Göring. Der einzige Großbau, der in der Wilhelmstraße den Krieg nahezu unbeschadet überstanden hat, wurde gleich danach als Macht- und Schaltzentrale der sowjetischen Besatzungsmacht genutzt. Im real existierenden Sozialismus war es dann **Haus der Ministerien.** Ein neuer Fries aus Meißner Porzellan bot nun Sonnenscheinmotive aus der glücklichen Arbeiter- und Bauernwelt. Er steht, wie das gesamte Bauwerk, unter Denkmalschutz.

Hierher zuerst zogen am 17. Juni 1953 die aufgebrachten Bauarbeiter aus der Stalinallee, als sie gegen die Normerhöhung protestierten und nach Ulbricht und Grotewohl riefen – die sich nicht blicken ließen. Bezug darauf nimmt das Bodenbild von Wolfgang Rüppel, das als Denkmal an den 17. Juni 1953 erinnert. Hoch symbolisch, welche Funktionen dieser Bau für die zwei Deutschländer unmittelbar nacheinander zu erfüllen hatte: Hier, auf »ausführender Ebene«, wurde die Planwirtschaft an den Mann gebracht, und hier hat die **Treuhandanstalt** bis zum Jahresende 1994 mit ihren Abwicklern die Wirtschaftsbetriebe der DDR zerteilt und verkauft. Zorn, Wut und Hass umgaben das Haus, das auch **Rohwedder-Haus** heißt in Erinnerung an den ersten Chef der Treuhandanstalt, Detlev Karsten Rohwedder, der im April 1991 von Terroristen ermordet wurde.

Gleich daneben das **ehemalige Preußische Herrenhaus** im Rücken des alten Preußischen Abgeordnetenhauses (siehe unten): Es präsentiert sich jetzt aufwändig saniert und ist vom Bundesrat in einem Festakt im September 2000 bezogen worden.

Die südliche Wilhelmstraße

Das Antlitz der südlichen Wilhelmstraße, zwischen Leipziger und Anhalter Straße, trägt böse Narben und Wunden, die an den Abgrund der Geschichte erinnern. Die dazwischenliegende westliche Querstraße, früher **Prinz-Albrecht-Straße,** ist vom Namen her gelöscht; die nach einer ermordeten Widerstandskämpferin benannte **Niederkirchnerstraße** ist Synonym für Verfolgung, Ausbeutung, Unterdrückung und Vernichtung.

Auf dem im Zweiten Weltkrieg zerstörten Areal, in der Wüstenei zwischen Wilhelmstraße 102–106 und in der ehemaligen Prinz-Albrecht-Straße wüteten die Barbaren des Reichssicherheitshauptamtes, der SS und des Gestapo-Hauptquartiers. Im Hotel »Prinz Albrecht« brachte der spätere »Reichsführer SS« Heinrich Himmler seinen persönlichen Stab unter; im Prinz-Albrecht-Palais, von Karl Friedrich Schinkel festlich umgebaut, regierte ab 1934 der Sicherheitsdienst (SD) unter Reinhard Heydrich, in der vormaligen Kunstgewerbeschule herrschte Heinrich Himmler über die Gestapo.

Die Reste der Gefängniszellen und Folterkeller wurden 1986 freigelegt und bilden zusammen mit einer Ausstellung die Gedenkstätte

Topographie des Terrors (59). Die Ausstellung über die Zentralen des NS-Terrors ist lange schon in einem Provisorium untergebracht – der Schweizer Peter Zumthor baut hier eine karge, streng gerasterte Ausstellungshalle. Die Gedenkstätte grenzt unmittelbar an den einzigen in Berlin Mitte erhaltenen **Mauerrest.** Und der wiederum steht, damit ihn die allgemeine Bauwut nicht gedankenlos entsorge, unter Denkmalschutz und ist mit einer Drahteinzäunung gesichert. Die Mauer verlief in der Mitte der Niederkirchner- und Zimmerstraße: ein bizarres Terrain der Trauer.

◁ *Der Martin-Gropius-Bau mit seinem herrlichen Lichthof bietet herausragende Wechsel-und Wanderausstellungen.*

Von der ursprünglichen nahtlos aneinander gereihten Bebauung der Prinz-Albrecht-Straße haben nur zwei Gebäude den Krieg überstanden, mit dem Mauerbau eins für Ost, eins für West: Schon im Bezirk Kreuzberg liegt der prachtvolle **Martin-Gropius-Bau (60)** von 1881, das frühere Kunstgewerbemuseum. Es ist nach einem seiner Architekten, dem Großonkel von Walter Gropius, benannt. Zusammen mit der Kunstgewerbeschule und dem großartigen Völkerkundemuseum hatte sich hier um die Jahrhundertwende ein weiterer Museumskomplex außerhalb der Museumsinsel gebildet, ein neues Zentrum künstlerischer und handwerklicher Aus- und Weiterbildung.

Die wiederaufbaufähigen Ruinen des Prinz-Albrecht-Palais und der Kunstgewerbeschule wurden in den Nachkriegsjahren gesprengt; das Völkerkundemuseum wurde 1962 unsinnigerweise abgerissen. Erst Ende der siebziger Jahre dann entschloss sich der Senat, das Ödlandterrain zwischen Zimmerstraße und Anhalter Bahnhof am Rande der Mauer, einst quirlige Innenstadt, wieder an das Stadtleben anzubinden. 1979–81 wurde der lange dem Verfall preisgegebene Martin-Gropius-Bau wieder aufgebaut; seit 1981 waren die **Berlinische Galerie,** das **Werkbund-Archiv** und die **Jüdische Abteilung des Berlin-Museums** hier beheimatet.

Der streng gegliederte Quader aus verschiedenfarbigem Ziegelstein, mit Mosaikfries und Terrakotta-Bänderung ist der Bauakademie Schinkels nachempfunden; der zentrale filigrane Lichthof im Innern mit umlaufenden Galeriegeschossen machte nicht nur architektonisch Furore, sondern bietet herausragende Wander- und Wechselausstellungen. Die Berlinische Galerie allerdings musste ausziehen und kann ihre großartigen Sammlungen derzeit nirgendwo präsentieren – eine neue Heimstatt soll Ende 2004 in der alten Jacobstraße nahe des Jüdischen Museums bezugsfertig sein.

Das Werkbund-Archiv ist als **Museum der Dinge** hier im Gropius-Bau in neuem Glanz wieder eröffnet worden und widmet sich den komplexen Zusammenhängen der Alltagskultur. Die Bestände der ehemaligen Jüdischen Abteilung des Berlin-Museums werden in das Jüdische Museum eingehen. Schon allein der Architektur wegen ist ein Besuch im Martin-Gropius-Bau unbedingt zu empfehlen.

Der neoklassizistische alte Preußische Landtag direkt gegenüber dem Gropius-Bau auf ehemals Ostberliner Seite ist jetzt Sitz des

Berliner Abgeordnetenhauses (61). Auch hier führt die Spur der Steine hinein in die Archäologie der politischen Systeme und ideologischen Häutungen: Bis 1918 exerzierten die wilhelminischen Abgeordneten hier noch das preußische Dreiklassenwahlrecht; während der Novemberrevolution von 1918 tagte im benachbarten Herrenhaus (Leipziger Straße) die Reichsversammlung der Arbeiter- und Soldatenräte; vom 30. Dezember 1918 bis 1. Januar 1919 fand hier im Festsaal der Gründungsparteitag der Kommunistischen Partei Deutschlands mit Rosa Luxemburg und Karl Liebknecht statt. Hitler löste das Abgeordnetenhaus auf; kurzfristig tagte hier der Volksgerichtshof, dann wurde es zum »Haus der Flieger«. Zu DDR-Zeiten gehörte der Bau zum Haus der Ministerien.

Kopf an Kopf: Karajan und Kosmonauten

Die **Ehrenbürgergalerie** im Gang rund um den Plenarsaal mit Gemälden oder Zeichnungen der Geehrten ist eine erfrischende Melange aus Ost und West: Neben Walter Scheel und Herbert von Karajan, neben Richard von Weizsäcker und Anna Seghers zeigt das Ölgemälde »Schmelze der Freundschaft« zwei Kosmonauten der Bruderstaaten pastellig ausgemalt im Raumschiff »Sojus 31«: Sigmund Jähn und Waleri Bykowski wurden nach erfolgreicher Weltraumexkursion zu Ehrenbürgern der Hauptstadt ernannt. Ihrer aller jüngsten Geschichte

Im Berliner Abgeordnetenhaus: 30 qm lebenspraller, »wahrer Realismus«, das Triptychon von Matthias Koeppel zeigt die »Öffnung der Berliner Mauer«.

gedenken nun die Berliner Abgeordneten im Casino: Dort hängt ein Triptychon von 30 qm, »Die Öffnung der Berliner Mauer«, ein drastisch-buntes Panorama von Matthias Koeppel, der sich mit seinem »wahren Realismus« als »Chronist der Zeit« versteht. Die Parlamentspräsidentin Hanna »Granata« Renate Laurin prangt in der Mitte, auch Kohl, Genscher und »Rotschal« Walter Momper können ihrem eigenen Konterfei mit Rührung ins Auge blicken.

Gegenüber dem Martin-Gropius-Bau lohnt das Haus Stresemann/Ecke Dessauer Straße einen Blick. Die spitzkantige Eckausbildung, schiefwinklige Fassaden und metallische Verkleidung des Wohnhauses setzen kühne Zeichen – der Wohnbau stammt von Zaha Hadid, die mit ihrer Dynamik und Missachtung der Geometrie international Furore macht.

Harry Graf Kessler (1868–1937)

Pazifist, Salonlöwe, weltgewandter Bohemien und Kunstmäzen – Harry Graf Kessler kannte tout le monde in Berlin, Paris, London, Warschau und Prag, Politiker, Diplomaten, Schauspieler, Könige, Minister, Maler, Schriftsteller und Musen. Des Kaisers »nichtige Seele« hat er verachtet. Nach dem Ersten Weltkrieg zum Pazifisten geworden, fungierte er als Präsident der Deutschen Friedensgesellschaft und setzte sich für den Völkerbund ein. Er gründete die einflussreiche Kunstzeitschrift »Pan« und die »Cranach-Presse« in Weimar. Mit Hugo von Hofmannsthal war er befreundet, Einstein und G. B. Shaw waren bei ihm zu Gast; mit George Grosz, Brecht und Piscator diskutierte er die Nächte durch. Der Avantgarde zugetan, war der »rote Graf« den Konservativen zutiefst suspekt. Seine *Wohnung* in der *Köthener Straße 28* war ein legendäres kostbares Jugendstil-Gesamtkunstwerk, von Henry van de Velde gestaltet. Seinem ermordeten Freund, dem Außenminister Walther Rathenau, widmete er eine bis heute noch gültige Biographie. Einzigartig in panoramatischer Breite, in weitläufiger Eleganz der Schilderungen, Einsichten und Einblicke: die »Tagebücher«, von 1918 bis zum Todesjahr 1937 geführt. Nach dem Reichstagsbrand verließ er Berlin; die Nazis beschlagnahmten seinen ganzen Besitz. Harry Graf Kessler ist nie wiedergekommen. In Paris ist er gestorben, arm und vergessen. Auch im Berliner Stadtbild findet sich kein Hinweis auf ihn, sein Haus existiert nicht mehr.

Das lebensgroße Porträt des eleganten Harry Graf Kessler malte Edvard Munch 1906.

Rund um den Anhalter Bahnhof – Grenzbereiche

Die heutige **Stresemannstraße** und ihr nördlicher Teil, die **Ebertstraße,** markieren Grenzbereiche: die 2,5 km lange Verkehrsschneise, die sich vom Halleschen Tor über den Potsdamer Platz bis zum Brandenburger Tor erstreckt, bildete den westlichen Abschluss der alten preußischen Residenzstadt parallel zur Stadtmauer, davor lagen der

Tiergarten, kleine Dörfer und weiter draußen das Landschloss Charlottenburg. Die deutsch-deutsche Mauer zwischen Ost und West verlief nahezu identisch. Und heute bildet genau diese Schneise des geschleiften Mauerterrains, verlängert bis zum nördlichen Spreebogen, das Band des Berliner Neuaufbaus mit Regierungsviertel im Spreebogen, Reichstag und Potsdamer Platz.

Bei der Anlage der südlichen Friedrichstadt um 1730 unter der Leitung von Johann Phillip Gerlach, von dem auch der schöne Barockbau des Kammergerichts (Jüdisches Museum) stammt, hatte der Soldatenkönig drei große Platzanlagen vorgesehen, die den Stadttoren und der neu angelegten Stadtmauer vorgelagert waren: im Süden das Rondell, später Belle-Alliance-Platz, jetzt Mehringplatz; vom Rondell stießen drei schnurgerade Straßen sternförmig bis zum Stadtkern vor. Im Osten wies die Lindenstraße Richtung Schloss. Die Friedrichstraße kreuzte die Allee Unter den Linden und führte weiter in die Dorotheenstadt, die Wilhelmstraße endete auf dem quadratischen Pariser Platz vor dem Brandenburger Tor. In der Mitte, vor dem Potsdamer Tor, wurde das Oktogon angelegt, der spätere Leipziger Platz. Aus dem Holpersträßchen entlang der Stadtmauer wurde die viel befahrene Königgrätzer Straße – andere Namen erinnern an die Befreiungskriege wie auch zum Beispiel der so genannte »Generalszug« mit Möckern-, Großgörschen-, Großbeeren-, Yorck- und Gneisenaustraße rund um das Hallesche Tor. In der Weimarer Republik dann wandelte sich der südliche Abschnitt der Königgrätzer zur Stresemann-, der nördliche vom Potsdamer Platz bis zum Spreebogen zur Ebertstraße.

Mit dem gewaltigen Industrialisierungs- und Bevölkerungsschub um die Mitte des 19. Jahrhunderts und dem Beginn des Siegeszuges der Eisenbahn platzte die Stadt aus allen Nähten. Die Stadtmauern fielen, das letzte Stück im Jahr 1867. Vor den Stadttoren entstanden Fernbahnhöfe: Vom Potsdamer Bahnhof am Potsdamer Tor dampfte 1838 die erste Eisenbahn Preußens von Berlin über Zehlendorf bis Potsdam. Der zweite größere Bahnhof folgte 1841 am Anhalter Tor, und um eine Verkehrsverbindung zwischen den Bahnhöfen zu schaffen, entstand ab 1850, genau den Verlauf der eingeebneten Stadtmauer nachzeichnend, die erste die Berliner Kopfbahnhöfe verbindende Bahn. So entstand der S-Bahn-Ring, der mit dem Mauerbau in Teilen verrottete, die zu innerstädtischen, wild wuchernden Biotopen mit dem Hauch morbider Ruinenästhetik erblühten. Frisch saniert, ist der Ring jetzt aufs Neue geschlossen.

Der »Anhalter« – Lieblingsbahnhof der Berliner

Vom großen Anhalter Bahnhof mit seiner riesigen Halle aus Glas und Gusseisen ist nur der Portikus als kriegsbeschädigte Ruine erhalten – bis zur Vereinigung mitten in der Wüstenei eines Ödlandareals. Der »Anhalter« war der Stolz aller Berliner: Franz Schwechten, von dem auch die Kaiser-Wilhelm-Gedächtniskirche

Der Anhalter Bahnhof, einst richtungweisend in seiner großzügigen, funktionalen Eleganz, ist wie auch die Kaiser-Wilhelm-Gedächtniskirche als Ruine erhalten – ein Mahnmal gegen Krieg und Zerstörung.

stammt, hatte ihn 1876–80 erbaut. Der alte Bahnhof nach Anhalt wurde abgerissen. Als Vorbild dienten Schwechten die luftigen englischen Industriebauten aus Glas und Gusseisen. 170 m lang, 60 m breit war das Prunkstück der glasüberwölbten Halle. Für den Kaiser zu Repräsentationszwecken festlich ausgestaltet, gab es kaiserliche Empfangsräume und ein separates Fürstenportal, wo Staatsgäste begrüßt und verabschiedet wurden. Zar Nikolaus II. oder auch der italienische König Umberto erblickten einen über und über geschmückten Bahnhof, hier traf 1918 Karl Liebknecht ein, Reichspräsident Friedrich Ebert fuhr von hier zur Nationalversammlung nach Weimar, die Nazis hielten Ehrenparaden ab. Zu seinen Glanzzeiten rollten täglich 150 Züge ein.

Für die Berliner war der Anhalter Bahnhof das Tor zum Süden, nach Rom, Nizza, Istanbul. Hier betraten die meisten Besucher die Hauptstadt des Reiches. In den Straßen rundum standen dicht an dicht die Hotels: große, noble Namen, kleine Absteigen, außerdem Restaurants, Gaststätten, Kneipen. In der Königgrätzer befanden sich der »Preußische« und »Askanische Hof«, direkt gegenüber dem Anhalter Bahnhof das prächtige »Excelsior«, mit 600 Betten das größte Hotel im Deutschen Reich und ab 1928 durch einen aufwändigen Tunnel mit der Halle des Anhalter Bahnhofs verbunden – Vorbild für Vicki Baums Roman »Menschen im Hotel«. In den wilden Zwanzigern kreuzten sich hier 13 Straßenbahn- und mehrere Omnibuslinien.

In der Bellevuestraße am Potsdamer Platz öffnete 1908 das **Hotel Esplanade** seine eleganten Tore – nach dem Krieg stand es verlassen auf dem verödeten Gelände. Für Zigmillionen sind einige Räume saniert, aufwändigst umgesetzt und in die neue Sony-Bebauung am Potsdamer Platz integriert worden (s. S. 224).

*Im Dreieck der Strese-
mann- und Wilhelm-
straße bietet das
Willy-Brandt-Haus im
lichtdurchfluteten Atri-
um interessante Aus-
stellungen zu Design,
Architektur und Kunst.*

Schwer angeschlagen, aber nicht zerstört, übernahm die Reichsbahn (Ost) 1946 den Anhalter Bahnhof. Notdürftig instand gesetzt,
wurde der kümmerliche Betrieb im Mai 1952 endgültig eingestellt, da
die Bürger Ost nicht auf Gelände West ankommen oder abfahren
sollten. Der Bahnhofsbau unterstand der Bundesbahn (West), und
die hat ihn 1959/60 dann bis auf die Portalruine abgetragen. Rings
um den vernachlässigten **Askanischen Platz** entstanden im Rahmen
der Internationalen Bauausstellung 1981 und 1987 kecke, kunter-
bunte Wohnbauten, die den Grauschleier zu heben verpflichtet
waren; erst nach dem Fall der Mauer hat die Goldgräberstimmung
vom Potsdamer Platz und Leipziger Platz auch die Verkehrsachse des
Askanischen Platzes angesteckt, es wurde aufgeräumt und neu
gebaut.

Einen frischen, auffälligen Akzent setzt in der Form eines Indian-
erzeltes das nagelneue **Tempodrom-Gebäude** hinter der Bahnhofs-
Ruine: Bis zur Eröffnung dieses festen Hauses hat das Tempodrom im
Zeltprovisorium nahe des Lützowplatzes mit zündenden Konzerten,
Zirkus- und Varietéprogrammen und anderen Veranstaltungen die
junge Berliner Kulturszene der letzten Jahrzehnte mitgeprägt – der
Bundesbauten wegen bekam es nun ein neues Zuhause.

In den labyrinthischen Eingeweiden des Bunkers Anhalter Bahnhof ist das **Berliner Gruselkabinett** eröffnet worden: Im Erdgeschoss
sind mittelalterliche Torturen, Quacksalber und Alchemisten, Pest-
kranke und Scheintote als »Sehenswürdigkeiten« für Horror-
Freunde ausgestellt; im Untergeschoss müssen Schauder und Grauen
nicht künstlich inszeniert werden: Der **Luftschutzraum** ist im Origi-
nalzustand erhalten; seine reale Geschichte von Not und Tod erzählen Fundstücke, Dokumente und Berichte.

Das **Willy-Brandt-Haus (62)** von Helge Bofinger wurde 1995
bezogen, ein offener, lichtdurchfluteter Baukörper in der Form eines
Tortenstücks, der sich mit gläserner Bugwelle im Dreieck der Strese-
mann- und Wilhelmstraße in die Höhe schwingt. Helle Kalksteinbän-
der halten die Hülle aus Glas und Stahl umfangen, deren Mitte das
Atrium mit sechs Geschossen unter filigranem Glasdach bildet.
Durch den Gebäuderücken zieht sich eine Passage, die beide Straßen
miteinander verbindet. Eine Reihe kleiner Geschäfte mit Bistro und
Buchhandlung ist ringsum angesiedelt. Im Atrium finden Wechselausstellungen statt; Fotos und Dokumente zur eigenen Geschichte
bieten einen traditionsbezogenen Rahmen, Lesungen und Diskussionen sorgen für regen Publikumsverkehr. Für Besucher ein frohes,
kommunikatives Haus, das als erstes frischen Wind in diese vom
Mauerbau gezeichnete Kreuzberger Ecke brachte.

Tiergarten

Das Reichstagsgebäude – vom »Reichsaffenhaus« zum »Identitätsmöbel«

1. Akt: Das »Reichsaffenhaus«

(1) Wie kein anderes Gebäude repräsentiert der Reichstag die Geschicke Deutschlands, die historischen Brüche, die politischen Fallgruben und die Zerbrechlichkeit der deutschen Demokratie. Lang hat es gedauert, bis das deutsche Parlament nach der Reichsgründung von 1871 ein eigenes Gebäude erhielt. Nach über 20 Jahren Provisorien erfolgte im Dezember 1894 die Schlusssteinlegung durch »SM«, Seine Majestät Kaiser Wilhelm II. Im Jahr darauf konnte das Parlament seine Arbeit im eigenen Haus endlich aufnehmen. Die hochgnädige Zustimmung zum I-Tüpfelchen allerdings, der Giebelinschrift »Dem deutschen Volke«, ließ bis zum Kriegsjahr 1916 auf sich warten, als die Kriegsmühen des Volkes eine Belohnung verdient hatten. Der schlichte Schriftzug stammt von Peter Behrens.

Langwierige Auseinandersetzungen über den Standort und eine kaiserlich-genehme Architektur waren vorausgegangen. Nach einem zweiten, 1882 durchgeführten Wettbewerb erhielt der Frankfurter Paul Wallot den Auftrag. Seine Entwürfe mussten mehrfach geändert werden: Mit Geringschätzung für Parlamentarismus und Architekten gleichermaßen verfolgte das Kaiserhaus den Bau des Reichstags. Mit dem Rücken zum Schloss und dem Regierungsviertel gelegen, öffnet sich die Hauptfassade zum Königsplatz am Rand des Tiergartens hin – vielen Abgeordneten ein Dorn im Auge. Der wuchtige, sechsgeschossige Quader mit kräftigen Ecktürmen ist im Stil der Hochrenaissance gewandet. In der Mitte lag der von zwei Lichthöfen flankierte Plenarsaal. Der zurückgesetzte, quadratische Kuppelaufbau in technisch diffiziler Gusseisen- und Glaskonstruktion über dem Säulenportikus bildete das unverwechselbare Kennzeichen des Reichstags.

Für den Kaiser war der Reichstag »der Gipfel der Geschmacklosigkeit« – eine Äußerung, die dazu beitrug, dass sich ganz Deutschland mit Wallot solidarisierte. Ehrungen im In- und Ausland folgten, Künstler und Architekten ergriffen Partei. In einem Brief an seinen Freund Graf Eulenburg ging der Kaiser in seiner Diffamierung noch weiter und nannte den Reichstag das »Reichsaffenhaus«.

2. Akt: 9. November 1918

Nach dem 9. November 1918, der Kaiser hatte abgedankt, die Revolution gesiegt, rief der sozialdemokratische Reichstagsabgeordnete Philipp Scheidemann von einem der Fenster am Hauptportal des Reichstags die Republik aus; er kam damit Karl Liebknecht nur wenige Stunden zuvor, der am Abend vom Portal IV des Schlosses

Reichstagsgebäude
☆☆

»Wir machen das so!« Wie ein roter Faden zieht sich durch die Baugeschichte des Reichstags eine bewusste Umgehung des parlamentarischen Willens durch die Kaiser, die sich überall einmischten und bestimmten. Wilhelm I. setzte fest, daß der Bau auf keinen Fall die Höhe des Stadtschlosses übertreffen dürfe; Wilhelm II., der das ungeliebte Projekt weiterführte, ließ die Kuppel mit der Kaiserkrone zieren, machte aus der Schlusssteinlegung eine militärische Zeremonie (»Als Tag und Stunde der Feier bestimme ich …«) und »vergaß« die üblichen Ehrungen und Auszeichnungen für den Architekten.

◁ *Die Siegessäule mit der »Goldelse« ist der Mittelpunkt des Tiergartens – und der jährlichen Love-Parade.*

213

Tiergarten, Reichs-
tagsgebäude, Regie-
rungsviertel und
Potsdamer Platz

1 Reichstags-
    gebäude/Deut-
    scher Bundestag
2 Sowjetisches
    Ehrenmal
3 DaimlerChrysler-
    Areal
4 Marlene-Dietrich-
    Platz
5 Weinhaus Huth
6 Debis-Haus
7 Sony-Europa-
    Zentrale
8 Forum
9 Filmhaus und
    Mediathek
10 Sony Center
11 Mosse-Palais/
    Ritz-Carlton Hotel
12 Baulogistik-
    Zentrum
13 ehem. Lehrter
    Stadtbahnhof
    (Hauptbahnhof/
    Lehrter Bahnhof)
14 Kanzleramt
15 Paul-Löbe-Haus
16 Marie-Elisabeth-
    Lüders-Haus
17 Jakob-Kaiser-
    Haus

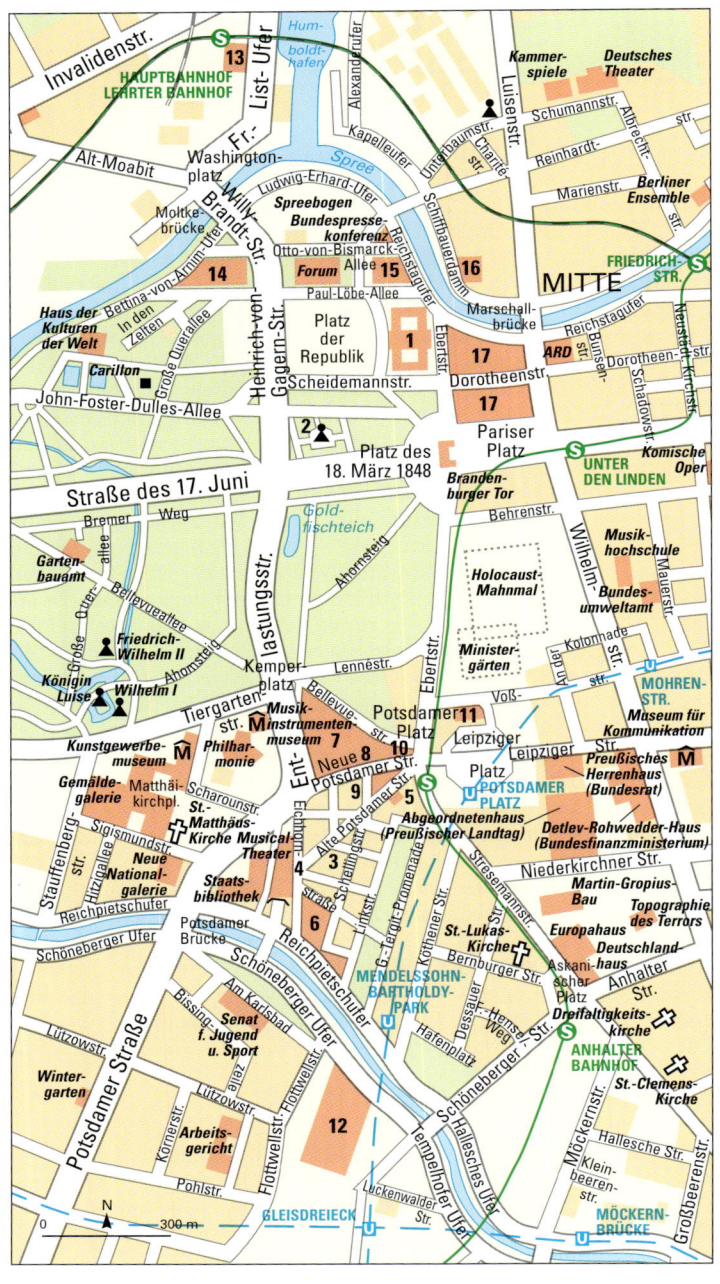

aus die »freie, sozialistische Republik« verkündete. Die Arbeiter- und Soldatenräte besetzten Schloss und Reichstagsgebäude; der Kampf zwischen alter Ordnung, Sozialdemokratie, Sozialisten und Spartakisten bestimmte die Zeitenwende zwischen 1918/19. Harry Graf Kessler beobachtete:

»Das Bild des Reichstags hat sich trotz der strengen Absperrung (man kommt nur noch mit dem roten Passierschein des Soldatenrates hinein) seit der ersten Revolutionsnacht nicht geändert, bis auf den größeren Schmutz, der sich anhäuft. ... Gänge und Wandelhalle wimmeln von Bewaffneten, Soldaten und Matrosen. In der Halle stehen auf dem Teppich die Pyramiden zusammengestellter Gewehre; in den Klubsesseln liegen Matrosen. Eine große Unordnung, aber Ruhe. Die alten Diener in ihren Livreen gehen dazwischen machtlos und schüchtern herum als letzter Rest des früheren Regimes. Die Abgeordneten der bürgerlichen Parteien sind ganz verschwunden.«

Da sich die Straßenkämpfe, Barrikaden und Aufmärsche an wenigen Orten konzentrierten, ansonsten das Alltagsleben die Züge der Normalität trug, ging man »Revolution gucken«. Erst im September 1919 konnte, durch militärische Gewalt gestützt, die Weimarer Verfassung in Kraft treten, der neu gewählte Reichstag seine Arbeit zum ersten Mal unter demokratischen Verhältnissen aufnehmen.

3. Akt: Das Ende

Nachdem die Nationalsozialisten stärkste Fraktion geworden waren, wurde 1932 Hermann Göring zum Reichstagspräsidenten gewählt. Am 27. Februar 1933, mit dem Reichstagsbrand, ging auch die Demokratie in Flammen auf; das Gebäude wurde geschlossen, der braune Terror setzte ein. Zu Sefton Delmer, dem britischen Journalisten, der später maßgeblich an der Organisation der psychologischen Kriegsführung gegen Nazideutschland beteiligt war, sagte Hitler: »Sie sind Zeuge einer großen, neuen Epoche in der deutschen Geschichte. Dieser Brand ist ihr Beginn.«

Das Ende des »Tausendjährigen Reiches«: Am 30. April 1945 hatte die Rote Armee auch die »Festung Reichstag« erobert – der Bau trug schon die Narben und Wunden von einer Million Geschossen, die Kuppel war zerschmettert, das Säulenportal zerschossen – und konnte um 20.50 Uhr, nach zehnstündigem Kampf als Symbol des Triumphes hoch oben über dem Kuppelstumpf die Rote Fahne hissen. Der Zweite Weltkrieg war beendet, Deutschland, Berlin, Tiergarten und Mitte eine Trümmerwüste.

4. Akt: Nachkriegszeit

Am 9. September 1948, während der Blockade, fand die größte politische Versammlung in der Geschichte Berlins statt. Vor dem ausge-

brannten Reichstag appellierte Oberbürgermeister Ernst Reuter vor 350 000 Berlinern:»Ihr Völker der Welt, ihr Völker in Amerika, in England, in Frankreich, in Italien! Schaut auf diese Stadt und erkennt, daß ihr diese Stadt und dieses Volk nicht preisgeben dürft und nicht preisgeben könnt! ... Und Volk von Berlin, sei dessen gewiß, diesen Kampf, den wollen, diesen Kampf, den werden wir gewinnen!«

Da stand dann der Reichstag, über 40 Jahre lang hart an der Mauer, zunächst notdürftig geflickt. Ab 1969, nach langwierigen Umbauarbeiten von Paul Baumgarten, die durch Bundesmittel und eine Spendenaktion finanziert wurden, gab es die Hülle zwar noch, aber ohne Kuppel, die aus Sicherheitsgründen 1954 gesprengt worden war, und im Innern herrschte die emotionslose Funktionalität der sechziger Jahre. Kahlschlagsaniert und stilbereinigt, gab es wieder einen Plenarsaal, Wandelhallen, Sitzungssäle – auf Druck der Sowjets hin durften jedoch keine bundespolitischen Entscheidungen im Reichstag getroffen werden, politischer Normalbetrieb war damit nicht möglich; Plenar- und Ausschusssitzungen waren untersagt, und niemand wollte so recht dort tagen, hielt sich doch hartnäckig das Gerücht, dass der Reichstag völlig verwanzt sei und »vom Osten« abgehört würde. Ab 1971 steuerten alle Touristenbusse den Reichstag an: Die Dauerausstellung »Fragen an die Deutsche Geschichte«, später im Deutschen

Dom am Gendarmenmarkt, war Pflichtprogramm so wie die Grabkreuze am Landwehrkanal im Rücken des Reichstages, die an die Toten erinnern, die während ihrer Fluchtversuche erschossen wurden.

Auf dem Platz der Republik, der weiten Rasenfläche, vormals Königsplatz, wurde Fußball gespielt, wurden Demos abgehalten, Grillfeste veranstaltet, legendäre Rockkonzerte wie die von Pink Floyd und Elton John, schön laut über die Mauer hinweg, veranstaltet, und am 3. Oktober 1990 fand hier die Vereinigungsfeier statt – das ganze Areal wurde von den Berlinern über die Jahre hin als Teil des Tiergartens und seiner Freizeitvergnügungen vereinnahmt. Der Platz wird umgestaltet; er soll ein Ort der Begegnung bleiben – auch mit Fußballspielen.

5. Akt: Wir da oben – Fosters neuer Reichstag

Die Hauptstadtdiskussion war im Juni 1991 entschieden; von 660 Abgeordneten stimmten 338 für den »Berlin-Antrag«: »Sitz des Deutschen Bundestages ist Berlin« – und es sollte der Reichstagsbau sein.

Damit begann auch die Auseinandersetzung um die architektonische Neugestaltung des Reichstagsgebäudes. Drei Jahre und einen zweistufigen Wettbewerb benötigte der Bundestag, um zu der endgültigen Entscheidung – Kuppel ja oder nein – zu kommen. 1992 hatte – jetzt Lord – Norman Foster den Wettbewerb mit einem Entwurf gewonnen, der den kuppellosen Reichstag und einige Ergänzungsbauten unter einer weit gespannten, luftigen Dachkonstruktion zusammenfassen wollte. Foster musste ändern: Die Vorgaben waren fehlerhaft gewesen, das Ganze war zu teuer, und nach zahllosen Abstimmungen sollte nun doch eine Kuppel sein, möglichst die Rekonstruktion des Originals. Foster schob einen Entwurf nach dem anderen nach, der Dachaufbau als Neuanfang im alten Reichstag musste seiner Überzeugung nach eine zeitgemäße, moderne Lösung bieten. Schließlich überzeugte Fosters Hartnäckigkeit auch den Bundestag.

Die Kuppel – neues Highlight Berlins

Seit das Reichstagsgebäude offiziell dem Bundestag übergeben wurde, seit dem 12. Juli 1999, ist der Riesenquader mit seiner gläsernen Kuppel ein städtebauliches Highlight und eine der großen Besucherattraktionen Berlins geworden.

Die alte, kopflose Wallot-Schachtel wurde bis auf die Hülle entkernt; das Äußere blieb erhalten, das Säulenportal an der Westseite wird wieder als Haupteingang genutzt. Als neues Symbol »moderner Demokratie« krönt den Bau die eiförmig aufgesetzte Stahl- und Glaskuppel – weithin sichtbar, nachts hell erleuchtet. Wir als Fußvolk können mit dem Aufzug auf die Dachterrasse fahren, herrliche Ausblicke genießen, im Restaurant sitzen und in strahlender Helle die

Die Reichstagsverhüllung von Christo & Jeanne Claude im Sommer 1995 hat Hunderttausende begeistert; die Bonner Abgeordneten grübelten zuvor jahrelang über die »Würde des Hauses« nach, bevor sie sich per Abstimmung zu einem Jawort durchringen konnten – seit den siebziger Jahren hatte Christo sein Projekt verfolgt.

Literatur:
Der beste Kenner ist der amerikanische Historiker Michael C. Cullen, der seit Jahrzehnten in Berlin arbeitet. 1971 sandte er Christo die legendäre Reichstagspostkarte, die seinen New Yorker Nachbarn auf den langen Marsch bis zur triumphalen Verhüllung schickte. Michael S. Cullen/ Uwe Kieling: »Der Deutsche Reichstag. Geschichte eines Parlaments.« Erstklassig der Band »Norman Foster: Der neue Reichstag«, hrsg. von David Jenkins

»Wir wollen am Reichstagsgebäude die Geschichte der deutschen Demokratie erzählen.« Lord Norman Foster ist einer der bedeutendsten und meistbeschäftigten Architekten unserer Zeit. Seine lichtdurchfluteten Bauten haben die Grenzen des technisch Machbaren erweitert und sind allesamt Hymnen an eine objektbezogene Ästhetik, die Glas und Stahl, Licht und filigrane Linienführung kühn verbindet. Seine bekanntesten Werke: Die Hongkong- und Shanghai-Bank in Hongkong, der Flughafen Stanstead bei London und das Carré d'Art in Nîmes.

spiralförmige Rampe hinaufgehen bis unter die Kuppelspitze in 50 m Höhe. Ein Erlebnis! Das Volk, wie Foster formulierte, »der Souverän erhebt sich – im Wortsinn – über das Parlament«.

Die von Foster bewunderte, »erstaunliche Klarheit« der Wallotschen Raumgefüge, die bei den Umbauten von Paul Baumgarten verloren ging, ist wieder freigelegt und erfahrbar. Als erzählende Elemente sind aber auch Kriegsschäden und Graffiti der Rotarmisten von 1945 sichtbar gemacht, als Spuren der Geschichte. Mittelpunkt der Blockbebauung mit zwei Innenhöfen ist ein gläserner Würfel, der durch alle Geschosse hindurch sich verjüngend sich in das gläserne Kuppelrund hineinschiebt. Das hoch funktionale Bauwerk verbindet subtil und sensibel Alt und Neu, Offenheit und Transparenz mit unserer eigenen Geschichte und der des Hauses. Kein Wunder, dass der Versuch fehlschlug, den Reichstag umzubenennen in : »Der Deutsche Bundestag im Reichstagsgebäude« – für Berliner viel zu umständlich. (Zum Bundeskanzleramt und zu den angrenzenden Bundesbauten s. S. 230 ff.)

Das Sowjetische Ehrenmal

Zwischen Reichstag und Brandenburger Tor, in der nicht mehr existierenden Achse der Siegesallee, steht, von zwei aufgebockten Panzern flankiert, das **Sowjetische Ehrenmal (2).** Das mächtige, gebogene Säulenportal auf mehrstufigem Sockel mit dem Bronzestandbild eines Rotarmisten war das erste neue Bauwerk, das unmittelbar nach

Kriegsende fertig gestellt wurde: Aus Marmor- und Granitblöcken der zerbombten neuen Reichskanzlei Adolf Hitlers von dem Architekten Nikolai Sergijeweski und den Bildhauern Lew Kerbel und Wladimir Zigal errichtet, ehrt es die ca. 20 000 Soldaten aus der UdSSR, die allein im Kampf um Berlin gefallen sind. (Das größte sowjetische Ehrenmal steht im Treptower Park, s. S. 347) Das Gelände um den Reichstag, das Brandenburger Tor und die Reichskanzlei wurden in erbitterten Kämpfen zuletzt erobert. Etwa 2500 Soldaten der Roten Armee haben hinter dem Denkmal ihre letzte Ruhe gefunden. Die T 34-Panzer sind angeblich die ersten, die Berlin erreichten; ein weiterer stand am ehemaligen Grenzübergang und Kontrollpunkt Drei-linden. Die Einweihung fand vor aufmarschierten Truppen der Alli-ierten am 7. Oktober 1945 statt, dem Jahrestag der Oktoberrevolu-tion.

Da das Ehrenmal im britischen Sektor lag, war das Areal auf unbestimmte Zeit den Sowjets zur Verfügung gestellt worden und bildete eine viel bestaunte Enklave: Die Wachablösung der unbe-weglich verharrenden russischen Soldaten fand alle zwei Stunden statt; ihre Unterkünfte lagen hinter dem Ehrenmal. Nach dem Mau-erbau kam es immer wieder zu Zwischenfällen und Handgreiflich-keiten den Soldaten gegenüber, sodass das Gelände nach einem Attentat im Jahr 1970 weiträumig gesperrt wurde – ein surreales Ensemble: Ehrenmal, Mauer und Brandenburger Tor, abgeriegelt und allein gelassen. Nur die Touristenbusse drehten eine schnelle Runde für die Fotoapparate.

◁ Das Wahrzeichen des neuen Berlin: die atemberaubend schöne gläserne Reichstagskuppel von Sir Norman Foster. Fantastische Ausblicke auch vom durchge-stylten Restaurant »Käfer im Reichstag«.

Berlin wird Berlin – die Großbaustellen

Über Jahre hin weithin sichtbar zwischen Kranhälsen, Baggerseen und Rohbauten, zwischen aufgerissenen Straßen und Schuttbergen, Stahlgerippen und Container-Dörfern: der lange, knallrote Schuhkar-ton auf Stelzen, die **Info Box** am Potsdamer, bzw. Leipziger Platz. Das rassige, wie hingetupfte Provisorium der Frankfurter Architekten Schneider & Schumacher war die zentrale Anlaufstelle für alle Neu-gierigen mit knapp einer Million Besuchern pro Jahr. Auf mehreren Stockwerken entfalteten die Bauherren von Potsdamer und Leipziger Platz mit Filmen, raumhohen Computersimulationen und Dokumen-tationsmaterial ihre Vision vom schönen, neuen Superzentrum Ber-lins: Straßenschluchten, Hochhausfassaden, Cities aus Glas, Stahl und Stein vor blauen Himmeln, sauberen Plätzen und bummelnden Menschlein. Hier präsentierte sich die größte »innerstädtische Bau-stelle Europas«. Zum Jahresende 2000 verschwand die Info-Box – die »Jahrhundertbaustelle« ist zu einem neuen, coolen und quicklebendi-gen Großstadtquartier geworden: die Berliner und ihre Gäste strö-men in Scharen herbei, amüsieren sich und flanieren.

Zum Stadtschicksal Berlins hatte der Kunst- und Kulturkriti-ker Karl Scheffler mit melancholischer Schärfe im Jahr 1910 den legendären Satz formuliert, dass Berlin dazu verdammt sei, »immerfort zu werden und niemals zu sein«.

Statt Baggerseen und Kranhälsen jetzt ein neues, pulsierendes Großstadtquartier: der Potsdamer Platz. Ganz links Scharouns Philharmonie, vorn in der Mitte seine Staatsbibliothek, dahinter das Sony-Areal und vorne das Debis-Hochaus.

Neue Metropolis: schööön!

Im Zentrum Berlins, mit dem Brandenburger Tor im Mittelpunkt, zieht sich ein 4 km langes, 1 km breites Band von Norden nach Süden – die Nachkriegsschneise zwischen Ostblock und Westmächten, die Stadtwunde zwischen dem alten Zentrum und der City West. Dieses innerstädtische Niemandsland aus Brachflächen, Ödland, Randgebieten, ehemaliger Gegend war eine einzige Megabaustelle. Die südlichen Abschnitte sind fast fertiggestellt, im Norden wird weiter gebaut. Insgesamt wurden im Zentrum Berlins rund 10 Milliarden € verbaut, gut 4 Milliarden am Potsdamer Platz. Über 900 Baustellen – vom Bund, dem Land Berlin, der Deutschen Bundesbahn, Großunternehmen und Privatinvestoren – sind bis 1998 offiziell gezählt worden.

Im letzten Jahrzehnt haben Dutzende internationaler Wettbewerbe für Masterpläne, Strukturpläne und Einzelkomplexe Berlin in Atem gehalten; die Stars der internationalen Architektenzunft haben bei dem »wunderbaren Wagnis« mitgemischt.

Die Großprojekte

● Am **Potsdamer und Leipziger Platz** ist eine neue City in der City, das größte Dienstleistungszentrum Deutschlands, bis auf die Randbebauung fertiggestellt: ein Beton-, Glas- und Stahlgebirge von drei

Hauptinvestoren, die hier knapp eine Million Quadratmeter Geschäfts- und Bürofläche aufeinander gestapelt haben.

● Nördlich anschließend, im **Spreebogen,** steht nun ein neues **Regierungsviertel** da. Als Querriegel über die Wölbung des Spreebogens hinweg das Reichstagsgebäude schier erdrückend, zieht sich das »Band des Bundes«: Groß, weiß und unübersehbar mächtig das neue Bundeskanzleramt, daran anschließend ein langer Glaspalast mit 1400 Räumen für Abgeordnete und Fraktionen.

● Auf dem Areal des **Lehrter Stadtbahnhofs** entsteht der Koloss des **Hauptbahnhofs.** Von der Politikerzunft forciert, soll von hier aus ein neues Verkehrsnetz tief im Bauch der Erde für ungestörtes Schalten und Walten im Regierungsviertel sorgen: Vom Hauptbahnhof bis südlich des Landwehrkanals werden vier parallele Bahntunnel für neue Nord-Süd-Trassen vorangetrieben, ein Autotunnel kommt hinzu. Der neue U-Bahnhof Mendelssohn-Bartholdy-Park am Knotenpunkt Potsdamer Platz wurde im Oktober 1998 eröffnet; S- und U-Bahn Potsdamer Platz besitzen einen neuen Bahnhof.

Literatur:
Der Essay-Band »Berlin – offene Stadt. Die Erneuerung seit 1989« von namhaften Autoren bietet eine Bestandsaufnahme des neuen Berlin. »Die Stadt als Ausstellung – der Wegweiser«, hg. von den Berliner Festspielen und der Architektenkammer, bietet zehn Rundgänge zur Ergänzung. Eine umfassende Zusammenschau –sehr schön.

Zu entdecken: 1 Million Quadratmeter neue Großstadt mit Flair: Hochhäuser, Blockbauten, neue Plätze, Straßenzüge und eine Shopping Mall. Nördlich der neuen Potsdamer Straße das Sony-Areal, südlich davon DaimlerChrysler.

Potsdamer und Leipziger Platz – die neue Mitte

Besonders sehenswert:
Potsdamer Platz-
Areal ☆ ☆

Wer es nicht erlebt hat, mag es kaum glauben: Das Stadtareal rund um den Potsdamer Platz auf kriegsbedingtem Niemandsland ist tatsächlich eine neue Mitte geworden, lebensprall, bunt und aufregend. Die Berliner kommen in Scharen, hier wird gearbeitet, gelebt, eingekauft, flaniert, sich amüsiert – das neue Cityquartier ist Tag und Nacht in Betrieb, und während der Filmfestspiele ist hier der Nabel der Welt. Baukräne und Gerüste gibt es immer noch (es fehlt noch ein Teil der Randbebauung) durch andere Investoren rund um den Leipziger Platz.

Urbaner Mittelpunkt
des DaimlerChrysler-
Areals ist der
Marlene-Dietrich-Platz.

Das **DaimlerChrysler-Areal (3)** umfasst 19 Gebäude auf rund 68 000 qm Grundfläche; im Süden ist es vom Reichpietschufer begrenzt, im Westen bilden die Bauten entlang der Entlastungsstraße eine neue, staunenswerte Flanke zur Staatsbibliothek und dem gegenüberliegenden Kulturforum. Die Neue Potsdamer Straße im

Norden bildet die Nahtstelle zum Sony-Areal. Kostenpunkt: rund 2 Milliarden €. Der Masterplan stammt vom italienischen Stararchitekten Renzo Piano und Christoph Kohlbecker; zusammen mit Arata Isozaki (Tokio), Lord Richard Rogers (London), Rafael Moneo (Madrid) und den Deutschen Hans Kollhoff, Ulrike Lauber und Wolfram Wöhr haben sie das »abenteuerliche Unterfangen« gestaltet. Das Mischnutzungskonzept umfasst 50 Prozent Büros und 20 Prozent Wohnungen. Die glasüberdachte Einkaufszeile, die *Potsdamer Platz Arkaden*, führen direkt auf den **Marlene-Dietrich-Platz (4)** mit Restaurants, einem Musical-Theater, Grand Hyatt Hotel, Casino und Varieté sowie einem Kinocenter. 10 000 Menschen leben und arbeiten hier jetzt – umgeben von Tausenden von Besuchern.

Tipp:
Mit dem Fahrstuhl in den Himmel über Berlin bzw. zur Aussichtsterrasse im Kollhoff-Hochhaus – traumhafte Blicke.

Die Häuserblocks mit unterschiedlichen Gebäudehöhen sind in ein Raster von rechtwinkligen Straßen und Diagonalen eingepasst. Die Grenzen des Areals werden von drei Hochhäusern markiert: Im Norden ist es ein Bürohochhaus von Renzo Piano und Hans Kollhoff: ein abgestufter Turmbau im hanseatischen Backstein-Look mit aufgesetzten vergoldeten Spitzen – ein ungewöhnlicher Blickfang in den eng gesetzten Straßenschluchten in Terracotta-Pink von Renzo Piano. Inmitten des dichten Platzgewühls zwischen steil aufstrebenden Häuserfronten das alte, kleine **Weinhaus Huth (5)** am Fontane-Platz – einzig überlebender Kriegszeuge auf dem Potsdamer Platz. Sorgsam bewahrt und restauriert, wurde aus der Prominenten-Weinstube der Kaiserzeit eine Bistro-Bar, und die DaimlerChrysler Contemporary Galerie bietet exellente Gegenwartskunst.

Sehenswert sind auch die zahlreichen Großskulpturen, u. a. von Keith Haring, Jeff Koons und Robert Rauschenberg, die überall auf dem Potsdamer Platz-Areal für Farbigkeit sorgen.

Am Reichpietschufer dann ragt das **Debis-Haus (6)**, ebenfalls von Piano, in die Höhe. Es war im November 1997 bezogen worden und nimmt die debis-Zentrale sowie den DaimlerChrysler-Vertrieb-Deutschland auf. Der 83 m hohe Büroturm, den ein grün leuchtender Würfel weithin sichtbar krönt, schiebt sich tief in die Stadtlandschaft bis zum zentralen Marlene-Dietrich-Platz hinein. Herzstück ist ein Atrium mit den Ausmaßen einer veritablen Kathedrale – dort hat auch die über 12 m hohe Maschinenskulptur »Meta-Maxi« von Jean Tinguely Platz zum atmen. Direkt daneben, die Linkstraße flankierend, ein vielgliedriger achtgeschossiger Büro- und **Geschäftsblock** von *Arata Isozaki* – der japanische Meister kühner, postmoderner Formensprache hat in Berlin, in Kreuzberg und am Tegeler Hafen, schon verspielte, heitere Wohnbauten in Pastellfarben errichtet. Hier an der Linkstraße hat er zwei lang gezogene, ineinander geschobene Kammbauten konzipiert mit über drei Geschosse bauchig auskragender gläserner »Bugwelle« als Portalüberdachung am Reichpietschufer – ein deutlicher Wiedererkennungseffekt.

Rund um die Arena – das Sony-Gelände

Das dreieckige, 26 500 qm große Areal der **Sony-Europa-Zentrale (7)**, bebaut mit den Partnern Tishman Speyer Properties und Kajima Corporation, liegt wie ein Tortenstück mit seiner Spitze am Potsda-

Die gläserne Halbmondscheibe des Bürohochhauses an der Potsdamer Straße/ Ecke Potsdamer Platz markiert die östliche Seite des Sony-Areals von Helmut Jahn mit der Arena unter dem Zeltdach als Mittelpunkt.

mer Platz und greift in nordwestlicher Richtung zur Philharmonie und dem Tiergarten aus. Helmut Jahn, Chicago, der in Frankfurt den Messeturm baute und in Berlin noch mit drei Bauten und Projekten in Charlottenburg präsent, hat diesen neuen Stadtraum entworfen. Sieben Gebäude gruppieren sich um das Herzstück und Zentrum: Das **Forum (8)** ist als lichdurchflutete Arena mit gefalteter Zeltüberdachung konzipiert, eine 4000 qm große, kreisrunde Platzanlage mit Cafés, Restaurants, Geschäften und »Urban Entertainment Center« – eine kühne Konstruktion, weithin sichtbar. Einen maßgeschneiderten Bau erhielten **Filmhaus und Mediathek (9)** an der neuen Potsdamer Straße. Hier kann man der Geschichte von Fernsehen und Hörfunk nachgehen, und im Filmhaus mit Arsenal-Kino und der Deutschen Film- und Fernsehakademie Berlin wird bedeutende Kinogeschichte dokumentiert. Endlich wird auch Marlene Dietrich öffentlich gewürdigt, und das nun nicht zu knapp: Neben dem nach ihr benannten Platz zeichnet die *Marlene-Dietrich-Sammlung* das Leben der Ur-Berlinerin und legendären UFA-Göttin nach. Sehr anregend konzentriert sich hier die gesamt Film- und Medienlandschaft mit ihrer überaus reichen Berliner Geschichte, und auch die Berliner Filmfestspiele haben in der neuen Umgebung größten Anklang gefunden – die Beteiligten und das Publikum waren vom neuen Standort und seinem Flair begeistert. Rund herum in den flankierenden Bauten mit Wandscheiben und markanten Einschnitten sind Büros, ein Imax-3-D-Kino mit haushoher Leinwand und weitere Geschäfte eingezogen.

Die noblen, gläsernen Wohnwelten der **»Esplanade Residenz«** werden durch einen bautechnisch meisterhaften Coup mit historischer Patina geadelt. Der neobarocke **Kaisersaal** des alten, hochherrschaftlichen Grandhotels Esplanade, nach dem Mauerbau von romantischer Ruinenästhetik umsponnen und unter Denkmalschutz gestellt, wurde für mehr als 25 Millionen € nummeriert, aus seinem Gehäuse herausgesägt, verpackt, und Zentimeter um Zentimeter insgesamt 75 m weit verschoben. Im Kaisersaal wurde wilhelminischprachtvoll zum ersten Mal während der Berlinale 2002 gespeist. Daneben das neue »Café Josty« mit legendärem Namen: War das alte doch als stadtbekanntes Künstlercafé immer voll, rauchig, anregend.

Das **Sony Center (10)** beherrscht mit seinen 26 Geschossen als höchstes Bauwerk die Stadtsilhouette. Der Büroturm besteht aus zwei Elementen, die im Halbkreis aufeinander stoßen; die gläserne, gerundete Fassade schießt seitlich 103 m hoch in den Himmel – es ist das Erkennungszeichen des Sony-Areals.

Auch das dritte Großprojekt für die **Firma A & T,** an der der ursprüngliche Investor ABB nur noch einen kleinen Anteil hält, ist nahezu vollendet: Unter der Leitung von Giorgio Grassi entsteht auf dem lang gestreckten Areal zwischen Köthener- und Linkstraße ein weiteres Büro-, Gewerbe- und Wohnprojekt »Parkkolonnaden«. Mit von der Partie sind auch der Berliner Jürgen Sawade, Diener/Diener aus der Schweiz und der Hamburger Architekt Peter Schweger.

Rund um den **Leipziger Platz,** der als Achteck wiederauferstehen wird, baut eine Reihe von Privatinvestoren; Hertie, in Kooperation mit der Delbrück-Bank, will einen Komplex mit Kaufhaus errichten. Nagelneu ist das Fünfsterne-Hotel »Ritz Carlton« – es ist erst das zweite Haus in Deutschland; Nummer 1 befindet sich in Wolfsburg. Richtung Leipziger Straße wird sich das Ballett der Kräne noch länger drehen – zwischenzeitlich lockt in schneeweißem Zelt der gastronomische Superstar Eckart Witzigmann mit abendlichem Varieté-Programm zum Gourmetfestmahl. Das optimistische Bauprogramm erhält hier im Legoland einen Dämpfer; die Tücken sind zahlreich: Der Bauherr des **Mosse-Palais (11)**, nicht zu verwechseln mit dem Mosse Haus, war über das festgelegte Ziel hinausgeschossen; im langen Streit mit der Baubehörde mussten einige Geschosse des Verbindungsbaus zur Voßstraße hin wieder zurückgebaut werden, und ein komplizierter Rechtsstreit blockiert das einstige Wertheim-Areal.

Eines der ehrgeizigsten und größten Immobilienprojekte im Viertel – ein 27 000 qm großes Öd-Areal vom Leipziger Platz bis weit hinein in den Keil zwischen Voß- und Leipziger Straße, von der Treuhand verkauft – wird wohl nach dem Tod von Aldo Rossi nicht verwirklicht: Geplant hatte der italienische Stararchitekt für den Investor 20 bunte Stadthäuser mit 300 Wohnungen, einem Hotel, Einkaufszentrum und einem mächtigen Kuppelbau für den »Cirque du Soleil«.

Im Auge des Hurrikans: Potsdamer und Leipziger Platz – ein Rückblick

Im Gründerzeitrausch und im Hochgefühl kaiserlich-wilhelminischer Größe entwickelte sich das Duo Potsdamer und Leipzi-

»Berlin wird zu eng. Man sollte auf die Hauptstraßen ein Stockwerk setzen«, grummelte der Kunsthistoriker Alfred Lichtwark, als er um 1900 über den Leipziger Platz promenierte.

Potsdamer Platz 1926

»*Sie stehen verstört
am Potsdamer
Platz.
Und finden Berlin zu
laut.
Die Nacht glüht auf in
Kilowatts.
Ein Fräulein sagt hei-
ser: »Komm mit,
mein Schatz!«
Und zeigt entsetzlich
viel Haut.*

*Sie wissen vor Stau-
nen nicht aus und
nicht ein.
Sie stehen und wun-
dern sich bloß.
Die Bahnen rasseln.
Die Autos schrein.
Sie möchten am lieb-
sten zu Hause sein.
Und finden Berlin zu
groß.*

*Es klingt, als ob die
Großstadt stöhnt,
weil irgendwer sie
schilt.
Die Häuser funkeln.
Die U-Bahn dröhnt.
Sie sind das alles so
gar nicht gewöhnt.
Und finden Berlin zu
wild.*

*Sie machen vor Angst
die Beine krumm.
Und machen alles
verkehrt.
Sie lächeln bestürzt.
Und sie warten dumm.
Und stehn auf dem
Potsdamer Platz
herum,
Bis man sie überfährt«.*
(Erich Kästner)

ger Platz zum Nabel der Reichshauptstadt. Es wurde gebaut, gebaut, und schon Fontane klagte in einem seiner Romane: »Der Potsdamer Platz war auch heute wieder wegen Kanalisation und Herstellung eines Inselperrons gesperrt.« In den zwanziger Jahren tobte, brauste und rauschte der Verkehr am Potsdamer Platz, eingehüllt in Lichterglanz, Lärm und Menschengewühl – er galt als verkehrsreichster Platz Europas. Eine Platzanlage hatte der »Potsdamer« nie besessen; er lag ja ursprünglich direkt vor dem Stadttor, das sich zur barocken Anlage des Oktogons hin öffnete. Der »Potsdamer« war ein festgezurrter Knotenpunkt, vier Straßen, die Potsdamer, Link-, Bellevueund Leipziger Straße mündeten hier ein, die Königgrätzer Straße durchschnitt den Platz von Süden nach Norden. Der Potsdamer Bahnhof spuckte Menschen aus, der U-Bahnhof kam 1907, die S-Bahn 1936 hinzu; ringsum Hotels, Restaurants, Amüsierbetriebe: Im Mittelpunkt stand das von Schwechten 1910/11 errichtete »Haus Potsdam«, ein bauchiger, säulengeschmückter Kuppelbau, der ab 1914 als »Haus Vaterland« berühmt wurde: mit verspiegeltem Tango-Ballsaal, Eintänzern und Revuegirls, Ungarischer Weinstube, Türkischem Café, Wildwest-Bar, muskulösen Cowboys und der Bodega mit tanzenden »Spanierinnen aus der Ackerstraße«.

Im »Café Josty«, Ecke Bellevuestraße, trafen sich Politiker, Schriftsteller, Künstler. Adolph von Menzel kam jeden Tag vorbei, Fontane spazierte aus der Potsdamer Straße herüber; vor dem Ersten Weltkrieg saß George Grosz lange Stunden dort: »Ich skizzierte, beobachtete die Menschen oder ließ mir vom eigens dafür angestellten Zeitungskellner die neuesten Zeitschriften bringen.« Im Vox-Haus wurde 1923 die erste Rundfunksendung Deutschlands ausgestrahlt, und ein Jahr später machte der erste Verkehrsampelturm mit verkehrsregelndem Polizisten in der Platzmitte Schlagzeilen. (Eine Nachbildung steht beim S- und U-Bahnhof.) Kühl, lang und streng reckte sich das 19-geschossige Columbus-Haus, 1931/32 von Erich Mendelsohn im Zeichen der Neuen Sachlichkeit erbaut, wolkenwärts über den Verkehrsmief hinweg. Bestleistung: Neben Bahnhof, S- und U-Bahn steuerten 26 Straßenbahn- und fünf Buslinien (mit Tempo!) den Potsdamer Platz an, und ein Zeitgenosse stellte ohne Übertreibung befriedigt fest, dass täglich etwa die Bevölkerung von ganz Nürnberg oder die von ganzen deutschen Ländern wie Lippe, Mecklenburg-Strelitz und Schaumburg-Lippe zusammen über den Potsdamer Platz ging.

Das klassizistische Entree zum östlich anschließenden Leipziger Platz bildeten die von Schinkel 1823/24 errichteten Torhäuser in dorischer Ordnung, die das Potsdamer Tor flankierten. Tor und Stadtmauer wurden abgerissen, die Torhäuser und das alte Oktogon, von Lenné gärtnerisch gestaltet, blieben. Großzügige Geschäfts- und Hotelbauten, »Palasthotel« und »Fürstenhof«, schlossen das Achteck ein. Ab 1905 lockte das **»Weltwunder Wertheim«** an der Ecke zur Leipziger Straße die Käuferscharen an: »Seit der Basar Wertheim eröffnet ist, kann man sich auf der Leipziger kaum noch durchwinden«, bemerkte Alfred Lichtwark. Die Schaufensterfronten zogen sich über 300 m hin. Der Architekt Alfred Messel hatte hier einen neuen Gebäudetypus geschaffen, der funktionsbetont moderne Eleganz ausstrahlte, mit vertikalem Wandpfeilersystem über schmalen,

Der Flaneur Franz Hessel bei einer Stadtrundfahrt:
»Unser Sprecher verkündet schon von weitem: ›Vaterland! Café Vaterland, das größte Café der Hauptstadt!‹ Die Fremden stieren auf die große Prunkkuppel des Baues, und die, welche bereits abendliche Berliner Erfahrungen haben, raten den anderen, dieses Monster-Etablissement mit all seinen Abteilungen, dies kulinarische Völkermuseum von Kempinski und seine Panoramen in nächtlicher Bestrahlung zu besichtigen.«

»Weltwunder Wertheim« in den zwanziger Jahren.
Fedor von Zobeltitz:
»Als ich mich umschaute, weilte ich in einem prachtvollen Saale mit Lapislazuli-Säulen, und ich hörte eine Fontäne rauschen. Ich schlenderte mit schweren Schritten weiter, kam in einen Palmengarten, an ein Buffet, kam dann in ein Gewirr von Kinderwäsche, hinauf zu den Phonographen und endlich zu den ersehnten Parfüms. Ganze Menschenringe umballten die Verkaufstische ....«

gotisierenden Arkadenbögen und einer systematisch sich gliedernden Fensterabfolge, die, von langgliedrigen Fassadensegmenten gerahmt, bis unter die Traufkante hoch gezogen war.

Nach dem Krieg:
Zwischenzeit, Niemandsland und Hohlraum

»Aber wer hier, auf dem Leipziger und Potsdamer Platz, soll diese Leuchtschrift dort oben noch lesen?« schrieb Wolf-Dietrich Schnurre. »Dies ist die menschenleerste, schrecklichste Mondlandschaft, die sich je in einer bewohnten und nicht unter direktem Kriegseinfluß stehenden Großstadt aufgetan hat. Qualvoll erleuchtete Ödnis hinter der Mauer, wohin man nur blickt; gezackte Laufgräben, Spanische Reiter, aus gekreuzten elektrischen Schienen zusammengestückt … Und eine Stille weithin, daß man deutlich in den beiden Pappelgruppen an der Leipziger Straße den Wind rascheln hört«.

Plattgewalzt, ausgehöhlt, leer: Mit dem Mauerbau wurde auch noch die letzte Ruine für den Bau der Sperr- und Sicherheitsanlagen abgerissen, die U-Bahn unterbrochen, die S-Bahn geschlossen. Das Warenhaus Wertheim, nach dem Krieg noch benutzbar, wurde in den fünfziger Jahren abgerissen. Nur noch Mauer war da, eine Aussichtsplattform, Touristenbusse und schäbige Souvenirläden. Aus der Bezirksgrenze zwischen Mitte und Tiergarten war nach 1945 die Sektorengrenze geworden, auf dem Potsdamer Platz stießen der sowjetische, britische und amerikanische Sektor zusammen – der Schwarzmarkt blühte.

Am 17. Juni 1953 finden sich Aufständische und mitfühlende Schaulustige aus Ost und West auch auf dem Potsdamer und Leipziger Platz ein. Russische T-34 Panzer und heimische Volkspolizei räumen den Platz; das Columbus-Hochhaus wird von einer wütenden Menge in Brand gesetzt, das »Haus Vaterland«, in Rudimenten noch vorhanden, ebenfalls. Das rußgeschwärzte Wrack wird erst in den siebziger Jahren vollständig abgetragen, nachdem der Senat das Areal mit dem ehemaligen Potsdamer Bahnhof für 31 Millionen DM von der DDR gekauft hatte. Im Kalten Krieg wiesen Gerüste mit Leuchtreklamen nach hüben und drüben: westliche Nachrichten für die »Zone«; vom notdürftig hergerichteten Columbia-Hochhaus aus dem russischen Sektor gleich nebenan ging der Lockruf: »Der kluge West-Berliner kauft bei der HO.«

Auf der Westseite gab es nur zwei Bauten, die im Niemandsland überlebt hatten: in der Linkstraße das stattliche, in der Ödnis so winzige »Weinhaus Huth« mit seinem Kuppelkrönchen (1912) und der Torso des 1906–08 erbauten »Grandhotel Esplanade« in der Bellevuestraße. Zwischen bröckelnden Fassaden, leeren Fensterhöhlen und ins Blinde laufenden Säulenreihen verbarrikadierte Prunksäle – das Gespensterhaus wurde in den achtziger Jahren Kulisse nächtlicher, spektakulärer Theaterinszenierungen, morbider Happenings und schriller Modenschauen.

»Sei schlau, geh' zum Bau« –
das Baulogistikzentrum

Im Laufe der zehnjährigen Bauzeit mussten im Baubereich Potsdamer und Leipziger Platz 6 Millionen Tonnen Erdaushub fortgeschafft, 4 Millionen Tonnen Güter aller Art hinbewegt und verbaut und 1,7 Millionen Tonnen Beton angerührt werden – Gütermengen wie beim Tunnelbau unter dem Ärmelkanal, 45 Bauleiter, 450 Architekten, rund 100 Baufirmen waren und sind an den Tiergartenprojekten beteiligt, auf der Baustelle Potsdamer Platz schuften rund 1500 Bauarbeiter aus aller Herren Länder, zu Spitzenzeiten waren es ca. 4000. Um den innerstädtischen Verkehr nicht über Jahre total lahm zulegen, um ökonomisch und ökologisch so schonend wie möglich zu arbeiten, ist von den Hauptinvestoren 1993 die Firma **Baulogistik-Zentrum (12)** gegründet worden, die nicht nur Organisation und Bauabläufe regelt, sondern die gesamte Versorgung, den Transport von Erdaushub und Abraum und die Zulieferung aller Baumaterialien koordinierten. Ihrem Reglement mußten sich alle Bauträger, Bauunternehmen, Subunternehmer und Zulieferer fügen – eine bisher einmalige Konstellation, die vom Bundeskartellamt genehmigt werden musste. Das Baulogistikzentrum, kurz Baulog, hat sich auf dem 25 ha großen Gelände des ehemaligen Güterbahnhofs Anhalter Bahnhof, am **Gleisdreieck,** ausgebreitet. Allein hier sind 35 Millionen investiert worden für Ver- und Entladeanlagen, eine Behelfsbrücke über den Landwehrkanal, Zufahrtsstraßen für den internen LKW-Verkehr zu den Baustellen. Alte, brachliegende Gleistrassen wurden saniert, Hafenanlagen wieder flottgemacht. Der Erdaushub wurde und wird per Bahn oder Lastkahn in Richtung Lausitz verfrachtet, dort werden damit die Löcher im Braunkohletagebau gestopft. Täglich rollten hier 20 Güterzüge ein und aus. Im Betonwerk wurden 300 Kubikmeter Beton pro Stunde gemischt – alle zwei Stunden benötigte man dafür 24 Waggons Sand und Kies. Jede Schraube, jede Dämmplatte wird auch weiterhin hier angeliefert. Nach preußisch-strengen Richtlinien und hoch komplexen Organisationsschemata wurden und werden 90 Prozent aller Güter mit der Bahn oder per Schiff umgeschlagen – vor allem für die Großbaustelle Hauptbahnhof/Lehrter Bahnhof.

Logistik-Ingenieure regeln die computerisierte Netzplanung aller Termine: Per Bündelfunk sind Disposition, Kranführer, Fahrer der Baustellen-LKW miteinander verbunden. Die Zeitraster sind eng, die Güterkontrollen scharf, zwei Sack Zement per Laster »von außen« auf die Baustelle geschummelt, und schon gibt's Strafen.

Tipp:
Das Baulogistikzentrum am Gleisdreieck kann man am besten von den U-Bahnlinien 1 und 2 aus überblicken, deren Trasse das Gelände überquert. Auf dem Gelände schließt sich das sehenswerte Technik Museum an (s. S. 357).

»Wir fahren oft und zeigen Freunden, hier liegt Gleisdreieck, steigen aus und zählen mit den Fingern Gleise.«
Günter Grass

Der Hauptbahnhof

Auch nach dem Zuzug der Bonner in das Regierungsviertel im Spreebogen wird man auf die Fertigstellung des Zentralbahnhofs auf dem Gelände des alten **Lehrter Stadtbahnhofs (13)** in Moabit nördlich der Spree noch bis zum Jahr 2006 warten müssen. Als Kreuzungspunkt zweier ICE-Linien, der S-Bahn und zweier U-Bahnlinien wird ein neuer Berliner Hauptbahnhof entstehen. Um Parlament und Kanzler abgasfrei und ohne Lärm regieren zu lassen, soll die Entlastungsstraße als Nord-Süd-Verbindung durch den Tiergarten geschlossen, der Verkehr in die Eingeweide der Erde verlegt werden. Bund, Berliner Senat und Deutsche Bahn bauen also unter Tage an

»Die Leichtigkeit des Seins« und sinnliche Reiseerlebnisse will das Hamburger Architektenbüro von Gerkan, Marg & Partner für den Hauptbahnhof verwirklichen: Die hoch liegenden Gleistrassen der Stadtbahn, glasverpackt wie in einer knusprigen Cellophantüte, schieben sich quer durch ein Zwillingspaar lichtdurchfluteter, transparenter Riegelbauten aus filigranen Gitterschalen. Mit freiem Blick von den Tunnelgeschossen bis unter die gewölbten Hallendächer des Mitteltrakts, mit Ladenpassagen und mehreren Büroetagen, Dutzenden von Rolltreppen und Fahrbändern ein futuristisches Konzept »im Grenzbereich von Realität und Utopie«.

einem neuen, gigantischen Verkehrsnetz mit vier Bahn- und einem Autotunnel. Die neue U-Bahnlinie, die so genannte »Kanzlerlinie« ist vorerst ad acta gelegt – kein Geld. Der technisch außerordentlich komplizierte Tiefbau beeinflusst in seinem Ablauf alle weiteren Bauprojekte. So darf der Grundwasserspiegel nicht zu sehr absinken, weil sonst alle Bauten ringsum gefährdet wären. Und nicht nur die, sondern auch der reiche Baum- und Pflanzenbestand im Tiergarten – ganze 2000 alte Bäume mussten trotzdem schon gefällt werden.

Die Spree wurde umgeleitet, der Unterbau für den **Hauptbahnhof** und Bahnhof Potsdamer Platz, die Tunnelführung zur Spreeunterquerung werden in offener Bauweise erstellt, d. h., dass Betonwände tief in den Boden gelassen wurden, dazwischen wurde das Erdreich ausgehoben. Das Grundwasser bildete einen See, auf dem sich die Schwimmbagger weiter nach unten gruben. Die Betonbodenplatte, die die Schlitzwände schließlich zu einem riesigen Kasten verbindet, ist unter Wasser – bis 40 m tief – gegossen und mit den Seitenwänden verankert worden. Bautrupps wurden zu Tauchtrupps, und die Betongießer und Prüfer mussten nach einer Vierstundenschicht zwei Stunden in der Druckkammer sitzen. Erst nach dem Abpumpen des Grundwassers konnten in diese kilometerlangen Fundamente hinein Tunnelröhren und Bahnhöfe gebaut werden. Fast 1,7 Milliarden €
sind für die bis zu 4 km langen Straßen- und Bahntunnel veranschlagt; die Bauarbeiten dauern an.

Das »Band des Bundes«

Als am 4. Februar 1997 der Startschuss zum Bau des **Kanzleramtes (14)** fiel, da griff Helmut Kohl, der »Kanzler der Einheit« selbst zum Spaten auf jenem Gelände, wo nach Kriegsende eine Trümmeraufbereitungsanlage gestanden hatte. Im Sommer 2001 hat dann Bundeskanzler Schröder seinen neuen 200-Millionen-Dienstsitz mit Blick auf den Reichstag bezogen, obwohl die Untertunnelung des Tiergartens noch nicht abgeschlossen ist. Die Bäumchen ringsum sind noch klein, die Allee hin zum Reichstag und dem Riesenriegel des Paul-Löbe-Hauses ist noch kahl und lässt die gigantischen Dimensionen der Parlamentsbauten erdrückend deutlich werden – da wirkt selbst der Reichstag anheimelnd gemütlich.

Die Berliner Architekten Axel Schultes und Charlotte Frank hatten das Rennen um das Bundeskanzleramt gewonnen: Ihr Entwurf für den städtebaulichen Spreebogen-Wettbewerb 1992 erhielt den Zuschlag; ihr Gebäude des Kanzleramtes hatte Helmut Kohl sehr gut gefallen. Das »Band des Bundes« ist ein kraftvoll plastisches Spiel mit asymmetrisch ineinander verwobenen Baukörpern, mit Kuben, Blöcken, Innenhöfen, Terrassen und Wandscheiben, die in einer Parallelachse zwischen der künftigen Nord- und Südallee nebeneinander herlaufen und mit ihren jeweiligen Kopfbereichen die Spree überspannen – eine symbolische Geste, mit der die beiden Stadthälften durch das Kanzleramt, die Abgeordnetenbüros und das in der Mitte liegende »Forum« verklammert werden. Auf der Moabiter Seite winken an der nächsten Spreeschleife schon die futuristischen Silhouetten der neuen Glaspaläste des »Sorat-Hotels« und die bauchige Turmreihe des Innenministeriums. Schloss Bellevue als Sitz des Bundespräsidenten und das Reichstagsgebäude schließen sich unmittelbar südlich an, im Osten stößt die Spange mit dem abschließenden Marie-Elisabeth-Lüders-Haus bis auf die Wilhelmstraße. Die Straßenführungen im Neuland wurden umgestaltet, knapp nördlich des Kanzleramtes liegt die Ein- und Ausgangsstrasse zum Tiergartentunnel. Ob die schöne Idee des zentralen Forums »als Ort der Begegnung zwischen Parlament und Öffentlichkeit« tatsächlich gebaut wird, ist noch offen. Nach den Plänen der Landschaftsgestalter soll das Forum in den 35 ha großen, einfallsreich gestalteten **Park** einbezogen werden, der das gesamte Areal im Spreebogen mit der Kongresshalle und dem Reichstag verbindet.

Das Kanzleramt selbst bildet ein lang gezogenes Rechteck mit Eingangsbereichen auf den Schmalseiten. Zwischen den langen Flügeln der Bürotrakte, gegliedert von zahlreichen Innenhöfen und Wintergärten, von Wandscheiben und Säulenreihen gesäumt, öffnet sich der »Ehrenhof« für die Staatsgäste. Als Herzstück des Kanzleramtes wächst ein 36 m hoher, neungeschossiger Kubus mit ausgeschnittenen Bogensegmenten aus dem System der verschachtelten Geometrie heraus, die offen und hermetisch geschlossen zugleich ist. Das »Chefgebäude« beginnt im fünften Obergeschoss, auf der Ebene der Dachterrasse, im sechsten Stock der Kabinettsaal, darüber das große Arbeitszimmer des Kanzlers und im obersten Stockwerk private Empfangsräume mit herrlichen Blicken auf das Regierungsviertel der neuen alten, vereinten Hauptstadt. Ein riesiger, massiger Bau, der arg pompös und angestrengt modernistisch wirkt. Mit dramatischer Geste und hohem Symbolgehalt markiert die riesige rostrote Stahlskulptur »Berlin« von Eduardo Chillida den Eingangsbereich – sie wurde im Oktober 2000 aufgestellt.

Das **Paul-Löbe-Haus (15)** im Spreebogen ist im Januar 2002 bezogen worden. Der Münchner Architekt Stephan Braunfels hat einen 200 m langen und 100 m breiten achtgeschossigen Kammbau entwickelt, mit fast 1000 Büros für Abgeordnete und Ausschüsse, 19 Sitzungssälen mit Rotunden, Restaurant und Besucherzentrum. In der Empfangshalle erinnert ein Mahnmal an die Mauer, die dort verlief. Das Paul-Löbe-Haus, das nach dem alten, verschwundenen Wohnviertel auch Alsenblock genannt wird, ist in seinen gigantischen Ausmaßen schon als Symbol der überwältigenden Bürokratie gesehen worden.

Tunnel und Fußgängerbrücken verbindet den Alsenblock mit dem Luisenblock am Rand der alten Luisenstadt jenseits der Spree, der nun **Marie-Elisabeth-Lüders-Haus (16)** heißt: Dort sind wissenschaftlicher Dienst und Bibliothek zu Hause. Zusammen bieten

Die Regierungsbauten: Die einzelnen Häuser tragen in Erinnerung an die alten, diesem riesigen Areal ›geopferten‹ Stadtquartiere auch deren Namen: das Paul-Löbe-Haus ist der Alsenblock, das Marie-Elisabeth-Lüders-Haus der Luisenblock, und das südlich der Spree gelegene und durch die Dorotheen-Straße getrennte Jakob-Kaiser-Haus heißt auch Dorotheenblock.

Der 1953 geborene Dresdner Axel Schultes hat auch im Tegeler Hafen gebaut und war beteiligt am »Carillon« im Tiergarten. Seine großen Würfe sind die Kunsthalle Schirn in Frankfurt und das Kunstmuseum in Bonn, das in Zusammenarbeit mit Charlotte Frank entstand. Beim Spreebogen-Wettbewerb setzte er sich an die Spitze.

beide Blöcke 57 000 Quadratmeter Nutzfläche, rund 450 Millionen € haben sie gekostet.

Auf der Rückseite, der Ostfassade des Reichstags, liegt das einstige *Reichstagspräsidentenpalais;* es ist jetzt Sitz der Parlamentarischen Gesellschaft. Gleich gegenüber ist mit dem aus acht Haus-Blöcken bestehende **Jakob-Kaiser-Haus (17),** auch Dorotheenblöcke genannt) der größte und teuerste Verwaltungsneubau der deutschen Nachkriegszeit errichtet worden: eine Mega-Struktur, die das Viertel um die Dorotheenstraße vereinnahmt – vom Reichstagsufer bis zum Pariser Platz, von der Wilhelm- bis zur Ebertstraße – und rund 720 Millionen € (!) gekostet hat; veranschlagt waren etwa 460 Millionen. Sie umfasst 3000 Räume, Abgeordnetenbüros, Konferenzräume, ein TV-Studio, Parlamentsbibliothek, Kasino; Innenhöfe und Hallen bieten Ausblicke und Flaniermöglichkeiten. Die miteinander verbunden Häuser, darunter drei integrierte Altbauten, sind alle unterschiedlich gestaltet; ein Tunnel führt zum Reichstagsgebäude. Fünf Architektenteams waren beteiligt: die Büros Busmann und Haberer, Köln; Pit de Bruijn, Amsterdam; von Gerkan, Marg & Partner, Hamburg; Schweger & Partner, Hamburg; Thomas van den Valentyn, Köln.

Der Tiergarten – Molle, Kebab und Buletten

Tiergarten ☆
Besonders sehenswert:
Haus der Kulturen der Welt ☆
Siegessäule ☆
Philharmonie ☆
Neue Nationalgalerie ☆
Gemäldegalerie ☆☆

Was fällt Ihnen zum Tiergarten ein? Der Zoo am Bahnhof Zoo, die Love Parade mit einer Million Tänzern, die durch den Tiergarten wummert? Die weiten Rasenflächen rund um die vormalige Kongresshalle mit Hunderten von Großfamilien, die unter nicht zu knapper Rauchentwicklung grillen und braten, was das Zeug hält? Alles richtig, der Tiergarten ist dem harten Kern der Großstadtberliner genau das, was dem Londoner der Hyde Park, dem New Yorker der Central Park: gebändigtes Naturerlebnis, Freizeit, Erlebnis- und Vergnügungsstätte mit Grün. Im Rahmen der Bonner Invasion stoßen Ordnungsversuche bisher auf taube Ohren, und auch die Bezirksämter haben eine strikte »Ausweisung von Grillflächen« bisher abgelehnt.

Die Grünfläche in der Mitte ist ein ca. 220 Hektar großes Riesenareal von einem Kilometer Breite und drei Kilometern Länge mit Rasen, Wiesen, Alleen, Wasserläufen, Teichen und Seen, grünen Nischen und Winkeln. Rundum oder mittendrin: die alte Kongresshalle, jetzt kunterbuntes Haus der Kulturen der Welt, das noble Schloss Bellevue, Sitz des Bundespräsidenten, hoch über den Wipfeln die »Goldelse« auf der Siegessäule, das Hansa-Viertel mit der Akademie der Künste, der angestammte Trödel- und Flohmarkt auf der Straße des 17. Juni. Südwestlich angrenzend das Kulturforum mit Philharmonie, Neuer Nationalgalerie, Staatsbibliothek und weiteren kunst- und kulturschweren Bauten, die nun direkt an die neue Potsdamer-Platz-Bebauung grenzen.

Der Park wiederum ist Teil des Bezirks Tiergarten, seine geographische Mitte. Im Norden der Spree liegt der in Tiergarten eingemeindete Stadtteil Moabit, der, als Hugenottenkolonie gegründet, zu einem der großen Industrie- und Arbeiterwohnbezirke Berlins wurde. Im Süden zählt noch das bis zum Landwehrkanal reichende Wohnviertel dazu, das sich erst im Boom der Gründerjahre zum vornehmen alten »Geheimratsviertel«, unter den Nazis dann zum »Diplomatenviertel« entwickelte und großbürgerliche Top-Adresse war – jetzt wurde auch hier wieder wie verrückt geplant und gebaut. Im Westen schließt sich Charlottenburg an, der Nabel Westberlins. Der Zoologische Garten schließlich am südwestlichen Tiergartenrand bildet die fließende Grenze zwischen Citygewühl am Bahnhof Zoo und freier, großzügiger Parkidylle. Mittelpunkt nicht nur des Parks, sondern der quer durch Berlin gezogenen Ost-West-Achse ist das Rondell mit der Siegessäule. Auf der Bezirksgrenze im Osten, entlang Mitte und dem südlich anschließenden Kreuzberg verlief die Mauer. Und weil das so war, lag der Tiergarten mit seinem östlichen Saum, mit Reichstag und Brandenburger Tor hart am Rand der Westwelt.

Der Tiergarten war immer die natürliche, grüne Grenze Berlins – ganz früher vor den Toren Altberlins, dann als Übergangsbereich zwischen dem Zentrum der Residenz und dem »neuen« gründerzeitlichen Westen. Aus dem dicht bewaldeten Jagdrevier des Kurfürsten wurde eine barock-repräsentative Parkanlage, die Knobelsdorff dann für Friedrich den Großen in absolutistisch-formalem Stil vollendete mit Doppelalleen, Heckensalons, Statuen und der Zentralachse des Großen Sterns, die auf das Schloss Charlottenburg zuführte. Um 1790 entstand mit dem Bau von Schloss Bellevue für Prinz Ferdinand von Preußen eine »neue Partie« mit weich geschwungenem Landschaftspark und romantischen Rousseau- und Luisen-Inseln. Und die

Als Gemüseacker und Kartoffelfeld musste der geschundene Tiergarten in der Nachkriegszeit herhalten: Der Baumbestand war nahezu vernichtet, in den Hungerwintern und während der Blockade wurden die Restbestände abgeholzt und verheizt, die Freiflächen nutzten die hungernden Berliner als »Landwirtschaft«. Ab 1949 begann mit internationaler Hilfe, durch Spenden und Stiftungen die Wiederaufforstung und Neugestaltung des Tiergartens – mit 600 »Notstandsarbeitern« sind über eine Million Bäume und Sträucher gepflanzt worden.

233

Berliner vergnügten sich »In den Zelten«, gleich hinter dem Brandenburger Tor, lustwandelten dort an milden Sommerabenden. Bettina von Arnim nahm hier eine Sommerwohnung, Wirtschaften hatten sich in Zelten und Buden etabliert, Tanz, Musikkapellen und Zir-
kusvergnügen; später wurde es ernst mit politischen Versammlungen
und Großdemonstrationen.

Der große Landschaftsgestalter und Freund Schinkels, Peter
Joseph Lenné, von Potsdam abkommandiert, machte sich ab 1818 an
die Neugestaltung des Tiergartens. Feuchte Waldteile wurden tro-
ckengelegt und die gesamte Anlage im modischen englischen Land-
schaftsstil »ausgedünnt«: Große Bäume wurden freigestellt, die Geometrie getrimmter Hecken und Kieswege aufgegeben zugunsten
geschwungenen Wasserläufe und Wege, für Bänke und Ruheplätze,

die entzückende Blicke freigaben, wechselnde Bilder für die Seele in »Mannigfaltigkeit und Überraschung«.

Ab etwa 1850 wurden dann überall Denkmäler aufgestellt, für Fürsten, Könige, Dichter, Denker, auch preußische Militärheroen – eine wahre Flut steinerner Großmeister, ergänzt um weitere Statuen allerlei antiker Helden und Götter, die rund um den Großen Stern ihre Heimat fanden.

Die »Puppenallee« – Liebeswerk des Kaisers

Die Siegesallee – die Berliner tauften sie Puppenallee – gibt es nicht mehr, am nördlichen Kopfbereich der einstmaligen Marmoransamm-

Die Denkmäler, die »Puppen«, gefielen den Berlinern – »bis in die Puppen« liefen und amüsierten sie sich; viel zu betrachten und mild bis verächtlich zu belächeln gab es allemal: Zwischen 1898 und 1905 wurde der Tiergarten laut offizieller Zählung durch folgendes skulpturales Sammelsurium bereichert: 48 Denkmäler von Personen, 14 Tiergruppen, 36 Einzeltiere sowie den kaiserlichen Segen der Siegesallee mit 114 Köpfen. Im »Vorwärts« brachte der englische Journalist Bart Kennedy seine Verwunderung zum Ausdruck: »Man kann kaum seinen Kopf wenden, ohne gleich ein Bildwerk zu sehen. Sie sind hier, dort und überall.«

lung steht heute das Sowjetische Ehrenmal. Das weltweit belachte Wunderwerk, ein persönliches Geschenk des Monarchen an seine »lieben Berliner«, umfasste 32 aus Carrara-Marmor gehauene Skulpturengruppen, in der sich die ruhmreiche Ahnenreihe der Herrscher Brandenburgs erzieherisch wirkend, dem Passanten von hohen Sockeln herab präsentierte. Mit freudiger Genugtuung pries »SM« die Galerie seiner Vorväter als so herrlich, »wie sie wohl kaum in der Renaissancezeit schöner hätte sein können«.

Über 600 m lang zog sich die Siegesallee quer durch den Tiergarten, vom Königsplatz mit der Siegessäule vor dem Reichstag bis zum Kemperplatz. Zwischen gestutzten Hecken wiederholte sich 32 mal die gleiche halbrunde Anlage mit Denkmal, Sitzbank und flankierenden Staatsdienern. Alles vom Kaiser persönlich bezahlt, aber, wie Walter Kiaulehn schreibt: »Der Eindruck war niederschmetternd, ein schneeweißes Freiluftpanoptikum.« Neben 18 Hohenzollern kündeten hier auch Askanier, Wittelsbacher und Luxemburger als »Vorläufer und Fackelträger« von Preußens Glorie. »Das Kaiserliche Geschenk der Siegesallee lag wie ein Alpdruck auf Berlin.« Und in der Einweihungsrede des Kaisers vom Jahr 1901 über die Aufgabe der Kunst zog er sogleich über die unbotmäßige neue Richtung der Secession her. Kunst habe die Pflege der Ideale zu leisten, die auch bis »in die untersten Schichten des Volkes« durchzudringen hätten. »Das kann sie nur, wenn die Kunst dazu die Hand bietet, wenn sie erhebt, statt dass sie in den Rinnstein niedersteigt.«

Die Schulkinder wurden vor den preußischen Größen nach strengem Reglement »abgefragt«; Hitler ließ die Siegesallee versetzen, nach dem Krieg wurden die Reste demontiert, im Park verbuddelt.

Heute sind die übrig gebliebenen, amputierten und derangierten Torsi im Lapidarium und der Festung Spandau abgestellt und vergessen.

Topfhut mit Exotik – Haus der Kulturen der Welt

Im nordöstlichen Teil des Tiergartens, dort, wo früher die Krolloper stand und die Straße »In den Zelten« mit ihren Holzhäusern und Lauben Ziel der Ausflügler und Sommerfrischler war, steht heute eines der Wahrzeichen Westberlins: die **alte Kongresshalle (1)**, die angeblich jedermann »schwangere Auster« nennt. Besonders im Sommer strahlt das offene und großzügige Ensemble Heiterkeit aus. Vor dem kühn gewölbten Schalendach, dessen Spitzen sich, auf zwei dünnen Säulen ruhend, bis an den Boden senken, flankieren zwei rechteckige Spiegelteiche die weite Freitreppe. Henry Moores »Big Butterfly« spiegelt sich darin, daneben ragt die schwarze, elegante Strenge des Carillon auf, und die Wiesen ringsum sind gesprenkelt mit bunten Plastiken und Land-art-Exponaten.

Seit 1989 **Haus der Kulturen der Welt,** finden hier breit gefächerte multikulturelle Veranstaltungen statt: Mit zeitgenössischer Musik, Theater, Tanz, bildender Kunst, Film und Medien stellen außereuropäischen Länder ihre Kultur vor. Chinesische Maler, marokkanische Schriftsteller, Aborigines aus Australien, indonesische Hochzeitsfeiern sind zu Gast. Immer geht es um lebhafte Auseinandersetzung mit der Fremde. Das in Berlin wichtige Unternehmen (500 000 Ausländer aus über 100 Nationen leben hier) ist jedoch vom Rotstift bedroht, obwohl über 1000 Veranstaltungen und etwa 300 000 Besucher pro Jahr den Erfolg belegen.

Die Journalistin Margret Boveri notierte kurz vor der offiziellen Kapitulationsfeier vom 9. Mai 1945: »Bäume über den Straßen, zerschossene Panzer, der Tiergarten ein aufgewühltes Schlachtfeld, kein Weg zu begehen. Ich kehrte also zum Großen Stern zurück. Am Fuß der Siegessäule lagerten viele unordentliche Russen. Am Straßenrand spielte ein Grammophon deutsche Tanzplatten aus dem Jahr 1930.«

Henry Moores »Big Butterfly« vor dem Haus der Kulturen der Welt.

Seit der Fertigstellung der Kongresshalle im Jahr 1957 stand der exotisch wirkende Bau des amerikanischen Architekten Hugh A. Stubbins, einem früheren Mitarbeiter von Walter Gropius, mit seinem neuartigen, wagemutigen Spannbetondach im Blickpunkt der Öffentichkeit: Das fragile Dach, wie ein Papierflieger in der Mitte gefalzt, war eine Sensation.

Die funktionslose Haube der Dachkonstruktion – der elliptische Baukörper schließt mit eigenem Dach ab – war in den fünfziger Jahren ein bautechnisches Wagnis, und so ist sie denn auch, am 21. Mai 1980 mit lautem Knall gleichsam vor innerer Spannung explodiert. Ein Teil des Daches stürzte ein; es gab einen Toten. Nach fünf Jahren und langen Debatten um das Pro und Kontra der Restaurierung stand sie wieder da – topfit mit neuem Dach.

Der von der amerikanischen Benjamin-Franklin-Stiftung, der Bundesregierung und dem Senat finanzierte Bau hat im Kalten Krieg zwischen Ost und West die Rolle der modernen, internationalen Architektur als Stimme und Ausdruck einer »freien Welt« demonstriert und als »Forum des freien Gedankenaustausches« die Segnungen der westlichen Welt zelebriert. Als amerikanischer Beitrag zur Interbau 1957, der Internationalen Bauausstellung, bildete sie ein auch in Ostberlin sichtbares Signal zwischen den dünnen Baumstämmen im noch mageren, dürftig aufgeforsteten Tiergarten. Neben der Ruine des Reichstags, der unversehrten Siegessäule und dem »Gegenmodell« des Sowjetischen Ehrenmals symbolisierte sie auch die Ästhetik und Macht des Dollars.

Das Bundespräsidialamt: Hochelegant und zurückhaltend fügt sich der Bau in den Schlosspark Bellevue ein.

Das Carillon

»Wo die Freiheitsglocke schlägt, kann ein Carillon kaum unpassend sein«: Edzard Reuter, ehemaliger Vorstandsvorsitzender von Daimler-Benz und Sohn des unvergessenen Regierenden Bürgermeisters Ernst Reuter, der Berlin und die Berliner durch die harten Zeiten der Blockade lavierte, weihte das **Carillon (2)** neben der Kongresshalle als Geschenk an die Stadt 1987 im Rahmen der 750-Jahr-Feier ein: vier schlanke Türme aus schwarzem Labradorgestein, 42 m hoch, die mit einem umgestülpten, flachen Zeltdach zusammengefasst sind. Der Entwurf stammt von den Berliner Architekten Bangert, Jansen, Scholz und Schultes. Frei unter dem Dach aufgehängt ist das Spiel der 68 Glocken mit fünfeinhalb Oktaven Tonumfang. Es ist das größte Glockenspiel in Europa mit hoch komplexer Seilzug- und Tastenmechanik. Neben Sonderkonzerten live gibt's täglich um 12 und 18 Uhr ein computergesteuertes Konzert.

Eine Gedenkplakette an der Kongresshalle erinnert an die mutige, kluge und großherzige Bettina von Arnim, die mit ihren sieben Kindern zeitweilig in den Zelten lebte und hier ihren aufrührerischen Appell »Dies Buch gehört dem König« (1843) schrieb, in dem sie, Friedrich Wilhelm IV. persönlich ansprechend, Armut und Elend seiner Untertanen in Berlin schonungslos kritisierte. (Gemälde, um 1880 von Achim von Arnim-Bärwalde nach einer zeitgenössischen Miniatur)

Die erste Adresse im Land – Spreeweg 1, Schloss Bellevue

Ist er daheim, weht die Bundesfahne auf **Schloss Bellevue (3)**, Amtssitz des Bundespräsidenten. Das ausgewogene, strahlend weiße Bauensemble in ruhiger Eleganz verbindet harmonisch barocke und frühklassizistische Anklänge. Die dreiflügelige Anlage, die den Ehrenhof umschließt, ist in den wundervollen Schlosspark mit Teich, Terrassen, Denkmälern und Skulpturen auf federndem Grün gebettet. Der Architekt Philipp Daniel Boumann schuf auf dem Gelände mehrerer älterer Bauten 1785 die Stadtresidenz für Prinz August Ferdinand von Preußen, den jüngsten Sohn des Soldatenkönigs, Bruder des Alten Fritz – sein Schloss Friedrichsfelde war ihm zu weit abgelegen. Später wurde die Residenz von Friedrich Wilhelm IV. bewohnt, Königin Luise hat hier mit Napoleon parliert, Wilhelm von Humboldt war zu Gast, auch Friedrich Schiller. Seit der Mitte des 19. Jh. fungierte Bellevue als Offiziersmesse, Gästehaus und Museum. Stark kriegszerstört, wurde das Schloss grundlegend modernisiert und restauriert; im 1791 von Carl Gotthard Langhans geschaffenen großen Festsaal finden offizielle Empfänge des Bundespräsidenten statt – seit 1959 dient das Schloss dem ersten Mann im Staat als Berliner Residenz. Ab 2004 muss der Bundespräsident allerdings umziehen: Der Bau muss komplett saniert werden und lange wurde nach einem Ausweichquartier gesucht – das Schloss Charlottenburg wird es nun wohl werden.

Schwarzes Oval

Nebenan am Rand des Englischen Gartens, 200 m südlich vom Schloss, ist das **Bundespräsidialamt** hinzugekommen. Nach den

Plänen der Frankfurter Wettbewerbssieger Helmut Kleine-Kraneburg und Martin Gruber entstand für knapp 50 Millionen € ein vierstöckiges Oval mit einem rechteckigen Riegelbau im Innenhof – die insgesamt 120 Büros und Sitzungsräume werden von einem Glasdach überspannt: ein in schwarze Granitplatten gehülltes »Spiegelei«.

Der **Englische Garten** zwischen Schloss Bellevue und Altonaer Straße geht auf eine Initiative der britischen Regierung zurück – hier pflanzte der britische Außenminister Eden 1951/52 die ersten Bäume auf dem zernarbten Nachkriegsareal. Mittelpunkt ist das Parkhaus mit Café, in dem auch kleinere Konzerte und kulturelle Veranstaltungen stattfinden.

Die Siegessäule

Ihren Namen erhielt die Straße des 17. Juni in Erinnerung an den Aufstand der Arbeiter in Ostberlin und der DDR, die am Vormittag des 17. Juni 1953 im Stadtzentrum demonstrierten und sich, über die Sektorengrenze gedrängt, am Brandenburger Tor eine Straßenschlacht mit sowjetischen Soldaten lieferten. Ein etwa 10 000 Mann starken Demonstrationszug, aus Henningsdorf vor den Toren des Berliner Nordens kommend, bewegte sich durch die Müller- und Chausseestraße auf den Lustgarten und das Rote Rathaus zu.

Mittelpunkt des Tiergartens ist der Große Stern mit der **Siegessäule** (4) – fünf Straßenzüge sind mit dem gewaltigen Rondell verhäkelt – ein Fußgängerschreck, und will man die Siegessäule erklimmen (wunderbare Aussicht), braucht man einen verkehrsstrategischen Ablaufplan, um die Tunneleingänge zu finden. Die Säule wurde nach der Reichsgründung 1871 von Johann Heinrich Strack für den Königsplatz vor dem Reichstag entworfen und 1873 mit einer Viktoria von Friedrich Drake vollendet. Sie erinnert an die siegreichen Kriege Preußens gegen Dänemark, Österreich und Frankreich. Der reliefgeschmückte Sockel trägt einen runden Umgang; hinter den toskanischen Säulen glitzern Verbrüderungsszenen der deutschen Völker in Glasmosaik. Sie stammen von dem Maler Anton von Werner, den der Kaiser hoch schätzte. Der Säulenschaft ist mit vergoldeten Geschützrohren aus der Kriegsbeute bestückt. Im Zuge der »Umgestaltung zur Reichshauptstadt Germania« wurde die Siegessäule auf Hitlers Befehl hin 1938/39 hierher versetzt und um die obere Säulentrommel erhöht.

Die drei monumentalen Standbilder »preußischer Patrioten« auf der Nordseite sind kurz nach der Jahrhundertwende entstanden: die Generäle Moltke und Roon sowie das Bismarck-Denkmal von Reinhold Begas.

Von der Aussichtsplattform lässt sich die Topographie des Tiergartens deutlich erkennen: Die schnurgerade Schneise der Straße des 17. Juni vom Brandenburger Tor über den Großen Stern verläuft über den Ernst-Reuter-Platz hinaus bis an die Westgrenze des Stadtgebietes – ursprünglich führte sie als Charlottenburger Chaussee an das noch erhaltene Charlottenburger Stadttor am Landwehrkanal heran und bildete die Verbindung zum Schloss Charlottenburg. Die alte Chaussee ist dann auf Wunsch Hitlers durch Albert Speer als »Ost-West-Achse« auf das Doppelte, der Große Stern auf 200 m Durchmesser verbreitert und mit der Siegessäule markiert worden.

Das Hansaviertel – »Wohin wir wollen«

Im Bogen der S-Bahnführung zwischen Tiergarten und Schloss Bellevue lag das gründerzeitliche, dicht besiedelte Hansaviertel – eine Topadresse, nah an der westlichen City und trotzdem im Grünen. Der Name bezieht sich auf die »Hanseatische Erschließungsgesellschaft«, die im Gründerzeitrausch einen neuen Mietsblock neben den anderen setzte. Von 160 Bauten waren nach dem verheerenden Bombardement des Zweiten Weltkrieges gerade noch 20 Häuser stehen geblieben.

Kurt Tucholsky und der Dramatiker Carl Sternheim sind im alten Hansaviertel aufgewachsen, die Maler Walter Leistikow und Lovis Corinth lebten hier. Else Lasker-Schüler war als Ehefrau Lasker in der Bartningallee unglücklich, bevor sie ihr ärmliches, verworrenes Leben als Dichterin begann, der Kritiker Alfred Kerr schrieb hier seine Rezensionen, und Rosa Luxemburg lebte zeitweilig ein Stück weiter nördlich an der Grenze zu Moabit.

Die Anlage des heutigen Hansaviertels – großräumig und frei angeordnete Hochhäuser und Wohnblöcke im Grünen – geht auf die späten fünfziger Jahre zurück, als sich Ost und West im ideologischen Wettrennen die Siegertribünen streitig machten. Ostberlin hatte gerade mit seiner Stalinallee, der »ersten sozialistischen Wohnstraße Deutschlands«, aufgetrumpft, als der Senat in Westberlin der Riege aus Pankow vorzuführen gedachte, was westlicher, zukunftsorientierter, sozialer Wohnungsbau zu leisten imstande sei. 1953 – nach den dringendsten Enttrümmerungs- und Instandsetzungsprogrammen, nach der Währungsreform, der Blockade und der Teilung der Deutschländer – gab es einen internationalen Architektenwettbewerb zur Neugestaltung des Hansaviertels. Im Rahmen der viel beachteten »Interbau 1957«, der Internationalen Bauausstellung, hatten 48 Architekten aus 13 Ländern ihre Visionen in die Realität umsetzen können. Das Hansaviertel als größtes zusammenhängendes »Demonstrationsobjekt mit Modellcharakter« offenbarte nun, »wo wir stehen und wohin wir wollen«. Theodor Heuss kam im Juli zur Eröffnung, vom Zoo aus konnte man sich in einer Gondelbahn hoch über das Baugeschehen schaukeln lassen: Ein Drittel der Bauten war bezugsfertig; den Rest konnten die Berliner aus Ost und West »auf der größten architektonischen und bauwirtschaftlichen Schau seit Jahrzehnten« im Rohbau bekieken.

Die Crème de la Crème der Architekturwelt hatte sich ein Stelldichein gegeben: u. a. Alvar Aalto (Finnland), Oscar Niemeyer (Brasilien), Arne Jacobsen (Dänemark), Pierre Vago (Frankreich), Walter Gropius (USA), Luciano Baldessari (Italien), Jakob Bakema (Niederlande) und aus Deutschland Werner Düttmann, Egon Eiermann und Paul Baumgarten.

Im Hansaviertel nahm eine Wohnanlage Gestalt an, in der für etwa 3500 Mieter in 1300 Wohneinheiten ein komfortables, hochmodernes und ungewöhnliches Ambiente geschaffen wurde: zwei Kirchen,

Im Atelier von Lovis Corinth in der Klopstockstraße rückte zu den Schüler-Ausstellungen die Schickeria an – er selbst ließ sich nicht sehen: »In Pelze gehüllt, die, halb geöffnet, pastellfarbige Chiffonsachen sehen ließen, mit eleganten Hütchen, Parfüms aus den großen Muffen, auf denen Blumensträußchen aufgesteckt waren, ausströmend, gingen diese eleganten Damen mit ironischem, halb kokettem Lächeln von einer Staffelei zur anderen.«
(Charlotte Behrend-Corinth, 1948)

In der Flensburger Straße 11-13 bietet das »Salontheater Bellevue« unkonventionelle Abendunterhaltung in intimem Rahmen mit exzellenten Künstlern aus aller Welt: Kammerkonzerte, Kabarett, Theater, Liederabende und Tanz.

Einkaufszentrum, U-Bahn, Bibliothek, Schule und Kino kamen hinzu. Damals war die anspruchsvolle Ministadt sensationell, und noch jahrzehntelang war das Hansaviertel Anlaufpunkt aller Stadtrundfahrten: Jedes der ausgeführten 36 Punkt- und Scheibenhochhäuser, Einfamilienbauten und Zeilenhäuser besaß individuelle Charakteristika – Gemeinschaftsräume, flexible Innenwände, Maisonette-Wohnungen oder stille, grünumrankte Innenhöfe – die Mieter waren zufrieden. Die meisten der Wohnungen sind inzwischen in Eigentum umgewandelt. Am damals neu angelegten U-Bahnhof Hansaplatz fegt der Wind um die Ecken, aber die Akademie der Künste und das Grips-Theater beleben die stillen Straßen.

Einige Bauten seien herausgegriffen: Kommt man vom S-Bahnhof Bellevue, fallen auf der Nordseite der Bartningallee vier **Punkthochhäuser** ins Auge: Sie stammen von den Franzosen Lopez/Beaudouin, Gustav Hassenpflug, den Niederländern Broek/Bakema (gelbe, blaue, rote Kacheln) und schließlich von Baldessari aus Mailand.

Gegenüber, im halbmondförmigen Hanseatenring mit dreigeschossigen Häusern von Max Taut, Franz Schuster (Österreich), Kay Fisker (Dänemark) und Otto Senn (Schweiz) hat die **Akademie der Künste** bis zu ihrem Umzug im Jahr 2004 in den Neubau am Pariser Platz ihr Domizil, davor ruht die »Große Liegende« von Henry Moore. Im Anschluss an die Interbau hat hier der Berliner Werner Düttmann ein Ensemble aus drei miteinander korrespondierenden Bereichen geschaffen: den zweigeschossigen kubischen Ausstellungstrakt mit schönem Innenhof und rauhen Waschbetonfassaden; kupferne Spitzgiebeldächer und Klinkergewand kennzeichnen den Studio-Bau mit großem Theater- und Vortragssaal; im fünfgeschossigen »Blauen Haus« schließlich sind Verwaltung und Gästetrakt mit Ateliers untergebracht (zur Akademie siehe auch S. 141).

Die »Wilmersdorfer Witwen« in Persianer und Stöckelschuhen singen und tanzen in der »Linie 1« des Grips-Theaters, was das Zeug hält.

Zwischen Hanseatenweg und Altonaer Straße zwei weitere prägnante Bauten: In der Altonaer Straße 4–14 der **achtgeschossige Wohnbau auf V-förmigen Stelzen** mit separatem Fahrstuhlturm mit Übergängen nur im fünften und siebten Stockwerk: Hier hat Oscar Niemeyer, Erbauer der glutheißen und schattenlosen Hauptstadt Brasilia, Hand angelegt. Das helle, luftige und funktionale **Haus Bartningallee 2–4** stammt von Egon Eiermann, der auch eines der Wahrzeichen Berlins, die Neubauten der Gedächtniskirche, geschaffen hat.

In der Randbebauung der U-Bahnstation Hansaviertel ist das weltweit renommierte **Grips-Theater (6)** zuhause. Was 1974 als antiautoritäres, studenten-, frauen- und apobewegtes Off-Theater für Kinder und Jugendliche begann, ist berühmt geworden, immer noch sozialkritisch, aufklärend, bewegend und rotzfrech. Unbedingt ansehen sollten Sie sich den Dauerbrenner »Linie 1«: Die Westberliner U-Bahnlinie 1, die in Mauerzeiten vom feinen Westend quer durch die Stadt über den verwahrlosten Bahnhof Zoo bis zum Schlesischen Tor in Kreuzberg fuhr, schaukelte sich durch ein wildes Gemisch Berliner Bezirke und Schichten – ein wunderbares Großstadtmärchen mit Prolos, Türken, reichen Witwen und spitzzüngigen Saufnasen, mit Songs und Tanz und scharfem Witz.

Am Hansaplatz liegt die katholische **St. Ansgar-Kirche (7)** des Berliner Architekten Willi Kreuer; die evangelische **Kaiser-Friedrich-Gedächtniskirche (8)** stammt von Ludwig Lemmer – beides eigenwillige, moderne Sakralbauten. In der Klopstockstraße 30–32 macht das **Finnenhaus** von Alvar Aalto auf sich aufmerksam mit freier Dachfläche für alle Bewohner und hervorragend geschnittenen Wohnungen. In sanftem Schwung legt sich das zehngeschossige **Wohnhaus von Walter Gropius** in die Kurve der Händelallee 3–9: Auf der Südseite fließen die paarig übereinander angeordneten Balkone in schönem versetzten Rhythmus, die Fahrstuhltürme sind auf der Nordseite plaziert. Am S-Bahnhof Tiergarten, in der Straße des 17. Juni, steht der immer noch ansehnliche **Berlin-Pavillon.** Er dient als Showroom der KPM, der Königlichen Porzellan Manufaktur – mit ordentlichem Café. Das ist besonders dann nötig, wenn man sich an Wochenenden auf dem **Trödelmarkt** rund um das Charlottenburger Tor auf der Straße des 17. Juni müde gelaufen hat. Den Ernst-Reuter-Platz, früher Knie genannt, prägt die Kahlschlag-Ästhetik der Wirtschaftswunderzeit; ringsum die Bauten der Technischen Universität. Erst in den Seitenstraßen Richtung Savignyplatz wird's wieder interessant (s. S. 284).

Gleich um die Ecke

KPM, die **Königliche Porzellan Manufaktur (9)** hat einen alten Namen, eine lange Tradition handwerklicher Exzellenz und befand sich immer auch im Wettlauf mit dem legendären Namen Meißen. Sie

Nahe der S-Bahnstation Tiergarten, an der Einmündung Klopstockstraße, informiert eine Schautafel über alle Architekten und die genaue Lage ihrer Bauten, und auch an jedem Haus findet sich eine entsprechende Plakette.

Walter Gropius, der bahnbrechende Vertreter der modernen Architekturklassik, Direktor des Bauhauses in Weimar und Dessau, hatte schon vor dem Krieg viel in Berlin gebaut. Er musste emigrieren. Als einer der Gründerväter des International Style auch in den Staaten hoch gerühmt, hat er nach dem Krieg im Hansaviertel gebaut und die Trabantensiedlung »Gropiusstadt« entworfen – die allerdings ist gegen seinen erklärten Willen und posthum nach ihm benannt worden. Die Etatkürzungen und baulichen Veränderungen dort hatte Gropius nicht akzeptieren können.

Ein Blick von der Aussichtsplattform der Siegessäule Richtung Osten: Die schnurgerade Schneise der »Ost-West-Achse« mit der Straße des 17. Juni beginnt am Brandenburger Tor; in westlicher Richtung führt sie bis an die Stadtgrenze. Am rechten Bildrand die Bebauung am Potsdamer Platz.

Tipp:
Eine schöne Sammlung der kostbaren historischen Porzellane befindet sich im Belvedere im Schlosspark Charlottenburg (s. S. 306).

ist mit Produktion, Schau- und Verkaufsräumen in der Wegelystraße 1 zuhause. Die 1751 gegründete Manufaktur – erst im Besitz von W. C. Wegely, später Ernst Gotzkowsky, dann von Friedrich dem Großen aufgekauft – hat schwere Existenzsorgen, soll aber unbedingt erhalten bleiben. Die KPM, ab 1918 offiziell Staatliche Porzellan-Manufaktur, nahm sich der klaren Formensprache von Bauhaus, Werkbund und Neuer Sachlichkeit an. Die modernen Klassiker sind wieder aufgelegt, und daneben schaffen Topdesigner wie der Italiener Enzo Mari hochwertiges zeitgenössisches Design.

Der westliche Tiergartenrand

Das breite, unregelmäßig geformte, südliche Parkband des Tiergartens unterhalb der Straße des 17. Juni wird im Süden von der Tiergartenstraße, einem Stückchen Stülerstraße und dem Bogen des Landwehrkanals begrenzt und endet im Westen mit dem Zoologischen Garten und der City-Sperre der Gleistrassen des Bahnhofs Zoo. Wan-

dern wir, den Großbaustellen so gut als möglich den Rücken kehrend, von Osten nach Westen. Zwischen Alleen, Kieswegen, Wiesen, Teichen und Seen begegnen wir vielen **Denkmälern** wie dem gewaltige Triumvirat Haydn-Mozart-Beethoven (1904, Rudolf Siemering), Statuen des ungleichen Paares Königin Luise (1880, Erdmann Encke) und Friedrich Wilhelm III. (1849, Friedrich Drake), Albert Lortzing (1906, Gustav Eberlein) und nah an der Tiergartenstraße dem mächtigen Denkmal Richard Wagners (1903, Gustav Eberlein).

Zwischen der Hofjägerallee und dem Bahnhof Zoo zeigt sich noch einmal geballtes Stadtleben mit Wasser- und Parklandschaft in schöner, unordentlicher Symbiose. Der Neue See, auf dessen weit ausholenden Armen zwischen Schleuseninsel und Landwehrkanal Ausflugsdampfer und Hausboote dümpeln, bietet nicht nur Trauerweiden, Brücken und Uferpromenaden, das beliebte **Café am Neuen See (10)** und ein **Freilichtmuseum für Gaslaternen (11)**, sondern auch den überraschenden Anblick der **Versuchsanstalt für Wasserbau und Schifffahrt (12)** der nahen Technischen Universität – eine gigantische Techno-Skulptur in leuchtendem Blau und rotem Röhrengewusel. Und nicht nur Schönes und Beschauliches, Statuen wie die von Theodor Fontane oder idyllische Fleckchen mit herzigen Tierskulpturen sind mit dem Neuen See verbunden, sondern auch die Erinnerung an Mord und Terror.

»Mit ihnen erschlug man die Revolution«

Rosa Luxemburg, Berlin 1914. Sebastian Haffner, der kritische Historiker Preußens: Luxemburg und Liebknecht »verkörperten wie niemand sonst in den Augen von Freund und Feind die deutsche Revolution. Sie waren ihre Symbole, mit ihnen erschlug man die Revolution.«

Zwei **Mahnmale** erinnern an die überragenden Gestalten der deutschen Arbeiterbewegung und Begründer der KPD, Rosa Luxemburg und Karl Liebknecht, die hier hinterhältig und brutal ermordet wurden. Am Abend des 15. Januar 1919 wurde Rosa Luxemburg von ehemals kaiserlichen Soldaten der Garde-Kavallerie-Schützen-Division in das »Eden-Hotel« zum Verhör verschleppt, misshandelt und erschlagen; ihre Leiche wurde in den Landwehrkanal geworfen. Karl Liebknecht hatten die gleichen Rechtsextremisten an den See gezerrt und dort von hinten erschossen. Eine ungeheure Tat, die die politischen Unruhen in den wirren Anfängen der Weimarer Republik verdeutlicht und die bürgerkriegsähnliche Situation in Berlin auf die Spitze trieb und gleichzeitig beendete. – Harry Graf Kessler notierte in seinen Aufzeichnungen: »Bülows wohnen im Eden-Hotel … Die Fürstin sagt, sie habe von den Vorgängen bei Liebknechts und Rosa Luxemburgs Ermordung nichts gemerkt; das Hotel sei ganz still gewesen. Ihre Kammerjungfer sei der Rosa Luxemburg zwischen Soldaten auf dem Flur begegnet; eine kleine Frau, die ganz ruhig mitging.« Viele hielten sie übrigens für die einzige Person der SPD, »die vielleicht Deutschland hätte regieren können«.

Ein langer Trauerzug begleitete die beiden Sozialistenführer und die Opfer des Spartakusaufstandes, als sie am 25. Januar auf dem Friedhof in Friedrichsfelde beigesetzt wurden. Kessler: »Die Regierung ließ die ganze innere Stadt und den Tiergarten absperren. Es gab ein gewaltiges Militäraufgebot, Geschütze und Maschinengewehre … dazu Sperren, die nur mit Ausweis durchschritten werden konnten.«

Für den Zentralfriedhof in Friedrichsfelde hatte Mies van der Rohe ein monumentales Denkmal entworfen, das, 1926 enthüllt, von den Nazis abgerissen wurde. Während der Weimarer Republik zog die Arbeiterschaft jeden zweiten Sonntag im Januar an die Grabstätte; die SED übernahm den Brauch, und heute sind es nicht nur die PDS und linke Gruppierungen, die diese Tradition fortsetzen – es kamen und kommen jedesmal zwischen 70 000 und 90 000 Berliner.

Eine Gedenkplatte im Tiergarten ist im Mai 1985 vermutlich durch Rechtsextreme gesprengt worden. Heute erinnern zwei Mahnmale – privat finanziert und mit der Neugestaltung der Lichtensteinbrücke realisiert – an die einflussreichen Führer des linken Flügels der deutschen Sozialdemokratie: der **Gedenkstein für Liebknecht (13),** eine unvollendete Klinkersäule, steht am Nordrand des Neuen Sees; das **Mahnmal für Rosa Luxemburg (14)** wächst als Namenszug schräg aus dem Wasser in das Gelände des Uferweges an der Lichtensteinbrücke hinein. Im Hintergrund eine dunkelrote Klinkerwand, deren

Abschlussgitter an aufgepflanzte Bajonette erinnert, als Symbol ihrer Inhaftierung.

Wir sind am Gelände des Zoologischen Gartens; Brücke und Allee tragen den Namen des ersten Zoodirektors Lichtenstein. Der Zoo ist mit seinen ca. 19 000 Tieren einer der größten der Welt: Der älteste deutsche Tierpark, 1844 eröffnet, grenzt unmittelbar an den Bahnhof Zoo im Herzen der Westberliner City. Den Berlinern ist er eng ans Herz gewachsen – die Befindlichkeiten einzelner Pandadamen, Elefantenväter und Nashornbabies bilden einen unverzichtbaren Bestandteil der Berliner Tagespresse. Durch das exotische **Elefantentor (15)** an der Budapester Straße neben dem Aquarium und das **Löwentor (16)** am Hardenbergplatz strömen sonntags die Berliner Familien in das weitläufig gestaltete Zoogelände – wenn nämlich Musikkapellen zum Frühschoppen locken.

Das südliche Tiergartenviertel

Das lang gestreckte Quartier zwischen dem südlichen Saum des Tiergartens und dem Landwehrkanal mit dem Reichpietschufer hat viel gesehen und viel erlebt: Als noble, großzügig angelegte Wohngegend war die ursprüngliche Friedrichsvorstadt nach der Jahrhundertwende zum »Geheimrats«-, später »Diplomatenviertel« aufgestiegen. Nahezu vollständig zerbombt, im östlichen Teil immer nah an der Mauer, hat das Tiergartenviertel nach dem Zweiten Weltkrieg eine Metamorphose vollzogen, die durch hoch interessante neue Architektur und eine Vielfalt kultureller Standorte fasziniert: Das Bauhaus-Archiv von Walter Gropius ist hier angesiedelt, und das Wissenschaftszentrum Berlin von Sir James Stirling verbreitet heiterste Laune in postmodernistischem Sonnenschein-Outfit. Rund um die Tiergartenstraße wurden die alten Botschaften herausgeputzt, neue gebaut und eröffnet. Und zwischen Potsdamer Brücke und Kemperplatz schließlich das Kulturforum: Mit der Philharmonie, der Staatsbibliothek, der Neuen Nationalgalerie und der Gemäldegalerie ist ein immer noch unvollendetes Zentrum herausragenden Kunst- und Kulturgenusses entstanden in einem heftig umstrittenen Bauensemble mit Architekturen von Scharoun und Mies van der Rohe.

Franz Hessel, der Flaneur, 1929: »Ob sich der Indische Elefant für die Mosaikdrachen interessiert, die auf den Türen seines Palastes abgebildet sind? Liebt das Zebra sein afrikanisches Gehöft, der Büffel sein Borkenpalais? Dem Rentier müßte es immerhin sympathisch sein, daß an seinem Haus der Dachzierrat sich ganz so gabelig verzweigt wie sein eigenes Geweih.«

Das Kulturforum

Die einzelnen architektonischen Solitäre des Kulturforums, eines der großen Kulturzentren Berlins, – die Neue Nationalgalerie, Staatsbibliothek und Philharmonie rund um die reizende alte Matthäuskirche – werden vervollständigt durch die wuchtigen grauen Blöcke des Kunstgewerbemuseums, der Kunstbibliothek und des Kupferstichkabinetts. Seit Juni 1998 erregt die neue Gemäldegalerie internationale Aufmerksamkeit. Wuchtig und grau ist auch die riesige, abgeschrägte

»Piazza«; die stark befahrene Entlastungsstraße trennt die Staatsbibliothek brutal ab. Noch hat dieses merkwürdige Konglomerat nicht zur harmonischen Symbiose gefunden. Scharf konturiert und kalt warten die Einzelbauten auf den Funkenschlag der bunten, respektlosen Großstadt-Lebendigkeit. Skateboarder allein reichen da nicht aus – allerdings schwappt jetzt, seit der Fertigstellung des Sony-Areals gegenüber, Großstadt-Flair auch auf den Kemperplatz.

Die Entstehungsgeschichte des Kulturforums ist geprägt von einer hartnäckigen politischen Zuversicht, einer Idee, die aus heutiger Perspektive geradezu prophetische Züge trug und bis zum Fall der Mauer wie ein Irrlicht am Westberliner Horizont glomm: Auf dem zerbombten Ödlandareal ist in langer, komplexer Baugeschichte ein Teil des »Kulturbandes« entstanden, das schon dem städtebaulichen »Kollektivplan« (1946) von Hans Scharoun zugrunde lag, dann immer wieder modifiziert und ergänzt wurde, sich den Ost-West-Realitäten zwar chamäleongleich anpasste, von der Idee her jedoch immer eine Gesamt-Berliner Kultur- und Museumslandschaft im Sinn behielt.

Das **Kulturband** entlang der Spree, als locker gefügte Verbindung zwischen der Museumsinsel und den Linden im Osten über die Akademie der Künste im Hansaviertel bis zum Schloss Charlottenburg im Westen, sah einen weiteren Knotenpunkt, ein zweites »Kulturpaket«, im Mittelpunkt des Bandes vor. Für die Trümmerwüsten zwischen westlichem Cityrand und Tiergarten wurden Wettbewerbe ausgeschrieben, 1956 entschied man sich, den von Hans Scharoun entworfenen Konzertsaal, der ursprünglich in der Innenstadt gebaut werden sollte, ebenfalls auf diesem Gelände zu realisieren. Scharoun konzipierte 1960 ein korrespondierendes Baugefüge mit Philharmonie, Kammermusiksaal und Musikinstrumentemuseum.

Goldene Schätze der Musikkultur

Zeichnung des Innenraums der Philharmonie von Hans Scharoun.

Weltberühmt ist die **Philharmonie (17),** und sofort zu erkennen: Der größte Konzertsaal ist einer der markantesten Nachkriegsbauten Berlins. Einem golden schimmernden Zirkuszelt ähnlich schwingen sich die Dachspitzen über dem achteckig ausgebildeten Saalbau in die Höhe. Seine im Plan vorgesehene goldgelbe Außenhaut aus eloxierten Aluminiumplatten erhielt der »Zirkus Karajani« allerdings erst um 1980. Zu den Festwochen 1963 – da stand die Mauer schon – wurde die neue Heimat für das Berliner Philharmonische Orchester eingeweiht. Ein Stück kühne Avantgarde, umgeben von Grünland mit Trümmern. Auf einem asymmetrischen Sockelgeschoss hat Scharoun Musik, Klang und Raum architektonisch miteinander verwoben. Der Saal ist auf einem Grundriss aus drei Fünfecken konzipiert, die auf unterschiedlichen Ebenen ineinander verschoben sind. Die Musik stand für Scharoun im Mittelpunkt, das Orchesterpodium also in der Mitte des Saales einer großen Arena. Die Emporen mit insgesamt 2452 Sitzplätzen steigen terrassenförmig rund um das Orches-

terpodium hinauf bis unter die dreifach abgestufte Decke mit Schall-
segeln, Reflektoren und eingelassener Beleuchtung. Ein bewegtes,
dynamisches Raumerlebnis, gedämpft durch klare Holzvertäfelungen
und neutrale, weiche Farbtöne. Hier zelebrierte sich der »Zirkus
Karajani« – die Berliner Philharmoniker, die mit Karajan zur Legende
wurden. Das Orchester selbst besteht schon seit 1882; Hans von
Bülow, Arthur Nikisch und Wilhelm Furtwängler sind unvergessliche
Dirigenten, auf Karajans Tod im Jahr 1989 folgte Claudio Abbado;
sein Nachfolger ist seit Herbst 2002 der geniale Sir Simon Rattle.

Der südlich vorgelagerte **Kammermusiksaal (18)** ist erst 1984–88
gebaut worden, das Eröffnungskonzert fand im Rahmen der 750-Jahr-
Feier statt. Nach einer Skizze von Scharoun hat sein Partner Edgar
Wisniewski nach dessen Tod 1972 die »Kleine Philharmonie« mit
1100 Plätzen und das nördlich anschließende Musikinstrumenten-
museum mit Archiv posthum weiterentwickelt. Beide Bauten sind
mit der Philharmonie verbunden. Der Kammermusiksaal ist ein komplexer ringförmiger Bau mit verschobenen, gekanteten Teilflächen,
von einem Kranz zweigeschossiger Flachbauten umgeben. Der Saal-
raum, auf einem sechseckigen Grundriss basierend, konzentriert sich
ebenfalls um den Mittelpunkt des Orchesterpodiums mit umlaufenden Zuhörerrängen auf unterschiedlichen Ebenen, gekrönt von
einem gefalteten Dachaufbau.

Im **Musikinstrumentemuseum (19)** mit Instrumentenbauerwerk-
statt und Vortragssaal sind über 2000 kostbare Exponate, darunter
eine Wurlitzer Konzertorgel, versammelt. Die Konzertreihe »Alte
Musik – live« mit historischen Instrumenten findet regen Anklang,
und Ausstellungen wie die zur Geschichte der elektrischen Gitarre
ziehen auch Jazz- und Rockfans in ihren Bann. Das Staatliche Insti-

Die Philharmonie,
Heimat der Berliner
Philharmoniker.

Als »universalen Raum« bezeichnete Ludwig Mies van der Rohe die stützenlose gläserne Halle der Neuen Nationalgalerie. Funktionale Gesichtspunkte spielten keine Rolle, es ging ihm um die reine Gestalt. Der Bau beruht auf einem Modell, das er 1957/58 entworfen hatte. Ursprünglich für die Firma Baccardi auf Kuba bestimmt, wurde es schließlich in Berlin ebendort verwirklicht, wo er vor der Emigration, nur wenige hundert Meter entfernt, gelebt und gearbeitet hatte: Am Karlsbad 24.

tut für Musikforschung mit Archiv betreibt Akustikforschung, Musikpsychologie und Musikgeschichte und hat sich mit zahlreichen Veröffentlichungen international einen Namen gemacht.

Südlich schließt der Matthäikirchplatz mit der schönen **St.-Matthäus-Kirche (20)** an: Der dreischiffige Bau mit Ziegelbänderung, drei Apsiden und schlankem Turmaufbau ist von August Stüler (von ihm auch das »Neue Museum« auf der Museumsinsel) im byzantinischen Stil um 1845 erbaut worden. Eingepasst an das Ende des rechteckigen Platzes, umgeben von soliden, gediegenen Wohnhäusern und Wohlleben war die »Polkakirche«, wie Franz Hessel schrieb, »Rendezvous der frommen Lebewelt, der Leutnants und Geheimratstöchter, die zusammen beteten und tanzten.« Sie wurde im Krieg schwer verwundet, die Häuser ringsum waren entweder durch Hitlers Großbaupläne für die Welthauptstadt »Germania« schon abgerissen oder durch Bomben zerstört worden. Ihr Äußeres ist originalgetreu, das Innere stark vereinfacht wiederhergestellt worden.

Bevor wir uns dem weitem Blockareal der Museumsbauten zuwenden, die sich westlich an den Matthäikirchplatz anschließen, ein Blick auf die gegenüberliegende Straßenseite: Die **Staatsbibliothek (21)** als östlicher Abschluss des Kulturforums stammt ebenfalls von Hans Scharoun und Edgar Wisniewski (1967–76). Der Turm des Büchermagazins schließt den vielgliedrigen Baukörper nach Osten hin ab; die lichtdurchflutete Lesesaalzone mit mehreren Galerien, versetzten Ebenen und Freitreppen öffnet sich zum Kulturforum hin und bietet unterschiedlichste Perspektiven, überraschende Ausblicke und optische Reize für die Leser, die über ihren Dissertationen hocken und aus acht Millionen Bänden zu wählen haben. Umfang und Qualität der wieder vereinten Bestände der Staatsbibliothek nun zählen zu den Top Ten der großen Bibliotheken der Welt. Der »Stabi« angeschlossen ist das Ibero-Amerikanische Institut mit herausragenden Bibliotheksbeständen und weltweitem Ruf.

Zwischen Skatern und Skulpturen, »Stahlfritzen und Betonleuten« – die Neue Nationalgalerie

Die **Neue Nationalgalerie (22)** an der Ecke Potsdamer Brücke ist der einzige Bau, den Mies van der Rohe nach seiner Emigration im Jahr 1937 in Deutschland ausgeführt hat. Sein letztes Werk gilt als späte Ikone der Moderne und eine der herausragenden Architekturen der Berliner Nachkriegsgeschichte. Den Auftrag erhielt er zu seinem 75. Geburtstag. Dem Großmeister der klassischen Moderne, der bis 1933 Leiter des Bauhauses in Dessau und Berlin gewesen war, wurde Tribut gezollt – er hatte den Gebäudetypus frei wählen können. Für das Land Berlin und die Stiftung Preußischer Kulturbesitz ist in den Jahren 1965–68 eine streng geometrische Rasterkonstruktion entstanden, aus Stahl und Glas auf einem Sockelgeschoss aus Granit. Die nüchterne Strenge des Raumgefüges bezieht sich explizit auf den Schinkelschen Klassizismus, es ist in seiner Langgliedrigkeit und seinem Fassadenrhythmus von Mies als ein Brückenschlag zum Alten Museum empfunden worden. Das lichtdurchflutete Erdgeschoss ist als transparente, stützenlose Halle mit umlaufenden Glasfronten angelegt; das fensterlose Untergeschoß ist doppelt so groß und öffnet sich in einen ummauerten Skulpturengarten. Das stählerne Kassettendach, 65×65 m, stützt sich auf acht schmale Stahlträger, kragt weit aus und schafft so einen geschützten Umgang vor gläsernen Fassaden. Hier gelingt die Verschmelzung von Innen und Außen, Oben und Unten. Von der Vorstellung des »universalen Raumes« durchdrungen, ist eine kühle und subtile Architektur entstanden, die Bauelemente auf das Wesentliche reduziert.

Wie Mies van der Rohes Biograph Franz Schulze schrieb, war das Dach damals »die größte, jemals ausgeführte starre Platte«, die mit einer speziell konstruierten Hebevorrichtung auf den Rohbau gehievt wurde. Während des Montagevorgangs war der zurückhaltende, spröde 82jährige van der Rohe dabei. Und beim Eröffnungsfestakt, Feierlichkeiten jeder Art verachtend, machte er es kurz: »Ich will hier nur den Stahlfritzen danken und den Betonleuten. Und als das jroße Dach sich lautlos hob, da hab' ich jestaunt.«

Im Erdgeschoss finden Wechselausstellungen zur zeitgenössischen Kunst statt, im Untergeschoss sind die permanenten Sammlungen zuhause. Das Schwergewicht liegt auf der Kunst der klassischen Moderne mit dem dynamischen Auftakt »Berlin um die Jahrhundert-

Erbaut wurde die Staatsbibliothek als Westberliner Standort für die Stiftung Preußischer Kulturbesitz – auch die DDR hatte eine Staatsbibliothek, und beide Nachfolgeeinrichtungen der einstigen Preußischen Staatsbibliothek berufen sich auf ein und dieselbe Tradition. Jetzt ist das Stammhaus Unter den Linden »Haus 1«, die »Stabi« der Wessis »Haus 2«.

Kunst am Bau und im Skulpturengarten: Ein Stahl-Stabile von Alexander Calder, Henry Moores »Bogenschütze« und im friedlichen ummauerten Garten Plastiken von Bernhard Heiliger, Auguste Renoir, Alberto Giacometti u. a. – eine stimmungsvolle Kulisse für die alljährlich hier stattfindenden Musiktage »Jazz in the Garden«.

Tipp:
Die »Lange Nacht
der Museen« ist ein
Riesenerfolg. Bis 2
Uhr nachts sind rund
80 (!) Museen und
historische Bauten mit
Sonderprogrammen
geöffnet und durch
Shuttle-Busse auf
unterschiedlichen
Routen miteinander
verbunden. Jeweils
am letzten Samstag im
Januar und August.
Besonders berückend:
Tangotanzen in der
Neuen Nationalgale-
rie. (Infos s. S. 411)

wende«. Von Edvard Munch, Ferdinand Hodler, Ernst Ludwig Kirchner, Erich Heckel, Karl Schmidt-Rottluff bis hin zu den wichtigsten Strömungen der Nachkriegskunst mit Pablo Picasso, Fernand Léger, Constantin Brancusi, Max Ernst, Francis Bacon und der amerikanischen Moderne mit Barnett Newman, Frank Stella, Marc Rothko, Sol leWitt, sind hier Meisterwerke versammelt. Auch die realistische DDR-Kunst mit Werken von Bernhard Heisig, Werner Tübke u. a. hat inzwischen hier einen Platz gefunden.

Die Museen der Europäischen Kunst – Kunstgewerbemuseum, Kupferstichkabinett, Kunstbibliothek und Gemäldegalerie

Ein großes Ereignis: Im Juni 1998 wurde nach knapp sechsjähriger Bauzeit die Gemäldegalerie am Kulturforum eröffnet – damit ist das Riesengeviert mit den **Museen Europäischer Kunst (23)** westlich des Matthäikirchplatzes aus seinem melancholischen Stadium der Zwischenzeiten erlöst. Bis auf einen zentralen Restaurantflügel, der wegen Geldmangels nicht gebaut wird, ist damit eine über dreißigjährige (!) Planungsgeschichte abgeschlossen. Parallel zu den städtebaulichen Lösungen, die Scharoun um 1960 für den Bereich des Kulturforums entwickelt hatte, parallel zum Bau der Neuen Nationalgalerie, entschloss sich die Stiftung Preußischer Kulturbesitz in Übereinstimmung mit dem Land Berlin im Jahr 1962, den Sammlungsbestand der Staatlichen Museen im Westteil der Stadt in einer Reihe von Neubauten zu präsentieren. Die Mauer hatte die Teilung zementiert; die Bauten in Dahlem und Charlottenburg reichten nicht aus, das Areal des Kulturforums bot sich an, auch als ideelle Spange zwischen Ost und West. Der Architektenwettbewerb zog sich hin; 1968 erhielt Rolf Gutbrod den ersten Preis: Sein an Scharoun orientiertes Konzept sah vier unterschiedliche Museen in eigenständigen Gebäuden vor, die durch einen gemeinsamen zentralen Eingangstrakt verbunden waren. Eine schräg ansteigende »Piazza« als räumliche Verbindung zum Matthäikirchplatz bildete den Mittelpunkt, der auf unterschiedlichen Ebenen von der Eingangshalle, dem Kunstgewerbemuseum und dem Kupferstichkabinett mit Kunstbibliothek gerahmt wird. Für die Gemäldegalerie, Werkstätten, Direktion und Verwaltung war eine langgliedrige Blockrandbebauung zwischen Sigismund- und Stauffenbergstraße vorgesehen.

So weit, nicht gut: Aus finanziellen Gründen wurde das Projekt in zehnjährigen Ruheschlaf versetzt, 1978 war Baubeginn, 1985 ist das Kunstgewerbemuseum eröffnet worden. Dann brach über den Köpfen der Verantwortlichen der Sturmhagel der Proteste los. In der Zwischenzeit nämlich hatten sich die Vorstellungen über Museumsarchitektur, über Präsentation und benutzerfreundliche Gestaltung gewandelt; die großen Museumsneubauten in anderen Städten, kühne Architektur und Kunst als »Erlebniswelt« präsentierend, erwiesen sich als zugkräftige Publikumsmagneten. Das Stiefmütterchen am

Kulturforum dagegen war im Stil des Brutalismus erblüht und erwies sich als unpraktisch, zugeknöpft und leblos-starr.

Die weiteren Baupläne wurden gestoppt, Rolf Gutbrod trat zurück. Ein neues, rasantes, allerdings an jeglichen Verkehrsrealitäten vorbeigedachtes Konzept des österreichischen Stararchitekten Hans Hollein verblieb in den Akten. Erst die Münchner Architekten Christoph Sattler und Heinz Hilmer lieferten Entwürfe mit hoher Akzeptanz. Aus den von ihnen überarbeiteten Rohbauten schälten sich Mitte 1993 Kupferstichkabinett und Kunstbibliothek heraus, der Komplex der Gemäldegalerie, 1992 begonnen, trägt ihre Handschrift.

Obwohl es die Hüter des Hauses hier im Hochbunkerbau des **Kunstgewerbemuseums** wahrlich schwer haben, ihre glanzvollen und reichen Schätze in stimmungsvoller und heiterer Atmosphäre darzubieten, gelingen ihnen immer wieder beeindruckende Präsentationen: An thematisch aufgebauten Komplexen und Einzelbeispielen sind die zahllosen Facetten der Geschichte europäischen Kunstgewerbes vorgeführt, von der Kirchenkunst des Mittelalters über das grandiose Lüneburger Ratssilber, die Möbelkunst vom Barock bis Rokoko, die angewandte Kunst des 19. Jahrhunderts bis hin zum Kunsthandwerk des Jugendstils und Art déco. Wechselausstellungen zu Design, Schmuck und Handwerk der Gegenwart runden das Bild ab.

Die lichtempfindlichen Kostbarkeiten im **Kupferstichkabinett** und in der **Kunstbibliothek** können nur in kleineren Ausstellungen und für begrenzte Zeit in das Rampenlicht der Öffentlichkeit treten. Die außerordentlich umfangreichen Sammlungen – rund 80 000 Zeichnungen und etwa eine halbe Million druckgrafischer Blätter – sind nach der Zusammenführung von Ost- und Westbeständen – aus Dahlem und dem Alten Museum – in makelloser Neuordnung miteinander verschmolzen. Die Exponate von höchster Qualität aus nahezu allen europäischen Ländern vom Mittelalter bis zur Gegenwart werden daher in einzelnen Themenkomplexen und unterschiedlichen Schwerpunkten gezeigt; im Studiensaal kann sich jedoch jeder Interessierte nach Voranmeldung die Mappen vorlegen lassen.

Auch die Kunstbibliothek hat Exquisites in Hülle und Fülle zu bieten, eine öffentliche Präsenzbibliothek mit kunsthistorischer Literatur, eine Sammlung von ca. 30 000 Architekturzeichnungen, Entwürfen von Innenräumen und Fresken vom späten 15. Jahrhundert bis in die Gegenwart; bedeutende Architektennachlässe wie die von Balthasar Neumann, Paul Wallot, Heinrich Tessenow und Erich Mendelsohn bilden weitere Schwerpunkte. Außerdem: Sammlungen zur Gebrauchsgrafik, Kostümkunde, Plakat-, Reklame- und Buchkunst.

Die Gemäldegalerie

Wie schon oben erwähnt: Das Schatzhaus der Gemäldegalerie öffnete im Juni 1998 seine Pforten. Mit dem verzögerten Baubeginn 1992 konnte auch die glückliche Vereinigung der jahrzehntelang getrennten Sammlungen aus dem Bodemuseum und der Gemäldegalerie

In der Viktoriastraße, gänzlich unter dem Pflaster des Kulturforums verschwunden, hielt Paul Cassirer (1871–1926) Hof: In seiner von Henry van der Velde gestalteten Jugendstilwohnung trafen sich Schauspieler, Regisseure, Künstler, Sammler, Neugierige und Berühmte. Cassirer war Verleger, Mäzen, Galerist. Er verhalf der Secession zum Durchbruch, förderte Corinth, Liebermann und Slevogt; in seiner »Pan-Presse« erschien unter anderem die Kunstzeitschrift »Pan«, die Berlin mit dem literarischen Expressionismus bekannt machte; seine Frau war die Schauspielerin Tilla Durieux. 1926 nahm er sich das Leben. Dem schwierigen Leben des skandalumwitterten Paares »zwischen Bühnenglück und Liebestod« geht Renate Möhrmann nach: »Tilla Durieux – Paul Cassirer«.

253

Tizians »Venus mit dem Orgelspieler«, einer der vielen Höhepunkte der Gemäldegalerie.

Dahlem berücksichtigt werden. Die vereinigte Gemäldegalerie, deren herausragende Kollektionen die europäische Malerei von der mittelalterlichen Tafelmalerei bis zu den Werken des Klassizismus um 1800 umfassen, besitzt rund 2700 Gemälde.

Der lang gestreckte, rechteckige Block der Gemäldegalerie nimmt die Traufhöhe der einstmaligen Bebauung auf – in der Sigismundstraße sind die historische Villa Parey, in der Stauffenbergstraße, der rückwärtigen Fassade des Kulturforums, die Villa Gontard mit der Generaldirektion der SMPK in das Bauensemble integriert.

Das Obergeschoss ruht auf einem rustizierten Sockel, die Fenster sitzen gleichmäßig rhythmisiert in der gelblichen Terrakottafassade mit dunklen, schmalen Profilen, darüber flach geneigte Zeltdächer mit Oberlichtbändern.

Über die Piazzetta erreicht man den Hauptzugang; die Rotunde schließt sich an die große zentrale Halle an, die den Weg freigibt zu 18 großen Sälen und 35 Kabinetten. Im Mittelpunkt steht ein langes Becken mit der Skulptur »Fünf–Sieben–Neun« von Walter de Maria. Auf der Stirnseite, in der Mitte der Längsachse, bildet ein Oktogon den Knotenpunkt der Raumabfolgen. Hilmer und Sattler haben die Gemäldegalerie als Tageslichtmuseum konzipiert. Die langgliedrige Halle wird flankiert von zwei je parallel geschalteten Saalreihen, innen die großen, außen die kleineren Ausstellungsräume – klassisch proportioniert, mit Oberlichtbändern, dunklem Parkett und farbig bespannten Wänden.

In der Hauptgalerie ist der Kernbestand mit rund 900 Gemälden versammelt, im Sockelgeschoss präsentiert die Studiengalerie weitere 400 Exponate abendländischer Kunst. Die Raumabfolge wird die historische Entwicklung der europäischen Kunst verdeutlichen. Die nördlich gelegenen Ausstellungsräume sind der Geschichte der nordalpinen Malerei gewidmet. Der Saal mit acht monumentalen

Szenen des von Hans Multscher geschaffenen »Wurzacher Altars« (1437) bildet einen der Höhepunkte der deutschen Malerei des 13. bis 16. Jahrhunderts. Spätgotik und Renaissance sind u. a. durch den »Dreikönigsaltar« von Hans Baldung Grien und Hans Holbein d.J. vertreten. In den weiteren Räumen dann über 30 Gemälde von Cranach und seiner Werkstatt, ferner Albrecht Dürer und Martin Schongauer. Die flämische und holländische Malerei des 17. Jahrhunderts bildet einen der Sammlungsschwerpunkte der Gemäldegalerie. Peter Paul Rubens ist mehrfach zu sehen, und die Werke Rembrandts »Der Mennonitenprediger Anslo und seine Frau« (1641), »Selbstbildnis mit Samtbarett« (1634) sowie »Moses zerschmettert die Gesetzestafeln« (1659) sind in einem besonders hervorgehobenen Saal zu bewundern. Frans Hals und Anton van Dyck sind ebenso vertreten wie Jan Breughel, Jan Vermeer van Delft, Jan Steen oder Gerard ter Borch. In drei weiteren Räumen sind die englische, deutsche und französiche Malerei des 18. Jahrhunderts zu sehen, mit Thomas Gainsborough, Joshua Reynolds, Antoine Watteau, François Boucher und Antoine Pesne mit dem Bildnis »Friedrichs des Großen als Kronprinz« (1739).

Der zweite große Sammlungsschwerpunkt, die italienische Malerei vom 14. bis 18. Jahrhundert, ist im Südteil der Galerie zusammengefasst. Beginnend mit Sandro Botticellis Altarwerk der »Thronenden Maria mit Kind und den beiden Johannes« (1485) führt der Rundgang zu Hauptwerken anderer Meister toskanischer und florentinischer Malerei, wie Antonio del Pollaiuolo und Giotto. Meisterwerke aus Venedig und Oberitalien wie von Carlo Crivelli, Andrea Mantegna und Vittore Carpaccio gehören ebenso zu den Schätzen wie fünf Gemälde Tizians, Raffaels Madonnendarstellungen sowie Werke von Correggio und Caravaggio. Von Velázquez stammt das »Bildnis einer Dame« als Beispiel der spanischen Barockmalerei. Großartig sind auch die Meisterwerke des 17. Jahrhunderts von Carracci, Claude Lorrain und Nicolas Poussin, ergänzt durch die Veduten von Canaletto aus dem 18. Jahrhundert. Die Malerei aus Venedig und Rom des 18. Jahrhunderts ist durch Tiepolo, Sebastiano Ricci und Paolo Panini vertreten.

Die Häuser des Kulturforums: Neue Nationalgalerie, Kunstgewerbemuseum, Kupferstichkabinett, Kunstbibliothek und Gemäldegalerie sind wie auch die komplette Museumsinsel Teil der Staatlichen Museen zu Berlin, Preußischer Kulturbesitz.

Adolph von Menzel (1815–1905)

»Die kleine Exzellenz«, wie er wegen seines Zwergenwuchses genannt wurde, war einer der bedeutendsten Vertreter des Realismus in Deutschland. Seine malerische Freiheit, die Licht- und Schattenwirkungen, Farbgebung und Stimmung nahmen den Impressionismus voraus. Berühmt wurde er mit den Illustrationen zu Franz Kuglers »Geschichte Friedrichs des Großen« (1839–42). Seine rund 400 Zeichnungen für den Holzschnitt machten aus ihm einen anerkannten Interpreten der friderizianischen Epoche. Innenräume, Hinterhäuser und Gärten; Szenen aus der Berliner Stadtlandschaft, große Tafelbilder aus dem Leben Friedrichs des Großen mit dem berühmten »Flötenkonzert Friedrichs II. in Sanssouci« (1852) – Menzel

malte und zeichnete alles, Hofgesellschaft, bürgerliche Impressionen, und 1875 entstand mit dem »Eisenwalzwerk« das erste große Indus- triegemälde der deutschen Kunst. »Der deutsche Balzac mit dem Bleistift« war eine stadtbekannte, anekdotenumwobene, hoch geehrte Persönlichkeit, die »rastlos und freudig« gearbeitet hat, 1898 geadelt wurde; Adolph von Menzel hinterließ ein überaus reiches, vielfältiges Werk, das in der prachtvoll restaurierten Alten National- galerie einen Ehrenplatz einnimmt.

Vom Kulturforum gen Zoo

Altes Diplomatenviertel und der Glanz der Architekten I

Berlin sonnt sich gern im Ruf, die Hauptstadt internationaler Archi- tektenstars zu sein – in der Tat gibt es kaum jemanden aus dem Jet- Set der Baumeister, der hier in den letzten zwanzig Jahren nicht gebaut hat, gerade baut oder zumindest hat bauen wollen.

Die Wegbereiter der Moderne hatten im Berlin der dunklen Miets- kasernen um die Jahrhundertwende zukunftsweisende architekto- nische Zeichen gesetzt. Viel davon ist zerstört, einiges noch wieder zu finden. Der Einfluss der Bauhaus-Architekten ist überall spürbar. Sie haben mit der klassischen Moderne die gesamte Architekturspra- che des 20. Jahrhunderts geprägt, und ihre Formauffassung hat mit

dem »International Style« über den Umweg USA wieder zurückge-
funden in das Städtebild der Nachkriegszeit. Auch die Postmoderne
hat in Berlin Einzug gehalten: mit Solitären, größtenteils aber Wohnbauten, Stadtvillen-Komplexen und Siedlungsprojekten. Während
der Internationalen Bauausstellung (IBA) 1987 wurden einzelne
Quartiere, Viertel und Bezirke mit ihren zahlreichen Musterensem-
bles im postmodernen Stil baulich verändert.

Eines der Schwerpunktgebiete der IBA 1987 zur Neugestaltung,
Sanierung und Rekonstruktion kriegszerstörter Quartiere umfasst das
südliche Tiergartenviertel. Bei unserem Spaziergang vom Kulturforum bis zum Lützowplatz und Zoo-Rand, durch den Bereich zwischen Tiergartenstraße und Reichpietschufer wird das »Neue Bauen«
durchkonjugiert – ein Querschnitt durch die Architektursprache des
20. Jahrhunderts liegt vor uns.

Wissenschaftszentrum und Shell-Haus

Das **Wissenschaftszentrum Berlin (WZB) (24)** westlich der Nationalgalerie stammt von Sir James Stirling (mit Partner Michael Wilford), der hier mit Witz, moderner Sinnlichkeit und souveräner Freiheit eine großstädtische Idylle für Wissenschaftler und Stipendiaten
schuf. Das Prinzip der Architekturcollage wird hier auf die Spitze
getrieben. Dabei ist ein meditatives, friedliches Campusquartier entstanden, 1988 bezogen und tadellos gealtert, das den vorhandenen
und restaurierten Kopfbau des wilhelminischen Reichsversicherungs-
amtes am Reichpietschufer zum Ausgangspunkt nimmt. Fünf unterschiedliche Baukörper gruppieren sich um den Innenhof, die jeweils
einen Formtypus des Abendlandes aufgreifen: Amphitheater, Basilika, Kastell, Campanile und griechische Wandelhalle – phantasievoll
und nach funktionsbestimmter Logik frisch zusammengewürfelt. Das
alles kommt in einer Material- und Farbmelange aus horizontal
gebänderten Naturstein, hellblauen, gelben und roséfarbenen Wand-
flächen und -streifen daher – eine »fröhliche Wissenschaft«, licht,
heiter und intim. In provokantem Kontrast dazu stehen die steinernen, kräftig vorspringenden Fenstereinfassungen ohne Sohlbänke.

Zwischen Hitzigallee und Stauffenbergstraße steht am verkehrs-
umtosten Reichpietschufer das architekturhistorisch bedeutende
Shell-Haus (25) (1930/31) von Emil Fahrenkamp. Nach gründlicher
Sanierung kann die Hauptverwaltung der städtischen GASAG nun
einen der wichtigsten und frühesten Stahlskelettbauten Berlins in
neuem Glanz zur Schau stellen. Bis heute überragt dieser auffallende
Bürobau der Weimarer Republik mit seiner schnittigen Höhenstaffe-
lung zwischen fünf und zehn Geschossen alle anderen Bauten der
Umgebung. Die Fassade ist mit Travertin verkleidet, die versetzt angeordneten Fensterbänder mit den charakteristischen »runden Ecken«
in Bronze-Einfassung unterstreichen den Rhythmus der vor- und
rückspringenden Wellenbewegungen auf der Frontseite.

»Zurückschauen, um vorwärtszukommen«: Sir James Stirlings (1926–92) kühne Bauten wurden bejubelt oder verdammt, und mit seiner poppig-bunten, monumentalen Neuen Staatsgalerie in Stuttgart (1984) wurde er in Europa als Meister der Postmoderne berühmt. Weitere Bauten: Anbau Tate-Gallery, London und Firmensitz Braun Melsungen AG, Melsungen.

Verwaltung der Kriege – Bendlerblock

Die **Stauffenbergstraße** hieß früher Bendlerstraße. Der düstere Büro-
und Verwaltungsblock mit mehreren aufeinander folgenden Hofan-
langen, Quer- und Seitenflügeln ging als **Bendlerblock (26)** in die
Nachtseite der Geschichte ein:

Hier, wo vor dem Ersten Weltkrieg Reichsmarineamt und danach
das Reichswehrministerium untergebracht waren, zog 1938 das
Oberkommando des Heeres (OKH) ein – rund 800 Räume zur Verwaltung der Kriegsmaschinerie. Im Hof des Gebäudeteils Stauffenbergstraße 11–13 sind nach dem gescheiterten Attentat auf Hitler
am 20. Juli 1944 Oberst Claus Graf Schenk von Stauffenberg und
Mitverschwörer hingerichtet worden. Die **Gedenkstätte Deutscher
Widerstand** mit Dauerausstellung, Forschungs- und Dokumentationszentrum und einer Ehrentafel im Hof erinnert an sie. In diesem
Behördenmausoleum ist jetzt das **Bundesverteidigungsministerium**
zu Hause.

Gemischte Platte an Botschaftsdressing

Am Saum des Tiergartens, südlich der Tiergartenstraße, in Nord-Süd-
Richtung von der Stauffenberg- und Klingelhöferstraße flankiert, lag
im ehemaligen alten Westen das **Diplomatenviertel des Dritten Reiches.** Bis zum Mauerfall war es Brachland mit Bäumen und dichtem
Gestrüpp, mit nächtlichem Straßenstrich zwischen verfallenen Villen, eingehüllt in Frontstadt- und Stadtfront-Mythen der verlängerten Nachkriegszeit. Jetzt ist alles anders: Ein abwechslungsreiches
Menü an Botschaftsbauten ist gerade angerichtet auf einem der
noblen Präsentierteller der Hauptstadt. Interessante, frische Kost bietet die Ecke Tiergarten-/Stauffenbergstraße: **Österreich** lässt sich von
Hans Hollein repräsentieren, der hier Botschaft und Residenz gebaut hat. Gleich daneben der strahlend-weiße Neubau der Baden-
Württembergischen Landesvertretung.

In beiden Deutschländern gab es natürlich auch die Botschaften
und diplomatischen Vertretungen doppelt – eine Riege in Bonn mit
Konsulaten oder Außenstellen in West-Berlin, die andere Riege in der
DDR, unmittelbar östlich des Brandenburger Tores oder im nordöstlichen Stadtbezirk Pankow. Die beiden letzteren Standorte werden
beibehalten, als drittes städtisches Gebiet ist das »Diplomatenviertel«
in Tiergarten vorgesehen: die exterritorialen Relikte, Grundstücke
und Restbauten, die vergessen und aufgegeben waren, ihre Besitzer
aber nie gewechselt hatten, werden nun saniert und um zahlreiche
Neubauten ergänzt.

Die GUS-Staaten, ehemals Sowjetunion, die USA, Frankreich und
Großbritannien sind rund um den Pariser Platz versammelt. Süd-
afrika gehört das Grundstück Tiergartenstraße 17a, der Türkei das
Areal Nr. 19; ein Stückchen weiter zwei monumentale Klötze: die ita-

lienische Botschaft (**27**) (Hiroshimastraße 1) und die **ehemalige japanische Botschaft (28)** (Tiergartenstraße 24/25). Ironie der Geschichte: Beide Achsenmächte des »Tausendjährigen Reiches«, Italien und Japan, präsentieren sich noch in alter Kolossalgebärde. Die Italiener haben alle innenarchitektonischen Anklänge an den Duce getilgt, die Japaner haben die alte Botschaft abgerissen, mit der Hauptfassade absolut identisch wieder aufgebaut und 1986 als Japanisch-Deutsches Begegnungszentrum eröffnet. Einen ähnlichen Wandel hat auch die **spanische Botschaft** (Thomas-Dehler-Straße) erlebt. In der Hildebrandstraße zwei verfallene Bauten, die bis 2004 aufgepäppelt werden, die alte **estnische Botschaft** (Nr. 5) und daneben die nicht minder pittoresk zernarbte **griechische Botschaft** (Hiroshimastraße 11). Die Esten können sich freuen, ihr Besitz ist immer erhalten geblieben: Nachdem Estland von der Sowjetunion überrannt wurde, hatten Alliierte und Bundesrepublik einen Rechtspfleger »für unbekannte Beteiligte« eingesetzt, spärliche Mieteinkünfte gingen bis 1991 auf ein Sperrkonto, und nun hat die kleine Republik Estland ein Grundstück erster Sahne zur Verfügung – heftig beneidet von über 130 Staaten, die alle eine Bleibe brauchen und der Stadtmitte zustreben.

Fünf in einem Boot

Das westlich anschließende, so genannte **Tiergartendreieck** (zwischen Landwehrkanal, Stülerstraße und Klingelhöferstraße), bisher als Volksfestplatz genutzt, ist völlig neu erschlossen: Im Bogen der Stülerstraße haben fünf Staaten ein gemeinsames Ensemble errichtet,

Ein neues architektonisches und kulturelles Highlight im neuen Berlin: der Komplex der Nordischen Botschaften an der Klingelhöfer Straße/Ecke Stülerstraße.

259

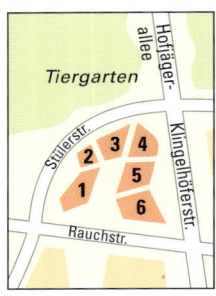

*Die Nordischen
Botschaften
1   Dänemark
2   Island
3   Norwegen
4   Schweden
5   Finnland
6   Gemeinschafts-
    haus*

*Auf dem Oberdeck
vom 100er- und 200er-
Bus (Bahnhof Zoo, Un-
ter den Linden bis
Prenzlauer Berg) wird
man ganz gemütlich
an nahezu allen
großen Neubauten im
Tiergarten vorbeige-
fahren.*

die **Nordischen Botschaften (29).** Ein architektonisch glanzvoller Komplex: Dänemark, Schweden, Norwegen, Finnland und Island haben gemeinsam in der Schleife eines 20 m hohen Kupferbandes sechs Bauten errichtet, die sich um eine zentrale Plaza legen: Ein Gemeinschaftsbau mit Veranstaltungssaal und skandinavischem Restaurant, das auch der Öffentlichkeit zugänglich ist; drumherum die individuellen Botschaftsgebäude von jeweils heimischen Architekten. Der städtebauliche Entwurf des Wiener Büros Alfred Berger und Tina Parrkinen war aus dem Internationalen Wettbewerb als Sieger hervorgegangen; sie bauten auch das Gemeinschaftshaus. Die einzelnen Baukörper, je nach Zuschnitt als Riegel ausgebildet, keil- oder trapezförmig, heben sich voneinander ab und bilden doch ein intimes, geschütztes Ganzes mit viel Glas, nordischen Hölzern wie Lärche, Birke, Espe, mit Arkadengängen, Atrien und Hofnischen. Heiter, großzügig und charaktervoll ist der Botschaftkomplex – ein neuer Blickfang und kulturelles Highlight für Berlin. Gegenüber, Klingelhöfer-/Ecke Tiergartenstraße, steht der Neubau der **Konrad-Adenauer-Stiftung**; der Komplex aus strengen Zylindern und Rechtecken stammt von dem Kölner Architekten Thomas van den Valentyn.

Entlang der Klingelhöferstraße folgen nun neue Botschaftsbauten in enger Reihe; an der Ecke Rauchstraße spektakulär und geheimnisvoll mit steiler, vertikaler Lamellenfront aus weißem Marmor-Sichtbeton: die **Botschaft mit Kulturzentrum Mexikos (30),** seit Dezember 2000 bezogen. An der Ecke Corneliusstraße ist die **CDU-Bundeszentrale (31)** in einer glasgefassten Ellipse, einem Haus im Haus, beheimatet. Das neue Stadtkarree bietet zudem hochwertige Wohnungen, Appartements, Büroflächen und Ladenzeilen, die einen kleinen englischen Garten umschließen – teures, aber schönes Pflaster.

Die **»Villenkolonie«** zwischen Thomas-Dehler-, Rauch- und Drakestraße nahm unter der Gesamtleitung von Rob Krier in den Jahren 1983/84 im Rahmen der IBA Gestalt an – ein überraschend extravagantes Ensemble in der Tradition großbürgerlicher Wohnbauten. Das Zentrum mit einem rechteckigen begrünten Platz wird von zwei Achsen mit je drei fünfgeschossigen »Stadtvillen« umschlossen; ein mächtiger geschwungener Portalbau von Krier, flankiert von Turmausbildungen mit Klinkerfassaden, führt in die Platzanlage hinein. Der Komplex umfasst über 200 Sozialwohnungen. Die Häuser entlang der Thomas-Dehler-Straße stammen von den Architekten Brenner/Tonon, Giorgio Grassi und Henry Nielebock und Partner; gegenüberliegend, in der Rauchstraße die Bauten von van den Valentyn/Hermann, Hans Hollein und noch einmal Krier.

Rund um den Lützowplatz

Vom Verkehr umbrandet, stehen auf einer schmalen Inselzunge zwischen Von-der-Heydt-Straße und Lützowufer zwei auffällige, völlig unterschiedliche Bauten: zum einen die stattliche, hervorragend restaurierte **Villa von der Heydt (32),** eines der schönsten Zeugnisse des klassizistischen »Villenstils« der Nach-Schinkel-Zeit. Hermann Ende und G. A. Linke haben dieses 1860–62 erbaute Prachtstück entworfen, eines der letzten erhaltenen Beispiele für die Wohnkultur im alten Tiergartenviertel. Hier residieren heute der Präsident und die Hauptverwaltung der **Staatlichen Museen zu Berlin, Stiftung Preußischer Kulturbesitz,** die mächtigste Kulturinstitution in Deutschland.

Gleich daneben machen die weißen, schlank gestaffelten Shedtürme des **Bauhaus-Archivs (33)** auf sich aufmerksam (s. S. 63). Das Heiligtum der klassischen Moderne in Architektur und Design präsentiert seine legendäre Geschichte in einer Kombination von Museum, Archiv und Ausstellungsforum. Das Hochschulgebäude in Dessau ist restauriert worden und fungiert als Design-Zentrum; hier in Berlin gab das Bauhaus nur ein kurzes Gastspiel, bevor seine Arbeit 1933 von den Nazis verboten wurde und die Mitglieder die Selbstauflösung beschlossen. Walter Gropius, der erste Direktor der Hochschule, deren Arbeit (mit Künstlern wie Johannes Itten, Paul Klee, Wassili Kandinsky, Lyonel Feininger, Oskar Schlemmer, László Moholy-Nagy u. v. a.) das Bewusstsein für die Aufgaben und Formprinzipien in Architektur, Kunst, Grafik, Handwerk und Design unwiderruflich prägte, hatte das feingliedrige, puristische Baugefüge mit mehreren Funktionsbereichen 1964 für ein Hanggrundstück in Darmstadt entworfen. Für den mageren Zuschnitt der Berliner Baufläche waren Änderungen nötig; diese Aufgabe hat Alexander Cvijanovic, Gropius-Schüler und Mitarbeiter der Architects Collaborative (TAC) nach Gropius' Tod 1976–78 übernommen. Ein umfangreiches Archiv, Dokumente, Fotos und Designobjekte bieten eine Fülle an Materialien, und im Museumsshop kann man gutes, ungewöhnliches Design erwerben.

Das **Grandhotel Esplanade (34)** gegenüber wurde 1988 vom Berliner Architekten Jürgen Sawade als spiegelbildlich ineinander geschobenes Doppeldreieck konzipiert. Weiße Keramikkacheln, schimmernde Granitfassaden, über 400 Zimmer, ein weites, spiegelblankes Foyer, gegenüber ein hauseigener Bootsanlegesteg – ein Luxushotel vom Feinsten mit »Harry's New York Bar« für Trendsetter und Nachtschwärmer.

Ein Hauch von Englishness – der Lützowplatz

Wenn der Lützowplatz überhaupt Ansätze zeigt, seinem Namen als Platz gerecht zu werden und er nicht nur als ein Stück innerstädtische Schnellstraße mit Baumkarree übersehen wird, so liegt das an

Besonders sehenswert:
Bauhaus-Archiv ☆

Mehrfach musste das 1919 gegründete Bauhaus umziehen: von Weimar nach Dessau (1925), von dort nach Berlin (1932). 1933, Ludwig Mies van der Rohe war Direktor, wurde die Selbstauflösung beschlossen. Gropius, Mies, auch Peter Behrens u. a. sind in die Staaten emigriert; von dort trat dann das Prinzip der »weißen Schachtel« seinen (Sieges?)-Zug um die Welt an.

Tipp:
Bar am Lützowplatz.
Eine Fingerübung von
Jürgen Sawade, des-
sen Esplanade-Hotel
gleich um's Eck liegt.
In dem handtuch-
schmalen Raum drän-
geln sich am endlos
langen Tresen Insider,
die High- und Medien-
Society Berlins, die
Reichen und die Schö-
nen. Gleich daneben
ist Ben Beckers Bar
»Trompete« ebenfalls
ein Szenetreff.

Peter Cook, 1936
geboren, war Mitbe-
gründer der »Archi-
gramm«, die in den
sechziger Jahren mit
futuristischen Stadt-
modellen Science-
Fiction, Maschinen-
poesie und utopische
High-Tech-Architektur
verband.

der langen Riegelbebauung, die die Platzgestalt an der Westseite überhaupt erst hergestellt hat: Eine hell verputzte »Festungswand« auf dunklem Mauerwerksockel fällt durch die ausgeprägten Kontraste auf. Eine extrem starr wirkende Anordnung der kleinen Fenster, schmale Belichtungsbänder und drei wie Zipfelmützen aufgesetzte Spitzgiebel – ein bissiges Spiel mit dem Thema der trauten Beschaulichkeit? Nicht doch, hier hat Oswald Mathias Ungers erst einmal ein Bollwerk gegen Lärm und Verkehrsbelästigung angelegt. Dahinter verbirgt sich das Doppelband einer Reihenhausidylle mit Fußweg, handtuchgroßen Vorgärten, Rosenstöcken und hölzernen Pergolen – *very british*. Das dicht bebaute Wohnquartier mit über 80 Wohnungen im Sozialen Wohnungsbau ist im Rahmen der Internationalen Bauausstellung (IBA) 1983 – stark vereinfacht gegen den Willen des Architekten – fertig gestellt worden. So sind die Gartenanlagen und Terrassen zu klein und der zweite rückwärtige Blockinnenraum vom Zuschnitt bemitleidenswert schmal geraten.

Hinter der Grünanlage auf der **Ostseite des Platzes,** der städtebaulich völlig neu konzipiert und teilweise rückgebaut wurde, erstreckt sich eine bunt durcheinander gewürfelte Fassadenreihung. Die modernen Blockrandbebauungen mit Innenhöfen ziehen sich weit in die Straßenkarrees von Einem- und Lützowstraße hinein – sie bildeten einen der IBA-Schwerpunkte. Die kubische Eckbebauung zur Lützowstraße hin stammt von Mario Botta; auffällig aus der Reihe der flachen Dachabschlüsse tanzt ein Doppelhaus mit zwei Tonnendächern über unordentlich vorkragenden Wintergärten. Das Geschwisterpaar stammt von Peter Cook und Christine Hawley, London. Der Alt-Avantgardist Cook nahm Ungers' Idee auf und spielte eine neo-neogotische Variante auf seine Weise durch.

▌*Nördlich der Spree – ein Stück Moabit*

Moabit
Besonders sehenswert:
Hamburger Bahnhof,
Museum für Gegenwart
Berlin ☆

Moabit, im Norden des Bezirks Tiergarten, war ein von den hugenottischen Flüchtlingen, den Réfugiés, besiedeltes Gebiet. 1716 gründeten sie die Kolonie Moabit. Der Name bezieht sich auf das biblische Land »terre de Moab«. Seit dem 19. Jahrhundert ein dicht bevölkertes Arbeiterviertel zwischen Industrie-, Fabrik- und Gewerbeanlagen, waren hier Maschinenbau, Brauereien und Meiereien, Elektroindustrie und der Großmarkt für Obst, Fleisch und Gemüse zuhause. Zu Moabit gehören der lieb gewordene Beussel- und Stefans-Kiez und die durch Presse, Film und Fernsehen bekannte Untersuchungshaftanstalt. Drei Bauten aus unterschiedlichen Epochen mögen symptomatisch sein für den architektonischen, strukturellen und gesellschaftlichen Wandel: Da wäre zuerst das **Kriminalgericht Moabit (1),** eine einschüchternde wilhelminische Trutzburg von »Recht und Ordnung«, die ihr nahezu identisches Pendant in der Littenstraße im

Osten der Stadt hat. Hier wurde u. a. der Fall Wilhelm Vogt behandelt, der als »Hauptmann von Köpenick« in die Geschichte eingegangen ist, und auch »Liebling Kreuzberg« sah man stoisch die Treppenläufe erklimmen.

Das ins Auge fallende **Spreebogencenter** in schimmerndem Gewand aus Stahl und Glas mit weithin sichtbarer Signalwirkung am Ufer der Spree ist eine postmoderne Ministadt geworden, die sich auf dem ehemaligen Areal der Großmeierei Bolle ausgedehnt hat (Gesamtkonzept: Jochen Bley, Kühn und Bergander). Zwischen unterschiedlich hohen Gebäuden, Kuben, Scheiben, Tordurchbrüchen, Höfen und Portalen ist ein alter Bolle-Bau noch erhalten. Von W. R. Borchardt einfallsreich restauriert und umgewandelt, bildet er mit Büros, Einkaufszentrum und Hotel den Kern des 46 000 qm umfassenden Geländes. Zur Spreeseite hin schieben sich bugartig die gerundeten Türme eines hufeisenförmigen Bürokomplexes aus rosafarbenem Granit und Glas vor. Hier ist das **Innenministerium (2)** eingezogen

In der Berlichingen-/Huttenstraße nimmt eines der bedeutendsten Denkmäler der modernen Industriearchitektur einen langen Straßenzug ein: die **AEG-Turbinenhalle (3)** von Peter Behrens, 1909 fertig gestellt. Der Architekt war 1907 vom Gründer der Allgemeinen Elektricitätsgesellschaft, Emil Rathenau, Vater des später ermordeten Außenministers, als künstlerischer Berater eingestellt worden. Der bahnbrechende Entwurf der Fabrikanlage mit sichtbarer Tragwerk-

Die AEG-Turbinenhalle von Peter Behrens. Peter Behrens (1868–1940) gilt als einer der Urväter der klassischen Moderne in Architektur und Design. Er entwickelte den völlig neuen Bereich der industriellen Formgestaltung, schuf zahllose Designklassiker und übte als führender Industriearchitekt weit reichenden Einfluss aus. Le Corbusier, Walter Gropius und Ludwig Mies van der Rohe waren seine Schüler. Die Turbinenhalle für die AEG ist sein bedeutendstes Zeugnis in Berlin.

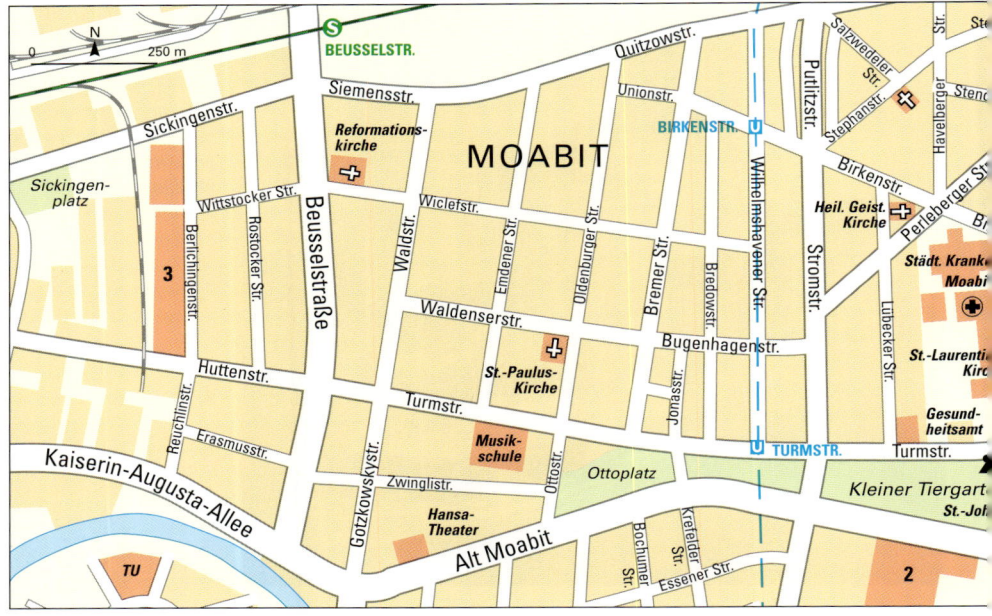

konstruktion, Stahlstützen, großen Glasflächen und polygonalem Giebel stellte eine Abkehr vom historistischen Verkleidungsstil dar und legte die innere Bestimmung und Funktion des Gebäudes offen: Vorbild und Beginn der sachlichen Moderne.

Spotlight – rund um die Invalidenstraße

Das Jahr 1996 war ein Meilenstein für die Berliner Museumslandschaft – mit der Sammlung Berggruen in Charlottenburg (s. S. 307) und dem Museum für Gegenwart im ehemaligen Hamburger Bahnhof öffneten sich die Tore zu zwei neuen Pilgerstätten der Kunst des 20. Jahrhunderts. Damit rückte auch ein vergessenes Stück Berlin ins Bewusstsein der Öffentlichkeit zurück: die Gegend um die Invalidenstraße.

Seit der Besiedlung in der ersten Hälfte des 18. Jahrhunderts bildete sich vor den Toren der Stadt ein Leben an den Rändern der Gesellschaft aus. Alles, was die Stadt nicht in ihren Mauern haben wollte, verbannte sie hierher: Kasernen, Friedhöfe, Gefängnisse und Krankenhäuser. Die Staatsbauten waren jedoch auch auf Repräsentation hin angelegt: Wer sich Berlin auf der Spree näherte, sah zuerst die Fassaden der Charité und des Invalidenhauses. Nach dem Zweiten Weltkrieg war die Invalidenstraße jahrzehntelang eingekeilt zwi-

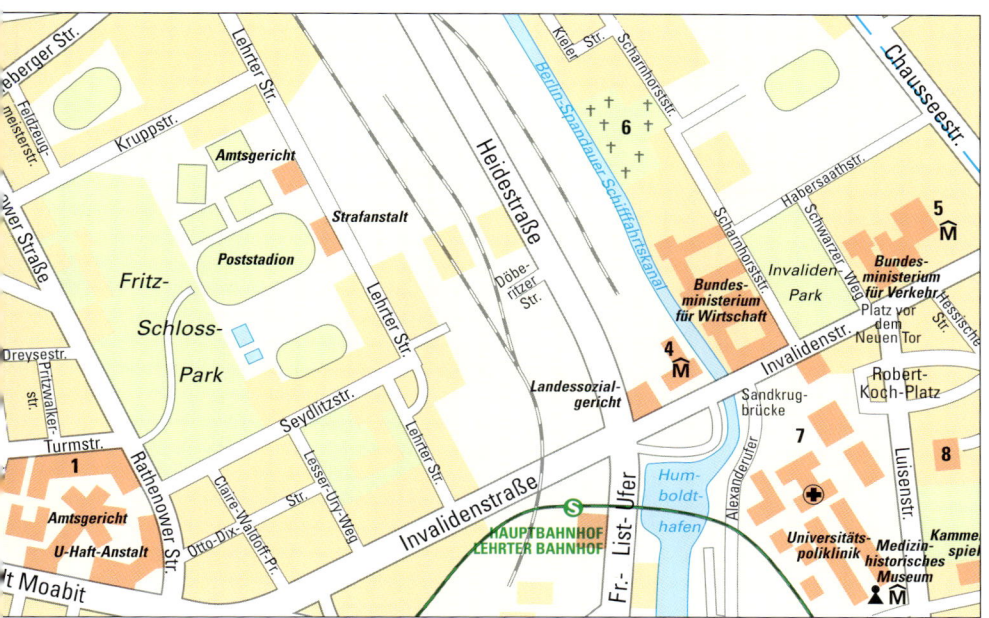

schen Ost und West; jetzt ist der Abschnitt rund um den Lehrter Stadtbahnhof durch die Bauarbeiten für den Tiergartentunnel und den zukünftigen Berliner Zentralbahnhof in die vorläufige Isolation der Zwischenzeit gezwungen.

Die Nahtstelle zwischen Mitte und Moabit wird sich völlig verändern: »Det würd jetze Zitty hier«. Eine Insel voller Merkwürdigkeiten ist geblieben, vom Lehrter Bahnhof bis zum Platz vor dem Neuen Tor, mit zwei Museen, dem alten Invalidenfriedhof und dem großen, verschachtelten Areal der Charité, der ältesten und berühmtesten Klinik Deutschlands.

Großer Bahnhof für den Bahnhof – das Museum für Gegenwart Berlin

Nachts ist er in gelbes Blau getaucht. Die Lichtinstallation von Dan Flavin stülpt die Kunst von Innen nach Außen und erweckt die Fassade des neoklassizistischen, wunderbar restaurierten **Hamburger Bahnhofs** (4) zu neuer Pracht. Rekonstruktion und Umgestaltung lagen in den Händen von Joseph Paul Kleihues, der die Zentralhalle des Kopfbahnhofs mit ihrem filigranen, geschwungenen Skelett aus Gusseisen und Glas um bisher einen von zwei geplanten, lang gezogenen Galerieflügeln erweitert hat.

Der alte Hamburger Bahnhof wurde zum Museum für Gegenwart. Die Lichtinstallation von Dan Flavin stülpt die Kunst von innen nach außen. Hier finden auch herausragende Wchselausstellungen statt.

Lange war der ehemalige Hamburger Bahnhof unter dem Bauschutt der Geschichte versunken. 1847 von Friedrich Neuhaus mit Anklängen an Schinkel und Stüler erbaut, wurde der Zugverkehr Hamburg–Berlin etwa 40 Jahre später zum größeren Lehrter Bahnhof umgeleitet. Die dreischiffige große Halle wurde 1906 ergänzt, als hier das Verkehrs- und Baumuseum Einzug hielt. Nach dem Zweiten Weltkrieg und der Teilung Berlins im Niemandsland vergessen, hatte die Reichsbahn (DDR) den Bau erst 1984 dem Westberliner Senat überlassen.

Die Sammlung von Erich Marx mit Höhepunkten internationaler Gegenwartskunst ist der Mittelpunkt und Raison d'être des Hauses. Sie gliedert sich in mehrere zusammenhängende Werkkomplexe zeitgenössischer Künstler wie Andy Warhol, Cy Twombly, Robert Rauschenberg, Anselm Kiefer, Joseph Beuys und Donald Judd. Weiterhin

sind vertreten Minimal Art, Malerei der achtziger Jahre aus Berlin, neuere amerikanische Kunst von Julian Schnabel, Keith Haring, Bruce Nauman, Jeff Koons – ergänzt und erweitert um die großen Installationen aus dem Besitz der Nationalgalerie von Mario Merz, Jannis Kounellis, Richard Long.

Dinos, kurz vorm Abheben –
das Museum für Naturkunde

Im Mitteltrakt eines mürben, neoklassizistischen Flügelbaus, in die Jahre gekommen und schön altmodisch, ist das gut besuchte und beliebte **Museum für Naturkunde (5)** zuhause, mit seinen rund 50

Das Museum für Naturkunde besitzt neben dem berühmten »Dino« auch die größte Schmetterlingssammlung der Welt.

Millionen Objekten weltweit eines der größten seiner Art. Von der Zeit angeschlagen und verwundet, ist dieser Tempel der klassifizierten Naturschätze mit seinem bedeutenden wissenschaftlichen Ruf in ein langfristiges Finanzierungs- und Förderungsprogramm aufgenommen worden. Die Sanierung der Bauten, die Umstrukturierung der Bestände, moderne Forschungs- und Museumstechnik sind dringend erforderlich, um die Kostbarkeiten zu bewahren und neu und umfangreicher zu präsentieren. Hauptanziehungspunkt ist die Dinosaurier-Sammlung im zentralen Lichthof – hier ist der größte bekannte »Dino«, 12 m hoch und über 20 m lang, zu bewundern.

Gräber im Schussfeld – der Invalidenfriedhof

In der Scharnhorststraße liegt, nördlich des *Bundesministeriums für Wirtschaft,* der bedeutendste preußisch-deutsche »Heldenfriedhof«. Nach den ersten Schlesischen Kriegen 1748 als Friedhof des benachbarten Invalidenhauses für Offiziere und Kriegsveteranen angelegt, ist der **Invalidenfriedhof (6)** heute ein angegrautes Relikt der Verwüstungen zwischen Ost und West: große, frisch bepflanzte Leerstellen, Kahlflächen, ein Mauerstück vor grauer Wasserstraße und weiten Blicken ins Industrie- und Hafengebiet Moabits, dazwischen mehrere Felder monumentaler Grabstätten preußischer Militärs und Zivilpersonen – Beisetzungen fanden hier noch bis zum Mauerbau statt. Um auf diesem Stück Grenzgebiet »freies Beobachtungs- und Schussfeld« herzustellen, sind im Laufe der Jahre große Teile der Grabanlagen abgetragen und eingeebnet worden – von etwa 3000 Grabstellen sind nur rund 200 namentlich erhalten. Das historisch und künstlerisch bedeutende Grabmal für den Militärreformer Scharnhorst (1755–1813) wurde 1824 von Schinkel entworfen. Den monumentalen schlafenden Löwen auf freistehendem Hochsarkophag modellierte Christian Daniel Rauch. Ein Stück der Mauer, die den Friedhof zerschnitt, bleibt als Mahnmal erhalten, daneben eine Dokumentation zum Schicksal des hier 1962 erschossenen DDR-Grenzposten Peter Göring.

Die Charité

Ein Reich für sich ist die **Charité (7),** das älteste Krankenhaus Berlins. Aus dem 1717 ins Leben gerufenen Pesthaus und Lazarett wurde eine Krankenstadt, deren Ärzte, die mit bahnbrechenden Operationen, im Kampf gegen Bakterien, Tuberkulose und Bazillen zu einem Mekka der Wissenschaft und Forschung machten: Rudolf Virchow, Ferdinand Sauerbruch, Robert Koch, Christoph Wilhelm Hufeland und Karl Bonhoeffer wirkten hier. Heute hat das immer noch herausragende Universitätsklinikum um Mittel, Unabhängigkeit und die Sanierung alter Standorte zu kämpfen.

Die reichen Spezialsammlungen aus Medizingeschichte, Pathologie und Anatomie sind jetzt in Teilen im Berliner Medizinhistorischen Museum zusammengefasst – nur für Hartgesottene! (Eingang Schumann-Ecke Luisenstraße)

Rund um das Bettenhochhaus der Chirurgie (mit 26 OP-Sälen und neuester Medizintechnik 1982 als modernste Klinik des damaligen Ostblocks in Betrieb genommen) erstreckt sich ein wunderliches Quartier, eine Mischung aus märchenhaft versponnener Architektur und geschäftigem Hightech-Betrieb der Klinikbereiche, Institute und Laboratorien, ein riesiges parkähnliches Viertel mit weinumrankten Backsteinbauten und stillen Höfen. Passiert man den Mitteltrakt des ehemaligen Hauptgebäudes der Veterinärmedizin in der Luisenstraße, ein dreiflügeliger, arg ramponierter Bau von klassizistischen Ausmaßen, wird man umfangen von einem idyllischen, völlig stillen Platz mit alten Bäumen und dem **Anatomischen Theater (8),** 1789 von Carl Gotthard Langhans errichtet, der gleichzeitig sein Brandenburger Tor entstehen sah. Der perfekt proportionierte quadratische Bau voller Anmut besticht durch eine Rotunde mit flachgedeckter Kuppel: ein Hörsaal als Arena, mit hoch ansteigenden Sitzreihen und einer umlaufenden Galerie. Hier wurden, auf einer Plattform mit versenkbaren Seziertischen, tieranatomische Untersuchungen vorgeführt. Heute ist hier das Institut für Lebensmittelhygiene untergebracht; hin und wieder finden hier auch kulturelle Veranstaltungen statt.

Charlottenburg

Bis zum Mauerfall und der Vereinigung waren die Abgrenzungen klar: Ostberlin als Hauptstadt der DDR wurde von Berlin Mitte regiert, West-Berlin als Insel, weit weg von »Westdeutschland« war ein Sonderfall, der immer hinter der Wirtschaftswundergeschäftigkeit der Bundesrepublik hinterherhinkte, immer im Brennpunkt der politischen Geschehnisse stand, immer etwas Besonderes war in Stimmung, Atmosphäre, Lebensstil. Die Einheimischen hatten ihre Stadt der drei Westsektoren in der Nachkriegszeit zum »Schaufenster der freien Welt« aufgeforstet. Berlin, West-Berlin, war immer »eine Reise wert«. Jeder kennt die Postkartenmotive: den Ruinenstumpf der kriegsverwundeten Gedächtniskirche, den Funkturm, den Kudamm als berühmte Flaniermeile mit Restaurants, Kneipen und Bars ohne Polizeistunde. Diese Wahrzeichen Westberlins liegen alle in Charlottenburg. Und nun ist, in einer Stadt im Umbruch, auch hier alles anders geworden. Die Charlottenburger müssen sich daran gewöhnen, dass ein gemeinsames, doppelt so großes Berlin seinen Mittelpunkt tatsächlich wieder nach Mitte verschoben hat – Charlottenburg hat mächtig zu kämpfen.

Die Einkaufsstraßen, Theater, Kinos, Galerien, Restaurants, die Kneipen und Kieze zum Einkaufen, Kaffee trinken und Leute gucken sind in einem etwa drei Kilometer weiten Radius rund um den Kurfürstendamm, um Hardenberg-, Kantstraße und Bahnhof Zoo zusammengedrängt: KaDeWe, Gedächtniskirche, Kranzler-Eck, Wintergarten, Literaturhaus, Kollwitz-Museum, das Jüdische Gemeindezentrum, der Savigny-Platz und die Shoppingmeile Bleibtreustraße sind die bekanntesten Stichworte.

Die Ost-West-Achse, die quer durch Berlin führt, vom Brandenburger Tor bis an die westliche Stadtgrenze, durchschneidet auch Charlottenburg. Als Straße des 17. Juni mündet sie in den Ernst-Reuter-Platz mit den Bauten der Technischen Universität; der nächste Abschnitt – Bismarckstraße und Kaiserdamm – endet im Theodor-Heuss-Platz. Dort überragt der Funkturm das Areal des Messegeländes mit dem silbergrauen Koloss des Internationalen Congreß Centrums, kurz ICC. Gleich daneben steht das historische Haus des Rundfunks mit Museum und angrenzenden Studiobauten des SFB (Sender Freies Berlin). Biegt man hier nach Süden auf die Avus ein, ist man in kurzer Zeit mitten im Grunewald am Wannsee. An der Heerstraße, dem westlichsten Abschnitt der Ost-West-Achse, liegen das Georg-Kolbe-Museum und das Le-Corbusier-Haus, im Umfeld schließlich die gigantischen Anlagen des Olympiastadions.

Schloss Charlottenburg, ab 1695 als königliche Sommerresidenz ausgebaut, gab der Ansiedlung ihren Namen; es ist eine der bedeutendsten Architekturen Berlins mit herrlichen Parkanlagen und reichen Kunstschätzen. Rund um das Schloss sind weitere, erstklassige Sammlungen untergebracht – das Schlossareal ist einer der Hauptstandorte der Staatlichen Museen Berlins. Der Nordteil Charlottenburgs, dort erinnert die Gedenkstätte Plötzensee an Nazigrauen und Widerstand, grenzt an die städtebaulich interessante Siemensstadt an – sie gehört schon zu Spandau.

Ortsnamen: Angefangen hat alles mit dem Schloss und fürstlichen Reitern: Zum einen ließ König Friedrich I., als er noch Kurfürst III. war, ab 1695 für seine Ehefrau Sophie Charlotte eine Sommerresidenz errichten, die zum heute größten Schloss der Hohenzollern heranwuchs. Zum anderen mussten die hohen Herrschaften den Reitweg durch Charlottenburg nehmen, wenn sie sich vom Stadtschloss ins Jagdschloss Grunewald begaben: Die Berliner nannten ihn »Churfürsten-Damm«.

◁ *Die Mitte Westberlins: die Gedächtniskirche am Breitscheidplatz, vom Tauentzien her gesehen. Im Vordergrund die Skulptur »Berlin« von Brigitte und Martin Matschinsky-Denninghoff.*

271

Der junge »Neue Westen«

»In der Innenstadt, zwischen den Läden, Lagern und Kontoren, wurde die hin- und herflutende Menge von Jahr zu Jahr dichter. Sie berauschte sich an sich selbst. Aus bescheidenen Bierwirtschaften wurden Brauereipaläste, aus kleinen Konditoreien spiegelglasprunkende Cafés, und an die Stelle der behaglichen Altberliner Weinstuben trat der Kempinskibetrieb. Ganze Stadtteile nahmen den Charakter von Vergnügungsvierteln an, überall flammte farbig elektrisches Licht auf, war Bewegung, Genuß und Lärm.« (Karl Scheffler, 1910)

Den Tanz auf dem Vulkan, der als Absturz in den Naziterror endete, hat der Engländer Christopher Isherwood miterlebt. Er logierte von 1929–34 in der »Fremdenpension« von Fräulein Thurau in der Nollendorfstraße 17. Sein Episoden-Roman »Leb wohl, Berlin« bildet die literarische Vorlage für das Musical »Cabaret«.

So richtig in Schwung kam Charlottenburg kurz vor der Wende zum 20. Jahrhundert, als aus dem Knüppeldamm für Reiter durch allerhöchste Intervention eine elegante Geschäfts- und Wohnstraße entstand, der Kurfürstendamm.

Zur Reichsgründung 1871 hatte das Städtchen Charlottenburg knapp 20 000 Einwohner. In der noch dörflichen Idylle, weit von der Reichshauptstadt entfernt, umgeben von Feldern, Wiesen und Ausflugslokalen, hatten sich besonders in der neuen »Villenkolonie Westend« gut situierte großbürgerliche Familien niedergelassen, Bankleute, Beamte, Gelehrte. In der Hardenbergstraße gab es kleine Läden, bescheidene Häuser mit Vorgärten, einige Sommervillen zur Erholung der Großstädter aus Berlin. Im alten Kern Charlottenburgs, in den Karrees rund um den Klausener Platz, lebten in Mietskasernen arme Leute, wie sie von Zille porträtiert wurden. Berlin platzte aus allen Nähten, und der Baurausch der Gründerzeit erfasste auch Charlottenburg: 1893 war es zu einer Großstadt mit 100 000 Einwohnern angewachsen; um die Jahrhundertwende zählte es 183 000, 1913 gar 320 000 Einwohner. (Diese Zahlen haben sich mit den Gebietsabtretungen bei der Eingemeindung von 1920 minimiert.)

1886 wurde dann mit dem Ausbau des Kurfürstendamms begonnen – Bismarck persönlich hatte sich seit der Reichsgründung für die Idee eines repräsentativen Boulevards mit Reitweg oder eines Reitwegs mit Boulevard eingesetzt: »Auf diese Weise würde über den Tiergarten hinaus eine bequeme Zirkulation der Berliner Bevölkerung ins Freie hergestellt werden können«; ganz abgesehen davon, dass er selbst hingebungsvoller Reiter war.

So wurde also der »Damm« angelegt, die Parzellen verkauft und herrschaftlich opulent bebaut. Als dann das erste große »Kaufhaus des Westens« 1906 seine Tore öffnete und die U-Bahnlinie bis an den Wittenbergplatz heranführte, war ein neuer Anziehungspunkt geschaffen; der Drang nach Westen war unaufhaltsam, der Kudamm begann seinen steilen Anstieg. Wie der Grandseigneur der Berliner Stadthistoriker, Wolf Jobst Siedler, formulierte, war das glanzvolle Aufblühen des Kurfürstendamms als Zentrum des wilhelminischen Bürgertums zugleich der Abstieg des preußisch-aristokratischen Boulevards Unter den Linden.

Die zwanziger Jahre – der Kudamm im Vergnügungsrausch

In den zwanziger Jahren des 20. Jahrhunderts hatte sich die Gegend rund um den Kudamm und die Kaiser-Wilhelm-Gedächtniskirche zu einer der großen kulturellen Bühnen der Welt entwickelt mit einer kräftigen Durchmischung von noblen Wohnquartieren, ersten

Geschäftsadressen, Hotels, Galerien, Restaurants, Theatern und großen Uraufführungskinos. Laut, lebhaft, oberflächlich und effektvoll
war der Kudamm, mit einem verführerischen Flair von Regellosigkeit,
schillernd und zwielichtig. In den Kaffeehäusern und Gaststätten, in
den Bierpalästen, Kabaretts und Nachtbars traf sich die Boheme –
Dichter, Schriftsteller, Theaterleute, Musiker, Maler, Verleger, Journalisten und Mäzene. Die Berliner Secession öffnete ihre erste Ausstellung in der Kantstraße, Max Reinhardt machte sensationelles Theater; im »Romanischen Café« und im »Café Größenwahn« trafen sich
Schriftsteller und Künstler, unter ihnen Paul Cassirer, Bert Brecht,
Alfred Döblin, George Grosz, Otto Dix oder Max Beckmann, von
Touristen wie Ware im Schaufenster begafft (es gab »Führer durch das
lasterhafte Berlin«). Max Slevogt lebte in der Lietzenburger Straße,
Carl Zuckmayer nahm Quartier in der Rankestraße. Die russischen
Exilanten, den Wirren der Oktoberrevolution entflohen, ließen sich
zu Tausenden im neuen Westen nieder – »Charlottengrad«, wie es
damals genannt wurde, nahm alle auf, auch Vladimir Nabokov, der
seine autobiographisch gefärbten Berlin-Romane rund um den Wittenbergplatz spielen ließ. Stefan George raunte aus der Kantstraße;
Joseph Roth lebte im »Hotel am Zoo«.

Nach Kriegsende war auch Charlottenburg schwer verwüstet, das
Schloss großflächig zerstört, die Innenstadtgegend eine Trümmerwüste, die Gedächtniskirche eine Ruine. Die regionale S- und U-Bahnstation Bahnhof Zoo übernahm nach der Teilung der Stadt die Funktion des Westberliner Hauptbahnhofs. In den fünfziger Jahren nahm
besonders die Gegend um den Zoo eine neue Gestalt an: Hochhäuser und Zeilenbauten entstanden, auf dem Kudamm wurde viel kahlschlagsaniert, Einzelparzellen wurden zu großen Karreebebauungen

*Prächtig-ornamentale
Eckbebauung am
Kurfürstendamm:
Nach der Jahrhundert-
wende bot der
Kudamm eine kräftige
Durchmischung von
noblen Wohnquar-
tieren und feinen
Geschäftsadressen.*

273

Wie in sämtlichen Berliner Bezirken, die ja jeweils veritable Städte für sich sind, bleiben auch die Charlottenburger ihrem Viertel treu. Schöne Wohnquartiere der Charlottenburger (Wilmersdorfer und Schöneberger) sind zum Beispiel die quirligen Gegenden rund um den Winterfeldplatz und die Motzstraße, den Ludwigkirchplatz südlich der Lietzenburger Straße, rund um die Leonhardstraße am Stuttgarter Platz oder das Straßengeviert um den Klausener Platz nahe Schloss Charlottenburg.

Rund um die Gedächtniskirche
Besonders sehenswert:
Kurfürstendamm ☆
Kaiser-Wilhelm-Gedächtniskirche ☆

zusammengefasst, aber auch die prachtvollen Gründerzeithäuser behutsam erneuert.

Auch heute noch ist die westliche Innenstadt, die City West, für Großstadtpflanzen eine gute Lage zum Wohnen, Arbeiten, Ausgehen und Einkaufen. Der Kudamm ist der Renommierboulevard Berlins – eine internationale Shoppingmeile auch mit Autohäusern, Fastfoodketten und zwischendrin viel Billigtand, fliegenden Händlern, Musikanten und Pflastermalern neben den Kudamm-typischen Glasvitrinen und den weit auf die Bürgersteige gezogenen Straßencafés. Die kleinen, feinen Geschäfte, die stillen Galerien, Antiquitätenläden, Bistros, Restaurants und Buchhandlungen zwischen »Kant und Lietze«, wie es im gleichnamigen Chanson von Reinhard Mey heißt, sind in den Seitenstraßen beheimatet.

Rund um die Gedächtniskirche

Beginnen wir am Wittenbergplatz und bummeln die Tauentzienstraße entlang Richtung Gedächtniskirche: Alles beherrschend das riesige Kaufhaus des Westens, das **KaDeWe (1)**. 1906 eröffnet, zog der Konsumtempel des Architekten Emil Schaudt schon damals Käufer und Schaulustige gleichermaßen an. In den fünfziger Jahren wurde das Vorzeigekaufhaus des »Freien Westens« zur Ikone der Marktwirtschaft. Mehrfach aufgestockt, in den letzten Jahren noch einmal erweitert und umgebaut, erstrahlt das KaDeWe als größtes Kaufhaus in Europa, nur von Harrods in London überboten: über 100 000 qm Nutzfläche, 2400 Mitarbeiter, Restaurants, mehrere Bars, ausgezeichneter Service, Kinderbetreuung, ein Wintergarten mit Wasserfall. Samstagmorgens treffen sich Feinschmecker aus ganz Berlin in der schon legendären Lebensmittelabteilung, die im sechsten Stock mundwässernde Genüsse aus aller Welt in Überfülle ausbreitet.

Peek & Cloppenburg (2) hat sich von Altmeister Gottfried Böhm, berühmt für seine Kirchen und expressiven Kultur- und Verwaltungszentren, einen Textilpalast bauen lassen, der die Konturen der alten Blockbebauung spielerisch aufnimmt. Filigrane Strenge und Transparenz bilden eine Symbiose mit Extra-Pfiff: Zwischen den Stützrippen und Rahmenelementen spannt sich eine doppelte Glasfassade, deren Außenhaut sich wie ein Textilvorhang in Rippen und Wellen faltet. Sie ist nicht nur schön, sondern bietet auch Schall- und Wärmeschutz.

Im Grünstreifen der Straßenmitte wurde die **Berlin-Skulptur** von Brigitte und Martin Matschinsky-Denninghoff im Rahmen der 750-Jahr-Feier Berlins 1987 als Teil einer Skulpturenmeile aufgestellt – die Skulpur steht als Metapher für die Teilung der Viersektorenstadt und ist ein schon klassisches Fotomotiv. (Am anderen Ende des Kur-

*Emil Nolde hatte lange
Jahre sein Atelier, der
Gartenseite zuge-
wandt, in der Tauent-
zienstraße, hoch über
Lärm und Staub. »All-
abendlich um 11 zog
ich meine dunkle Hose
an; meine Ada eben-
falls ihr bestes Kleid,
und wir gingen auf
Maskenbälle, in die
Kabaretts, in den
Eispalast. Und dann
gings in öffentliche
Lokale, wo fahl wie
Puder und Leichenge-
ruch impotente
Asphaltlöwen und hek-
tische Halbweltdamen
in ihren elegant ver-
wegenen Roben
saßen, getragen wie
die Königinnen. Und
weiter ging es hinein
in den Zigarettendunst
der Cafés der Morgen-
stunden, wo Neulinge
aus der Provinz, harm-
los mit Straßendirnen
sitzend, im Sektrausch
halb einschliefen.«*

fürstendamms, am Rathenauplatz, die »Zwei Beton-Cadillacs in Form der nackten Maja« von Wolf Vostell; sie erregten monatelang heftige Proteste.)

Unübersehbar der 22-geschossige Hochhausturm, vom Mercedes-Stern gekrönt: Das **Europa-Center (3)** ist das erste, nach amerikanischem Vorbild angelegte Shopping-Zentrum in Berlin, mit dem sich das Wirtschaftswunderland in den frühen sechziger Jahren des 20. Jahrhunderts den Berlinern präsentierte und gleichzeitig seine Verbundenheit mit der Inselstadt demonstrierte. Eingefasst von Ladenzeilen, öffnet sich das Einkaufs- und Vergnügungscenter zu einem Innenhof mit mehrgeschossigem Galerieumlauf und zentraler gläserner »Wasseruhr«: Über 100 Geschäfte, Restaurants und Cafés, Kinos und das Kabarett »Die Stachelschweine« sind hier seit 1965 zu Hause; auf der Seite Budapester Straße liegt die **Tourist Information.**

Lebenskünstler im Café

Schon vor der Jahrhundertwende trafen sich dort, wo heute das Europa-Center steht, die Cliquen und Gruppen der Berliner Künstlerwelt im **Romanischen Café:** Elias Canetti, der 1928 im Strudel

275

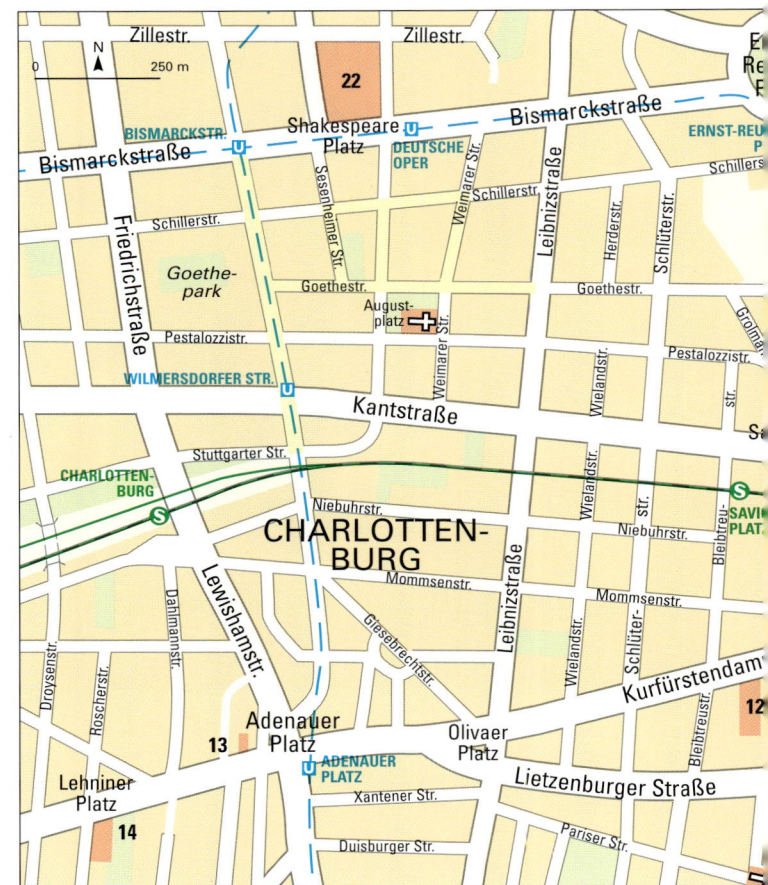

Berlins unterzugehen drohte, hat »das Scharfe, Ätzende der Atmosphäre«, die Rastlosigkeit, die Geltungssucht, den Selbstdarstellungsdrang der Kulturszene in seiner »Fackel im Ohr« mit Ärger und Faszination beschrieben. Die beißende Arroganz Brechts »mit seiner proletarischen Verkleidung« fand er grässlich und einschüchternd. Der Verleger Wieland Herzfelde nahm ihn unter seine Fittiche, oft traf er den an jedem Kneipentisch strichelnden George Grosz und den verehrten, nachdenklichen Isaak Babel. »Sehr wichtig war, daß man immer wieder, während Tagen, Wochen und Monaten gesehen wurde. Die Besuche … im Romanischen Café entsprachen auch der Notwendigkeit zu einer Selbst-Manifestation, der niemand sich entzog. Wer nicht vergessen werden wollte, mußte sich sehen lassen. Das galt in jedem Rang und jeder Schicht, auch für die Schnorrer, die von

Tisch zu Tisch gingen und immer etwas bekamen, solange sie die Figur, die sie vorstellten, instand hielten und keine Entstellung an ihr duldeten.« Es hatte sich eingebürgert, das verräucherte Café in »Schwimmer-« und »Nichtschwimmerabteilung« einzuteilen: Die »Nichtschwimmer«, das waren die unbekannten, neugierigen Gäste, die die toll und laut diskutierenden Insider bestaunen wollten.

Nach dem Ersten Weltkrieg lief dann auch das **Café Größenwahn,** das eigentlich **Café des Westens** hieß, zu Höchstform auf. Es lag an der Ecke Kudamm/Joachimstaler Straße, dort, wo jetzt das Swiss-ôtel mit Großskulpturen von Markus Lüppertz schwungvoll um die Straßenecke führt. Heinrich Mann war dort zu Gast, Kurt Schwitters und Marinetti schauten vorbei, Erwin Piscator kam mit Ernst Toller, dessen Revue »Hoppla, wir leben« in Piscators Theater am Nollendorfplatz Riesenerfolge feierte. Gottfried Benn saß dort, Paul Klee, Marc Chagall und Oskar Kokoschka, auch Alfred Döblin, der nach dem Erfolg seines Romans »Berlin Alexanderplatz« (1929) aus Friedrichshain nach Charlottenburg zum Kaiserdamm zog. Erich Mühsam: »Was sie tun? Nun – sie trinken schwarzen Kaffee oder auch Absinth, rauchen Zigaretten, reden über Ästhetik und Weiber, stellen neue Lehren auf und paradoxe Behauptungen, schimpfen über den Staat ... pumpen sich gegenseitig an und bleiben die Zeche schuldig.« Hier residierte auch die »kleine Frau mit wirren Haaren und wundervoll leuchtenden Augen«, die bettelarme Dichterin Else Lasker-Schüler, die als »Prinz von Theben« durch die Nächte geisterte, mit ihrer Lyrik verzauberte und, nach ihrer Adresse gefragt, zur Antwort gab: »Ich wohne postlagernd.«

Eiermann: »Und janz aus Glas, Mensch!« – die Gedächtniskirche

Der Funktionalist Eiermann hat sich mit dem »hohlen Zahn« sechs Jahre lang schrecklich abgeplagt. Für ihn war der Turmstumpf »stummer als stumm, kein Denkmal. Nichts Heroisches geht von ihm aus, auch religiöse Empfindungen werden durch ihn nicht ausgelöst.« Der einzig für ihn akzeptable Kompromiss: »Das Neue nimmt das Zerstörte in die Mitte. Keiner der Neubauten berührt die Ruine.«

Den Mittelpunkt des **Breitscheidplatzes** bildet der **Weltkugelbrunnen** von Joachim Schmettau mit seinem schelmischen Figurengewimmel, Treppchen, Wasserkaskaden und weichen, sinnlichen Formen. Die Berliner lieben ihn; ihr ›Wasserklops‹ mag dem ausgeprägten Sinn für Realismus in der Bildhauerkunst entsprechen, mit dem schon Schadow im preußischen Berlin triumphierte und der über Rauch und Reinhold Begas fortgeschrieben wurde.

Sie ist Mahnmal für Frieden und Versöhnung, das Wahrzeichen des »freien Westens«, das weltweit bekannte Symbol für die Durchhaltekraft und den Aufbauwillen Berlins der Nachkriegszeit: die **Kaiser-Wilhelm-Gedächtniskirche (4),** umtost vom Verkehr, umringt von Musikern, Rucksacktouristen, Wochenmarkt, Straßenkids und Taschendieben. Die spannungsreiche Symbiose aus Alt und Neu, Kontrast und Kompromiss verknüpft Geschichte, Selbstverständnis und Architektur dreier Generationen: Die Turmruine der alten Gedächtniskirche wird von einem dreiteiligen, strengen Bauensemble umfasst. Seit neuestem gibt es hier einen Wochenmarkt.

Am 22. November 1943 war der prunkvolle, ornamentale Bau von Franz Schwechten im neoromanischen Stil der, 1895 eingeweiht, an die Glorie des ersten deutschen Kaisers erinnern sollte, von Bomben völlig zerstört worden. Der Stumpf des Hauptturms und die Trümmer des Kirchenschiffs standen den Berlinern, notdürftig gesichert, als Mahnmal der Kriegsschrecken über ein Jahrzehnt lang ständig vor Augen, und die Diskussionen um Abriss und Neubebauung erregten die Öffentlichkeit über Jahre hinweg. Aus einem 1956 ausgeschriebenen Wettbewerb ging der Karlsruher Architekt Egon Eiermann (1904–70) als Sieger hervor. Sein Entwurf sah einen radikalen Neubau vor und löste damit einen Proteststurm aus. Die Berliner gingen für ihren »hohlen Zahn« auf die Barrikaden. Mit fast 50 000 empörten Zuschriften allein in einer Zeitung nahm der zähe Medienkampf

Die Gedächtniskirche auf dem Breitscheid-platz im Zentrum der City West. Ringsumher wird sich das Stadt-bild stark verändern.

279

Joseph Roths Impressionen gelten auch heute noch: »Der Kurfürstendamm erstreckt sich rastlos Tag und Nacht ... Obwohl er nicht aufhört, eine ›wichtige Verkehrsader‹ zu sein, ist es doch, als wäre es nicht sein Ziel, zu einem Ziel zu führen, sondern, so lang er sich auch erstrecken mag, ein Ziel zu sein ... Unwandelbar ist seine Wandelbarkeit. Langmütig ist seine Ungeduld. Beharrlich seine Unbeständigkeit.«

Literatur:
Michael Bienert (Hg.), »Joseph Roth in Berlin. Ein Lesebuch für Spaziergänger« und zum 100. Geburtstag »Mit Brecht durch Berlin«

Kurfürstendamm
Besonders sehenswert:
Savignyplatz ☆

seinen Lauf. Dem leidenschaftlichen Unwillen der Berliner, auf die Turmruine zu verzichten, haben sich Senat, Kirchenbehörden und Architekt schließlich gebeugt. Das Ergebnis sehen wir vor uns, die Berliner haben gleichsam mitgebaut; eingeweiht wurde die neue Gedächtniskirche im Jahr 1961.

Das Ensemble aus Glas, Stahl und Beton ruht auf einer großen erhöhten Plattform als Insel mitten im Kreuzungspunkt der großen Einkaufsstraßen, eine nach innen gerichtete Oase der Stille. Der Kirchturm mit Trauungs- und Taufkapelle ist als Sechseck ausgebildet, das Kirchenschiff mit 1200 Sitzplätzen »ohne Anfang und Ende« als Oktogon; das niedrige freistehende Rechteck westlich der Turmruine, als Sakristei geplant, beherbergt heute die Stadtmission. Alle Bauten sind flach gedeckt, ihre wabenförmige Außenhaut besteht aus Betonrahmen und eingelassenen Glasbausteinen, die in Chartres angefertigt wurden. Das tief strahlende Blau mit farbigen Einsprengseln umhüllt das Kircheninnere wie einen Kokon und spinnt den Besucher ein in meditative Ruhe, nur möglich durch die doppelwandige Konstruktion mit indirekten Lichtquellen und Schallschutz. Einzig die über dem Altar schwebende Großplastik des »Auferstandenen« von Karl Hemmeter hebt sich ab, klar und gold leuchtend im mystischen Blaudämmer des Raumes.

In der Turmruine, mit einem Glockenspiel, das zu jeder vollen Stunde ertönt, ist 1987 eine Gedenkhalle eingerichtet worden mit Fotodokumenten und den einzig verbliebenen Überresten aus der alten Kirche: Mosaikteilen, Hohenzollern-Wandfries.

Flaniermeile Kurfürstendamm

Mit dem Breitscheidplatz setzt nun der Kurfürstendamm ein, der sich auf etwa 3,5 km Länge quer durch Charlottenburg zieht. Von seiner Schokoladenseite durch Neubebauungen gekennzeichnet, präsentiert er sich bis zum Olivaer, auch noch Adenauer Platz; weiter oben, hinter der Schaubühne am Lehniner Platz wird er langweilig und weitläufig. Er mündet in den Rathenauplatz im Bezirk Wilmersdorf, wo schon ein Hauch Sommerfrische anklingt, die Königstraße in den Grunewald führt, der Halensee mit seinem Nacktbadestrand als Vorbote auf die Seenkette einstimmt und den Reigen der Villenkolonien, die in der Gründerzeit und über die Jahrhundertwende hinweg die wohlsituierten Berliner den Mief der Mietskasernen im kühlenden Grün vergessen ließen.

Zwischen Breitscheidplatz und Olivaer Platz bildet der Kudamm mit seinen rund 50 m Breite, pro Seite zwei Fahrspuren, Baumreihen und »Mittelpromenade« ein kräftiges Rückgrat, die Rippen der Seitenstraßen fügen sich zu einem Rasternetz, das im Süden von der Lietzenburger, im Norden von der Kantstraße flankiert wird.

Kurfürstendamm, das Kranzler-Eck – seit der Jahrtausend-wende ein Bild der Vergangenheit. Vom Kranzler ist nur die Rotunde geblieben, dahinter ein hoch-getürmter Glasriegel.

Zwischen Breitscheidplatz und der ersten prominenten »Ecke« an der Joachimstaler Straße wurde das traditionsreiche »Marmorhaus« 1913 als erster Filmpalast gegründet; jetzt sind hinter der weißen Marmorfassade Geschäfte eingezogen, auf der gegenüberliegenden Straßenseite ist der alte »Gloria-Palast« ebenfalls kein Kino mehr. Hinter dem frisch aufpolierten **Kaufhaus Wertheim** stand bis vor kurzem die Bausünde des **Kudamm-Ecks (5)** aus den sechziger Jahren, ein Shoppingcenter in düsterem Betonsarg. Hier sorgt ein neuer Blockkomplex der Hamburger Architekten von Gerkan, Marg und Partner für frischen Wind und reichlich Publikum. Das Luxushotel »Swissôtel« residiert in den oberen Geschossen; 80 Läden und Restaurants auf versetzten Ebenen, eine Galerie und die Wiedereröffnung des Panoptikums werden die »runde Ecke mit Pfiff« noch ausfüllen. Schräg gegenüber das berühmte **Kranzler-Eck (6).** Nicht nur die Gäste, sondern auch die Berliner buhlten hier um die Logenplätze mit Blick auf die Berliner Weltbühne, und da sich die Einheimischen schon immer gern beim Kaffeekränzchen oder Frühstück verwöhnten, Leute gucken zu den liebsten Vergnügungen gehört, Torten und Gebäck ganz ausgezeichnet sind, konnte sich das »Café Kranzler« nicht beklagen. Seit 1825 gibt es das Kranzler in Berlin; am jetzigen Standort gab bis zum Krieg das »Café des Westens«, auch »Größenwahn« genannt, den Taktschlag der Künstlerszene vor. Der helle Flachbau des Kranzler mit seiner hoch gereckten Rotunde, mit dem gestreiften Markisenkleid über den Kaffeeterrassen ein Kind der fünfziger Jahre, ist als Boutique wiedereröffnet worden – das Kranzler selbst ist in den dritten Stock verbannt, traurig, traurig.

An der Ecke Kantstraße die spiegelbildliche Variante, das alte *Bilka-Kaufhaus:* ein heller Kubus mit Rautenornamentik und einer großen flachen Rundkuppel. Beides ist nun Teil des neuen Kranzler

Ecks, das mit einem gläsernen Riegelbau dieser schon legendären Berliner Ecke ein neues Gesicht gibt und Kudamm und Kantstraße durch eine Passage mit zwei großen Volieren verbindet. Architekt des Areals ist Helmut Jahn.

Die Fasanenstraße

An der Ecke Kudamm und Fasanenstraße wurde Bühnengeschichte geschrieben: In dem stadtbekannten damaligen »Nelson-Theater« hat 1926 Josephine Baker als braunes Energiebündel mit Bananenrock und Gummigliedern internationales Aufsehen erregt, und auch die schmissigen und bissigen Revuen und Kabaretts mit Texten von Tucholsky und Klabund und der Musik von Friedrich Hollaender waren Stadtgespräch.

Die Fasanenstraße ist die wohl nobelste Shoppingmeile von Berlin – Konkurrenz hat sie nun durch die erlesenen Geschäfte in den Friedrichstadtpassagen bekommen. Eine Oase inmitten der Großstadthektik, für Auge und Ohr, Gaumen und Geist gleichermaßen ein Hochgenuss ist das **Literaturhaus mit Café Wintergarten (7).** Im Literaturhaus selbst finden regelmäßig Autorenlesungen, Ausstellungen und andere Veranstaltungen statt. Im Café mit seinen hohen altmodischen Räumen betören die wienerische Kaffeehausatmosphäre und ein reiches Zeitungsangebot, und da man auch in der überdachten Loggia oder im Garten sitzen kann, fällt die Wahl schwer.

Mit dem Literaturhaus durch einen stillen kleinen Skulpturenhof verbunden ist der zweite, tadellos restaurierte Gründerzeit-Palazzo des »Wintergarten-Ensembles«. Hier, in der Fasanenstraße 24, ist das **Käthe-Kollwitz-Museum (8)** zu Hause, das aus der Sammlung von Hans Pels-Leusden hervorging, dessen namhafte Galerie im Nebenhaus fortgeführt wird. Auf vier Geschossen wird das umfangreiche Werk der großen sozialkritischen Künstlerin präsentiert (s. S. 330).

In der ebenfalls erstklassig restaurierten **Villa Grisebach** (Nr. 25), die den Namen ihres Architekten trägt, ist neben dem **Auktionshaus Grisebach** die **Galerie Pels-Leusden** ein bedeutender Impulsgeber im Kulturleben der Stadt: Neben der klassischen Moderne, Berliner

Das Literaturhaus mit Café und Bistro Wintergarten. Die Literatur hat's gut in Berlin. Es gibt vier Veranstaltungshäuser: Neben dem Literaturhaus in der Fasanenstraße das Literarische Colloqium in einer Villa am Wannsee, das Literaturforum im Brecht-Haus und die Literaturwerkstatt in Pankow.

Künstlern wie Corinth, Kollwitz, Barlach und Zille, hier schon seit langem gepflegt, werden besonders junge Berliner Bildhauer und Maler gefördert.

In umgekehrter Richtung, auf der anderen Seite des Kudamms, leitet das **Bristol Hotel Kempinski (9)** gemessen und vornehm den Weg weit in die Fasanenstraße hinein. Hervorgegangen ist es aus der »Weinrestauration Kempinski«, die sich 1862 in der Leipziger Straße etabliert hatte und in den zwanziger Jahren eine Filiale im Westen eröffnete. Die sanfte Rundung an der Hauptfassade gehört zum ersten, interessantesten Bauabschnitt des mehrfach erweiterten Luxushotels. Als erster Hotelneubau der Nachkriegszeit stieß der von Paul Schwebes 1952 fertig gestellte Bau auf rege Neugier, und da seit mehr als dreißig Jahren jeder prominente Mensch, der etwas auf sich hielt, sei es nun ein Politiker auf Berlin-Tour, Herbert von Karajan, Harald Juhnke oder »unsere Hilde« Knef, entweder im »Kempi« logierte oder an der Bar anzutreffen war, ist das zurückhaltende Haus von einer Aura aus stillem Lokalpatriotismus und gewachsener Bedeutsamkeit umgeben, die sich die neueren, auch prunkvolleren Superhotels erst einmal verdienen müssen – das meinen jedenfalls die Berliner, und sie müssen's ja wissen.

Gegenüber liegt das **Jüdische Gemeindehaus (10),** ein schlichter zweigeschossiger Bau mit vorgelagertem Eingangshof, der 1959 als Zentrum jüdischen Gemeindelebens geweiht wurde. Das vorgesetzte Eingangsportal stammt aus der großen Synagoge, die im romanisch-byzantinischen Stil im Jahr 1912 als erstes jüdisches Gotteshaus im Westen eröffnet worden war. Sie ging in der »Reichspogromnacht« in Flammen auf; ihre kümmerlichen Reste wurden für den Neubau des Gemeindezentrums gesprengt. Die Jüdische Gemeinde Berlins mit heute ca. 10 000 Mitgliedern ist die größte Deutschlands; unter dem Vorsitz Heinz Galinskis, 1992 verstorben, hatte sie im Westteil der Stadt ein reges Gemeindeleben entwickelt. Zusammen mit der Synagoge in der Oranienburger Straße (s. S. 170) und dem Jüdischen Museum (s. S. 195) verfügt Berlin nun über große Zentren jüdischen Gemeindelebens. Mittelpunkt des Gemeindehauses ist neben einer Gedenkstätte im Säulenhof der große Saal im Obergeschoss, der auch als Betsaal genutzt wird – dort ist die Thora-Rolle aufbewahrt. Das angegliederte Restaurant »Arche Noah« bietet koschere Küche. Gegenüber lädt der idyllisch-verwunschene, burgartige Komplex aus rotem Klinker, um die Jahrhundertwende für eine Künstler-Gilde errichtet, zu einem Rundgang durch die Galerien ein; und auf dem Zille-Hof mit Trödelmarkt lässt sich in Muße herumstöbern. Der massige, silbrig schimmernde Büroblock mit aufgesetztem »Segel«, das so genannte **Kantdreieck,** nimmt ein Stück städtebauliche Neuordnung vorweg, die rund um die »Schmuddelecke« Bahnhof Zoo, Kant- und Hardenbergstraße geplant ist (s. S. 287).

Zurück zum Kudamm: Ein besonders üppiges Beispiel für die vielen verschwenderisch gestalteten Fassaden restaurierter Gründerzeithäuser ist das Eckhaus an der Uhlandstraße, gegenüber dem Kul-

Käthe Kollwitz, Brustbild einer Arbeiterfrau mit blauem Tuch. (Lithographie von 1903)

turzentrum **Maison de France (11)** mit »Cinéma Paris«, französischen Geschäften, Buchhandlung und Veranstaltungsräumen. Die Besatzungsmächte hatten in der Viersektorenstadt große Kulturhäuser eröffnet, die in Ost- und Westsektoren gleichermaßen vielfältige kulturelle Angebote präsentierten und im Laufe der Nachkriegsjahrzehnte zu einer festen Größe in den Kulturlandschaften Berlins wurden. An das Maison de France schließt sich eine Bausünde der frühen siebziger Jahre an: der Theater- und Passagen-Komplex des **Kudamm-Karrees (12).** Neben der spannenden Erlebnisausstellung »The Story of Berlin« bieten hier die gemeinschaftlich geführten privaten **Theater am Kurfürstendamm** und die **Komödie** heitere Boulevardstücke – beide rangieren hoch in der Publikumsgunst; Berliner »Urgestein« wie Harald Juhnke, Günter Pfitzmann und Georg Thomalla kehrten immer wieder auf die Bühnenbretter zurück. Die Komödie war 1924 von Max Reinhardt eröffnet worden; in der Bleibtreustraße, einige hundert Meter weiter, hatte er zeitweilig gewohnt. Auch das 1921 gegründete »Theater am Kurfürstendamm« ging in Reinhardts Intendanz über. 1931 erregte hier die Erstaufführung der Oper »Aufstieg und Fall der Stadt Mahagonny« von Brecht und Weill die Gemüter. Der restaurierte alte, fast kreisrunde Theaterraum wurde in den Karree-Neubau einbezogen.

Abstecher zum Savignyplatz
»Berlin ist die schönste Stadt der Welt!«

Über Grolmann-, Knesebeck- oder Bleibtreustraße bummelt man vorbei an flippigen Boutiquen, Restaurants und Straßencafés in ergrauten Wohnhausblocks mit schönen Portalen zum **Savignyplatz.** Er ist eine der vitalsten und buntesten Platzanlagen der Innenstadt. Sieben Straßen münden hier ein; zusammen mit der S-Bahnstation ist er einer der wichtigsten Verkehrsknotenpunkte nahe dem Bahnhof Zoo. Der große rechteckige Schmuckplatz mit Blumenrabatten, Laubenbänken und Rosenspalieren ist beidseitig der Kantstraße angelegt, als Zentrum vornehmer Wohnhäuser nahm er im letzten Drittel vor der Jahrhundertwende Gestalt an; sein Name geht auf den preußischen Justizminister und Rechtsgelehrten Friedrich Carl von Savigny zurück. Hier konzentrieren sich Antiquitäten- und Trödelläden, Buchhandlungen, Restaurants, Bistros: An warmen Sommerabenden ist jeder Platz vor den Lokalen belegt.

Die Carmerstraße, deren hochherrschaftliche Altbauten zu den begehrtesten Innenstadtadressen gehören – hier lohnt die renommierte »Autorenbuchhandlung« den Besuch –, mündet in den quirligen Steinplatz an der Hardenbergstraße. Hier sind die Hochschule der Künste und rund um den Ernst-Reuter-Platz die Bauten der Technischen Universität beheimatet.

Am Verkehrsknotenpunkt Adenauerplatz beginnt auf der nördlichen Seite eine weitere beliebte Einkaufs- und Bummelgegend rund

Am Savignyplatz 5 lebte nach der Rückkehr aus der Emigration der Maler George Grosz mit seiner Frau bis zu seinem Tode im Jahre 1959. Er liebte Berlin, »die schönste Stadt der Welt«; seine Lieblingskneipe war das unauffällige Künstlerlokal »Franz Diener« gleich hinter der S-Bahnbrücke in der Grolmannstraße, das auch heute noch nach Theater- oder Kinobesuch zum Insidertreff wird. (Selbstporträt, 1928)

um Sybel-, Mommsen- und Giesebrechtstraße. Die »Wilmersdorfer«, zum Teil verkehrsberuhigt, ist die Hauptgeschäftsstraße der Einheimischen. An ihrem Eingang fällt der Blick auf die schmale, gläserne Hülle des **Handtuchhauses (13)** an der Ecke Lewishamstraße, Kurfürstendamm: Auf dem nur 2,70 m breiten und 21 m langen Grundstück baute der Deutschamerikaner Helmut Jahn ein extravagantes Bürohochhaus aus Glas und Stahl, das aufgrund seiner exzellenten Lage und seines pfiffigen Zuschnitts schnell zu einer Topadresse wurde. Auf der Kudammseite ist gerade genug Platz für Hauseingang und Fahrstuhl; die Büroflächen ziehen sich in die Lewishamstraße hinein mit ihrer Fassade aus weißen Stahlrahmen, dekorbedruckten Glaspartien und großer flimmernder Reklame-Videowand. Nicht nur Helmut Jahn, auch der Bezirk setzte mit dem Blickfang ein Signal: Der Kudamm und die westliche Innenstadt wollen den Wettkampf mit den neuen Büropalästen in Berlin Mitte antreten.

Um 1920 schlossen sich die letzten Baulücken; ein Gebäudekomplex im Stil der Neuen Sachlichkeit ist am **Lehniner Platz**, Kurfürstendamm 153–163, erhalten: Das strenge U-förmige Bauensemble mit doppelgeschossigen Fensterfronten und einem aus der Mitte herausragenden Querriegel, in dem heute die **Schaubühne (14)** residiert, stammt von Erich Mendelsohn, der 1927–1931 hier einen Wohnhausblock mit Ladenzeile, Kino und Kabarett entwarf. Im halbrunden, verklinkerten Kopfbau, dessen Rundungen und Fensterbänder das Motiv einer Filmrolle aufnehmen, erhielten das Universum-Kino und das »Kabarett der Komiker« ihre Räume. Der nach dem Krieg verwahrloste Bau wurde 1976–81 von Jürgen Sawade komplettsaniert und mit drei Sälen, die zur Großraumbühne zusammengeschlossen werden können, für das Theaterensemble »Schaubühne« umgebaut und technisch auf den neuesten Stand gebracht.

Rund um den Bahnhof Zoo –
»Berlin ist eine Reise wert«

*Im »Hotel am Zoo«
(Kurfürstendamm
Nr. 25), hatte sich
Joseph Roth in den
zwanziger Jahren ein-
genistet. Von hier aus
startete er seine jour-
nalistischen Streifzüge
durch die Eingeweide
der Stadt; hier schrieb
er seine ersten Ro-
mane »Das Spinnen-
netz« und »Hotel Sa-
voy«. Ein paar Schritte
weiter, in den nicht
mehr existenten
»Mampe Stuben«,
brachte er den »Ra-
detzkymarsch« zu Pa-
pier, saß mit Hermann
Kesten und Ludwig
Marcuse zusammen.
Von hier aus ging der
ewige Wanderer, der
nur in Hotels gelebt
hat, 1933 ins Exil nach
Paris.*

Schön ist er nicht, der Bahnhof Zoologischer Garten, aber als »Hauptbahnhof« Berlins ist er jedem vertraut, der mit der Bahn aus dem Westen nach Berlin reist – bis zur umfassenden Rekonstruktion und Komplettsanierung, die ab 1985 begann, war er eine schlechte Adresse, als Visitenkarte West-Berlins »ein Schandfleck«. Die Bebauung rund um den Bahnhof, die den Besucher als Entree zum »Schaufenster des Westens« begrüßte, stammt ausnahmslos aus den fünfziger und sechziger Jahren; ein Sammelsurium aus flacheren Geschäftsbauten, lang gestreckten Ladenzeilen, die sich vom Bahnhofsvorplatz aus scheinbar regellos hineinziehen in die Budapester-, Joachimstaler-, Hardenberg- und Kantstraße. Die Kaiser-Wilhelm-Gedächtniskirche und das Europa-Center bilden die Fixpunkte inmitten des Menschen- und Verkehrsgewühls.

Stadtväter, Geschäftsleute und Investoren sind dabei, diese trübsinnige Ecke neu zu gestalten – mit dem Bahnhofsgebäude und dem Vorplatz wurde der Anfang gemacht. In den dreißiger Jahren wurden die zwei großen Bahnhofshallen errichtet, um das große Verkehrsaufkommen, täglich etwa 1000 Züge von Fernbahn, S- und U-Bahn, zu bewältigen. Der Bahnhof Zoo war nämlich eine Besonderheit, da er von Anfang an auch als Fernbahnhof im noblen Westen fungierte – die anderen wichtigen Fernbahnhöfe wie Anhalter-, Stettiner- und Lehrter Bahnhof waren repräsentativ gestaltete Sackbahnhöfe und lagen ja weiter im Osten. Dreißig Jahre später hatte sich der Bahnhof in ein schmuddeliges Kuriosum verwandelt, dem sich viele Besucher mit Neugierde und Schauder zögerlich nur näherten: Seit dem Mauerbau lag der West-Berliner Großstadtfernbahnhof im Niemandsland zwischen deutsch-deutschem Kompetenzgerangel; zwischen Reichsbahnverwaltung (Ost), Bahnpolizei, Zoll und West-Berliner Schutzpolizei. Das Terrain gehörte zur Reichsbahn, stellte aber die einzige Bahnverbindung zum Bundesgebiet dar. Die West-Berliner Polizei unterhielt ein Wachhäuschen, die Ostberliner Schutztruppen der Reichsbahn ebenfalls. Letztere wiederum waren West-Berliner, die als DDR-loyale Beamte von Ostberlin bezahlt wurden und zum Beispiel im Krankheitsfall in das Krankenhaus der Reichsbahner in West-Berlin eingeliefert wurden. Und als in den Siebzigern das Elend der »Kinder vom Bahnhof Zoo« auch bis in den letzten Winkel Westdeutschlands vorgedrungen war, hatte das Bahnhofsterrain sein Image weg: romantisch verkommene Filmkulisse und für ängstliche Zeitgenossen No-Go-Area. Zur 750-Jahr-Feier war dann von der Reichsbahn mit einer Grundsanierung begonnen worden, die nach der Vereinigung weitergeführt wurde.

Am Hardenbergplatz, dem zentralen Bahnhofsvorplatz mit Busbahnhof, liegt auch der Haupteingang zum **Zoologischen Garten**. Das Zoogelände wird im Süden von der Budapester Straße einge-

*In der Jebenstraße 2,
an der Westseite vom
Bahnhof Zoo, wird ab
Herbst 2004 die Hel-
mut Newton Galerie
ihre Pforten öffnen –
eine große Bereiche-
rung für Berlin.*

fasst; die Randbebauung des Areals ist ein gestaffeltes, zusammenhängendes Bauensemble, **Zentrum am Zoo (15),** mit Ladenzeilen, Büros, Wohnungen und Kino, das ab 1957, von Paul Schwebes entworfen, dem kriegszerstörten westlichen Cityterrain einen neuen städtebaulichen Akzent verlieh, gradlinig, aufgeräumt, straff konturiert. Ein 16-geschossiges Hochhaus am Hardenbergplatz bildet den quergestellten Kopfbau, das fünfgeschossige lang gezogene **Bikinihaus** mit einer Ladenzeile unter offenen Kolonnaden reicht weit in die Budapester Straße hinein. Der Name stammt noch aus der Zeit, als das mittlere Geschoss als offener Laubengang existierte; das »Luftgeschoss« wurde 1978 geschlossen, um Räumlichkeiten für die **Kunsthalle** zu schaffen, deren Existenz jedoch seit Jahren gefährdet ist.

Dazwischen, auf freier Platzanlage, zieht der **Zoo-Palast** die Aufmerksamkeit auf sich: 1957 wurde das Uraufführungskino als Zentrum der Filmfestspiele eröffnet. Es ist eines der wenigen, gut erhaltenen Großkinos aus den fünfziger Jahren und steht unter Denkmalschutz. Hier wurden die roten Teppiche ausgerollt für die Stars und Sternchen der »Berlinale«. Nun finden die großen Events der Filmfestspiele am neuen Marlene-Dietrich-Platz statt (s. S. 224).

Rund um das Areal Bahnhof Zoo und Breitscheidplatz soll städtebaulich aufgeräumt werden und eine »richtige City West« entstehen: der Autotunnel an der Budapester Straße wird geschlossen; zwei abgestufte Hochhäuser von Christoph Mäckler setzen Akzente, und Lichtbänder im Boden entlang der Gedächtniskirche sollen im Westen viel Neues bringen..

Schön und ungewöhnlich in seiner asiatischen Pracht lockt das **Elefantentor (16),** daneben das Aquarium, in den Zoologischen Garten. Im eindrucksvollen runden Kopfbau der **Grundkreditbank,** die den Winkel zwischen Budapester und Kurfürstenstraße abschließt, bieten die Räume des **Kunstforums GKB** viel beachtete Ausstellungen zu moderner Kunst, Stadtgeschichte und Architektur.

Die Kantstraße

Zwischen Hardenbergstraße und Kurfürstendamm, gleich hinter der Gleisunterbauung vom Bahnhof Zoo setzt die Kantstraße ein, ihre bunt durchwachsene Achse quer durch Charlottenburg bis hoch zum Messegelände und Theodor-Heuss-Platz lässt sich als Ganzes am besten vom Oberdeck des großen Gelben überschauen. Die dicht bebaute Wohn- und Geschäftsmeile mit ihren Seitenstraßen ist eine stark befahrene breite Verkehrsachse, mit dichter Blockbebauung hinter strammen Baumreihen, alte und neue Mietshäuser nebeneinandergefügt. Cafés, Eckkneipen, Läden für den alltäglichen Bedarf, Imbissbuden, seltsam verstaubte Auslagen, Elektrowaren, russischer Trödel und kleine Avantgarde-Boutiquen verdichten sich zu einer Individualität, die die Berliner auch von weiterher anzieht.

Groß, rund und bunt: Wir kennen sie alle, die Litfaßsäule, und gerade auf dem Kurfürstendamm lässt sich noch manch lieb gewordenes Exemplar betrachten. Die ältesten tragen gußeiserne Kuppeln oder ein verschnörkeltes Eichenlaubkrönchen; bei den neuesten sitzt eine spiralförmig, silbrig schimmernde Tüte mit postmodernen Kinkerlitzchen auf dem runden Rumpf. Die erste Plakatsäule trotzte der Berliner Verleger Ernst Litfaß nach Pariser Vorbild den Stadtvätern im Jahr 1855 ab. Er brachte Ordnung in die Plakat- und Zettelfluten. In den Kriegsjahren 1870/71 erhielt er das Recht, alle öffentlichen Bulletins und Depeschen bekannt zu machen: Menschentrauben vor den Säulen mit Suchmeldungen und Schwarzmarktangeboten auch in der Nachkriegszeit. Noch heute werden jährlich rund 100 nagelneue Exemplare aufgestellt.

Im Theater des Westens regiert die leichte Muse.

Tipp:
In der Kantstraße 152 befindet sich einer der beliebtesten Insidertreffs der coolen, intellektuellen Kulturszene Berlins: die »Paris Bar«. Daneben ist »Le Bar du Paris Bar« neu dazugekommen.

Als Auftakt bietet die Kantstraße gleich zwei markante Bauten, die beide stadtbekannt sind. In starker Kontrastwirkung sind hier Alt und Neu spannungsreich gegenübergestellt: zum einen der wilhelminisch-schwüle Tempel der leichten Muse, das »Theater des Westens«, direkt gegenüber die kühle, glatte Eleganz des Bürohochhauses Kantdreieck mit Windsegel oder Wetterfahne.

Im **Theater des Westens (17),** der »Zuckerdose«, wird seit über einem Jahrhundert getanzt, gesungen und gesteppt, was das Zeug hält: 1896 wurde das private Monumentaltheater auf dem ehemaligen Kohlenplatz der Meierei Bolle eröffnet. In dem von Bernhard Sehring entworfenen Bau gab es sowohl »Grand Opéra« als auch »große Volksoper«; Caruso, Richard Tauber, die Callas haben hier gesungen, Freddy Quinn und Ute Lemper waren zu Gast, große Ausstattungsrevuen haben das Berliner Publikum begeistert. Seit 1961, mit dem damaligen Theaterchef Helmut Baumann, widmet sich das Theater des Westens mit Musicals, Operetten, Broadway-Opern, Kabaretts und Revuen ausschließlich der leichten Muse: von »My Fair Lady« mit einer Million Zuschauern, vom hoch gerühmten Transvestitenmusical »La Cage aux Folles« über »Frau Luna« und »Cabaret« bis hin zu einer höchst erfolgreichen »Kurt-Weill-Revue«. Alles wird ausprobiert, hochprofessionell erarbeitet, mit seinem Optimismus und Mut zu Kitsch und Kunst ist das Theater nicht unterzukriegen.

Der Bau selbst passt da wie angegossen, um einen Abend lang, »hirnliche Schwere« beiseite zulassen, in Pracht, Glanz und Bühnentalmi einzutauchen: Hinter der stattlichen Neorenaissance-Fassade mit Jugendstil-Elementen, flachem Dachabschluss und aufgesetzten Ecklaternen, hinter zentraler Balkonbrüstung, hohen Fensterbögen und gliedernder Säulenreihe, geht es neobarock festlich zu: Kristalllüster, bühnenreife Treppenaufgänge, schwarzer Marmor, überquillende Deckengemälde, goldige, pralle Putten. Das Bühnenhaus auf der Rückseite dagegen zeigt sich in rotem Backstein, Fachwerk und Neogotik.

»… enormer Wind die Segel bläht«

Das Kontrastprogramm bietet direkt gegenüber das Bürohochhaus **Kantdreieck (18),** das mit seinem silberglänzenden Aluminiumsegel schon zum Ansichtskartenmotiv geworden ist. Das Bauensemble, von Joseph Paul Kleihues entworfen und Anfang 1995 bezogen, besticht durch seine strenge Geometrie. Das Quadrat als Grundmodul bestimmt Maß und Anordnung der ausgefeilten, präzisen Konstruktion. Das »Windsegel« auf dem Hochhaus ist als ästhetischer Ausgleich gesetzt worden: Investor und Architekt hatten den Turm um sechs Geschosse höher konzipiert; die durften nicht gebaut werden. Das langsam rotierende majestätische Markenzeichen des Kantdreiecks wurde um der Optik und der Proportionen willen hinzugefügt. Es gleicht einer kühlen, silbrig schwänzelnden Haifischflosse, die sich ab Windstärke drei in Bewegung setzt. Kleihues konnte mit dem Kantdreieck seine philosophisch begründete Theorie des »poetischen Rationalismus« verdeutlichen: Sein an schnörkelloser Funktionalität und Wirtschaftlichkeit orientierter Rationalismus wird ergänzt um eine spielerische Komponente, die, abseits der Aufgeregtheiten postmodernistischer Versatzstücke, eine beschwingte Geste mit »poetischer« Leichtigkeit anbietet.

Gürteltier mit Zukunft

Das große behäbige **Delphi-Kino,** allen Berliner Cineasten ans Herz gewachsen, und der altbekannte Jazzkeller **Quasimodo** an der Ecke Fasanenstraße besitzen nun auch wieder die vorgeschobenen Terrassen im Stil der zwanziger Jahre. Im Sommer bieten die Cafés Logenplätze mit Blick auf ein Stück unordentlicher Großstadtbühne.

Hinter dem Delphi entstand in der Fasanenstraße einer der aufregendsten Bauten Berlins. Die Industrie- und Handelskammer Berlin mit dem Verein Berliner Kaufleute und Industrieller als Bauherr hat mit ihrem neuen Domizil, dem **Ludwig-Erhardt-Haus (19),** ein spektakuläres Zeichen gesetzt – ein Zukunftssymbol für die Berliner Wirtschaft. Architekt ist der Engländer Nicholas Grimshaw, der mit Lord Norman Foster, Lord Richard Rogers und Michael Hopkins die britische Starparade der High-Tech-Architekten anführt. Die gläserne Raupe seines Waterloo Terminals in London,

Kleihues ist einer der meistbeschäftigten und einflussreichsten Berliner Architekten; allein drei seiner Bauten – es sind lange nicht alle –, die Torhäuser am Pariser Platz, der An- und Umbau des Hamburger Bahnhofs und hier das Kantdreieck, nahmen an städtebaulich exponierten Standorten innerhalb der letzten Jahre und Monate Gestalt an.

Auf dem Platz vor dem Kantdreieck steht die Großplastik »Der gestürzte Krieger« von Markus Lüpertz. Die Bronze ist in der traditionsreichen Berliner Gießerei Noack gegossen worden.

für den Zugverkehr durch den Kanaltunnel in dichteste Bebauung geschoben, gilt als eine der ganz großen Meisterleistungen zeitgenössischer Architektur.

Hier nun hat er die Form eines Gürteltiers zum Leben erweckt; mit hoch gebogenem Rumpf hockt es ausgreifend zwischen den traditionellen Blockstrukturen. Sein Entwurf macht das Konstruktionsprinzip sichtbar: Markantestes Merkmal sind die 15 großen Rippen oder Tragwerkbögen, die die parabolische Grundstruktur bilden. Die oberen fünf Geschosse sind in die Bögen eingehängt; die gläsernen Erdgeschosszonen mit erstem Obergeschoss betonen die Horizontale, sind völlig stützenfrei und bieten ein Raumerlebnis weiter, transparenter Flächigkeit. Zwei vertikal in die Rippen geschobene, 30 m hohe Atrien geben den Blick bis unter die Dachwölbung frei und lassen das Tageslicht hineinfluten. Als Rückgrat durchzieht eine gläserne Straße das »Gürteltier«. Die Berliner Börse ist in das Erdgeschoss gezogen; die oberen Stockwerke sind den Bauherren vorbehalten.

An der Kant-/Ecke Uhlandstraße steht ein neuer urbaner Eyecatcher: Im **Stilwerk Designcenter (20)** dreht sich alles um die Welt des Wohnens. 52 gehobene Einrichtungs- und Designgeschäfte sind unter einem riesigen gläsernen Dach vereint. Der Basar der guten Form ist teuer, exquisit, und bietet neben dem Shopping-Erlebnis Ausstellungen, Café, Restaurant und Dachterrasse.

Folgt man der Kantstraße weiter, bietet sich ein buntes Durcheinander von Geschäften mit Möbeln bis zu Elektrowaren, Boutiquen, Supermärkten, Eckkneipen und Restaurants; hinter den großbürgerlichen Fassaden der Mietsblöcke hier und in den Seitenstraßen liegen noch riesige Altbauwohnungen. Oft stößt man auf kyrillische Schriftzüge – wie auch schon in den 1920er Jahren zeigt sich in der Kantstraße und Umgebung, dass Charlottenburg seinen Namen »Charlottengrad« nicht zu Unrecht trägt: Etwa 30 000 Russen leben in Berlin, fühlen sich hier zuhause und gehen ihren Geschäften nach. Die querlaufende »Wilmersdorfer« ist reine Fußgängerzone und bietet Shopping pur – sehr beliebt, sehr belebt.

▌*Die Hardenbergstraße*

Am Zooende der baumgesäumten Hardenbergstraße befindet sich das **Amerika Haus (21)**. Das *British Centre* ist kürzlich an den Hackeschen Markt gezogen. Beide Einrichtungen haben sich in den letzten Jahrzehnten zum Schaufenster ihrer Kulturen entwickelt, mit Bibliotheken, Veranstaltungsreihen, Lesungen, Filmvorführungen. Am Amerika Haus haben sich aber auch die Geister geschieden, es wurde Brennpunkt konträrer Empfindungen und Weltanschauungen: Für die Kriegsgeneration der Berliner versinnbildlichte es das gute Amerika, die Befreier, die Freunde und Helfer während der Blockadezeit, und die Schutzmacht, die gemeinsam mit Großbritannien und Frankreich die Lebensfähigkeit der »vom Russen« und den »Stalin-Deutschen« bedrohten Inselstadt inmitten der »Zone« garantierte. Für alle Links-orientierten, für die Westberliner DDR-Lobby, für die Achtundsechziger jedoch war das Amerika Haus immer wieder Ziel wütender Demonstrationen und Protestkundgebungen »gegen den US-Imperialismus«, gegen den Vietnamkrieg, und zu heißen Zeiten glich das Areal um das Amerika Haus einer militärisch gesicherten Festung.

Vorbei am netten Steinplatz, an der »Universität«, vormals Hochschule der Künste, den Instituten der Technischen Universität, mündet die Hardenbergstraße in das triste Verkehrsrondell des Ernst-Reuter-Platzes ein; ostwärts führt die Straße des 17. Juni schnurstracks durch den Tiergarten bis zum Brandenburger Tor; westwärts nehmen die weiteren Teilstücke der Ost-West-Achse als Bismarckstraße und Kaiserdamm ihren Lauf bis zum Theodor-Heuss-Platz.

In der Bismarckstraße liegt die **Deutsche Oper Berlin (22).** In dem mit Spreekieseln verkleideten Betonquader, von Fritz Bornemann 1956–61 erbaut, werden hervorragende Opern- und Ballett-Inszenierungen geboten. Vor der 70 m langen, fensterlosen Hauptfassade steht eine schwarze Großplastik aus Metall von Hans Uhlmann. Ein Opernhaus hat es in Charlottenburg seit 1910 gegeben; das Stammhaus wurde im Krieg zerstört, und mit dem Neubau erhielt West-Berlin eine eigene, repräsentative Oper. Jetzt besitzt Berlin, einzigartig auf der Welt, drei staatliche Opernhäuser, das Haus an der Bismarckstraße hat sein Publikum mit der glanzvollen Staatsoper Unter den Linden und der Komischen Oper zu teilen; ein beachtliches Finanzproblem für die Stadtväter – eine Fusionierung der Häuser steht an.

Während des Staatsbesuchs des Schahs von Persien am 2. Juni 1967 wurde hier vor den ausgerollten roten Teppichen im Chaos der Protesttumulte der Student Benno Ohnesorg von einem Polizeibeamten erschossen. Aus dem hippiebewegten Protest gegen verzopfte Universitätsstrukturen (»Unter den Talaren, Muff aus 1000 Jahren«) wurde damit die Studentenrevolution.

Rund um den Theodor-Heuss-Platz

Am Schnittpunkt Theodor-Heuss-Platz spürt man schon den Wechsel zwischen innerstädtischem Ballungsgebiet, den Mietskasernen des steinernen Berlin, die den Stadtraum nach Osten hin überwuchern, und langsam sich öffnender Weite, hin zum Grunewald, zu gehobenen Wohnquartieren, alten Villenvierteln, der westlichen Seenkette von Wannsee und Havel. Natürlich sind die nördlich und nordwestlich sich ausbreitenden Bezirke Reinickendorf und Spandau keine Dorfidyllen, aber sie sind sehr großflächig und auseinander gezogen. Zwischen Ruhleben und Spandau liegt das Riesengelände des Olympia-Stadions, mit der Ost-West-Achse und ihrem westlichsten Teilstück, der Heerstraße, noch letztes intaktes Zeugnis der Hitler-Speer-Pläne und ihrer faschistischen Gigantomanie. Die Spandauer sind ein Völkchen für sich, und Nordcharlottenburg mit der Arbeitersiedlung Siemensstadt ist für den »richtigen Charlottenburger« terra incognita und j. w. d.

In Rundfunksendern und Fernsehanstalten konzentriert sich die Macht über die Öffentlichkeit; ab 1933 dienten sie dem nationalsozialistischen Propaganda-Apparat; an den Berliner Stadtfronten des Kalten Krieges war das Haus des Rundfunks bis 1956 mit dem Programm des »Berliner Rundfunks« eine sowjetische Enklave im britischen Sektor. Von hier aus hatte bis 1950 der kommunistische »Berliner Rundfunk« gesendet, bis britisches Militär das Haus abriegelte und sich die Sowjets sechs Jahre lang verbarrikadierten. Als Gegenantwort wurde 1946 der RIAS, Rundfunk im amerikanischen Sektor, als »freie Stimme« Berlins gegründet mit einer rund um die Uhr arbeitenden Abteilung, die ausschließlich die »feindlichen Ostsender« abhörte ...

Das Haus des Rundfunks von Hans Poelzig im Stil expressiver Sachlichkeit stellt auch heute noch eine funktionale und ästhetische Glanzleistung Weimarer Architektur dar.

Eingefasst zwischen Spandauer Damm und der breiten Einkaufsmeile der einsetzenden Reichsstraße beginnt hinter dem Theodor-Heuss-Platz in rasterförmiger Anlage die grüne **Villenoase Westend** aus der Gründerzeit. Wunderbar ornamentierte »Landhäuser« mit Lauben, Loggien, Erkergeschossen, Gauben und Bleiglasfenstern sind wie Perlen aneinander gereiht. Eingebettet zwischen Eichen-, Ulmen-, Akazien-, Platanen- und Rüsternallee liegt der Branitzer Platz wie im Dornröschenschlaf. Eine stille Wohlstands-Elegie, die als Bauspekulation des Herrn Quistorp begonnen hatte und ihren frühen Bewohnern souveräne Finanzkraft abverlangte. Das war kein Problem, der Berliner Westen war, wie Alfred Kerr 1895 notierte, eine »elegante Kleinstadt« geworden, »in welcher alle Leute wohnen, die etwas können, etwas sind und etwas haben und sich dreimal soviel einbilden, als sie können, sind und haben«.

Beim langen Lulatsch – der Funkturm

Die Südseite des Theodor-Heuss-Platzes hat die entgegengesetzte Laufrichtung eingeschlagen. Hier konzentrieren sich Rundfunk, Fernsehen, Ausstellungs- und Messegelände. Die ineinandergeschlungenen Trassen der Stadtautobahn haben das Thema der alten AVUS – Tempo, Tempo! – weiterentwickelt. Als Wahrzeichen ist es um den **Funkturm (1)** ein bisschen still geworden. Er ist zwar noch nicht ganz passé, aber abgedrängt worden vom Hauptstadt-, Bau- und Erlebnisboom der Innenstadtbereiche. Dabei bietet die Aussichtsplattform in 125 m Höhe atemberaubende Rundblicke über das steinerne Meer Berlins, eingefasst von Wald- und Seenlandschaft. Das Restaurant auf der 50 m hohen Plattform ist besonders abends mit Blick über den funkelnden Lichterteppich einen Besuch wert.

Als Mitte der zwanziger Jahre die alten Ausstellungs- und Messebauten am Lehrter Bahnhof aus allen Nähten platzten, setzte der Funkturm des Ingenieurs und Architekten Heinrich Straumer ein stolzes, weithin sichtbares Zeichen inmitten des neu konzipierten Messeareals im wohlhabenden Charlottenburg. Damit schlug der »lange Lulatsch« zwei Fliegen mit einer Klappe, denn die 128 m hohe filigrane Stahlgitterkonstruktion, am Pariser Eiffelturm orientiert, trug ganz wesentlich zur qualitativen Verbesserung der Rundfunksendungen bei, die seit 1923 die Berliner erregten und die Welt revolutionierten. Der Sendebetrieb lief ab 1926 über den Funkturm; die erste Fernsehsendung der Welt folgte im Jahr 1932.

Zum Messegelände pilgern die Berliner gern in Scharen: Als Familien-Ausflugsziel besonders beliebt sind die Grüne Woche, eine Nahrungsmittelschau aller Bundesländer (Imbissstände noch und noch), die Berliner Funkausstellung (Medienrummel und neueste Unterhaltungs-Elektronik) und die Internationale Tourismusbörse (ITB).

Schräg gegenüber der Haupthalle des Messegeländes, in der Masurenallee, erstreckt sich die 150 m lange, streng gegliederte Straßen-

front des **Hauses des Rundfunks (2).** Das erste in Deutschland errichtete Funkhaus (1929–31) mit allen technischen Raffinessen seiner Zeit stellt auch heute noch eine funktionale und ästhetische Glanzleistung Weimarer Architektur dar. Der richtungweisende, innovative Zweckbau im Stil expressiver Sachlichkeit stammt von Hans Poelzig: 1919 noch hatte Poelzig mit seiner legendären »Tropfsteinhöhle« im Großen Schauspielhaus die hoch dramatische Gebärdensprache des Expressionismus in architektonische Form gegossen. Ein Jahrzent später, beim Entwurf des Rundfunkhauses, besticht seine straffe, klug gebändigte Ausdruckskraft. Zusammen mit Martin Wagner plante er übrigens auch die Gesamtanlage des Messegeländes, die jedoch nur teilweise verwirklicht wurde.

Dem Grundstücksareal gemäß schuf Poelzig einen Baukörper in nahezu gleichschenkliger Dreiecksform. Hinter der langgliedrigen Hauptfront stoßen zwei leicht gekrümmte Flügel im stumpfen Winkel symmetrisch aufeinander. Im großen Dreieck dieser schützenden Bürotrakte liegt der Innenhof mit radialer Anordnung dreier akustisch abgeschirmter Sendesäle und Studios – sie werden durch die zentrale Halle im Haupttrakt erschlossen. Die Generalinstandsetzung mit Umbaumaßnahmen erfolgte 1956; die Fernsehanstalt SFB, heute RBB, zog 1971 um die Ecke in das Hochhaus am Ernst-Reuter-Platz.

Galaktische Schachtel – das ICC

Zwei ineinander geschobenen Schachteln gleich thront der silbrig schimmernde Koloss des **Internationalen Congress Centrum (ICC) (3)** auf einer Insel im Meer der Straßen und Autobahnen zwischen Messedamm, Ausstellungsgelände und Neuer Kantstraße. Mit rund einer halbe Milliarde € war das ICC eines der teuersten Bauvorhaben Berlins, mit über 80 Sälen, 20 000 Plätzen und neuester Technikausstattung ist es der größte Bau seiner Art. Neben Tagungen und

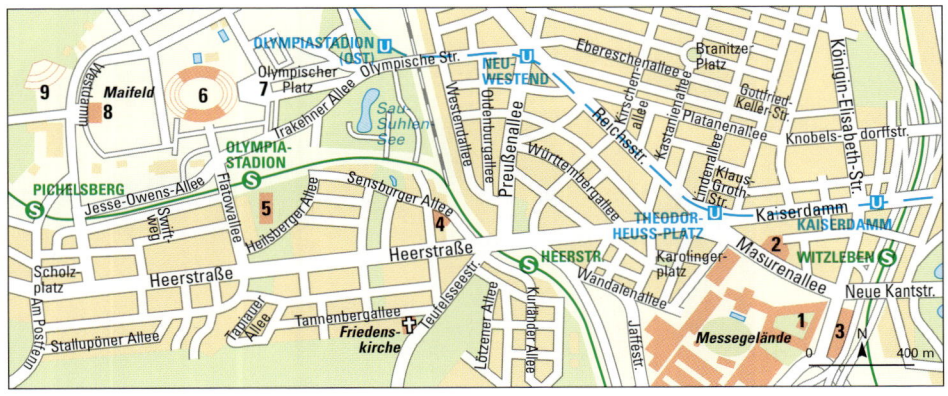

Der futuristische Anblick des Kraftpakets in Aluminiumhaut hat die Gemüter der Berliner monatelang erregt – und als 1980 die über 6 m hohe Bronze-Skulptur des Franzosen Jean Ipoustéguy auf dem Vorplatz erschien, gingen Lobpreisung und Nörgelei der Berliner in eine weitere Runde. Ipoustéguy hat, metaphorisch auf die Eroberung der Stadt Ekbatana durch Alexander den Großen anspielend, sein technoides Geschöpf »Ecbatane – der Mensch baut seine Stadt« betitelt.

Kongressen finden hier auch unterschiedlichste öffentliche Veranstaltungen statt, Bälle, Jubiläumsfeiern, Rockiges und Poppiges. 1975–79 von den Architekten Ralf Schüler und Ursulina Schüler-Witte gebaut, war die Kongressmaschine Antwort auf den Palast der Republik in der zweiten Berliner Welthälfte. Die noch schwerblütige Hightech-Anmutung stellte das Nonplusultra der zeitgenössischen Architekturauffassung dar. Im Innern sorgt ein elektronisches Leitsystem für einwandfrei transportierte Besucher, die zentrale Halle mit Rolltreppen und Informationstresen evoziert Flughafen-Feeling. Außerordentlich verkehrsgünstig neben dem Messegelände gelegen und mit Zufahrtsstraßen und Parkdecks auf den Autoverkehr zugeschnitten, nutzt der Bau die schmale, lange Grundfläche optimal aus. Das »Haus-im-Haus-System« mit sichtbarer, übergestülpter Dachträgerkonstruktion ermöglicht stützenfreie Saalflächen und guten Schallschutz.

Juwel im Grünen – das Georg-Kolbe-Museum

Auf dem nahen Friedhof Heerstraße ist Georg Kolbe begraben. Hier fanden auch George Grosz (1893–1959) und Joachim Ringelnatz (1883–1934) ihre letzte Ruhe. Mit satirisch-parodistischen und poetischskurrilen Versen hatte Ringelnatz die Berliner Kabarettbühnen im Sturm erobert; von den Nazis geächtet, trank er sich, an Tbc leidend, in seiner Wohnung am Brixplatz in Neu-Westend zu Tode.

Von der Heerstraße abzweigend, etwa einen halben Kilometer westlich des Theodor-Heuss-Platzes, empfängt uns in grüner Umgebung die kontemplative Stille des **Georg-Kolbe-Museums (4).** Das Atelier und Wohnhaus eines der bedeutendsten Bildhauer (1877–1947) des 20. Jahrhunderts wurde 1926 im Bauhaus-Stil errichtet und von ihm testamentarisch als Stiftung der Öffentlichkeit zugänglich gemacht. Der schlichte Backsteinkubus liegt stimmungsvoll eingebettet in einen Skulpturenhof und einen Garten mit alten Kiefern. Rund 200 Skulpturen und 1500 Zeichnungen sind im Besitz der Stiftung. Arbeitswerkzeuge, Möbelstücke und persönliche Gegenstände beto-

Im Garten des Georg-Kolbe-Museums

Als Le Corbusiers »Modul«-Deckenhöhe der Bauvorschriften wegen von 2,25 m auf 2,50 m erhöht wurde, hörte man den Meister nörgeln, dass die Deutschen wohl immer noch mit der Pickelhaube auf dem Kopf zu Bette gingen.

Literatur:
Das einzige in seiner Gesamtheit erhaltene Bauzeugnis nationalsozialistischer Architektur in Berlin wird von Tilmann Buddensieg in seinen komplexen Schichtungen untersucht in: »Berliner Labyrinth«.

nen den intimen Charakter des Werkstatt-Museums. Neben den großen Bronzen Kolbes wie »Aufsteigende Frau«, »Requiem«, »Befreiter« und »Tänzer Nijinski« bieten Plastiken seiner Freunde und Zeitgenossen wie Barlach, Marcks und Sintenis eine eindrucksvolle Ergänzung zu Kolbes Bildhauerkunst beseelter Körperlichkeit. Eine Sammlung mit Arbeiten von Ernst-Ludwig Kirchner, Aristide Maillol, Wilhelm Lehmbruck und Gerhard Marcks stammt aus dem Nachlass Kolbes. Im 1996 eröffneten, gut eingepassten Erweiterungstrakt werden Sonderausstellungen gezeigt.

Nicht zu übersehen ist das **Le Corbusier-Haus (5),** das im Rahmen der Internationalen Bauausstellung 1957 der »Interbau«, errichtet wurde, aber eben nicht im Hansaviertel (s. S. 241). Der große Meister der klassischen Moderne wollte und erhielt ein separates Gelände, um seine »Unité d'habitation, Typ Berlin« mit 17 Geschossen und rund 550 Wohnungen besser zur Geltung zu bringen – sie hätte auch die Anlage des Hansaviertels aus der Fassung gebracht. Die »Wohnmaschine«, die dritte ihres Typs nach Marseille und Nantes, war von Le Corbusier mit detaillierter Infrastruktur konzipiert worden, die den ca. 1300 Bewohnern das vielfältige Angebot einer »Stadt in der Stadt« präsentiert hätte. Die Zwänge des Sozialen Wohnungsbaus ermöglichten jedoch nur eine abgespeckte Version. Immerhin verfügt der Riesenbau mit hauptsächlich 1-Zimmer-Appartements und doppelgeschossigen 2-Zimmer-Wohnungen noch über ein eigenes Kraftwerk und Einkaufsladen. Die vorgesehene rigide »Modulor«-Höhe eines Wohnraumes (2,25 m) wurde den Bauvorschriften gemäß auf stolze 2,50 m aufgestockt.

Das Olympiastadion – »Triumph des Willens«

»Schon das prunkvolle Bild war überwältigend, so überwältigend, daß es schon fast bedrückend wirkte. Etwas Unheilverkündendes schien darin zu liegen. Man spürte die horrende Konzentration der Kräfte, das ungeheuer Straffe und Geordnete in den von überall her zusammengezogenen Kräften des ganzen Landes. Die Spiele schienen nur ein Symbol der neu gewonnenen Macht zu sein, ein Mittel, um der ganzen Welt vor Augen zu führen, wie weit diese neue Kraft es gebracht hatte.«

Was der Amerikaner Thomas Wolfe über die Olympischen Spiele von 1936 schrieb, verdeutlicht die zwei Ebenen, die in den Spielen und dem riesigen Gelände des Austragungsortes verquickt sind: Zum einen war der gewaltige Stadionkomplex ein funktionales Meisterwerk, eine klug durchdachte, perfekte Maschinerie für alle Sportdisziplinen; zum anderen eine weihevoll überhöhte Bühne des politischen Macht- und Herrschaftsanspruchs der Nationalsozialisten. Hitler hatte zusammen mit seinem »Generalbauinspektor« Albert Speer die architektonischen Entwürfe von Werner March zum Kultisch-Monumentalen hin abgeändert, politischer und künstlerischer

Wille des Dritten Reiches sollten »monumental« zum Ausdruck kommen. Dieser »Triumph des Willens« ist im Olympiagelände zwar deutlich vorhanden, aber auch Werner March konnte im Kern, wie von Tilmann Buddensieg dargelegt, gleichsam als Subtext, seine Prämissen durchsetzen: eine der Landschaft angepasste, sachlich-nüchterne Funktionsarchitektur zu schaffen – sein »Triumph des Willens«.

Auf dem 131 ha großen Areal des »Reichssportfeldes« war innerhalb von zwei Jahren eine monumentale Anlage errichtet worden, mit Olympiastadion, Eishockey-Stadion, Reitstadion, Schwimmstadion, Tennisplätzen, Maifeld mit Tribüne, Waldbühne und Sportforum, Zufahrtsstraßen und S-Bahnanschluss.

Die symmetrisch gegliederte Anlage mit nicht enden wollenden Blickachsen erschließt sich von den riesigen Weiten des Olympischen Platzes aus, der auf den Mittelpunkt, das **Olympiastadion (6)** mit dem **Olympischen Tor (7)** und zwei flankierenden Turmbauten, zuführt. Alle Fronten und Fassaden sind mit Muschelkalkstein verkleidet. Stahl und Glas, wie von March vorgeschlagen, kamen für Hitler und Speer keinesfalls in Frage. Dem Architekten war es jedoch gelungen, die nationalsozialistische, kultische Symbolebene aus den reinen Sportstätten abzudrängen: auf das Maifeld, in die unterirdische Langemarckhalle, in die Ebene der »Ausstattung« mit Großplastiken und hehren Wandfriesen, die sich noch überall auf dem Gelände befinden.

Das Oval des Stadions ist in eine natürliche Mulde gelegt und tief abgesenkt, der doppelgeschossige Pfeilerumgang erschließt die Zugänge ebenerdig. Auf der Stirnseite des Stadions mit ursprünglich 100 000 Plätzen das **Marathontor,** von Treppenhausblöcken gefasst. Über dem Marathontunnel steht auf einer Plattform die bronzene Schale für das Olympische Feuer. Als Verlängerung der Stadionachse schließt sich westlich das riesige, grasbewachsene Rechteck des Mai-

Die 1902 in Berlin geborene Schauspielerin und Regisseurin Leni Riefenstahl (gestorben 2003) gestaltete die Propagandafilme über die Reichsparteitage, »Sieg des Glaubens« (1933) und »Triumph des Willens« (1934), sowie die Filme über die Olympischen Spiele 1936 in Berlin, »Fest der Völker« und »Fest der Schönheit«. Die Diskussion um das Werk Riefenstahls, um die Verknüpfung von ästhetischer Innovation und propagandistischen Zielen, hält bis heute an.

Wird bis 2006 komplett saniert: das Olympiastadion mit Olympischem Tor und flankierenden Turmbauten.

297

Dem Architekten Werner March war es gelungen, die nationalsozialistische, kultische Symbolebene aus den reinen Sportstätten abzudrängen: auf das Maifeld, in die unterirdische Langemarckhalle, in die Ebene der »Ausstattung« mit Großplastiken und hehren Wandfriesen, die sich noch überall auf dem Olympiagelände befinden.

Ein Kuriosum: Nach der Blockade hielten es Alliierte und Senatsverwaltung in West-Berlin für notwendig, für den Fall der Fälle mit einer »Bevorratung« an allem dringend Lebensnotwendigen für die Bevölkerung der Frontstadt gerüstet zu sein. So gab es die so genannten »Senatsreserven« – sie lagerten u. a. in den unterirdischen Keller- und Tunnelanlagen des Olympia-Stadions. Und von Zeit zu Zeit tauchten neben völlig altmodischem Schuh-Bestand z. B. auch Wurst- und Fleischkonserven zu Spottpreisen im Handel auf – die Senatsreserven vor dem Verfallsdatum.

feldes an, das, als Aufmarschplatz konzipiert, von einem Tribünenwall umringt ist und auf der Westseite mit dem 78 m hohen **Glockenturm (8),** ehemals »Führerturm«, abschließt. Im Sockel der Wallanlagen verborgen, bot die »Langemarck-Halle« den Rahmen für feierlich-düsteren NS-Kult bei Totenehrungen. In losem Ring um das Stadion gruppiert sind Hockey- und Schwimmstadion, Sportforum, Reitstadion und Waldbühne.

Nach dem Krieg diente das Sportforum mit mehreren großen Bauten, den ehemaligen Unterkünften der Olympia-Teilnehmer, mit Bürokomplexen, Festhalle, Tagungsräumen, Schwimmbädern etc. als **Hauptquartier der britischen Streitkräfte,** war also der Öffentlichkeit nicht zugänglich. Das Maifeld gehörte ebenfalls zum exterritorialen Gebiet; hier spielten die Briten Polo, Cricket und Hockey, und nur einmal im Jahr durften die Berliner auf dem Maifeld verhalten jubeln – zur festlich begangenen Geburtstagsparade für die Queen.

Das Olympiastadion mit seinen Tribünen in Ober- und Unterringen und insgesamt 75 000 Plätzen ist seit einer Grundinstandsetzung 1974 Austragungsort für nationale und internationale Sportwettkämpfe, Kirchentage, kulturelle Großveranstaltungen und Rockkonzerte. Eines der großen kulturellen Glanzpunkte war das Hölderlin-Experiment, das die »Schaubühne« im Jahr 1977 im Stadion wagte. Die Funktionalität der Sportanlagen hat sich über die Jahrzehnte hin bewährt; nun sind sie alt und grau.

Berlin wird Schauplatz der Fußball-Weltmeisterschaft im Jahr 2006, und das Olympia-Stadionwird für über 250 Millionen € komplett saniert.

Die **Waldbühne (9),** in den natürlichen Kessel der Murellenschlucht gebettet, ist als Ort Berliner Sommervergnügen unverzichtbar: 20 000 Zuschauer finden hier vor idyllischer Kulisse, vom Wald umringt, Platz. Hier finden Open-Air-Konzerte und viel besuchte Filmfestivals statt – legendär der Auftritt der Stones im Jahr 1965, der mit Tumulten endete; die liebliche Waldbühne war kurz und klein geschlagen worden und öffnete erst vier Jahre später wieder.

Rund um das Schloss Charlottenburg

Das barocke Schloss Charlottenburg ist mit seinen weitläufigen Park- und Gartenanlagen beliebtes Ausflugsziel der Berliner. Nach dem Krieg fast völlig zerstört, konnte es in zwanzigjähriger Arbeit wieder aufgebaut und restauriert werden. Heute ist es mit seinen historischen Räumen, kostbaren Inneneinrichtungen, Gemälde-, Porzellan- und Spezialsammlungen ein Museumsschloss geworden und zudem Mittelpunkt eines außerordentlich reichen und konzentrierten Museums- und Kulturareals inmitten eines lebendigen Stadtviertels. Für einen Überblick braucht man mindestens einen ganzen Tag, will

Besonders sehenswert:
Schloss Charlottenburg ☆☆
Ägyptisches Museum ☆☆

Die Sammlung Berggruen. Picasso und seine Zeit ☆

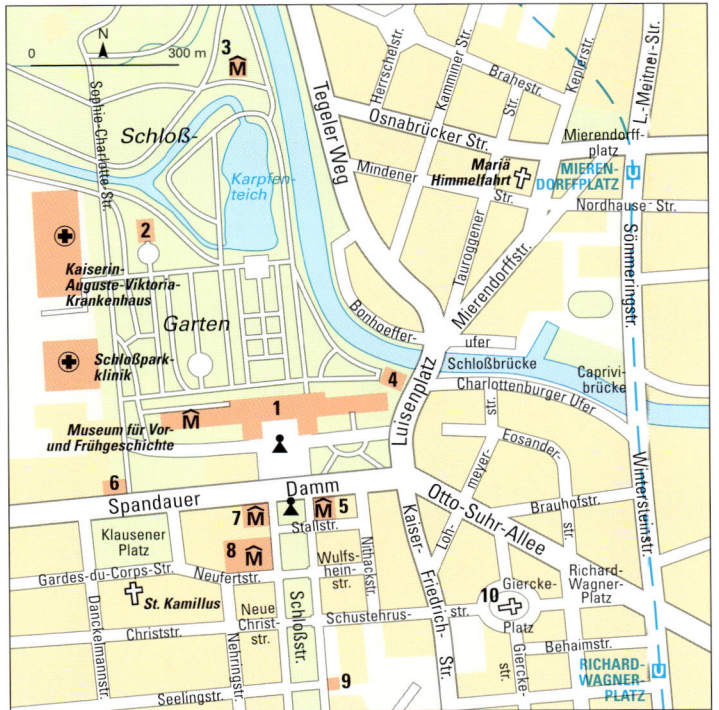

Rund um das Schloss Charlottenburg

1 Schlossanlage
2 Mausoleum der Königin Luise
3 Teehaus/ Belvedere
4 Schinkel-Pavillon
5 Ägyptisches Museum
6 Gipsformerei der Staatlichen Museen
7 Sammlung Berggruen. Picasso und seine Zeit
8 Bröhan-Museum
9 Villa Oppenheim
10 Luisenkirche

man auf einen Kaffee oder Mittagsimbiss in der Umgebung nicht verzichten. In der wunderschönen, baumbewachsenen Schlossstraße locken Restaurants und zahlreiche Gartenlokale; im Alt-Charlottenburger Viertel rund um den Klausener Platz mit dichter, restaurierter Wohnbebauung lässt sich »Zilles Milljöh« noch erahnen.

Das Schloss Charlottenburg

Die Enfilade – eine Abfolge von Räumen, die durch geöffnete Türen lange, imposante Blickachsen ermöglichen, im Idealfall durch ein ganzes Stockwerk – ist Teil der Repräsentationsarchitektur des Barock; der absolutistische Herrschaftsanspruch ist architektonisch umgesetzt.

Man sollte den Weg über die Schlossstraße nehmen: Mit der goldenen Fortuna auf dem Kuppelturm ist Schloss Charlottenburg schon von weitem sichtbar. Obwohl rekonstruiert, ist das Schloss das glanzvollste erhaltene Beispiel barocker Baukunst in Berlin, und mit seinen exquisiten Spezialsammlungen, den erlesenen Innenausstattungen lässt sich vom Barock über friderizianisches Rokoko, über den Klassizismus Schinkels bis hin zu Biedermeier und Wilhelminismus die preußische Stilauffassung in kostbarster Form nachvollziehen. Im Schlosspark mit Barockanlage und weitem Landschaftsgarten liegen weitere Schätze: das Mausoleum mit dem Sarkophag der Königin Luise, das strahlend heitere Belvedere und der sommerlich-frohe Schinkel-Pavillon.

An der **Schlossanlage (1)** ist über 150 Jahre lang immer wieder gebaut worden, bis sie ihre heutige dreiflügelige Gestalt und ihre imposante Breite von 505 m erhielt. Mitteltrakt und Seitenflügel strahlen in Hohenzollern-Gelb; auf dem Turmbau in Kupferdeckung dreht sich als Wetterfahne die goldene Figur der Fortuna; sie ist eine Neuschöpfung von Richard Scheibe (1952). Der Eingang zum Ehrenhof wird flankiert von zwei Nachbildungen der antiken römischen Skulptur des »borghesischen Fechters« (1867). Das machtvolle Reiterstandbild von Andreas Schlüter (1698) in der Mitte des Ehrenhofes zeigt den Großen Kurfürsten, Friedrich Wilhelm. Es gilt als herausragendes Zeugnis barocker Bildhauerkunst und hat immer auf der Langen Brücke neben dem Stadtschloss gestanden; nach der Auslagerung im Zweiten Weltkrieg ist der Lastkahn mit seiner tonnenschweren Fracht 1946 im Tegeler Hafen gesunken, erst 1949 konnte das Denkmal geborgen werden. (Eine Kopie davon steht im Bodemuseum.) Seit 1952 reitet der Große Kurfürst auf die Besucher zu. Sein Sohn, dem der alte Kern des Schlosses zu verdanken ist, hatte bei Schlüter auch noch ein Standbild seiner selbst in Auftrag gegeben: Das **Denkmal des Kurfürsten Friedrich III.** steht nun (als Kopie, das Original ist verschollen) vor dem Knobelsdorff-Flügel, der letzten großen Erweiterung des einst bescheidenen Lustschlosses; nach seiner Krönung ließ Friedrich I. dem Abbild seiner Würde ein Zepter hinzufügen.

Der **Mitteltrakt** ist der älteste Bauteil; Kurfürst Friedrich III. hat ihn als kleine Sommerresidenz für seine Gemahlin Sophie Charlotte nach einem Entwurf von Johann Arnold Nering von Martin Grünberg 1695–99 errichten lassen: ein dreigeschossiger Bau mit elf Ach-

Das barocke Schloss Charlottenburg ist mit seinen weitläufigen Park- und Gartenanlagen beliebtes Ausflugsziel der Berliner.

Am Fuß des Treppen-aufgangs im Mittel-trakt der Gipsabguss der lebensgroßen Prinzessinnengruppe von Schadow, eines der schönsten Werke preußisch-klassizisti-scher Bildhauerkunst. Realistisch, anmutig und lebendig zeigt es die Schwestern Luise und Friederike in ju-gendlicher, koketter Frische. Vom Königs-haus wurde die Skulp-tur wegen ihrer Frei-zügigkeit lange mit einem Bann belegt und verschwand in den Labyrinthen des Stadtschlosses. Der »olle Schadow« ließ jedoch Miniaturen in Porzellan anfertigen, die in allen gehobenen Haushalten in den Vitrinen standen und auch heute wieder von der Königlichen Porzellanmanufaktur hergestellt werden.

sen; die Mitte zur Gartenseite hin betonte er durch ein säulengefass-tes Oval. Hier hatte die hochgebildete Königin u. a. auch Leibniz empfangen. Das Lustschloss lag nahe dem Dörfchen Lietzow und hieß ursprünglich Lietzenburg. 1705, nach dem frühen Tod der Köni-gin, wurde es ihr zu Ehren Charlottenburg genannt.

Nachdem sich der Kurfürst 1701 zum König Friedrich I. in Preußen gekrönt hatte, nahm sein Repräsentationsbedürfnis zu. Versailles war Vorbild, um den absolutistischen Herrscherwillen auch architekto-nisch zum Ausdruck zu bringen. Der in Paris ausgebildete Eosander von Göthe verlängerte das Hauptgebäude seitlich um jeweils dreizehn Achsen und schuf lange **Seitentrakte,** die nun einen neuen **Ehrenhof,** den Cour d'honneur, einschlossen. Zur Achse der Schlossstraße hin wurde der Dreiflügelbau mit Gittern abgegrenzt (1702–13). Der west-liche Flügel erhielt die **Große Orangerie** als Erweiterung, und als zent-ralen Blickpunkt setzte Eosander von Göthe den 48 m hohen Kuppel-turm mit Tambour auf die Mittelachse des Neringtraktes. Die strenge Symmetrie der Architektur mit ihren langen Blickachsen und Bezugs-punkten setzte sich in den barocken Gartenanlagen fort.

Der dritte große Bauabschnitt geht auf Friedrich II. zurück, der Schloss Charlottenburg kurzzeitig als Residenz nutzte, bevor er sich nach Sanssouci zurückzog. 1740–46 errichtete Knobelsdorff für ihn den östlichen Flügel, dessen Länge er in der Mitte durch die Goldene Galerie betonte; er wird als **Neuer** oder **Knobelsdorff-Flügel** bezeich-net, und in seinem Innern findet das friderizianische Rokoko in strenger und doch heiter verspielter Form, mit anmutigen Dekor- und Schmuckelementen, seine vollendete Ausprägung.

Unter Friedrich Wilhelm II. entsteht durch Carl Langhans, den Erbauer des Brandenburger Tores, das **Schlosstheater** als Abschluss des Orangerieflügels (1787–91); von ihm stammt auch das **Belvedere** im Schlosspark, der zur gleichen Zeit im nördlichen Teil zum Land-schaftsgarten umgestaltet wird. Das **Mausoleum** im Park ließ Fried-rich III. von Heinrich Gentz unter der Bauleitung von Schinkel errichten, der Pavillon von 1824/25 stammt von Schinkel.

Als letzter Hohenzoller hat Kaiser Friedrich III., der »99-Tage-Kai-ser«, im Schloss gewohnt; nach 1918 wurde es verstaatlicht.

Die Kriegszerstörungen waren verheerend, und lange hat man über einen vollständigen Wiederaufbau debattiert. Als 1950/51 »drüben« das Stadtschloss gesprengt wurde, stand als Gegenreaktion im West-teil ein Wiederaufbau des Charlottenburger Schlosses zweifelsfrei fest, obwohl vom Knobelsdorff-Flügel nurmehr die Außenmauern standen.

Die **Interieurs des Hauptbaus** sind in barockem Stil gehalten. Besonders sehenswert ist die **Große Eichengalerie,** ein lang gestreck-ter Festsaal mit wandhoher Täfelung und kunstvollen Schnitzereien, der zum Regierungsantritt von Friedrich Wilhelm I. im Jahr 1713 fer-tig gestellt wurde. In den letzten Jahrzehnten bot er die historische Kulisse für Senatsempfänge und festliche Konzerte. Neben den Gemächern Sophie Charlottes und Friedrichs I. bilden das **Porzel-lankabinett** mit vergoldeten oder verspiegelten Wänden und blau-

◁ *Das Porzellan-*
kabinett

Höhepunkt der
Schlossbesichtigung
in lichtem, festlichem
Rokoko sind die Fest-
säle mit Weißem Saal
und Goldener Galerie
(oben).

weißem Porzellan aus China und Japan sowie die **Schlosskapelle** mit prunkvoller Königsloge Höhepunkte barocker Prachtentfaltung.

Im Obergeschoss veranschaulicht die **Gemäldegalerie** die Geschichte Brandenburgs und des preußischen Königshauses sowie mit Veduten und Stadtansichten die Entwicklung der Residenzstadt.

Im **Knobelsdorff-Flügel,** der nahezu originalgetreu wiederhergestellt wurde, befinden sich die Enfiladen Friedrichs des Großen, die Sommerräume und »Winterkammern« Friedrich Wilhelms II., das elfenzarte, von Schinkel gestaltete Schlafzimmer der Königin Luise. Hinreißend in lichtem, festlichem Rokoko und Höhepunkt der Schlossbesichtigung sind die Festsäle, 1740–47 von Knobelsdorff und Nahl ausgestattet: Lange Blickachsen verbinden den **Weißen Saal** und die knapp 50 m lange **Goldene Galerie,** die mit zartgrünen Wänden aus Stuckmarmor, vergoldeten Konsolspiegeln und reichem, schaumigem Ornamentschmuck, der die vier Elemente und die vier Jahreszeiten thematisiert, nach einer Vorlage von Antoine Watteau in reinstem Rokoko ausgestattet ist. Der Weiße Saal war ehemals Bankett- und Thronsaal Friedrichs des Großen. Weiße Doppelpilaster rahmen den weißen, ursprünglich roséfarbenen Stuckmarmor der

Wände; zartgeschwungene, goldene Ornamentik und eine aufge-
wölbte Decke in pudrigen Pastelltönen schaffen einen heiter-elegan-
ten Raum. Das 1742 von Antoine Pesne gestaltete Deckengemälde
»Hochzeit von Peleus und Thetis« konnte bedauerlicherweise nicht
rekonstruiert werden und wurde durch eine freie Neuschöpfung von
Hann Trier in den Jahren 1972/73 ersetzt. Von ihm stammt auch die
Deckenmalerei im ansonsten schlichten, modern gestalteten Treppenhaus.

Bedeutend ist die **Sammlung der Gemälde Watteaus,** die sich in
den Räumen einer zweiten für Friedrich den Großen ausgestatteten
Wohnung östlich der Goldenen Galerie befindet – u. a. ist hier das
1720 gemalte Hauptwerk Watteaus, »Firmenschild des Kunsthänd-
lers Gersaint«, zu bewundern. Insgesamt hatte Friedrich II. acht
Gemälde von Watteau erworben, darunter die berühmte »Einschif-
fung nach Kythera«.

Die herausragende Sammlung der **Galerie der Romantik –** vor-
wiegend mit deutschen Gemälden aus der ersten Hälfte des
19. Jahrhunderts – ist Teil der Staatlichen Museen; der geschlossene
Bestand hatte hier seinen passenden Rahmen gefunden. Nach der
Grundinstandsetzung der Alten Nationalgalerie auf der Museumsinsel ist die Galerie der Romantik nun dorthin zurückgekehrt – mit
den Gemälden von Caspar David Friedrich, der reichen Sammlung
der Berliner Landschaften und Stadtansichten von Carl Blechen,
Eduard Gaertner und Johann Erdmann Hummel, weiterhin mit
Werken von Carl Spitzweg bis Philipp Otto Runge.

Im Kopfbau des westlichen Schlossflügels ist das **Museum für Vor-
und Frühgeschichte** (SMPK) beheimatet (bis 2005). In reichen
Sammlungen werden hier die Vor- und Frühgeschichte Europas und
des Mittelmeerraumes präsentiert: von den Jäger- und Sammler-Kul-
turen der Altsteinzeit mit Werkzeugen, Schmuck und Waffen, über die
Kupfer- und Bronzezeit bis zum frühen Mittelalter. Ausgrabungen und
Bodenfunde aus Berlin und Umgebung, aber auch aus Vorderasien,
ergänzen die umfangreiche Sammlung. Am berühmtesten sind die
Grabungsfunde von Heinrich Schliemann aus Troja. Das Kernstück,
der »Schatz des Priamos« allerdings, ist heute noch in Moskau.
Zusammen mit anderen Kunstwerken wie dem bedeutendsten deutschen Goldfund, dem sog. »Goldschatz von Eberswalde« (Mark
Brandenburg), gehört er zur »Beutekunst«: Bestände aus Berliner
Museen, die nach den Kriegswirren ab 1945 als Teil der Kriegsbeute
in der ehemaligen Sowjetunion gelandet sind. Eines der heißen politischen Eisen zwischen Moskau, noch Bonn und Berlin. Die Vereinigung der Bestände aus Ost und West ist schon geleistet und bildet hier
eine große Bereicherung.

Weitere Kostbarkeiten im Schloss: das Schlafzimmer Kaiser Wilhelms II., 1895–1900 von Julius Zwiener für das Stadtschloss gearbeitet; die Silberkammern mit dem 2694 Teile umfassenden Kronprinzensilber, das Kronkabinett mit Resten des Hohenzollern-Kronschatzes. Und ein Werk der Liebesmüh: die reizenden Modelle der »exotischen« Kirchen St. Peter und Paul in Nikolskoe und der Heilandskirche in Sacrow, die um 1830 aus 12 000 Perlmutt- und Elfenbeinteilen angefertigt wurden von einem Maschinenmeister der Pfaueninsel, »unter Mithilfe des Südseeinsulaners Harry Maitay, gestorben 1872« (Knobelsdorff-Flügel, Raum 212).

Der Schlosspark

»Lebe wohl, teurer Engel, warum kann ich nicht bei Dir sein, und wann sehen wir uns wieder? Fürs Leben Deine treue Luise.« (Depesche von Königin Luise vom 17. Oktober 1806 an ihren Mann, Friedrich Wilhelm III.)

Der Schlosspark besteht aus einem großen, barocken Parterre, das die Hauptachse des Schlosses verlängert, und einem angrenzenden und umgebenden Landschaftspark mit Luiseninsel, Teichen, Wasserläufen und Brücken, der auf der Ostseite von der Spree begrenzt wird. In den Park sind drei Bauwerke eingestreut.

Vom Theaterbau am westlichen Flügel führt eine Fichtenallee zum **Mausoleum der Königin Luise (2).** Nach dem plötzlichen Tod der verehrten Königin im Jahr 1810 hatte Heinrich Gentz eine Ruhestätte in Form eines kleinen Tempels mit Portikus und dorischer Säulenfront entworfen; später wurde der Bau umgebaut und erweitert. Der Marmorsarkophag der Königin Luise, eine der schönsten deutschen Skulpturen des 19. Jahrhunderts, stammt von Christian Daniel Rauch und zeigt eine wie schlafend liegende Königin in faltenreichem Gewand mit seitlich geneigtem Kopf und verschränkten Armen. Luise und Friedrich Wilhelm III. führten eine selten glückliche Ehe, liebten schlichte Vergnügungen und wurden gerade deshalb von den Berlinern geliebt. In der gewölbten Gruft ruhen auch Friedrich Wilhelm III. (gest. 1840) und seine zweite Frau, die Fürstin Liegnitz, Kaiser Wilhelm I., Kaiserin Augusta und Prinz Albrecht.

Das reizvolle **Belvedere (3)** oder Teehaus zwischen Spree und Karpfenteich gelegen, entwarf Carl Gotthard Langhans 1788 gleichzeitig mit dem Schlosstheater als dreigeschossigen Bau mit flachem Kuppelhäubchen auf ovalem Grundriss, dem vier rechteckige kleine Flügelpartien vorgeschoben sind, zwei jeweils identisch ausgebildet. Mit der Verknüpfung von Oval und Rechteck und dem zurückhaltenden Fassadenschmuck schuf Langhans ein schönes Beispiel barocker und frühklassizistischer Formensprache.

Unmittelbar an der Ostseite der Gartenfront nahe der Spree liegt der **Schinkel-Pavillon (4).** Von Friedrich Wilhelm III. als Sommerhaus für sich und die Fürstin Liegnitz, seine zweite Frau, gedacht, hatte sich Schinkel auf königlichen Wunsch die Villa Chiatamone in Neapel, die der König 1822 bewohnt hatte, zum Vorbild genommen. Der schlichte, doppelgeschossige Kubus besitzt zwei jeweils identische Fassadenseiten, einen rundum führenden, gusseisernen Balkon und säulengestützte Loggien. Dem äußeren Gliederungssystem entspricht die klare Innengestaltung: Die sorgsam restaurierten quadratischen Räume sind um das zentrale Treppenhaus gruppiert. Heute sind in dem schönen, kompakten Haus Möbelstücke, Skulpturen, Gemälde, kunstgewerbliche Objekte und Architekturzeichnungen Schinkels und seiner Zeitgenossen versammelt.

Dessertteller aus dem Service der Kaiserin Joséphine

Die Museen in der Schlossstraße

Den festlichen Auftakt der Schlossstraße bilden die imposanten, völlig identischen Eckbauten, die auf die gegenüberliegende Hauptfront von Schloss Charlottenburg bezogen sind. Die ehemaligen Garde du Corps-Kasernen, der königlichen Leibwache, sind von Schinkel-Schüler August Stüler in den Jahren 1851–59 errichtet worden. Die Hauptfassaden der quadratischen, kräftigen Baukörper mit rustiziertem Sockelgeschoss sind durch Mittelrisalit und Dreiecksgiebel betont. Die auf schlank aufschießenden Säulen ruhenden Dachkuppeln, wie aufgesetzte griechische Rundtempel, verleihen dem Ensemble einen beschwingten Akzent. Der östliche Stülerbau mit angrenzenden Räumlichkeiten bildet einen der zwei Standorte des **Ägyptischen Museums (5)** der Staatlichen Museen. (Der zweite im

Bodemuseum ist bis ins Jahr 2005 geschlossen.) Hier wird ein außerordentlich beeindruckender Überblick über die ägyptische Kultur von ihren Anfängen bis in christlich-koptische Zeit geboten. Im Erdgeschoss und im ersten Obergeschoss sind die wichtigsten Exponate epochenunabhängig als Gesamtschau zu sehen. Einen Schwerpunkt bilden die Schätze aus Tell-el-Amarna, die unter der Leitung von Richard Lepsius und Ludwig Borchardt im frühen 19. Jahrhundert ausgegraben wurden und die Exzellenz des Berliner Ägyptischen Museums mitbegründeten. Weltberühmt sind die Büste der Nofretete, die Bildnisse des Königs Echnaton, der Ebenholzkopf der Königin Teje und das Tempeltor von Kalabsha, das der Bundesregierung für die Rettung von gefährdeten Tempelanlagen im Zusammenhang mit dem Bau des Assuan-Staudammes geschenkt wurde. Ferner: Skarabäen, Schmuck, Plastiken und Reliefs aus Tempeln und Gräbern, Tierplastiken, Bronze- und Terrakottafiguren.

In den anschließenden Bauten in der Schlossstraße, einem harmonischen Ensemble mit Vor- und Innenhof, sind die Abgusssammlung Antiker Plastik, die Naturwissenschaftlichen Sammlungen (Stadtmuseum Berlin) und das Heimatmuseum Charlottenburg untergebracht. Die **Abgusssammlung Antiker Plastik** bietet in luftigen Räumen eine faszinierende Auswahl von rund 800 Objekten griechischer und römischer Kunst aller Epochen. Die 1695 gegründete Abgusssammlung war vor der Zerstörung im Zweiten Weltkrieg mit über 2500 Stücken eine der weltweit größten ihrer Art, und um an die Tradition wieder anschließen zu können, wird eng mit der nahe gelegenen **Gipsformerei der Staatlichen Museen (6)** zusammengearbeitet. In der Gipsformerei, die kaum Kriegsschäden aufzuweisen hatte, hat sich über 150 Jahre ein bedeutender Schatz von über 6000 Formen aus allen Weltkulturen angesammelt, die rund um den Erdball begehrt sind und von Museen, Kulturinstitutionen und Universitäten als Abguss geordert werden. Die von den griechischen und römischen Werken genommenen Abgüsse wandern dann zur Präsentation in die Abgusssammlung und werden durch auswärtige Ankäufe zusätzlich ergänzt. Dem Komplex der Gipsformerei mit Werkstätten und Lager sind Ausstellungs- und Verkaufsräume angegliedert, und mit Hilfe diverser Angebotskataloge kann sich jedermann einen assyrischen Streitwagen, eine griechische Flötenspielerin oder Beethovens Büste auf den Kaminsims stellen.

Die Nofretete im Ägyptischen Museum, Charlottenburg, ab 2005 auf der Museumsinsel. In den Stülerbau wird dann die Sammlung Scharf mit herausragenden Werken des Surrealismus einziehen.

Von Ägypten zu Picasso – die Sammlung Berggruen

(7) Der in Berlin geborene Heinz Berggruen hatte seine über 30 Jahre hin gewachsene Sammlung mit über 100 Gemälden, Skulpturen und Papierarbeiten von insgesamt sieben Künstlern der frühen klassischen Moderne den Staatlichen Museen zunächst als Dauerleihgabe zur Verfügung gestellt – inzwischen ist sie vom Bund bekauft worden und wird durch die staatlichen Museen verwaltet. Von der Nationalgalerie betreut, ist die Sammlung seit 1996 im westlichen Garde du Corps-Bau zu sehen. Im Mittelpunkt stehen 60 höchst qualitätvolle Arbeiten von Picasso, dem Berggruen in Freundschaft verbunden war: Sie bieten eine in Deutschland einzigartige Gesamtschau seines Werks durch alle Schaffensperioden – von seiner Studienzeit in Madrid bis zum Spätwerk. Die wichtigsten Stücke der Sammlung sind u. a. »Der gelbe Pullover« und das »Stilleben mit blauer Gitarre«. Daneben finden sich Werke von Cézanne und van Gogh, Braque und Laurens, ein Raum mit Arbeiten von Giacometti und 20 Werke von Paul Klee, die einen weiteren Schwerpunkt bilden.

Die Innenarchitektur des Stülerbaus, der ursprünglich die Antikensammlung West-Berlins beherbergte, wurde modernisiert und der Sammlung Berggruen auf den Leib geschneidert: Die Architekten Hilmer und Sattler (neue Gemäldegalerie am Kulturforum) schufen ein Ambiente reduzierter, transparenter Eleganz. Im Haus findet sich auch eine gut sortierte Buchhandlung.

Tiffany und Secession

Das angrenzende feine **Bröhan Museum (8)** umfängt den Besucher als ein erlesenes Gesamtkunstwerk. Möbel, Teppiche, Lampen, Gebrauchsgegenstände, Porzellan, Silber, Keramik sind nach Epochen und Stilrichtungen als Raumensembles zusammengestellt. Die 1982 gestiftete Privatsammlung von Karl H. Bröhan umfasst mit über 1600 Objekten europäisches Kunsthandwerk vom späten 19. Jahrhundert bis in die dreißiger Jahre des 20. Jahrhunderts. Eindrucksvoll ist auch die reiche Sammlung an Gemälden, Druckgrafik und Zeichnungen der Berliner Secession mit Arbeiten von Lovis Corinth, Walter Leistikow, Willi Jaeckel, Lesser Ury, Karl Hagemeister und Hans Baluschek. Zwei Räume sind Henry van de Velde gewidmet: Hier lassen sich seine verlorenen eleganten Welten, die er in Berlin für Paul Cassirer und Harry Graf Kessler kreierte, noch einmal erahnen.

*»Mit 21 Jahren bin ich aus Berlin fortgegangen, in eine ungewisse Zukunft. Als 82- jähriger war ich wieder da. Und das ist gut so.«
Heinz Berggruen, 1914 in Berlin geboren, 1936 in die USA emigriert, wurde in Paris zu einem der weltweit wichtigsten Galeristen, Kunsthändler und Sammler. Seine »Erinnerungen eines Kunstsammlers« (Untertitel des Bandes »Hauptwege und Nebenwege«) sind bestimmt von den Begegnungen und Freundschaften mit den Männern und Frauen, die die Kunstgeschichte unseres Jahrhunderts geprägt haben.*

Die Schlossstraße

Die Schlossstraße ist eine erholsame Spaziermeile, die mit breiter Mittelpromenade bis zur Zillestraße, ausladenden alten Bäumen und einer anregenden, üppigen Mischung repräsentativer Villen, restaurierter oder neuer Wohnbebauung nun wirklich den Begriff »Allee« verdient hätte. Sie wurde vom Schlossportal als Sichtachse zu einer vom Stadtschloss weit in den Westen führenden Allee angelegt; ihre heutige Gestalt erhielt sie Mitte des 19. Jahrhunderts. Auf der Mittelpromenade wird ein bisschen Boule gespielt oder auf der Bank gesessen; die Restaurants und Gaststätten nutzen die Vorgärten, um Getränke im Freien zu servieren.

Ein Beispiel tadelloser Restaurierung ist die neoklassizistische Gründerzeitvilla von 1873 in der Schlossstraße 67. Biegt man nach links in die Schusterhusstraße ein, wartet die schöne **Villa Oppenheim (9),** 1881/82 erbaut, als Kulturforum des Kunstamtes Charlot-

Ein Großprojekt von Inken und Hinrich Baller, die Wohnbebauung am Fraenkelufer in Kreuzberg, gilt als eines der herausragenden Beispiele der »behutsamen Stadterneuerung«, im Rahmen der IBA 1987 entstanden. Ebenfalls einen Abstecher wert: der Wohn- und Geschäftsblock Kottbusser Damm 2–3.

tenburg auf Gäste: Hier finden Ausstellungen, Lesungen, kleine Konzerte statt, und ein Café gibt's auch im Haus. Östlich und westlich der Schlossstraße sind gewachsene Altbaugebiete erhalten; jenseits der Kaiser-Friedrich-Straße, steht am Gierckeplatz die 1712 nach Plänen von Philipp Gerlach errichtete kleine **Luisenkirche (10)**, die von Schinkel 1825 umgestaltet und um einen Turm ergänzt wurde; in der Nachkriegszeit bewahrte die Gemeinde ihre zerstörte Kirche durch einen aus eigenen Mitteln finanzierten Wiederaufbau. Wandert man wieder zurück zur Schlossstraße, fallen zwei interessante Neubauten auf. An die Ecken Otto-Grünberg-Weg und Hebbel-/Zillestraße hat das renommierte Berliner Architektenduo Inken und Hinrich Baller eine doppelgeschossige Turnhalle und einen Wohnhausblock gesetzt. Ihre expressive Handschrift fällt immer aus dem Rahmen und fügt sich doch wunderbar ein in existente Fassadenreihen: filigrane, verschlungene, an Gaudí erinnernde Balkongitter, Vor- und Rücksprünge für Erker, Loggien und Balkone, schlanke Stützpfeiler und unterschiedliche Giebelformen in heiteren, pastelligen Farben erzeugen eine schwingende rhythmische Gliederung der langen Fassaden.

»Berlin, alte Menschenfresserin«

Der Surrealist Yvan Goll kam 1924 zur Aufführung seines Stückes »Methusalem« nach Berlin. Der Stadt, »Todesstadt«, der »kranken, stinkenden Stadt, der alten Menschenfresserin« widmete er seinen bizarren Roman »Sodom Berlin« (1929).

Auch das Karree zwischen Schlossstraße und Sophie-Charlotte-Straße, Danckelmann-, Nehring-, Seeling- und Christstraße bis hinauf zum Klausener Platz ist einen Rundgang wert. Robert Walser kam bei seinem Bruder in der Kaiser-Friedrich-Straße unter; Christian Morgenstern lebte zeitweilig in der Schlossstraße; am Luisenplatz, Haus Nummer 3, scharte der Schriftsteller Georg Kaiser Literaten und Künstler um sich: Carl Einstein ging ein und aus, Bert Brecht, Lotte Lenya und Kurt Weill, auch Yvan Goll fand Aufnahme bei Kaiser.

Die Mietsblöcke im alten Charlottenburg waren in den achtziger, neunziger Jahren des 19. Jahrhunderts immer straßenweise von Osten nach Westen hochgezogen worden; wurden auf der einen Straßenseite die Mietsblöcke »trockengewohnt«, grenzte die gegenüberliegende Seite noch an Äcker, kahle, windige Baugruben und Sandhügel. Die Mietskasernen wurden nicht nur zu Elendsquartieren in den Arbeiterbezirken Kreuzberg, Wedding, Prenzlauer Berg und Friedrichshain, sondern auch hier in Charlottenburg; einer ihrer leidenschaftlichsten Chronisten war der Fotograf, Maler und Zeichner Heinrich Zille.

Die Straßenzüge südlich des Klausener Platzes, z. B. die Christstraße, gehören zu den ersten Stadtvierteln, die nach den verheerenden Programmen der »Kahlschlagsanierung« alter Quartiere seit den sechziger Jahren nun nach dem Prinzip der Stadtreparatur behutsam, kleinteilig und blockbezogen erneuert wurden. Kaum Abriss, Entkernung der Hofbereiche, Erhalt der Stadtstruktur und Mitspracherecht der Mieter – ein Vorzeigeobjekt im Rahmen des Europäischen Denkmalschutzjahres von 1975 – wie auch die Quartiere rund um den Mariannenplatz und den Chamissoplatz in Kreuzberg.

Heinrich Zille (1858–1929)

»Der Pinselheinrich« war stadtbekannt und der wohl populärste aller Berliner Künstler: In der Sophie-Charlottenstraße 88 hat Zille über 30 Jahre lang bis zu seinem Tod gewohnt; sein einprägsamer, pointierter Zeichenstil führte die Tradition des Berliner Realismus fort – er selbst nahm Bezug auf Chodowiecki, Hogarth, Daumier. Seine Grafikzyklen und kolorierten Zeichnungen, oft mit bissigen, schlagfertigen und humorvollen eigenen Texten versehen, führten in die Hinterhöfe und Kellerwohnungen, skizzierten bleiche Kellerkinder, »leichte Meechens«, Bierkutscher und Betrunkene, führten zu den Ausflugslokalen und Kneipen der Arbeiterviertel. Seine Fotografien, über 400 Motive, sind bedeutende Dokumente sozialkritischer Stadtgeschichte. Die echte soziale Parteinahme, seine detailgenauen Schilderungen von Ausbeutung, Elend und Prostitution schockierten die

Heinrich Zille, im Regen zeichnend. Lithographie, eigenhändig koloriert, 1919. Aus demselben Jahr stammt die Porträtfotografie.

Öffentlichkeit, und gerne tat man ihn als »Witzblattzeichner« ab. Zille, der 1903 Mitglied der Berliner Sezession wurde, mit Liebermann, Käthe Kollwitz, Otto Nagel u. a. befreundet war, sie auch porträtierte, wurde 1924 Professor und Mitglied der Akademie der Künste. »Zille sein Milljöh« ist zur Legende geworden, oftmals auch abgesackt in das Grobraster der Berliner-Folklore. Die hohe Qualität seiner Kunst ist jedoch unbestritten; als Bildchronist und Kritiker Berliner Lebenszustände um die Jahrhundertwende ist er unvergessen. »Hurengespräche«, 1913; »Berliner Luft«, »Mein Milljöh« 1914, »Komm, Karlinecken, komm« 1925. Seine Arbeiten sind im **Heinrich-Zille-Museum** zu sehen (s. S. 150).

Mittendrin und ringsherum

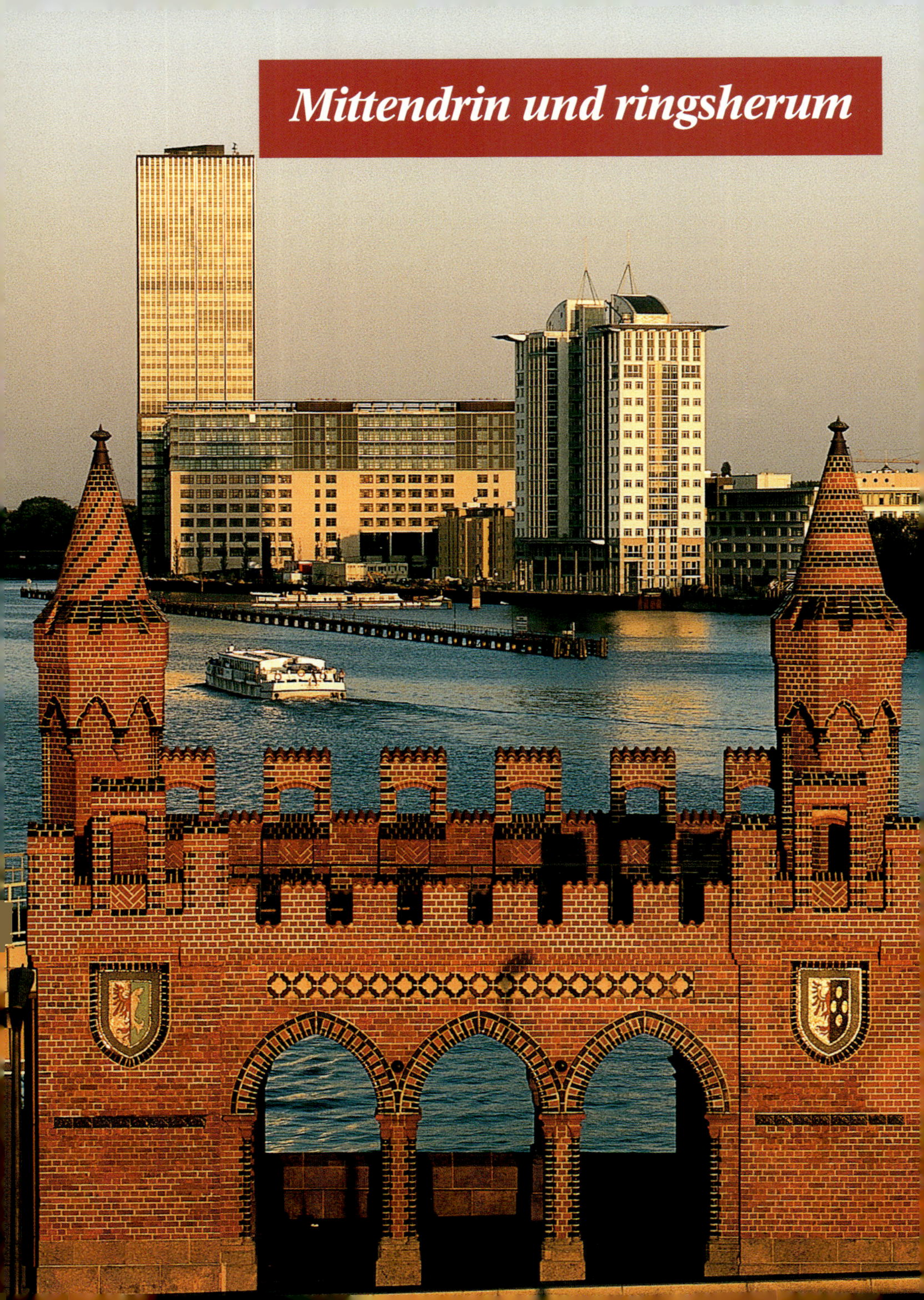

Von Nordwesten im Uhrzeigersinn

Berlin meint viele Städte – mit dem Eingemeindungsgesetz von 1920 ist dem alten Kern mit den Bezirken Mitte und Tiergarten, den Arbeitervierteln Wedding, Prenzlauer Berg, Friedrichshain und Kreuzberg ein loses Netz mit sieben Städten, 59 Landgemeinden und 27 Gutsbezirken angegliedert worden. Die 20 (nach dem Mauerfall 23) Stadtbezirke bildeten ein riesiges Konglomerat an Kleinstädten, Dörfern, Gemeinden, gewaltigen, aus dem Boden gestampften Industriearealen, neuen Vorstädten und bäuerlichen Umlandregionen – das ist bis heute so geblieben und hat zudem in den letzten vierzig Jahren beidseitig der Mauer veränderte Schwerpunkte, neue Randbereiche, neue regionale Zentren, neue Satelliten- und Trabantenstädte hervorgebracht. Am 1. 1. 2001 trat eine neue Bezirksreform in Kraft, die nachhaltige Wirkung haben wird: Außer Neukölln, Reinickendorf und Spandau wurden aus 20 Bezirken neun Großbezirke, wobei sich auch Ost und West zusammen getan haben (s. Karte S. 74/75) – ganz neue Befindlichkeiten werden sich langfristig ergeben.

Berliner sind wie alle echten Großstadtbewohner Lokalmatadoren und Kiez-Patrioten, für die innerstädtischen Großstadtpflanzen sind Randbezirke schon Provinz, werden nur als Ausflugsziel angesehen, und die eingefleischten »Dörfler« reisen nur hin und wieder nach »Berlin«. Viele Bezirke sind je nach sozialer Zusammensetzung, nach psychologischer Verfassung und Befindlichkeit ihrer Bewohner für die »anderen« Berliner Tabuzonen, in denen niemand wohnt, den man kennt, punktum. So kann es gut sein, dass der Köpenicker nur dreimal im Jahr zum Kudamm reist, und dass der Spandauer bis auf eine Stippvisite noch niemals in Rudow war. Die Weddinger flanieren in der Müllerstraße und im neuen Shoppingcenter am Gesundbrunnen; die »Dörfler« aus dem Rixdorfer Idyll kaufen nur in der Karl-Marx-Straße in Neukölln ein, und es ist wahrscheinlich, dass ein Zehlendorfer noch niemals in Friedrichshagen war. Ein überzeugter Kreuzberger wohnt entweder im legendären SO 36 oder in 61 – im einst anarchischen hinteren Teil Kreuzbergs oder vorne, nahe Meringdamm und Südstern, er findet Tempelhof, Charlottenburg-Nord und Schmargendorf piefig und völlig inakzeptabel.

»Ville Jejend«, in der mannigfache Sehenswürdigkeiten warten: Die Entfernungen sind groß; die Wege sind lang, aber mit dem dichten Netz öffentlicher Verkehrsmittel – S-Bahn, U-Bahn, Tram und Bus – gut zu erreichen. Von Köpenick zum Beispiel ist man in knapp 30 Minuten am Bahnhof Zoo; von Zehlendorf in 20 Minuten.

Die Spandauer sind stolz darauf, dass ihre Stadt älter als Berlin ist; 1232 erhielt die alte slawische Ansiedlung das Stadtrecht – auf der großen Feier zum 750. Stadtjubiläum im Jahr 1982 hieß es sogar ganz offiziell: »Als die Berliner noch Kaulquappen fingen, waren die Spandauer schon Patrizier.«

Spandau

Was fällt dem Berliner zu Spandau ein? Zuallererst ist Spandau eine Kleinstadt für sich: Mit ihrem alten Kern jenseits der Havel gelegen, ist sie eigentlich erst durch den U-Bahnanschluss in den achtziger Jahren dichter an Berlin herangerückt. Wie auch Köpenick im Osten ist Spandau unabhängigen Sinnes geblieben und hat viel seiner

◁ Alt und Neu zwischen Kreuzberg und Friedrichshain: Detail der Oberbaumbrücke, dahinter der Bürokomplex der Treptowers.

Spandau, historisches
Zentrum

1   Zitadelle
2   Juliusturm
3   Heimatmuseum
4   St.-Nikolai-Kirche

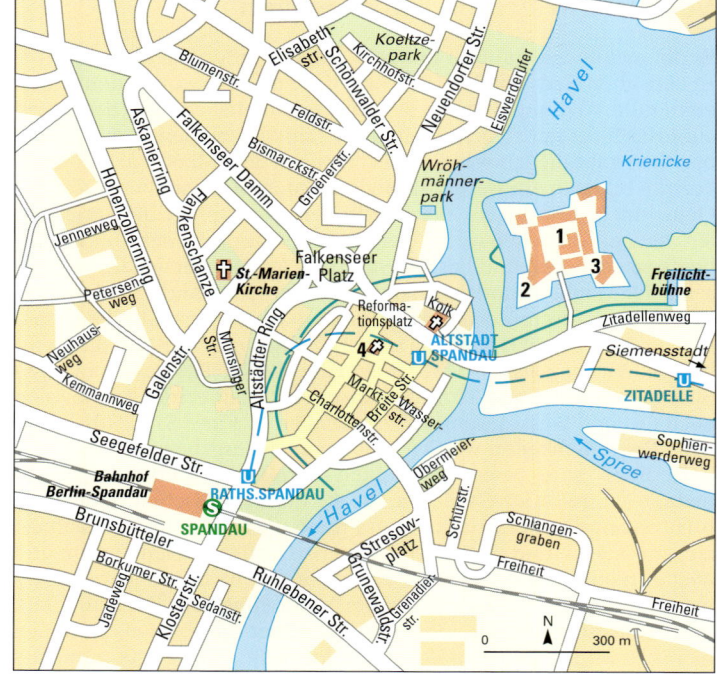

Tipp:
*Die Altstadt Spandaus
und die Zitadelle sind
mit der U-Bahn leicht
zu erreichen, und per
Ausflugsdampfer (An-
legestelle Charlotten-
brücke) lässt sich ein
Besuch Spandaus sehr
schön verknüpfen mit
einer Havelfahrt über
den Tegeler See bis
zur Greenwichprome-
nade in Tegel
(s. S. 321).*

Eigenständigkeit bewahrt mit engen Beziehungen ins dörfliche Umland. Über 80 qkm umfasst das kontrastreiche Bezirksgebiet – viel Wald, Seen, Grünflächen und Landwirtschaft einerseits, seit der Gründung der Siemensstadt östlich der Havel zu Ende des 19. Jahrhunderts wurde Spandau aber auch größtes Industriegebiet Berlins. Zum anderen denkt der Berliner an die sehenswerte Altstadt mit der hochgotischen Kirche St. Nikolai und natürlich an die Zitadelle mit dem dicken Juliusturm, dem ältesten Bauwerk Berlins und einer Fülle an kulturellen Angeboten. Der älteren Generation der Berliner kommt aber auch sofort Spandau als Waffenschmiede und Kriegsrüstungszentrum in den Sinn; nach dem zweiten Weltkrieg gehörte Spandau zum britischen Sektor, und der Militärflughafen Gatow spielte eine wichtige Rolle während der Blockade.

Die Zitadelle

Am Zusammenfluss von Spree und Havel liegt die **Zitadelle (1),** von Wasser umgeben. Sie ist eine der am besten erhaltenen Renaissance-Wehranlagen Europas, und der 30 m hohe zinnenumkränzte **Juliusturm (2)** ist das älteste erhaltene Bauwerk Berlins. Heute präsentiert sich die Zitadelle als lebendiges kulturhistorisches Zentrum: Das **Heimatmuseum Spandau (3)** bietet Zeugnisse aus der Steinzeit bis in die Gegenwart; im ehemaligen Wohn- und Saalbau finden Konzerte und Theatervorstellungen statt; im Kommandantenhaus ist die Geschichte der Zitadelle dargestellt. Historische Burgtage, Handwerksfeste, Ausstellungen zu Kunsthandwerk und nicht zuletzt die Freilichtbühne sind beliebte Freizeitziele. Einen herrlichen Blick über Spandau und die Havellandschaft lässt sich von der Aussichtsplattform auf dem Juliusturm genießen.

Das war nicht immer so. Aus der alten Burganlage mit dem Juliusturm, um 1200 errichtet, entstand im 16. Jahrhundert eine machtvolle Festung, um die Stadt am Fernhandelsweg vom Rheinland nach Polen zu sichern. Der 1560 unter Kurfürst Joachim II. von Christian Römer begonnene Bau wurde nach Plänen des Venezianers Francesco Chiarmella Gandino fortgeführt – ihre endgültige Gestalt erhielt die Zitadelle durch Rochus Guerrini, Graf von Lynar, der 1594 die bahnbrechende Festungsarchitektur abgeschlossen hatte: Unter Einbeziehung des Juliusturmes, dem Wohnturm der alten askanischen Burg, hatte er eine quadratische Anlage geschaffen, mit je 200 m langen Außenmauern in Backstein, deren Eckausbildung durch vorgelagerte, spitzwinklige Bastionen gekennzeichnet ist. Die Bastionen tragen die Namen König, Königin, Kronprinz und Brandenburg. Die nach italienischem Vorbild konzipierte Festung mit einer Bautechnik, die dem neuen Feuerwaffengebrauch entsprach, galt als uneinnehmbar. Im Dreißigjährigen Krieg lagerten die Schweden in der Zitadelle; während des Siebenjährigen Krieges flüchteten sich Königin Elisabeth Christine und ihr Hofstaat vor den Österreichern hinter das Mauergeviert, und nur einmal, im Jahr 1813, nachdem sich napoleonische Truppen in der halb verfallenen Anlage verschanzt hatten, ist der Festungsbau von Preußen und Russen beschossen worden. Die dabei zerstörte Fassade des Torhauses mit der Kommandantenwohnung ist 1839 in klassizistischer Gestalt wieder aufgebaut worden.

Die Zitadelle war nicht nur militärische Bastion, sondern auch Kerker, Gefängnis und Staatstresor. Der Juliusturm barg den kurfürstlichen Silberschatz, und nach 1874 lagerten hier 120 Millionen Goldmark aus französischen Reparationen. Spandau selbst war ja Garnison und strotzte vor preußischem Militär. Ab 1722, nach der Einrichtung einer ersten Gewehrmanufaktur, wurde die Stadt zur »Waffenschmiede Preußens«; im 19. Jahrhundert entwickelte sie sich zum preußisch-deutschen Rüstungszentrum. Nach 1935 zog die deutsche Wehrmacht in die Zitadelle ein; hier wurde ein Heeresgasschutzlaboratorium eingerichtet, und im Juliusturm befand sich die Luftsicherungszentrale. Die Restaurierungsarbeiten nach dem Krieg zogen sich über Jahrzehnte hin – sie waren durch zahlreiche, komplizierte Such- und Bergungsaktionen von chemischen Kampfstoffen außerordentlich schwierig, und erst seit Oktober 1989 ist die Zitadelle wieder rundum für Besucher geöffnet.

Spandau, das Tor zur Zitadelle

Im alliierten Militärgefängnis in der Wilhelmstraße, abgerissen und durch ein Einkaufszentrum ersetzt, saß bis zu seinem Tod 1987 u. a. Rudolf Hess ein – als letzter der 1946 in Nürnberg verurteilten Hauptkriegsverbrecher des Nationalsozialismus – allein in einer für 600 Häftlinge gebauten Strafanstalt, die von den Wachmannschaften aller vier Alliierten verwaltet wurde.

Südlich der Zitadelle führt die Durchgangsschneise Am Juliusturm in die ansehnliche **Altstadt** von Spandau, die im Bogen zwischen Altstädter Ring und Havel liegt. Das Straßengeflecht rund um Reformationsplatz und Marktplatz mit liebenswürdigem, intimem Charakter, war die erste Fußgängerzone Berlins; das Zentrum bildet die Kirche **St. Nikolai (4)**. Sie ist ein herausragendes Zeugnis norddeutscher Backsteingotik und eine der ältesten Kirchen Berlins. Um 1200 hat schon ein Vorgängerbau an gleicher Stelle gestanden – eine Feldsteinkirche, die 1239 als Marktkirche urkundlich erwähnt ist. Der heutige Bau ist in der ersten Hälfte des 15. Jahrhunderts errichtet worden. Hinter der schlichten Backsteinfassade und unter steilem Satteldach öffnet sich das großzügige Raumgefüge zu einer dreischiffigen Halle mit polygonalem Chor und Chorumgang. Schinkel überarbeitete den Bau in den Jahren 1830–39 und schuf ein gotisierendes Erscheinungsbild. Turm und Kirchenschiff waren 1944 schwer beschädigt – nach langen Provisorien und einer kompletten Rekonstruktion nach Schinkelschen Vorlagen und dem Einbau einer neuen Orgel erstrahlt die Nikolai-Kirche wieder in zurückhaltender, klarer Schönheit.

»Zweckvoll aufsteigendes Leben« – die Siemensstadt

Die Siemensstadt ist wie Spandau ein Reich für sich. Der zum Bezirk Spandau gehörende Ortsteil mit dem größten Industriegelände Berlins und seinen drei Werkssiedlungen schiebt sich über 5 qkm wie ein Keil zwischen Tegel und Charlottenburg. Der immer noch größte private Berliner Arbeitgeber und größte Elektrokonzern Deutschlands hatte ab 1897 neue Werksgelände erschließen müssen – die alten Produktionsstätten in Kreuzberg, Schöneberg und Charlottenburg platzten aus allen Nähten. Die mit zehn Beschäftigten 1847 von Werner Siemens und Johann Georg Halske gegründete »Telegraphen-Bauanstalt von Siemens & Halske« hatte einen kometenhaften Aufstieg hinter und vor sich, von der Erfindung der Dynamomaschine über Fabrikation und weltweite Verlegung von Telegraphenkabel bis hin zum Bau der elektrischen Straßenbahn und S-Bahn, von den allseits bekannten Haushaltsgeräten ganz abgesehen.

Um die Jahrhundertwende begann die Firma ihre Werke auf den Nonnenwiesen bei der Stadt Spandau anzusiedeln, und dort, auf der grünen Wiese, entstand im Laufe der nächsten zwanzig Jahre eine ganze Stadt, die ab 1913 den Namen Siemensstadt erhielt. Wie auch die Borsig-Werke in Tegel und die auf verschiedene Standorte verteilten Fabrikanlagen von AEG war Siemens in beiden Weltkriegen an Kriegswirtschaft und Rüstungsindustrie beteiligt. Zur 150-Jahr-Feier im Jahr 1997 wurde von außen auch immer wieder auf die Tatsache hingewiesen, dass im Jahr 1944, auf der Höhe der Kriegswirtschaft, etwa ein Drittel der 250 000 Personen starken Siemens-Belegschaft aus eingeforderten Zwangsarbeitern bestand. Nach dem Ersten Weltkrieg schloss sich Siemens mit den Gewinnen in Eigenregie an das S-Bahnnetz an: Das angrenzende reiche Charlottenburg wollte sich mit Industrie und Proletariat nicht verbinden, dem armen Spandau fehlten die Mittel. In den zwanziger Jahren schossen Industriebauten in die Höhe. Charakteristisch sind die roten Klinkerfassaden der Werksanlagen, die gerade, sachlich-nüchterne Linienführung, die gewaltigen Proportionen. Der Siemens-Architekt Hans Hertlein schuf auch das Wahrzeichen der Stadt in der Stadt, den 74 m hohen Uhrenturm am Werner-Werk, Siemensdamm 50–54.

Gleichzeitig realisierte das Werk für seine Arbeiter bahnbrechende kommunale Siedlungsarchitektur, die in drei großen Bauphasen nicht nur modernes, gesundes Wohnumfeld demonstrierte, sondern auch das hohe Maß an sozialer Verantwortung fortsetzte, das die Siemens-Werke mit unüblichen Arbeitszeitverkürzungen und diversen betriebsinternen Sozialleistungen schon vor der Jahrhundertwende bewiesen hatten. Die Berliner Architektenvereinigung »Der Ring« mit Hans Scharoun, Walter Gropius, Hugo Häring und Otto Bartning schuf ab 1926 ca. 1300 Werkswohnungen in lang gestreckten, vier- bis fünfzeiligen Häuserreihen (Heckerdamm, Jungfernheideweg, Goebelstraße), die, sorgsam in Grünflächen platziert, der alten Mietskasernenarchitektur neue Maßstäbe entgegensetzten – von der hierarchischen Struktur der Hinterhofstaffelungen zum Prinzip der locker gereihten, durchgrünten Kollektivität der Wohnanlage – nicht nur hier, sondern in einer ganzen Reihe von Mustersiedlungen verwirklicht. Der so genannten »Ringsiedlung« folgte in den frühen dreißiger Jahren die Werkssiedlung »Heimat« am Schuckertdamm; sie geht heute nahtlos über in die aus den sechziger Jahren stammende Siedlungsbebauung von Charlottenburg-Nord. In Topzeiten eilten einmal 50 000 Siemens-Beschäftigte durch die Werktore – heute sind es immer noch ca. 19 000, und in Siemensstadt leben ca. 12 000 Einwohner. Teile des Geländes sind umstrukturiert worden, denn auch der 150 Jahre alte Siemens-Konzern befindet sich im Wandel; technologieorientierte Jungfirmen haben sich in den restaurierten Gebäuden eingenistet, und das Verwaltungsgebäude an der Nonnendammallee ist mit dem Siemens-Forum und einem Internet-Café auch für eine junge Öffentlichkeit attraktiv geworden.

In Charlottenburg-Nord liegt – westlich des Volksparks Jungfernheide, eingezwängt zwischen den Stadtautobahnen und dem Saatwinkler Damm – die Gedenkstätte Plötzensee.

Reinickendorf – »Wo der Norden anfängt, anzufangen«

Mit eleganter Süffisanz des kultivierten Reichshauptstädters fand Alfred Kerr um die Jahrhundertwende die Formulierung über die Befindlichkeit des nördlich vom Wedding gelegenen, ländlichen Reinickendorf, und für viele Berliner gelten noch die gleichen Implika-

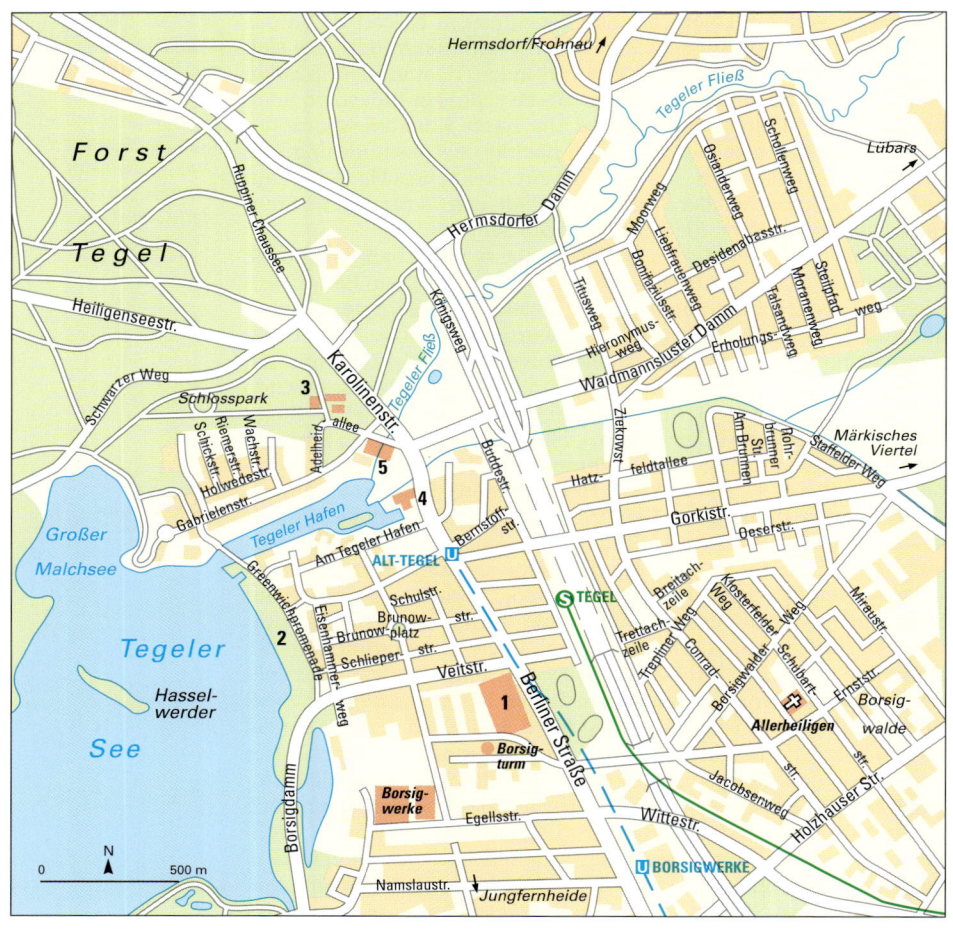

tionen – bis weit oben, die Peripherie Berlins bildend, zieht sich der knapp 90 qkm, nach Köpenick zweitgrößte Bezirk Berlins hin: einerseits dicht besiedelt (250 000 Einwohner), andererseits durch die Tegeler Seenlandschaft, den Tegeler Forst und das Waldgebiet Jungfernheide auch mit beträchtlichem landschaftlichem Reiz und Erholungswert zum Ausflugsziel erkoren; einerseits Industriebetriebe mit heute noch über 20 000 Beschäftigten, andererseits mit Wald und Wasser gesegnete Natur, die ein Viertel der Gesamtfläche Reinickendorfs ausmachen. (Alt-)Tegel mit dem Humboldtschlösschen, mit der Greenwich-Uferpromenade, den Dampferanlegestellen und dem postmodernen Architekturszenario rund um den Hafen hält den sommerlichen Besucherrekord.

Die einstige Landgemeinde Reinickendorf, dort, »wo der Norden anfängt, anzufangen«, liegt der Innenstadtgrenze am nächsten und gab der Konglomeration von zahlreichen Dörfern, die bei der Gebietsreform 1920 zusammengezogen wurden, ihren Namen. Und die Nordberliner sind »Reinickendorfer«, »Hermsdorfer« oder »Wittenauer« geblieben. Sie fahren nach Tegel »in die Stadt«, und geht es weiter nach Süden, machen sie sich auf nach »Berlin«.

Ein Bezirk scharfer Kontraste: Vor den Füßen der Wohntürme des **Märkischen Viertels** sonnt sich das beschauliche **Lübars** in seinem Ruhm als Vorzeige-Dorf mit Anger, Dorfkirche, Bauernhäusern und 750jähriger Geschichte auf dem reizenden Buckel; die Trabantenstadt Märkisches Viertel wurde 1963–74 als »zukunftweisende« neue Stadt mit 17 000 Wohnungen von über 30 Architekten aus dem Boden gestampft; heute leben im »MV« ca. 40 000 Menschen, die sich nach jahrelangen heftigen Kämpfen eine ordentliche Infrastruktur rund um den Wilhelmsruher Damm erkämpft haben – nur den U-Bahnanschluss gibt es immer noch nicht. Ein neuer Siedlungstyp entstand um 1930 auch rund um die Aroser Allee, die **Weiße Stadt** der Architekten Bruno Ahrends, Wilhelm Büning und Otto Rudolf Salvisberg: Mit Laubengangwohnhaus, fächerförmigen Häuserzeilen, hellen, glatten Putzflächen und farbig abgesetzten Gliederungselementen manifestierte sich hier der Bauhaus-Stil.

Am Ufer des Tegeler Sees hatten sich die **Borsig-Werke** niedergelassen, in **Borsigwalde** fanden die Werksangehörigen nach und nach eine neue Siedlungs-Heimat. In der Nordspitze Reinickendorfs liegt die gepflegte **Gartenstadt Frohnau,** die nach dem Vorbild von Ebenezer Howard und seiner Reformbewegung der *garden cities* um 1910 Gestalt annahm. Die rund 18 000 Bewohner der schönen Landhauskolonie, deren Straßen strahlenförmig von der Zwillingsanlage des Ludolfinger und Zeltinger Platzes abzweigen, sind auch heute noch von einem kräftigen Hauch Wohlstand und Noblesse umgeben. Seit dem Fall der Mauer allerdings ist die Behaglichkeit durch intensives Verkehrsaufkommen zwischen Brandenburg und Berlin aufgestört. Quer durch den Dorfkern, sei es in Heiligensee, Frohnau oder Lübars, stauen sich zur Hauptverkehrszeit die Autos; die Zahl der Pendler zwischen Reinickendorf, Pankow und dem Kreis Overhavel ist stetig gestiegen.

Der Industriegürtel Berlins

An Reinickendorf lässt sich symptomatisch und stellvertretend für zahlreiche andere Großbezirke die Wachstumsgeschichte der Stadt ablesen; die Entwicklung Berlins zur größten Industriemetropole des Deutschen Reiches findet sich auch gleichsam spiegelbildlich im Südosten der Stadt wieder. Vor der Jahrhundertwende schob sich an den Wasserläufen von Havel und Spree die Walze der Elektro-, Groß- und Schwerindustrie mit ihren riesigen Fabrik- und Werkshallen zwischen Dörfer und Landgemeinden. Von Spandau über Siemensstadt,

Das Gelände des Industriegiganten Rheinmetall–Borsig war im Krieg als Rüstungsbetrieb zu 80 Prozent zerstört worden. Wieder aufgebaut verwandelte sich das Areal der einst größten Lokomotiven- und Maschinenfabrik Deutschlands und des Kontinents, des Zentralrüstungsbetriebes der Nazis, nun langsam zum »multifunktionalen Wirtschaftsstandort«: Auf dem 14 ha großen Gelände ist ein Gewerbe- und Innovationspark entstanden – das Borsig-Center (1) mit Freizeit- und Kultureinrichtungen in den ehemaligen Fabrikhallen, Einkaufszentrum, Kino, Hotel und Wohnbebauung: ein großer Erfolg.

von den Borsigwerken in Tegel über Borsigwalde umklammert der »eiserne Norden« die alten, viel zu eng und dicht besiedelten Produktionsstätten und Arbeitervororte wie Moabit und Wedding, die durch das dichte Nebeneinander von Manufaktur, Handwerk, Industrie und Wohnraum geprägt sind.

Das gleiche explosionsartige Wachstum findet sich auch an der östlichen und südöstlichen Peripherie der Stadt. Über die alte Stadtbegrenzung, später die Ringbahngrenze hinaus, fand eine zweite »Randwanderung« der industriellen Produktion statt: Prenzlauer Berg, Lichtenberg, Kreuzberg und Friedrichshain, die schon gewachsenen Arbeiterviertel, platzten aus allen Nähten – Feinmechanik, Maschinenbau und Elektroindustrie dehnten sich aus nach Rummelsburg, Nieder- und Oberschöneweide, auch Treptow und Neukölln. Und wie Spandau blieb auch Köpenick eine Stadt für sich. Dazwischen liegen die grünen Einsprengsel dörflicher Lebenskultur und die Wohnbezirke des mittleren und gehobenen Bürgertums – Pankow, Weißensee, im Süden und Südwesten Steglitz, Wilmersdorf und Schöneberg. Berlin war ein unablässig wachsender, ständig sich verschiebender, ewig mobiler Flickenteppich, ein Großstadtmoloch, der Hunderttausende von zuströmenden ländlichen Proletariern aus allen Teilen des Reiches verschlang. Und die suchten Arbeit, brauchten Wohnraum, kämpften ums Überleben.

In den wenigen Baulandnischen innerhalb des Stadtbahnrings und auf den Freiflächen der eingemeindeten Kommunen verdichtete sich auch die Entwicklung der großen Wohnbau- und Siedlungsprojekte. Das »Neue Bauen« spiegelt die Anstrengungen einzelner Kommunen, gemeinnütziger Wohnungsbaugesellschaften und gewerkschaftlicher Genossenschaften, dem steinernen Berlin der Mietskasernen eine lichte, grüne, gesunde Wohnform entgegenzusetzen. Diese Wohnbauprojekte beflügelten die Avantgarde der Architekten und gaben richtungweisende Impulse, konnten aber nicht viel ausrichten.

In Berlin hat sich das Konzept von Werkswohnungen nie recht durchsetzen können. Ein zeitgenössischer Kommentar merkte an, dass es »immerhin als Fortschritt anzusehen sei, dass wenigstens ein Teil der Arbeiterschaft die Fürsorge für ihr Wohl anerkennt und sich nicht der Sozialdemokratie angeschlossen hat.«

»*Mit Kind und Kegel auf nach Tegel*«

Tipp:
Zum Ausflug nach oder ab Tegel gehört eine Dampferfahrt auf der»Moby Dick« oder auf der »Havel-Queen«.

Schön, wenn man mit einem der Ausflugsdampfer an der Promenade festmacht oder von dort abfährt, die U-Bahnstation Alt-Tegel liegt aber auch im Zentrum des Geschehens. Unser Ausflugsareal ist ein kompaktes Rechteck, eingefasst vom Seeufer, dem Tegeler Hafen auf der nördlichen Stirnseite, mit der Karolinenstraße als westlicher Nord-Südachse und der Veitstraße im Süden als Querriegel zum riesigen Industriebrachland von Borsig. Die einstige Hauptstraße des Dorfes, **Alt-Tegel,** mit Dorfkirche, Dorfkrug und einigen adrett herausgeputzten kleinen Häusern aus dem letzten Jahrhundert bildet die Querachse; auf der anderen Seite der Karolinenstraße liegt die Fußgängerzone rund um das Einkaufszentrum Gorkistraße.

Die **Greenwichpromenade (2)** am Seeufer, benannt nach der zu London gehörigen Partnerstadt Greenwich, ist der Kudamm am Wasser, der Laufsteg des modernen Flaneurs, der in Tegel herumspaziert, Schiffe und Leute guckt, dann ein Stück den See entlang geht, durch die poppigbunte Erlebnisarchitektur rund um die Hafenanlagen schlendert, am Tegeler Fließ, dem letzten unbegradigten, unter Naturschutz gestellten Flüsschen entlangwandert und sich im **Schloss Tegel (3)** an die Zeiten erinnert, da hier nur Dorf, Wald, See und ein vom Großen Kurfürsten inmitten einer Lichtung errichtetes kleines Jagdschloss standen, das Wilhelm von Humboldt für sich und seine Familie zu einem beschwingt-eleganten Landsitz umbauen ließ.

Das war im Jahr 1820: Schinkel gestaltete für den Gründer der Berliner Universität, den Reformer, Staatsmann und Gelehrten aus dem Elternhaus, in dem die beiden Brüder Alexander und Wilhelm ihre Kindheit verbrachten, einen Alterssitz in klassizistischer Heiterkeit. Er schuf einen schneeweißen streng gegliederten Bau mit vier markanten Ecktürmen und hellen, großzügigen Räumen. In dem »anmutigen Wohnplatz, bequem und eigenthümlich«, konnte Wilhelm von Humboldt seine Gemälde- und Antikensammlung endlich zur Geltung bringen. Das *Humboldt-Schlösschen*, wie es in Berlin genannt wird, in der Adelheidallee 19–21 ist das letzte märkische Anwesen, das sich noch im Besitz der ursprünglichen Eigentümerfamilie befindet. Im Sommer ist das Schloss zeitweise geöffnet; dann kann man auch durch den von Lenné gestalteten Park streifen, wo sich die von Schinkel angelegte Grabstätte der Humboldt-Familie befindet.

Der Glanz der Architekten II

Von der Karolinenstraße aus erschließt sich die eindrucksvolle, kunterbunt-fröhliche »offene Stadtlandschaft«, die im Rahmen der IBA in den achtziger Jahren einen spektakulären Akzent rund um den

Rund um das Hafenbecken in Tegel: eine bewegte, bunte Wohnlandschaft internationaler Architekten.

Fontane schrieb liebevoll über das Dorf Tegel, das »gleich bevorzugt durch seine reizende Lage wie durch seine historischen Erinnerungen« sei: »Jeder kennt es als das Besitztum der Familie Humboldt. Das berühmte Brüderpaar, das diesem Fleckchen märkischen Sandes auf Jahrhunderte hin eine Bedeutung leihen und es zur Pilgerstätte für Tausende machen sollte, ruht dort gemeinschaftlich zu Füßen einer granitenen Säule.«

Wilhelm von Humboldt in seinem Arbeitszimmer im Schloss Tegel

funktionslosen Wirtschaftshafen setzte: An den Wettbewerben zur Internationalen Bauausstellung 1987 hatte auch Reinickendorf teilgenommen, und unter Einbeziehung von verschiedenen Bürgerinitiativen ist hier ein differenziert gestaltetes **Wohn-, Freizeit- und Kulturareal** entstanden. Den städtebaulichen Rahmenplan entwarf das amerikanische Architektenteam Charles Moore, John Rubble and Buzz Yudell. An den kalifornischen *Sunshine cities* orientiert, entstand rund um das Hafenbecken mit künstlicher Insel und Uferpromenade eine postmoderne, dramatisch bewegte Wohnlandschaft mit freizügig gehandhabten antiken Zitationen, mit Stadtvillen, kleineren Einzelhäusern und wellenförmig abgestuften Reihenbebauungen in kräftigen Farben – rund 350 Wohneinheiten, ein Gemisch aus Sozialem Wohnungsbau und Eigentum.

Am Kopfende des Hafens ruht die lang gezogene Halle der **Humboldt-Bibliothek (4)** von Charles Moore, der Stadtbücherei, mit zentraler Rotunde und »kesser Lippe«, aufgewölbtem und mit Zink verkleidetem Dach. Davor arbeitet es, endlich einmal vereint: das Bruderpaar Alexander und Wilhelm von Humboldt. Das Denkmal (1997) des Berliner Künstlers Detlev Kraft zeigt beide in typischer Aktion: Wilhelm überträgt Schriftzeichen von einer Stele, Alexander, der Weltreisende, stellt einen Sextanten ein. Nahebei und in das Netz der Wasserwege einbezogen, die völlig neu gestaltete alte **Humboldt-Mühle (5)**, das einzige Überbleibsel des Industriehafens, die als Sorat-Hotelanlage mit knallroter Klinker-Geometrie auf sich aufmerksam macht.

Industriemetropole und »steinerner Sarg«: die Berliner Arbeiterbezirke

Philosophie einer Eckkneipe: »Sauf, dass Dir die Nase glüht, rot wie ein Karfunkel, dass Du eine Leuchte hast in des Daseins Dunkel«

Sie sind alle in einem Atemzug zu nennen – die endlosen Straßen, die tiefe Blockbebauung, die immergleichen vier- bis sechsstöckigen Mietskasernen mit ihren eitlen Stuckfassaden, die sich hautnah mit Handwerks- und Kleinbetrieben, Produktions- und Werkshallen, mit chemischen Fabriken, Tischlereien, Brauereien, Elektroindustrie, mit Kohlenhandlungen, Lebensmittelläden, Eckkneipen und Destillen verhakten: die großen, eng bepackten »schlechten Viertel«, die Proletarierbezirke, die sich in der zweiten Hälfte des 19. Jahrhunderts zur größten Mietskasernenstadt der Welt verdichteten. Armut, Not, Krankheit, Streiks, politisch waches, kämpferisches Bewusstsein, alltägliche Solidarität und derbe Vergnügungen waren überall gleich – für die zugewanderten Berliner hieß es leben und überleben im Industriemoloch Berlin. Alle Bezirke litten unter Kriegszerstörungen, aber erst mit dem Bau der Mauer ist ihre miteinander verknüpfte Geschichte, ihr alltägliches Hin und Her, das Straßen-, U- und S-

Bahnnetz auseinander gerissen worden, und knapp 30 Jahre lang zerfielen die Bezirke in zwei Welten. Sie haben sich unterschiedlich entwickelt; ihre Strukturen jedoch, gleichzeitig entstanden, sind einander ähnlich geblieben. Wedding, Kreuzberg und Neukölln lagen nun am Rand des Westens, ihre Straßenzüge waren kilometerlang in grauer Öde von der Mauer verbarrikadiert. In der anderen Hemisphäre das gleiche Elend: verrottete Bausubstanz, Wohnungsnot, Kahlschlagsanierung, Neubauviertel neben zerfallender Blockbebauung, dicht an dicht. Im zerfurchten »Prenzlberg« blühte unter dem Pflaster die intellektuelle und künstlerische, bürgerbewegte Subkultur der DDR; durch die kriegszerstörten Terrains im Randgebiet von Mitte, in Friedrichshain und Lichtenberg wurden neue Verkehrsachsen, Straßenzüge und Plätze geschlagen, um sozialistisches Leben und Arbeiten hauptstadtgemäß umzusetzen. Neue Wohnsiedlungen, die sich immer weiter in die Peripherie hinauszogen, nahmen Tausende von Arbeiterfamilien auf; sie alle verließen liebend gern die maroden Mietskasernen, um endlich Zentralheizung, warmes Wasser und ordentliche Bäder zu genießen. In West-Berlin entstanden das Märkische Viertel und die Gropiusstadt, im Osten die Großsiedlungen Hellersdorf, Hohenschönhausen und Marzahn. Die Migration aus den Arbeiterbezirken nahm in Ost und West gleiche Züge an, in der »selbständigen politischen Einheit West-Berlin« sahen die Folgen jedoch anders aus: Auch der allenthalben spärlich gesäte Mittelstand zog fort; die Alteingesessenen blieben, Studenten und Ausländer rückten nach. Alle drei Bezirke, Wedding, Kreuzberg und Neukölln, sind zu kulturellen Schmelztiegeln mit hohem Ausländeranteil geworden und schwacher Sozialstruktur, die durch die hohe Arbeitslosigkeit weiter zu zerbrechen droht; Kreuzberg war der exotische Vogel, sein östliches Quartier SO 36 gar lebte als Sumpfdotterblume von Nachtlicht, Mauerluft und seinem Ruhm als »Chaoshochburg« der Unangepassten, der Aussteiger, der Radikalen – die Hausbesetzerszene, die größte türkische Stadt diesseits von Istanbul, die jungen Wilden und alten Linken wurden zu einer Touristenattraktion, die sich kaum ein jüngerer Berlinbesucher entgehen lassen mochte.

Wedding

Das Zusammenwachsen zeigt überall sichtbare Ergebnisse, besonders auf den Brachen der ehemaligen Mauerstreifen, an den S-Bahntrassen, rund um Gewerbegebiete, Gleisanlagen und Hafenbereiche wahnsinnig viel Neugebautes: Bürotürme, Einkaufszentren, Multiplex-Kinos. Der ehemals »rote« Wedding, durch den Niedergang traditioneller Industrien stark betroffen, besitzt immer noch ein proletarisches Image: »Herz mit Schnauze und ein kräftiger Schuss Multikulti«, wie der Bürgermeister im »Tagesspiegel« formulierte.

Literatur:
Vor dem Hintergrund der Revolution 1918, der Machtübernahme der Nazis und dem Kriegsende 1945 entfaltet sich das familiäre Leben in den Mietskasernen vom Wedding: Die mehrfach ausgezeichnete Romantrilogie für Jugendliche und Erwachsene von Klaus Kordon »Die roten Matrosen«/»Mit dem Rücken zur Wand«/ »Der erste Frühling«.

Als Vollendung der Mietskasernen-Schrecknisse ist er Berliner Geschichte: Meyers Hof in der Ackerstraße im Wedding (s. S. 60). Dabei hatte sich sein Erbauer Jacques Meyer eher als Wohnungsreformer denn als Spekulant verstanden, bot in der Zeit größter Wohnungsnot »billigen und hygienischen Wohnraum« an. Eine Generation später war Meyers Hof zu einer Elendhochburg hierarchisch gestaffelter Not verkommen. In den Querflügeln zwischen sechs Hinterhöfen lebten fast 1000 Menschen – da war schließlich auch das separate Badehaus im siebten Gebäudetrakt nunmehr blanker Hohn.

Rehberge und der Volkspark Humboldthain sind die grünen Lungen, die Müllerstraße rund um den Leopoldplatz ist die geschäftige Einkaufs- und Flaniermeile mit schöner Schinkelkirche, Rathaus, Markthalle, Wochenmärkten und Einzelhandelsgeschäften im dicht besiedelten Bezirk. Den Weddingplatz beherrscht die Schering AG, die seit 1865 hier angesiedelt ist und rund 5000 Mitarbeiter in Produktion, Forschung und Verwaltung beschäftigt. Am nahe liegenden Sparrplatz, der ursprünglich als »englischer Square« geplant war, dann aber den Bauspekulanten anheim fiel, hat man ein Musterbeispiel verdichteter Blockrandbebauung vor Augen, die Normalität der Mietskaserne. Hinter den restaurierten Fassaden der Vorderhäuser liegen Seitenflügel und Hinterhöfe.

Der zweite innerstädtische Schwerpunkt im Wedding war durch den Mauerbau völlig ins Abseits geraten: Der östliche Ortsteil Gesundbrunnen am Flüsschen Panke, der seinen Namen den einstmals sprudelnden Heilquellen verdankt und als Trink- und Heilstätte mit Luisenbad bis zur Industrialisierung eine »scheene Jegend« war, entwickelte sich mit der Bad- und Brunnenstraße zu einem vitalen Amüsier-, Vergnügungs- und Einkaufsviertel, das rundum von Mietskasernen und Fabriken eingekeilt war. Rund um den S-Bahnhof Gesundbrunnen blühte in der chaotischen Nachkriegszeit mit Mark und D-Mark der »kleine Grenzverkehr« zwischen dem Westen und den angrenzenden Bewohnern vom Osten, Mitte und Prenzlauer Berg: tauschen, einkaufen, ins Kino gehen. Dann das Einfrieren aller Lebendigkeit durch die Mauer. Heute ist mit der Badstraße und dem brandneuen hochaufragenden Geschäfts- und Dienstleistungskomplex Gesundbrunnen-Center (»Pionierleistung des Nordens«) über dem gewaltigen Brücken- und Trassengeschling der S-Bahn ein neuer Anknüpfungspunkt an alte Vorortbeziehungen geschaffen. Gleiches gilt für die Straßenbahn: Bisher ratterte sie ja immer vollbesetzt, nur im Ostteil der Stadt quietschend durch die Straßen; jetzt ist die alte Verbindungsstrecke über die Bornholmer Straße bis zum Virchow-Klinikum im Wedding wieder hergestellt worden. Südlich des Humboldthains und östlich der S-Bahntrasse, rund um Volta- und Hussitenstraße, liegt das alte Industrie- und Mietskasernenareal, in dem auch einer der AEG-Standorte mit seinen Fabrikhallen den Alltagstakt der Einwohner bestimmte. Die alten Backsteinbauten, mit dem erhaltenen Eingangstor von Franz Schwechten (Gedächtniskirche), sind ergänzt und teilrestauriert, und nach der Schließung von AEG mit zahlreichen kleineren Firmen aus der Elektronik- und Technologiebranche belegt.

Gleich nebenan in der Ackerstraße lag der berüchtigte **Meyers Hof** von 1874. Erst 1972 ist die größte aller Berliner Mietskasernen abgerissen worden. Und auch die **Bernauer Straße** – während des Mauerbaus im Scheinwerferlicht der Weltöffentlichkeit (s. S. 70), ist nun frei und offen für hüben und drüben – ihre Bewohner müssen sich aber mit einer **Gedenkstätte Berliner Mauer** mit neu (!) errichtetem Aussichtsturm am letzten authentischen Rest des »Schutzwalls« abfinden.

Prenzlauer Berg

Unmittelbar hinter dem Alexanderplatz gliedern fünf große Verkehrs-
adern plus sechster »Sackgasse« fächerförmig den Großstadtgürtel
des Berliner Ostens; im Norden, dem Bezirk Wedding benachbart,
bilden die Schönhauser, dann die Prenzlauer Allee die Lebensadern
des Bezirkes Prenzlauer Berg. Es folgt die Greifswalder Straße, weiter geht's mit der Landsberger und der Frankfurter Allee, die im
Bezirk Mitte mit dem Trompetenstoß der Karl-Marx-Allee einsetzt.
Das südöstliche Schlusslicht bildet die Holzmarkt- bzw. Mühlenstraße, deren dritter Abschnitt schließlich als Stralauer Allee in der
Spitze der Halbinsel Stralau aus der Puste kommt. Die Spree bildet
dann eine natürliche Barriere; an ihrem Südufer liegen Kreuzberg
und Treptow. Ein innerer Verkehrsring – die Danziger, vordem Dimitroffstraße – stellt die zentrale Querverbindung her.

Der Berg ruft

Der Prenzlauer Berg, der Kreuzberg als turbulenter junger Szenetreff
mit morbidem Reiz und regem Nachtleben überrundet hat, ist mit
intakten, aber maroden Baustrukturen aus der Gründerzeit nicht nur
zum Mekka der Kneipengänger, Künstler und Alternativen geworden, sondern hier drücken sich auch Denkmalschützer und Immobi-
lienspekulanten die Klinken in die Hand: Prenzlau bröselt schön. Für
das normale »Bergvolk«, die alteingesessenen Bewohner – knapp
150 000 an der Zahl auf 11 qkm – sind schon »Milieuschutzsatzun-
gen« formuliert worden, um dem Ausverkauf ihres gewachsenen

*Der »dicke Hermann«,
einer der alten Was-
sertürme, steht noch
heute im Mittelpunkt
des Geschehens.*

*Mit wechselnder Kunst
und vielen Kneipen:
der Szenetreffpunkt
rund um den Kollwitz-
platz. Hier gehen die
Kühe des Berliner
Künstlers Sergej
Alexander Dott die
Wände hoch.*

325

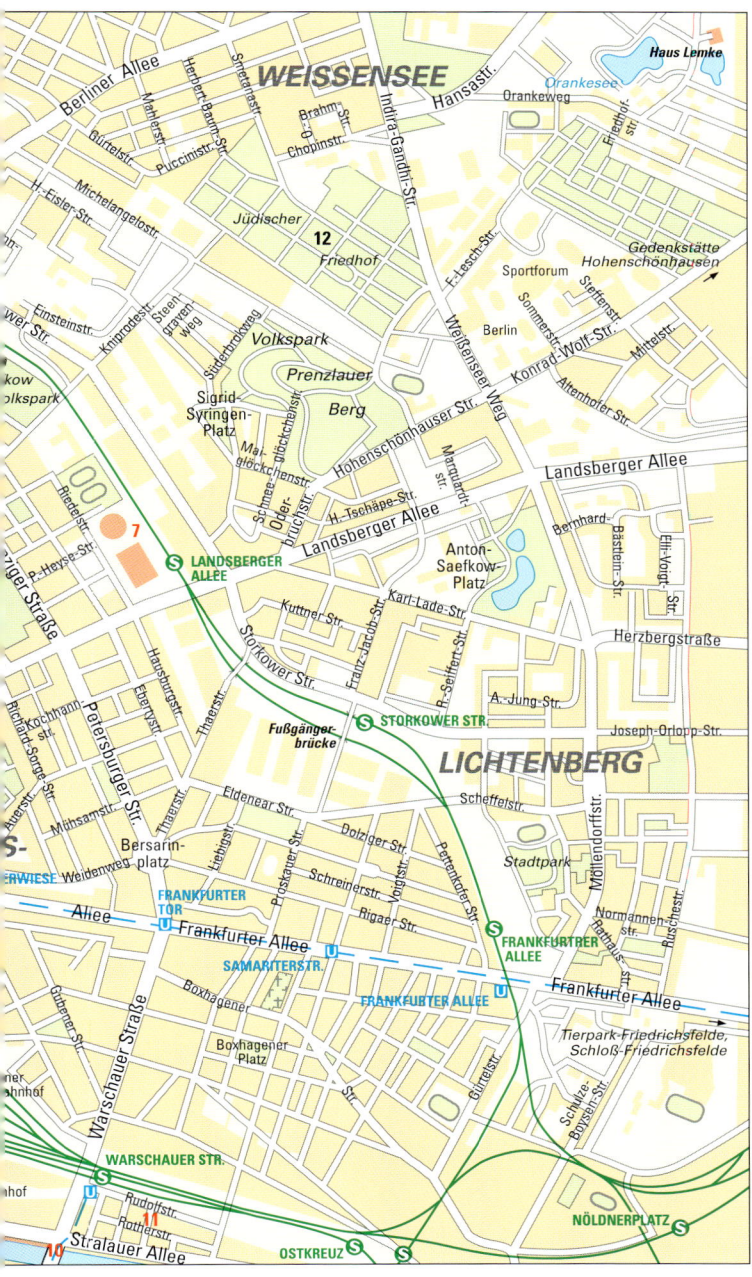

Hanns Eisler wohnte bis zu seinem Tod 1962 in der Schönhauser; als Wolf Biermann 1976 ausgebürgert wurde, ließ er seine Wohnung in der Chausseestraße 131 zurück, und Günther Kunert ist hier geboren und aufgewachsen. In Wohnungen, Clubs und Kneipen, in unterschiedlichsten Gruppen und Grüppchen haben sie sich getroffen, die, die blieben und die, die später gingen und gegangen wurden, Schriftsteller, Maler, Regisseure, Schauspieler, Musiker: Peter Hacks und Stephan Hermlin, Christa Wolf, Christoph Hein, Jurek Becker, Manfred Krug, Heiner Müller, Klaus Schlesinger, Jürgen Ebertowski und die junge Garde wie Thomas Brussig oder Brigitte Burmeister.

alten Umfelds Einhalt zu gebieten und die Mieten in sozialverträglichen Grenzen zu halten. Trotzdem hat sich die Infrastruktur rapide gewandelt: Über 50 000 Alteinwohner sind fortgezogen, in Neubaugebiete oder in den »Speckgürtel«, ins Umland nach Brandenburg; Jungverdiener aus Westberlin und den alten Bundesländern sind nachgerückt. Der Bezirk ist das größte zusammenhängende Sanierungsgebiet der Stadt; 70 Prozent des Wohnbestandes stammt aus der Kaiserzeit. Und weil zu DDR-Zeiten hauptsächlich immer anderswo modernisiert und gebaut wurde, die Quartiere »vergessen« wurden, lebten hier mehr Alternative, mehr Aufmüpfige, mehr Künstler, Studenten und schon in Vorwendezeiten mehr Hausbesetzer als anderswo. Es wird modernisiert, umgebaut, saniert – langwierig und kräftezehrend: finanzielle Ebbe in den Kassen der Kommune und der städtischen Wohnungsbaugesellschaften; hin und wieder auch noch Ungeklärtheiten bei den Ansprüchen zur Eigentumsrückübertragung.

Der Berg, der dem Bezirk seinen Namen gab, ist eine kleine, überbaute Anhöhe am südlichen Ende der Prenzlauer Allee, die im 17. Jahrhundert die Mühlenbetriebe für sich nutzten: 30 Windmühlen drehten sich zwischen Äckern und Gartenbau. Ab 1840 siedelten sich gleich mehrere Brauereien an; das Wasser war gut, die Hügelchen wurden zu riesigen Kühlkellern ausgebaut. Zahllose Schankhäuser, Biergärten und Ausflugslokale etablierten sich hier, die Berliner folgten scharenweise. Der umgebaute **Prater (1)** in der Kastanienallee 7–9 mit Gartenareal, kleiner Bühne und großem Festsaal erinnert noch daran, und auch der **Pfefferberg mit Pfefferwerk (2)** am Senefelder Platz hat sich mit Theatersaal, Galerie und Kneipe in den denkmalgeschützten Gemäuern der Brauerei Pfeffer als unkonventionelle Kulturbastion einen Namen gemacht. Hier wird auch ab 2005 das Vitra Design Museum (s. S. 330) wieder eröffnet.

Ab 1862 regierte die rasende Bauwut, die dem Hobrechtplan folgte und diesen Teil der Feldmark, Ziel der Landpartien, flächendeckend zubaute. Die Wassertürme, 1856 und 1877 im Rahmen des ersten Wasserwerks Berlins errichtet, wurden zum Wahrzeichen des Bezirks – der »dicke Hermann« steht heute noch im Mittelpunkt des Geschehens.

Im ersten Viertel unseres Jahrhunderts entstanden hier wie auch in Kreuzberg, im Wedding und in Friedrichshain eine Vielzahl an stilsicheren, schönen Schulbauten und Krankenhäusern von Ludwig Hoffmann und Alfred Messel sowie bedeutende Reformsiedlungen, die eine neue Architektursprache artikulierten, dem Stadtgeflecht aus geschlossenen Straßenfronten, Gasometern, dem städtischen Vieh- und Schlachthof, Industrie- und Gewerbebauten helle Häuserzeilen und durchgrünte Gemeinschaftshöfe entgegensetzten. Von Bruno Taut stammen z. B. die Anlagen rund um die Paul-Heyse-Straße/Conrad-Benkle-Straße oder die Wohnsiedlung Carl Legien in der Erich-Weinert-Straße. Auch einen Blick wert sind die atemberaubend grün leuchtenden Wohnblöcke der »kleinen Stalinallee« aus den frühen fünfziger Jahren, die nahe dem Ostseeplatz den ortsunkundigen Autofahrer leicht aus der Kurve bringen könnten.

Die **Schönhauser Allee** ist die Lebensader – Haupteinkaufsstraße, Treffpunkt, die Kreuzung an der U-Bahnstation Eberswalder Straße ihr Herzstück. Im Knotenpunkt mehrerer Straßen, der Hochbahntrasse, Straßenbahn- und Buslinien, zwischen Ampelsalat und Menschentrauben liegt »Konopke« – die legendäre Imbissbude, die seit Jahrzehnten schon Frühaufsteher, Tagwerker und Nachtschwärmer gleichermaßen mit schneller Stärkung versorgt.

Ein Stück weiter gen Westen, zwischen Cantianstraße und Mauerpark, versteckt sich im Friedrich-Ludwig-Jahn-Sportpark einer der ungewöhnlichsten neuen Großbauten Berlins, die **Max Schmeling-Halle (3).** Zusammen mit dem Velodrom sind als Erbe der vergeblichen Berliner Olympiabewerbung zwei nicht nur spektakuläre, sondern auch klug durchdachte, stadtverträgliche Sportarenen entstanden, die von den Berlinern sofort angenommen wurden. Über dem tief in den Boden gesenkten Hallenkörper ist das Dach zu einem sanften Hügel ausgebildet, dessen lamellenartige Kammseiten in einem begrünten Verbindungsband Ost und West, Prenzlauer Berg und Wedding miteinander verklammern. Von »Maxe« im Dezember 1996 persönlich eingeweiht, ist die Mehrzweckhalle für populäre Großveranstaltungen ausgelegt, für Boxsport, Basketball, Rock- und Popkonzerte, von dem Architektenteam Jörg und Anett-Maud Joppien/Albert Dietz funktional und in tiefgestapelter Eleganz geschaffen.

Zurück zur Schönhauser: Nördlich des Senefelder Platzes liegt der alte, 1827 angelegte **Jüdische Friedhof (4),** verwittert, grünumrankt. Hier sind u. a. Max Liebermann, Leopold Ullstein und Giacomo Meyerbeer begraben. Lässt man sich nun durch die Straßenzüge zwischen Schönhauser und Prenzlauer Allee treiben, vorbei an sanierungsbedürftigen, teilsanierten und pastellig frischen Häuserfassaden, führen alle Wege zum **Kollwitzplatz** mit seinen Kneipen, Bars und Bistros. An milden Sommerabenden wandeln hier Hunderte, Bierglas in der Hand, bis zum **Wasserturm (5),** auf der Suche nach einem Sitzplätzchen. Selbst Bill Clinton und Gerhard Schröder kehrten im »Gugelhupf« ein. Der von Grün umgebene, lieb gewordene dicke Rundling mit umlaufenden, spitz geschnittenen Wohnungen ist zwar altersschwach, aber noch nicht stämmig genug, um in den Speicherräumen hin und wieder Raves, Performances und Ausstellungen aufzunehmen – in den Kellern sind 1933 Regimegegner aus der Umgebung gefoltert worden, denn auch hier hatten die Arbeiter in der Mehrzahl jahrzehntelang KPD oder SPD gewählt.

Käthe Kollwitz wohnte mit ihrem Mann, dem Armenarzt Karl Kollwitz, der hier praktizierte, in der Weißenburger Straße 25, heute Kollwitz-/Ecke Knaackstraße. Sie musste nicht weit gehen, um Studien für ihr Werk zu treiben; es waren ihre Nachbarn, die Arme-Leute-Kinder, schwerstarbeitenden Heimarbeiterinnen und Familienväter, die ihre Lebenskraft aufzehrten, um sich in den schweren Notzeiten, im Ersten Weltkrieg, in der Weltwirtschaftskrise, durchzubringen. Die lebensgroße, eindrucksvolle Sitzfigur von Gustav Seitz nimmt seit 1959 die Platzmitte ein; Vorbild war ein 1938 entstandenes Selbstbildnis.

Max Schmeling, eine der populärsten Berliner Persönlichkeiten, ist Namenspatron einer ungewöhnlichen, schönen Sporthalle. (Foto um 1928)

Die Kollwitzplastik »Schützende Mutter«, die jahrelang den Standort ihres Hauses an der Knaackstraße markiert hatte, ist nun im Garten des Bezirksamtes, Haus 2, Prenzlauer Allee/Fröbelstraße aufgestellt. Ihr Lebenswerk wird im Kollwitz-Museum (s. S. 282) geehrt.

Die Kunst der Kollwitz ist geprägt von leidenschaftlichem politischem Engagement und tiefem Mitgefühl. Schon 1898 wurde der »Weber-Zyklus« der jungen Käthe Kollwitz zur Goldmedaille der Großen Berliner Kunstausstellung vorgeschlagen. Dem preußischen Kultusminister gab dies »zu Bedenken« Anlass: »Bei dem Gegenstand der Darstellung und der naturalistischen Durchführung des Werkes, welchem ein milderndes oder versöhnliches Element gänzlich fehlt, glaube ich aber nicht, dasselbe zu einer ausdrücklich staatlichen Anerkennung vorschlagen zu dürfen.«

Die nach Norden verlaufende **Husemannstraße (6)** ist als Vorzeigeobjekt zur 750-Jahr-Feier Berlins tiptop saniert worden. Die in bewegter Neogotik schwelgende Trutzburg in gelbem Ziegelstein, die sich auf dem gesamten Karree zwischen Schönhauser-, Sredzki- und Knaackstraße breit macht, ist ausdrucksvolles Zeugnis Berliner Durstes: Franz Schwechten (Anhalter Bahnhof, Gedächtniskirche) schuf für *Schultheiss* bis 1891 die *größte Brauerei Europas*. Das denkmalgeschützte Riesengelände mit vier Innenhöfen, mit Produktions- und Lagergeschossen, mit Pferdeställen und Hufschmiedwerkstatt, ist seit 1991 ein multifunktionales Kultur- und Veranstaltungszentrum, die **Kulturbrauerei e. V. (7)** – nicht fertig saniert, aber aufregend: Hier ist die **Sammlung für Industrie- und Alltagskultur der DDR** untergebracht, Lenin- und Castro-Nippes, glückliche LPG-Bauern, Kräuterlikör Marke Wurzelpeter und ernste Gebrauchsform. Zwischen Kühlgewölben und Kesselhaus wird bis in den Morgen getanzt; außerdem gibt es Konzerte, Jazz und Rock, Lesungen, Kinderfeste, Künstlerworkshops und eine Behindertenwerkstätte in außergewöhnlicher Umgebung.

Die einzige **Synagoge (8)** Berlins, die von den Nazis geschändet, aber nicht zerstört wurde, liegt in der Rykestraße. Nach ihrer erneuten Weihung 1953 bildete sie das Zentrum jüdischen Lebens in Ostberlin.

Der großzügig angelegte **Helmholzplatz** ist ein Stück intakter Gründerzeitarchitektur und heimatlicher Kiez wie auch das Quartier rund um die **Gethsemanekirche (9).** Sie war einer der Brennpunkte der Bürgerbewegung, die hier stark verwurzelt war. Gleich daneben, an der U- und S-Bahnstation Schönhauser Allee ist das mehrstöckige Gleisgewimmel mit den **Schönhauser-Allee-Arkaden (10)** ummantelt, einer glasüberdachten Einkaufspassage, die im Frühjahr 1999 fertig gestellt wurde.

Ein großer Gewinn für die Stadt ist das **Vitra Design Museum Berlin (11),** das – im Sommer 2000 eröffnet – im ehemaligen Abspannwerk »Humboldt« in der Kopenhagener/Ecke Sonnenburger Straße für drei Jahre ein Zuhause fand. Die Räume waren zu klein, die Lage zu isoliert – so ist das Design Museum im Jahr 2004 geschlossen; ab 2005 wird es im quirligen Pfefferberg (s. S. 328) neu eröffnet. Ein lebendiges Museum ausschließlich dem Design gewidmet – ein neuer kultureller Höhepunkt Berlins.

»Sonderzug nach Pankow«

Seit Konrad Adenauer dazumal von den Politgrößen der DDR als den »Herren von Pankow« sprach, war zumindest der Bezirksname allen Westlern geläufig; die Ostberliner waren zwar mit Pankow vertraut, aber in die gesperrten Gefilde der »geschlossenen Gesellschaft« durften auch sie lange nicht eindringen. Erst nachdem viele Politprominente nach dem 17. Juni 1953 weiter hinaus nach Wandlitz gezogen waren, lüfteten sich die Schleier über dem »Städtchen«. Nun haben sich die Geheimnisse verflüchtigt; in sich gekehrt und gedämpft wirkt der Bereich mit dem Schlossareal Niederschönhausen und den gepflegten Straßenzügen rund um den Majakowski-Ring jedoch immer noch.

Seit der Gründerzeit hatten sich die gut betuchten Berliner besonders gern in Pankow und im angrenzenden Niederschönhausen am Flüsschen Panke niedergelassen; das Schloss bot eine noble Nachbarschaft, rund um die Dorfkirche von Pankow bildete sich ein Villenvorort der besseren Gesellschaft aus. Mit Parkanlagen, Sommerhäusern und Gärten, auch Landhauskolonien wie im nördlichen Niederschönhausen oder der stattlichen 100 Jahre alten Wohnanlage am Amalienpark wuchsen die zwei Ortschaften zusammen und avancierten zu großbürgerlichen begehrten Wohnadressen. Der Bezirk, reich an Grünflächen und ohne nennenswerte Industrie, war höchst attraktiv für Ausflügler und Erholung Suchende. Heute ist der große »grüne Bezirk« mit seinen zahllosen Parkanlagen und Forstgebieten eine Top-Adresse, die durch den neuen U-Bahn-Anschluss an Attraktivität gewonnen hat und nun auch noch sehr chic wird.

Die Schönhauser wie auch die Greifswalder als Ausfallstraßen nach Pankow und Wandlitz waren »Protokollstrecken«: Hier fuhren Honecker, die Genossen Minister und ihre Gäste entlang; die Schaufenster waren besser bestückt als andernorts, wo man um »Bückware« (unter der Ladentheke) handelte, und auch die Hausfassaden erhielten öfter einen sonnigen Anstrich.

Udo Lindenbergs Song vom »Sonderzug nach Pankow« (1983) wurde im Westen zum Hit, nach einem Konzert in Ostberlin zur Hymne; es kam gar zum Geschenkaustausch mit Honecker. Lindenberg: »Das Lied half, das geistige Klima in der DDR zu verändern.«

Pankow
1 *Schloss Niederschönhausen*
2 *Majakowski-Ring*
3 *Erich-Weinert-Siedlung*

In der Leonhard-Frank-Straße zwischen dem Friedhof Pankow und dem Bürgerpark lebte im Haus Nr. 11 der gefeierte Sänger, Schauspieler und politische Kämpfer Ernst Busch, nachdem er 1951 den amerikanischen Sektor Wilmersdorf verlassen hatte. Der »Barrikaden-Tauber« der zwanziger Jahre arbeitete eng mit Brecht und Kurt Weill zusammen, stand auf allen Piscator-Bühnen, arbeitete für Rundfunk und Film. Mit Hanns Eisler verband ihn eine lebenslange Freundschaft – viele seiner Lieder hatte Eisler für Ernst Busch geschrieben, beide gingen mit ihren proletarischen Liedern auf die Straße. Der Leninist Busch flüchtete nach dem Reichstagsbrand; in Spanien setzte er seinen Ruhm und seine Stimme im Kampf gegen Franco ein. Sein Grab liegt nebenan auf dem Friedhof Pankow.

Pankow und Niederschönhausen sind gesättigt mit den Erinnerungen an prominente Künstler, Schriftsteller und Dichter, die sich hier niedergelassen hatten; rund 500 Künstler lebten in den vergangenen Jahrzehnten in Pankow, und auch heute noch sind hier zahlreiche Wissenschaftler, Schauspieler, Maler, Schriftsteller und Musiker zuhause. Viele der Lebensläufe waren gezeichnet von politischem Kampf, von Exil, Emigration, von Zuversicht nach der Rückkehr in das Land sozialistischer Hoffnungen, aber auch von Lethargie und Verzweiflung angesichts der realen Verhältnisse. Der Literaturwissenschaftler und Schriftsteller Alfred Kantorowicz lebte hier; Günter Eich besang Niederschönhausen; Hanns Eisler lebte lange in der Pfeilstraße, bevor er in die Schönhauser zog; der Sozialist, Dramatiker und Schriftsteller Friedrich Wolf zog nach seinem Moskauer Exil in die Elsa-Brandström-Straße. In der Kurt-Fischer-Straße lebte der Dichter und zweifache Nationalpreisträger Stephan Hermlin (gest. 1997). Arnold Zweig ließ sich nach seiner Rückkehr aus dem Exil mit seiner Frau in der Hohmeyerstraße 13 nieder; der viel geehrte Schriftsteller und Nachfolger Brechts als Präsident des PEN-Zentrums starb 1968. Carl von Ossietzky, unvergessener Herausgeber der »Weltbühne«, Pazifist und Nobelpreisträger von 1935, starb an den Folgen seiner Haft im KZ; auf dem Friedhof Niederschönhausen in der Buchholzer Straße wurde er 1938 beerdigt.

Jeder Spaziergang durch Pankow führt unweigerlich zum Schlossareal, das man von der S- und U-Bahnstation Pankow kommend, über die Flora-, Berliner- und Ossietzky-Straße erreicht. Dazwischen liegt, vom Verkehr eingekeilt und den Baustellen für ein neues Geschäftszentrum, die »Rathausgalerie«, aufgestört, die alte Dorfkirche – sie wurde um 1850 von Friedrich August Stüler erweitert und um den Turm ergänzt.

Schloss Niederschönhausen

(1) Friedrich der Große schob seine Frau hierher ab; heute schieben sich Bezirksamt und das Land Berlin die Verantwortung für das Schloss gegenseitig über den Verhandlungstisch zu – niemand will es haben, denn das Geld für Instandhaltung und gründliche Sanierung ist nicht vorhanden. Dabei hat das historische Gemäuer viel Geschichte erlebt: Kurfürst Friedrich III. hatte Eosander von Göthe und Johann Arnold Nering (beide arbeiteten am Stadtschloss) mit der Umgestaltung des Rittergutes betraut. Sie schufen eine dreiflügelige stattliche Anlage. Von 1740–86 lebte Königin Elisabeth-Christine hier am Rand der Welt, nachdem sie Friedrich II. nach seiner Thronbesteigung in die stilvolle Verbannung geschickt hatte. Für sie hat Johann Boumann dann den Bau 1763/64 nach den Zerstörungen des Siebenjährigen Krieges zum Rechteck geschlossen und das Innere in schönem, lichtem Rokokogewand gestaltet. Nach dem Tod der Königin verwaisten Schloss und Park; erst Friedrich Wilhelm III. wandte sich dem ungeliebten Hohenzollernbesitz wieder zu und ließ den Schloss-park durch Lenné unter Einbeziehung der Panke in einen weiten Landschaftspark verwandeln. Die Nazis nutzten den Bau als Galerie und als Lager für die Werke der »entarteten Kunst«; mit der Gründung der DDR zog Wilhelm Pieck, erster und einziger Staatspräsident ein, und der Staatsrat kam zeitweilig hier unter, bevor das Schloss als Gästehaus genutzt wurde, in dem u. a. Fidel Castro und Michael Gor-batschow genächtigt haben. Der letzte Staatsgast war Königin Beatrix der Niederlande. Hier tagte der »Runde Tisch«, und der Einigungsver-trag vom Jahr 1990 ist hier ausgehandelt worden. Seit Jahrhunderten also hat die Öffentlichkeit keinen Blick in das Schloss werfen dürfen; jetzt endlich ist eine Besichtigung möglich.

Villa am Majakowski-Ring

Der Majakowski-Ring – »jenseitige Stille«

Rollten die Staatsgäste an, wurde die Ossietzky-Straße gesperrt wie auch das Areal mit Botschaften, Konsulaten und Wohnhäusern der mächtigen Männer rund um den **Majakowski-Ring (2).** Benannt wurde der Ring, der früher Kronprinzen- und Victoriastraße hieß, nach dem russischen Dichter Wladimir Majakowski.

Die prachtvolle neoklassizistische **Villa Magna**, um 1900 für den Fotografen Richard Kasbaum errichtet, liegt am östlichen Scheitel-punkt der geschlossenen Ringanlage – in den siebziger Jahren schrit-ten hier die Anwohner ins Wahllokal. In Haus Nr. 50 lebte Hilde Ben-jamin, die Schwägerin von Walter Benjamin, Justizministerin der DDR und als Vizepräsidentin des Obersten Gerichtshofes wegen ihrer har-ten, tödlichen Urteile gefürchtet; sie ist 1989 gestorben. Otto Grote-wohl, erster Ministerpräsident der DDR, bewohnte das denkmalge-schützte Haus Nr. 48; der Schriftstellerverband nutzt es als Clubhaus, und heute ist hier die »literaturWERKstattBerlin« zuhause. Haus Nr. 29 war 1945–60 Domizil des ersten DDR-Staatspräsidenten Wilhelm Pieck; die Nr. 34 schräg gegenüber war bis zur Wende Museum und Gedenkstätte für Johannes R. Becher, Schriftsteller und Kulturminis-ter der DDR. Von ihm stammte auch der Text der Nationalhymne. Gleich nebenan stand das Haus von Walter Ulbricht, sein Nachfolger Erich Honecker ließ es abreißen. Der Rudolf-Ditzen-Weg ist nach dem bürgerlichen Namen des Schriftstellers Hans Fallada benannt, der hier nach dem Krieg wohnte.

Westlich der Grabbeallee liegt die **Erich-Weinert-Siedlung (3),** eine schöne Wohnanlage, die kurz nach der Jahrhundertwende errichtet wurde; ihr Zentrum ist der Heinrich-Mann-Platz. Hier unterhielt die Akademie der Künste in der Zeit zwischen den Krie-gen Wohnungen und Ateliers für Künstler und Schriftsteller; unmit-telbar nach Kriegsende führte die sowjetische Militäradministration, später die DDR-Führung, den Gedanken fort und stellte Wohnungen für »Kulturschaffende« zur Verfügung, die aus der Emigration zurückgekehrt waren.

Monika Maron schrieb in ihrem Roman »Stille Zeile Sechs«: »Eine jenseitige Stille lagerte zwischen den Villen, deren ständi-gen oder wechselnden Bewohnern eine amtli-che Regelung die Belästigung durch den städtischen Autover-kehr ersparte … Eine irritierende Unwirk-lichkeit ging aus von den alten und neuen Häusern, von den sterilen, gleichförmi-gen Blumenrabatten in den Vorgärten, von den nackten Fahnen-masten neben den Eingangstüren. Die wenigen Spazier-gänger sprachen mit gedämpften Stimmen. Die Bewohner blieben unsichtbar.«

Abstecher zum Jüdischen Friedhof Weißensee

Der 1880 eröffnete **Jüdische Friedhof Weißensee (12)** in der Herbert-Baum-Straße ist einer der größten Europas. Er ist Gedenkstätte für die von den Nazis verfolgten und ermordeten Juden, und er ist Ruhestätte für mehr als 115 000 jüdische Bürger Berlins. Am Eingangsrondell erinnert ein Gedenkstein an den Holocaust, und auf kreisförmig angeordneten Stelen sind die Namen aller KZs eingemeißelt. Unzählige bekannte Berliner Persönlichkeiten wurden auf dem Friedhof beigesetzt, etwa Berthold Kempinski, der Maler Lesser Ury, die Verleger Samuel Fischer und Rudolf Mosse. Zur Jahreswende 2002 hat hier auch der bedeutende Schriftsteller und unbequeme Querdenker Stefan Heym, geb. 1913, seine letzte Ruhestätte gefunden.

Friedrichshain – Wendezeiten

Friedrichshain, der mit knapp 10 qkm kleinste aller Berliner Bezirke, war besonders schwer von Bombenschäden betroffen: Rund zwei Drittel der bebauten Fläche lagen in Schutt und Asche; so sind hier besonders die Schichten und Häutungen der Baugeschichte interessant, die Brüche und Neuanfänge in diesem dicht besiedelten Bezirk. War die wuchtig-glamouröse Stalin- bzw. Karl-Marx-Allee als beherrschende Magistrale und Parade-Boulevard mit ihren Arbeiterpalästen noch aufwändig Stein-auf-Stein gemauert worden, begann man in den sechziger Jahren zur Behebung der Wohnungsnot mit der Großblockbauweise, der Vorläuferin des Plattenbaus. So gibt es völlig intakte Straßenzüge der Kaiserzeit wie z. B. die von der Hausbesetzerszene schwer umkämpfte Mainzer und Rigaer Straße, die heute vorzüglich saniert sind. Neben Reformsiedlungen der Weimarer Republik und den ältesten Großblockbauten in der Stralauer Allee bis hin zu den jüngsten Siedlungen ist in Friedrichshain alles vertreten – ergraut und monoton oder farbig aufgepeppt und grundlegend modernisiert.

Zur NS-Zeit musste sich Friedrichshain – rote Arbeiterhochburg – strenge Disziplinierungsmaßnahmen der Braunhemden gefallen lassen, die die »Kommunistenbrut« in situ bekämpften und dem gesamten Bezirk den Namen »Horst Wessel« gaben. Dann folgte streng Moskau-Orientiertes, und in der Nachwendezeit wiederum haben viele Straßen- und Platzbezeichnungen der verblichenen DDR das behördliche Gerangel nicht überlebt – z. B. wurde die Clara-Zetkin-Straße getilgt, die Dimitroffstraße wurde zur Danziger, die ursprüngliche Bezeichnung der U-Bahnstation Frankfurter Tor wurde erst Rathaus Friedrichshain, jetzt Petersburger Straße, da auch die Bersarinstraße just zum 50. Jahrestag des Kriegsendes zur Petersburger mutierte. Heftige Kritik und hochkarätige Historiker-Kommissionen

Die Simon-Dach-Straße ist superfreudige Kneipenmeile geworden und hat bei jungen Leuten den Kollwitzplatz längst überrundet.

begleiteten den Wende-Wandel. Die Leninallee erhielt wieder ihren alten Namen Landsberger, der Leninplatz ist zum Platz der Vereinten Nationen geworden (siehe unten).

»Kunst folgt dem Kampf«

Gerade das Erbe der offiziellen realsozialistischen Kunstauffassung ist für viele Besucher immer noch von besonderem Reiz – und da sich neuere oder alte Monumente und Denkmäler auch auf die Geschichte der deutschen Arbeiterbewegung und ihrer Parteien beziehen, derer in den alten Bundesländern nicht eben auffällig gedacht wird, lässt sich viel entdecken: Will man nicht nur Marx und Engels vor dem Roten Rathaus, bieten in Friedrichshain und Frenzlauer Berg Plätze und Parkanlagen reichlich Anschauung: Der **Ernst-Thälmann-Park (1),** erst 1986 zum 100. Geburtstag des im KZ ermordeten Arbeiterführers der Weimarer Republik eingeweiht, hat eine riesige Bronzebüste des sowjetischen Bildhauers Lew Kerbel zu bieten, von dem auch die sowjetischen Ehrenmäler in Treptow und in Tiergarten stammen. Der Park selbst ist auf dem Areal der alten städtischen Gaswerke entstanden; ringsum Plattenwohnbauten und das komfortable **Zeiss-Großplanetarium (2).** Im **Volkspark Friedrichshain (3),** dem ersten speziell »als grüne Lunge im Berliner Osten« in zwei Phasen angelegten Parkareal (um 1850 und 1870), ist seit Generationen der wilhelminisch-barocke **Märchenbrunnen (4)** von Ludwig Hoffmann (1913) am Westeingang die größte Attraktion – zwischen üppigen, mürben Treppenkaskaden und Wasserspielen wieselt neben den Figuren aus Grimms Märchen weiteres niedliches Getier umher.

Am Nordrand des Parks, Ecke Virchowstraße, ruft ein Mahnmal die Erinnerung an den gemeinsamen Kampf polnischer Soldaten und deutscher Widerstandskämpfer wach – das Monument einer deutsch-polnischen Künstlergruppe mit stilisiertem Fahnentuch auf hoher Stele ist 1972 »der antifaschistischen polnisch-deutschen Kampfgemeinschaft« gewidmet worden.

Nahe dem Bau des ersten innerstädtischen Krankenhauses, das auf Anregung von Rudolf Virchow kurz nach der Reichsgründung errichtet wurde, liegt am Südende des Parks schließlich der **Friedhof der Märzgefallenen (5).** Dieser Parkteil war kaum eröffnet, als die Opfer der Barrikadenkämpfe der 48er-Revolution hier ihre letzte Ruhe fanden – Zehntausende von Berlinern sind den 254 Särgen quer durch die Stadt gefolgt, nachdem Friedrich Wilhelm IV. vor ihnen öffentlich hatte den Hut ziehen müssen. Alle Namen und Berufe der Toten sind auf den Gedenksteinen verzeichnet. In der Stadt erinnert seit neuestem der Platz westlich des Brandenburger Tors an die Opfer der blutigen Auseinandersetzungen um Bürgerrechte. Die 1960 hinzugekommene Plastik **Roter Matrose** (Hans Kies) ehrt die Toten, die während der Novemberrevolution von 1918/19 auf den Straßen Berlins ihre

Der große Bunkerberg im Park, Biermann hat ihn als »Mont Klamott« besungen, ist wie zahllose andere Hügel in Berlin aus Trümmerschutt gewachsen; über die Reste des Flakbunkers haben die Trümmerfrauen in vierjähriger Arbeit zweieinhalb Millionen Kubikmeter Schutt gekippt.

Für den monumentalen Lenin, der seinen Platz raumgreifend dominierte, kam jede schützende Hand zu spät – vom Senat geschlachtet und in Stücke zerteilt, verschwand er im märkischen Sand; das war 1992. Hier der Gipsentwurf von Nikolai W. Tomski.

Leben ließen. An der Friedenstraße steht das **Denkmal für die Spanienkämpfer** – das einzige seiner Art in Deutschland. Die Plastik stammt von Fritz Cremer (1968), die Reliefwand mit Szenen aus dem Bürgerkrieg von Siegfried Krepp. Es erinnert an die 3000 Deutschen der Internationalen Brigaden/Interbrigaden, die im Kampf gegen Franco 1936–39 ihr Leben ließen.

Am nahe liegenden **Platz der Vereinten Nationen (6)** bietet sich als Beispiel der Nobelplatte die **Schlange** an, ein S-förmiges Plattenbau-Ensemble mit knapp 500 Wohnungen von 1970, dessen bauchige Front die Platzgestaltung beherrscht. Frisch saniert und bauphysikalisch auf den neuesten Stand gebracht, erhielt die Wohnungsbaugesellschaft Friedrichshain dafür den Bauherrenpreis des Bundes Deutscher Architekten. Die Zwillingsanlage, gegenüberliegend der **Bumerang,** ist ebenfalls denkmalgerecht kuriert. Eine interessante Platzanlage, als innerstädtischer Wohnbereich sehr begehrt.

Land Art und Apfelbäume

Für Sportfans und Architekturbegeisterte ein kurzer Abstecher mit einem weiteren »fliegenden Wechsel«: An der Landsberger Allee/Paul-Heyse-Straße, dort, wo vormals die Werner-Seelenbinder-Halle stand, ist ein UFO gelandet, eine sanft schimmernde, silbrige Scheibe, riesig und rund. Eingebettet in neu gepflanztes Grün, hat hier der Franzose Dominique Perrault, von dem auch die neue Pariser Nationalbibliothek stammt, zugleich gebaut und nicht gebaut: Als Gegenstück zur Max-Schmeling-Halle (siehe oben) bildet das ästhetisch bestechende **Velodrom (7),** die Radsporthalle, eine Matrix des Unsichtbaren: Um die dichte Stadtbebauung nicht zusätzlich zu belasten, ging auch Perrault 17 m in den Untergrund; sichtbar ist nur das Metalldach, eine freitragende Stahlkonstruktion. Daneben entstand, als Rechteck ausgebildet, eine ebenfalls abgesenkte Schwimmhalle, die mit dem Velodrom auf drei Ebenen verbunden ist. Eingebettet in einen Hain aus Apfelbäumen (»Hier soll einmal Most gekeltert werden«), ist die reduziert gestaltete Naturlandschaft zum einen als weiträumige Verbindung zwischen den Parkanlagen Prenzlauer Berg und Volkspark Friedrichshain zu begreifen, zum anderen als Gegenentwurf zur Monumentalität des alten Olympiageländes. Der runde Innenraum der Mehrzweckhalle kontrastiert mit dem fest eingebauten Oval der Radpiste; gläserne Lichtbänder zur S-Bahnstrecke hin, die auf gleicher Höhe im Graben verläuft, bieten Ein- und Ausblicke zwischen Stadtverkehr und Sport, zwischen Tag und Nacht, Innen und Außen.

Seit 1997 finden hier im Velodrom nun wieder die legendären Sechstagerennen statt – mit allem, was für den Berliner im Radsportfieber dazugehört: Sportpalastwalzer, aufgeheizte Stimmung, Zigarettenqualm und eine 250 m lange Theke für Molle, Korn und Schampus.

Rund um die Oberbaumbrücke

Im südlichen Friedrichshain, der Stralauer Vorstadt des historischen Berlin, im Dreieck zwischen Ostbahnhof, dem S- und U-Bahnhof Warschauer Straße und der Oberbaumbrücke, dort, wo die Spree in den Osthafen übergeht, lässt sich dem abgearbeiteten Gesicht Berlins noch sehr deutlich in die Augen schauen. Ein weites Spinnennetz an tief eingeschnittenen Gleisanlagen, Mietskasernen, Viadukten, Resten alter Wohnbebauung, Leerlandschaft.

Der **Ostbahnhof (8)** – weit angelegt, ist frisch renoviert und völlig neu gestaltet. Seine Funktion als zentraler Hauptbahnhof Berlins, Hauptstadt der DDR, währte nur wenige Jahre. Im Laufe seiner Geschichte hieß er Frankfurter, später Schlesischer Bahnhof. Nach der Anerkennung der Oder-Neiße-Grenze durch die DDR taufte man ihn in Ostbahnhof um; zur 750-Jahr-Feier wurde er mit Neubauten vergrößert und zum Hauptbahnhof befördert. Jetzt fungiert er als Drehscheibe zum Osten und ist Stop für ICEs. Eine Neubebauung des Umfelds hat begonnen.

Gleich gegenüber, auf der anderen Seite des Stralauer Platzes, der nach Osten abknickende Mühlendamm und parallel dazu das letzte zusammenhängende, etwa einen Kilometer lange Stück Mauer entlang der Spree, auf der Grenze zwischen Friedrichshain und Kreuzberg. Unmittelbar nach der Maueröffnung, in den Wirren der Zwischenzeiten, haben sich hier junge Sprayer aus aller Welt ausgetobt – die **East Side Gallery (9)** steht inzwischen unter Denkmalschutz und wird Stück für Stück restauriert.

Nicht nur für die angrenzenden Bewohner von Friedrichshain und Kreuzberg war sie jahrzehntelang unübersehbares Symbol der Trennung zwischen Ost und West: die alte **Oberbaumbrücke (10),** eine monumentale Konstruktion wilhelminisch-gotischer Phantasie-Architektur. Der auffällige Backsteinbau mit Arkadennetz und Wehrgang, überragt von zwei prächtigen Türmen, wurde 1894–96 erbaut, um den »besseren Leuten« aus dem Westen einen komfortablen Weg in die »Ostwüstenei« nach Treptow zu weisen, zur ersten Großen Berliner Gewerbeausstellung. Mit dem Mauerbau wurde die Brücke verrammelt, Straßenbahn und U-Bahn, Auto- und Fußgänger- und Radfahrverkehr eingestellt, nur Fußgänger »mit gültigen Reisepapieren« durften passieren. Der Osthafen war DDR-Grenzgebiet; mitten durch die Spree verlief die Grenze. Nach der Instandsetzung und Neueröffnung stapeln sich nun Hochbahn, Autoverkehr, Busse, Fußgänger und Radfahrer – auch die Straßenbahn könnte hinüber, wenn sich die Verkehrsbehörden und Bezirksverwaltungen denn einigen würden. Vorerst endet die Tram einige hundert Meter weiter vor der Warschauer Brücke – zum Ärger der Umsteiger. Ein schönes Detail: Der mittlere Stahlbogen zwischen den Türmen entstand nach Plänen des Spaniers Santiago Calatrava, der mit seinen Brücken- und Bahnhofsbauten der großen Schwünge und kühnen Bögen weltweit bekannt wurde.

Neben der East Side Gallery ist ein Park geplant sowie von der Shakespeare Company Berlin ein Volkstheater nach dem Vorbild des historischen Globe Theaters in London. Ringsum: Aufbruchstimmung mit Stadtsanierung, neue Büros, Läden, Kneipen und im Sommer Strand!

Die Oberbaumbrücke, jahrzehntelang verbarrikadiert, verbindet jetzt wieder die alten Arbeiterquartiere Friedrichshain und Kreuzberg, zwei Bezirke, die seit 2002 zusammengehen. Ihr Name erinnert an die erste hölzerne Brücke von 1714: der nagelgespickte »Oberbaum« wurde nachts als Barriere in der Schifffahrtsrinne verankert, um unerwünschten Zugang zur Stadt zu verhindern. Der »Unterbaum« lag an der Kronprinzessinnenbrücke beim Reichstagsgebäude.

Ex oriente lux

Ein Blick von der Warschauer Brücke, neben Blumenständen, Tischen mit Plastiktrödel und hölzernen Salzgurkenfässern aus dem Spreewald, hinweg über das Spaghetti-Geschling der weiten Gleisanlagen am S- und U-Bahnhof Warschauer Straße: ein Saum aus Industrieflächen und Fabrikgebäuden. Ganz vorne, hart an den Gleisen, hat sich ein neues Quartier aus alter Schale herausgepellt – die **Oberbaum City (11)** auf einem der vormals größten Industriestandorte Berlins. Bis 1867 verlief hier, an der Warschauer Brücke, die Akzisemauer – dahinter lag der Stralauer Anger mit Wiesen, Bauernhöfen, Sandwegen. Zuerst wurde hier ein Wasserwerk errichtet; kurz vor der Jahrhundertwende dann das gesamte Areal umgenutzt

und mit einem Netz von Querstraßen durchzogen, und nachdem 1902 die erste U-Bahnlinie Berlins bis an die Endstation Warschauer Straße führte, wurde systematisch gebaut. In den fünf mächtigen Backsteinbauten mit jeweils mehreren Innenhöfen und dem zentralen Hochhausquader, kurz vor dem Ersten Weltkrieg fertig gestellt, arbeiteten schon in den zwanziger Jahren etwa 4000 Menschen an der Produktion von Osram-Glühbirnen. Nach schweren Kriegszerstörungen, Teildemontage und Neuaufbau wurde daraus das Kombinat **VEB Narva Rosa Luxemburg,** das größte Glühlampenwerk der DDR mit 5000 Werktätigen, Arbeitern, Angestellten, Wissenschaftlern. Auf dem Turmhaus strahlte der Leuchtkubus Narva taghell; Schichten wurden rund um die Uhr gefahren; bei Schichtwechsel drängten Menschentrauben über die Warschauer Brücke in die angrenzenden Wohngebiete. Bis Ende 1992 wurde noch versucht, das Werk zu halten, dann ging beim größten Arbeitgeber des Bezirks Friedrichshain das Licht aus. Für eine Übernahme gab es keine Interessenten, die Treuhand wickelte ab. Heute leuchtet die Oberbaum City wieder taghell.

Einer der ersten Mieter in der Oberbaum City: das **Internationale Design Zentrum Berlin.** Das IDZ hat im Eckbau Warschauer Platz/Rotherstraße 16 eine neue Heimstatt gefunden. Hoch oben über zwei Etagen hinweg, kann sich das Zentrum voll entfalten: mit Bibliothek, Leseraum, Veranstaltungs- und Ausstellungsaktivitäten – und da die Ansiedlung »design-orientierter Unternehmen forciert« betrieben wurde, gleich um die Ecke auch die Hochschule für Mode und Design liegt, mag die Oberbaum City als junge Kreativschmiede und Impulsgeberin aufleuchten, und der kleine Kiezbereich im Rücken, das Stralauer Viertel, hat schon prima davon profitiert.

Wiederbelebt wurde das alte Industriegebiet von der Roland-Ernst-Entwicklungsgesellschaft, die auch die glanzvolle Sanierung der Hackeschen Höfe realisierte und später in negative Schlagzeilen geriet. Hier ist ebenfalls eine Mischnutzung durchgesetzt, mit entkernten und sanierten Klinkerbauten, neuem gläsernen Hochhausturm, Grünflächen und wieder hergestellten Innenhöfen, mit Wohnungen, Büros, Kleingewerbe, Einzelhandel und einer Schule.

Die Halbinsel Stralau und die Rummelsburger Bucht, vor langer Zeit ein Fischerdörfchen mit einer noch erhaltenen Dorfkirche aus dem 15. Jahrhundert, früher Manufaktur-, danach hoch entwickelter Industriestandort, wird völlig umgekrempelt. Auf den Gewerbesteppen von Friedrichshain und Lichtenberg haben die Stadtplaner eine neue Wohnstadt entwickelt, die, bei genug Investitionsvolumen, um 2010 fertig gestellt sein soll. Geplant sind Miets- und Eigentumswohnungen sowie kleinere Stadthäuser für rund 10 000 Bewohner, die dann citynah, am Wasser, mit Sporthafen und umgeben von Grün, die Insel mit Leben erfüllen sollen.

Lichtenberg

Der knapp 26 qkm große Bezirk Lichtenberg mit den Ortsteilen Friedrichsfelde und Karlshorst ist eingekeilt zwischen dem alten Ring der Arbeiterviertel östlich von Mitte und den Wohntürmen der neuen Satellitenstädte Hohenschönhausen, Marzahn und Hellersdorf. Zwischen den großen Ost-Westachsen der Landsberger und der Frankfurter Allee regiert das Alltagsleben zwischen vereinzelten Altbauten, Neubaublöcken und Industriearealen.

Zentrum und Hauptgeschäftsstraße des Bezirks ist die belebte *Frankfurter Allee*; als Zeichen der neuen Zeit besetzt ein Geschäfts-

und Bürocenter, das *Frankfurter Allee Plaza,* mit wuchtigen Postmodernismen die Kreuzung Voigtstraße. Gleich um die Ecke liegt das verschachtelte Areal der »Firma«, das Straßen- und Gebäudegeflecht, in dem sich die Zentrale des MfS, des Ministeriums für Staatssicherheit, eingenistet hatte. Die Normannenstraße war die Stasi; und es ging die Mär, dass bei Horch & Guck gleitende Arbeitszeit gepflegt wurde, um zu verhindern, dass Hunderte von Mitarbeitern alle gleichzeitig U- und S-Bahn benutzten und womöglich von ihren »Objekten« gesehen wurden. Im Hauptgebäude in der Ruschestraße ist die *Forschungs- und Gedenkstätte Normannenstraße (ASTAK)* eingerichtet worden. Seit 1990 leisten der Verein »Anti-stalinistische Aktion Berlin-Normannenstraße« in Kooperation mit Bürgerrechtlern und -kommitees der ersten Stunde Aufklärungs- und Erinnerungsarbeit. Die Diensträume des Ministers Erich Mielke (1907–2000) können besichtigt werden.

Einen Besuch wert ist der **Tierpark** mit dem anmutigen **Schloss Friedrichsfelde.** Das Schloss, im Eingangsbereich des 160 ha umfassenden Tierpark-Areals gelegen, ist ein Kleinod preußischer Architektur und fungiert heute als **Dependance des Stadtmuseums Berlin.** Der erste Bau entstand als Schloss Rosenfelde wahrscheinlich nach Vorgaben von Arnold Nering um 1695. Das Schlösschen im Stil eines holländischen Landhauses wechselte mehrfach den Besitzer, erhielt zusammen mit dem Dorf von Kurfürst Friedrich III. den Namen Friedrichsfelde, wurde um- und ausgebaut und prangte ab 1800 im Ornat seiner heutigen frühklassizistischen Gestalt mit schöner rhythmisierter Fassade, Walmdach und reliefgeschmücktem Dreiecksgiebel. Der säulenverzierte, erlesen dekorierte Festsaal im ersten Obergeschoss riss den Aufklärer und Stadtchronisten Friedrich Nicolai zu Begeisterungsstürmen hin, und Fontane notierte: »Friedrichsfelde darf als Charlottenburg des Ostens gelten, und allsonntaglich wandern Hunderte von Residenzlern hinaus, um sich ‹Unter den Eichen› daselbst zu divertieren.« Ab 1816, das Schlossareal war in den Besitz der Familie von Treskow übergegangen, machte sich Lenné an die Gestaltung der weiten Parkanlagen, die seit 1955 dem Tierpark eine Heimat bieten. Die Treskows wurden nach Kriegsende von der Roten Armee vertrieben, das Haus verfiel. Ein Abriss konnte glücklich verhindert werden, und 1973–81 erfolgte eine Generalinstandsetzung und mustergültige Restaurierung, um den Zustand von 1800 wieder herzustellen – allerdings konnte von der Innenausstattung kaum etwas gerettet werden. Nach der Totalsanierung sind jetzt 14 herrliche Räume mit wertvollen Möbel- und Ausstattungsstücken aus zerstörten brandenburgischen Schlössern zu besichtigen.

Nordwestlich des Tierparks liegt der **Zentralfriedhof Friedrichsfelde.** Hier wurden Sozialdemokraten wie Wilhelm Liebknecht und Paul Singer begraben; auch Käthe Kollwitz fand hier ihre letzte Ruhestätte. Als die ermordeten Rosa Luxemburg und Karl Liebknecht auf dem Zentralfriedhof begraben werden sollten, musste ein Stück des Armenfriedhofs abgezweigt werden, da ihnen der Oberbürgermeister

Beim Aufbau des Tierparks halfen die Berliner kräftig mit, und wie der VEB-Tourist-Führer ausführte, kam auch der Humor nicht zu kurz: »VEB Kühlautomat stiftete einen Eisbären, das Ministerium für Schwermaschinenbau einen Elefanten, die Stadt Strausberg einen Strauß.«

Am 15. Januar 1990 ist die Stasi-Hochburg mit ihren Aktenlabyrinthen von aufgebrachten Bürgern gestürmt worden. Ein Graffito aus der Zeit zierte lange eines der Pförtnerhäuschen: »Freiheit für meine Akte«. Eintragung im Besucherbuch: »Köln grüßt Mielke«.

Literatur: *Das großartige Porträt eines Stasi-Spitzels, der wie geisterhaft in den unterirdischen Labyrinthen Berlins agiert und dabei seine Seele verliert, hat Wolfgang Hilbig mit seinem Roman »Ich« entworfen.*

*Die SED griff die Tra-
dition der Berliner
Arbeiterschaft aus der
Weimarer Republik
auf und stellte sich in
deren Nachfolge. Bei-
gesetzt sind auf dem
Zentralfriedhof auch
der 1944 von den
Nazis umgebrachte
KPD-Vorsitzende Ernst
Thälmann, Friedrich
Ebert, Sohn des
ersten Reichspräsi-
denten, Wilhelm
Pieck, Otto Grotewohl
und Walter Ulbricht,
der Politiker Hermann
Matern, der Schrift-
steller Erich Weinert,
der Innenminister Karl
Maron, Adoptivvater
der Schriftstellerin
Monika Maron.*

*Tipp:
In Niederschönhausen
bietet das reanimierte
Landhaus Lemke, jetzt
Mies-van-der-Rohe-
Haus, einen reizvollen
Rahmen für Ausstel-
lungen und kulturelle
Veranstaltungen.*

Berlins das Recht und die Ehre verweigerte, auf dem angestammten »Sozialistenfriedhof« zu ruhen. Die **Gedenkstätte der Sozialisten** ist zur bedeutendsten Gedenk- und Begräbnisstätte der deutschen Arbeiterbewegung und linker Intellektueller der Weimarer Republik geworden; aber auch über die Gräber sind die Schatten der Geschichte gefallen: Das 1924 von Mies van der Rohe geschaffene »Revolutionsdenkmal« für Rosa Luxemburg und Karl Liebknecht wurde von den Nazis zerstört, die Gräber geschändet. Zu DDR-Zeiten sind Mitglieder des Politbüros »erster und zweiter Garde« hier bestattet worden. Die Neugestaltung der Gedenkstätte in rotem Klinkerwerk, die Konturen des alten Denkmals aufnehmend, erfolgte 1951.

Im südlichen Lichtenberg, im Ortsteil Karlshorst, sollte man dem **Deutsch-Russischen Museum Berlin-Karlshorst** unbedingt einen Besuch abstatten. Das Haus, in dem in der Nacht vom 8. zum 9. Mai 1945 die Unterzeichnung der bedingungslosen Kapitulation der deutschen Wehrmacht stattfand, ist als Gedenkstätte zu besichtigen; der große Sitzungssaal ist im Original erhalten. Das Kasino war das sowjetische Hauptquartier von Marschall Schukow, anschließend hatte die Kommandantur der Sowjetischen Militäradministration in Deutschland hier ihren Sitz, und als »Museum der Bedingungslosen Kapitulation des Faschistischen Deutschland im Großen Vaterländischen Krieg 1941–45« von der sowjetischen Besatzungsmacht gestaltet, schilderten russische Dokumente und Memorabilia Hitlers Überfall auf die Sowjetunion, den Großen Vaterländischen Krieg und den Sieg der Sowjets. In jahrelanger Detailarbeit hat dann nach dem Mauerfall eine gemeinsame russisch-deutsche Historikerkommission eine neue, ständige Ausstellung über den Zweiten Weltkrieg und die deutsch-sowjetischen Beziehungen in unserem Jahrhundert konzipiert – auf die Parität der Darstellung wurde allergrößten Wert gelegt, lieb gewordene Geschichtsmärchen sind ausgeräumt. Ein wichtiges Haus zur Deutschen Geschichte ist so in einem Bezirk entstanden, der stark von den sowjetischen Streitkräften geprägt war. Auf dem Gelände ringsum lagen Kasernen und Offiziersunterkünfte, die erst mit dem Abzug der Alliierten geräumt wurden. Sie wurden abgerissen; im Rahmen eines Wohnungsbauprogramms für Bundesbedienstete in Berlin entsteht hier ein Parkareal mit ca. 1000 Wohnungen und Einfamilienhäusern – ein Grüngürtel wird bis zum Volkspark Wuhlheide heranreichen.

Ausflug nach Köpenick und Treptow

Köpenick im Südosten ist wie Spandau im Nordwesten ein Reich für sich und kann mit Berliner Superlativen aufwarten: Es ist älter als Berlin, es ist der größte Bezirk, hat den höchsten Berg, den größten See und bietet mit Gewässerlandschaft, Hügelketten, Wäldern und

Heidegebieten die meisten Grün- und Wasserflächen pro Person und Nase. Mit seinem provinziellem Charme in der Altstadt und den dörflichen Vororten ist Köpenick einen Tagesausflug wert.

Gleich, ob man mit der S-Bahn oder mit dem Ausflugsdampfer aus Richtung Treptow kommt: Erst gilt es, die kilometerlange, traditionsreiche Industrielandschaft von Nieder- und Oberschöneweide zu überwinden, das größte zusammenhängende Industrieareal Berlins (noch ein Superlativ!). Nach Zerstörung, Demontage und Wiederaufbau zu DDR-Zeiten war es der bedeutendste Industriebezirk Ostberlins, und es bestimmt das Panorama beidseitig der Spree bis Spindlersfeld bzw. bis zum Erholungsgebiet Wuhlheide. Erst dahinter tauchen Vorstadtring, dann die Dachlandschaften und Baumwipfel der Insel Köpenick auf. Die idyllische Lage der Altstadt mit dem Wasserschloss Köpenick am Zusammenfluss von Spree und Dahme, die zahllosen Inselchen und Flussarme, der schmale Wasserweg der Müggelspree, die weiter zum Großen und Kleinen Müggelsee führt – Wasser und Grün, Dampferpartien und Vergnügungslokale haben seit über hundert Jahren Köpenick zu einem der beliebtesten Ausflugsziele der »Städter« aus Berlin gemacht.

Die Sehenswürdigkeiten Köpenicks, das Wasserschloss mit Kunstgewerbemuseum (wegen Sanierung bis Mitte 2004 geschlossen), die Altstadt, der Fischer-»Kietz« und das hochherrschaftliche Rathaus, »Wirkungsstätte« des Hauptmanns von Köpenick, liegen dicht beieinander. Am Luisenhain an der Dahme befindet sich die Schiffsan-

Grandiose Ausblicke auf eine neue Stadtlandschaft zwischen Friedrichshain und der Elsenbrücke am Treptower Park mit der Wasserskulptur »Molekule Man« von Jonathan Borofsky. Einen Umweg wert!

343

legestelle; südlich davon liegt hinter der Langen Brücke der Übergang zur Schlossinsel; die Straße Alt-Köpenick führt quer durch die Altstadt.

Hier dominiert, mit stolz hoch gerecktem Turm und umfänglichen Ausmaßen, das **Rathaus** im Stil märkischer Backsteingotik. Der Hauptbau wurde 1901–04 von Hugo Kinzer und Hans Schütte errichtet, die Erweiterungen und Seitentrakte kamen 1926/27 und 1936–89 hinzu. Das Rathaus, gerade zwei Jahre alt, wurde 1906 zum Schauplatz eines Gaunerstreichs, der das wilhelminische Obrigkeitsdenken und den blinden Gehorsam preußischer Staatsdiener in ganz Europa bloßstellte: Der arbeitslose Schuster und Knastbruder Wilhelm Vogt, in die Uniform eines kaiserlichen Offiziers gewandet und von Soldaten begleitet, verhaftete Bürgermeister und Kassenbeamten, ließ sich die Stadtkasse mit 3577 Mark übergeben und machte sich damit aus dem Staub. Die Uniform hatte er auf einem Trödelmarkt erstanden, die Soldaten von der Straße weg zur Pflicht gerufen. Die Presse stürzte sich auf den Geniestreich des Schusters; Schadenfreude und Spott begleiteten die steckbriefliche Suche der gelackmeierten Polizeibehörden. Vogt wurde gefasst, saß 20 Monate hinter Gittern und schlug dann aus dem Verkauf seiner Autobiographie »Mein Lebensbild« bescheidenes Kapital, mit dem er sich nach Luxemburg aufmachte. Dort ist er 1922 gestorben. Mit dem »deutschen Märchen« vom »Hauptmann von Köpenick« (1931) hat Zuckmayer dann den Berlinern eines ihrer schönsten, volksnahen Bühnenstücke geschenkt. Im beliebten Ratskeller – wie sein Name schon sagt, liegt er im ersten Obergeschoss! – taucht der Hauptmann regel-

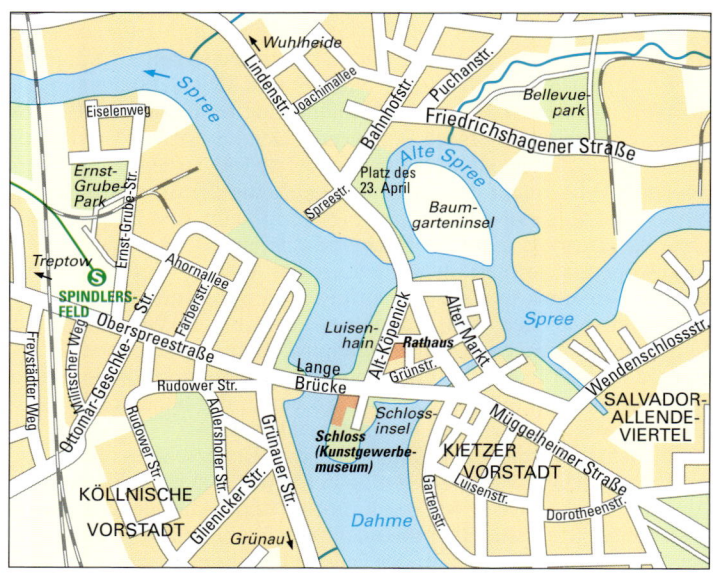

mäßig auf, und beim »Köpenicker Sommer«-Fest wird die Szene aller Szenen alljährlich wiederholt.

Lässt man sich durch die verwinkelten Gassen rund um die Laurentiuskirche treiben, durch die Grün-, Böttcher- und Rosenstraße, durch Katzengraben, Jägerstraße und Freiheit, stößt man auf ein buntes Nebeneinander unterschiedlichster Baustile, meistens aus dem 19. Jahrhundert, auf Gebrechliches, Zerfallendes, Saniertes und frisch Lackiertes. Geduckte, kleine Fischerhäuser, die an den ursprünglichen Haupterwerbszweig Köpenicks erinnern, finden sich noch in der Fischersiedlung »Kietz«, die sich am östlichen Dahmesaum, gegenüber der Schlossinsel, versteckt.

Schloss Köpenick mit Kunstgewerbemuseum

Bis Mai 2004 werden die Bauten der Schlossinsel geschlossen sein – die Stiftung Preußischer Kulturbesitz hat sich das gesamte Bauensemble mit Schloss, Kapelle und Wirtschaftsgebäuden zur Totalsanierung vorgenommen: Für über 40 Millionen € wurde ein neues Betonkorsett in den Untergrund geschoben, um das millimeterweise Versinken im märkischen Sand zu verhindern; die Museumseinrichtungen sind auf den neuesten technischen Stand gebracht. Die Sanierung ist abgeschlossen, ab Mai 2004 werden die reichen Schätze des Kunstgewerbemuseums in den restaurierten Sälen und Räumen als neugestaltete Raumkunstwerke mit Kunsthandwerk der Renaissance und des Barock in ihrer Ensemblewirkung vermittelt. Besonders kostbare Stücke des Museums sind bis zur Wiedereröffnung im Kunstgewerbemuseum am Kulturforum dargeboten.

Das Schloss, ein Juwel Berliner Baukunst, ist das einzig erhaltene Berlins aus der Zeit des Großen Kurfürsten. Errichtet wurde es nach dem Abriss des alten Jagdschlosses für den Kurprinzen Friedrich, den späteren König Friedrich I., als Residenz und Lustschloss. 1677–81 schuf der holländische Architekt und Maler Rutger van Langerfeld

Schloss Köpenick

Schon seit 925 hat es eine slawische Burg auf der Insel am Zusammenfluss von Spree und Dahme gegeben; erstmalig wird Köpenick im Jahr 1209 erwähnt; 1325 wird der Flecken »Copnik« rund um die Burg, die heutige Altstadt, als civitas, als Stadt, bezeichnet. Die Fischer und Dienstleute der Burg erhielten 1424 das Marktrecht zugesprochen.

Fontane, der in seinen »Wanderungen durch die Mark Brandenburg« auch dem Wasserschloss Reverenz erwiesen hat, beschreibt den im zweiten Geschoss liegenden, in zartem Weiß und Lila gehaltenen Wappensaal und dessen niedrige Decke, um dann fortzufahren: »…Das Ganze, weniger schön als von entschieden historischem Gepräge, macht es einem glaublich, daß hier an langer Tafel das Kriegsgericht saß, das über Tod und Leben eines Prinzen und seiner Mitschuldigen aburteilen sollte … Die das Kriegsgericht bildenden 16 Offiziere lehnten einen Rechtsspruch über den Kronprinzen einfach ab und verurteilten den Leutnant von Katte zu lebenslänglichem Festungsarrest. Der König stieß dies Urteil um.«

den barocken Bau mit holländischen Stilmerkmalen. Der Ausbau zur dreiflügeligen Anlage ist zwar begonnen, aber nie vollendet worden. Dem stattlichen dreigeschossigen Schloss mit Mittelrisalit, Rundgiebel und vorgeschobenem Seitenflügel fügte Johann Arnold Nering 1682–85 auf der Ostseite der Insel die Kapelle und am Brückenzugang das barocke Eingangsportal hinzu. Nachdem Friedrich im Jahr 1688 Kurfürst geworden war, hat er das Schloss nicht mehr genutzt.

Der schönste und prachtvollste Raum des Hauses, der **Wappensaal,** wurde im Jahr 1730 Schauplatz des Aufsehen erregenden Prozesses, der die Grausamkeit Friedrich Wilhelms I., des Soldatenkönigs, mit dem Prinzip »preußischer Zucht und Ordnung« für immer in Verbindung brachte: Sein Sohn, Kronprinz Friedrich, später Friedrich II., war gemeinsam mit seinem Freund, dem Leutnant Hans Hermann von Katte vom Regiment Gens d'Armes, wegen Desertation angeklagt: Friedrich hatte während einer Reise einen Fluchtversuch gewagt, Katte war ihm behilflich gewesen. Der Kronprinz wurde in der Festung Küstrin unter Arrest gestellt, im Schloss Köpenick wurden er und Katte verurteilt. Der König befahl die Hinrichtung Kattes; sein Sohn erhielt eine Kerkerstrafe und wurde gezwungen, der Hinrichtung seines Freundes zuzuschauen.

Wer noch weiter auf Entdeckungsreise gehen mag, könnte eine Dampferfahrt auf dem Müggelsee unternehmen; Müggelturm, Müggelberge, Ausflugslokale und weite Spazierwege genießen oder durch den Fußgängertunnel hinüber nach Friedrichshagen laufen.

Das kleine **Friedrichshagen** ist in die Literaturgeschichte eingegangen. Hier traf sich um 1890 der pro-sozialistische »Friedrichshagener Dichterkreis« mit Gerhart Hauptmann, Erich Mühsam, den Brüdern Julius und Heinrich Hart. Zusammen mit dem einflußreichen und populären Naturwissenschaftler Heinrich Bölsche revolutionierten sie das deutsche Bühnengeschehen mit ihrer naturalistischen Dramenauffassung. Viele der Straßennamen erinnern an sie. Im nahen **Erkner,** schon in Brandenburg, lebte und arbeitete Gerhart Hauptmann; sein Haus ist als Erinnerungsstätte zu besichtigen. In Friedrichshagen selbst lebte und starb auch der Dichter Johannes Bobrowski (1917–65); sein Zimmer, in dem er Künstlerkollegen aus Ost und West um sich scharte, steht unangetastet im Haus seiner Familie, Ahornallee 26, zum Besuch offen. Und für Technik-Interessierte bietet das **Museum im Wasserwerk** auf riesigem Freigelände originalerhaltene Maschinenanlagen, die die Geschichte der Wasserversorgung Berlins verdeutlichen.

Treptow

Der schmale, jedoch 17 km lange Bezirk Treptow (rund 100 000 Einwohner) zwischen Spree und Landwehrkanal mit seinen Ortsteilen Baumschulenweg, Niederschöneweide, Johannisthal, Adlershof, Altglienicke und Bohnsdorf ist durch eine starke Polarisierung charakte-

Das Sowjetische Ehrenmal in Treptow ist als einer der größten sowjetischen Soldatenfriedhöfe in Deutschland ein einmaliges historisches Zeugnis; jetzt wird es komplett saniert.

risiert: Einerseits bot der Bezirk seit über 100 Jahren durch Großbetriebe, chemische Industrie und Maschinenbau, Zehntausenden Arbeit und Brot; andererseits zog es die Berliner schon seit der Mitte des vorigen Jahrhunderts nach Treptow »ins Jrüne«, und die Ausflugsgaststätten sollen damals schon rund 30 000 Plätze angeboten haben! Den »besseren Leuten« aus dem Berliner Westen ist dann mit der großen Gewerbeausstellung von 1896 der Weg in den Osten gebahnt worden. Diese kontrastreiche Mischung Treptows soll erhalten bleiben – eine schwierige Aufgabe. Neue Unternehmen siedeln sich an; Adlershof z. B. ist als internationales Wissenschafts- und Forschungszentrum ausgebaut; hier befand sich auch das Fernsehzentrum der DDR, und in Altglienicke pellt sich ein Siedlungsprojekt mit 2500 Wohnungen aus den Bauzäunen.

In Adlershof hat Anna Seghers (1900-1983) gewohnt. Ihre Romane »Das siebte Kreuz« (1942) und »Transit« (1944) wurden weltberühmt. Ihre Wohnung ist heute als Gedenkstätte zu besichtigen; beerdigt wurde sie auf dem Dorotheenstädtischen Friedhof.

Die Schokoladenseite Treptows und zentrale Anlaufstelle für Ausflügler und Berlin-Besucher bilden neben dem Forstgebiet der Königsheide der im Norden des Bezirks liegende **Treptower Park** und der **Plänterwald.** Beide grenzen an die Spree und können wunderbar mit dem Schiff erreicht werden – Schiffsanlegestelle und S-Bahnstation liegen dicht beieinander, und seit dem Fall der Mauer haben nun auch die Kreuzberger und Neuköllner von nebenan das weitläufige und kurzweilige Erholungsgebiet mitten in der Stadt für sich entdecken können. Die meisten Berlin-Besucher zieht es zuallererst zum **Sowjetischen Ehrenmal (1),** das dem Gedenken an 20 000 im Kampf um Berlin gefallene sowjetische Soldaten gewidmet ist, von denen 5000 hier ihre letzte Ruhe fanden. Die riesige, wuchtige Anlage mit Mausoleum, Denkmälern, Skulpturen und Gedenktafeln ist neben dem Soldatenfriedhof in Niederschönhausen der größte sowjetische Soldatenfriedhof in Deutschland und stellt nach Auflösung der Sowjetunion ein außerhalb der ehemaligen UdSSR einmaliges historisches Zeugnis dar. 1947–49 in stalinistischem Stil entworfen, empfängt den Besucher die Geometrie des Gedenkens: Stilisierte, geneigte Fahnen aus den Marmorblöcken der Reichskanzlei flankieren den Eingang; dahinter reihen sich Grabplatten und bildhauerische Darstellungen des Kriegsablaufs in langen gestaffelten Geraden aneinander. Das gewaltige Denkmal über dem Mausoleum am Stirnende zeigt einen Soldaten mit einem geretteten deutschen Kind auf dem Arm und einem vom Schwert zerschlagenem Hakenkreuz.

Der Treptower Park mit seinem alten Baumbestand, weiten Wiesen, mit Karpfenteich und Rosengarten ist ab 1876 angelegt worden. 1896 wurde anlässlich der großen Berliner Gewerbe-Ausstellung die **Archenhold-Sternwarte (2)** eröffnet; sie besitzt das längste Linsenfernrohr der Welt (21 m). Nach der Einweihung des Neubaus hielt am 2. Februar 1915 Albert Einstein den ersten öffentlichen Vortrag im Haus – er stellte seine Relativitätstheorie vor. Gegenüber am Spreeufer ist das **Gasthaus Zenner (3)** mit Festsälen, Biergarten und Terrasse das letzte legendäre Überbleibsel der einstmals über 60 Ausflugslokale der Region, die Berliner Familien seit einem Jahrhundert ansteuern. Der prächtige klassizistische Bau war 1821 von Carl Ferdinand Langhans errichtet worden; nach schwerer Kriegszerstörung wurde »der Zenner« in alter Gestalt wieder aufgebaut; jetzt ist er noch einmal historisierend restauriert worden – er ist ein beliebtes Ausflugsziel. Ein Stückchen weiter südlich führt eine moderne Stahlbetonbrücke, die Abtei-Brücke, in hohem Bogen hinüber zur idyllischen **Insel der Jugend (4),** aber auch mit dem Bötchen kann man hinüberschippern. Eindrucksvoll: das ganz spezielle Berliner Panorama mit Wasser- und Parklandschaft, Baukränen auf der Halbinsel Stralau, Riesenrad und Jahrmarktsrummel im Freizeitareal des Spreeparks, dem angrenzenden Nordbogen vom Plänterwald. Nicht zuletzt das Symbol des neuen Treptow: die vier gläsernen **Treptower (5)** an der Elsenbrücke, dahinter die bauchigen roten Türme der Oberbaumbrücke und auf der Spree die tanzenden Umrisse des **Molekule man (6),** eine Rieseninstallation von Jonathan Borowsky.

Neukölln

Ein großer, geschäftiger Bezirk, eine Stadt in der Stadt, die sich über rund 45 qkm erstreckt und mit über 300 000 Einwohnern der dichtestbesiedelte Bezirk Berlins ist. Der nördliche Teil, von Tempelhof, Kreuzberg und Treptow umfasst, wuchs zum traditionellen Arbeiterviertel mit eng gepackter Mietshausbebauung heran und hieß bis 1912 noch Rixdorf; die Dörfer Britz, Buckow und Rudow wurden 1920 eingemeindet. Über 15 km erstreckte sich die Mauer zum Nachbarbezirk Treptow – jetzt wächst diese lange Nord-Südschneise mehr und mehr zusammen.

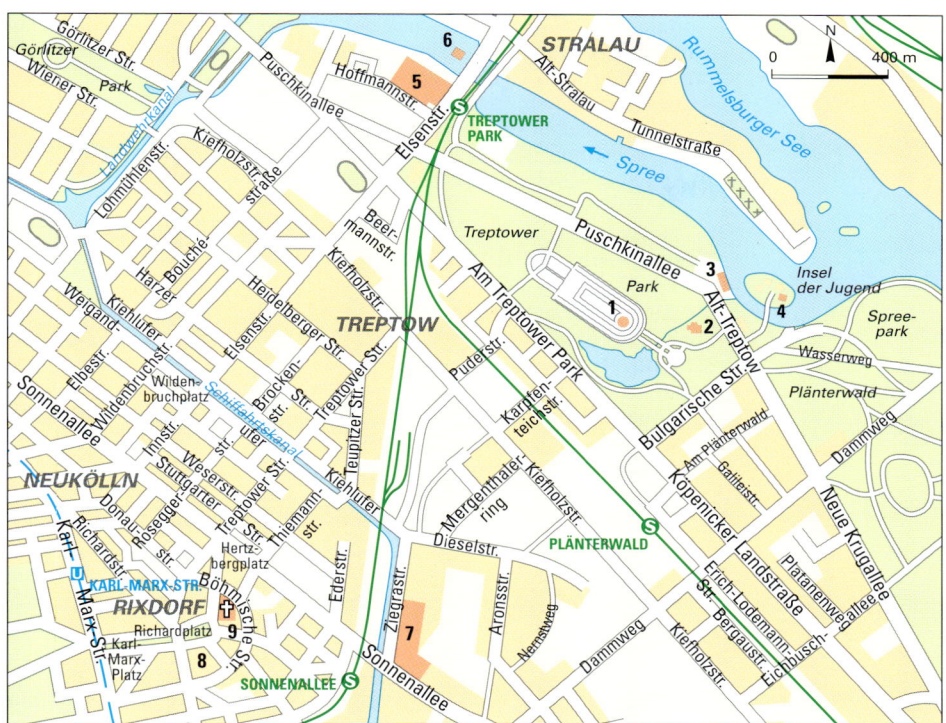

Auch heute noch ist Neukölln ein wichtiger Industriestandort Berlins; entlang der Kanäle und Wasserstraßen befinden sich riesige Gewerbeflächen. Aber auch hier gibt es Erholungsmöglichkeiten und Grün: in der Hasenheide hat »Turnvater Jahn« (1778–1852) die Berliner mit ersten Turngeräten verblüfft, und der **Stadtpark Britz** war Bundesgartenschaugelände von 1985.

Lebensader, Hauptverkehrsschneise und wichtigste Einkaufsstraße im Berliner Süden ist die **Karl-Marx-Straße** zwischen Hermannplatz und S-Bahnhof Neukölln. An der Sonnenallee/Ziegrastraße, direkt am Neuköllner Schifffahrtskanal, hat sich das **Estrel (7),** das größte Hotel Deutschlands, angedockt mit über 1100 Räumen in postmoderner Glas- und rosafarbener Granithülle, mehreren Restaurants, Atrien, Bootsanleger mit Biergarten und internationalem Veranstaltungsprogramm. Zwischen dieser robusten Bettenpyramide und der lauten, bunten Karl-Marx-Straße mit ihren Menschenströmen liegt ein Kleinod Berliner Stadtgeschichte: das **Böhmische Dorf** oder **Böhmisch-Rixdorf (8),** das sich über 250 Jahre lang, wie in einem Kokon versponnen, durch die chaotische Stadtentwicklung vor Abriss, Umbau und Neubau hat retten können. In den schützenden Ring der Böhmischen Straße gebettet, zeugt der idyllische, denkmalgeschützte Flecken rund um den Richardsplatz

Treptow und Neukölln
1   *Sowjetisches Ehrenmal*
2   *Archenhold-Sternwarte*
3   *Gasthaus Zenner*
4   *Insel der Jugend*
5   *Treptowers*
6   *Molekule man*
7   *Hotel Estrel*
8   *Alt-Rixdorf*
9   *Bethlehems-Kirche*

von der engen Dorfgemeinschaft der böhmischen Protestanten, die der Soldatenkönig Friedrich Wilhelm I. hier siedeln ließ. Die ersten »Böhmischen Brüder«, die um ihres protestantischen Glaubens willen das zum katholischen Österreich gehörende Böhmen verließen, kamen 1732; 1737 ließen sich rund 2000 Böhmen als Textilarbeiter und Kleinbauern in ihrer Kolonie »Böhmisch-Rixdorf« rund um die schöne **Bethlehem-Kirche (9)** nieder.

Britz – ein Schlösschen und viel Bruno Taut

Liebevoll gepflegt, hübsch und ansprechend ist das heute als **Schloss Britz (1)** bezeichnete ehemalige Gutshaus, das um 1706 sein Leben begann. Heute präsentiert sich das Gutshaus vor dem Britzer Kirchteich mit schönen historischen Räumen und Möblierung aus der Gründerzeit als Museum und Kunstgalerie; Ausstellungen, Lesungen und Konzerte, ein Spaziergang rund um die Zentralachse der Lindenallee im Gutspark bieten eine harmonische Verquickung von Kultur und Natur.

Der radikale Bruch, der sich zwischen wilhelminischer Formensprache und der klassischen Moderne der zwanziger Jahre vollzog, lässt sich hier in Britz auf einem Spaziergang nachvollziehen: Gutshaus und Ernst-Reuter-Siedlung liegen auch historisch dicht beieinander: Auf dem Gebiet der Ländereien des Gutshofes Britz entstand ab 1926 die **Hufeisensiedlung (2)** von *Bruno Taut*. Gemeinsam mit Stadtbaurat Martin Wagner entwarf er eine Großsiedlung, die eine konsequente Abkehr von ornamentalem Wilhelminismus und brutaler Mietskaserne darstellte. Sie bahnte der Neuen Sachlichkeit und den Prinzipien von »Licht, Luft und Sonne« den Weg: klare, überschaubare Grundrisse, gemäßigte Höhe mit zwei bis vier Geschossen, Grünflächen, Gemeinschaftseinrichtungen und Mietergärten. In sozialer Gleichheit und Gemeinschaftlichkeit gründete das gesamte Projekt. Im Zentrum der Anlage steht ein hufeisenförmiger Ring aus dreigeschossigen Wohnbauten – in der begrünten Mulde liegt ein kleiner Teich. Weitere Straßenzeilen, alle kräftig durchgrünt, sind strahlenförmig um das Hufeisen angeordnet. Das Rückgrat bildet die Nord-Südachse der Fritz-Reuter-Allee (zwischen den U-Bahn-Stationen Blaschko- und Parchimer Allee). Straßennamen wie Onkel-Bräsig-Straße oder Dörchläuchting-Straße erinnern an die mundartliche Dichtung Fritz Reuters. Die rund 1000 Wohneinheiten und Einfamilienhäuser, für kleine Einkommen vorgesehen, konnten nur durch rationalisierte Bauverfahren schnell und billig realisiert werden: Typisierung, Normierung, Flachdächer, Einsatz von damals modernsten Techniken. Das Bild der Fritz-Reuter-Allee beherrscht die »rote Front«, auch »chinesische Mauer« genannt: eine Abfolge von 32 absolut identischen Wohnhäusern.

An der **Gropiusstadt (3)**, die als BBR-Siedlung – Britz-Buckow-Rudow – ihren Ausgang nahm, haben sich immer die Geister geschie-

Britz
1   *Schloss Britz*
2   *Hufeisensiedlung
    von Bruno Taut*
3   *Gropiusstadt*

den. Die Trabantenstadt, größtes Nachkriegsprojekt West-Berlins, besteht aus knapp 17 000 Wohnungen für ca. 50 000 Menschen. Schon Ende der fünfziger Jahre hatte die Gemeinnützige Heimstätten AG Walter Gropius und sein Büro »The Architects Collaborative« (TAC) mit der Gesamtplanung betraut; insgesamt haben 50 Architekten daran mitgewirkt. Während der Bauzeit in den Jahren 1962–75 hatte der Senat die Pläne von Gropius grundlegend verändert, die Bebauung wurde stark verdichtet, und vom fernen Amerika aus ließen sich die 50 beteiligten Architekten von Gropius nur schwer unter den Hut kriegen – so ist denn aus der intendierten »Modellstadt im Park« ein gewaltiges Hochhausdickicht mit übereinander gestapelten Wohnwaben geworden. Gropius hat sich öffentlich distanziert, von ihm selbst stammt ein 31-geschossiges Punkthochhaus am Wildmeisterdamm sowie ein im Halbkreis angelegtes Wohnhochhaus im Zentrum der Anlage; posthum, drei Jahre nach seinem Tod, erhielt die Retortenstadt seinen Namen. Anders als beim Märkischen Viertel jedoch ist die Gropiusstadt durch vier U-Bahnstationen (von Britz-Süd bis zur Wutzkyallee) erschlossen, und zahlreiche Gemeinschaftseinrichtungen, Geschäfts- und Dienstleistungszentren sind von Anfang an vorhanden gewesen und neu hinzugekommen.

Die kräftige Farbgebung der Hauseinheiten in der Hufeisensiedlung, die den Straßenzügen individuellen Charakter verleihen sollte – ursprünglich rot, blau, braunrot, türkis und weiß –, setzte sich auch in den Innenräumen fort, wurde heftig angefeindet und von vielen Mietern umgehend durch herkömmlich Geblümtes ersetzt. Die Bewohner waren meistens Beamte und Angestellte, da die Wohnungen für Arbeiterfamilien zu teuer wurden.

Kreuzberg – Aussteiger und Einsteiger

Der Mythos von den wilden Kreuzberger Nächten, von Hausbesetzern, Aussteigern, Punks und Altachtundsechzigern, von Künstlern und Arbeitslosen, Rentnern und Türken in Klein-Istanbul, von Anarchos und 1.-Mai-Randale hat in den letzten Jahrzehnten landauf-

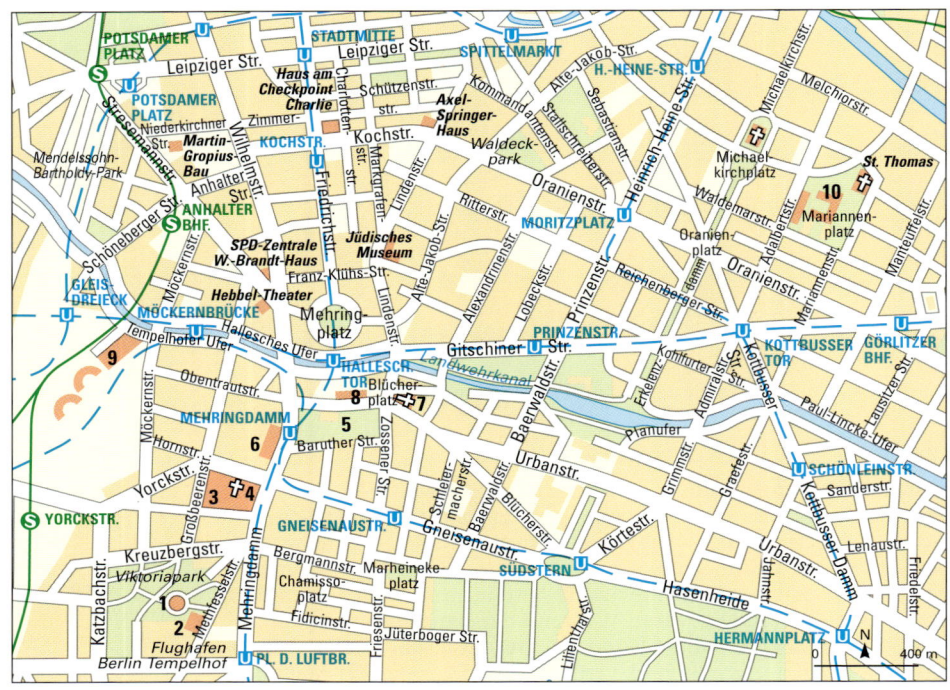

landab das Bild von Kreuzberg geprägt. Von schriller Sozialromantik und der Poesie der Hinterhöfe eingehüllt, hatten Ökos, Wohngemeinschaften, Selbsthilfegruppen und Kooperativen in ihrer Mauernische SO 36 herumgewerkelt.

Die Wohnsituation in den grauen verwahrlosten Häuserzeilen des traditionellen Arbeiterbezirkes mit rund 150 000 Einwohnern, davon etwa einem Drittel Ausländer, war katastrophal (über 60 Prozent des Wohnbestandes stammen aus der Zeit vor 1919), und in den sechziger Jahren war Kreuzberg nahezu aufgegeben: Jeder, der es sich leisten konnte, zog fort, zurück blieben Alteingesessene, Rentner, Studenten, die Alternativszene und türkische Großfamilien. Ganze Straßenzüge sollten der autogerechten Stadt wegen abgerissen werden; die Häuser wurden für »Zwischenmieter« freigegeben – ausländische Gastarbeiter zogen ein. Die medienwirksamen »Instand-Besetzungen« der Hausbesetzer hatten den Blick der Öffentlichkeit auf die »Politik des Leerstands« gelenkt; breiter Widerstand formierte sich, Mieterverbände und Bürgerinitiativen schalteten sich ein. Sie alle bewirkten erst eine Veränderung des Klimas und waren maßgeblich an der behördlichen Umorientierung beteiligt, damit schließlich Sanierungskonzepte an die Stelle der Kahlschlagpolitik traten. So sind seit Ende der siebziger Jahre Teile Kreuzbergs durch große

Stadtsanierungsprogramme und punktuelle Neubauschwerpunkte im Rahmen der IBA entkernt, modernisiert und neu gestaltet worden. Der ärmste Bezirk im westlichen Berlin scheint gesellschaftliche Prozesse immer vorwegzunehmen: Jugendrevolten, Verelendung, multikulturelle Spannungen, aber immer auch Mut zum Experiment, zu alternativen Lebensformen, unangepasstem Design, Mode und Lebensstil. Über 500 Künstler, Musiker, Filmemacher, Galeristen, Designer und Schriftsteller leben in Kreuzberg; Musik-, Off-Theater- und Kinoszene blühen.

Heute steht Kreuzberg im Zeichen des Wandels, und das Selbstverständnis des Bezirks muss auf die radikalen Veränderungen reagieren: Die neue, offene Citylage zieht vermehrt gut situierte Mieter an; Gewerbe- und Wohnungsmieten sind sprunghaft angestiegen. Der Brennpunkt für Aussteiger wandelt sich zum Pilgerziel der Einsteiger. Die sozialen Probleme im kleinsten Bezirk Westberlins mit knapp 30 Prozent Arbeitslosigkeit sind – wie auch im Wedding oder in Neukölln – beträchtlich. Die schnelle, junge Szene trifft sich vermehrt in Mitte, ist zum Prenzlauer Berg und nach Friedrichshain abgedriftet: »Oranienburger statt Oranienstraße« – die Kreuzberger atmen auf.

Der rund 10 qkm große Bezirk hatte nie eine einheitlich gewachsene Struktur; erst 1920 sind die Teile der alten Berliner Vorstädte – der südlichen Friedrichstadt, Luisenstadt und der Tempelhofer Vorstadt – zusammengefasst worden: der einzige »hohe Hügel«, der Kreuzberg, gab dem Bezirk seinen Namen. So sind es auch verschiedene Zentren und Schwerpunkte, die es in diesem schwierigen, faszinierenden, multikulturellen Bezirk zu entdecken lohnt: Zum einen ist es der Bereich der südlichen Friedrichstadt rund um den Anhalter Bahnhof, um Stresemann-, Koch- und Lindenstraße, im Süden vom Halleschen Tor begrenzt. Südlich daran schließt sich im »vorderen« Kreuzberg die frühere Tempelhofer Vorstadt an, rund um den Kreuzberg, Mehringdamm und Chamissoplatz.

Die älteste U-Bahnlinie, die dem Verlauf der alten Akzisemauern folgt, windet sich schließlich auf ihrer Hochbahntrasse quer durch Kreuzberg hinein nach SO 36 – sie prallte am Schlesischen Tor vor die Mauer und führt jetzt wieder über die Oberbaumbrücke bis zur Warschauer Straße in Friedrichshain. Ihr Rumpeln und Rattern auf hohen Stelzen hat das Stadtbild Kreuzbergs mitbestimmt. Der Kiez am Mariannenplatz in der alten Luisenstadt, im Dreieck der U-Bahnstationen Heinrich-Heine-Straße, Kottbusser und Schlesisches Tor, ist unser dritter Schwerpunkt.

Rund um den Kreuzberg

Das **Nationaldenkmal für die Befreiungskriege (1)** »im altteutschen Style« stammt von Schinkel und hat, wie ein Zeitgenosse schrieb, »bei den Teilen und dem Ganzen die Architektur des Kölner Doms zum Muster«. Das Eiserne Kreuz auf der Turmspitze des gusseisernen

»Lieber Instandbesetzen als Kaputtbesitzen« – Motto der Hausbesetzer um 1980

Die schon legendären Kürzel der zwei Kreuzberger Postbezirke SO 36 und SW 61 sind verschwunden; die Teilung in »vorderes« und »hinteres« Kreuzberg, in den westlichen und östlichen Teil, hat sich erhalten.

»Da fährt die Hochbahn in ein Haus hinein
und auf der anderen Seite wieder raus.
Und blind und düster stemmt sich Haus an Haus.«
(Joachim Ringelnatz)

Literatur:
Ein atmosphärisch dichter, wunderbarer Kietz-Roman aus der Wendezeit ist »Herr Lehmann« von Sven Regener, erschienen 2001 und nun auch verfilmt.

*Als 1821 das neogoti-
sche Denkmal auf dem
Kreuzberg eingeweiht
wurde, war der 66 m
hohe Berg noch von
allen Seiten sichtbar,
er stand auf freiem
Feld vor den Weiten
des Tempelhofer Exer-
zierfeldes.*

*In der Methfessel-
straße soll das 50 000
qm große Areal der
alten Schultheiss-
Brauerei (2) mit sei-
nen denkmalgeschütz-
ten Brauhäusern in
den kommenden Jah-
ren zu einem neuen
Kulturzentrum mit
Wohnpark um- und
ausgebaut werden.
Wenn das 150-Millio-
nen-Projekt finanziell
gerettet werden kann,
sind auch Theater,
»Erlebnisgastrono-
mie«, Ateliers und
Loftwohnungen vorge-
sehen.*

Bauwerks war Namenspatron für den Tempelhofer Berg und den Bezirk. Als die Bebauung ringsum das Denkmal einzukesseln drohte, wurde ihm 1878 ein 8 m hoher Sockel untergeschoben, und noch einmal zehn Jahre später ist das Umfeld zum **Viktoriapark** gestaltet worden: Das Nationaldenkmal thront seither über den Wipfeln der Bäume, über Wasserfall und künstlich angelegter, romantisierender Felsenschlucht – das Arrangement bietet weite Ausblicke über die Stadtsilhouette Berlins, ist im Sommer beliebter Treffpunkt von Jung-volk, Rentnern und türkischen Großfamilien, und in der Silvester-nacht knallen hier Korken und Kracher um die Wette.

Östlich des Mehringdamms führt die quicklebendigen Bergmann-straße mit ihren Trödelläden und Cafés in die Wohnquartiere rund um Chamisso- und Marheinekeplatz mit gleichnamiger, leicht zer-zauster Markthalle aus dem 19. Jahrhundert. Hier drehen immer auch die Busse der Stadtrundfahrten ihre Runden: Seit 1964 als »geschützter Baubereich« ausgewiesen und in den siebziger Jahren Sanierungsgebiet der »behutsamen Stadterneuerung«, bieten die engen Straßen ringsum mit preußisch strenger, hoch aufschießender Blockrandbebauung, mit Stuckfassaden und Balkonen, mit Ein-gangsportal zu den Hinterhöfen hin ein getreues Bild der Hobrecht-schen Stadtplanung Mitte des 19. Jahrhunderts.

Ein besonders prachtvolles Beispiel großbürgerlicher Wohnkultur ist mit dem denkmalgeschützten Komplex **Riehmers Hofgarten (3)** erhalten. Hinter der üppig geschmückten Fassade und dem Rundbo-genportal an der Yorckstraße 83–86 entfaltet sich ein stilles Reich wil-helminischer Prosperität. 1881–92 hatte der Maurermeister Wilhelm Riehmer zwischen Hagelberger-, Großbeeren- und Yorckstraße zwanzig vier- und fünfgeschossige Mietshäuser in Neorenaissance-Manier erbaut, die er mit gärtnerischen Anlagen um mehrere Innen-höfe gruppierte und zu einem Karree zusammenschloss. Auch zur Hofseite hin sind die Fassaden reich ausgestattet, die Wohnungen großzügig und komfortabel geschnitten; Schinkelsche Straßenlater-nen werfen mildes Licht auf die schöne, nostalgische Enklave. Unmittelbar anschließend, in die Straßenfront eingepasst, bietet die katholische **Kirche St. Bonifatius (4)** mit ihren zwei spitzen, schlan-ken Türmen (1907 von Max Hasak errichtet) eine Besonderheit der »Berliner Verhältnisse«: Um die Tiefe des Grundstücks auszunutzen, ist die Fassadenkirche durch je ein Wohnhaus mit gestaffelter Seiten- und Innenhofbebauung umschlossen.

Im Straßenkarree zwischen Mehringdamm, Baruther-, Zossener- und Blücherstraße tut sich ein bedeutendes, melancholisches Reich der Toten auf, der schwellenden Denkmäler aus Barock, Klassizis-mus, Biedermeier und Jugendstil, der großen Namen aus der Berliner Geschichte: die **Friedhöfe am Halleschen Tor (5)**. Die durch Mau-ern gegliederte Anlage umfasst fünf der ältesten Kirchhöfe Berlins; der älteste wurde 1735 als Armenkirchhof der Dreifaltigkeitsge-meinde außerhalb der Stadtbefestigung angelegt; 1766, 1798 und 1819 kamen Erweiterungen der Jerusalem- und Neuen Kirchenge-

*Riehmers Hofgarten
mit herausragendem
Restaurant* ▷

354

Die restaurierten Straßenzüge rund um den Chamissoplatz bieten ein getreues Abbild preußisch-strengen Mietskaser-nenstils: vorn für ge-hobene Stände, je weiter hinten, desto ärmlicher.

meinde, der Böhmischen und der Brüdergemeinde hinzu. 80 000 Tote fanden hier ihre letzte Ruhestätte, u. a. Georg Wenzeslaus von Knobelsdorff (1699–1753), der Baumeister Friedrichs des Großen, der Architekt David Gilly (1748–1808), der Schauspieler Johann Frie-drich Ferdinand Fleck (1737–1801), dessen Urnengrabmal von Gott-fried Schadow entworfen wurde, der Maler Antoine Pesne (1683–1757), Hofmaler Friedrichs des Großen, die schöne, kluge Henriette Herz (1764–1847) mit einem Grabkreuz von Schinkel, Rahel Varnhagen von Ense (1771–1833) und ihr Ehemann Karl August (1785–1858), die mit ihren Salons Kultiviertheit und Geist in die preußische Residenz brachten. Der Komponist Felix Mendels-sohn-Bartholdy (1809–47) und seine Familie sind hier bestattet, der Theaterdirektor und Schauspieler August Wilhelm Iffland (1759–1814), der Dichter, Schriftsteller und Jurist E. T. A. Hoffmann (1776–1822), Adolph Glaßbrenner (1810–76), der das Leben der kleinen Leute im Vormärz in Posse und Mundart auf die Bühne brachte. Und Adelbert von Chamisso (1781–1838), der mit Frau und sieben Kin-dern in der Lindenstraße lebte und mit seinem Märchen vom verkauf-ten Schatten, »Peter Schlehmihl's wundersame Geschichte«, als Romantiker berühmt wurde. – Gegenüber am Mehringdamm die fes-tungsähnliche Trutzburg einer ehemaligen Husarenkaserne im Neo-Renaissance-Verschnitt: hier ist das **Finanzamt (6)** beheimatet.

Auf dem Blücherplatz steht rot und groß, mit 80 m hohem Kuppel-turm die protestantische **Heilig-Kreuz-Kirche (7).** 1888 wurde sie als eine der größten Stadtkirchen Berlins für über 100 000 Gemeindemit-glieder geweiht; 1945 brannte der Backsteinbau von Johannes Otzen völlig aus, und nach einer ersten Restaurierung stand sie überwiegend leer. Jetzt sind hier ein Gemeindezentrum und die Verwaltung der Kreuzberger Kirchen eingezogen.

Gewaltigen Zulauf findet seit ihrer Eröffnung im Jahr 1954 die **Amerika-Gedenkbibliothek (8).** Die AGB auf dem Blücherplatz war ein Geschenk der amerikanischen Regierung als Dank an die Berliner für ihre Haltung und Unterstützung während der Blockade; sie ist die größte öffentliche Bibliothek der Stadt und verfügt über eine ausgezeichnete Abteilung mit Berlinensa, die sich in der Breiten Straße, Mitte, befindet – wie die Staatsbibliothek ist auch die Stadtbibliothek zusammengelegt; ein Shuttle-Bus verbindet beide. (Abstecher Flughafen Tempelhof und »Hungerharke« s. S. 361)

Gleich nebenan – das Gleisdreieck und Deutsches Technik Museum Berlin

Auf dem Gleisdreieck – einer romantisch-verwilderten Industrie-Insel im Schnittpunkt von Kreuzberg, Schöneberg und Tiergarten, ist so viel so lang vergessener Raum, dass sich hier auch das Baulogistik-Zentrum für die Großbaustellen in Tiergarten häuslich eingerichtet hat. Eine spröde, faszinierende Wildnis aus Gleistrassen, Sandbergen und Güterwaggons löste das einsame, trümmergrüne Großstadtbiotop ab, das in der Nachkriegszeit aus dem alten, stillgelegten Gelände der Anhalter und Potsdamer Güterbahnhöfe herausgewachsen war. Die bizarre, denkmalgeschützte Staffelung der **Yorckbrücken,** 29 weitgehend stillgelegte Eisenbahnbrücken, die sich über die Yorckstraße spannen, führt als industriearchäologisches Stahl- und Eisendenkmal hinein nach Kreuzberg. Für das Areal des Gleisdreiecks ist langfristig ein »durchlässiger Landschaftsraum« geplant, ein Stadtpark mit Fahrradwegen, neuer Wohnrandbebauung und der großzügigen Erweiterung des hoch interessanten, äußerst beliebten **Deutschen Technik Museums Berlin (9)**. Anknüpfend an die über 100 technischen Spezialsammlungen, die es ein Jahrhundert lang in Berlin gegeben hat, wurde 1982 als Nachfolgeinstitution das Museum für Verkehr und Technik gegründet. Innerhalb des nächsten Jahrzehnts soll es zu einem der größten internationalen naturwissenschaftlichen und technischen Museen heranwachsen.

Allein schon der Standort der »Museumsstadt« auf dem Gelände des ehemaligen Anhalter Güterbahnhofes und der Betriebswerke ist sinnfällig und einzigartig: Das stillgelegte Bahn- und Industriegelände war innerhalb der letzten dreißig Jahre zu einer verwunschenen Naturlandschaft geworden, mit seltenen Pflanzen und Tieren, mit einer Dschungelvegetation zwischen Gleisanlagen, Fabrikhallen und Lagerschuppen. Die unberührten Biotope sind heute Teil des Museumsparks, auf dem bisher 14 000 qm Ausstellungsfläche bereitstehen – etwa ein Drittel des geplanten Gesamtprojektes – mit gewaltigen historischen Drehlokschuppen, einem Markt- und Kühlhallengebäude, Wasserrad und Schmiede, zwei Mühlen, einer historischen Brauerei und dem spannenden, interaktiven Science-Center »Spec-

Tipp: Von der alten Hochbahntrasse bietet sich ein weiter Blick über das Gelände vom Gleisdreieck.

Joseph Roth in seinem »Bekenntnis zum Gleisdreieck«: »So sieht das Herz einer Welt aus, deren Leben Radriemenschwung und Uhrenschlag, grausamer Hebeltakt und Schrei der Sirene ist. … In den Gleisdreiecken, Gleisvielecken vielmehr, laufen die großen glänzenden eisernen Adern zusammen, schöpfen Strom und füllen sich mit Energie für den weiten Weg und die weite Welt: Aderndreiecke, Adernvielecke, Polygone, gebildet aus den Wegen des Lebens: Man bekenne sich zu ihnen!« Das war 1924; und heute ist dies dem Technik Museum und dem Baulog-Zentrum wie auf den Leib geschrieben.

Deutsches Technik Museum Berlin auf einem einzigartigen Gelände und mit großartigen Sammlungen.

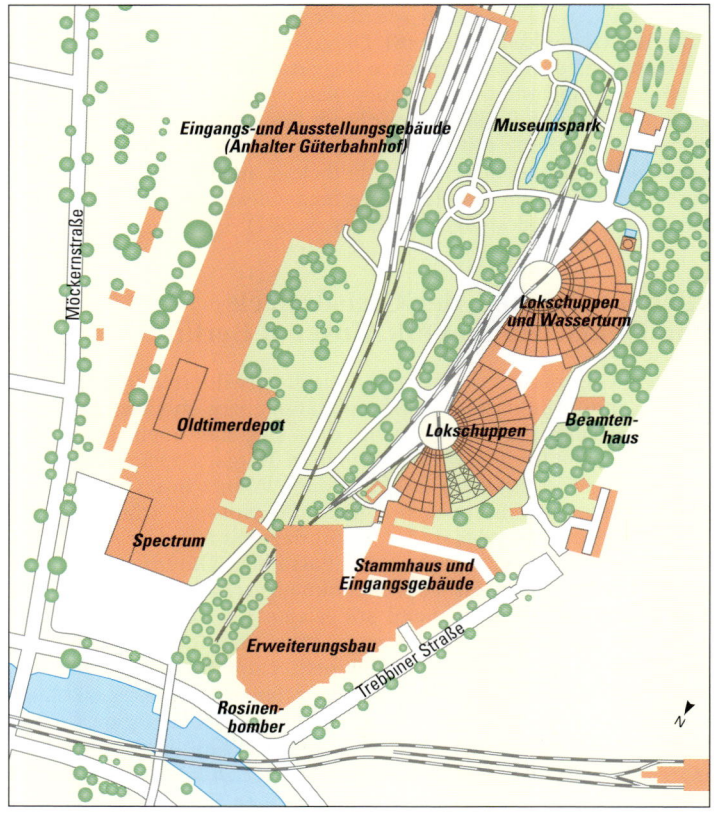

trum«. Der Bogen aus sinnlichen Eindrücken aus der Entwicklungsgeschichte der Technik und der Welt der Arbeit spannt sich vom Straßenverkehr, der Nachrichtentechnik und Luftfahrt bis zur Schreib-, Druck- und Papiertechnik, vom ersten Computer der Welt über ein Schwarz-Weiß-Fernsehstudio von 1958 bis zu den Experimenten, die Elektrizität, Akustik, Optik und Wärmelehre spielerisch verdeutlichen. Es gibt 30 Stationen aus der Eisenbahngeschichte: Schiffahrt, Verkehrs- und Ingenieursbau lassen sich höchst anregend erkunden, und eine Oldtimer-Abteilung mit 80 Fahrzeugen lässt das Herz aller Fans höher schlagen. Am Tempelhofer Ufer entstand ein Neubau, der, mit einem Original Rosinenbomber auf dem Dachausschnitt, die Ausstellungen zu Luftfahrt und Schifffahrt sowie Archiv und Bibliothek aufnimmt. Eine unendliche Fülle an Sehenswertem, sodass man für die Entdeckungsreisen in die Welt der Technik gut und gern einen ganzen Tag einplanen sollte.

Mit dem »Orientexpress« nach SO 36

In SO 36, rund um das Kottbusser Tor, in der Oranienstraße, der türkischen Flaniermeile, am Moritzplatz, rund um den Mariannenplatz:
türkische Läden, Imbissbuden, Reisebüros, Bäckereien, Graffiti zwischen Fabriketagen, in denen junges Medienvolk arbeitet, Hinterhof-
betriebe, Kohlenhändler. Zwischen alten Mietskasernen und Sozial-
baukästen fallen viele im Rahmen der Internationalen Bauausstellung eingeschobene Demonstrationsprojekte wohltuend ins Auge. In
der Luisenstadt sind besonders um Waldemar-, Naunyn-, Adalbert-
straße, um Oranienstraße und -Platz zahlreiche Blockbebauungen
gemeinsam mit Mietergemeinschaften, Nachbarschaftszentren und
Förderkreisen entkernt, begrünt und reanimiert worden. Die Wohnungen bekamen Zentralheizung, Innentoilette und Bad; die Fassaden wurden aufgefrischt, Hinterhöfe bepflanzt, alte Remisenhäus-
chen zu Studios, Ateliers oder Kindergärten umfunktioniert.

Von der U-Bahnstation Kottbusser Tor – hier im Dreh stand auch
»Liebling Kreuzberg« gern räsonnierend an diversen Imbissbuden
herum – also, vom Kottbusser Tor mit dem Neuen Kreuzberger Zentrum als einem der scheußlichsten Beispiele rabiater Stadtzerstörung
aus den sechziger Jahren sind es nur ein paar Gehminuten zum
Fraenkelufer am Landwehrkanal: eine urbane, idyllische Nische mit
nachlässigem, mediterranem Flair, Wasser, Uferpromenade und
Grünflächen, die sich bis zum Urbanhafen mit zwei Restaurant-Schif-
fen erstreckt. Hier zieht sich einer der gelungensten Neu- und Altbau-
komplexe vom Fraenkelufer hinein in den Erkelenzdamm, umfasst
mit parallel durchgeführten Einzelsanierungen den gesamten Straßenblock auch der Kohlfurter- und Admiralstraße. Die zwei attraktiven Torhäuser, ein Eckhaus und die Brandwandbebauung, tragen die
Handschrift von Inken und Hinrich Baller: schlanke, zarte Fassaden-
gliederungen, stilisierte Fenster- und Giebellösungen, phantasievolle Balkongestaltung und Portalüberdachungen passen sich spielerisch der alten Baustruktur an und schaffen doch eine moderne,
warme und freundliche Austrahlung. Überm Damm, wie die Berliner
sagen, schließen sich Paul-Lincke- und Maybachufer an. Die Cafés,
Kneipen und Restaurants sind an schönen Sommertagen und lauen
Nächten proppenvoll, und dienstags und freitags locken Farben,
Gerüche und das überquellende Angebot des **Türkenmarktes** zu aus-
giebigem Bummel mit Geschiebe.

Der **Mariannenplatz,** ein weites, lang gezogenes Rechteck, wiesen-
grün und baumbestanden, ist Mittelpunkt der Kiezbewohner und bildete das Zentrum des Sanierungsgebietes Kreuzberg-Nord. Bis zur
Wende lag dieses Viertel im totalen Abseits – hinter der Thomaskir-
che verlief die Mauer, und kaum ein gesitteter Geschäftsmann fand
jemals den Weg hierher. Das den Platz dominierende **Künstlerhaus
Bethanien (10)** auf der Westseite war vormals ein Diakonissenkran-
kenhaus mit 400 Betten. Im Revolutionsjahr 1848 zog der junge Fontane in das Gebäude, um in der Apotheke Dienst zu tun.

*Der Naunynstraße hat
der in Berlin lebende
Dichter und Schrift-
steller Aras Ören,
1939 in Istanbul ge-
boren und 1985 mit
dem Chamisso-Preis
geehrt, ein Gedicht
gewidmet:*
*»Was will Niyazi in der
Naunynstraße«*
*»Und die Naunyn-
straße,
dämmrig feucht, nahm
sie auf,
die aus den Orten der
Wildnis…*
*… so daß heute
die Naunynstraße
ohne Türken
zwar noch die Nau-
nynstraße wäre,
aber in ihren alten
Tagen
ohne neuen Anfang.«*

359

In der Oranienstraße 64 hat Paul Lincke (1866–1946) den größten Teil seines Lebens gewohnt: Der Komponist und Musikverleger ist einer der Väter des Berliner Revuetheaters und der volkstümlichen Operette. Seine schmachtenden, witzigen, auch köstlich albernen Ohrwürmer wie »Glühwürmchen, Glühwürmchen schimmre, flimmre« oder »Hinterm Ofen sitzt 'ne Maus, die muß raus, die muß raus« sind Klassiker der leichten Muse wie auch der Dauerbrenner des Berlin-Repertoires: »Das ist die Berliner Luft, Luft, Luft…«

1845–47 von Theodor Stein nach einem Vorentwurf von Persius erbaut, besticht der helle Backsteinbau durch zurückgenommene, elegante Linienführung. Zwei schlanke, spitze Türme flankieren den Haupteingang, dahinter erschließt ein schönes, großzügiges Vestibül mit doppelgeschossigem Arkadenumgang, Achteckpfeilern und geschmückten Kapitellen die weiteren Räumlichkeiten. Erst 1970 wurde das Haus geschlossen, an den Senat verkauft und stand dann jahrelang leer. Auch hier konnte der Abrisswut mit massiven Protesten, Hausbesetzungen und einem Chor kritischer Architektenstimmen begegnet werden, und aus mehreren Kollektiven entwickelte sich das äußerst lebendige Künstlerhaus. Vom Bezirk Kreuzberg und zahlreichen Sponsoren unterstützt, hat es sich weithin einen Namen gemacht als experimentierfreudiger, bürgernaher Veranstaltungsort mit über 20 verschiedenen Institutionen, Werkstätten, türkischer Bibliothek, Seniorenzentrum, Druckereibetrieb, Ausstellungs- und Aufführungsräumen. 20 Stipendiaten leben und arbeiten für ein Jahr im Haus, präsentieren ihre Kunst in Ausstellungen.

Die 400 m lange, klar konturierte Platzanlage, 1853 von Lenné als größter Platz Berlins entworfen, wurde seinen Stil nachempfindend wiederhergestellt und bietet den umliegenden Anwohnern ein großes Terrain zum Sonnen, Grillen, Feiern. Im Norden der Grünanlage wird nun endlich auch die **St.-Thomas-Kirche** (1865–69) nach und nach restauriert – sie hat schwer unter dem Mauerbau und jahrelangem Leerstand gelitten, aber die Gelder fließen nur tropfenweise.

Einen Blick lohnt auch der nördlich gelegene **Michaelkirchplatz:** Am Stirnende steht die teilzerstörte Michaelkirche, davor erstreckt sich ein langer, noch jung bepflanzter Platz mit dem Engelbecken, dem einstigen Hafenbecken des Luisenstädtischen Kanals, der Spree und Landwehrkanal miteinander verband und 1927 zugeschüttet wurde. Ein Bild des alten Hafenplatzes findet sich in Fontanes Roman »Cecile« wieder.

Die Köpenicker Straße und die Industrieflächen, Speicher, Lagerhallen und Hafenanlagen entlang der Spree lagen als Grenz- und Mauerland öde und verkommen da. Der **U-Bahnhof Schlesisches Tor,** ein Prachtstück wilhelminischer Bautechnik, war West-Berliner Endstation der »Linie 1« – sie wurde vom Grips-Theater als Kaleidoskop Berliner Stadtlebens gefeiert. Der wuchtige, durch strenge Lochfassaden gekennzeichnete, sich bauchig ums Eck schwingende Wohnblock an der Schlesischen Straße 1–8 stammt von dem renommierten portugiesischen Architekten Alvaro Sizaviera. Im Rahmen der IBA entstanden, wurden großzügige Grundrisse der inneren Struktur den Normen des sozialen Wohnungsbau geopfert.

Die Verbindungen »rüber«, zum Bezirk Friedrichshain, werden durch die Gebietsreform noch enger, und am Schlesischen Tor, an der Oberbaumbrücke (s. S. 338), lässt sich die Stimmung des Jetzt erspüren, das Zwielicht der Zeit zwischen Mauerruinen, Baustellen und gemeinsamer Zukunft.

Tempelhof und Schöneberg

Tempelhof – der Flughafen und die »Hungerharke«

Tempelhof? Berlinern und Besuchern gleichermaßen fällt dazu als erstes der Flughafen ein, die Blockade und das Luftbrückendenkmal – die »Hungerharke«. In dem lang gestreckten Bezirk mit seinen weiteren Ortsteilen Mariendorf, Marienfelde und Lichtenrade leben rund 195 000 Einwohner – neben den Altbaubereichen im Norden in den riesigen Siedlungsgebieten der fünfziger, sechziger und siebziger Jahre, die sich immer weiter nach Süden ausdehnten und die mit traditionellen Industriearealen entlang der S-Bahnlinie und dem Teltowkanal das Profil des Bezirks bestimmen.

Die Hauptverkehrsader von Mehring-, Tempelhofer- und Mariendorfer Damm erschließt von Norden nach Süden als straff gespannte Schnur mit den Knotenpunkten der U-Bahnstationen die Abfolge ehemaliger Dörfer, deren Strukturen heute noch erhalten sind. Wettbegeisterte und Pferdenarren kennen natürlich die Trabrennbahn Mariendorf; Architekturfans schauen sich das monumentale **Ullsteinhaus** am Teltowkanal an – ein Paradebeispiel des expressiven Funktionalismus der zwanziger Jahre. Der auffallende, streng gegliederte Bau mit weithin sichtbarem Turm war 1925–27 von Eugen Schmohl als Druckerei und Buchbinderei für den Ullstein Verlag erbaut worden und zelebrierte die herausragende Position der Berliner Presse und des Hauses Ullstein. Hinter den roten Klinkerfassaden mit reichem plastischem Dekor verbirgt sich eine Konstruktion aus gegossenem Stahlbeton. Rund 1000 Beschäftigte arbeiteten auf dem über 50 000 qm großen Areal – über 100 Millionen Druckerzeugnisse verließen im Jahr 1929 das Haus. Es folgten Enteignung, Rückgabe, Verkauf, Umnutzung. Heute sind im denkmalgeschützten »Druckhaus Tempelhof« zahlreiche Dienstleistungsunternehmen, auch Druckereien und Teile des Bezirksamtes untergebracht.

Das verlassene und zum Abriss bestimmte Gelände der einstigen UFA-Filmstudios war in den siebziger Jahren von Künstlern, Wohngemeinschaften und alternativen Aktionsgemeinschaften besetzt worden, und nach langen Kämpfen ist hier über Jahre hin das freundlich-freche, ungeordnete, aber selbstbestimmte Kulturzentrum **UFA-Fabrik** als Lebens- und Arbeitskollektiv entstanden, das mit Zirkus und Ausstellungen, Handwerksbetrieben, Werkstätten, Musik- und Kinoprogramm, ökologischen Wohnkonzepten und Kinderbauernhof zahlreiche Besucher anzieht.

Der **Zentralflughafen Tempelhof mit dem Platz der Luftbrücke** und den machtvollen Erinnerungen an die Blockade ist Teil der Berliner Identität und spiegelt ein Stück existenzieller, dramatischbewegter Hauptstadt-Geschichte wider. Noch gibt es ihn ja – Kurzstreckenflüge und innereuropäische Linienflüge finden, ausgedünnt,

Das Tempelhofer Feld, vom Soldatenkönig als Exerzierfeld angelegt, war, wie Hessel schrieb, »Schauplatz von veralteten Paraden und Revuen, da herrschte … der steifstarre Stechschritt der Garden. Hier wurde zweimal im Jahr die Berliner Garnison ihrem höchsten Kriegsherrn vorgeführt, hier waren von den Zeiten des Großen Friedrich bis zum Weltkriege die letzten Musterungen vor dem Feldzug«.

Der Name Tempelhof erinnert an die Ritter des Ordens der Tempelherren, auf die die Dörfer Marienfelde und Mariendorf zurückgehen. Die Dorfkirche in Marienfelde, ein um 1220 von den Templern errichteter Granitquaderbau mit Langhaus, Chor und Apsis ist die älteste Dorfkirche Berlins, umgeben von einer reizvollen, idyllischen Dorfaue.

In strenger, funktionaler Ästhetik: die Abfertigungshalle im Zentralflughafen Tempelhof.

noch statt: »Da kann man die surrenden Stahlflügel niedergleiten sehen auf grüne Fläche und anrollen auf die geteerte Bahn«, wie Hessel 1929 formulierte, als es den ersten Flughafenbau schon gab, nicht aber den größten Staatsbau des Hitlerfaschismus. Auf dem Kolossal-Areal, das eine Freifläche von 4 qkm umfasst, 49 Gebäude, sieben Flugzeughallen und 9000 Büroräume, sind derweil 180 verschiedene Nutzer untergekommen, und irgendwann um 2010 werden Tempelhof wie auch Tegel zum Kummer der Berliner aus dem Westen als leicht erreichbare Flughäfen geschlossen – dann wird man die Weltreise zum »Großflughafen Schönefeld« antreten müssen.

In den Jahren 1935–38 schuf Ernst Sagebiel, der gerade Görings Reichsluftfahrtministerium fertig gestellt hatte, den riesigen halbkreisförmigen Baukomplex, der in drei Bereiche gegliedert ist. Der heutige Platz der Luftbrücke, eingefasst von halbrunden Verwaltungsblöcken, führt auf eine 100 m lange Abfertigungshalle zu, von der aus die 400 m lange Flugsteighalle erschlossen wird, die wiederum von quergestellten Gebäudekarrees flankiert wird. Der äußere Gebäudehalbkreis, 1,2 km lang, wird auf der Straßenseite durch auskragende Treppenhausblöcke regelmäßig gegliedert; im Innern nehmen Flugzeughangars die konkave Form auf. Die riesigen Dachflächen konnten als Zuschauertribünen genutzt werden. Eine gewaltige Herrschaftsgeste staatstragender Architektur, die Form und Dimension des barocken Absolutismus in strenge Geometrie überträgt mit hellen Muschelkalkfassaden, hohen, langen Fensterreihen, die über zwei Geschosse gezogen sind. Darüber liegen zwei weitere Stockwerke mit kleinerem Fensterraster. Der Innenausbau ist noch bis 1941 weitergeführt worden, während im Bauch der Erde, in kilometerlangen Tunnelsystemen, Produktionshallen entstanden, in denen hauptsächlich von Zwangsarbeitern Kampflugzeuge bis zum »Endsieg« zusammengeschweißt werden mussten.

Auf dem Platz der Luftbrücke erinnert das **Luftbrückendenkmal** an die Blockade West-Berlins. Zur Trennung der bis November 1948 gemeinsamen Verwaltung Berlins kam dann durch die Blockade die emotionale Teilung der Stadt: die Sowjetische Besatzungszone contra West-Berlin und »ihre Schutzmächte«, wie begeisterte West-Berliner sie seither nannten. Die Verbundenheit mit Amerikanern, Briten und Franzosen war groß, und noch heute haben die älteren Berliner in der westlichen Innenstadt ein hingebungsvoll friedfertiges Verhältnis zu jeder Art von Fluglärm, und Lucius Clay (1897–1979), der Kennedys persönlicher Berlin-Beauftragter wurde und immer wieder in die Stadt kam, ist der einzige Mensch, der zu Lebzeiten mit der Benennung einer Straße geehrt wurde – der Clayallee, in der das US-Hauptquartier lag.

Schöneberg

Ein nicht unbedingt schöner Bezirk, aber eine Großstadt im Mini-Format: Schöneberg bietet Lebensqualität, die Bevölkerung ist bunt zusammengewürfelt, in den unterschiedlichen Wohngebieten leben Menschen aus aller Welt. Ein bisschen verlotterter Chic regiert die citynahen, lebendigen Straßen, und vom noblen, stillen Friedenau bis zur »Nuttenrennbahn« der Potsdamer ist alles recht nah beieinander, ein Sammelsurium aus Provinz, Weltläufigkeit und tosendem Durchgangsverkehr.

Das Rathaus Schöneberg und das Alliierte Kontrollratsgebäude bestimmten die hohe Politik West-Berliner Nachkriegsgeschichte; die Sängerknaben jubilieren immer noch, und die »Schöneberger Weltlaterne« ist ein legendärer Name, der das rege Kneipen- und Nachtleben des Bezirks symbolisieren mag.

Im Norden gehören die U-Bahnhöfe Wittenbergplatz (das KaDeWe!) und der Nollendorfplatz mit seinem »Metropol« noch dazu, ebenso wie die Urberliner Institution der »Urania« mit ihren Hunderten von Veranstaltungen zur »Volksbildung«. Sehr populär: von Dia-Vorträgen über Nepal, thematischen Filmreihen und Vorträgen über Geschlechtsumwandlungen gibt es hier nichts, worüber nicht öffentlich gesprochen werden könnte. Der Event- und Disko-Tempel **Metropol** am Nollendorfplatz – nicht zu verwechseln mit dem »Metropol-Theater« in der Friedrichstraße – hat Theatergeschichte geschrieben: In das 1906 von Albert Fröhlich errichtete »Neue Schauspielhaus« mit zwei großen Bühnen zog 1927/28 Erwin Piscator mit seinem »Proletarischen Theater« ein. Die Eröffnungsinszenierung der Polit-Revue »Hoppla, wir leben« von Ernst Toller war eine Sensation, das bedeutendste Theaterereignis der Saison, und markierte den Beginn der Piscator-Ära im deutschen Bühnenleben.

Auf dem Platz der Luftbrücke erinnert das Luftbrückendenkmal (Eduard Ludwig, 1951) an die Zeit der Blockade der Westsektoren Berlins: Aus der leicht gekrümmten Skulptur aus Stahlbeton wachsen drei nach Westen ausgerichtete Rippen in den Horizont; sie symbolisieren die drei Luftkorridore, über die die Westsektoren der Frontstadt versorgt wurden. Die Namen der 78 bekannten Todesopfer, amerikanische und britische Piloten sowie deutsches Hilfspersonal, sind auf einer Bronzetafel verzeichnet.

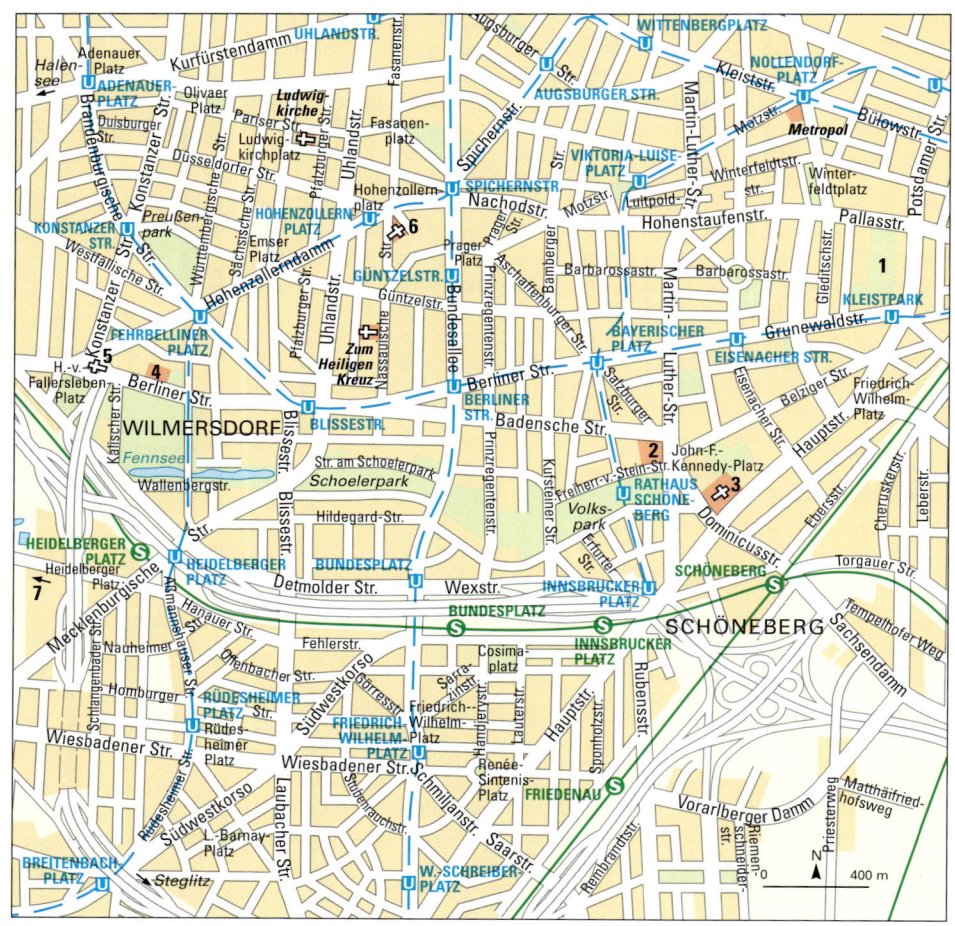

Die Gegend rund um den **Winterfeldtplatz** mit seinem weithin gerühmten, turbulenten Wochenmarkt gehört zur In- und Schwulen-Szene Berlins; unzählige Kneipen, Nachtclubs, Trödelläden und Boutiquen, Antiquariate und kleine Geschäfte bestimmen das Bild. Für den, dem große, stattliche Platzanlagen gefallen, lohnt ein Abstecher zum alten **Viktoria-Luise-Platz** oder flugs über die Bezirksgrenze hinweg zum mehrfach umgestalteten **Prager Platz:** Um das große Rasenrondell mit Wasserbecken gruppierten sich nach der Erbauung um 1913 üppig ornamentierte Blockbebauungen mit markant ausgebildeten Eckhäusern; Kriegszerstörung und Kahlschlagsanierung, lieblose, unbehauste Ödnis prägten das Bild bis Ende der achtziger Jahre. Im Rahmen der IBA 1987 entstand dann das alte, großzügige

Platzgefüge in zeitgemäßen architektonischen Zusammenhängen: Ecke Motz- und Prager Straße errichtete der Luxemburger Rob Krier einen sechseckigen Wohnturm mit flachem Pyramidendach; von dem Italiener Carlo Aymonino stammt der nahezu dreieckige Bau zwischen Aschaffenburger- und Prinzregentenstraße, und nebenan bis zur Trautenaustraße schwingt sich das leicht gebogene, hohenzollerngelbe, streng-markante Ensemble von Gottfried Böhm, das mit Arkaden und zwei unterschiedlich großen, runden Ecktürmen die Blicke auf sich zieht.

Die Nord-Südachse der **Potsdamer Straße** verbindet Schöneberg mit den Bezirken Tiergarten und Mitte, mit dem nahen Regierungsviertel, und stößt mit ihrer Verlängerung Hauptstraße ins Zentrum Schönebergs.

Der **Kleistpark (1)** ist wie auch das Rathaus Schöneberg dicht mit der deutschen und der Berliner Nachkriegsgeschichte verwoben: Den stilistischen Rhythmus des Parks setzen die barocken **Kleistkolonnaden,** die als »Königskolonnaden« 1770–80 von Carl von Gontard für den Alexanderplatz geschaffen wurden. Sie wurden 1910 auf das Gelände des ehemaligen, ersten Botanischen Garten Berlins gesetzt; der wiederum war aus den kurfürstlichen Küchengärten hervorgegangen. Der Botanische Garten hatte in Dahlem neue Gestalt angenommen, und der Park wurde 1911 zum 100. Todestag des Dichters in Heinrich-von-Kleist-Park umbenannt.

Gleichzeitig wuchs der neobarocke Bau des *ehemaligen Neuen Kammergerichts* auf der Westseite des Parks heran, der 1913 fertig gestellt war. In diesem Gebäude tagte zeitweise der Volksgerichtshof unter dem Vorsitz Roland Freislers; hier wurden auch alle Mitglieder der Widerstandsgruppe vom 20. Juli 1944 zum Tode verurteilt und unmittelbar danach gehängt. Als *Sitz des Alliierten Kontrollrates* haben hier die vier Siegermächte von 1945 bis 1948 die Geschicke der Besatzungszonen bestimmt und die Verwaltung Großberlins geleitet. Auch während und nach der sowjetischen Blockade und der Teilung Berlins, nach dem Auszug der Sowjets aus der Alliierten Kommandantur, arbeiteten nichtsdestotrotz alle vier Mächte bis 1990 mit abstrus-komplizierten, ja kafkaesken Methoden gemeinsam in der Luftsicherheitszentrale weiter, die alle Luftkorridore und alle Flugbewegungen von und nach Berlin kontrollierten. Neben der Verwaltung des Alliierten Kriegsverbrechergefängnisses in Spandau waren dies die einzigen Einrichtungen, an denen bis zur Vereinigung alle vier Mächte beteiligt waren. Im März 1992 ist der neu gegründete **Verfassungsgerichtshof von Berlin** eingezogen.

Das **Rathaus Schöneberg (2)** sieht nun sehr groß, sehr leer und unterfordert aus, nachdem sein herausragender Status zur Bezirks-Normalität zurückgeschrumpft ist. Als drittes Rathausgebäude der unabhängigen Stadt Schöneberg hatte es 1914 sein Leben begonnen, mit der Eingemeindung wurde es 1920 Bezirksrathaus, seine Sternstunden erlebte es zwischen 1948 und 1991. Da tagte hier nicht nur die Bezirksverordnetenversammlung, sondern als Abgeordneten-

Mit der schillernden Person Marlene Dietrichs (1901–92), dem berühmtesten Kind Schönebergs, in der Leberstraße 65 geboren, kamen die Berliner nie zurecht. Sie nahmen ihr Weltruhm, Reichtum, Ironie und »antipatriotische Gesinnung« bis über den Tod hinaus übel. Die »fesche Lola« aus dem »Blauen Engel« ging schon 1930 mit Sternberg nach Hollywood, dort blieb sie auch und kam, moralisch unantastbar, mit den Siegern zurück. Die ganze Welt verehrte sie als große Diva – in Berlin wurde sie ausgepfiffen. Auf dem Friedhof in der Stubenrauchstraße ist sie ihrem Wunsch gemäß beerdigt worden. In der neuen Mitte wird ihrer nun gedacht. Im Zentrum des Potsdamer-Platz-Areals liegt der Marlene-Dietrich-Platz, und im Film-Museum ist ihr Leben inszeniert.

Gottfried Benn (1886-1956): Im Erdgeschoss der Bozener Straße 20 lag die Wohnung mit Praxis, in der Benn mit Unterbrechungen von 1937 bis zu seinem Tode lebte; hier ist sein Spätwerk entstanden. Die neonklare Kälte der frühen Gedichte, in denen er erstmals in der Geschichte der Lyrik Verfall, Krankheit und Verwesung radikal thematisierte, hatte zutiefst schockiert; als Lyriker machten sie ihn berühmt. Seine Ästhetik hat die Sprache der Moderne grundlegend beeinflusst. Zum Nationalsozialismus fühlte er sich anfänglich hingezogen. Er erkannte seinen Irrtum; zwischen 1936 und 1948 veröffentlichte er nichts mehr. Nach dem Zweiten Weltkrieg, auf »dem Aschenhaufen meiner Existenz«, feierte Benn mit seinem Spätwerk ein Comeback.

haus, Amtssitz des Senats und des Regierenden Bürgermeisters von Berlin stand es im Blickpunkt des Weltgeschehens, war politisches Zentrum West-Berlins. Vom ersten Regierenden Bürgermeister Ernst Reuter, der Berlin und die Berliner mit Bravour durch die schweren Nachkriegsjahre und die Blockade lavierte, über Heinrich Albertz, Willy Brandt, Richard von Weizsäcker bis zu Eberhard Diepgen: Sie alle empfingen ihre Besucher im »Goldenen Saal«, wachten über die Eintragungen ins Goldene Buch der Stadt, hielten vom Balkon aus Ansprachen und Appelle. Die Berliner versammelten sich hier zu Massendemonstrationen, Protesten, Kundgebungen und Trauerfeiern, und niemand wird die Ansprache John F. Kennedys vergessen haben, der am 26. Juni 1963 vor 450 000 Menschen vom Rathaus aus erklärte: »Vor 2000 Jahren war der stolzeste Satz, den ein Mensch sagen konnte: Ich bin ein Bürger Roms. Heute lautet in der Welt der Freiheit der stolzeste Satz: Ich bin ein Berliner.« Nach der Ermordung Kennedys wurde der Rudolph-Wilde-Platz vor dem Rathaus in John-F.-Kennedy-Platz umgetauft.

Im 70 m hohen Turm des Rathauses hängt die **Freiheitsglocke.** Die Nachbildung der »Liberty Bell« aus Philadelphia wurde 1950 als Geschenk des amerikanischen Volkes von Lucius D. Clay den Berlinern übergeben. Sie läutet zu besonderen Anlässen und jeden Mittag um 12 Uhr.

Zart und anmutig steht neben der Dorfaue, einer Verkehrsinsel mitten in der Hauptstraße, die schlichte, barocke **Dorfkirche (3)** mit Kupferhaube und Wetterfahne. Sie stammt aus dem Jahr 1766 und erinnert an den Wiederaufbau des im Siebenjährigen Krieg verbrannten Dorfes. In den Gründerjahren wurden aus biederen Ackersleuten schließlich die Schöneberger »Millionenbauern« – sie verkauften ihr Land an Eisenbahngesellschaften und Bauvereine; sechs ihrer Villen stehen noch heute entlang der Dorfaue.

Das Bayerische Viertel – verstecktes Leben und der Terror der Alltäglichkeit

»Man sieht nur, was man weiß«, und man muss genau hinsehen im Bayerischen Viertel: Obwohl im Krieg stark zerstört, haben viele Häuserzeilen und Straßen ihren repräsentativen Charakter erhalten; in den baumbestandenen Straßen rund um den Bayerischen Platz stehen imposante Altbauten mit großzügig geschnittenen Wohnungen und komfortabler Ausstattung. Das gesamte Bayerische Viertel ist erst nach der Jahrhundertwende erbaut worden, keine Mietskasernen, sondern noble Wohnquartiere für gehobene Ansprüche. Erst war die stattliche Platzanlage da, in die acht Straßenzüge einmündeten; dann folgte ab 1908 die Bebauung der umliegenden Straßen unter der Federführung von Georg Haberland, Direktor der ausführenden Berlinischen Boden Gesellschaft. Er hatte Erfolg, das Bayerische Viertel war eine erstklassige Adresse gediegener Wohnkultur geworden: In der einstigen Haberland-, jetzt Nördlinger Straße 8 lebte Albert Einstein; in der Treuchtlinger Straße hielt sich Kurt Tucholsky während seiner Stippvisiten in Berlin auf. Im Erdgeschoss Bozener Straße 20 lag die Wohnung mit Praxis von Gottfried Benn, in der er mit Unterbrechungen von 1937 bis zu seinem Tod lebte; hier ist sein Spätwerk entstanden. Der Komponist Walter Kollo lebte in der Schwäbischen Straße 26, und Egon Erwin Kisch brach aus der Hohenstaufenstraße auf, wenn er »auf Reportage« ging.

Das Viertel, in dem sich von Anfang an viele jüdische Familien niedergelassen hatten, war bald als »jüdische Schweiz« bekannt; bis 1933 lebten rund 16 000 Juden hier; ihre Synagoge war Teil des Wohnhauses Nummer 37 in der Münchener Straße. Die nur leicht zerstörte **Synagoge** ist nach dem Krieg im Zuge des Wiederaufbaus abgerissen worden – denn die jüdische Gemeinde war ausgelöscht. Eine abstrakte Skulptur von Gerson Fehrenbach (1963) erinnert an sie.

Unauffällig und eindeutig zugleich, den Schrecken und das Leid jüdischen Lebens im Nationalsozialismus markierend, zeigen 80 Tafeln und Texte, auf Straßen und Plätze des Viertels verteilt, den alltäglichen Faschismus in radikaler Klarheit. Diese **Orte des Erinnerns** stammen von den Künstlern Renata Stih und Frieder Schnock (1992). An den Laternenmasten sind auf Doppelschildern auf der einen Seite harmlose Piktogramme unserer Lebenswelt abgebildet: eine Milchkanne, eine Postkarte, Parkbank, Schnuller. Auf der Rückseite die Texte der Gesetze und Verordnungen wie: »Keine Frischmilch für Juden. 10. 7. 42«, »Mit Jüdinnen verheiratete Postbeamte werden in den Ruhestand versetzt. 8. 6. 1937«, »Juden dürfen am Bayerischen Platz nur die gelb markierten Sitzbänke benutzen. 1939«; »Die Anerkennung als Hebamme ist einer Jüdin zu versagen. 21. 12. 1938«.

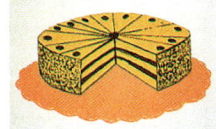

»In Bäckereien und Konditoreien sind Schilder anzubringen, die darauf hinweisen, daß Kuchen an Juden und Polen nicht verkauft wird.«
Orte des Erinnerns im Bayerischen Viertel.

Friedenau – hortus conclusus

Auch die nach der Reichsgründung von dem Immobilienhändler von Carstenn konzipierte Villenkolonie Friedenau war eine grüne, ländliche Idylle für die besseren Stände. Die Straßen rund um den Friedrich-Wilhelm-Platz und die hufeisenförmig angelegte Stubenrauch- und Handjerystraße entwickelten sich prächtig und wurden nach 1891, als der Bau drei- und vierstöckiger Mietshäuser und Villen erlaubt wurde, dem wachsenden Großstadtgürtel einverleibt. Aber Nied-, Elsa- und Fregestraße zum Beispiel oder der Cosima-Platz sind heute noch baumbestandene, still-vornehme Refugien für »Beamte, Pensionierte, Lehrer, Künstler und Literaten«, die damals schon kamen, auch heute noch da sind. Sie reicherten die betuliche Würde des Stadtteils an mit einem versteckten Hauch von Boheme. Der Komponist Max Bruch lebte bis zu seinem Tod im Jahr 1920 in der Albestraße; Ernst Barlach hatte ein Haus in der Illestraße gemietet, bevor er sich 1910 in Güstrow niederließ. Rilke blieb 1897 für einige Monate in Friedenau, Rosa Luxemburg lebte in der Wieland-,

Der in Pommern geborene Uwe Johnson (1934–1984) kam, da er in der DDR nicht publizieren durfte, 1959 nach West-Berlin. Sein Roman »Mutmaßungen über Jakob« erschien am Tag seiner Übersiedelung. Johnson, bis 1974 in Berlin ansässig, zählt zu den großen Autoren des 20. Jahrhunderts. Sein Werk ist vom Thema der deutschen Teilung durchdrungen, und sein Hauptwerk, die 1983 abgeschlossene Tetralogie »Jahrestage«, erfolgreich verfilmt, umschließt ein ganzes Jahrhundert deutscher Geschichte, spannt ein meisterhaftes Beziehungsnetz zwischen »Jerichow« an der Ostsee und New York, von Hindenburg über Hitler und Ulbricht bis zum Prager Frühling und zum Vietnam-Krieg. Im hintersten Winkel Südenglands, in Sheerness-on-Sea, ist Uwe Johnson gestorben.

später Cranachstraße; die Dadaistin Hannah Höch und ihr Ehemann Raoul Hausmann scharten die Avantgarde der zwanziger Jahre um sich … An die Bildhauerin Renée Sintenis (1888–1965) erinnert die 1970 nach ihr benannte runde Platzanlage. In den sechziger und siebziger Jahren galt Friedenau gar als literarische Hochburg der Studentenbewegung, und die damaligen Jungautoren wie Nicolaus Born, F. C. Delius, Christoph Meckel und Volker von Thörne schreckten die Bürger. In der Niedstraße schließlich ist Literaturgeschichte geschrieben worden: In Haus Nummer 13 hat von 1963 bis zu seinem Umzug nach Lübeck 1996 Günter Grass gelebt; hier hat sich auch oftmals Hans Magnus Enzensberger eingefunden, der aus der Fregestraße herüberkam, oder Max Frisch, der mit seiner Frau in den siebziger Jahren in der Sarrazinstraße lebte. Und unvergessen: Gleich nebenan in der Niedstraße 14 bewohnte Uwe Johnson 1959–68 eben jenes Dachatelier, in dem in den zwanziger Jahren Karl Schmidt-Rottluff seine Freunde von der »Brücke« bewirtet hatte.

Friedenau und Steglitz waren einst Sitz der Verlage S. Fischer, Ernst Rowohlt, Malik, Langenscheidt; und heute hält der Verlag Klaus Wagenbach in der Ahornstraße nahe des Nollendorfplatzes die Stellung.

Wilmersdorf und Steglitz

Wilmersdorf – Tadsch-Mahal und wilde Winkel

Wilmersdorf mit seinen weiteren Ortsteilen Schmargendorf und Grunewald ist einer der großen, grünen Bezirke Berlins: Von den rund 40 qkm der Bezirksfläche nimmt der westliche Bezirk Grunewald mit seinen Seen, dem Teufelsberg und den Villenkolonien fast die Hälfte ein. Die Wilmersdorfer leben in Halensee, Grunewald oder dem innerstädtischen alten Wilmersdorf. Industrie ist kaum vorhanden, dafür große Verkehrsschneisen und sehr viel Verwaltung rund um den Fehrbelliner Platz mit der Bundesversicherungsanstalt für Angestellte und verschiedenen Senatsverwaltungen. Die gesamte Südseite der Lietzenburger und der westliche Kudamm sind schon Wilmersdorfer Gebiet, die schönen, lebhaften Quartiere mit großbürgerlicher Wohnbebauung rund um Ludwigkirchplatz, Olivaer Platz und Fasanenplatz gehören dazu, und als doppeltes Lottchen quasi hat Wilmersdorf gemeinsam mit Charlottenburg die Geschichte und Kultur des Berliner Westens geprägt. Ungewöhnlich in ihrer vielfältigen, geradezu weltumspannenden Ästhetik sind die zahlreichen Kirchen mit ihren Religionsgemeinschaften: Neben neun evangelischen und sechs katholischen sind zehn weitere vorhanden, u. a. die dänische Christianskirche und die in orientalischer Pracht schillernde große **Moschee (4)** (1924–27) in der Brienner Straße, die mit ihren

maurischen Minaretten und der indisch anmutenden Kuppel der pakistanisch-islamischen Gemeinde der Ahmadiya eine spirituelle Heimat bietet.

In unmittelbarer Nähe zur Moschee, am Hoffmann-von-Fallersleben-Platz, liegt die russisch-orthodoxe **Christi-Auferstehungs-Kathedrale (5).** Sie wurde 1936–38 im traditionellen Nowgoroder Stil errichtet, und ihre fünf grün gedeckten Zwiebeltürme mit goldenen Doppelkreuzen bilden einen weithin sichtbaren, markanten Blickpunkt.

Architektonisch bedeutend sind auch zwei protestantische Kirchen in eigenwilligem Backsteinexpressionismus: zum einen die **Kirche am Hohenzollerndamm (6),** die den Hohenzollernplatz unweit der Fasanenstraße beherrscht. Der machtvolle Quader mit kupfernem Satteldach, Vertikalrippen und hoch aufschießendem Turm in glasiertem und ornamentiertem Klinker wurde 1931–32 von dem Hamburger Fritz Höger – von ihm stammt das dortige Chile-Haus – als Betonskelettbau errichtet und verquickt strenge Sachlichkeit und klare Gliederung mit dynamischen, kühnen Details. Die großzügige Freitreppe, ebenfalls in demselben Klinker gedeckt, zieht den Besucher wie magisch in das Dunkel hinter dem doppelten Spitzgiebelportal hinein. Dort öffnet sich, himmelaufwärts, ein dramatischer Innenraum in sakraler Feierlichkeit mit 13 steilen, gotisierenden Spitzbögen. Im Krieg schwer beschädigt, ist das Kircheninnere schlicht und schmucklos wiederhergestellt worden.

vHat der Hohenzollerndamm schließlich die Trasse der S-Bahn und Stadtautobahn gequert, leitet die **Kreuzkirche (7)** an der Ecke Forckenbeckstraße in die versteckten, sanften und friedlicheren Gefilde des Ortsteils **Schmargendorf** über. Die monumentale Plastizität der Kreuzkirche ist in drei Bauteile gegliedert, die sich durch

*Erst in der Nassau-
ischen Straße Nr. 4, ab
1921 am Hohenzol-
lerndamm 201, hatte
George Grosz sein
Atelier eingerichtet.
Hier entstanden seine
Aufsehen erregenden,
gesellschaftskriti-
schen Zeichnungen,
die im »Simplicissi-
mus« und im Malik-
Verlag erschienen.
Von der Trautenau-
straße aus mussten
er und seine Frau
im Jahr 1933 aus
Deutschland flüchten.*

*Die reizende Dorfkir-
che in Schmargendorf,
deren Saalbau aus
Granitquadern zu
Beginn des 14. Jahr-
hunderts errichtet
wurde, ist die kleinste
der noch erhaltenen
Dorfkirchen Berlins.*

Am Lilienthalpark, in
einem der südlichsten
Zipfel Berlins, erinnert
eine eindrucksvolle
Gedenkstätte an den
ersten deutschen Ika-
rus: Der Ingenieur Otto
Lilienthal (1848–96)
hatte ab 1867 mehrere
Gleitflugversuche und
flugtechnische Experi-
mente unternommen.
Den grasbewachse-
nen, kegelförmigen
Hügel, den Lilienthal
1894 als »Flieger-
berg« hatte anlegen
lassen, krönt eine
Weltkugel, die von
einer ringförmigen
Dachanlage gefasst
ist. 1896 stürzte
Lilienthal bei einem
weiteren Flugversuch
im Havelland tödlich
ab; die Technik des
Segelfliegens war
jedoch auf den Weg
gebracht.

eine Mittelachse erschließen. Der Turmkörper, von drei kupferge-deckten Nadelspitzen gekrönt, ist durch einen Kreuzgang hinter der langen Westfassade mit dem achteckigen, doppelt überkuppelten Kirchenraum verbunden. Interessant ist das Referenzsystem, das die Erbauer Ernst Paulus und sein Sohn während der Bauzeit 1927–29 geknüpft haben: Sie bezogen sich auf das Chile-Haus von Fritz Höger, und der wiederum führte seine markante, scharfkantig formulierte Formensprache, seinen Stil der wilden Winkel in der Kirche am Hohenzollerndamm weiter. Auch die Kreuzkirche wird durch Backstein, Klinker und farbig glasierte Keramik bestimmt; der pagodenähnliche Portalvorbau mit figurativen Schmuckelementen und spitzgiebliger Haube bietet einen lockenden Vorgeschmack auf das Kircheninnere.

Ein anders gearteter, »wilder Winkel« der Kulturgeschichte Berlins findet sich südlich des 1910–14 von Paul Jatzow im englischen Landhausstil bebauten **Rüdesheimer Platzes,** rund um den vormaligen Laubenheimer-, jetzt **Ludwig-Barnay-Platz.** Hier lebten in den zwanziger Jahren zahllose Künstler, Literaten, Schauspieler und Intellektuelle, die 1933 nahezu ausnahmslos flüchten mußten – schon in den Monaten vorher hatten die Nazis die Kolonie mit nächtlichen Überfällen terrorisiert.

Etwa einen Kilometer südlich des Breitenbachplatzes beginnt als Vorbote des grünen Südwestens das Reich des Botanischen Gartens, und der gehört zum **Bezirk Steglitz.** Der innenstadtseitig gelegene Ortsteil Steglitz war zur Zeit der Berliner Verwaltungsreform im Jahr 1920 mit über 80 000 Einwohnern das größte Dorf in Deutschland; es gab dem Bezirk mit den weiteren Ortsteilen Lankwitz und Lichterfelde seinen Namen. Die letzteren sind größtenteils durch weiträumige Villen und Landhausbebauung charakterisiert; Lichterfelde-Ost und -West sind durch die von Carstenn ab 1865 angelegten Villenkolonien geprägt; hier findet man noch efeuumrankte, zinnenbewehrte Prachtbauten, schmale Straßen mit Einfamilienhäusern und Laubenpieperkolonien.

Für die Berliner ist Steglitz das Synonym für **Schlossstraße,** und die Schlossstraße steht für ernsthaftes Einkaufen, für Shopping ohne Ende von der U-Bahnstation Walter-Schreiber-Platz bis zum Zentrum mit dem Rathaus Steglitz. Spaziert man am alten Rathaus in märkischer Backsteingotik mit trutzigen Türmchen und Buntglasscheiben (Ecke Grunewaldstraße) vorbei, steht im Knick der Schlossstraße, dort, wo sie in die Allee Unter den Eichen übergeht, das zauberhafte **Wrangelschlösschen** in kräftigem Rosarot, ein Kleinod im großstädtischen Gewühl. Das in reinem Klassizismus von David Gilly erbaute Haus hat General Graf von Wrangel ab 1850 als Sommersitz bewohnt. Im Schlösschen mit Restaurantbetrieb, durch Sponsoren aufwändig restauriert, finden heute unterschiedliche Veranstaltungen statt. Gleich nebenan liegt das viel besuchte **Schlosspark-Theater,** das unter der Intendanz von Boleslaw Barlog unmittelbar nach Kriegsende beim Wiederaufbau der Berliner Theaterlandschaft eine entscheidende Rolle spielte. Mit nahe liegendem Kino, einigen Restaurants und Kneipen ist rund um diese Ecke ein kleines kulturelles Zentrum entstanden, das die Shoppingmeile ergänzt und weiterleitet zum Botanischen Garten.

Mitten auf dem **Hermann-Ehlers-Platz,** nahe der S-Bahntrasse, erinnert die **Spiegelwand** nachdrücklich an die Deportation und Ermordung der Steglitzer Juden. Lange hat es gedauert, über Jahre wurde heftig gestritten um das Mahnmal, dessen Entwurf von den Berliner Architekten Joachim von Rosenberg und Wolfgang Göschel stammt: In 18 stählernen Spiegeln auf einer 9 m breiten und 3,50 m hohen Wandscheibe sind Namen und Anschriften von 1723 Steglitzer Juden eingraviert, die der NS-Schreckensherrschaft zum Opfer gefallen sind. Die Welt, der Platz, die Stände des Wochenmarktes, jeder Fußgänger spiegelt sich in dem 1995 errichteten Denkzeichen wider.

Ganz nah »ein wahrer Höhepunkt« – Grunewald und Havellandschaft

Der Grunewald schiebt sich als grüne Oase zwischen die Innenstadtbezirke und die märkische Seenlandschaft. Die mäandernde Havel mit ihren Buchten, Wasserarmen und Verbindungskanälen stößt im Norden auf den Spandauer Forst und den Tegeler See; im Süden weitet sie sich zum Wannsee aus, führt nach Potsdam und Brandenburg hinein – Grunewald und Havellandschaft sind ein wunderbares, stadtnahes Erholungsgebiet und mit Landschaftsgärten und Schlössern, die zu den großen preußisch-deutschen Kulturschätzen zählen, ein »preußisches Arkadien«. Die ganze Herrlichkeit ist dem **Bezirk Zehlendorf,** jenseits der Havel Potsdam zugehörig. Mit über 70 qkm ist Zehlendorf einer der flächenmäßig größten Bezirke Berlins, der Anteil an Wasser-, Wald und Grünflächen liegt bei über 60 Prozent. Die Zehlendorfer sind ein privilegiertes Völkchen. Ihre Adressen sind die feinsten und teuersten. Alte Villenquartiere, stattliche Anwesen mit Seezugang, gut erhaltene Reste ländlicher Idyllen mit Dorfanger und Feldsteinkirche wie in Zehlendorfs Mitte, stille Straßen mit Kopfsteinpflaster, umzäunten Vorgärten und altem Baumbestand prägen das Bild.

Mit Zehlendorf sind die Landgemeinden Nikolassee und Wannsee, die Gutsbezirke Dahlem, Klein-Glienicke, Pfaueninsel und der Nordteil des Potsdamer Forstes erst 1920 zum Bezirk Zehlendorf zusammengeschlossen und in Großberlin eingemeindet worden. Damals betrug die Einwohnerzahl 33 000, heute sind es 98 000.

Die erste Eisenbahnlinie von Berlin nach Potsdam, 1838 in Betrieb genommen, führte durch Zehlendorf. Die seit 1863 durch private

»Die Havel-Inseln: Bezaubernde Landschaft. Die Havel-Inseln sind, so scheint mir, für den Norden ein wahrer Höhepunkt voller Adel und Anmut, wie die Borromäischen Inseln für Italien. Das hat einen Anhauch von durchaus eigentümlicher Lieblichkeit, aber viel zarter, melancholischer; an glücklichen Tagen, wenn man besonders empfänglich ist, fühlt man sich lebhaft berührt davon.«
(Stendhal, 16. 4. 1808)

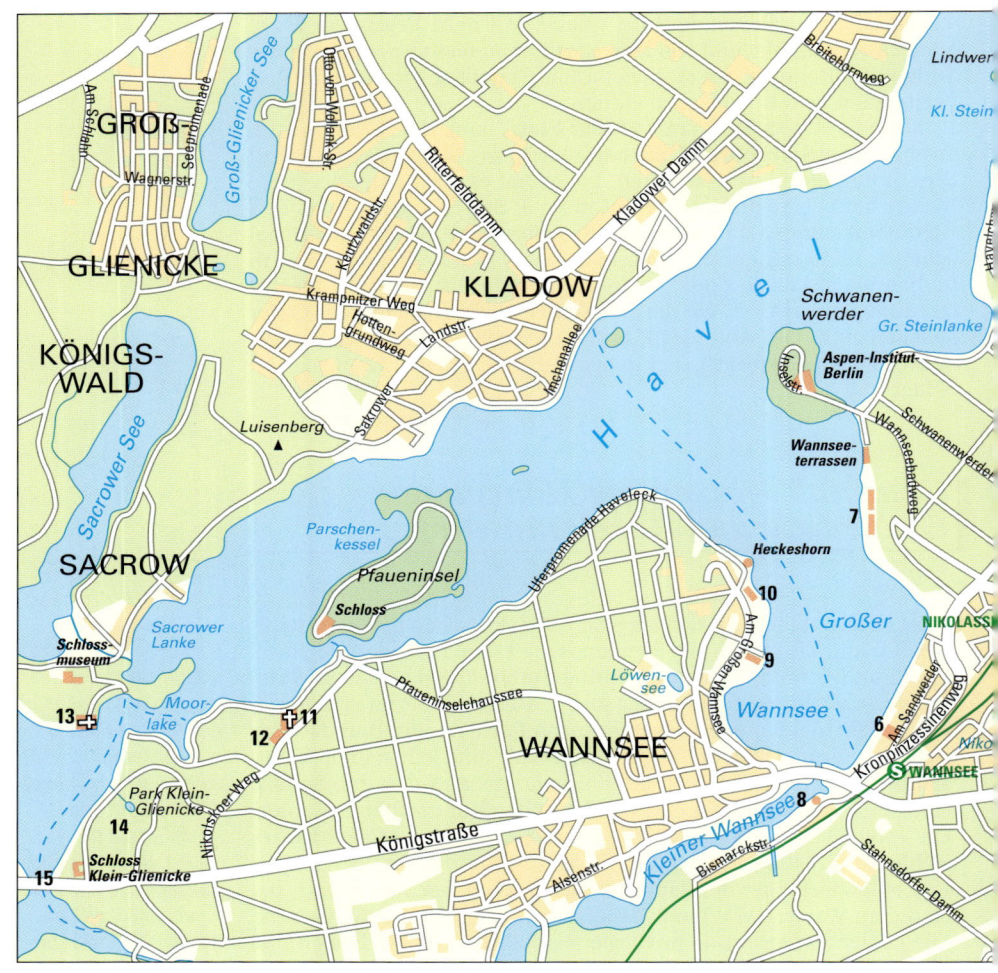

Gesellschaften erschlossenen vornehmen Villenkolonien, die Kolonie Alsen am Wannsee, die Villenkolonien am Grunewald, Schlach-
tensee und Nikolassee, waren große Erfolge, brachten Geheime Räte,
Ärzte, Künstler, Wissenschaftler, Politiker und Industrielle nach Zehlendorf, die sich in noblen, großbürgerlichen Anwesen im kunterbun-
ten Jäger- oder Landhausstil, in Neogotik, Neofachwerk, Neorenaissance und Klassizismus, zwischen Zinnen, Türmen, Burgtoren und
Erkern niederließen. Die Wannseebahn richtete 1903 sogar
»Bankierszüge« ein – sie fuhren ohne lästige Zwischenstopps. Später kam die U-Bahn hinzu; die S- oder U-Bahnhöfe wie Dahlem-

Dorf, Mexikoplatz, Zehlendorf sind heute wohlrestauriert und präsentieren sich mit Reetdächern oder Jugendstil-Flair. Der Weg war gebahnt, nicht nur für die vornehme Klientel, sondern auch für Hunderttausende von Berliner Familien aus den steinernen Proletarierbezirken, die an den Wochenenden entweder an den am Ostrand gelegenen Müggelsee fuhren oder quer durch den Grunewald ratterten, in den Wirtshäusern und Ausflugslokalen »Kaffee kochten«, ihre Stullen auspackten und sich im Wannseebad abkühlten.

An jedem Seeufer locken Wirtschaften mit Gartenterrassen, die Ufer sind gesäumt von Hafenanlagen, Bootsanlegestellen, Sport-

In der Dellbrückstr. 23 steht das Elternhaus von Walter Benjamin. Als junger Ehemann lebte er dort bis zu seiner Emigration nach Paris; auf der Flucht vor dem faschistischen Terror beging er 1940 in Port Bou Selbstmord. Seine Essaysammlung »Berliner Kindheit um Neunzehnhundert« beschwört vor geschichtsphilosophischem Hintergrund das »unvordenkliche Gefühl bürgerlicher Sicherheit um 1900«.

clubs; überall begegnen Wassersportler, Ausflügler, Spaziergänger, hier gibt es einen Nacktbadestrand, dort einen nur für Hunde. Im Strandbad Wannsee tummeln sich im Sommer Tausende von Berlinern – und doch findet sich überall noch ein Plätzchen für den, der es einsam und ruhig liebt.

Inmitten der weit verzweigten Institutsbauten der Freien Universität in Dahlem konzentriert sich das vierte große Museumsareal Berlins, die Dahlemer Museen. Im Ortsteil Wannsee, rund um die Ufer vom Großen und Kleinen Wannsee, blicken herrliche Villen über das Wasser hinweg; hier liegen das Haus der Wannseekonferenz, der einstige Sommersitz von Max Liebermann und, ganz versteckt, das Grab von Heinrich von Kleist. Noch weiter westlich, am anderen Ende des Waldgebietes Düppeler Forst, beginnt auf der Landspitze Nikolskoe das »preußische Arkadien«, dessen unvergleichlicher Reiz insbesondere von den zahllosen, abwechslungsreichen Blickachsen gebildet wird, die sich hier von allen Uferseiten aus ergeben. Da ist die Pfaueninsel mit ihren märchenhaften Architekturkulissen; die Kirche St. Peter und Paul auf Nikolskoe hoch über der Uferböschung gegenüber der Heilandskirche von Sacrow und ganz am Ende Berlins, an der Grenze nach Potsdam und zum Land Brandenburg die Schloss- und Parkanlagen von Klein-Glienicke, ein italienisierendes künstliches Paradies, von Schinkel und Lenné geschaffen. Es ist das vielleicht romantischste, schönste Fleckchen Berlins. Hart daneben führt die Verkehrsader Königstraße über die Glienicker Brücke – einst Staatsgrenze der DDR – mit Blick auf Babelsberg und die Türme und Zinnen der Schlösserlandschaft von Potsdam.

Rund um den Grunewald

Ganz oben am Kudamm, am Rathenauplatz, zweigen Koenigsallee und Hubertusallee ab; die Koenigsallee führt an einer Kette kleiner künstlicher Seen entlang mitten hinein in die Villenkolonie Grunewald. Südlich daran schließt, schon zwischen Kiefern, Mischwald und märkischem Sandboden, das Naturschutzgebiet Hundekehlefenn an, das auf den großen Grunewaldsee zuführt. Die **Villenkolonie an der S-Bahnstation Grunewald** (noch Bezirk Wilmersdorf) ist seit ihrer Gründung 1889 eine der Berliner Topadressen: Hier findet idyllisches Landleben statt, mit größtem Komfort, diskret und vornehm. In der Regerstraße 8 lebten Lion Feuchtwanger und seine Frau Marta; ihr Haus wurde 1933 von der SA geplündert, als sich das Ehepaar auf einer Auslandsreise befand – sie kehrten nicht wieder zurück. Die gegenwärtigen Besitzer des Hauses wollten keine Gedenkplatte, also ist sie in den Fußweg eingelassen. Max Reinhardt bezog eine noble Villa in der Fontanestraße, auch er musste emigrieren. Wie überall in Berlin zeigt sich auch hier immer wieder der Einbruch düsterer Geschichte. Der S-Bahnhof Grunewald war Verladebahnhof in die Konzentrationslager. Nahe dem Hundekehlesee, in der Koenigsallee 65, bewohnte Walther Rathenau ein prächtiges Anwesen; der Außenminister der Weimarer Republik wurde am 24. Juni 1922 unweit seines Hauses auf offener Straße im Auto von Rechtsradikalen erschossen. Max Liebermann, sein Großonkel, hatte ihn porträtiert.

Das Brücke-Museum – »Neue Kräfte des Sehens«

Am östlichen Rand des Grunewalds führt die Clayallee ins Herz von Zehlendorf. Auf halbem Wege an der Abzweigung Pücklerstraße, die mitten hinein in den Grunewald zum Grunewaldsee führt, liegt Am Bussardsteig das **Brücke-Museum (1).** Das schöne moderne Ateliergebäude aus vier Flachbauten um einen Innenhof, 1966/67 von Werner Düttmann im Bauhaus-Stil errichtet, ist auf Betreiben von Karl Schmidt-Rottluff entstanden, der 1964 zu seinem 80. Geburtstag dem Land Berlin eine bedeutende Schenkung mit knapp 80 eigenen Werken übergab. Sie bildet den Kern einer der bedeutendsten Sammlungen expressionistischer Kunst in Deutschland, die unter Hinzunahme der Werke von Schülern und Freunden entstand. Einen Schwerpunkt bilden die Plastiken und Gemälde der 1905 in Dresden gegründeten Künstlergemeinschaft »Die Brücke«, die ab 1910 die Berliner Secession unterstützte und drei Jahre lang die hauptstädtische und deutsche Kunstszene in Aufruhr versetzte. Für Karl Schmidt-Rottluff, Erich Heckel, Ernst-Ludwig Kirchner und Fritz Bleyl, später auch Max Pechstein, Emil Nolde und Otto Mueller ging es nicht um Impressionen in der Malerei, sondern um Expression – gefühlsbetonte, rauschhafte Farbwelten. Sie alle versuchten, »das große, freie Bild« mit »neuen Kräften des Sehens« zu erschaffen.

Jagdschloss Grunewald

Die Pücklerstraße als weiter, breiter Spazierweg führt direkt zum **Jagdschloss Grunewald (2),** ein bescheiden wirkendes Bauensemble um einen Innenhof am Grunewaldsee. Hinter den dicken, weiß getünchten Mauern des Hauptbaus verbirgt sich das einzig erhaltene, originäre Renaissance-Zeugnis von Berlin: der große Saal mit bemalter Holzdecke. 1542 wurde das Jagdschloss nach einem Entwurf von Caspar Theyss für den Kurfürsten Joachim II. »Im grünen Walde« errichtet – Waldgebiet und Schloss erhielten so ihre Namen und wurden durch den ersten Waldpfad, den »Churfürstendamm«, mit dem Stadtschloss verbunden. Nachfolgende Kurfürsten und preußische Könige nahmen sich des einstigen Wasserschlosses mit Zugbrücke an, das idyllisch zwischen Stadtschloss und Potsdam gelegen war. Es wurde mehrfach um- und ausgebaut und zeigt nach seiner Restaurierung 1973 heute wieder seine barocke Gestalt, die ihm zwischen 1669 und 1707 verliehen wurde. Um 1770 ließ Friedrich II. noch einen

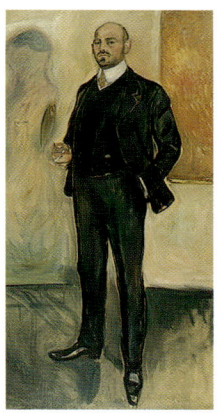

Walther Rathenau, Porträt von Edvard Munch.
Harry Graf Kessler hat am 25. Juni 1922 von Rathenau Abschied genommen: »Er liegt im offenen Sarge in seinem Studierzimmer, in dem ich so oft mit ihm gesessen habe … wir waren ganz allein im Zimmer; es herrschte große Stille, und doch in dem zerfurchten, toten, wunden Gesicht eine unausmaßbare Tragödie. Ich empfand sie ähnlich wie am Sarge Nietzsches.«

Tipp:
Die Schlossbesichtigung läßt sich mit einem Spaziergang rund um den See schön ergänzen, und im traditionsreichen »Forsthaus Paulsborn« mit Café- und Gartenterrassen dann die verdiente Einkehr!

Abstecher:
An der Argentinischen Allee, zwischen Onkel-Toms-Hütte und Mexikoplatz mit seinem jugendstiligen S-Bahnhof, lockt der kleine Waldsee, und in einer stattlich-behaglichen Villa, dem Haus am Waldsee (Argentinische Allee 30), werden Kunstausstellungen gezeigt, die sich über Berlin hinaus einen Namen gemacht haben.

Jagdzeugschuppen anbauen. Bei der Restaurierung wurde der im 18. Jahrhundert verbaute große Renaissance-Saal entdeckt und freigelegt.

Außerordentlich sehenswert ist die Gemäldesammlung. In wohnlicher, rustikaler Atmosphäre werden auf drei Geschossen neben Jagdtrophäen, Porzellan- und Zinnsammlungen ca. 200 Gemälde aus dem 16. bis 19. Jahrhundert von deutschen und niederländischen Künstlern präsentiert. Von Lucas Cranach d. J. stammt ein Porträt des Erbauers Kurfürst Joachim II.; aus brandenburgischen Schlössern wurden viele niederländische Gemälde des 17. Jahrhunderts zusammengetragen, deutsche Werke aus friderizianischer Zeit und dem Biedermeier: Rubens, Jan Lievens, Abraham Bloemaerts, Jacob Jordaens, Antoine Pesne, Franz Krüger. Im Jagdzeugmagazin wartet Waidmännisches – passend zur Hubertusjagd, die an jedem 3. November im Nebelmorgen zwischen See und Wäldern hier ihren Ausgang nimmt. Sie wurde zu Kaisers Zeiten als einzige Jagd nicht im roten Rock, sondern im roten Frack geritten.

Dahlem und seine Museen

Große Anziehungskraft besitzt das Alliierten-Museum (3), das im Juli 1998 seine Pforten auf dem Gelände des ehemaligen Outpost-Kinos der amerikanischen Streitkräfte an der Clayallee geöffnet hat. In Erinnerung an »50 Jahre Luftbrücke« und die Blockade Berlins ist hier neben einem echten »Rosinenbomber« auch das Kontrollhäuschen vom Checkpoint Charlie zu begutachten sowie eine Fülle an Memorabilia, die den Vier-Mächte-Status der Frontstadt noch einmal lebendig vor Augen führen.

Im reetgedeckten Bahnhofsgebäude der U-Bahnstation Dahlem-Dorf scheint der Ortscharakter auf den Punkt gebracht: ländliche Atmosphäre, ruhige Straßen, Villenbebauung, belebt von den vielen Studenten der Freien Universität.

In Verwaltungsbauten der Luftwaffe zogen 1945 Dienststellen der amerikanischen Streitkräfte – in der Clayallee befand sich das amerikanische Hauptquartier. Zehlendorf gehörte zum amerikanischen Sektor. Neben dem Uni-Betrieb prägt auch die **Domäne Dahlem (4)** als Landgut und Museum den alten Dorfkern. Das Dorf selbst ging aus dem märkischen Rittergut, später königlichem Domänenbesitz hervor, der um die Jahrhundertwende mit schönen, kaiserlich gebilligten Villenquartieren geadelt wurde. Nach Auflösung der verbliebenen Berliner Stadtgüter im Jahr 1976 konnte ein Bürgerverein den Kernbestand des alten märkischen Gutshofes retten. Heute ist der Gutshof mit Landwirtschaft, Handwerksbetrieben und schönem Herrenhaus gleichermaßen Produktions- wie Museumsbetrieb und bietet neben echtem »Stallgeruch« Kutschfahrten, regen Marktbetrieb und Domänenfeste, die besonders bei Kindern sehr beliebt sind.

Der grasbewachsene Buckel der Dorfaue ist noch da, ebenso die renommierte »Wirtschaft«, der schöne »Alte Krug« und die St.-Annen-Kirche, die in ihren ältesten Teilen aus dem 14. Jahrhundert stammt. Nach 1933 war die Gemeinde Dahlem mit ihrem Pastor Martin Niemöller das Zentrum der Bekennenden Kirche Deutschlands. Auf dem Friedhof ist 1979 Rudi Dutschke beerdigt worden, der führende Kopf der Studentenbewegung, die an der FU ihren Ausgang nahm. Sehr romantisch und dörflich wirkt auch der Thielpark, eine abgesenkte kleine Anlage mit Findlingen, Teichen und Wasserläufen.

Die Dahlemer Museen

Das Blockgeviert zwischen Lansstraße und Arnimallee besetzt der **Museumskomplex Dahlem (5).** Die Dahlemer Sammlungen zu außereuropäischen Kulturen besitzen internationalen Rang und werden sich nun nach dem Auszug der Gemäldegalerie in üppiger Pracht ausbreiten können.

Das **Museum für Indische Kunst** zeigt sich seit Oktober 2000 in frischer Pracht. Es nimmt eine herausragende Stellung in der deutschen Museumslandschaft ein: Es besitzt die größten und bedeutendsten Sammlungen indischer Kunst und ist eines der wenigen Häuser, die von Indologen betreut werden und nicht einem Völkerkundemuseum angegliedert sind. Drei Ausstellungsbereiche, nach Kunstgattungen gegliedert, erschließen Skulptur, Malerei und Kunsthandwerk Indiens und den Ländern des indischen Kulturbereiches (Zentralasien, Südostasien, Tibet und Nepal) vom 2. bis zum 19. Jahrhundert. Großartige indische und südostasiatische Steinskulpturen und Bronzen sind hier zu sehen; Metallkunst, Töpferei und Weberei, Elfenbein-, Jade- und Holzschnitzereien sowie eine exquisite Sammlung von Miniaturmalerei vom 12. bis 19. Jahrhundert. Die Galerie südostasiatischer Kunst bietet dem Besucher u. a. Abformungen der Reliefs aus den Tempelanlagen von Angkor Vat in Kambodscha.

Den Höhepunkt des Museums bildet die berühmte **Turfan-Sammlung:** Skulpturen, Wandmalereien und Manuskripte aus dem 2. bis 14. Jahrhundert aus überwiegend buddhistischen Höhlentempeln, die auf vier deutschen Expeditionen 1904–14 in der Region Turfan, einem Knotenpunkt der Seidenstraße, gefunden wurden. Die Papierhandschriften in 30 Sprachen haben sich aufgrund des Wüstenklimas erhalten.

Neben dem Museum für Indische Kunst sind alle weiteren Räume im Erdgeschoss dem **Ethnologischen Museum** zugute gekommen: Die leeren Flügel, in denen die Gemäldegalerie und die Skulpturensammlung untergebracht waren, gehören nun zum Völkerkundemuseum. Die Fülle seiner Sammlungen, bisher nur in Teilausstellungen zu sehen, kann endlich adäquat präsentiert werden. Meisterwerke afrikanischer Kunst und Zeugnisse der Kultur der Indianer Nordamerikas sind großzügig ausgestellt – die Mehrzahl der Objekte war bisher immer nur in Wechselausstellungen zu bewundern.

Im Museum finden sich eindrucksvolle Zeugnisse aus allen Kontinenten, aus allen Zeiten: Gold, Silber, Textilien, Steinskulpturen aus den präkolumbianischen mittel- und südamerikanischen Kulturen

Die Idee, ein Asiatisches Museum zu errichten, stammt von Wilhelm von Bode, und auch die Pläne, für die außereuropäischen Kunstschätze in Dahlem einen großzügigen Rahmen zu schaffen, gehen auf ihn zurück. Durch kaiserliche Verfügung war Land der Domäne Dahlem für preußische Fachbehörden und wissenschaftliche Institute genutzt worden, sodass sich auch der Museumskomplex gut einfügen konnte. 1914 schon hatte Bruno Paul mit dem Bau begonnen, Krieg und wissenschaftliche Streitigkeiten bezüglich der Inhalte verzögerten die Fertigstellung, und erst nach dem Zweiten Weltkrieg, dann unter veränderten Vorzeichen, ist das Bauensemble bezogen worden. Die Erweiterungsbauten sind 1966 abgeschlossen worden.

der Maya und Azteken; Kultobjekte und Boote, Häuser und Bekleidungsstücke aus Ozeanien und Australien; Sammlungen aus China und der Mongolei mit Jurten, Schattenspielen und Knocheninschriften; aus Indonesien, Indien und Hinterindien stammen Theater- und Kultmasken, Schattenspielfiguren kommen aus Java, Bali und Thailand, Prunkwaffen und Schmuck aus Indonesien, Masken und Plastiken machen mit den alten afrikanischen Kulturen bekannt. Insgesamt besitzt das ehemalige Völkerkundemuseum, jetzt Ethnologisches Museum, eines der größten der Welt, eine halbe Million Objekte und über 100 000 musikethnologische Tondokumente. In den thematischen Dauerausstellungen über menschliche Daseinsformen werden menschliche Gemeinsamkeiten im interkulturellen Vergleich eindrücklich herausgestellt. Eine der großen Attraktionen ist die große Bootshalle, Teil der Südsee-Abteilung – dort kann man eine Bootsreplik und das Männerhaus der Palau-Inseln betreten.

Das **Museum für Ostasiatische Kunst** ist den vielfältigen Kulturzeugnissen aus China, Korea und Japan gewidmet – die großartigen Bestände hatten 1924 im heutigen Martin-Gropius-Bau permanente Ausstellungsräume bezogen – sie galten als bedeutendste ihrer Art in Europa. 1945 sind 90 Prozent der Bestände von der Trophäen-Kommission der Roten Armee aus dem Flackturm am Zoo in die Sowjetunion verbracht worden; sie befinden sich heute in der Eremitage in St. Petersburg. Die restlichen Kostbarkeiten, seit der Nachkriegszeit in Ost- und Westsammlungen getrennt und um bedeutende Ankäufe und Schenkungen erweitert, konnten 1992 hier dauerhaft zusammengeführt werden. Neben Grafik, Kunstgewerbe und archäologischen Funden nimmt die Malerei den zentralen Bereich der Sammlung ein. Die buddhistische Kunst bietet Malerei, Kultgerät und Skulptur. Keramiken und Lackarbeiten demonstrieren die hohe Meisterschaft chinesischen Kunstgewerbes. Die Abteilung für chinesische und japanische Malerei aus dem 13. Jahrhundert bis zur Gegenwart stellt den Höhepunkt der Sammlungen dar, ihre Bestände werden vierteljährlich gewechselt, sodass immer wieder Neues und Überraschendes zu sehen ist, seit Oktober 2000 auch hier neu in Szene gesetzt.

Die bisher in Dahlem und im Bodemuseum verteilten Exponate der **Skulpturensammlung** und des **Museums für Byzantinische Kunst** werden erst ab 2006 im Bodemuseum wieder zugänglich sein.

Gleich um die Ecke, Im Winkel, bietet das **Museum Europäischer Kulturen** Beispiele der Alltagskultur aus dem deutschsprachigen Mitteleuropa vom 16. Jahrhundert bis heute – Möbel, Kleidung, Trachten, Keramik, Arbeitsgeräte, Spielzeug. Auch hier gab es einen Ost- und einen Westteil der Sammlungen. Seit 1992 sind sie hier in Dahlem unter einen Hut gebracht, eine inhaltliche Neukonzeption mit stärkerer Ausrichtung auf europäische Zusammenhänge ist durchgeführt.

Nur wenige Minuten entfernt, an der Altensteinstraße, lockt ein Genuss anderer Art, der **Botanische Garten.** Vor einhundert Jahren ist er auf Domänen-Boden angelegt worden, mit hügeligen Landschaften, Teichen, Wasserläufen und Gebirgsketten in Miniform, die den Naturräumen in Europa, Asien, Afrika und Amerika nachempfunden wurden. Die Gewächshäuser, große gläserne Kathedralen, sind auch heute noch Hauptanziehungspunkt: Das große Tropenhaus mit seinem 28 m hohen Dach ist weithin sichtbar. Auf insgesamt 43 ha lassen sich über 20 000 verschiedene Pflanzenarten genießen – es ist der artenreichste Botanische Garten Europas und ein beliebtes Ausflugsziel der Berliner.

Rund um den Wannsee

Der Wannsee ist zauberhaft, entspannend und sehr, sehr beliebt. Am Knotenpunkt Wannseebrücke an der Nahtstelle zwischen Großem und Kleinem Wannsee ist die riesige Caféterrasse des stadtbekannten Ausflugslokals »Loretta am Wannsee« mit Blick auf den See Lieblingstreffpunkt der Motorradfahrer und Radler. Auf den Uferpromenaden flanieren Spaziergänger und auf dem See ziehen Segler, Surfer und Ruderer ihre Runden. Auch an der Dampferanlegestelle herrscht reges Kommen und Gehen: Von hier aus lassen sich Bootsfahrten nach Tegel, zur Pfaueninsel, zur Glienicker Brücke, nach Spandau, Kladow und Potsdam unternehmen.

Am Sandwerder residiert das renommierte **Literarische Colloquium Berlin (LCB) (6)** in einer prachtvollen alten Villa. Im Park mit

»Der Wannsee mit seiner weiten, meist südlich blauen Wasserfläche und seinen hügeligen, bewaldeten, schilfumsäumten Ufern läßt sich nicht nur als eine der schönsten Perlen der Mark bezeichnen, sondern er ist schlichtweg schön und erregt in der Regel Überraschung, Staunen und Bewunderung bei den Fremden, denen unsere Mark gewohnheitsmäßig nur als die Streusandbüchse des heiligen römischen Reiches bekannt ist.« (Anton von Werner, 1886)

Das »Amüsemang« der Berliner spiegelt sich in den alten Gassenhauern wieder: »Im Grunewald, im Grunewald ist Holzauktion« oder »Und dann saß ick mit de Emma uff de Banke, neben mir aß eener Wurst mit Sauerkohl«, und in den Fünfzigern trat die »Göre« Cornelia Froboess ihren Siegeszug an mit »Pack die Badehose ein, nimm dein kleines Schwesterlein, und dann nichts wie raus zum Wannsee«.

Seezugang ergehen sich Literaten, Stipendiaten, Kritiker und Publikum. 1925 schloss Carl Zuckmayer im gleichen Haus sein Stück »Der fröhliche Weinberg« ab. Zwischen 1962 und 1965 tagte hier die »Gruppe 47«, und auch heute sind die literarischen Veranstaltungen, Tagungen und Vorträge Teil der lebhaften literarischen Szene Berlins und finden ein weites Echo. Ingeborg Drewitz, die an der Krummen Lanke zuhause war, hat hier gelesen; Günter Grass und Uwe Johnson kamen aus Friedenau herüber.

Entlang des östlichen Wannseeufers breitet sich das schon legendäre **Strandbad Wannsee (7)** aus: Seit der Eröffnung im Jahre 1907 packen die Berliner nicht nur »ihre Badehose« ein, sondern sich selber gern dicht an dicht auf den über einen Kilometer langen, 80 Meter breiten Sandstrand. Von hier aus blickt man hinüber nach Kladow, nach Heckeshorn und zur Insel Schwanenwerder – wunderschön. Vom S-Bahnhof Nikolassee führt der Wannseebadweg ins größte Freibad Berlins; nördlich davon liegt das Restaurant »Wannseeterrassen«, und spaziert man weiter über den Damm, gelangt man zur **Insel Schwanenwerder.** Sie wurde in der Gründerzeit von einem Fabrikanten erschlossen und parzellenweise an Industrielle und Hochfinanz verkauft. Erholungsheime und Zeltplätze machen langsam noblen Villenneubauten Platz. In der Schleife der Inselstraße residiert in Nummer 10–14 das *Aspen-Institut.* Hier hatte sich Joseph Goebbels eingerichtet; Albert Speer war sein Nachbar. 1964 ließ sich Axel Springer ein nobles Anwesen (Inselstraße 24/26) errichten. Ein schöner Spaziergang führt am Ufer der Havel über die Buchten der Großen und Kleinen Steinlake bis zur kleinen **Insel Lindwerder,** die man über eine Fähre erreicht – und auch dort wartet natürlich eine Gastwirtschaft ...

Noch einmal zurück zur Wannseebrücke: Läuft man in südwestlicher Richtung ein Stückchen die Bismarckstraße entlang, führt bald ein Pfad neben Haus Nr. 3 hinunter zur Uferböschung des Kleinen Wannsees: Hier liegt die **Grabstätte von Heinrich von Kleist und Henriette Vogel (8),** die sich am 21. November 1811 das Leben nahmen: Kleist erschoss erst seine Begleiterin, dann sich selbst. Im Kirchenregister wurde vermerkt, dass »beide, ... auf der Stelle, wo der Mord und Selbstmord geschah, in zwei Särge und in ein Grab gelegt worden (sind); o tempora! o mores!«

An den Uferhügeln der Westflanke von Kleinem und Großem Wannsee liegt die **Villenkolonie Alsen,** die 1864 von ihrem Gründer nach der gerade eroberten Insel Alsen benannt wurde. Nach ihrer Fertigstellung um 1870 mauserte sie sich zur allerfeinsten Wohngegend Berlins. In zahlreichen stattlichen Villen sind heute Ruder- und Segelclubs zu Hause, so auch in der **Sommerresidenz von Max Liebermann (9)** am Großen Wannsee 42: Das schöne Haus mit zwei ionischen Kolossalsäulen, 1909 von Paul Baumgarten errichtet, ist lange nicht so berühmt wie der Garten, der als Motiv und Modell von Liebermanns Gartenbildern unvergänglich geworden ist. Mehr als 200 Gemälde entstanden in diesem Haus, und die lichtflirrende Zau-

◁ *Idyll am Wannsee*

Zwischen Schwanenwerder und Lindwerder ertrank am 16. Januar 1912 der 25 Jahre alte Dichter Georg Heym beim Schlittschuhlaufen.

Heinrich von Kleist, zeitgenössische Miniatur. Fontane schrieb 1889: »... wir standen an der Grabstelle, die, seitab und einsam im Schatten gelegen, denselben düsteren Charakter zeigte, wie das Leben, das sich hier schloß ... Nach Westen hin lagen Fluß und Wald in einem goldnen Abendschimmer und Villenthürme, Kiosks und Kuppeln wuchsen daraus empor. Alles, was ich sah, war Leben, Reichthum, Glück. Und daneben gedacht' ich des Dichter-Grabes, das einsam ist, trotz der Neugier, die jetzt tagtäglich nach ihm pilgert.«

berwelt der von Alfred Lichtwark entworfenen Gartenlandschaft war so reizvoll wie Monets Garten in Giverny. 1935 wurde das Haus beschlagnahmt, es wurde von der Deutschen Reichspost und einem Krankenhaus genutzt, bis vor kurzem war es Clubheim eines Tauchsportvereins. Haus und Garten konnten nach langem Hin und Her im Jahr 2002 wieder in Erinnerung an Liebermann eröffnet werden: Die Schönheit des erloschenen Gartens ersteht wieder; in den Räumen sind Leben und Werk dargestellt, zahllose Radierungen zeigen Haus und Garten. Wunderbar!

Das **Haus der Wannsee-Konferenz (10)** war seit 1940 Sitz des Chefs der Sicherheitsdienste, Heydrich. Am 20. Januar 1942 fand hier die Wannsee-Konferenz zur »Endlösung der Judenfrage« statt. Heute ist das Haus eine viel besuchte Gedenkstätte, die von der politischen Vorgeschichte der Konferenz bis zum Kriegsende 1945 den gesamten Prozess der Verfolgung, Verschleppung und Ermordung der Juden Europas aufs Eindrücklichste dokumentiert.

Preußisches Arkadien – Die Pfaueninsel und Klein-Glienicke

Routenvorschlag für einen Tagesausflug mit vollem, abwechslungsreichem Besichtigungsprogramm. Vom S-Bahnhof Wannsee führt der Bus 316 durch den Düppeler Forst zur Fähranlegestelle Pfaueninsel. Nach dem Besuch dort wandert man bis zum Forsthaus Nikolskoe, hält Rast und spaziert, die Bucht Moorlake streifend, an der Havelenge zwischen Sacrow und Krughorn am Jägertor hinein in den Park Klein-Glienicke. Das Schloss selbst liegt im Südwesten nahe der Königstraße. Sie führt über die Glienicker Brücke. Von dort führt der Bus 116 zurück zum S-Bahnhof Wannsee.

Der begnadete Landschaftsarchitekt Peter Joseph Lenné, Friedrich Schinkel und nach dessen Tod Ludwig Persius ließen aus kargem Kieferbestand und märkischem Sandboden rund um die Havel ein amphibisches Arkadien erstehen – mit vereinten Kräften auch der preußischen Könige und ihrer Familie – sie alle waren von der visionären Imaginationskraft Lennés angesteckt. Als Lenné, von den Berlinern »Buddelpeter« genannt, 1866 in Potsdam starb, hatte er in fünfzigjähriger Arbeit aus der Havellandschaft zwischen Potsdam und Berlin rund um die Glieniker Brücke eine zauberhafte Gartenlandschaft geschaffen, in der Seen, Wälder, Parkanlagen und Schlösser, Blumengärten und Kirchen durch weitschweifende Sichtachsen über Flußarme und Buchten hinweg miteinander verbunden sind: Zu sich selbst gebrachte, kultivierte Natur und Architektur bilden nach dem Vorbild englischer Landschaftsgärten ein Gesamtkunstwerk von europäischem Rang. Lenné sah die »capabilities«, die Möglichkeiten, die in den märkisch-preußischen Gegebenheiten steckten, und mit seinem »Verschönerungsplan der Umgebung von Potsdam« im Kopf kreierte er langsam, stetig und seinen Auftraggebern gegenüber klug dosiert eine suggestive Landschaft. Der sparsame Friedrich Wilhelm III. legte ihm noch Zügel an: eine Sichtachse hier, ein kleines russisches Ensemble dort – seine liebe Tochter, die Frau des späteren russischen Zaren, überraschte Lenné mit Kirche und Blockhaus Nikolskoe. Seine drei ältesten Söhne jedoch ließen sich von Lennés Visionen eines preußischen Arkadien vollends anstecken. Für den drittgeborenen Prinzen Karl schufen Schinkel und Lenné die Schloss- und Parkanlagen von Klein-Glienicke; für den zweitgeborenen Prinzen Wilhelm entstand das hügelige, sattgrüne Areal mit dem

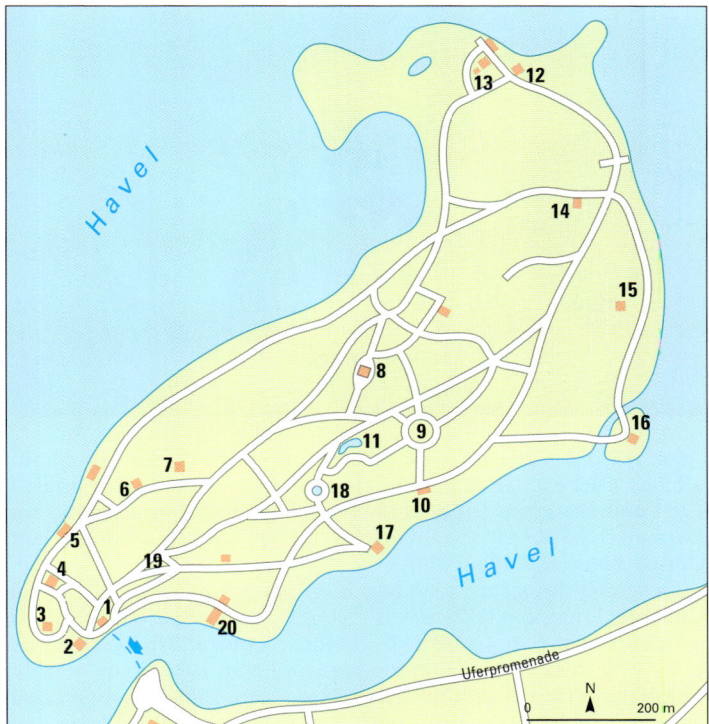

Die Pfaueninsel
1 Fährhaus
2 Kastellanswoh-
   nung
3 Schweizerhaus
4 Schloss
5 Küche
6 Ehem. Palmen-
   haus
7 Jacobsbrunnen
8 Kavalierhaus
9 Voliere
10 Winterhaus für
   fremde Vögel
11 Wasservögelteich
12 Meierei
13 Stall
14 Luisentempel
15 Ehem. Kunckel-
   laboratorium
16 Jagdschirm
17 Maschinenhaus
18 Brunnen
19 Rosengarten
20 Fregatten-
   schuppen

Schloss Babelsberg – hier mischte auch Hermann, Fürst von Pückler-Muskau mit, und der italophile Kronprinz Friedrich Wilhelm schließlich ließ als leidenschaftlicher Kunstfreund in Potsdam den Charlottenhof als Residenz erbauen: Lennésche Gartenpracht, italienisierende Traumgebilde von Schinkel und Persius. Als er dann den Thron 1840 als Friedrich Wilhelm IV. bestieg, konnte das landschaftsbildende Dreigestirn aus dem Vollen schöpfen: Der »Romantiker auf dem Königsthron« war hell begeistert: »Kreuzschock Schwerenoth! Ich genehmige alles.«

Liebesinsel mit Pfauengeschrei

Die Pfaueninsel, nur über die Fähre zu erreichen, ist ein unerwartetes Stück preußischer Romantik, ein (unter der Woche) abgeschiedenes Paradies, 1,5 km lang nur und 500 m breit. Diese »Erlebnisinsel« mit versteckten künstlichen Ruinen, einem malerischen Schloss und vollendet gestalteter Park- und Gartenlandschaft aus Wiesen, jahrhundertealten Bäumen, Rosenlabyrinth, einem runden Biedermeiergarten und etwa 60 Pfauen verzaubert durch graziöse, tändelnde Ver-

Romantische Ruinen-Architektur und Pfauengeschrei: auf der Pfaueninsel verschmelzen Kunst und Natur.

Schon zu Fontanes Zeiten war die Pfaueninsel ein beliebtes Ausflugsziel der Berliner: »Die Pfaueninsel! Wie ein Märchen steigt ein Bild aus meinen Kindertagen vor mir auf: ein Schloß, Palmen und Känguruhs; Papageien kreischen; Pfauen sitzen auf hoher Stange oder schlagen ein Rad; Volieren, Springbrunnen, überschattete Wiesen; Schlängelpfade, die überall hinführen und nirgends; ein rätselvolles Eiland, eine Oase, ein Blumenteppich inmitten der Mark.«

spieltheit. Als Teil von Lennés Gesamtkunstwerk der Havellandschaft zwischen Potsdam und Berlin hatte sie um 1840 ihre endgültige Form gefunden. Die gesamte Insel steht unter Landschafts- und Denkmalschutz, verwaltet wird sie von der Stiftung Schlösser und Gärten Berlin/Brandenburg.

Den Reiz der abgeschiedenen Insel hatte die Gräfin Lichtenau, Geliebte Friedrich Wilhelms II., von Potsdam aus entdeckt: Sie wünschte sich eine künstliche **Schlossruine** als Liebesnest, die 1794–97 von Zimmermeister Johann Gottlieb Brendel in die Realität umgesetzt wurde: Der englischen Mode der »follies« gehorchend, bietet das Schloss eine Architektur des schönen Scheins. Vorgesehen war zwar ein »verfallenes römisches Landhaus«, die Fachwerkkonstruktion nahm dann aber mit zwei viergeschossigen Rundtürmen und Holzbrücke eher mittelalterlichen Burgcharakter an. Die gotisierende filigrane Eisenbrücke, die hoch oben die Türme miteinander verbindet, stammt von 1807. Die strahlend weiß getünchte Holzverkleidung der Türme und die Trompe l'œil-Malerei im Mittelportal, die die Landschaftsgestaltung der Pfaueninsel fortzuführen scheint, ist bei der Generalinstandsetzung von 1975 wiederhergestellt worden.

Die romantisch-exotische Ausstattung der Räume war abgeschlossen, als Friedrich Wilhelm II. überraschend starb. Sein Nachfolger Friedrich Wilhelm III. und Königin Luise haben sich hier in den Sommermonaten häuslich niedergelassen. Die zauberhaften Räume spiegeln den Geschmack um 1800 in all seinen Facetten wider, von klassizistischen Kassettendecken bis zum Teezimmer mit Südsee-Flair. Es sind die besterhaltenen Interieurs aus dieser Zeit, und erlesene Malereien, Fußböden aus Edelhölzern, Stuckaturen und Mobiliar sind einen Besuch wert.

Bei einem Inselrundgang werden dem Spaziergänger, dem Prinzip des englischen Landschaftsgartens gehorchend, immer wieder Überraschungen bereitet, er stößt auf sentimentale Landschaftsbilder,

*Einem Danziger Patri-
zierhaus nachempfun-
den: das von Schinkel
umgebaute Kavaliers-
haus.*

malerische Ausblicke, geographisch kühn angelegte Blickachsen und auf putzige Merkwürdigkeiten des abendländischen Architekturvokabulars. 1822–34 arbeitete Lenné an dem gestalterischen Gesamtkonzept des Landschaftsgartens, dazu gehörten auch Tiere aus allen Erdteilen, die eigene Häuser erhielten. Als Grundstock des Zoologischen Gartens wurde diese Menagerie 1842 von der Insel entfernt. Schinkel entwarf das **Schweizerhaus** für die Bediensteten an der Südwestspitze der Insel. Einbezogen in den Lenné-Plan wurden die alten Gebäude, das **Küchenhaus** und das von Schinkel im englischen Landhausstil umgebaute **Kavaliershaus** mit der Fassade eines Danziger Patrizierhauses. Das Ende einer langen Blickachse markiert im Norden die **Meierei,** eine künstliche Ruine im gotisierenden Stil, die Brendel gleichzeitig mit dem Schloss in den märkischen Sand setzte – der Kuhstall ist als Kapelle gestaltet.

Wieder zurückspazierend, gelangt man zum **Luisentempel.** Der für ihr Mausoleum im Charlottenburger Schlosspark entworfene Sandsteinportikus, der dort durch einen aus Granit ersetzt wurde, fand hier Verwendung. Auf einer winzigen Insel thront das Borkenhäuschen, mit Borkeneiche verkleideter, uralter Jagdschirm aus den Beelitzer Bergen, der hierher versetzt wurde. Aus der Voliere zwitschern die Vögel; die Fontäne sprudelt; das niedliche Maschinenhaus sorgte 1796 für die Zufuhr des Havelwassers. Teil der Lennéschen Komposition sind auch die großräumig »über den Wassern« schwebenden, einander gegenüberliegenden Kirchen: Von jenseits des Jungfernsees grüßt die Heilandskirche von Sacrow zum östlichen Havelufer, zur Pfaueninsel und der südlich anschließenden Kirche St. Peter und Paul – verfeinert Russisches als Mini-Ensemble mit Kirche und Blockhütte Nikolskoe.

Knapp 1 km beträgt die Entfernung von hier bis nach Nikolskoe – hoch über der Havelbucht schmiegt sich die immer ein wenig melancholisch wirkende Kirche **St. Peter und Paul auf Nikolskoe (11)**

In den Annalen ist ein trautes Gespräch zwischen Friedrich Wilhelm III., dem »Gutsherren« der Pfaueninsel, und seiner Tochter überliefert, die »in stiller Abendstunde dem Könige gegenüber den frommen Gedanken äußerte, wie erbaulich und schön es doch sein müsse, wenn diese Abendstille von Glockengeläut durchtönt werde und hier eine Kapelle zum stillen Abendgebet einlade.«

Der schöne Haveluferweg führt südlich von Nikolskoe in die Bucht Moorlake, und der Berliner Ausflügler, der alle paar hundert Meter eine Restauration erwartet, kehrt ein im Wirtshaus Moorlake (1841 von Persius als alpenländisches Forsthaus errichtet) mit Terrassen und überdachter Veranda bei Kaffee und Kuchen oder deftigen Berliner Spezialitäten. Abends gibt es Feuerzangenbowle und Lesungen. Gut gestärkt ist es von hier nur noch ein Katzensprung bis zum Nordeingang vom Park Klein-Glienicke.

an den bewaldeten Steilhang, in unmittelbarer Nachbarschaft das **Blockhaus Nikolskoe (12)**. In »Nikolskö«, wie die Berliner sagen, dem stadtbekannten Restaurant und Ausflugslokal, feiern sie besonders gern Hochzeiten und andere Familienfeste.

Mit dem Blockhaus überraschte Friedrich-Wilhelm III. seine Tochter Prinzessin Charlotte, als sie im Jahr 1819 in Berlin zu Besuch war. Sie hatte den russischen Großfürsten Nikolaus Pawlowitsch geheiratet, den späteren Zaren Nikolaus I. Das Blockhaus, »zum Vergnügtsein« und »in Liebe erbaut«, erhielt den Namen seines Schwiegersohnes, und schon bald nach der Eröffnung entwickelte sich eine rege, illegale Schankwirtschaft. Zweimal ist das Blockhaus sorgfältig restauriert worden.

Auch die Kirche St.-Peter-und-Paul ist Ausdruck familiärer Bindungen und preußisch-russischer Freundschaft. Ihr »russisches« Erscheinungsbild ist speziell auf die malerische Fernwirkung hin gestaltet. Der König selber ließ sich auf der Havel hin- und herrudern, um den mit Fahnen abgesteckten Standort von der Wasserseite her zu überprüfen. August Stüler und Albert Dietrich Schadow lieferten die Entwurfsskizzen wie gewünscht »im Stil der russischen Kirchen«, Schinkel regte die Gestaltung des Vorplatzes an, Lenné prüfte den Bauplatz. Der Grundriss zeichnet die Saalform nach, über der Hauptfassade reckt sich ein Rundturm mit Zwiebelkuppel in die Höhe, eine halbrunde Apsis schließt den Bau ab. Der schöne Innenraum mit Emporen, kassettierter, flacher Decke und ausgemalter Altarkuppel ist unverändert erhalten. Hier wird gern geheiratet, und auch die Gottesdienste sind immer gut besucht.

Seit dem Mauerbau stand sie einsam und unerlöst zwischen den Welten: Die **Heilandskirche von Sacrow (13),** auf der Landseite von Mauern umschlossen und wasserseitig direkt vor der quer durch die Havel verlaufende Demarkationslinie gelegen, war nur noch Aussichtspunkt in »schwachgetöner Ferne« (Benjamin). Niemand konnte sie betreten. Der reizvolle Bau war zu einem Sehnsuchtsbild erstarrt, nachdem der letzte Gottesdienst zum Weihnachtsfest 1961 stattgefunden hatte. Durch eine Spendenaktion in West-Berlin konnte der durchfeuchtete Baukörper vor dem Verfall bewahrt werden, und unmittelbar nach dem Mauerfall fanden sich Ost- und Westberliner zu einem ersten Dankgottesdienst in der Heilandskirche vereint. Die »Kirche des heilbringenden Erlösers im heiligen Hafen« war auf Wunsch von Friedrich Wilhelm IV. in die schützende Bucht von Sacrow gebaut worden, die den Fischern bei Sturm als Zuflucht diente. Auch hier kreierte Lenné den passenden Landschaftsrahmen und wählte den Standort im optischen Fluchtpunkt zwischen Potsdam, Babelsberg, Klein-Glienicke und Nikolskoe. 1841–44 errichtete Persius das Gotteshaus im italienischen Stil mit separatem Campanile: Der rechteckige Grundriß mit flachem Satteldach entspricht einer Basilika, die seitlichen Arkadenumgänge, von feingliedrigen Säulen getragen, umschließen auch die halbrunde Apsis. Die Fassaden von Turm und Kirche sind aus puderrosa Backstein und durch horizontale Bänderung mit blau glasierten Kacheln geschmückt. Auch die Innenausstattung mit Gestühl stammt von Persius. Das Apsisgemälde in byzantinischem Stil ist nach einem Entwurf von Carl Begas entstanden.

Klein-Glienicke

Der **Park Klein-Glienicke (14),** irrtümlich oft Volkspark genannt, ist zwar mit seinem mittelmeerisch-heiteren Schloss von Süden nach Norden hin angelegt, aber da der Gartenkünstler Lenné die Land-schaftsbilder in einer spannungsvollen, gleichsam hierarchischen Geographie ständig zu steigern weiß, betreten wir am Jägertor den nordeuropäischen Teil der Natur und tauchen schließlich, über die Alpen hinweg, als Höhe- und Endpunkt der Reise ein in die mediter-rane, linde Seelenlandschaft arkadischer Gefilde.

Die glückliche Symphonie aus Natur, Kunst und Architektur von Klein-Glienicke basiert auf der Zusammenarbeit zwischen dem Bau-herren Prinz Karl von Preußen, Lenné, Schinkel und seinen Schülern Persius und Ferdinand von Arnim. Das alte Anwesen gehörte dem Staatskanzler Fürst von Hardenberg, 1824 kaufte es Prinz Karl als Sommersitz. Da hatte Lenné schon großen Eindruck gemacht mit sei-

Klein-Glienicke
1 Stibadium
2 Löwenfontäne
3 Ildefonso-Gruppe
4 Neptunbrunnen

nen für Hardenberg geschaffenen Parkanlagen zwischen Gutshof und Havelbrücke. In den nachfolgenden Jahren gliederte er das Gesamtareal nach modernem englischen Prinzip in drei Partien – Blumengärten, Pleasureground rund um den Gutshof und entfernteren, großräumigen Park. Schinkel schuf mit dem Ensemble der Schlossgebäude einen variantenreichen Querriegel, der den weiten Nordteil des Naturparks mit englischen und alpinen Anmutungen vom romantischen Südteil mit italienischem Landsitz architektonisch abgrenzt.

Hinter dem Jägertor, in englischer Neogotik von Persius entworfen, beginnt die Reise durch alpenländische, nordeuropäische Natur – vorbei am Schinkelschen Jägerhof von 1828 in »Mock-Tudor«, durch Wald und über Schluchten. Die von Persius errichtete Teufelsbrücke, als Ruine konzipiert, hat ihr Vorbild am St.-Gotthardt. Die »Berghänge« werden langsam ebener, ständig wechseln die Ausblicke. Wir streifen das **Matrosenhaus** von Persius, und beim **Gärtner- und Maschinenhaus** (ebenfalls von Persius, 1838 erbaut) wird's zunehmend mediterraner: Die durch einen Schwibbogen verbundenen Bauten im Renaissance-Stil mit Bogenfenstern und kräftigem Turm leuchten in hellem Ockerton durch das Grün der Bäume und markieren den Übergang zum »arkadischen«, sommerlich-heiteren Park- und Schlossareal. Im Maschinenhaus wurde das Havelwasser hoch gepumpt, um Teiche, Brunnen und Fontänen zu speisen. Der am weitesten nach Westen vorgeschobene Bau des Schlossareals ist das am Havelufer thronende Casino von Schinkel (1824–25) im Stil einer klassischen italienischen Villa mit Pergolen. Es war Schinkels erster Bau auf dem Areal und bildet mit seinen Laubengängen, Terrassen und Treppen, der herrlichen Aussicht auf den »Golf von Potsdam« eine schöne Harmonie zwischen Landschaft und Kunst, Innen und Außen, Nähe und Ferne.

Vorbei am 1850 von Ferdinand von Arnim gestalteten romantischen Klosterhof, in den zahlreiche mittelalterliche, meist venezianische Architekturfragmente verbaut sind, spaziert man zum restaurierten **Treib- und Orangenhaus** (Persius, 1839).

Das **Schloss** selbst erhielt durch Schinkel ab 1825 sein klassizistisches Erscheinungsbild. Er behielt die lockere Gruppierung kleinerer Bauten bei und verlieh dem Ensemble, um zwei Höfe gruppiert, durch Um- und Anbauten den Charakter einer italienischen Landvilla. Das zweigeschossige Hauptgebäude des Gutshofes erweiterte er zu einer dreiflügeligen Anlage, die den Gartenhof umfasst. Daran schließt, über eine Pergola verbunden, das zweigeschossige lang gestreckte Kavaliershaus mit tief gezogenem Walmdach, Doppelarkade und Turm (1832) an. Nördlich davon liegt der Remisenhof (in der Remise lässt sich jetzt nobel speisen). 1865 fügte Persius dem schlichten Turm des Kavaliershauses einen fein gegliederten Aufbau mit venezianischen Fenstern hinzu. Durch die baulichen Veränderungen war eine vielteilige klassizistische Sommerresidenz entstanden, die von der Sammelleidenschaft Karls von Preußen Zeugnis ablegt. Auf

Von der »Großen Neugierde« aus blickt man weit in die arkadische Landschaft hinaus.

Die große Fontäne vor der Vorderfront des Schlosses wird von vergoldeten Löwen eingefasst.

ausgedehnten Reisen erwarb er antike, byzantinische Kunstschätze und Architekturfragmente, die in Wänden und Fassaden eingemauert wurden. Zahllose Kunstwerke sind zu Beginn unseres Jahrhunderts allerdings von seinen Nachkommen verkauft worden. In die Fassade des Kavaliershauses sind zwei römische Masken eingelassen; der Brunnen im heckengesäumten Gartenhof ist eine Bronzenachbildung der antiken Ildefonso-Gruppe aus dem Prado in Madrid. Die Frontseite des Schlosses, nah der Königstraße gelegen, bietet einen festlichen Anblick und eine raffinierte architektonische Dramaturgie: Der zweigeschossige lang gestreckte Mittelbau mit asymmetrischem Mittelrisalit, Balkon, breiter Freitreppe und Gartenterrasse wird betont von der großen **Fontäne** mit vergoldeten Löwen, die Schinkel 1838 nach dem Vorbild der Villa Medici in Rom entwarf.

Am südlichen Saum der Schlossanlage, zwischen dem **Johannitertor** mit den von August Kiß geschaffenen vergoldeten Greifen und der westlichsten Parkspitze vor der Glienicker Brücke verlocken drei anmutige Aussichtspunkte zum Träumen und Verweilen: westlich der Fontäne das **Stibadium,** eine erhöht liegende, halbrunde **Bank.** Steinerne Säulen tragen das bemalte hölzerne Zeltdach. Persius hatte es nach pompejanischem Vorbild 1840 errichtet – für die Hofgesellschaft mit Blick auf Potsdam. Die zauberhaften Baukunstwerke der **Kleinen und Großen Neugierde** stammen von Schinkel. Die Kleine Neugierde, ein vormaliger Teepavillon, den Schinkel 1825 zu einem Tempelchen mit Vorhalle und Teezimmer umbaute, ist seit Mitte des 19. Jahrhunderts mit spätantiken Fragmenten, Mosaikteilen, Inschriften und einer florentinischen Renaissance-Arkade geschmückt. Die Große Neugierde, ein kreisrunder Bau, dessen Dach auf dorischen Säulen ruht (1835), zitiert das Lysikrates-Denkmal (334 v. Chr.) in Athen. Beide anmutigen Bauten widmete Schinkel der »galanten

Schloss Sanssouci ▷
über den Weinberg-
terrassen

Neugierde«. Von hier aus blickte man, ohne selbst gesehen zu werden, weit ins Land hinein, auf die Straße, die Glienicker Brücke, die Hügel von Babelsberg mit den Zinnen des Schlosses, auf den Böttcherberg jenseits der Königstraße mit der halbrunden Loggia Alexandra (1869) – er war von Lenné ebenfalls in die Blickachsen der Parkanlage integriert worden.

Das gleiche gilt für das alte **Jagdschloss Glienicke,** das ab 1682 dem Großen Kurfürsten als Jagdunterkunft diente. Seinen imposanten französisierenden Barockstil mit Ziergiebeln, Erkern und Kuppeltürmchen erhielt das Schloss erst um 1860, nachdem der Bau, im Schatten der Klein-Glienicker Pracht, von Ferdinand von Arnim für den Sohn von Prinz Karl von Preußen wieder in höfisches Licht getaucht wurde. Seit den sechziger Jahren und einem Umbau von Max Taut ist im Jagdschloss eine internationale Jugend-Begegnungsstätte und Heimvolkshochschule zuhause. Für die konzeptionelle Erschließung der Sichtachsen von Lenné war das Jagdschloss ein wichtiger Bezugspunkt. Im 20. Jahrhundert ist die Gestaltung Lennés überbaut und überwuchert worden; Mauerbau und Trennung in Ost und West taten ein Übriges. Heute ist das übergreifende Raumsystem wieder hergestellt, die Park- und Gartenanlagen mit Blumenschmuck, ihren Wegen, Skulpturen und Aussichtspunkten sind im Rahmen des Landschafts- und Denkmalschutzes wieder gewonnen.

Die Glienicker-Brücke – ein deutsches Symbol

*Über vierzig Jahre
lang war die Glie-
nicker Brücke eine
geopolitisch absurde
Einzigartigkeit: Der
westliche Teil lag im
Osten, die östliche
Hälfte im Westen, und
über Weihnachten
schmückte jede Seite
ihren Weihnachts-
baum mit Lichterglanz
im »Wettkampf der
Systeme«.*

Die **Glienicker Brücke (15)** – zu Mauer-Zeiten firmierte sie auf der Ostseite absurderweise als »Brücke der Einheit« – überspannt Havel und Glienicker Lake und führt von Berlin nach Potsdam. Die markante Stahlträgerkonstruktion ist die vierte Brücke an dieser Nahtstelle. Die erste bescheidene Holzbrücke wurde unter dem Großen Kurfürsten errichtet und später als Klappbrücke umkonstruiert; der nachfolgende klassizistische Backsteinbau von Schinkel ist 1905 ersetzt worden. Die Brückenköpfe sind von 1909: auf Berliner Seite mit Figurenschmuck und auf Potsdamer Seite mit Kolonnaden im Stil Gontards. Sie verband die Residenz und Garnison Potsdam mit den Dörfern, Schlössern und Gutshöfen im südwestlichen Zipfel weit vor den Toren der Stadt Berlin, ab 1792 war sie Teil der ersten Chaussee Preußens, der Hauptverbindung von Berlin nach Potsdam.

Im Wettkampf der Systeme trennte sie dann die westliche von der östlichen Welthälfte; der weiße Querstreifen in der Fahrbahnmitte war Demarkationslinie, und in die Annalen der Nachkriegsgeschichte ging sie ein als Symbol des Kalten Krieges, als berühmteste Agentenschleuse der Welt.

Ausflug nach Potsdam

Eine Linie der Berliner Stadtbahn (S 7) fährt tagsüber alle zehn Minuten nach Potsdam Stadt. Die Fahrt dauert ab Bahnhof Friedrichstraße 42 Minuten, ab Bahnhof Zoo 32 Minuten.

Potsdam ist intim mit der Geschichte der Hohenzollern verbunden, und liest man im Buch der Stadt, birgt ein dichtes Textgefüge zahlreiche Lesarten. Zum einen ist Potsdam Inbegriff preußischen Lebensgefühls, als Residenzstadt mit Soldaten, Beamten, Manufakturen, dem Holländischen Viertel und der Russischen Kolonie; zum anderen meint Potsdam die großartige Park- und Schlosslandschaft von Sanssouci, die wie kein anderer Ort mit der Person Friedrichs des Großen verbunden ist – sie spiegelt die Sonnenseite des friderizianischen Zeitalters, steht für Aufklärung, Toleranz, die lichte Schönheit des Rokoko und glanzvollen höfischen Lebens als einen Anziehungspunkt für Philosophen, Schriftsteller, Maler und Wissenschaftler. Nachfolgende Monarchen haben in Potsdam ihre Italiensehnsucht gestillt – eingebettet in die Uferhügel der Seen und Havel-Ausbuchtungen entstand ein Park nach dem anderen, Schlösser, Pavillons, Tempelchen und Aussichtstürme, Palais und Kirchen – sie wurden vom genialen Lenné in ein weites Beziehungsgeflecht kunstvoll gestalteter Natur einbezogen; die gesamt Kunst- und Naturlandschaft Potsdams ist von der UNESCO zum Weltkulturerbe erklärt worden. Aber das ist nicht alles: Potsdam meint auch die Potsdamer Konferenz, die kurz nach Ende des Zweiten Weltkrieges im Schloss Cecilienhof stattfand; dort haben Churchill, Truman und Stalin die Geschicke Deutschlands bestimmt. Als Symbol der Wissenschaftsstadt Potsdam mag der berühmte Einsteinturm gelten, der ein Kapitel Architekturgeschichte geschrieben hat, und Babelsberg steht für die alte, junge Tradition der Filmstudios, in denen die Bilder laufen lernten ...

Spaziergang durch Potsdam

Vom Bahnhof Potsdam Stadt führt die Lange Brücke von 1959 über die Havel zur Innenstadt. Am Ende der Brücke liegt im Winkel einer gewaltigen Straßengabelung ein flacher langer Bau aus der Zeit des Großen Kurfürsten, der **Marstall (1)** von 1685, geradezu steht in einiger Entfernung rechts der Verkehrsachse die seit 1849 kuppelgekrönte **Nikolaikirche (2)** von Schinkel neben einem maroden Fachschulgebäude von 1977 mit der Potsdam-Information im Erdgeschoss. Boumanns **Altes Rathaus (3)** von 1753 mit der goldenen Atlasfigur daneben umgeben unmaßstäbliche Wohnblöcke der sechziger Jahre. Durch einen kleinen Neubau ist es verbunden mit dem **Knobelsdorffhaus (4),** von demselben 1750 errichtet. Der Obelisk davor wird beinahe verdeckt von der stumpfgrauen Blechschachtel des provisorischen Theatergebäudes aus den frühen neunziger Jahren des 20. Jahrhunderts.

An diesem Punkt der zerrissenen Stadtlandschaft, dem Alten Markt, stand bis 1961 die Ruine des **Stadtschlosses.** 1664–70 unter dem Großen Kurfürsten an Stelle einer alten Burg- und Schlossanlage errichtet, war es der Mittelpunkt des alten Potsdam, einer bis zum Bau des Schlosses bedeutungslosen, ursprünglich slawischen

Siedlung an einem Havelübergang, die im Jahre 993 erstmals urkundlich erwähnt wurde. Der Soldatenkönig lebte von 1713 bis 1740 beinahe ständig hier und machte Potsdam zur Residenz- und Garnisonstadt: Ein König und seine Garde gehörten zusammen. Friedrich der Große schließlich verlegte 1745 seinen Sitz von Charlottenburg nach Potsdam und ließ das Stadtschloss von seinem Jugendfreund und Lieblingsarchitekten Knobelsdorff verschönern.

»In der Stadt des Potsdamer Abkommens«, hieß es programmatisch zum Abriss 1960/61, »ist die endgültige Überwindung des preußisch-deutschen Militarismus durch die demokratischen Kräfte des deutschen Volkes unter Führung der Partei der Arbeiterklasse auch architektonisch zu manifestieren. Im Liebknecht-Monument, das auf dem Standort des ehemaligen Stadtschlosses errichtet wird und den Triumph der Ideen Liebknechts über den reaktionären ›Geist von Potsdam‹ dokumentiert, ist diese inhaltliche Aussage konzentriert«.

Das Liebknecht-Monument wurde andernorts errichtet und das gesamte Zentrum, angefangen mit dem Straßengrundriss, als ein »sozialistisches« neu gestaltet. Nach langem Hin und Her hat man sich jetzt entschlossen, die äußere Hülle des Schlosses am historischen Ort aufzubauen, wobei Finanzierung und spätere Nutzung ungeklärt sind. Privater Initiative ist es zu danken, dass nun auf den alten Fundamenten von 1701 das **Fortunaportal (5)** von Jean de Bodt sich strahlend und einsam erhebt wie ein Phönix aus der Asche. Es verband einst den Ehrenhof des Schlosses mit dem Alten Markt.

Unser Spaziergang beginnt im besser erhaltenen Teil der Altstadt, auf dem Neuen Markt. Auffällig ist neben der klassizistischen **Ratswaage (6)** vor allem der **Kutschenstall (7).** Sein Portal krönt eine Quadriga. Für den Lenker des Pferdegespanns hat der Leibkutscher Friedrichs des Großen Modell gesessen. Nach gründlicher Restaurierung wurde hier im Jahr 2003 mit der Umnutzung des Kutschenstalls in ein **Haus der Brandenburg-Preußischen Geschichte** der Ort für ein späteres Brandenburgisches Landesmuseum geschaffen. Mit dem Neubau des kriegszerstörten Hauses Nr. 5, wie zu friderizianischer Zeit nach dem Muster von Palladios Palazzo Marcantonio Tiene in Vicenza (1566), ist der Wiederaufbau des Platzes abgeschlossen.

Biegt man links in die Yorckstraße ein, sieht man linker Hand das noble, aber verwahrloste **Brocksche Haus** (Nr. 19/20). Erbaut wurde es 1776 für den Glasermeister Brock. Daran erinnerten mit Glaserutensilien hantierende Putten auf dem Tympanon, die in den achtziger Jahren verschwanden. Das Haus ist typisch für die Zeit Friedrichs des Großen, der die Häuser der Potsdamer Bürger mit prächtigen Fassaden schmücken ließ, um den Straßen seiner Residenz ein »königliches« Aussehen zu geben. Hundertfach ließ er die schlichten Typenhäuser aus der Regierungszeit seines Vaters ersetzen, oft nach italienischen Vorbildern. Aber besonders im nördlichen Teil der Potsdamer Altstadt bilden die genormten Bauten des Soldatenkönigs noch die Mehrheit. Es sind einstöckige Traufenhäuser, meistens mit fünf Achsen und einem Flur in der Mitte, die durch

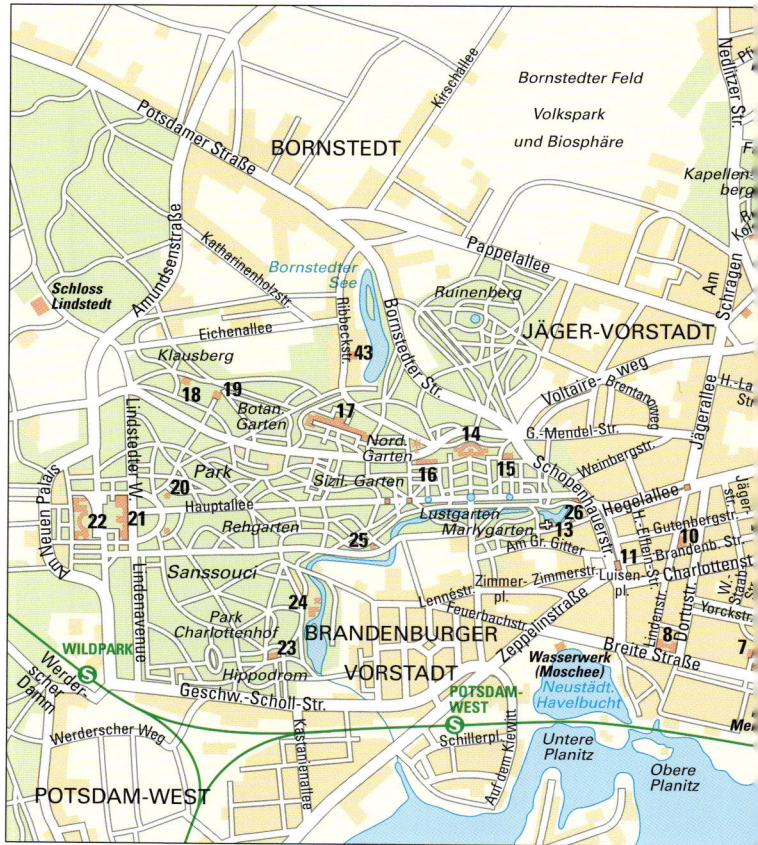

einen Zwerchgiebel betont sind. In einer der beiden zur Straße gelegenen Erdgeschoßstuben schliefen die bei den Bürgern einquartier-
ten Soldaten, normalerweise vier Mann in zwei Doppelbetten.

Die Yorckstraße hieß früher »Am Kanal« – und das erklärt ihre
enorme Breite: Hier verlief einmal der Stadtkanal. Das alte Potsdam
lag auf einer Insel in der Havel. Der nördliche, versumpfte Wasser-
lauf wurde unter dem Soldatenkönig nach holländischem Muster in
eine Gracht verwandelt, zwecks Trockenlegung von Bauland und als
Wasserweg. Der Kanal verlief von der Havel nördlich der Großen
Fischerstraße durch die Straße Am Kanal und die heutige Yorck- und
Dortustraße abknickend wieder zur Havel. Friedrich der Große
ließ ihn nach 1756 mit Steinquadern einfassen. Mitte der sechziger
Jahre wurde der Kanal zugeschüttet und alle neun Brücken abgerissen. Zwischen Friedrich-Ebert- und Dortusstraße sind die Quais

nun wieder freigelegt und lassen ahnen, welch schmerzhafter Verlust für das Stadtbild damals entstand. Die im Krieg teilzerstörte Wilhelm-Staab-Straße mit durchgehender Barockbebauung ist 1955–57 vorbildlich restauriert worden. Danach kam es zum Kurswechsel in der Stadtplanung, und so blieb sie einziges Beispiel für eine Wiederherstellung Potsdams als friderizianische Residenz zu DDR-Zeiten.

Am Ende der Dortustraße erhebt sich der riesige gelbe Bau des 1771–78 von Gontard errichteten **Militärwaisenhauses (8).** Die prunkvolle Hauptfassade in der Lindenstraße wird restauriert. Der Soldatenkönig hatte die Institution 1722 als frommes Werk geschaffen. In die Anstalt kamen nicht nur Waisen und Straßenkinder, sondern auch die zahlreichen unehelichen Kinder der Soldaten. Die Zöglinge wurden behandelt wie Soldaten, ihre »Ausbildung« bestand lange Zeit aus harter ungesunder Arbeit.

Die russische Kolonie und der Pfingstberg

Die Russische Kolonie Alexandrowka (27) wurde 1826 zu Ehren des Zaren Alexander für die Sänger eines russischen Soldatenchores angelegt. An einem Andreaskreuz aus Straßen stehen zwölf russische Holzhäuser, überragt von der russisch-orthodoxen Alexander-Newski-Kapelle (28) auf dem Kapellenberg. Ein Pfad führt am Jüdischen Friedhof vorbei zum Pfingstberg hinauf. Vor dem Gipfel liegt strahlend weiß Schinkels kleiner Pomonatempel (29) von 1801. Oberhalb des Pomonatempels erhebt sich imposant das doppeltürmige Belvedere auf dem Pfingstberg (30). Das Lieblingsbauwerk des Italienträumers Friedrich Wilhelm IV., nach seinen Ideen von Hesse 1847–52 großartig begonnen und 1860–63 notdürftig beendet.

Der Pfingstberg mit Belvedere und Pomonatempel ist nach seiner Restaurierung anlässlich der Bundesgartenschau im Jahre 2001 wieder der schönste Aussichtspunkt von Potsdam.

An der Ecke Breite/Dortustraße stand von 1735 bis 1968 die **Garnisonkirche.** Zusammen mit der Kuppel der Nikolaikirche und dem Turm der Heiliggeistkirche von 1728 prägte ihr Turm die Silhouette Potsdams. Alle drei Kirchen brannten im Krieg aus. Während der sozialistischen Umgestaltung der Stadt wurden die Ruinen von Garnisonkirche und Heiliggeistkirche (1968 und 1974) gesprengt. Der **Turm der Heiliggeistkirche (9)** wurde aus privaten Mitteln in seinen Konturen wiedererrichtet. Doch der Wiederaufbau der Garnisonkirche ist wegen ihrer symbolischen Bedeutung umstritten. Als Grabstätte des Soldatenkönigs und Friedrichs des Großen, geschmückt mit erbeuteten Fahnen und kriegerischen Ausstattungsstücken, war sie ein Wahrzeichen des preußischen Staates, als Hofkirche eine Ikone der Hohenzollernherrschaft. Am 21. März 1933 nahm hier der Reichspräsident Hindenburg dem Reichskanzler Hitler den Eid auf die Verfassung ab. Zur Staffage gehörte der Kronprinz in der Kaiserloge, dem Hitler, Göring und Goebbels am Vortag bei einem Besuch in Cecilienhof die Wiedereinführung der Monarchie in Aussicht gestellt hatten. Hitler erhob am »Tag von Potsdam« die »Vermählung der alten Größe mit der jungen Kraft« zum Programm – und gewann damit das Wohlwollen des konservativen Lagers, der evangelischen Kirche und der Reichswehr. Fortan erschien das Bild der Garnisonkirche auf Geldstücken, und ihr Glockenspiel wurde zum Erkennungszeichen von Goebbels' Deutschlandsender. Dass »Preußen« sich nicht durch die Nazis vereinnahmen ließ, zeigte sich nach dem Hitlerattentat vom 20. Juli 1944, als Potsdam sich als ein Zentrum der Verschwörer herausstellte, die zum Großteil aus jenem Milieu kamen, dem die Inszenierung vom 21. März 1933 gegolten hatte.

Das Haus Lindenstraße Nr. 25 ist ein **Lazarett,** von Unger 1772 erbaut. Die zwei Figurengruppen auf dem Dach, »Arzt und Patient«, zeigen links einen Arzt mit Klistierspritze und einen Patienten, der Medizin einnehmen will, und rechts einen Arzt, der Medizin verabreichen will, und einen Patienten, der ihm sein Hinterteil zukehrt.

Das mit Arkaden geschmückte Gebäude der **Hauptwache** von 1795–97 wurde unter Friedrich Wilhelm II. errichtet. Der schöne Bau wurde von der Commerzbank erworben und aufwändig restauriert. Jenseits der Brandenburger Straße, Haupteinkaufszentrum und Fußgängerzone, steht auf der rechten Seite der Lindenstraße das **Große Holländische Haus (10)** von 1737 (Nr. 54). Zuerst Kommandantenhaus und später Gerichtsgebäude, seit 1828 mit Gefängnis, diente es im 20. Jahrhundert der NS-Justiz, nach 1945 dem sowjetischen Geheimdienst und seit Anfang der fünfziger Jahre als Potsdamer Untersuchungshaftanstalt dem Ministerium für Staatssicherheit der DDR. Der Gefängnishof mit winzigen Freiluftzellen ist als Gedenkstätte zu besichtigen, das Innere nur nach Voranmeldung.

Das **Brandenburger Tor (11)** überragt die gleichnamige Straße. Einem römischen Triumphbogen nachempfunden, wurde es 1770 gleichsam als Denkmal für Preußens Sieg im Siebenjährigen Krieg errichtet. Am Luisenplatz hinter dem Tor beginnt die kurze »Allee nach Sanssouci«. Sie endet am »Grünen Gitter«, dem Eingang zum Park von Sanssouci.

Die **Peter-Paul-Kirche** (1867–70) mit 62 m hohem Turm am entgegengesetzten Ende der Brandenburger Straße wurde als katholische Garnison- und Zivilkirche im byzantinischen Stil errichtet. Der Zentralbau birgt drei Gemälde von Pesne, dem Hofmaler des Soldatenkönigs und Friedrichs des Großen.

Der große **Bassinplatz** hinter der Kirche war bis 1876 ein Wasserbecken mit einem kleinen Saalbau auf einer Insel in seiner Mitte, der Gloriette von 1739. Nach geringer Kriegsbeschädigung riss man sie 1952 ab und legte den sowjetischen Soldatenfriedhof an. An seiner Westseite nördlich der Kirche fallen stattliche rote Ziegelbauten auf, die Gontard 1773–85 nach holländischem Vorbild errichtete.

An der Nordseite des Platzes beginnt das **Holländische Viertel (12).** Die vier Karrees sind zeitgleich mit dem Bassin von 1737–42 durchgehend mit Häusern im holländischen Stil bebaut worden. Sie waren für niederländische Einwanderer bestimmt, die der Soldatenkönig in seine Residenz holen wollte, aber es kamen so wenige, dass sich der Name allein auf die Architektur bezieht. Das restaurierte Viertel ist mit seiner reizvollen Atmosphäre, Galerien und kleinen Läden zu einer Touristenattraktion geworden. In der Friedrich-Ebert-Straße steht das *Nauener Tor* (1755), der erste neogotische Bau in Deutschland. Friedrich hatte ein englisches Vorbild als Stadttor kopieren lassen.

Sanssouci – ohne Sorgen

In Sanssouci empfing Friedrich der Große Voltaire, komponierte und spielte die Querflöte. Hier verbrachte er die Sommer und seine letzten Lebensjahre fern vom Zeremoniell. *Sans souci* – ohne Sorgen – wollte sich der König hier der Philosophie und den Künsten widmen.

Ein Spaziergang durch den 290 ha großen Park von Sanssouci, in den vier Schlösser und zahlreiche kleinere Bauten eingestreut sind, beginnt an der **Friedenskirche (13).** Friedrich Wilhelm IV. hat sie 1845–48, von frühchristlichen Kirchen Italiens inspiriert, nach Plänen von Persius errichten lassen. Die romantische Anlage besteht aus der Kirche mit dem Grab Friedrich Wilhelms, einem Glockenturm, einem Kreuzgang und dem 1888–90 von Raschdorff für Kaiser Friedrich III. hinzugefügten Mausoleum, wo auch dessen Frau, zwei ihrer Kinder und seit 1991 der Soldatenkönig Friedrich Wilhelm I. bestattet sind.

Betender Knabe in einem Gartenpavillon von Schloss Sanssouci

Das malerisch am Friedensteich gelegene Ensemble gehört zum **Marly-Garten.** Den hatte noch Friedrich Wilhelm I. anlegen lassen, der sich hier inmitten von Kohlköpfen und Kräuterbeeten mit Kegeln und Scheibenschießen vergnügte. Die Bezeichnung »Marly« für den simplen, aber nützlichen Küchengarten war als Verspottung (oder Ermahnung?) an die Adresse seiner fürstlichen Zeitgenossen gerichtet, die mit ihren Gärten dem gleichnamigen Lustgarten Ludwigs XIV. bei Versailles nacheifern suchten. Lenné hat ihn nach 1846 zur Parkanlage umgestaltet.

Ausflug nach Potsdam

Ein kurzer Spazierweg vom Parkplatz Sanssouci führt zum Krongut Bornstedt (43), dem »italienischen Dörfchen« am Ufer des Bornstedter Sees. Lokale, Geschäfte und Betriebe bieten märkische Spezialitäten: lohnend!

Eine Allee führt vom Marmorpalais vorbei am Holländischen Etablissement (36), einem Komplex von Gäste- und Dienerhäusern (1789–90), zum ebenfalls »holländischen« Hauptportal des Neuen Gartens. Vom Hauptportal kommt man durch die Alleestraße zur Kolonie Alexandrowka oder mit dem Bus 694 zum Bahnhof. Wer wieder nach Berlin möchte, gehe im Park am See entlang bis zur Bibliothek, dann links in die Mangerstraße und an einem kleinen Platz rechts in die Otto-Nagel-Straße, die zur Berliner Straße führt. Von dort fährt die Straßenbahn 93 zur Glienicker Brücke.

Vom Marly-Garten stößt man auf den Weg zur Großen Fontäne, hinter der auf einer Anhöhe **Schloss Sanssouci (14)** liegt. Sechs verglaste Terrassen müssen über breite Freitreppen erstiegen werden, bis das Schloss ganz sichtbar wird und das Plateau erreicht ist. **Knobelsdorff** hat dieses Hauptwerk des Potsdamer Rokokos von 1745–47 nach den Vorstellungen Friedrichs des Großen erbaut, der sich ein ebenerdiges, lichtes, von Gärten umgebenes Schloss wünschte. Aus dem großen Fenster der kreisrunden Bibliothek, seinem Arbeitszimmer, blickte Friedrich auf seine Gruft mit der Figur einer liegenden Flora, in der er nach seinem Tod, endlich »ohne Sorgen«, begraben sein wollte. Dieser Wunsch ist erst an seinem 205. Todestag, am 17. August 1991, in Erfüllung gegangen. Hier sind auch seine Hunde unter Marmorplatten bestattet. Von der Terrasse genoss er den Fernblick auf den bewaldeten Höhenzug südlich der Havel. Heute spiegeln sich statt des Waldes die 15-stöckigen Hochhäuser auf dem Kiewitt (1966–73) im Musikzimmer von Sanssouci.

Man betritt das Schloss von der im Norden gelegenen Hofseite aus. Gegenüber seiner halbkreisförmiger Kolonnade liegt als Blickfang in 600 m Entfernung seit 1747 eine antike Ruine mit einem nun wieder zugänglichen »normannischen« Aussichtsturm von Persius (1846). Sanssouci wird östlich flankiert von der **Bildergalerie (15).** Friedrich hat sie 1755–63 bauen lassen. Sie enthält heute 119 Gemälde, darunter Werke von Rubens, van Dyck und Caravaggio. Im Westen – wie die Bildergalerie eine Terrassenstufe niedriger als das Schloss – befinden sich die **Neuen Kammern (16),** die von Gontard und Unger 1771–74 in einem Übergangsstil vom Rokoko zum Frühklassizismus zu eleganten Fest- und Gästeräumen umgebaute Orangerie von 1747.

Bleibt man auf dem Höhenzug, der den Park nach Norden abschließt, kommt man über die Maulbeerallee an der Holländischen Mühle vorbei zur **Orangerie (17)** mit südlich vorlagernden Terrassenkaskaden. Friedrich Wilhelm IV. ließ den 298 m langen Bau nach eigenen Ideen in Anlehnung an römische Renaissancevillen und die Uffizien in Florenz 1851–60 von Stüler und Hesse errichten. Ein Turm kann bestiegen werden und belohnt die Anstrengung mit einem weiten Rundblick.

Eine schöne Lindenallee, 1906 angepflanzt, führt zum **Belvedere auf dem Klausberg (18)** von 1770–72. Nach jahrzehntelanger Verwahrlosung wird die Ruine über den ehemaligen Weinbergen jetzt restauriert. Kurz davor zweigt ein Weg zu einer neunstöckigen Pagode ab, dem **Drachenhaus (19).** Zeitgleich mit dem Belvedere entstanden, dient es seit 1979 als – meist überfülltes – Restaurant.

Vom Drachenhaus abwärts kommt man zum **Antikentempel (20).** In dem 1768 von Gontard ursprünglich für Friedrichs Kunstsammlung errichteten Rundbau wurde 1921 die ehemalige Kaiserin Augusta Victoria beigesetzt. Danach diente der Bau als Mausoleum für die Nachfahren des Kaiserpaars. – Südlich vom Antikentempel läuft die Hauptallee auf das **Neue Palais (21)** mit seiner weithin sichtbaren 55 m hohen Kuppel zu. Dieses größte aller Schlösser im Park von Sanssouci ließ Friedrich 1763–69 nach dem Siebenjährigen Krieg als repräsentatives Fest- und Wohngebäude von Büring, Gontard und Manger errichten. Der König nannte es »Fanfaronade«, eine Prahlerei. Er wollte mit dem 300 Räume zählenden Prunkbau die trotz des verlustreichen Krieges ungebrochene Macht Preußens dokumentieren.

Gegenüber dem Ehrenhof auf der Westseite hat Gontard zwei identische, durch eine Kolonnade mit Triumphtor verbundene Wirtschafts- und Kavaliersgebäude errichtet, die **Communs (22)** – ihre dramatische Architektur wirkt beinahe großartiger als die des Hauptbaus. Sie gehören der Universität Potsdam und werden jetzt nach langem Verfall restauriert. – Südöstlich vom Palais, in etwa 800 m Entfernung liegt Friedrich Wilhelms IV. Kronprinzenschlösschen **Charlottenhof (23)**. 1826 war ihm von seinem Vater Friedrich Wilhelm III. ein großes, südlich an den Park von Sanssouci grenzendes Anwesen geschenkt worden. Aus dem älteren, von einem Nutzgarten umgebenen Landhaus ließ sich hier der kunstsinnige Kronprinz von Schinkel, Persius und Lenné sein erträumtes »Siam« erschaffen. Rings um die weiße Residenz, eher eine klassizistische Villa denn ein Schloss, entstand zusammen mit den **Römischen Bädern (24)** eine raffiniert auf Licht und Schatten, natürliche und künstliche Farben abgestimmte Kunstlandschaft aus Gebäuden, Baumgruppen, Wegen und Wasserflächen, berückend zu jeder Tages- und Jahreszeit.

Nördlich der »Römischen Bäder«, eigentlich das Wohnhaus des Gärtners im toskanischen Stil mit antikisierender Umbauung, durchquert man die ebenfalls italienisch anmutende **Meierei** und spaziert über den Schafgraben wieder in den älteren friderizianischen, aber von Lenné veränderten Teil des Parks bis zum **Chinesischen Teehaus (25)** mit seinen vergoldeten Musikanten. Es ist 1754–56 von Büring wahrscheinlich auf Anregung Voltaires nach einem Vorbild im Park von Lunéville gebaut worden. Dass hinter dem Bau mehr stecken könnte als ein Tribut an die China-Mode des 18. Jahrhunderts, lässt das von Friedrich auch im zerstörten Stadtschloss und hier bei den Säulen verwendete Palmenmotiv vermuten. Die Palme war Symbol der Fruchtbringenden Gesellschaft (1617–80), die auch »Palmenorden« hieß und deren Mitglied der Große Kurfürst war. Als ihr Erbe galt die Freimaurerloge Indissolubilis, der Friedrich seit 1738 angehörte.

Vom Chinesischen Teehaus gelangt man zur Hauptallee, die, wenn man hinter der Großen Fontäne geradeaus weiter geht, zum **Obeliskenportal (26)** führt, dem eigentlichen Haupteingang von Sanssouci. Es ist eine Nachbildung des Portals in Rheinsberg, einem Frühwerk von Knobelsdorff, und war für Friedrich eine Erinnerung an seine glücklichsten Jahre als Kronprinz, wie so manch anderes Detail in Sanssouci.

Von der Glienicker Brücke in den Neuen Garten

An der Havel und der Glienicker Brücke (s. S. 390) endet Berlin und beginnt Potsdam. Von der Brücke sieht man links Schloss Babelsberg

Sanssouci, das Chinesische Teehaus

Vom 17. Juli bis 2. August 1945 trafen sich im Cecilienhof Stalin, Truman und Churchill und nach dessen Abwahl Attlee zur »Potsdamer Konferenz«, um gemeinsam Deutschlands Nachkriegsgestalt zu bestimmen.Hier erhielt Truman die Nachricht vom ersten Atombombentest am 16. Juli, und von seinem Babelsberger Quartier aus befahl er den Abwurf der ersten Atombombe über Hiroshima am 6. August 1945. In den Tagungsräumen des Gebäudes, das schon zur DDR-Zeit als exklusives Restaurant und Hotel genutzt wurde, erinnert eine Ausstellung an das Ereignis.

Weitere Sehens-
würdigkeiten:
In Potsdam liegen ab-
seits der beschriebe-
nen Wege:
– das Maschinenhaus
von Persius im ori-
entalischen Stil (38)
– die Französische
Kirche, von Knobels-
dorff nach dem Vor-
bild des Pantheon
in Rom errichtet;
– die Ikone der expres-
sionistischen Archi-
tektur: der Einstein-
turm von Erich Men-
delsohn, dessen flie-
ßende, organische
Konturen seit 1920
den Telegraphen-
berg schmücken.

*Potsdam besitzt auch
sehenswerte Museen,
zum Beispiel das Film-
museum im Marstall
und ein vielfältiges
Kunst-, Musik- und
Theaterleben; die Ber-
liner Veranstaltungs-
magazine »Tip« und
»Zitty« informieren
darüber. Etwas Beson-
deres sind auch
Dampferfahrten auf
den Potsdamer
Gewässern oder, für
Kinder, Jugendliche
und Kintopp-Liebhaber
von großem Reiz, der
Besuch in der Film-
stadt Babelsberg –
mit spektakulärer
»Stunt-show«.*

und rechts am bewaldeten Ufer des Jungfernsees Sacrow mit der Heilandskirche. Auf Potsdamer Seite, am Ufer des Jungfernsees entlang
kommt man zum Hasengraben mit Brücke, der Jungfernsee und Heiligen See miteinander verbindet. Hier, am Westufer des Heiligen Sees,
ließ Friedrich Wilhelm II. den **Neuen Garten** anlegen. Als program-
matisches Gegenstück zum überwundenen Rokoko von Sanssouci
entwarf der Wörlitzer Landschaftsarchitekt Eyserbeck einen romantischen Landschaftsgarten. Bald ist man an der schmalsten Stelle zwischen beiden Seen, hält sich etwas links und hat am »Grünen Haus«
einen schönen Blick über den Heiligen See. Auf einer Seeterrasse
erhebt sich in einiger Entfernung das von einem verglasten Belvedere
bekrönte **Marmorpalais (31)**. Friedrich Wilhelm II. hat es als Wohnhaus 1787–91 von Gontard erbauen lassen. Die antikisierenden,
kostbar ausgestatteten Innenräume wurden von Langhans 1790
gestaltet. Der Backsteinkubus mit grauem Marmorschmuck ist 1797
von ihm durch zwei eingeschossige Flügel vergrößert worden.

Am Grünen Haus vorbei, das Ufer verlassend, führt ein Weg zum
Schloss Cecilienhof (32). 1913–17 von dem Architekten Schultze-
Naumburg für das Kronprinzenpaar Wilhelm und Cecilie im englischen Landhausstil errichtet, wurde das Fachwerkbauensemble nach
der Revolution 1918 von der kronprinzlichen Familie bis 1945
bewohnt. Von Cecilienhof aus kommt man vorbei an einer **Pyramide
(33)** von 1792, unter ihr verbarg sich ein Eiskeller, zur Parkseite des
Marmorpalais.

Die unweit entfernte **Orangerie (34)** von Langhans (1791/92),
innen und außen exotisch geschmückt, war als sommerlicher Konzertsaal gedacht. Die ägyptisierenden Ziergebäude im Park, wie Pyramide
und versunkener Tempel, Obelisk, Isisstatue und Sphingen an der
Orangerie, gehören der heute vergessenen Symbolwelt des Geheimor-
dens der Rosenkreuzer an, die den König faszinierte. Von der Terrasse
der Orangerie aus sieht man an der Südspitze des Sees die **Bibliothek
(35)**, ein 1792 von Langhans erbautes »gotisches« Türmchen.

Wählt man als Ausgang das Tor zur Leistikowstraße, sieht man
sich einer anderen Erinnerung an die Potsdamer Konferenz gegenüber. Hier befand sich von 1945–1994 die Zentrale des sowjetischen
Geheimdienstes. Das **KGB-Gefängnis (37)** an der Ecke Große Weinmeisterstraße legt in seiner in Deutschland einmaligen brutalen Au-
thentizität Zeugnis ab vom Terror der Besatzer gegen die Bevölkerung und auch gegen die eigenen Leute. Es kann mit seiner Ausstellung an den Wochenenden besichtigt werden.

Auf der anderen Seite des Tiefen Sees liegen **Schloss und Park
Babelsberg (39);** vom **Flatowturm (40)** hat man herrliche Blicke
rundum. In unmittelbarer Nähe die gotische **Gerichtslaube (41)**, die
einmal im alten Berlin stand und von Wilhelm I. in den Babelsberger
Park versetzt wurde. Am Seeufer dann das **Kleine Schloss (42),** das zu
Kaisers Zeiten als »Damenhäuschen« erbaut, die Dependance für den
Kronprinzen darstellte und heute ein Ausflugsrestaurant beherbergt.
(Reinhard Fuhrmann)

Tipps und Adressen

alle wichtigen Informationen für Ihre Reiseplanung und für unterwegs

Inhalt

Reisevorbereitung

Besonderes

Teilweise werden die Hausnummern in Berlin auf der einen Straßenseite bis zum Ende durchgezählt und auf der anderen in die Gegenrichtung weiter gezählt – falls Sie also telefonisch Auskünfte zu einem bestimmten Standort einholen, fragen Sie immer nach, an welcher Querstraße, auf welcher Höhe oder an welcher Haltestelle sich das Ziel ihrer Wünsche befindet.

In diesem Kapitel »Tipps und Adressen« sind zur besseren Orientierung die jeweiligen Bezirksnamen angegeben (zu den Zusammenlegungen einzelner Bezirke Anfang 2001, s. Karte S. 74/75).

Auskunft

Berlin-Infos und Reservierungen über:
Berlin Tourismus Marketing (BTM)
Hauptverwaltung
Am Karlsbad 11
10785 Berlin
Hotels, Tickets, Infos: Tel. 030/25 00 25
Fax 030/25 00 24 24

Tourist Information
im Europa-Center
Eingang Budapester Straße
Mo–Sa 10–19, So 10–18 Uhr
im Brandenburger Tor
Tägl. 10–18 Uhr
im Fernsehturm am
Alexanderplatz
Panoramastr. 1A
Tägl. 10–18 Uhr (mit Café)
Airport-Service Flughafen Tegel
Tägl. 5–22.30 Uhr

KaDeWe, Reisecenter

Tauentzien
Mo–Fr 9.30–20, Sa 9–16 Uhr

Berlin im Internet

Tips und Termine sowie viele Berlin-Links:
www.berlin.de
www.meinberlin.de
www.tourist-information.de

Anreise

Mit der Bahn

Zentrale Fernbahnhöfe sind der *Bahnhof Zoologischer Garten* und der *Ostbahnhof.* Fernzüge halten teilweise auch in Charlottenburg, Wannsee, Spandau und Lichtenberg.

ICEs fahren stündlich von und nach Frankfurt/M., Stuttgart, München über Kassel am Bahnhof Zoologischer Garten ein und aus. Köln und Bonn sind ebenfalls stündlich mit ICE/ICs zu erreichen. Die »Hotels auf Schienen« (ICN) kommen am Ostbahnhof oder Lichtenberg an. Von allen Bahnhöfen bestehen S- oder U-Bahnverbindungen.

Mit dem Flugzeug

Tegel (TXL)
Tegel ist der Hauptflughafen Berlins mit den meisten Linienflügen und Fluggesellschaften (Lufthansa, Deutsche BA, Crossair, Austrian Airlines u. a.) Airport-Bus X 9, Bus 109, Richtung Bahnhof Zoo, Anschluss U-Bahn ab Jakob-Kaiser-Platz
Bus TXL ins Regierungsviertel, Potsdamer Platz, Unter den Linden

Tempelhof (THF)
Kurzstreckenflieger (Crossair, Eurowings, Hamburg Airlines u. a.), Privatflugverkehr
Bus 119, U-Bahn Platz der Luftbrücke
Schönefeld (SXF)
Überwiegend Charterflüge für den Urlaubsverkehr – wird einmal zum Großflughafen ausgebaut werden.
Airport-Express
Zug bis Bahnhof Zoo alle 30 Min. von 4.30–23 Uhr
RE 4 oder 5
S-Bahn 6 oder 45 nach City Ost und City West

Infoline Tel. 0180 500 01 86 (für alle Flughäfen und den Airport-Express)

Mit dem Bus

Von nahezu allen Städten Deutschlands und vielen größeren Städten Europas bestehen Busverbindungen.

Der Zentralomnibusbahnhof (ZOB) befindet sich am Messegelände in Charlottenburg, Masurenallee, Auskunft Tel. 302 53 61, Fahrkarten; Tel. 301 03 80 (erreichbar mit U2 Kaiserdamm, S45/46 Witzleben).

Mit dem Pkw

Alle Autobahnen münden auf den *Berliner Ring* (A 10). Von ihm aus gehen gut ausgeschilderte Abfahrten in alle Stadtteile ab Schon wegen des Verkehrsaufkommens im Stadtinneren ist ein kleiner Umweg auf dem Ring dem vermeintlich kürzeren Weg durch die Innenstadt vorzuziehen.

Unterwegs in Berlin

Bus und Bahn

Die Berliner Verkehrsbetriebe (BVG) unterhalten ein gut ausgebautes U-Bahn-, Straßenbahn- und Busliniennetz. Hinzu kommt die S-Bahn. Im Ostteil der Stadt fährt man Straßenbahn, auf 28 Linien am Tag und vieren in der Nacht, neun U-Bahnlinien bringen es auf über 160 km Streckenlänge, zwei fahren am Wochenende die Nacht durch. In fast jeden Winkel kommt man mit dem Omnibus, nachts verkehren 60 Linien mindestens alle 30 Minuten. Die S-Bahnen fahren mitten durch die City und auf einem Ring außenherum, auch zum Wannsee und nach Potsdam. Fahrscheine gelten für alle Verkehrsmittel.
BVG Informationen:
Tel. 194 49 (6–23 Uhr)
www.bvg.de
S-Bahn Kundenzentrum:
Tel. 29 74 33 33
www.s-bahn-berlin.de

Wichtig:

Es ist ratsam, spätabends oder nachts nicht mit der S-Bahn bis in die Vorortregionen oder von dort zurück in die City zu fahren. Die S-Bahnwagen sind leer, und über lange Entfernungen hin fährt man ungeschützt.

Mit der **Berlin-Potsdam WelcomeCard** haben Sie drei Tage freie Fahrt mit allen Bussen und Bahnen der Verkehrsgemeinschaft Berlin-Brandenburg und zusätzlich bis zu 50 % Ermäßigung bei Stadtrundfahrten, Museen, Theatern, Freizeit- und Erlebniseinrichtungen. Erhältlich ist die Welcome Card für 21 € bei Tourist-Information,
BVG- und VBB-Verkaufsstellen, sowie in vielen Hotels.

Stadtrundfahrten

100er Bus

Wenn Sie einen Fensterplatz in einem Bus der *Linie 100* ergattern können, haben Sie die preiswerteste Stadtrundfahrt »gebucht«. Vom Zoologischen Garten durch den Tiergarten, vorbei am Schloss Bellevue, der Siegessäule, und am Reichstag durch das Brandenburger Tor, Unter den Linden entlang, vorbei am Dom bis zum Alexanderplatz, weiter bis Prenzlauer Berg.

200er Bus

Die neue Buslinie bietet eine andere Sightseeing-Tour: vom Bahnhof Zoo über das Kulturforum zum Potsdamer Platz, dann Unter den Linden über den Alexanderplatz nach Friedrichshain bis zum Jüdischen Friedhof – und retour.

Es gibt viele Sightseeing-Programme von verschiedenen Unternehmen, für 3–4 Stunden zahlt man ca. 20–30 €.
Berolina Sightseeing
Tel. 88 56 80 30
U Kurfürstendamm
Abfahrt Kurfürstendamm 220/
Ecke Meinekestraße
Tägl. 10 und 14 Uhr, nach Potsdam 14 Uhr
BBS Berliner Bären Stadtrundfahrten
Tel. 35 19 52 70
U Kurfürstendamm
Kurfürstendamm 225/
Ecke Meinekestraße und Alexanderplatz Park-Inn Hotel

Severin & Kühn
Tel. 880 41 90
U Kurfürstendamm
Abfahrt Kurfürstendamm/
Ecke Fasanenstraße
Tägl. 11, 13.30 und 16 Uhr; nach Potsdam 10 und 14 Uhr, Fr/Sa auch 15 Uhr.

Stadtführungen

Das aktuelle Führungsprogramm findet sich in den Stadtmagazinen *TIP* und *Zitty*, im *Berlin Programm* und in den Tageszeitungen. Es werden Stadtrundgänge zu den verschiedensten Themen angeboten.
art:berlin
Tel. 28 09 63 90, Fax 28 09 63 91
Kunstführungen zu Galerien und Ausstellungen sowie Stadtspaziergänge rund um Kunst, Kultur und Architektur.
Zur Hauptstadtplanung
Der *Besucherdienst des Bundestages* informiert über parlamentarische Arbeit, Geschichte und die bauliche Hauptstadtentwicklung: s. **Info-Zentrum Hauptstadtplanung** (Museen)
Info-Punkt im Bundestagshaus
Unter den Linden/
Ecke Wilhelmstraße
Mo–Fr 10–20, Sa/So 10–18 Uhr
StattReisen
Geführte Stadtspaziergänge, Kindertouren
Tel. 455 30 28, Fax 45 80 00 03
Kultour Berlin
Geführte Stadtspaziergänge, auch Radwandertouren
Tel. 89 78 64 05, Fax 89 78 64 29
Gangart Berlin
Geführte Stadtspaziergänge
Tel. 32 70 37 83, Fax 32 70 37 62
Info-Band: 32 70 37 84

Stadtmagazine

Die Zeitschriften *TIP* und *Zitty* bieten einen kompletten Veranstaltungsführer und wissen alles; die Extra Magazine wie *Shopping* oder *Essen und Trinken* sind phantastische Hilfen und absolute Fundgruben.

Fahrräder

Berlin eignet sich bestens für Erkundungen mit dem Fahrrad. Einfache Beförderung mit U- und S-Bahn. Fahrrad-Verleih, auch Touren mit Begleitung:
Berlin by bike - Fahrradstation
Tel. 0180 510 80 00
Mo–Fr 10–19, Sa 10–16 Uhr
in den Hackeschen Höfen (S Hackescher Markt)
im Bahnhof Friedrichstraße (S/U Friedrichstraße)
Bergmannstraße 9, Kreuzberg

(U Gneisenaustraße)
Auguststraße 29, Mitte (U Rosenthaler Platz)

Mofas

Thematische Stadtführungen auf kleinen Elektromofas – das gibt's nur in Berlin (1. April–31. Okt.).
BerliNsight
Joachimstraße 3–4
Tel. 81 89 20 71

Schifffahrt

Spreefahrt
Tel. 36 40 10 68 (ab 20 Uhr), 3 94 49 54 (Kasse)
Tägl. etwa 3½-stündige Alt-Berliner Brückenrundfahrt (11 €), kleine City-Tour Ost-West (2 Std., 8 €) und stdl. eine Fahrt durch den historischen Stadt-

kern (7 €); Abfahrt an der Restaurant-Terrasse Kongresshalle.
Stern- und Kreisschifffahrt
Tel. 53 63 60-0, Fax 53 63 60-99
Die Brückenfahrt auf dem Landwehrkanal und der Spree: 3½-stündige Rundfahrten ab Jannowitzbrücke bzw. Schlossbrücke/Charlottenburg.
Eine City-Rundfahrt auf einem Luxusschiff ab der Jannowitzbrücke sowie eine einstündige historische Rundfahrt ab dem Nikolaiviertel kosten zwischen 7 und 12 €.
Weiße Flotte
Die BVG betreibt zusammen mit der Stern- und Kreisschifffahrt die *Weiße Flotte*, den regulären Schifffahrtsverkehr auf der Havel und den Havelseen, die große Spree-Fahrt von und nach Treptow sowie unterschiedliche Kombinationen von und nach Potsdam. Auch hier gilt: Infos in jeder Tageszeitung.

▌ *Unterkunft*

Eine Riesenauswahl an Hotels steht zur Wahl, viele davon können über die Reservierungs-Hotline bei BMT Tel. 030/25 00 25 gebucht werden. Viele Hotels bieten außerdem günstige Wochenendtarife. Über Feier- und Festtage, lange Wochenenden und zu Messezeiten empfiehlt es sich dringend, vorab zu buchen. Das Hotelverzeichnis (BTM) ist sehr praktisch nach Bezirken geordnet und kann angefordert werden.

Luxus:

Adlon
Pariser Platz/Am Brandenburger Tor, Mitte
Tel. 22 61 11 11, Fax 22 61 22 22

DZ ab 290 €
S Unter den Linden, Bus 100, 200
Die Wiedergeburt eines Mythos, mit großer Vergangenheit in direkter Nachbarschaft zum Brandenburger Tor. Innen bietet es zeitgemäß und der Neueröffnung entsprechend topmoderne Ausstattung. Soll wieder das erste Hotel in Deutschland sein.

Four Seasons
Charlottenstr. 49, Mitte
Tel. 203 38, Fax 20 33 61 66
DZ ab 285 €
U Stadtmitte, Französische Straße, Bus 100, 200
Das noch »junge«, äußerst noble Hotel in Blockbebauung bietet

Aussicht auf den schönsten Platz Berlins, den Gendarmenmarkt.

Grand Hotel Esplanade
Lützowufer 15, Tiergarten
Tel. 25 47 80, Fax 254 78 82 22
DZ ab 250 €
U Nollendorfplatz, Bus 100, 129, 200
Zählt zu den »Leading Hotels of the World« – Architektur, Kunst und Design in kühler Eleganz, sehr gute Bar. Zentral zwischen Nationalgalerie und Kudamm.

Grand Hyatt Berlin
Marlene-Dietrich-Platz 2
Potsdamer Platz, Tiergarten
Tel. 25 53 12 34, Fax 25 53 12 35
DZ ab 230 €

U/S Potsdamer Platz, Bus 200
Luxus pur, spektakuläre Innenarchitektur, High-Tech und Promis aus der Filmwelt.

Hotel Palace Berlin
Budapester Str. 42, Charlottenburg
Tel. 250 20, Fax 25 02 11 61
DZ ab 225 €
U/S Zoo, Bus 100, 200
Teil des Europa-Centers neben der Gedächtniskirche. Hervorragendes Restaurant »First Floor«. Wem das Marmorbad nicht reicht, der darf auch die Thermen im Europa-Center nutzen.

Kempinski Hotel Bristol Berlin
Kurfürstendamm 27, Charlottenburg
Tel. 88 43 40, Fax 883 60 75
DZ ab 238 €
U Uhlandstraße, Bus 109, 119, 129
Zeitloser Luxus. Die exponierte Lage am Kudamm bietet das repräsentatitve Umfeld für Berlin-Nostalgiker.

The Regent
Schlosshotel Berlin
Brahmsstr. 10, Grunewald
Tel. 89 58 40, Fax 89 58 48 00
DZ ab 365 €
S Grunewald, Bus 129. 186
Wohnen wie Karl Lagerfeld – der Modezar übernahm die künstlerische Leitung. 11 Suiten und 40 Zimmer. Wunderbare Parkanlage, Messe- und Ku-damm-Nähe.

The Westin Grand Berlin
Friedrichstr. 158–164, Mitte
Tel. 202 70, Fax 20 27 33 62
DZ ab 192 €
U Französische Straße, S Friedrichstraße, Tram 1, Bus 100, 200
Beste Lage: Unter den Linden/Ecke Friedrichstraße: Herrliche Halle mit großartiger Freitreppe und Zimmern in umlaufenden Galeriegeschossen.

Gehobene bis mittelpreisige Hotels:

Alexander Plaza Berlin
Rosenstr. 1, Mitte
Tel. 24 00 10, Fax 24 00 17 77
DZ ab 160 €
U Alexanderplatz, S Hackescher Markt, Bus 100, 157
In der geschichtsträchtigen Straße zwischen Hackeschem Markt und Alexanderplatz: neuer Glanz in schönem Altbau, individuell, persönlich geführt.

Art'otel berlin-mitte
Wallstr. 70-73, Mitte
Tel. 24 06 20, Fax 24 06 22 22
DZ ab 158 €
U Märkisches Museum, S Jannowitzbrücke, Bus 240
Ambiente und Atmosphäre sind bestimmt vom Künstler Georg Baselitz, dem das moderne Hotel im denkmalgeschützten Ermelerhaus galerieähnlich gewidmet ist.

Bleibtreu
Bleibtreustr. 31, Charlottenburg
Tel. 88 47 40, Fax 88 47 44 44
DZ ab 182 €
U Uhlandstraße, S Savignyplatz, Bus 109, 119, 129
Extravagantes Stadthotel mit künstlerischem Ambiente und zeitgenössischem Design. Restaurant und Blue Bar, Dampfbad, Feinkost- und Blumenladen – alles unter einem Dach.

Estrel Hotel & Convention Center
Sonnenallee 225, Neukölln
Tel. 683 12 25 22, Fax 68 31 23 45
DZ ab 140 €
S Sonnenallee, Bus 241
Schiebt sich wie eine gläserne Pyramidenscheibe in den Himmel: mit 2250 Betten das größte Hotel Europas, effizient, modern, freundlich, mit gutem Preis-Leistungsverhältnis.

Fjord Hotel Berlin garni
Bissingzeile 13, Tiergarten
Tel. 25 47 20, Fax 25 47 21 11
DZ ab 90 €
U Kurfürstenstraße, Mendelssohn-Bartholdy-Park, Bus 129
Nahe dem Potsdamer Straße, dem Kulturforum, und allen Verkehrsmitteln bietet das moderne kleinere Haus mit 80 Betten eine sehr ordentliche zentrale Übernachtungsmöglichkeit.

Gold Hotel am Wismarplatz
Weserstr. 24, Friedrichshain
Tel. 293 34 10, Fax 29 33 41 10
DZ ab 83 €
U Samariterstraße, S Ostkreuz, Tram 21, Bus 240
Zwischen Ostbahnhof und Frankfurter Allee am grünen Wismarplatz: gepflegte, familiäre Atmosphäre, ruhig, mit Weinstube und Wintergarten.

Hotel Seehof am Lietzensee
Lietzenseeufer 11, Charlottenburg
Tel. 32 00 20, Fax 32 00 22 51
DZ ab 165 €
U Kaiserdamm, S Messe Nord, Bus 149
Nahe Messegelände und ICC – am Ufer des Lietzensees, zentral und mitten im Grünen; Terrassenrestaurant und Seeblick.

Hotel Unter den Linden
Unter den Linden 14, Mitte
Tel. 23 81 10, Fax 23 81 11 00
DZ ab 98 €
U Unter den Linden, S Friedrichstraße, Bus 100, 200, 147
An der Ecke Friedrichstraße: Siebziger-Jahre-Ambiente, Gummibäume und sehr freundlicher Service. Zentral und günstig.

Park-Inn Hotel
Alexanderplatz, Mitte
Tel. 238 90, Fax 23 89 43 05
DZ ab 150 €
U/S Alexanderplatz, Bus 100,

200, Tram 2, 3, 4
Gründlich aufgepäppelte ›Nobelplatte‹ direkt am Alex, mit verglastem Wintergarten und Durchgang zur Karl-Marx-Allee. Von den höheren Geschossen traumhafte Ausblicke.

Pension Kettler
Bleibtreustr. 19, Charlottenburg
Tel. 883 49 49, Fax 882 42 28
DZ ab 90 €
U Uhlandstraße, S Savignyplatz, Bus 119, 129, 149
Dem Pensions-Typ der 1920er Jahre entspricht die plüschige, freundliche und komfortable kleine Pension inmitten der Off-Kudamm-Szene.

Pension Nürnberger Eck
Nürnberger Str. 24a, Charlottenburg
Tel. 235 17 80, Fax 23 51 78 99
DZ ab 70 €
U Wittenbergplatz, Augsburger Straße, Bus 109, 119, 129
Etagenpension mit altmodischem Charme im Stil der vorletzten Jahrhundertwende nahe Wittenbergplatz. Acht Zimmer.

Propeller Island City Lodge
Paulsborner Str. 10, Wilmersdorf
Tel. 891 90 16, Fax 892 87 21
DZ ab 90 €
U Adenauerplatz, Bus 210
Ungewöhnlich: 5 Künstlerzimmer mit Wohnküchen: Spiegel-, Burgzimmer, Orangenes Zimmer. Für den Nachwuchs das Zwergenzimmer (1,42 m Raumhöhe) voller Gartenzwerge.

Quality Hotel Imperial Berlin
Lietzenburger Str. 79–81, Wilmersdorf
Tel. 88 00 50, Fax 882 45 79
DZ ab 115 €
U Uhlandstraße, Bus 249, 109, 119, 129
Ganz nah am Kudamm mit Sonnenterrasse, großem Außenpool und Wellness-Oase.

Riehmers Hofgarten
Yorckstr. 83, Kreuzberg
Tel. 78 09 88 00, Fax 78 09 88 08
DZ ab 117 €
U Mehringdamm, S Yorckstraße, Bus 119, 229
Kleines Haus mit 44 Betten, viele Stammgäste. Im idyllischstillen Block von Riehmers Hofgarten gelegen und doch mitten in der Stadt. Das Restaurant Riehmers gehört zu den aufregendsten und besten in Berlin.

Schlossparkhotel
Heubnerweg 2a, Charlottenburg
Tel. 326 90 30, Fax 326 90 36 00
DZ ab 120 €
S Westend, Bus 210
Kleines freundliches Hotel am Park von Schloss Charlottenburg.

Sorat Art'otel
Joachimstaler Str. 29, Charlottenburg
Tel. 88 44 70, Fax 88 44 77 00
DZ ab 145 €
U Kürfürstendamm, Bus 109, 119, 129
Designermöbel und Topausstattung in dem fast 100 Jahre alten Gebäude in zentraler Lage.

Sorat Hotel Humboldt-Mühle Berlin
An der Mühle 5–9, Tegel
Tel. 43 90 40, Fax 43 90 44 44
DZ ab 132 €
U Alt-Tegel, Bus 124, 133, 222
Gewohnter Sorat-Komfort in einer alten Mühle idyllisch in der Nähe des Tegeler Sees gelegen.

Sorat Hotel Spree-Bogen Berlin
Alt-Moabit 99, Tiergarten
Tel. 39 92 00, Fax 39 92 09 99
DZ ab 166 €
U Turmstraße, S Bellevue, Bus 245
Komfort und Service sowie charmante Mischung aus Alt und Neu. Gute Lage am Spree-Ufer

neben dem Innenministerium. Hauseigene Schiffsanlegestelle.

Preiswert:

A & O Backpackers Hostel
Boxhagener Str. 73
Friedrichshain (U Frankfurter Allee, S Ostkreuz, Bus 240)
Tel. 297 78 10, Fax 29 00 73 66
Joachimsthaler Str. 3, Charlottenburg (S/U Bahnhof Zoo)
Tel. 297 78 10
www.aobackpackers.de
1–16-Bett Zi., ab 10 € (p. P.);
DZ ab 48 €
Sehr trendig, beide zentral (einmal in der jungen Szene, einmal im Verkehrsknotenpunkt Zoo), sauber, günstig, Billiard, Internet.

Circus The Hostel
Torstr. 119/Am Weinbergsweg 1a, Mitte
Tel. 28 39 14 33, Fax 28 39 14 84
DZ ab 42 €
U Rosenthaler Platz, Tram 1, 8, 13
Sanierter Altbau, Bar, Straßencafé, breites Serviceangebot.

Generator Hostel
Storkower Str. 160, Prenzlauer Berg
Tel. 417 24 00
www.generatorhostels.de
S Storkower Straße
1–14-Bett-Zi., ab 12 € (p. P.),
DZ ab 54 €
Total im Trend im sanierten Plattenbau mit 854 Betten: Neonfarben, alles blitzt und blinkert. Bestens für Gruppen und Teenies.

Jugendhotel Berlincity
Crellestr. 22, Schöneberg
Tel. 78 70 21 30, Fax 78 70 21 32
DZ ab 60 €
U Kleistpark, S Yorckstraße, Bus 104, 148, 204
Komfortabel ausgebaute Fabrik-

etagen, familien- und gruppen-
freundlich, sehr ordentlich.

Meininger 14
Hallesches Ufer 30, Kreuzberg
U   Hallesches Tor
51 Zi, ab 14 € (p. P.), DZ ab
66 €
Schöner Altbau, viel Flair.

Meininger 12
Tempelhofer Ufer 10, Kreuzberg
U   Hallesches Tor
250 Betten, ab 14 € (p. P.), DZ

ab 66 €
Gegenüber von Meininger 14,
mit Dachterrasse.

Meininger 10
Meininger Str. 10, Schöneberg
U   Rathaus Schöneberg
ab 12,50 € (p. P.), DZ ab 46 €

Tel. 66 63 61 00 oder 78 71 74 14
www.studentenhotel.de

Studentenhotel Hubertusallee
Delbrückstr. 24, Wilmersdorf
Tel. 891 97 18, Fax 892 86 98

DZ ab 44 €
Bus 129, 210
1–4-Bett-Zimmer; Sondertarife
für Schüler und Studenten.

**Mitwohnzentralen, Vermitt-
lung von Privatunterkünften**

Bed & Breakfast, Tel. 746 14 46
Fein & Mein, Tel. 23 55 12-0
Freiraum, Tel. 618 20 08
Mitwohnzentrale
Ku'damm Eck, Tel. 194 45

▌*Essen und Trinken*

Einer der stärksten Reize der
Hauptstadt liegt in ihrer uferlo-
sen Fülle an Restaurants, Kneipen, Bistros, Cafés, Eckpinten,
Ausflugsgaststätten und Spezia-
litätenlokalen.   Die Berliner
Kneipenlandschaft hat einen legendären Ruf. Kein Problem, eine ganze Nacht durchzuma-
chen. Currywurst und Döner
werden rasch am Imbissstand
verzehrt; zwar gelten Eisbein,
Erbspüree und Sauerkraut noch
immer als typisch, aber danach
muss man suchen. Eine Besonderheit aus Mauerzeiten: die
ausgeprägte Frühstückskultur –
in Cafés und Bistros finden sich
üppige Frühstücksangebote.

Die Fülle an interessanten
und hervorragenden Restaurants ist begeisternd; dabei spielen auch die Bistros und Restaurants der großen Hotels eine
Hauptrolle, bieten z. T. exquisite
Küche – das **Harlekin** im Grand
Hotel Esplanade und das **First
Floor** im Palace-Hotel z. B. besitzen einen Michelin-Stern. Die
folgende Auswahl ist als Appe-
tithappen gedacht – es gibt unendlich viel zu entdecken.

Neugierige und Genießer
sollten sich unbedingt eine der
Extra-Zeitschriften der Stadtma-
gazine *TIP* oder *Zitty* über die
Gastro-Szene in Berlin kaufen.
Zitty guide Essen und Trinken
ist zudem eine Augenweide!

Restaurants und Bistros

Altes Zollhaus
Carl-Herz-Ufer 30, Kreuzberg
Tel. 692 33 00
Di–Sa 18–1 Uhr
U   Prinzenstraße
Mehrfach   ausgezeichnet   die
Küche, gediegen das Ambiente –
ein Spitzenrestaurant in Kreuzberg. Im wunderschön res-
taurierten Fachwerkhaus der
ehemaligen Zahlkontrollstelle
am Landwehrkanal kann man
verfeinert deutsch genießen.

Bacco
Marburger Str. 5, Charlottenburg
Tel. 211 86 87
Mo–Sa 12–15, 18–24, So 18–24
Uhr
U   Augsburger Straße
Die zentrale Lage bei der Ge-

dächtniskirche und toskanische Spezialitäten ziehen auch
italophile Prominenz an – und
das schon fast seit drei Jahrzehnten.

Borchardt
Französische Str. 17, Mitte
Tel. 20 38 71 10
Tägl. 11.30–1 Uhr
U/S Friedrichstraße, U Fran-
zösische Straße
Hallenrestaurant nach Pariser
Vorbild an der Friedrichstadtpas-
sage. Klassisch-moderne Sterne-
Küche. Cool, sehr trendy, sehr
gut, hoher Promifaktor.

Cassambalis
Grolmannstr. 35, Charlotten-
burg
Tel. 885 47 47
Mo–Sa 12–2, So 18–2 Uhr
U   Uhlandstraße, S Savigny-
platz
Moderner nobler Grieche mit
Stil und Flair, sehr schöne Räu-
me, exzellente Küche.

Diekmann
Meinekestr. 7, Charlottenburg
Tel. 883 33 21

Mo–Sa ab 12, So ab 18 Uhr
U Kurfürstendamm
Gehobenes Bistrorestaurant, frankophil, ruhig, frische Küche, für Genießer.

Diekmann im Weinhaus Huth
Alte Potsdamer Straße 5, Potsdamer Platz
Tel. 25 29 75 24
Tägl. 12–1 Uhr
U/S Potsdamer Platz
Im einzigen alten Haus am Potsdamer Platz sehr feines stilvolles Bistro-Restaurant. Austernbar, Terrasse.

Dressler
Kurfürstendamm 207/208, Charlottenburg
Tel. 883 35 12
Tägl. 8–1 Uhr
U Uhlandstraße, Bus 119, 129
Brasserie im Art-Deco-Stil. Vom Fühstück bis zum Dinner trifft man sich hier; besonders verführerisch ist die Austernbar.

Dressler Unter den Linden
Unter den Linden 39, Mitte
Tel. 204 44 22
U/S Friedrichstraße, Bus 100, 200
Französische Brasserie, viele Stammgäste aus Politik und Wirtschaft, sehr gute Küche.

Engelbecken
Witzlebenstr. 31, Charlottenburg
Tel. 615 28 10
U Sophie-Charlotte-Platz
Mo–Sa 16–1, So 12–1 Uhr
Sehr gute verfeinerte bayerische, auch mediterrane Küche in hellem, zurückhaltendem Ambiente am Lietzensee. Beliebt, unbedingt reservieren.

Engelbrecht
Schiffbauerdamm 6/7, Mitte
Tel. 28 59 85 85
Mo–Fr 12–23, Sa/So ab 18 Uhr
U/S Friedrichstraße

Very in bei Politikern und Medienleuten; in der neuen Gastroszene neben dem Berliner Ensemble. Herber, 1930er Jahre-Flair mit zeitgenössischer Kunst. Einfallsreiche zeitgenössische Küche wie Lammrücken mit mariniertem Ingwer-Rotkohl.

Käfer im Reichstag
Platz der Republik, Tiergarten
Tel. 22 62 99 33
Tägl. ab 9–16.30; 18.30–24 Uhr
S Unter den Linden, Bus 100, 200
Der Hauptstadtableger der Käfer-Feinkost-Gruppe ist schon wegen seiner Lage unschlagbar. Leichte frische Küche mit regionalen Akzenten im Restaurant mit Terrasse auf dem Dach des Reichstags. Abends nur über Reservierung, damit man hinaufgelassen wird.

Lutter & Wegner
Schlüterstr. 55, Charlottenburg
Tel. 881 34 40
Tägl. ab 18 Uhr – open end
U Uhlandstraße, S Savignyplatz
Der Name ist legendär, die Musik aus den 1930er Jahren, die Küche von heute mit österreichischem Einschlag. Sehr gut, sehr schön. Die alte Tradition aufnehmend, hat Lutter & Wegner sein neues altes Stammhaus am Gendarmenmarkt wiedereröffnet.

Lutter & Wegner
am Gendarmenmarkt
Charlottenstr. 56, Mitte
Tel. 202 95 40
Tägl. 11–3 Uhr
U Französische Straße, Mitte
Sehr gute, bodenständige Küche wie oben, riesige Weinkarte. Ergänzung des L & W Imperiums: eine weitere Weinstube, Weinhandlung und gegenüber: die Newton Bar mit Zigarrenlounge. Architekt: Hans Koll-

hoff, sehr weltstädtisch und luxuriös.

Maxwell
Bergstr. 22, Mitte
Tel. 280 71 21
Tägl. ab 18 Uhr
U Rosenthaler Platz, S Nordbahnhof
Auf zwei Etagen in schönem Hof hervorragende Küche mit saisonalen Überraschungen – eine der chicsten lässigen Adressen der Stadt.

Pan Asia
Rosenthaler Str. 38, Mitte
Tel. 27 90 88 11
Tägl. 10–24 Uhr
S Hackescher Markt
In coolem Design gleich neben den Hackeschen Höfen ein neuer Trend: An langen Bänken, mit hellem Holz und klaren Formen wird hier leichte frische Edelsuppenküche gereicht, daneben Sushis, Curries, Wan Tan, Wokgerichte. Toll!

Paris-Bar
Kantstr. 152
10623 Charlottenburg
Tel. 313 80 52
Tägl. 12–2 Uhr
U/S Zoologischer Garten, S Savignyplatz
Legendäres Bistro-Restaurant der intellektuellen Szene, Film-, TV- und Medien-Stars, französische Gebrauchsküche, Tischbestellung empfohlen.

Paris-Moskau
Alt-Moabit 141, Tiergarten
Tel. 394 20 81
Tägl. 18–1 Uhr
S Hauptbahnhof/Lehrter Bahnhof, Bus 245
Renommiertes, gehobenes Restaurant am Rand der Hauptstadt-Baustellen, nahe der namensgebenden Eisenbahnlinie. Einzigartige, skurrile Lage. In dem Fachwerkhaus der vorletz-

409

ten Jahrhundertwende wird frisch, modern, mit französischem Flair gekocht. Sehr gute Weine, Garten.

Refugium
Im Französischen Dom
Gendarmenmarkt, Mitte
Tel. 229 16 61
Mo–Sa ab 11 Uhr
U Französische Straße
Im Souterrain des Französischen Doms oder auf der Terrasse lässt sich leicht und elegant essen und trinken.

Reinhard's in Mitte
Poststr. 28, Nikolaiviertel, Mitte
Tel. 22 38 42 95
Tägl. 9–24 Uhr
Bus 100, 157, 142
Bistro-Räume mit Reminiszenzen an die Filmstars der 1920er Jahre. Sehr lebhaft und beliebt; gute, internationale Küche mit großer Auswahl.

Schwarzenraben
Neue Schönhauser Str. 13, Mitte
Tel. 28 39 16 98
Mo–Sa ab 10, So ab 14 Uhr
U Weinmeisterstraße
Groß, schlicht, lässig, bei italienischer Küche trifft sich hier tout le monde. Mit ruhigem Garten.

Stäv (Ständige Vertretung)
Schiffbauerdamm 8, Mitte
Tel. 282 39 65
Tägl. 11–1 Uhr
U/S Friedrichstraße
Einer der ersten Bonner in Berlin war Friedel Drautzburg, der mit Bonn-Kölscher Edelkneipe die Berlin-Zuzöglinge am Schiffbauerdamm begrüßte. Die Mischung aus rheinischer und Berliner Küche in witzigem Ambiente ist ein Riesenerfolg.

Theodor Tucher
Pariser Platz 6a, am Brandenburger Tor, Mitte

Tel. 22 48 94 64
Tägl. 9–1 Uhr
S Unter den Linden, Bus 100, 200
Hohe Hallen, grandiose Säulen und eine Lese-Galerie mit Bibliothek: Mitten drin, sehr schick, vom Frühstück bis zum Spätabsacker mit Austern und Kaviar. Französische Küche.

Vau
Jägerstr. 54/55, Mitte
Tel. 202 97 30
So geschl.
U Hausvogteiplatz
Eine der Top-Adressen in Berlin, sehr nobel und cool, klare Architektur mit riesige Fensterfront und erlesenem, zurückhaltendem Mobiliar. Moderne raffinierte Sterne-Küche mit österreichischem Einschlag. Reservierung unumgänglich.

Weinstein Mitte
Mittelstr.1, Mitte
Tel. 20 64 96 69
Mo–Fr 12–1, Sa 17–1 Uhr
U/S Friedrichstraße, S Unter den Linden
Schon länger kein Geheimtipp mehr: in Art-Deco-Ambiente phantasievolle, verfeinerte deutsche Küche, gute Weine, sehr gutes Preis-Leistungsverhältnis.

Café-Bistros

Nur eine winzige Auswahl

Café Adler
Friedrichstr. 206, Kreuzberg
Tel. 251 89 65
U Kochstraße, Bus 129
Direkt am Checkpoint Charlie ist das Adler eines der wenigen erhaltenen Altbauten; zur raschen Stärkung in der Mittagspause treffen sich hier Leute aus der Umgebung, Zeitungsvolk

und Touristen. Reichhaltiges Frühstück bis 17 Uhr.

Café Einstein
Kurfürstenstr. 58, Tiergarten
Tel. 261 50 96
Tägl. 9–24 Uhr
U Kurfürstenstraße
Berlins bekanntestes Literaten- und Kultur-Café mit Kaffeehaus-Tradition und österreichischem Einschlag – Unter den Linden 42 wird die Tradition in kühlerem Ambiente fortgesetzt.

Café Josty
Bellevuestr. 1, Sony Center, Tiergarten
Tel. 25 75 97 03
Tägl. 9.30–24 Uhr
U/S Potsdamer Platz, Bus 200
Nobel gestylter Treff im Sony Center, viel Glas, rotes Leder im erhalten Frühstückssaal des einstigen Grand Hotel Esplanade. Café, Bar, Restaurant.

Café Wintergarten im Literaturhaus
Fasanenstr. 23, Charlottenburg
Tel. 882 54 14
Tägl. 9.30–1 Uhr
U Kurfürstendamm, Uhlandstraße
Zu jeder Tageszeit urban, ruhig und sehr gut besucht: Im Café-Bistro, auf der überdachten Terrasse oder im Garten lässt sich die Großstadthektik angenehm verdrängen. Gute Bistroküche in schöner Umgebung.

Operncafé im Opernpalais
Unter den Linden 5, Mitte
Tel. 20 26 83
Tägl. 8–24 Uhr
Bus 100, 157, 200
Sagenhafte Torten in üppigem Ambiente, direkt neben der Staatsoper, immer voll, immer gut. Mehrere Räume, Terrasse, Biergarten.

Museen und Sehenswürdigkeiten

Museen, Schlösser und Sammlungen in Berlin

Die Reihenfolge der aufgeführten Sehenswürdigkeiten ist alphabetisch; politisch-historische Gedenkstätten und die große Zahl historischer Friedhöfe sind separat aufgeführt und kurz erläutert, wenn sie im Haupttext nicht näher vorgestellt wurden.

Durch die Neuordnung der Staatlichen Museen zu Berlin, mit SMB gekennzeichnet, sind Teile der Bestände nicht zugänglich oder gerade dort nicht anzutreffen, wo man sie vermutet. Daher zur Sicherheit im Internet nachschauen: www.smb. spk-berlin.de

»Die Lange Nacht der Museen« findet am letzten Samstag im Januar und August statt: rund 80 Museen warten bis 2 Uhr nachts mit Sonderprogrammen auf, durch 3 Buslinien miteinander verbunden. Infoline: 0 30/2 83 97 74 44, www.lange-nacht-der-museen.de

Weitere Informationen:
Museumspädagogischer Dienst
Chausseestr. 123, Mitte
Tel. 283 97-3
Info-Tel. 28 39 74 44
www.mdberlin.de
Mo–Do 9–16, Fr 9–15 Uhr
U   Zinnowitzer Straße, Tram 6, 8, Bus 157, 340

Abgusssammlung antiker Plastik
Schlossstr. 69b

Charlottenburg
Tel. 342 40 54
Do–So 14–17 Uhr
U   Richard-Wagner-Platz, Bus 109, 145, 210, X21

Ägyptisches Museum und Papyrussammlung (SMB)
Östlicher Stülerbau
Schlossstr. 70
Charlottenburg
Tel. 34 35 73 11
Di–So 10–18 Uhr
U   Richard-Wagner-Platz, Bus 109, 145, 210, X21

Akademie der Künste
Hanseatenweg 10
Tiergarten
Tel. 39 07 60
Mo 13–19 Uhr, Di–So 10–19 Uhr
U   Hansaplatz, S Bellevue
Wechselausstellungen, Lesungen, Veranstaltungen.

AlliiertenMuseum
Outpost-Kino,
Clayallee 135, Zehlendorf
Tel. 818 19 90
Do–Di 10–18 Uhr
U   Oskar-Helene-Heim, Bus 115, 183

Altes Museum (SMB)
Lustgarten, Museumsinsel
Mitte
Tel. 20 90 55 77
Di–So 10–18 Uhr
U/S   Friedrichstraße,
S Hackescher Markt
»Neue Antike im Alten Museum« als ständige Ausstellung im Hauptgeschoss; im Obergeschoss Wechselausstellungen.

Alte Nationalgalerie (SMB)
Bodestr. 1–3, Museumsinsel
Mitte
Tel. 20 90 55 77
Di–So 10–18, Do bis 22 Uhr
U/S   Friedrichstraße,
S Hackescher Markt

Anna-Seghers-Gedenkstätte
Anna-Seghers-Str. 81
Adlershof (Treptow)
Tel. 677 47 25
Di/Mi 10–16, Do 10–18 Uhr
S   Adlershof, Tram 60

Antikensammlung (SMB)
Im Pergamonmuseum
Bodestr. 1–3
Mitte
Tel. 20 90 55 77
Di–So 10–18, Do bis 22 Uhr
U/S   Friedrichstraße,
S   Hackescher Markt

Bauhaus-Archiv Berlin/ Museum für Gestaltung
Klingelhöferstr. 14
Tiergarten
Tel. 254 00 20
Mi–Mo 10–17 Uhr
U   Nollendorfplatz, Bus 100, 129, 187, 341

Berliner Medizinhistorisches Museum
Charité, Schumannstr. 20–21
Mitte
Tel. 450 53 60 49
Di–So 10–17 Uhr, Mi 10–19 Uhr
U Oranienburger Tor, S Friedrichstraße, Bus 147, 257
Medizinhistorische Raritäten – nur für starke Nerven.

**Berlin Museum
(Stadtmuseum Berlin)**
Lindenstr. 14, Kreuzberg
Das alte Kammergerichtsge-
bäude ist Teil des Jüdischen
Museums – die Sammlungen
sind im Stadtmuseum Berlin
aufgegangen;
s. **Jüdisches Museum**
s. **Märkisches Museum**
(Hauptmuseum zur Stadtge-
schichte)

Berlinische Galerie
Museum für Moderne Kunst,
Photographie und Architektur
Ab Herbst 2004 Wiedereröff-
nung:
Alte Jakobstraße 124–128
Kreuzberg
Tel. 78 90 26 00
U Hallesches Tor, Kochstraße,
Bus 129

Die Berlin Story
Unter den Linden 10
Mitte
Tel. 20 45 38 42
Tägl. 10–19 Uhr
U/S Friedrichstraße, S Unter
den Linden, Bus 100, 200
Auf Berlin spezialisierte Buch-
handlung mit Ausstellung über
die historische Mitte, u. a. 40
Meter lange Lindenrolle.

Bode Museum (SMB)
Museumsinsel
Bis Ende 2005 geschlossen

**Botanisches Museum und
Botanischer Garten**
Königin-Luise-Str. 6–8
Steglitz
Tel. 83 85 01 00
S Botanischer Garten, Bus
101, 183
Museum: tägl. 10–18 Uhr

Botanischer Garten im Sommer
tägl. ab 9–21 Uhr
2. Besuchereingang: Unter den
Eichen 5–10

Brecht-Weigel-Gedenkstätte
Chausseestr. 125
Mitte
Tel. 282 99 16
Di–Fr 10–12, Do auch 17–19
Uhr, Sa 9.30–14 Uhr (Führung
halbstündlich), So 11–18 Uhr
(Führungen stündlich)
S/U Friedrichstraße

**Brecht-Weigel-Haus,
Buckow**
Bertold-Brecht-Str. 29
Buckow/Brandenburg
Tel. 03 34 33-467
Ab Sommerzeitumstellung:
Mi–Fr 13–17, Sa/So 13–18
Uhr; ab Winterzeitumstellung:
Mi–Fr 10–12, 13–16, Sa/So
11–16 Uhr
Mit dem Zug ab Bahnhof Lich-
tenberg bis Müncheberg; ab
Müncheberg Schienenbus bis
Buckow.
Die ›Datsche‹, das Ferienhaus
von Bert Brecht und Helene Wei-
gel am Schermützelsee. Hier
schrieb Brecht die »Buckower
Elegien«. Originale Wohnhalle,
Memorabilia, u. a. der Planwa-
gen der »Mutter Courage«.

Bröhan-Museum
Schlossstr. 1a
Charlottenburg
Tel. 32 69 06 00
Di–So 10–18 Uhr
U Sophie-Charlotte-Platz,
Richard-Wagner-Platz, Bus 109,
145
Landesmuseum für Jugendstil,
Art déco und Funktionalismus
(1889–1939).

Brücke-Museum
Bussardsteig 9, Dahlem
Tel. 831 20 29
Mi–Mo 11–17 Uhr
Bus 115

Centrum Judaicum
Oranienburger Str. 28
Mitte
Tel. 28 40 12 50
So–Do 10–17.30, Fr 10–13.30
Uhr
S Hackescher Markt, Ora-
nienburger Straße, Tram 1, 3

**DaimlerChrysler
Contemporary Galerie**
Haus Huth
Alte Potsdamer Str. 5
Potsdamer Platz
Tiergarten
Tel. 25 94 14 20
Di–So 11–18 Uhr
U/S Potsdamer Platz, Bus 148,
200, 248

**Deutsche
Guggenheim Berlin**
Unter den Linden 13–15
(Deutsche Bank), Mitte
Tel. 202 09 30
Tägl. 11–20, Do bis 22 Uhr
Der erste deutsche Ableger
des Guggenheim-Imperiums
in den Ausstellungsräumen der
Deutschen Bank. Exzellente
Wechselausstellungen.

Deutscher Bundestag
s. Reichstagsgebäude

Deutscher Dom
Gendarmenmarkt, Mitte
Tel. 22 73 04 31
Mi–So 10–18, Di bis 22 Uhr
U Stadtmitte
Dauerausstellung »Wege. Irr-
wege. Umwege. Zur Entwick-

lung der parlamentarischen
Demokratie in Deutschland«.

Deutsches Historisches Museum (DHM im Zeughaus)/Pei-Bau

Unter den Linden 1–2, Mitte
Tel. 20 30 40
Tägl. 10–18 Uhr
S   Hackescher Markt, Bus 100,
200
Das DHM im Zeughaus ist ab
Herbst 2004 wieder geöffnet. Im
Pei-Bau sind Wechselausstellungen zu sehen.

Deutsches Technik Museum Berlin

Trebbiner Str. 9
Kreuzberg
Tel. 90 25 40
Di–Fr 9–17.30, Sa/So 10–18 Uhr
U   Gleisdreieck, Möckernbrücke, Bus 129, 248

Domäne Dahlem (Stadtmuseum Berlin)

Landgut und Museum
Königin-Luise-Str. 49
Dahlem
Tel. 8 32 50 00
Mi–Mo 10–18 Uhr
U   Dahlem-Dorf, Bus 110,
183, X11

Ephraim-Palais (Stadtmuseum Berlin)

Poststr. 16, Mitte
Tel. 24 00 21 21
Di–So 10–18 Uhr
U/S   Alexanderplatz,
U   Klosterstraße, Bus 142, 148,
257

Erotik-Museum

Kant-/Ecke Joachimsthaler
Straße
Charlottenburg
Tel. 88 62 66 13
Tägl. 9–24 Uhr (ab 18 J.)
U/S   Zoologischer Garten
Erotische Kunst aller Kulturen
der Welt, gesammelt von Beate
Uhse.

Ethnologisches Museum. Kunst und Kulturen der Welt (SMB)

Lansstr. 8
Dahlem
Tel. 830 14 38
Di–Fr 10–18, Sa/So 11–18 Uhr
U   Dahlem-Dorf, Bus 110,
183

Filmmuseum Berlin

Filmhaus am Potsdamer Platz
Potsdamer Str. 2
Tiergarten/Mitte
Tel. 300 90 30
U/S Potsdamer Platz, Bus 200
In 16 Räumen Zeitreise durch
die deutsche Filmgeschichte.
Wechselausstellungen, Nachlässe von Heinz Rühmann,
Marlene Dietrich u. a., Bibliothek und Online-Info-Center.

Französischer Dom

Gendarmenmarkt, Mitte
(s. Hugenottenmuseum, S. 414)

Friedrichswerdersche Kirche (Schinkelmuseum, SMB)

Werderstraße, Mitte
Tel. 208 13 23
Di–So 10–18 Uhr
U   Hausvogteiplatz, Bus 100,
200

Gemäldegalerie (SMB)

Mätthäikirchplatz 8
Tiergarten
Tel. 266 29 51
U/S   Potsdamer   Platz, Bus
129, 142, 148, 200, 248
Di–So 10–18, Do 10–22 Uhr

Georg-Kolbe-Museum

Sensburger Allee 25
Charlottenburg
Tel. 304 21 44
Di–So 10–17 Uhr
S   Heerstraße, Bus 149

Gipsformerei der Staatlichen Museen zu Berlin (SMB)

Sophie-Charlotte-Str. 17–18
Charlottenburg
Tel. 326 76 90
Mo–Fr 10–16, Mi bis 18 Uhr
S   Westend, Bus 110, 145,
204

Gründerzeitmuseum im Gutshaus Mahlsdorf

Hultschiner Damm 333
Hellersdorf
Tel. 567 83 29
Mi und So 10–18 Uhr
S   Mahlsdorf   (Hellersdorf),
dann Tram 62, Bus 168

Hamburger Bahnhof – Museum für Gegenwart (SMB)

Invalidenstr. 50–51
Tiergarten
Tel. 39 78 34 12
Di–Fr 10–18, Do bis 22, Sa/So
11–18 Uhr
S   Hauptbahnhof/Lehrter
Bahnhof, Bus 245, 248, 340

Haus am Waldsee

Argentinische Allee 30
Zehlendorf
Tel. 801 89 35
Di–So 12–20 Uhr
U   Krumme Lanke, S   Mexiko Platz
Schönes renommiertes Haus,
bedeutende Wechselausstellungen.

Haus der Kulturen der Welt (ehem. Kongresshalle)
John-Foster-Dulles-Allee 10
Tiergarten
Tel. 39 78 70
Di–So/feiertags 11–20 Uhr
S Hauptbahnhof/Lehrter Bahnhof, Unter den Linden, Bus 100, 248

Haus Lemke
s. Mies van der Rohe-Haus, S. 415

Heimatmuseen
Jeder Bezirk in Berlin besitzt sein eigenes Heimatmuseum, das sich mit der Geschichte des Bezirks befasst, unterschiedliche Wechselausstellungen präsentiert und einen kulturellen Treffpunkt für die Bewohner bildet. Sie alle sind als »Heimatmuseum Köpenick«, »Charlottenburg« usw. bezeichnet; nur das zentrale Museum nennt sich **Museum Mitte von Berlin** und ist im schönen Palais am Festungsgraben untergebracht (s. u.).

Heinrich-Zille-Museum
Probststr. 11,
Mitte
Tel. 24 63 25 00
tägl. 10– 20 Uhr
U/S Alexanderplatz

Helmut Newton Galerie
Jebenstr. 2
Charlottenburg
Eröffnung im Sommer 2004: Eine reiche Auswahl seiner legendären Fotosammlung macht Helmut Newton seinem Geburtsort Berlin zugänglich (Teil der SMB), direkt am Bahnhof Zoo.

Hugenottenmuseum
Im Französischen Dom
Gendarmenmarkt, Mitte
Tel. 20 16 68 83
Di–Sa 12–17, So 11–17 Uhr
U Hausvogteiplatz, Französische Straße, Bus 147, 257

Humboldt-Museum
s. Schloss Tegel

Infozentrum
Hauptstadtplanung
Behrenstr. 38, neben St. Hedwigs-Kathedrale, Mitte
Tel 20 08 32 34 (Führungen, Voranmeldungen)
Tägl. 9–19.30 Uhr
U Hausvogteiplatz, Französische Straße, Bus 100, 348
Ausstellung zur Hauptstadtplanung mit Stadtmodell, Multimedia-Infos.

Jagdschloss Grunewald
Am Grunewaldsee 29
Wilmersdorf
Tel. 813 35 97
Mai–Okt. Di–So 10–17, sonst Sa/So 10–16 Uhr
Bus 115, 183

Jüdisches Museum
Lindenstr. 9–14
Kreuzberg
Tel. 25 99 33 00
Tägl. 10–20, Mo bis 22 Uhr
U Hallesches Tor, Bus 129, 143, 240, 248

Käthe-Kollwitz-Museum
Berlin
Fasanenstr. 24
Charlottenburg
Tel. 882 52 10
Mi–Mo, feiertags 11–18 Uhr
U Uhlandstraße, Kurfürstenstraße, Bus 109, 119, 129, 229

Knoblauchhaus
(Stadtmuseum Berlin)
Poststr. 23, Mitte
Tel. 27 57 67 33
Di–So 10–18 Uhr
U/S Alexanderplatz, U Klosterstraße, Bus 142, 143, 148, 257

Kunstbibliothek (SMB)
Kulturforum
Matthäikirchplatz 6
Tiergarten
Tel. 20 90 55 55
Ausstellung: Di–Fr 10–18, Sa/So 11–18 Uhr
U/S Potsdamer Platz, Bus 129, 148, 200, 248, 341, 348

Kunstforum
in der Grundkredit Bank
Budapester Str. 35
Tiergarten
Tel. 63 37 84
Di–So 10–18 Uhr
U/S Zoologischer Garten, Bus 100, 200, X9

Kunstgewerbemuseum
(SMB)
im Kulturforum/Tiergarten
Matthäikirchplatz 6
Tel. 266 29 47
Di–Fr 10–18, Sa/So 11–18 Uhr
U/S Potsdamer Platz, Bus 129, 142, 148, 248, 341, 348
Im Schloss Köpenick:
Bis Ende 2004 wegen Totalsanierung geschlossen.

Kupferstichkabinett (SMB)
Kulturforum/Tiergarten
Matthäikirchplatz 6
Tel. 266 29 51
Di–Fr 10–18, Sa/So 11–18 Uhr
U/S Potsdamer Platz, Bus 129, 142, 148, 200, 248, 341, 348

Märkisches Museum (Stadtmuseum Berlin)
Am Köllnischen Park 5
Mitte
Tel. 30 86 60
Di–So 10–18 Uhr
U Märkisches Museum, U/S Jannowitzbrücke, Bus 147, 240, 265

Martin-Gropius-Bau
Niederkirchnerstr. 7
Kreuzberg
Tel. 25 48 60
Di–So 10–20 Uhr
S Anhalter Bahnhof, Bus 129, 200, 248, 341

Max Liebermann-Villa
Colomierstr. 3
Zehlendorf
Tel. 80 58 38 30
Fr 14–18.30, Sa/So 11–18.30 Uhr
S Wannsee, dann Bus 114

Mies van der Rohe-Haus Haus Lemke
Oberseestr. 60
Hohenschönhausen
Tel. 982 41 92
Di–Do 13–18, Sa/So 14–18 Uhr und nach Vereinbarung
Tram 5, 13, 15, 18, Bus 192

Museum der Dinge (ehem. Werkbundarchiv)
im Martin-Gropius-Bau
s. dort
Tel. 25 48 69 00
Di–So 10–20 Uhr

Museum Europäischer Kulturen (SMB, ehem. Museum für Volkskunde)
Im Winkel 6–8
Dahlem
Tel. 83 90 12 79

Di–Fr 10–18, Sa/So 11–18 Uhr
U Dahlem-Dorf, Bus 110, 183, X11

Museum für Gegenwart
s. Hamburger Bahnhof

Museum für Indische Kunst (SMB)
Lansstr. 8, Dahlem
Tel. 830 14 38
Di–So 10–18 Uhr
U Dahlem-Dorf, Bus 110, 183, X11

Museum für Islamische Kunst (SMB)
im Pergamonmuseum
Bodestr. 1–3, Museumsinsel
Mitte
Tel. 20 90 55 77
Eingang Kupfergraben
Di–So 10–18
U/S Friedrichstraße, Hackescher Markt, Bus 100, 200

Museum für Kommunikation
Leipziger Str. 16, Mitte
Tel. 20 29 40
Di–Fr 9–17 Uhr, Sa, So 11–19 Uhr
U Mohrenstraße, Stadtmitte, Bus 148, 200, 248
Das älteste Postmuseum der Welt im prachtvollen Bau in der Leipziger Straße/Ecke Mauerstraße. Von der Blauen Mauritius bis zu sprechenden Robotern.

Museum Mitte von Berlin
Palais am Festungsgraben
Am Festungsgraben 1, Mitte
Tel. 208 40 00
Mi–Fr 13–17, Sa bis 20, So 11–17 Uhr
U Unter den Linden, Bus 100, 200

Museum für Naturkunde
Invalidenstr. 43, Mitte
Tel. 20 93 85 91
Di–Fr 9.30–17, Sa/So 10–18 Uhr
U Zinnowitzerstraße, Tram 6, 8, 13, 50

Museum für Ostasiatische Kunst (SMB)
Lansstr. 8, Dahlem
Tel. 830 14 38
Di–Fr 10–18, Sa/So 11–18 Uhr
U Dahlem-Dorf, Bus 110, 183, X11

Museum für Vor- und Frühgeschichte (SMB)
Schloss Charlottenburg
Charlottenburg
Tel. 20 90 55 55
Di–Fr 10–18, Sa/So 11–18 Uhr
S Westend, Bus 109, 110, 145, 204, X21, X26

Museumsdorf Düppel (Stadtmuseum Berlin)
Clauertstr. 11
Zehlendorf
Tel. 802 66 71
April–Okt. Do 15–19, So/feiertags 10–17 Uhr
Bus 115, 211, 629
Freilichtmuseum als Rekonstruktion einer mittelalterlichen märkischen Siedlung mit Handwerksvorführungen.

Musikinstrumenten-Museum (SMB)
Kulturforum
Tiergartenstr. 1, Tiergarten
Tel. 25 48 10
Di–Fr 9–17, Sa/So 10–17 Uhr
U/S Potsdamer Platz, Bus 148, 200, 248, 341, 348

Museum Plagiarius
Kulturbrauerei

Schönhauser Allee 36
Prenzlauer Berg
Tel. 53 21 29 44
Mi–Sa 14–20, So 14–18 Uhr
U Eberswalder Straße, Bus
120, Tram 13, 20, 50
Das neue Museum zeigt alles,
was fälscht, kopiert und imitiert
ist. Erstaunlich!

Neue Nationalgalerie (SMB)
Kulturforum
Potsdamer Str. 50
Tiergarten
Tel. 266 29 51
Di–Fr 10–18, Sa/So 11–18
Uhr
U/S Potsdamer Platz, Bus
129, 148, 200, 248, 341, 348

Neue Synagoge
s. Centrum Judaicum

Neue Wache
Unter den Linden 4
Mitte
Tägl. 10–18 Uhr

Nikolaikirche
(Stadtmuseum Berlin)
Nikolaikirchplatz
Mitte
Tel. 24 72 45 29
Di–So 10–18 Uhr
U/S Alexanderplatz, Kloster-
straße, Bus 100, 142, 157, 257,
348

Pergamonmuseum (SMB)
Bodestr. 1–3, Museumsinsel
Mitte
Tel. 20 90 55 77
Di–So 10–18, Do bis 20 Uhr
U/S Friedrichstraße, Hacke-
scher Markt

Picasso und seine Zeit
s. Sammlung Berggruen

Reichstagsgebäude
(Deutscher Bundestag)
Platz der Republik, Tiergarten
Vor- und Grupppenanmeldung,
Führungen:
Tel. 22 73 21 52
www.bundestag.de/berlin

Ribbeck-Haus
Zentrum für Berlin-Studien
Breite Str. 36, Mitte
Tel. 20 28 64 85
Mo–Fr 10–19, Sa/So 13–18 Uhr
U/S Alexanderplatz

Sammlung Berggruen.
Picasso und seine Zeit (SMB)
Westlicher Stüler-Bau
Schlossstr. 1, Charlottenburg
Tel. 326 95 80
Di–Fr 10–18, Sa/So 11–18 Uhr
S Westend, Bus 109, 145, 210,
X21

Sammlung Hoffmann
Sophie-Gips-Höfe
Sophienstr. 21, Mitte
Tel. 28 49 91 21
Nur nach tel. Anmeldung Sa
11–16 Uhr
S Hackescher Markt

Sammlung Industrielle Gestal-
tung (Stadtmuseum Berlin)
Kulturbrauerei
Schönhauser Allee 36–39
Eingang Knaackstr. 97
Prenzlauer Berg
Tel. 44 31 78 68
Mi–So 14–21 Uhr
U Eberswalderstraße, Tram
13, 20, 50, 53
Produkt- und Alltagskultur so-
wie Design der DDR in denk-
malgeschütztem Brauerei-Areal.

Schinkel-Museum
s. Friedrichswerdersche Kirche

Schloss Britz
Alt-Britz 73, Neukölln
Tel. 606 60 51
Di–So 14–18 bei Ausstellungen,
nur Führungen Mi 14 – 18 Uhr
U Parchimer Allee, Bus 144,
174
Sehr hübsches, gepflegtes
Schlösschen mit liebevoll erhal-
tenem Interieur und interessan-
ten Wechselausstellungen.

Schloss Charlottenburg
Luisenplatz
Charlottenburg
Tel. 320 91-1
Schloss: Di–Fr 9–17, Sa/So
10–17 Uhr
Neuer Flügel: Di–Fr 10–18,
Sa/So 11–18 Uhr
U Sophie-Charlotte-Platz,
Bus 109, 145, 210, X21

Schloss Friedrichsfelde
(Stadtmuseum Berlin)
Am Tierpark 125
Lichtenberg
Infoline Tel. 240 02-162
Di–So 10–17 Uhr
U Friedrichsfelde, Tierpark
oder S Friedrichsfelde-Ost,
Tram 26, 27

Schloss und Landschaftsgarten
Klein-Glienicke
Königstr. 1, Wannsee
Tel. 805 30 41
Garten: ganzjährig tägl. geöffnet
Schloss: Mai–Okt. Sa/So 10–17
Uhr
S Wannsee, dann Bus 116,
A 16

Schloss Köpenick
s. Kunstgewerbemuseum

Schloss Niederschönhausen
Tschaikowskystr. 1

Pankow
Tel. 269 39 23 (First Class Events Agentur)
Sa/So 12.30–16 Uhr mit Führung
S Schönholz, Bus 107, 155, 255

Schloss und Landschaftsgarten Pfaueninsel

Pfaueninselchaussee
Zehlendorf
Tel. 80 58 68 32
Garten: tägl. Mai–Aug. 8–20, April, Sept. 8–18, März, Okt. 9–17, Nov.–Febr. 10–16 Uhr
Schloss: tägl. April–Okt. 10–17 Uhr
S Wannsee, dann Bus 216

Schloss Tegel »Humboldt-Museum«

Adelheidallee 19–21
Tegel
Tel. 4 34 31 56
Mo 10, 11, 15, 16 Uhr, nur mit Führung
U Alt-Tegel

Skulpturensammlung und Museum für Byzantinische Kunst (SMB)

Die Sammlungen im Bodemuseum und in Dahlem sind bis auf weiteres geschlossen (s. S. 378).

The Story of Berlin

Geschichte einer Metropole
Kudamm-Karree
Kurfürstendamm 207–208
Charlottenburg
Tel. 88 72 01 00
Tägl. 10–20 Uhr
U Uhlandstraße, Kurfürstendamm, Bus 109, 119, 129
Zeitreise durch Berlin, 20 Themenräume, multimediale Inszenierungen.

Vitra Design Museum Berlin

Im Jahr 2004 geschlossen, ab 2005 wieder eröffnet im Pfefferberg, Prenzlauer Berg.

Vorderasiatisches Museum (SMB)

im Pergamonmuseum
Bodestr. 1–3, Museumsinsel
Mitte
Tel. 20 90 55 57
Di–So 10–18, Do bis 22 Uhr
U/S Friedrichstraße, Hackescher Markt

Werkbund-Archiv

s. Museum der Dinge

Zeughaus, Unter den Linden

s. Deutsches Historisches Museum

Zeiss-Großplanetarium

Prenzlauer Allee 80
Prenzlauer Berg
Tel. 42 18 45 12
Mo–Fr 10–12, Mi–So 13.30–20 Uhr
S Prenzlauer Allee, Tram 1, 20

Zitadelle Spandau

Am Juliusturm
Spandau
Tel. 354 94 42 00
Di–Fr 9–17, Sa/So 10–17 Uhr
U Altstadt, Zitadelle, Bus 133

Gedenkstätten, zeitgeschichtliche

Anne Frank Zentrum

Oranienburger Str. 26
Eingang Krausnikstraße
Mitte
Tel. 30 87 29 88
Di–Do 10–18, Fr 10–13 Uhr
S Oranienburger Straße, Tram 1, 6, 13
Ausstellung zu Leben, Familie und historischem Kontext von Anne Frank, mit Verbindung zum Gedenkhaus in Amsterdam.

Deutsch-Russisches Museum Berlin-Karlshorst

Zwieseler Str. 4/
Rheinsteinstraße
Lichtenberg
Tel. 50 15 08 10
Di–So 10–18 Uhr
S Karlshorst, Tram 26, 27, 28

East Side Gallery

Mühlenstraße zwischen Hauptbahnhof und Oberbaumbrücke. 1,3 km lange Freiluftgalerie auf dem längsten noch erhaltenen, vor sich hinbröckelnden Mauerabschnitt; mehr als 100 Arbeiten internationaler Künstler formten dies »Denkmal der Freiheit«.

Erinnerungsstätte Notaufnahmelager Marienfelde

Marienfelder Allee 66–80
Tempelhof
Tel. 90 17 33 25
Mi–So 12–17 Uhr
S Marienfelde, U Alt Mariendorf, Bus 177, 277
Ehemaliges. Aufnahmelager für übergesiedelte oder geflüchtete DDR-Bürger von 1953–1990, Ausstellung im Haus Am Parkplatz 3.

Gedenkstätte Berlin-Hohenschönhausen

Genslerstr. 66
Hohenschönhausen

Tel. 98 60 82 30
Mo–Fr 11 und 13, Sa/So 11, 13
und 15 Uhr, nur mit Führung
(kostenlos)
S Landsberger Allee, von dort
Tram 6, 7 bis Genslerstr. oder
Tram 5, 15 bis Ferienwalder Str.
Erinnerungsstätte im ehemaligen Speziallager und zentralen
Untersuchungsgefängnis des
sowjetischen NKWD (bis 1950),
später war hier die zentrale
Untersuchungshaftanstalt der
Staatssicherheit.

Gedenkstätte Berliner Mauer
Und Dokumentationszentrum
Bernauer Straße 111
Wedding
Freier Zugang
U Bernauer Straße, S Nordbahnhof

**Gedenkstätte
Deutscher Widerstand**
Stauffenbergstr. 13–14
Tiergarten
Tel. 26 99 50 00
Mo–Fr 9–18, Sa/So 9–18, Do
bis 20 Uhr
U/S Potsdamer Platz, Bus
129, 142, 148, 248

**Gedenkstätte Haus der
Wannsee-Konferenz**
Am Großen Wannsee 56–58
Zehlendorf
Tel. 8 05 00 10
Di–Fr 10–18, Sa/So 14–18 Uhr,
Führungen und Seminare nach
Vereinbarung
S Wannsee, dann Bus 114

**Gedenkstätte Köpenicker
Blutwoche**
Puchanstr. 12, Köpenick
Tel. 657 14 67
Di, Mi 10–16, Do 10–18, Sa

14–18 Uhr, Führungen nach
Vereinbarung
S Köpenick, Bus 269
Ständige Ausstellung im ehemaligen Preußischen Amtsgefängnis über die blutigen Ereignisse
im Juni 1933, als über 500 Nazigegener von der SA verschleppt
und gefoltert wurden. 91 Bürger
wurden ermordet.

**Gedenkstätte
Normannenstraße
(ASTAK)**
Ruschestr. 103, Haus 1
Lichtenberg
Tel. 553 68 54
Di–Fr 11–18, Sa/So 14–18 Uhr
U Magdalenestraße

Gedenkstätte Plötzensee
Hüttigpfad
Charlottenburg/Spandau
Tel. 344 32 26
Tägl. 9–17 Uhr
Bus 123, 126
Gedenkstätte für die Opfer des
Nationalsozialismus; 1952 im
ehemaligen NS-Zuchthaus Plötzensee eingerichtet; Gedenk-
und Dokumentationsraum im
»Todeshaus«, das als Hinrichtungsstätte von über 2900 Menschen diente.

Unweit davon und auf die Gedenkstätte bezogen:

Maria Regina Martyrum
Heckerdamm 232
Charlottenburg
Tel. 382 60 11
Kirche: tägl. 9–16.30 Uhr
Laden: Mo–Fr 10.30–12 und
15–16, Sa 10.30–13 Uhr
Bus 123
1960–62 nach Plänen von
Hans Schädel und Friedrich

Ebert unter künstlerischer und
theologischer Beratung von
Urban Rapp als »Gedächtniskirche der deutschen
Katholiken zu Ehren der Blutzeugen für Glaubens- und
Gewissensfreiheit in den Jahren 1933–45« errichtet.

Evangelisches Gemeindezentrum Siemensstadt
Kirche am Heckerdamm 226
Charlottenburg
Bus 123
Bedeutend ist in der 1970 fertiggestellten Kirche der von Alfred
Hrdlicka geschaffene »Plötzenseer Totentanz«: 16 großformatige Tafelbilder im strengen Kirchenraum greifen die Themen
Gewalt und Sterben auf und führen machtvoll zum Gefängnis
Plötzensee und der Hinrichtungsstätte zurück.

Gedenkstätte der Sozialisten
Gudrunstraße, an den Zentralfriedhof Friedrichsfelde anschließend
Lichtenberg
S Lichtenberg

**Mauermuseum/
Haus am Checkpoint Charlie**
Friedrichstr. 44, Kreuzberg
Tel. 253 72 50
Tägl. 9–22 Uhr
U Kochstraße, Bus 129
Mauermuseum mit unzähligen
Photos und Erinnerungsstücken an DDR-Zeiten und
-Flüchtlinge, die Mauer und die
verschiedenen Versuche, diese
zu überwinden.

Mauerpark
am Friedrich-Ludwig-Jahn-Sportpark

Prenzlauer Berg
U   Eberswalder Straße
Im Schatten der neuen Max-Schmeling-Sporthalle sind Mauerreste freizeitgerecht in eine Parkanlage integriert und werden ständig und ganz legal durch neue Graffiti verschönert.

Stasi – Die Ausstellung
Informations- und Dokumentationszentrum des Bundesbeauftragten
Mauerstr. 38, Mitte
Tel. 22 41 74 70
Mo–Sa 10–18 Uhr
U   Mohrenstraße, Französische Straße, Bus 100, 147, 200

Topographie des Terrors
Niederkirchner Str. 8,
am Martin-Gropius-Bau
Kreuzberg
Tel. 25 48-67 03
Mai–Sept, tägl. 10–20 Uhr; Okt.–April 10–18 Uhr; Führungen nach Vereinbarung
U   Kochstraße, S   Anhalter Bahnhof, Bus 129

Historische Friedhöfe in Berlin

3. Städtischer Friedhof
Stubenrauchstr. 43–45
Friedenau
Tag und Nacht geöffnet
U   Bundesplatz, Bus 348
Waldfriedhof in Friedenau, u. a. mit Grabstätten von Marlene Dietrich und Ferruccio Busoni (Grabmal von Georg Kolbe).

Alter Garnisonsfriedhof
Kleine Rosenthaler Str. 3
Mitte
Tägl. 9–17 Uhr

U   Rosenthaler Platz, Tram 13, 53, Bus 340
Ausstellung: Mi–So 12–17 Uhr
Letzte Ruhestätte bedeutender Militärs der Befreiungskriege, u. a. Adolph von Lützow und Friedrich de la Motte Fouqué. Zahlreiche künstlerisch wertvolle Grabmäler der Eisenkunstgießerei des 19. Jahrhunderts.

Alter Jüdischer Friedhof
Große Hamburger Straße
Mitte
Tagsüber geöffnet
S   Hackescher Markt

Alter St. Matthäus-Kirchhof
Großgörschenstr. 12
Schöneberg
Tagsüber geöffnet
U/S   Yorckstraße, Bus 119
1856 angelegter Friedhof, Ruhestätte zahlreicher Gelehrter und Künstler, u. a. Max Bruch, Adolf Diesterweg, Friedrich Drake, Jacob und Wilhelm Grimm, Alfred Messel, Rudolf Virchow; Gedenkstein für die Widerstandskämpfer des 20. Juli 1944.

Dorotheenstädtischer, Friedrichswerderscher und Französischer Friedhof
Chausseestr. 126, Mitte
Tagsüber geöffnet
U   Zinnowitzer Straße, Tram 13, Bus 157

Französische Friedhöfe
Chausseestr. 127
Mitte
Tagsüber geöffnet
U   Zinnowitzer Straße, Tram 13, Bus 157, 340
1780 für in Berlin ansässige

Hugenottenfamilien angelegt; Grabstätten von Daniel Chodowiecki, Ludwig Devrient, Peter Luis Ravené u. a.

Liesenstr. 7
Mitte
Tagsüber geöffnet
U   Schwarzkopfstraße, Tram 6, 8, 50, Bus 157, 340
Komplex angelegt um 1830 als Friedhof der französischen Domgemeinde; 1876 von Refugiés gestifteter Granitobelisk auf dem Hauptweg. Hier befindet sich u. a. die Grabstätte von Theodor Fontane und seiner Frau.

Friedhof der Märzgefallenen
Im Volkspark Friedrichshain
Friedrichshain
Tagsüber geöffnet
U   Strausberger Platz, Bus 257

Gedenkstätte der Sozialisten
s. Zentralfriedhof Friedrichsfelde

Invalidenfriedhof
Scharnhorststr. 33, Mitte
Tagsüber geöffnet
U   Zinnowitzer Straße, Tram 6, 8, 13, 50, Bus 157, 340

Islamischer Friedhof
Columbiadamm 128
Neukölln
Tagsüber geöffnet
U   Südstern, Bus 104
1866 als erster Friedhof für Muslime in Berlin von Wilhelm I. an die türkische Gemeinde übergeben; Grabstätte des Dichters und ersten Gesandten des Osmanischen Reichs, Ali Aziz Efendi.

**Jüdischer Friedhof
Prenzlauer Berg**
Schönhauser Allee 22/23
Prenzlauer Berg
Mo–Do 8–16, Fr 8–13 Uhr, an
jüdischen Feiertagen geschlos-
sen, vor jüdischen Feiertagen
nur bis 13 Uhr geöffnet (Kopf-
bedeckung erforderlich)
U   Senefelderplatz

**Jüdischer Friedhof
Weißensee**
Herbert-Baum-Str. 45
Weißensee
So–Do 8–17, Fr 8–15 Uhr, an
jüdischen Feiertagen geschlos-
sen, vor jüdischen Feiertagen
bis 13 Uhr geöffnet (Kopfbede-
ckung erforderlich)
Tram   2, 3, 4, 13, 23, 24

**Kirchhöfe an der
Bergmannstraße**
Kreuzberg
Tagsüber geöffnet
U   Südstern
1825–52 entstandene, 18 ha
große Friedhöfe der Dreifaltig-
keitsgemeinde, der Friedrichs-
werderschen Gemeinde, der
Jerusalems- und Neuen Kir-
chengemeinde sowie der Ge-
meinde der Luisenstädtischen
Kirche; zahlreiche interessante
Jugendstilgrabmäler und die
letzten Ruhestätten u. a. von
Martin Gropius, Adolph von
Menzel (Büste von Reinhold
Begas), Friedrich Schleierma-
cher (Büste von Christian
Daniel Rauch), Ludwig Tieck
und Theodor Mommsen.

**Kirchhöfe vor dem
Halleschen Tor**
Mehringdamm
Kreuzberg

Tagsüber geöffnet
U   Mehringdamm, Bus 140

**Russisch-Orthodoxer
Friedhof**
Wittestr. 37, Tegel
Tagsüber geöffnet
U   Holzhuser Straße,
Bus 322
Friedhof der russisch-orthodoxen Gemeinde von Berlin, 1892
von der russichen Botschaft erbaut.   Zar   Alexander   III.
schickte vier Eisenbahnwagen
mit russischer Erde. Am Eingang findet sich ein reich ver-
ziertes Portal mit neun Glocken, in der Mitte des Friedhofs
die 1894 nach Plänen von
Albert Bohm erbaute Kapelle,
die an die Basiliuskathedrale in
Moskau erinnert; Grabstein für
Michail Glinka.

Waldfriedhof Zehlendorf
Potsdamer Chaussee 75
Zehlendorf
Tag und Nacht geöffnet
Bus   211
1946 angelegt, Feierhalle von
1957 erbaut; Grabstätten u. a.
von Ernst Reuter, Otto Suhr,
Willy Brandt, Hans Scharoun,
Erwin Piscator und Helmut
Käutner.

**Zentralfriedhof Friedrichsfelde
Gedenkstätte der
Sozialisten**
Gudrunstraße
Lichtenberg
Tagsüber geöffnet
U/S   Lichtenberg, Tram 21
1881 als erster nichtkonfessio-
neller kommunaler Friedhof
angelegt.
S. a. Gedenkstätte der Sozia-
listen, S. 341f.

Zoo – Aquarium

Budapester Straße/Olaf-Palme-
Platz, Charlottenburg
Tel. 25 40 10
Tägl. 9–18 Uhr
U/S   Zoologischer Garten,
Bus 100, 109, 146, 200

Schlösser und Sehenswürdigkeiten in Potsdam

Neben den Regionalzügen der
Bundesbahn bietet die S-Bahn 7
u. a. vom Bahnhof Zoologischer
Garten die schnellste Verbin-
dung nach Potsdam-Stadt (ca.
30 Min.). Von dort fährt der Bus
695 (Richtung Pirschheide) bis
Schloss Sanssouci und zum
Neuen Palais. Fußweg von
Schloss Sanssouci zum Neuen
Palais rund 30 Min.

Potsdam Tourismus
Am Neuen Markt 1
14467 Potsdam
Tel. 03 31/27 55 20
Fax 275 58 29
www. potsdam.de
Info-Hotline 0180 535 38 00
April–Okt. Mo–Fr 9–19, Sa/So,
feiertags 10–16 Uhr; Nov.–März
Mo–Fr 10–18, Sa/So, feiertags
10–14 Uhr
Tram   Hauptbahnhof bis Alter
Markt

Stadtrundfahrten
Tel. 03 31/275 58 50

Fahrradverleih
Potsdam per Pedales
Rudolf-Breitscheid-Str. 201
Tel./Fax 03 31/748 00 57

Rund um Schloss Sanssouci

Besucherzentrum Stiftung Preußische Schlösser und Gärten Berlin Brandenburg
Park Sanssouci
An der Historischen Mühle
Tel. 03 31/969 42 00-201
Infoline: 03 31/969 42 02
April–Okt. tägl. 8.30–17, Nov.–März tägl. 9–16 Uhr

Schloss Sanssouci
Di–So April–Okt. 9–17 Uhr; Nov.–März 9– 16 Uhr

Bildergalerie
15. Mai–15. Okt. Di–So 10–17 Uhr

Chinesisches Teehaus
15. Mai–15. Okt. Di–So 10–17 Uhr

Damenflügel und Schlossküche
15. Mai–15. Okt. Sa/So 10–17 Uhr

Historische Mühle
April–Okt. tägl. 10–18 Uhr, Nov.–März Sa/So 10–16 Uhr

Marmorpalais
April–Okt. Di–So 10–17 Uhr; das übrige Jahr nur an Wochenenden 10–16 Uhr

Neue Kammern
1. April–14. Mai Sa/So, feiertags 10–17 Uhr; 15. Mai–15. Okt. Di–So 10–7 Uhr

Orangerie
15. Mai–31. Okt. Sa/So, feiertags 10–17 Uhr

Neues Palais
April–Okt. Sa–Do 9–17 Uhr; Nov.– März 9–16 Uhr

Pomonatempel
April–Okt. Sa/So 15–18 Uhr

Römische Bäder
15. Mai–15. Okt. Di–So 10–17 Uhr

Schloss Cecilienhof
1. April–31. Okt. Di–So 9–17 Uhr

Schloss Charlottenhof
15. Mai–15. Okt. Di–So 10–17 Uhr

Weitere Sehenswürdigkeiten

Volkspark und Biosphäre
Infozentrum: Georg-Hermann-Allee 99
Tel. 03 31/55 07 40
tägl. 9–20 Uhr
Tram 92 ab Hauptbahnhof
Gelände und Bauten der Bundesgartenschau von 2001 bieten überraschende Attraktionen für den Naturfreund.

Dampfmaschinenhaus (Moschee)
Breite Str. 13
Tel. 03 31/241 06
Mitte Mai–Mitte Okt. Sa/So 10–17 Uhr
Tram 94, 98

Ehemaliges KGB-Gefängnis
Leistikowstr. 1
Tel. 03 31/2 89 68 03
So 11–17 Uhr
S Potsdam-Stadt, dann Bus 694

Einsteinturm
Astrophysikalisches Institut
Einsteinturm
Telegraphenberg
Tel. 03 31/2 88 23 33
Besichtigung ist nur nach Voranmeldung und im Ausnahmefall möglich.
S PotsdamStadt, dann Bus 697

Filmpark Babelsberg
August-Bebel-Str. 26-53
Eingang Großbeerenstraße
Tel. 03 31/721 27 50
18. März–5. Nov. tägl.10–18 Uhr
S 7 bis Griebnitzsee, Bus 696 bis Bahnhof Drewitz
Sehr spannend – man sollte mindestens 5–6 Stunden einplanen.

Filmmuseum Potsdam
Marstall
Tel. 03 31/271 81 12
Di–So 10–18 Uhr
Tram 92, 93, 98
Dauerausstellung zur Filmstadt Babelsberg, daneben Wechselausstellungen und Filmkunstkino.

Flatowturm
Nur an Wochenenden:
April–15. Okt. 10–17 Uhr
S Babelsberg, dann Bus 690, 693

Schloss Babelsberg
April–Okt. Di–So 10–17 Uhr; das übrige Jahr nur an Wochenenden: 10–16 Uhr
S Babelsberg, dann Bus 690, 693

Abbildungsnachweis

Akademie der Künste, Berlin
248, 368
Archiv für Kunst und
Geschichte, Berlin   24, 28,
30, 39, 45, 47, 65, 77, 135,
142, 159, 161, 167, 182, 198,
203, 252, 253, 268, 284, 304,
311 beide, 335, 374, 381
Bauhaus-Archiv   64(beide)
Bildarchiv Preußischer Kultur-
besitz, Berlin   21, 23, 27,
32, 40, 54, 56, 83, 84, 106,
108, 110, 113, 134, 137, 140,
179, 206, 216, 226, 227, 236,
239, 253, 254, 256, 275, 283,
302, 308, 309, 322, 330, 332,
346, 365, 375
Bundesbaugesellschaft Berlin
MBH   218
DaimlerChrysler (V. Mosch),
Berlin   220, 222
Deutsches Historisches
Museum im Zeughaus
(U. Schwarz) , Berlin   117
Deutsche Staatsoper Berlin
126
Grips-Theater, Berlin   242
Michael Heyers, Berlin   173,
193, 285, 321, 379
Klett-Cotta, Stuttgart   366
Matthias Koeppel 207
laif (Hahn, Kirchner, Lan-
grock/Zenit, Neumann),
Köln   Umschlagvorderseite,
63, 67, 73, 92, 145, 148, 166,
176, 187, 192, 212, 218, 238,
244/45, 259, 263, 312, 325,
343
Florian Monheim, Düsseldorf
Umschlagklappe vorn, 1, 58,
78, 88, 89, 98, 99, 105, 118,
120, 121, 124, 125, 128, 129,
131, 132, 133, 149, 151, 153,
157, 160, 162, 168, 169, 171,
178, 183, 189, 190, 204, 209,
210, 221, 237, 247, 249, 250,
266, 271, 273, 279, 281, 288,
289, 293, 295, 296, 297, 298,
301, 306, 307, 315, 333, 343,
347, 355, 356, 362, 363, 369,
380, 384, 385, 388, 389, 390,
397, 399, 397, 399
Barbara Opitz, Düsseldorf
90, 155, 163, 233, 282
Erhard Pansegrau, Berlin
96/97, 270
Sony (P. Adenis), Berlin   224
Stadtmuseum Berlin   18, 52,
163, 170, 180, 196, 336
Stiftung Preußische Schlösser
und Gärten   48, 50, 51,
303, 307
Ullstein Bilderdienst Berlin
26, 37, 60, 70
Alle anderen Abbildungen
stammen aus dem Archiv der
Autorin.

Kartographie:
© DuMont Reiseverlag

Literaturhinweise

Zahlreiche Titel sind in Neu-
auflagen erschienen; die ver-
griffenen Titel sind in Biblio-
theken und Büchereien aus-
zuleihen.
Anonyma: Eine Frau in Berlin.
Tagebuchaufzeichnungen
vom 20. April bis 22. Juni
1945. Nachwort: Kurt W.
Marek, Frankfurt/M. 2003
Arendt, Hannah: Rahel Varnha-
gen. Lebensgeschichte einer
deutschen Jüdin aus der
Romantik. München 1959
Benjamin, Walter: Berliner Kind-
heit um Neunzehnhundert.
Frankfurt/M. 1950
Benn, Gottfried: Doppelleben.
Zwei Selbstdarstellungen.
Stuttgart 1984
Benn, Gottfried: Gesammelte
Werke in vier Bänden. Hrsg.
von Dieter Wellershoff.
Stuttgart 1989-94
Berggruen, Heinz: Hauptweg
und Nebenwege. Erinnerun-
gen eines Kunstsammlers.
Berlin 1996
Berliner Festspiele, Architekten-
kammer Berlin (Hg.): Berlin:
offene Stadt. Die Erneuerung
seit 1989. Berlin 1999
diess.: Berlin: offene Stadt. Die
Stadt als Ausstellung. Weg-
weiser. Berlin 1999
Bienert, Michael (Hg.): Joseph
Roth in Berlin. Ein Lese-
buch für Spaziergänger,Köln
1996
ders.: Mit Brecht durch Berlin.
Franfurt/Main 1998
Boberg, Jochen/Fichter, Til-
mann, u. a. (Hg.) Exerzierfeld
der Moderne. Industriekultur
in Berlin I und II. 2 Bd. Mün-
chen 1984 (vergr.)
Bodenschatz, Harald: Der rote
Kasten. Zu Bedeutung, Wir-
kung und Zukunft von
Schinkels Bauakademie.
Berlin 1996
Boveri, Margret: Tage des
Überlebens. München 1968
Brecht, Bertold: Gesammelte
Werke in 20 Bdn. Frank-
furt/M. 1976
Brühl, Georg: Die Cassirers.
Streiter für den Impressio-
nismus. Leipzig 1991
(vergr.)
Buddensieg, Tilmann: Berliner
Labyrinth, neu besichtigt,
Berlin 1999
Büchel, Wolfgang: Karl Fried-
rich Schinkel. Reinbek 1994
(vergr.)
Canetti, Elias: Die Fackel im
Ohr. Lebensgeschichte
1921–1931. Frankfurt/M.
1997

Cullen, Michael S./Kieling, Uwe: Der Deutsche Reichstag. Geschichte eines Parlaments. Berlin 1992

Dahn, Daniela: Kunst und Kohle. Die Szene am Prenzlauer Berg. Darmstadt/Neuwied 1987 (vergr.)

Demps, Laurenz: Berlin-Wilhelmstraße. Eine Topographie preußisch-deutscher Macht. Berlin 1996

Deutschkron, Inge: Ich trug den gelben Stern. Köln 1983

Döblin, Alfred: Berlin Alexanderplatz. München 1965

Engel, Helmut/Ribbe, Wolfgang (Hg.) Geschichtsmeile Wilhelmstraße, Berlin 1997

Fontane, Theodor: Gesammelte Werke in 15 Bdn. München 1969

Fuegi, John: Brecht & Co. Hamburg 1997

Geist, Johann F./Kürvers, Klaus: Das Berliner Mietshaus 1740-1862. München 1980

Glatzer, Ruth (Hg.): Das Wilhelminische Berlin. Panorama einer Metropole. Berlin 1997

Grisebach, August: Carl Friedrich Schinkel. Architekt, Städtebauer, Maler. Berlin 1983 (vergr.)

Grosz, George: Ein kleines Ja und ein großes Nein. Reinbek 1994

Günther, Harri/Harksen, Sibylle: Peter Joseph Lenné. Tübingen 1993

Haberlik, Christina/Zohlen, Gerwin: Die Baumeister Des Neuen Berlin. Portraits, Gebäude, Konzepte. Berlin 1997

Haffner, Sebastian: Preußen ohne Legende. München 1992

Hahn, Peter: Bauhaus in Berlin. Bauten und Projekte.Berlin 1995

Hegemann, Werner: 1930. Das steinerne Berlin. Geschichte der größten Mietskasernenstadt der Welt. Braunschweig/ Wiesbaden 1992

Hessel, Franz: Ein Flaneur in Berlin. Berlin 1984

Heym, Stefan: Die Architekten. München 2000

Hilbig, Wolfgang: Ich. Frankfurt/Main 1998

Hildebrandt, Dieter: Die Leute vom Kurfürstendamm. Roman einer Straße. München 1984

Hoffmann, E.T.A.: Sämtliche Werke, Frankfurt/ Main 97

Hohenzollern, Johann Georg Prinz von/ Schuster, Peter-Klaus (Hg.): Manet bis Van Gogh. Hugo von Tschudi und der Kampf um die Moderne. München 1996

Isherwood, Christopher: Leb wohl, Berlin. Berlin 1992

Janetzki, Ulrich (Hg.): Henriette Herz. Berliner Salon. Erinnerungen und Portraits, Berlin 1984

Jäckel, Hartmut: Menschen in Berlin. Schicksale bekannter und unbekannter Persönlichkeiten aus dem Telefonbuch der alten Reichshauptstadt 1941. Bergisch Gladbach 2002

Jenkins, David: Norman Foster. Der neue Reichstag. Leipzig/Mannheim 2000

Johnson, Uwe: Zwei Ansichten. Frankfurt/Main 1992

Kanon, Joseph: In den Ruinen von Berlin. München 2002

Kardorff, Ursula von: Berliner Aufzeichnungen. Aus den Jahren 1942-1945. Hrsg. von Peter Hartl. München 1994

Kathe, Heinz: Preußen zwischen Mars und Musen. Eine Kulturgeschichte von 1100 bis 1920. München 1993 (vergr.)

Keiderling, Gerhard: Berlin. 1945-1986. Geschichte der Hauptstadt der DDR. Berlin 1987

Kerr, Alfred: Wo liegt Berlin? Briefe aus der Reichs- - hauptstadt. Berlin 1997

Kessler, Harry Graf: Tagebücher 1918-1937. Frankfurt/Main 1979

Kesten, Hermann: Dichter im Café. Berlin 1983

Kesting, Marianne: Brecht, Hamburg 1996

Kiaulehn, Walther: Berlin. Schicksal einer Weltstadt, München 1996

Knobloch, Heinz: Die schönen Umwege. Spaziergänge durch Geschichte und Gegenwart. Berlin 1993
ders.: Herr Moses in Berlin. Das Leben des Moses Mendelssohn. Berlin 1993

Kordon, Klaus: Die roten Matrosen oder ein vergessener Winter/ Mit dem Rücken zur Wand/ Der Erste Frühling (Trilogie). Weinheim 1999

Kuczynski, Jürgen: »Ein Linientreuer Dissident«. Memoiren 1945- 1989. Berlin 1992

Ladendorf, Heinz: Andreas Schlüter. Baumeister und Bildhauer des Preußischen Barock. Berlin 1997

Lammel, Gisold (Hg.): Exzellenz Lassen Bitten. Erinnerungen an Adolph Menzel. Leipzig 1992

Lange-Müller, Katja (Hg.): Bahnhof Berlin. 1997

Large, David Clay: Berlin. Biographie einer Stadt. München 2002

Liebmann, Irina: Berliner Mietshaus. Frankfurt/M. 1993

Mahlsdorf, Charlotte von: Ab durch die Mitte. Ein Spaziergang durch Berlin. Berlin 1994

Maron, Monika: Stille Zeile Sechs. Frankfurt/M. 1993

Möhrmann, Renate: Tilla Durieux und Paul Cassirer.

Bühnenglück und Liebestod. Berlin 1997

Müller, Heiner: Krieg ohne Schlacht. Leben in zwei Diktaturen. Köln 1994

Neue Architektur/New Architecture. Berlin 1990–2000. Hrsg. vom Förderverein Deutsches Architektur Zentrum, Berlin. Berlin 1997

Ohff, Heinz: Karl Friedrich Schinkel. Reihe Preußische Köpfe, Berlin 1981

ders.: Ein Stern in Wetterwolken. Königin Luise von Preußen, München 1989

ders.: Theodor Fontane. Leben und Werk, München 1995

ders.: Karl Friedrich Schinkel oder die Schönheit in Preußen. München 1997

Petras, Renate: Die Bauten der Berliner Museumsinsel, Berlin 1987

dies.: Das Schloß in Berlin. Von der Revolution 1918 bis zur Vernichtung 1950. Berlin 1992

Regener, Sven: Herr Lehmann. Frankfurt/Main 2001

Reimann, Brigitte: Franziska Linkerhand. München 1978

Ribbe, Wolfgang/Schäche, Wolfgang: Baumeister. Architekten. Stadtplaner. Biographien zur baulichen Entwicklung Berlins. Historische Kommission zu Berlin. Berlin 1987

Ribbe, Wolfgang/Schmädeke, Jürgen: Kleine Berlin-Geschichte. Berlin 1993

Rollka, Bodo/Spiess, Volker/Thieme, Bernhard (Hg.): Berliner Biographisches Lexikon. Berlin 1993

Schäfer, Hans Dieter: Berlin im Zweiten Weltkrieg. Der Untergang der Reichshauptstadt in Augenzeugenberichten. München 1985

Sanders-Brahms, Helma: Gottfried Benn und Else Lasker-Schüler. Giselheer und Prinz Jussuf. Berlin 1997

Scheub, Ute: Verrückt nach Leben. Berliner Szenen in den zwanziger Jahren. Reinbek 2000

Schlesinger, Klaus: Die Sache mit Randow. Berlin 1996

ders.: Fliegender Wechsel. Eine Persönliche Chronik. Frankfurt/Main 1990

Schulze, Franz: Mies van der Rohe. Leben und Werk. Berlin 1986

Peter-Klaus Schuster (Hg.): Die Museumsinsel. Köln 2004

Sereny, Gitta: Albert Speer. Das Ringen mit der Wahrheit und das deutsche Trauma. München 1998

Serke, Jürgen: Die verbrannten Dichter. Lebensgeschichten und Dokumente. Weinheim 1992

Seyppel, Joachim: Trottoir & Asphalt. Erinnerungen an Literatur in Berlin 1945–1990. Berlin 1994

Siebenhaar, Klaus (Hg.) Billy Wilder. Der Prinz von Wales geht auf Urlaub. Berliner Reportagen. Berlin 1996

Siedler, Wolf Jobst/Niggemeyer, Elisabeth/Angress, Gina: Die gemordete Stadt. Abgesang auf Putte und Straße, Platz und Baum. Berlin 1978 (vergr.)

Speier, Michael (Hg.): Berlin, Mit Deinen Frechen Feuern. 100 Berlin-Gedichte. Stuttgart 1997

Sombart, Nicolaus: Jugend in Berlin. 1933–1943. Ein Bericht. Frankfurt/Main 1991

Stern, Carola: Der Text meines Herzens. Das Leben der Rahel Varnhagen. Reinbeck 1994

Stiftung »Neue Synagoge Berlin – Centrum Judaicum« in Zusammenarbeit mit dem Museumspädagogischen Dienst Berlin (Hg.): Max Liebermann zum 150. Geburtstag. Was vom

Leben übrig bleibt, sind Bilder und Geschichten. Berlin 1997

Tergit, Gabriele: Käsebier erobert den Kurfürstendamm. Berlin 1988

Verein Stiftung Scheunenviertel (Hg.): Das Scheunenviertel. Spuren eines Verlorenen Lebens. Berlin 1994

Wedel, Carola (Hg.): Das Pergamonmuseum. Menschen.Mythen.Meisterwerke. Berlin 2003

Wegner, Matthias: Klabund und Carola Neher. Eine Geschichte von Liebe. Berlin 1998

Weise, Klaus: Tourist Stadtführer-Atlas Berlin. Berlin/Leipzig 1988

Weiss, Peter: Die Ästhetik des Widerstands. Frankfurt/Main 1982

Wittstock, Uwe: Von der Stalinallee zum Prenzlauer Berg. Wege der DDR-Literatur 1949–1989. München 1989 (vergr.)

Wolfe, Thomas: Es führt kein Weg zurück. Reinbek 1995

Das Gedicht auf S. 71 »Es war nicht alles schlecht« von Ralph Grüneberger entnahmen wir: Katja Lange-Müller (Hg.), Bahnhof Berlin, Deutscher Taschenbuch Verlag, München 1997

Das Gedicht auf S. 180 entnahmen wir den Gesammelten Werken von Bertolt Brecht, © Suhrkamp Verlag

Das Gedicht auf S. 226 entnahmen wir den Gesammelten Werken, Zürich 1969, © Erich Kästner, Erben, München

Das Gedicht auf S. 359 aus: Aras Ören: »Was will Ni-yazi in der Naunynstraße. Ein Poem«, © Rotbuch Verlag, Berlin, 1973

Register

Personen

Umschlagvorderseite: Brandenburger Tor und Reichstag
Umschlagklappe vorne: Die Hackeschen Höfe am Abend
Vignette: Die Quadriga auf dem Brandenburger Tor
Umschlagrückseite: Französischer Dom, Grundriss; Kulturforum und
Potsdamer Platz; Altes Museum, kolorierter Stich nach Karl Friedrich
Schinkel

Ingrid Nowel studierte Anglistik, Germanistik und Geschichte in
Berlin und lehrte an der Technischen Universität in Berlin. Sie arbeitet
als freie Journalistin und Redakteurin. Im DuMont Reiseverlag erschienen von ihr der Kunst-Reiseführer ›London‹, ›Richtig Reisen:
Südengland‹ und DuMont Extra ›Südschwarzwald‹.

Reinhard Fuhrmann, gebürtiger Berliner, studierte Philosophie und
Geschichte in Jena und an der Freien Universität Berlin.

Bitte schreiben Sie uns, wenn sich etwas geändert hat!
Alle in diesem Buch enthaltenen Angaben wurden von der
Autorin nach bestem Wissen erstellt und von ihr und dem Verlag
mit größtmöglicher Sorgfalt überprüft. Gleichwohl sind – wie wir
im Sinne des Produkthaftungsrechts betonen müssen – inhaltliche
Fehler nicht vollständig auszuschließen. Daher erfolgen die Angaben ohne jegliche Verpflichtung oder Garantie des Verlages oder
der Autorin. Beide übernehmen keinerlei Verantwortung und
Haftung für etwaige inhaltliche Unstimmigkeiten. Wir bitten dafür
um Verständnis und werden Korrekturhinweise gerne aufgreifen:

DuMont Reiseverlag, Postfach 10 10 45, 50450 Köln
E-Mail: info@dumontreise.de

© DuMont Reiseverlag
3., aktualisierte Auflage 2004
Graphisches Konzept: Ralf Groschwitz, Hamburg
Alle Rechte vorbehalten
Satz und Druck: Rasch, Bramsche
Buchbinderische Verarbeitung: Bramscher Buchbinder Betriebe

Printed in Germany   ISBN 3-7701-5577-7